빠른 시작

수능
국어
비문학 독서

고등 국어 빠작 시리즈

고전 문학, 현대 문학 | 올바른 독해 훈련으로 문학 독해력을 기르는 문학 기본서
비문학 독서 | 독해력과 추론적 사고력을 키우는 비문학 실전 대비서
문법 | 내신부터 수능까지, 필수 개념 30개로 끝내는 문법서
문법 실전 477제 | 수능 1등급을 위한 문법 실전서
화법과 작문 | 최신 기출 문제로 문제 해결력을 기르는 화법과 작문 실전서
필수 어휘 | 쉬운 한자 풀이로 수능 국어 필수 어휘를 익히는 어휘력 기본서

이 책을 쓰신 선생님

이재찬(수락고) 이창우(중산고)

빠른시작

빠짝

수능
국어
비문학 독서

차례

구성과 특징

| 최신의 기출 지문

수능 준비를 시작하는 학생들을 위해 전국연합학력평가 고 1, 2 기출 지문과 문제로 구성했습니다.

기출 지문을 2015 개정 교육과정에 따라 인문·예술, 사회·문화, 과학·기술 영역으로 구분해 제시하여 영역별 지문의 특징을 파악할 수 있습니다. 또한 주제 통합 지문을 제시하여 동일한 화제를 다룬 두 글이 묶여서 출제되는 최근 수능 출제 경향에 대비할 수 있습니다.

인문·예술
11

2020-6월 고2 학력평가

1 ¹실존주의는 현대 과학 기술 문명과 전쟁 속에서 비인간화되어 가는 현실을 고발하는 과정에서 등장한 철학 사조로, 개인으로서의 인간의 주체적 존재성을 강조한다. ²사르트르(J. P. Sartre)는 실존주의를 대표하는 철학자로, 이전의 철학자들이 인간의 본질이 무엇이냐는 근원적 물음을 탐구했다면, 사르트르는 개개인의 실존을 문제 삼았다. ³그의 사상은 '실존은 본질에 선행한다.'로 집약할 수 있는데, 여기서 '본질'은 어떤 존재에 관해 '그 무엇'이라고 정의될 수 있는 성질을 뜻하고, '실존'은 자기의 존재를 자각하면서 존재하는 주체적인 상태를 뜻한다.

2 ¹무신론자였던 사르트르는 인간은 사물과 달리 그 본질이나 목적을 가지고 판단할 수 없다고 보았다. ²예를 들어, 연필은 처음부터 '쓴다.'라는 목적으로 만들어진다. ³무엇인가를 쓴다는 것은 연필의 본질이므로, 연필의 존재는 그 본질로부터 나온다. ⁴즉 사물은 본질이 그 존재에 선행하는 것이다. ⁵그러나 인간은 사물과 다르다. ⁶사르트르는 인간이 신의 뜻에 따라 만들어진 존재라는 기존의 통념을 거부하면서, 인간은 우연히 이 세계에 내던져진 채 스스로를 만들어 가는 존재라고 보았다.

3 ¹사르트르는 이 세계의 모든 존재를 '의식'의 유무를 기준으로 의식이 없는 '사물 존재'와 의식이 있는 '인간 존재'로 구분하였다. ²그리고 사물 존재를 '즉자 존재(Being in itself)'로, 인간 존재를 '대자 존재(Being for itself)'로 각각 명명하였다. ³여기서 즉자 존재는 일상의 사물들처럼 자기의식이 없기 때문에, 그 자리에 계속 그것인 상태로 남아 있다. ⁴반면에 대자 존재는 자기의식을 가진 존재이다. ⁵따라서 자기 자신을 *대상화하여 스스로를 바라볼 수도 있고, 매 순간 자유로운 선택을 통해 자신을 만들어 갈 수도 있다. ⁶그런데 모든 것이 인간의 선택으로 결정이 된다면, 그 선택에 따른 책임도 자기 스스로 져야 한다. ⁷그래서 사르트르는 진실한 인간이라면 책임감이라는 부담 때문에 번민하고, 그 번민의 원인이 되는 자유로부터 도피하고 싶은 욕망이 생길 수 있다고 보았다.

4 ¹또한 사르트르는 인간의 자유로운 선택이 타자와 연관된다고 여겼다. ²왜냐하면 내가 주체적 의식을 지니고 살아가듯이 타자도 주체적 의식을 지니고 있어서, 내가 아무리 주체성을 지닌 존재라 하더라도 나를 바라보는 다른 사람은 나를 즉자 존재처럼 객체화하여 파악할 수 있기 때문이다. ³그래서 사르트르는 타인의 시선으로 규정되는 인간의 모습을 일컬어 '대타 존재(Being for others)'라고 명명하였다. ⁴예를 들어, 길을 걷다가 친구의 장난스러운 표정이 떠올라 웃었다고 가정해 보자. ⁵그런데 그런 상황을 모르는 타자는 '저 사람 참 실없는 사람이네.'라는 시선을 보낼 수 있다. 이때 타자에 의해 '실없다.'라고 규정되는 존재가 대타 존재인 것이다.

5 ¹그런데 이런 시선은 타자만 나에게 보내는 것이 아니라 나도 타자에게 보낼 수 있다. ²왜냐하면
_____ ㉠ _____ ³그래서 사르트르는 나와 타자가 맺는 관계는 공존이 아니라 갈등과 투쟁으로 여겨서, '타자는 지옥이다.'라는 극단적인 표현까지 동원하기도 하였다. ⁴그러나 그는 이렇게 자신이 타자의 시선에 노출되더라도 자신의 행위를 계속해 나가야 한다고 말한다. ⁵자신의 선택에 따라 행동하며 그것을 타자가 받아들이도록 함으로써 타자를 자신의 선택 속에 끌어들일 수 있는 것이다. ⁶그러니까 인간은 참된 자아를 찾기 위해 타자의 시선을 두려워하거나 피할 것이 아니라 이를 극복하고 계속 자신의 행위를 선택하며 살아가야 한다.

6 ¹사르트르의 실존주의는 개인이 사회적 관습에 의해 제약을 받는다는 사실을 간과하였다는 점, 나와 타자가 맺어 가는 인간관계를 지나치게 비관적으로 설정하였다는 점 등에서 비판을 받기도 하였다. ²하지만 그의 실존주의는 주체성을 상실한 채 획일화되어 가는 우리의 삶을 반성하게 하고, 주체적이고 개성적인 삶을 살아가도록 도움을 준다는 점에서 오늘날까지 그 가치가 높이 평가되고 있다.

＊대상화 자기의 주관 안에 있는 것을 객관적인 대상으로 구체화하여 밖에 있는 것처럼 다룸.

왜 기출 지문과 문제로 공부해야 하나요?

수능이나 모의고사는 수많은 전문가들이 모여 지문을 쓰고, 문제를 출제하고, 검토와 수정을 거듭하는 과정을 거쳐 만듭니다. 따라서 지문과 문제의 질이 좋을 수밖에 없지요. 이러한 기출 지문을 읽고 문제를 푸는 것은 수능에 어떤 지문과 문제가 나오는지 파악하고, 이에 대비할 수 있는 가장 효율적인 공부법입니다.

■ 정답과 해설 22쪽

1 윗글의 표제와 부제로 가장 적절한 것은?

① 사르트르 실존주의의 장단점 – 인간과 사물의 차이점을 중심으로
② 사르트르 실존주의의 발생 배경 – 현대 과학 기술 문명의 발전을 중심으로
③ 사르트르 실존주의의 변천 과정 – 본질과 실존의 우선순위 변화를 중심으로
④ 사르트르 실존주의의 특성과 의의 – 사물, 나, 타자에 대한 이해를 중심으로
⑤ 사르트르 실존주의의 주요 개념과 한계 – 자유와 책임의 상호 관계를 중심으로

빈출 유형의 기출 문제

기출 문제 중 수능에 자주 출제되는 대표 유형 문제를 선별해 수록했습니다. 기출 문제를 통해 수능 출제 경향을 알고, 직접 문제를 해결해 보면서 실전 감각을 기를 수 있습니다.

세부 내용 추론

2 ㉠에 들어갈 말로 가장 적절한 것은?

① 서로가 서로의 자유로운 선택을 인정하기 때문이다.
② 나와 타자가 각자의 방식으로 자신을 돌아보기 때문이다.
③ 서로가 서로를 주체성을 지닌 존재로 파악하기 때문이다.
④ 나와 타자가 서로의 시선에서 벗어나기를 원하기 때문이다.
⑤ 서로가 서로를 대상으로 삼아 객체화하려고 하기 때문이다.

자세한 지문 분석과 정확한 문제 해설

'정답과 해설'에서 지문의 독해 방향을 안내하고, 전 지문을 꼼꼼하게 분석했습니다. 또한 각각의 선지가 정답인 이유, 오답인 이유를 근거를 들어 상세하게 풀이했습니다. 자신의 독해 과정과 문제 풀이 과정을 점검하고 교정하여 지문과 문제를 완벽하게 이해할 수 있습니다.

구체적 상황에 적용

3 윗글을 바탕으로 〈보기〉를 이해한 내용으로 적절하지 <u>않은</u> 것은?

보기

(학생이 선생님과 상담하는 상황)

학생: 선생님, 저는 어렸을 때부터 누가 장래 희망을 물어보면 늘 의사라고 대답하곤 했는데, 고 2가 되면서 제가 정말 의사가 되고 싶은지 의문이 들었어요.
선생님: 왜 그런 생각을 하게 된 거야?
학생: 의사라는 꿈이 제 꿈이 아니라 부모님의 꿈이라는 생각이 들었거든요. 저는 어렸을 때부터 '너는 의사가 될 거야.'라는 말을 들으며 자랐어요. 그래서 당연히 의사가 되어야 한다고 생각했어요.
선생님: 그렇구나. 그런데 처음부터 해야 할 일이 정해진 사람은 없어. 네 꿈은 네가 고민해서 선택하는 것이 맞지 않을까?
학생: 그렇기는 하지만…… 부모님께서 반대하시면요?
선생님: 어떤 선택을 하든 네가 선택한 것에 책임감 있게 행동하면, 부모님도 너의 선택을 인정해 주시지 않을까? 선생님은 네가 하고 싶은 일을 스스로 찾았으면 좋겠어.

① '학생'은 장래 희망과 관련하여 스스로를 대상화하고 있군.
② 부모님의 기대를 의식하는 '학생'은 대타 존재에 해당하겠군.
③ '선생님'은 선천적으로 주어진 본질이란 없다고 생각하고 있군.
④ 학생이 의사가 되기를 바라는 '부모님'은 대자 존재에 해당하겠군.
⑤ '학생'은 장래 희망과 관련된 선택에서 타자의 시선을 고려하고 있군.

인문·예술 1

구성과 특징

⅀ 둘 독해력과 추론적 사고력을 기르는 독해 훈련

독해력을 길러 주는
지문 분석

기출 지문을 분석하는 훈련을 통해 수능 지문의 출제 패턴을 익히고, 지문을 분석하는 원리를 습득할 수 있습니다. 이로써 수능에서 낯선 지문을 만나더라도 그것을 분석해 낼 수 있는 독해력을 기를 수 있습니다.

지문 분석

1 ①문단을 통해 글의 중심 화제를 파악해 보자.

사르트르의 (   )

2 중심 화제와 관련된 각 문단의 정보를 정리해 보자.

①문단 실존주의와 사르트르
- 실존주의: 개인으로서 인간의 (❶   ) 존재성을 강조함.
- 이전의 철학자들: 인간의 본질을 탐구함. ↔ 사르트르: 개개인의 실존을 문제 삼음.

②문단 인간
- 본질이나 목적을 가지고 판단할 수 없음. ↔ 사물은 본질이 그 존재에 선행함.
- 우연히 이 세계에 내던져진 채 스스로를 만들어 가는 존재임.

③문단 의식의 유무에 따른 구분
- **사물 존재 – 즉자 존재** ·(❷   )이 없음. → 그 자리에 계속 그것인 상태로 남아 있음.
- **인간 존재 – 대자 존재** · 의식이 있음. → 자기 자신을 (❸   )하여 바라볼 수 있고, 자유로운 선택을 통해 자신을 만들어 갈 수 있음. → 선택에 따른 책임감으로 번민함. 자유로부터 도피하고 싶은 욕망이 생길 수 있음.

④문단 대타 존재
- 인간의 자유로운 선택이 (❹   )와 연관됨.
- 타인의 시선으로 규정되는 인간의 모습을 (❺   )라고 명명함.

⑤문단 나와 타자의 관계
- 나와 타자가 맺는 관계는 (❻   )과 투쟁임.
- 인간은 참된 자아를 찾기 위해 타자의 (❼   )을 극복하고 계속 자신의 행위를 선택하며 살아야 함.

⑥문단 사르트르 실존주의에 대한 평가
- 비판: 개인이 (❽   )에 의해 제약을 받는다는 사실을 간과함. 인간관계를 지나치게 비관적으로 설정함.
- 가치: 획일화되어 가는 삶을 반성하게 함. 주체적이고 개성적인 삶을 살아가도록 도움.

3 다음 정보 간의 관계를 파악해 보자.

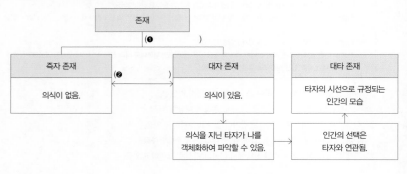

독서 영역은 어떻게 준비해야 하나요?

독서 영역 공부에서 기출이 중요하다는 것은 많은 학생들이 알고 있습니다. 하지만 기출을 단순히 많이 푼다고 성적이 오르는 것은 아닙니다. 지문을 대충 읽고 감으로 문제를 푸는 것은 실력 향상에 도움이 되지 않습니다. 지문을 철저하게 분석하고, 이를 바탕으로 문제를 정확하게 풀어야 실력이 향상됩니다. 따라서 스스로 지문을 분석하고, 근거를 바탕으로 선지의 적절성을 판단하는 훈련을 하는 것이 중요합니다.

추론적 사고력을 길러 주는
선지 판단 연습

정답 또는 오답의 근거를 추론하여 선지의 적절성을 판단하는 훈련을 통해 오답 선지가 구성되는 유형을 익히고, 추론적 사고력을 기를 수 있습니다. 이로써 고차원적 사고를 요하는 수능 문제도 풀 수 있는 문제 해결력을 기를 수 있습니다.

선지 판단 연습

추론적 사고력 기르기
지문을 바탕으로 ❶∼❹의 내용을 판단해 보자.

지문 ❶-2 사르트르(J. P. Sartre)는 실존주의를 대표하는 철학자로, 이전의 철학자들이 인간의 본질이 무엇이냐는 근원적 물음을 탐구했다면, 사르트르는 개개인의 실존을 문제 삼았다.

❶ 사르트르는 인간 본질의 근원적 물음을 탐구하는 철학의 전통을 이어받아 개개인의 실존을 문제 삼았다.
··· (○ / ×)

지문 ❷-5~6 그러나 인간은 사물과 다르다. 사르트르는 인간이 신의 뜻에 따라 만들어진 존재라는 기존의 통념을 거부하면서, 인간은 우연히 이 세계에 내던져진 채 스스로를 만들어 가는 존재라고 보았다.

❷ 사르트르는 인간은 사물과 달리 주체적인 존재라고 생각하였다. ·································· (○ / ×)

지문 ❹-3~5 그래서 사르트르는 타인의 시선으로 규정되는 인간의 모습을 일컬어 '대타 존재(Being for others)'라고 명명하였다. 예를 들어, 길을 걷다가 친구의 장난스러운 표정이 떠올라 웃었다고 가정해 보자. 그런데 그런 상황을 모르는 타자는 '저 사람 참 실없는 사람이네.'라는 시선을 보낼 수 있다. 이때 타자에 의해 '실없다.'라고 규정되는 존재가 대타 존재인 것이다.

❸ 사르트르는 타인의 상황을 고려하지 않고 타자를 '실없다.'라고 규정하는 존재를 '대타 존재'라고 하였다.
··· (○ / ×)

지문 ❺-3 그래서 사르트르는 나와 타자가 맺는 관계는 공존이 아니라 갈등과 투쟁으로 여겨서, '타자는 지옥이다.'라는 극단적인 표현까지 동원하기도 하였다.

❹ 사르트르는 나와 타자가 맺는 관계를 (낙관적 / 비관적)으로 생각하였다.

플러스 독해 TIP

제목을 묻는 문제

지문의 표제와 부제를 묻는 문제는 지문의 핵심 내용을 파악했는지 확인하기 위한 것이다. 즉 표제와 부제는 지문의 핵심 내용을 포괄해야 하므로 지문의 중심 화제가 반드시 포함되어야 한다.

> 19. 윗글의 표제와 부제로 가장 적절한 것은?
> ① 에피쿠로스 사상의 성립 배경 – 인간과 자연의 관계를 중심으로 ×
> ② 에피쿠로스 사상의 목적과 의의 – 신, 인간, 우주에 대한 이해를 중심으로 ○
> ③ 에피쿠로스 사상에 대한 비판과 옹호 – 사상의 한계와 발전적 계승을 중심으로 ×
> ④ 에피쿠로스 사상을 둘러싼 논쟁과 이견 – 당대 세계관과의 비교를 중심으로 ×
> ⑤ 에피쿠로스 사상의 현대적 수용과 효용성 – 행복과 쾌락의 상관성을 중심으로 ×
>
> 2020 – 6월 고3 모의평가

위 문제는 '에피쿠로스의 자연학과 그의 쾌락주의적 윤리학'을 다룬 지문의 제목을 묻고 있다. 즉 지문의 중심 화제는 '에피쿠로스 사상'인데 모든 선지에 중심 화제가 포함되어 있다. 그런데 ①번의 '성립 배경'은 1문단에서 간단히 제시되므로 표제로 적절하지 않다. ③번∼⑤번에 있는 에피쿠로스 사상에 대한 '비판', '논쟁과 이견', '현대적 수용'은 지문에 제시되지 않는다. 따라서 ②번이 정답이 된다. 제목을 묻는 문제를 풀 때는 지문의 중심 화제를 파악한 후 선지가 그것을 포함하고 있는지 확인해야 한다. 그리고 지문의 일부 내용만 담고 있지는 않은지, 지문에서 다룬 내용인지를 판단하여 지문의 핵심 내용을 포괄하는 선지를 고르면 된다.

독해 원리를 익히는
플러스 독해 TIP

기출과 연계하여 지문 분석, 문제 해결, 선지 판단에 도움이 되는 팁을 정리했습니다. 기출 예시를 통해 출제 양상을 파악하고, 구체적인 원리를 익혀 지문을 체계적으로 읽고 문제를 정확하게 푸는 능력을 기를 수 있습니다.
뒷장에 제시되어 있는 '플러스 독해 TIP 찾아보기'를 활용하면 필요한 팁을 찾아볼 수 있습니다.

플러스 독해 TIP 찾아보기

지문 분석 TIP

문제 해결 TIP

선지 판단 TIP

학습 계획표

권장 학습 계획 1

영역별 독해 훈련을 하고 싶은 경우

학습 날짜			학습 내용
1일차	월	일	인문·예술 01, 02
2일차	월	일	인문·예술 03, 04
3일차	월	일	인문·예술 05, 06
4일차	월	일	인문·예술 07, 08
5일차	월	일	인문·예술 09, 10
6일차	월	일	인문·예술 11, 12
7일차	월	일	사회·문화 01, 02
8일차	월	일	사회·문화 03, 04
9일차	월	일	사회·문화 05, 06
10일차	월	일	사회·문화 07, 08
11일차	월	일	사회·문화 09, 10
12일차	월	일	사회·문화 11, 12
13일차	월	일	과학·기술 01, 02
14일차	월	일	과학·기술 03, 04
15일차	월	일	과학·기술 05, 06
16일차	월	일	과학·기술 07, 08
17일차	월	일	과학·기술 09, 10
18일차	월	일	과학·기술 11, 12
19일차	월	일	주제 통합 01
20일차	월	일	주제 통합 02

권장 학습 계획 2

영역을 섞어 실전 독해 훈련을 하고 싶은 경우

학습 날짜			학습 내용
1일차	월	일	인문·예술 01, 사회·문화 01, 과학·기술 01
2일차	월	일	인문·예술 02, 사회·문화 02, 과학·기술 02
3일차	월	일	인문·예술 03, 사회·문화 03, 과학·기술 03
4일차	월	일	인문·예술 04, 사회·문화 04, 과학·기술 04
5일차	월	일	인문·예술 05, 사회·문화 05, 과학·기술 05
6일차	월	일	인문·예술 06, 사회·문화 06, 과학·기술 06
7일차	월	일	인문·예술 07, 사회·문화 07, 과학·기술 07
8일차	월	일	인문·예술 08, 사회·문화 08, 과학·기술 08
9일차	월	일	인문·예술 09, 사회·문화 09, 과학·기술 09
10일차	월	일	인문·예술 10, 사회·문화 10, 과학·기술 10
11일차	월	일	인문·예술 11, 사회·문화 11, 과학·기술 11
12일차	월	일	인문·예술 12, 사회·문화 12, 과학·기술 12
13일차	월	일	주제 통합 01, 주제 통합 02

나만의 학습 계획 📅

권장 학습 계획을 참고하여 자신만의 학습 계획을 세워 보세요.

학습 날짜			학습 내용	학습 날짜			학습 내용
일차	월	일		일차	월	일	
일차	월	일		일차	월	일	
일차	월	일		일차	월	일	
일차	월	일		일차	월	일	
일차	월	일		일차	월	일	
일차	월	일		일차	월	일	
일차	월	일		일차	월	일	
일차	월	일		일차	월	일	
일차	월	일		일차	월	일	
일차	월	일		일차	월	일	
일차	월	일		일차	월	일	
일차	월	일		일차	월	일	
일차	월	일		일차	월	일	
일차	월	일		일차	월	일	
일차	월	일		일차	월	일	
일차	월	일		일차	월	일	
일차	월	일		일차	월	일	
일차	월	일		일차	월	일	
일차	월	일		일차	월	일	

인문·예술

▌지문의 특징은?

- 철학·역사·심리학 분야의 인문 지문, 미술·음악 분야의 예술 지문이 주로 출제된다.
- 인문 지문은 서로 다른 철학자의 사상을 비교·대조하거나, 철학 사상의 변화 과정을 설명하는 경우가 많다.
- 예술 지문은 구체적인 작품의 특징을 설명하거나, 작품 경향·예술 사조 등의 변화 양상을 설명하는 경우가 많다.

▌어떻게 읽을까?

- 중심 화제를 파악하여 그 대상의 개념, 대상에 대한 관점에 주목하고, 두 가지 이상의 개념·관점이 제시되는 경우에는 공통점과 차이점을 파악하며 읽는다.
- 시기에 따른 변화 과정을 통시적으로 설명하는 글이라면 시기를 구분하여 시기별 특징과 차이점에 주목하여 읽는다.
- 낯선 용어가 제시된다면 개념이 정의된 부분, 부연 설명한 부분, 예시 등을 찾아 용어의 의미와 특징 등을 이해하며 읽는다.

1 ¹조선 시대의 유학자들은 왕권의 기반이 민심에 있으며 민심을 천심으로 받아들여야 한다고 보는 민본(民本) 사상을 통치 기조로 삼을 것을 주장했다. ²이러한 관점에서 군주는 백성의 뜻을 하늘의 뜻으로 받들며 섬기고 덕성을 갖춘 성군으로서 백성의 모범이 되어야 하며, 백성을 사랑하는 애민의 태도로 백성의 삶을 안정시키고 백성을 교화해야 하는 존재라고 강조했다. ³또한 백성은 보살핌과 가르침을 받는 존재로서 통치에 순응해야 한다고 보았다.

2 ¹군주와 백성에 대한 이러한 관점은 조선 개국을 주도하고 통치 체제를 설계한 정도전의 주장에도 드러난다. ²정도전은 군주나 관료가 백성에 대한 통치권을 지닌 것은 백성을 지배하기 위한 것이 아니라 백성을 보살피고 안정시키기 위한 것이라고 보았다. ³군주나 관료가 지배자가 아니라 백성을 위해 일하는 봉사자일 때 이들의 지위나 녹봉은 그 정당성이 확보된다고 여긴 것이다. ⁴또한 왕권이 정상적으로 작동하기 위해서는 왕을 정점으로 하여 관료 조직을 위계적으로 정비하는 것과 더불어, 민심을 받들어 백성을 보살피는 자로서 군주가 덕성을 갖추는 것이 중요하다고 보았다. ⁵백성을 위하는 관료의 자질 향상 및 책무의 중요성을 강조한 한편, 관료의 비행을 감독하는 감사 기능의 강화를 주장하기도 했다. ⁶이러한 정도전의 주장은 백성을 보살핌의 대상으로 바라본 민본 사상의 관점에 입각한 것이라 할 수 있다.

3 ¹조선 중기의 학자 이이 역시 군주의 바람직한 덕성을 강조한 한편 군주와 백성의 관계를 부모와 자식의 관계에 빗대어 백성을 보살펴야 하는 대상이라 논했다. ²이이는 특히 애민은 부모가 자녀를 가르치듯 군주가 백성들을 도덕적으로 교화함으로써 실현되며, 교화를 순조롭게 이루기 위해서는 우선 백성들을 경제적으로 안정시켜야 한다는 점을 강조했다. ³또한 백성은 군주에 대한 신망을 지닐 수도 버릴 수도 있는 존재이므로, 군주는 백성을 두려워하는 외민(畏民)의 태도를 지녀야 함을 역설했다. ⁴백성을 보살피고 교화해야 할 대상으로 여긴 점은 정도전의 관점과 상통하는 지점이다. ⁵다만 군주가 백성에 대한 두려움을 가지고 백성의 신망을 유지하기 위해 노력해야 한다는 것을 강조한 점에서 차이가 있다.

4 ¹조선 후기의 학자 정약용은 환자나 극빈자, 노인과 어린이 등 사회적 약자에 속하는 백성을 적극적으로 보호하는 것이 애민의 내용이라고 주장했다. ²이는 백성을 보살핌의 대상으로 바라보는 시각을 구체화한 것이라 할 수 있다. ³한편 정약용은 백성을 통치 체제 유지에 기여해야 하는 존재라 보고, 백성이 각자의 경제적 형편에 부합하는 역할을 수행해야 한다고 주장하여 백성에 대한 기존의 관점과 차이를 드러냈다. ⁴그는 가난한 백성인 '소민'은 교화를 따름으로써, 부유한 백성인 '대민'은 생산 수단을 제공하고 납세의 부담을 맡음으로써 통치 질서의 안정에 기여해야 한다고 논했다. ⁵이는 조선 후기 농업 기술과 상공업의 발달로 인해 재산을 축적한 백성들이 등장한 현실을 고려한 것으로, 백성이 국가를 유지하는 근간이라고 보는 관점에 기반한 주장이었다.

5 ¹조선 시대 학자들의 이와 같은 주장은 군주를 비롯한 통치 계층이 백성을 존중하는 정책을 펼치는 바탕이 되었다. ²백성을 대상으로 한 교육 제도, 관료의 횡포를 견제하는 감찰제도, 민생 안정을 위한 조세 및 복지 제도, 백성의 민원을 수렴하는 소원 제도 등은 백성을 위한 정책이 구현된 사례라 할 수 있다.

1 윗글에 대한 설명으로 가장 적절한 것은?

① 조선 시대 관료 조직의 위계를 분석하고 있다.

② 조선 시대 조세 제도의 문제점을 나열하고 있다.

③ 조선 시대 학자들의 백성에 대한 관점을 비교하고 있다.

④ 조선 시대 군주들의 통치관을 비판적으로 서술하고 있다.

⑤ 조선 시대 상업의 발달 과정을 통시적으로 기술하고 있다.

2 외민(畏民)에 대한 이해로 가장 적절한 것은?

① 백성이 군주에 대해 지녀야 할 마음가짐이다.

② 관료의 비행을 감독하기 위해 마련한 제도이다.

③ 군주와 백성을 부모와 자식의 관계에 비유하는 근거이다.

④ 민생이 안정되었을 때 드러나는 백성의 이상적 모습이다.

⑤ 백성이 군주에 대한 신망을 버릴 수 있다고 보는 관점이다.

3 윗글을 바탕으로 〈보기〉를 이해한 내용으로 적절하지 않은 것은?

> 보기
>
> ㄱ. 옛날에 바야흐로 온 세상을 제압하고 나서 천자가 벼슬을 내리고 녹봉을 나누어 준 것은 신하들을 위해서가 아니라 백성들을 위한 것이었다. … 임금이 관리에게 책임을 지우는 것도 한결같이 백성에 근본을 두고, 관리가 임금에게 보고하는 것도 한결같이 백성에 근본을 두면, 백성은 중요한 존재가 된다.　　　－ 정도전, 『삼봉집』
>
> ㄴ. 청컨대 전하의 식사와 옷에서부터, 바치는 물건들과 대궐 안에서 일상적으로 쓰는 물건들 일체를 삼분의 일 줄이십시오. 이런 방식으로 헤아려서 모든 팔도의 진상·공물들도 삼분의 일 줄이십시오. 이렇게만 하신다면 은택이 아래로 미치어 백성들이 실질적인 혜택을 받게 될 것입니다.　　　－ 이이, 『율곡전서』
>
> ㄷ. 만일 목화 농사가 흉작이 되어 면포의 가격이 뛰어오르는데 수백 리 밖의 고장은 풍년이 들어 면포의 값이 매우 쌀 경우 수령은 일단 백성에게 군포를 납부하지 말도록 해야 한다. 그리고 아전 중 청렴한 자를 골라 풍년이 든 곳에 가서 면포를 구입해 오도록 하여 군포를 바친다. 그리고 면포를 구입하는 데 쓴 돈은 백성들이 균등하게 부담케 하면 백성에게 큰 혜택이 돌아갈 것이다.　　　－ 정약용, 『목민심서』

① ㄱ은 관료의 녹봉이 백성을 위해 일하는 봉사자로서 얻는 것이라는 주장과 관련된다.

② ㄴ은 군주가 백성을 보살피는 존재라는 시각을 바탕으로 한다.

③ ㄷ은 대민과 소민에 따라 납세 부담에 차이가 있어야 한다는 주장을 구현하는 방법이다.

④ ㄱ과 ㄷ은 민본 사상의 관점에서 바람직한 관료의 면모를 보여 준다.

⑤ ㄴ과 ㄷ은 백성의 경제적 안정을 중시하는 관점에서 제안된 방안에 해당한다.

1 ❶문단을 통해 글의 중심 화제를 파악해 보자.

조선 시대 유학자들의 (   )

2 중심 화제와 관련된 각 문단의 정보를 정리해 보자.

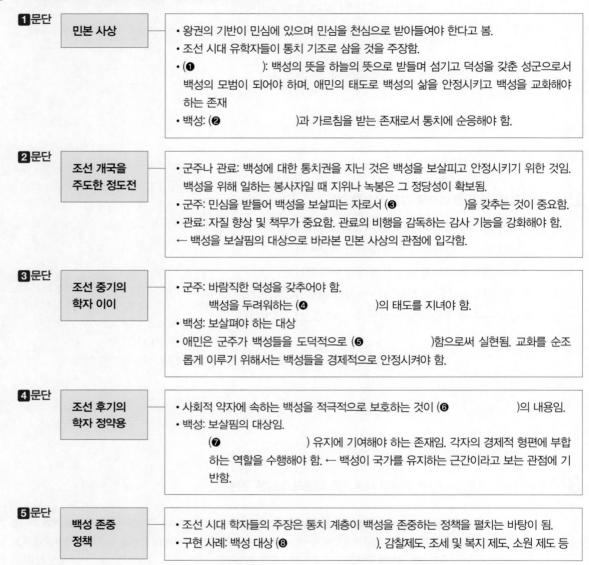

❶문단 **민본 사상**
- 왕권의 기반이 민심에 있으며 민심을 천심으로 받아들여야 한다고 봄.
- 조선 시대 유학자들이 통치 기조로 삼을 것을 주장함.
- (❶   ): 백성의 뜻을 하늘의 뜻으로 받들며 섬기고 덕성을 갖춘 성군으로서 백성의 모범이 되어야 하며, 애민의 태도로 백성의 삶을 안정시키고 백성을 교화해야 하는 존재
- 백성: (❷   )과 가르침을 받는 존재로서 통치에 순응해야 함.

❷문단 **조선 개국을 주도한 정도전**
- 군주나 관료: 백성에 대한 통치권을 지닌 것은 백성을 보살피고 안정시키기 위한 것임. 백성을 위해 일하는 봉사일 때 지위나 녹봉은 그 정당성이 확보됨.
- 군주: 민심을 받들어 백성을 보살피는 자로서 (❸   )을 갖추는 것이 중요함.
- 관료: 자질 향상 및 책무가 중요함. 관료의 비행을 감독하는 감사 기능을 강화해야 함.
- ← 백성을 보살핌의 대상으로 바라본 민본 사상의 관점에 입각함.

❸문단 **조선 중기의 학자 이이**
- 군주: 바람직한 덕성을 갖추어야 함.
  백성을 두려워하는 (❹   )의 태도를 지녀야 함.
- 백성: 보살펴야 하는 대상
- 애민은 군주가 백성들을 도덕적으로 (❺   )함으로써 실현됨. 교화를 순조롭게 이루기 위해서는 백성들을 경제적으로 안정시켜야 함.

❹문단 **조선 후기의 학자 정약용**
- 사회적 약자에 속하는 백성을 적극적으로 보호하는 것이 (❻   )의 내용임.
- 백성: 보살핌의 대상임.
  (❼   ) 유지에 기여해야 하는 존재임. 각자의 경제적 형편에 부합하는 역할을 수행해야 함. ← 백성이 국가를 유지하는 근간이라고 보는 관점에 기반함.

❺문단 **백성 존중 정책**
- 조선 시대 학자들의 주장은 통치 계층이 백성을 존중하는 정책을 펼치는 바탕이 됨.
- 구현 사례: 백성 대상 (❽   ), 감찰제도, 조세 및 복지 제도, 소원 제도 등

3 다음 정보 간의 관계를 파악해 보자.

군주와 백성에 대한 관점		(❶)	(❷)
	정도전	군주는 덕성을 지니고 백성을 보살펴야 함. 백성은 보살핌을 받는 존재임.	관료는 자질 향상 및 책무가 중요하고, 관료의 비행을 감독하는 감사 기능을 강화해야 함.
	이이		군주는 백성에 대한 두려움을 가지고 백성의 신망을 유지하기 위해 노력해야 함.
	정약용		백성은 통치 체제 유지에 기여해야 하는 존재로, 경제적 형편에 부합하는 역할을 수행해야 함.

추론적 사고력 기르기

지문을 바탕으로 ❶~❹의 내용을 판단해 보자.

> 지문 **❶**-1, 3 조선 시대의 유학자들은 왕권의 기반이 민심에 있으며 민심을 천심으로 받아들여야 한다고 보는 민본(民本) 사상을 통치 기조로 삼을 것을 주장했다. … 또한 백성은 보살핌과 가르침을 받는 존재로서 통치에 순응해야 한다고 보았다.

❶ 조선 시대의 유학자들은 백성이 군주의 통치에 비판적인 자세를 지녀야 한다고 보았다. ⋯⋯⋯⋯⋯⋯⋯(○ / ×)

> 지문 **❷**-5~6 백성을 위하는 관료의 자질 향상 및 책무의 중요성을 강조한 한편, 관료의 비행을 감독하는 감사 기능의 강화를 주장하기도 했다. 이러한 정도전의 주장은 백성을 보살핌의 대상으로 바라본 민본 사상의 관점에 입각한 것이라 할 수 있다.

❷ 정도전은 민본 사상을 바탕으로 관료가 백성을 감독하는 역할을 해야 한다고 주장했다. ⋯⋯⋯⋯⋯⋯⋯(○ / ×)

> 지문 **❸**-1, 3 조선 중기의 학자 이이 역시 군주의 바람직한 덕성을 강조한 한편 군주와 백성의 관계를 부모와 자식의 관계에 빗대어 백성을 보살펴야 하는 대상이라 논했다. … 또한 백성은 군주에 대한 신망을 지닐 수도 버릴 수도 있는 존재이므로, 군주는 백성을 두려워하는 외민(畏民)의 태도를 지녀야 함을 역설했다.

❸ 이이는 백성이 보살펴야 하는 대상이자 군주가 두려워해야 하는 대상이라고 보았다. ⋯⋯⋯⋯⋯⋯⋯(○ / ×)

> 지문 **❸**-2, **❹**-1 이이는 특히 애민은 부모가 자녀를 가르치듯 군주가 백성들을 도덕적으로 교화함으로써 실현되며, 교화를 순조롭게 이루기 위해서는 우선 백성들을 경제적으로 안정시켜야 한다는 점을 강조했다. … 조선 후기의 학자 정약용은 환자나 극빈자, 노인과 어린이 등 사회적 약자에 속하는 백성을 적극적으로 보호하는 것이 애민의 내용이라고 주장했다.

❹ 정약용은 애민의 내용이 백성을 (교화 / 보호)하는 것이라고 주장했다.

정보의 의미 관계

지문의 각 문장, 문단은 단순히 나열된 것이 아니라 서로 밀접하게 관련을 맺고 있다. 따라서 앞의 내용과 이어지는 내용의 관계를 파악해야 지문을 온전히 이해할 수 있다. 다음은 수능 지문에서 주로 나타나는 문장 또는 문단 간의 의미 관계이다. 이러한 용어는 지문의 내용 구조를 분석할 때뿐만 아니라 내용 전개 방식을 파악하는 문제의 선지에서도 자주 등장한다.

> - **비교**: 둘 이상의 대상을 공통점을 중심으로 설명함.
> - **구분**: 대상을 일정한 기준에 따라 나눔.
> - **과정**: 일이 되어 가는 경로를 밝힘.
> - **통시**: 시간의 흐름에 따라 대상의 변화 과정을 제시함.
> - **인과**: 어떤 결과를 가져오는 원인, 또는 원인에 따른 결과를 밝힘.
> - **병렬**: 여러 가지 대상이나 사실 또는 하나의 대상의 다양한 측면을 나란히 늘어놓음.
> - **문제와 해결**: 문제를 제기하고 그것을 해결할 수 있는 방안이나 대안을 제시함.
> - **통념과 반박**: 일반적으로 널리 통하는 개념을 제시하고 그에 반대하여 말함.
> - **주지와 부연**: 글에서 핵심이 되는 내용을 제시하고 그것을 이해하기 쉽도록 설명을 덧붙임.
> - **대조**: 둘 이상의 대상을 차이점을 중심으로 설명함.
> - **분석**: 대상을 구성 요소나 부분으로 나눔.
> - **예시**: 구체적인 예를 들어 보임.

이러한 의미 관계가 지문에 나타나는 양상과 독해 방법은 뒤에서 지문을 통해 설명할 것이다. 여기에서는 용어의 의미를 정리해 두도록 한다.

1 ¹미래주의는 20세기 초 이탈리아 시인 마리네티의 '미래주의 선언'을 시작으로, 화가 발라, 조각가 보치오니, 건축가 상텔리아, 음악가 루솔로 등이 참여한 *전위 예술 운동이다. ²당시 산업화에 뒤처진 이탈리아는 산업화에 대한 열망과 민족적 자존감을 고양시킬 수 있는 새로운 예술을 필요로 하였다. ³이에 산업화의 특성인 속도와 운동에 주목하고 이를 예술적으로 표현하려는 미래주의가 등장하게 되었다.

2 ¹특히 미래주의 화가들은 질주하는 자동차, 사람들로 북적이는 기차역, 광란의 댄스홀, 노동자들이 일하는 공장 등 활기찬 움직임을 보여 주는 모습을 주요 소재로 삼아 산업 사회의 역동적인 모습을 표현하였다. ²그들은 대상의 움직임의 추이를 화폭에 담아냄으로써 대상을 생동감 있게 형상화하려 하였다. ³이를 위해 미래주의 화가들은, 시간의 흐름에 따른 대상의 움직임을 하나의 화면에 표현하는 분할주의 기법을 사용하였다. ⁴'질주하고 있는 말의 다리는 4개가 아니라 20개다.'라는 미래주의 선언의 내용은, 분할주의 기법을 통해 대상의 역동성을 지향하고자 했던 미래주의 화가들의 생각을 잘 드러내고 있다.

3 ¹분할주의 기법은 19세기 사진작가 머레이의 연속 사진 촬영 기법에 영향을 받은 것으로, 이미지의 겹침, 역선(力線), 상호 침투를 통해 대상의 연속적인 움직임을 효과적으로 표현하였다. ²먼저 이미지의 겹침은 화면에 하나의 대상을 여러 개의 이미지로 중첩시켜서 표현하는 방법이다. ³마치 연속 사진처럼 화가는 움직이는 대상의 잔상을 바탕으로 시간의 흐름에 따른 대상의 움직임을 겹쳐서 나타내었다. ⁴다음으로 힘의 선을 나타내는 역선은, 대상의 움직임의 궤적을 여러 개의 선으로 구현하는 방법이다. ⁵미래주의 화가들은 사물이 각기 특징적인 움직임을 갖고 있다고 보고, 이를 역선을 통해 표현함으로써 사물에 대한 화가의 느낌을 드러내었다. ⁶마지막으로 상호 침투는 대상과 대상이 겹쳐서 보이게 하는 방법이다. ⁷역선을 사용하여 대상의 모습을 나타내면 대상이 다른 대상이나 배경과 구분이 모호해지는 상호 침투가 발생해 대상이 사실적인 형태보다는 왜곡된 형태로 표현된다. ⁸이러한 방식으로 미래주의 화가들은 움직이는 대상의 속도와 운동을 효과적으로 나타낼 수 있었다.

4 ¹기존의 전통적인 서양 회화가 대상의 고정적인 모습에 주목하여 비례, 통일, 조화 등을 아름다움의 요소로 보았다면, 미래주의 회화는 움직이는 대상의 속도와 운동이라는 미적 가치에 주목하여 새로운 미의식을 제시했다는 점에서 의의를 찾을 수 있다. ²이러한 미래주의 회화는 이후 모빌과 같이 나무나 금속으로 만들어 입체적 조형물의 운동을 보여 주는 키네틱 아트가 등장하는 데 ㉠영감을 제공한 것으로 평가되고 있다.

*전위 예술 기존의 표현 예술 형식을 부정하고 새로운 표현을 추구하는 예술 경향.

1 전체 내용 이해

윗글에서 언급된 내용이 <u>아닌</u> 것은?

① 미래주의에 참여한 예술가들
② 미래주의가 등장하게 된 배경
③ 미래주의 화가들이 사용한 기법
④ 미래주의 회화가 발전해 온 과정
⑤ 미래주의 화가들이 추구한 미의식

2 정보 추론

㉠의 구체적 내용으로 가장 적절한 것은?

① 전통 회화 양식에서 벗어나 움직이는 대상이 주는 아름다움을 최초로 작품화하려는 생각
② 기존의 방식과 달리 미적 가치를 3차원에서 실제로 움직이는 대상을 통해 구현하려는 생각
③ 사진의 촬영 기법을 회화에 접목시켜 비례와 조화에서 오는 조형물의 예술성을 높이려는 생각
④ 산업 사회의 역동적인 모습에서 벗어나 인류가 추구해야 할 미래상을 화폭에 담아내려는 생각
⑤ 예술적 대상의 범위를 구체적인 대상에서 추상적인 대상으로 확대하여 작품을 창작하려는 생각

3 구체적 사례에 적용

윗글을 바탕으로 〈보기〉를 감상한 내용으로 적절하지 <u>않은</u> 것은?

보기

발라의 「강아지의 다이내미즘」은 여인이 강아지를 데리고 산책하는 모습을 그린 미래주의 회화의 대표적인 작품이다.

① 움직이는 강아지의 모습을 속도감 있게 그린 것에서 미래주의 회화의 경향을 엿볼 수 있겠군.
② 선을 교차시켜 쇠사슬의 잔상을 구체적으로 재현한 것에서 역선을 통해 사실적인 형태를 강조했음을 알 수 있겠군.
③ 강아지의 발과 바닥의 경계가 모호하게 보이는 것에서 대상과 배경의 상호 침투 효과를 엿볼 수 있겠군.
④ 강아지의 발을 중첩시켜 표현한 것은 이미지 겹침을 통해 시간의 흐름에 따른 대상의 움직임을 나타낸 것이겠군.
⑤ 사람의 다리를 두 개가 아닌 여러 개로 그린 것은 분할주의 기법을 활용하여 걷는 이의 역동적 모습을 강조한 것이겠군.

1 ❶문단을 통해 글의 중심 화제를 파악해 보자.

(   )

2 중심 화제와 관련된 각 문단의 정보를 정리해 보자.

❶문단 | 미래주의의 등장
- 미래주의: 20세기 초 '미래주의 선언'을 시작으로, 예술가들이 참여한 전위 예술 운동
- (❶   )에 뒤처진 이탈리아는 산업화에 대한 열망과 민족적 자존감을 고양시킬 수 있는 새로운 예술을 필요로 함.
→ 산업화의 특성인 (❷   )와 운동에 주목하고 이를 예술적으로 표현하려는 미래주의가 등장함.

❷문단 | 미래주의 화가들
- 활기찬 움직임을 보여 주는 모습을 주요 소재로 삼아 산업 사회의 역동적인 모습을 표현함.
- 대상의 움직임의 추이를 화폭에 담아 대상을 생동감 있게 형상화함.
→ 시간의 흐름에 따른 대상의 움직임을 하나의 화면에 표현하는 (❸   ) 기법을 사용함.

❸문단 | 분할주의 기법
- 19세기 사진작가 머레이의 연속 사진 촬영 기법에 영향을 받음.
- 이미지의 겹침, 역선, 상호 침투를 통해 대상의 연속적인 움직임을 효과적으로 표현함.
 – (❹   )의 겹침: 화면에 하나의 대상을 여러 개의 이미지로 중첩시켜서 표현하는 방법
 – 역선: 대상의 움직임의 궤적을 여러 개의 선으로 구현하는 방법
 – (❺   ): 대상과 대상이 겹쳐서 보이게 하는 방법

❹문단 | 전통적인 서양 회화
- 대상의 고정적인 모습에 주목하여 비례, 통일, 조화 등을 (❻   )의 요소로 봄.

미래주의 회화
- 움직이는 대상의 속도와 운동이라는 미적 가치에 주목하여 새로운 (❼   )을 제시함.
→ 입체적 조형물의 운동을 보여 주는 (❽   )가 등장하는 데 영감을 제공함.

3 다음 정보 간의 관계를 파악해 보자.

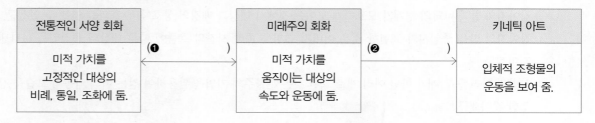

전통적인 서양 회화		미래주의 회화		키네틱 아트
미적 가치를 고정적인 대상의 비례, 통일, 조화에 둠.	(❶)	미적 가치를 움직이는 대상의 속도와 운동에 둠.	(❷)	입체적 조형물의 운동을 보여 줌.

지문을 바탕으로 ❶∼❹의 내용을 판단해 보자.

> **지문 ❶-2-3** 당시 산업화에 뒤처진 이탈리아는 산업화에 대한 열망과 민족적 자존감을 고양시킬 수 있는 새로운 예술을 필요로 하였다. 이에 산업화의 특성인 속도와 운동에 주목하고 이를 예술적으로 표현하려는 미래주의가 등장하게 되었다.

❶ 미래주의는 산업화에 대한 열망과 민족적 자존감을 고양시키기 위해 나타났다. ······························ (○ / ×)

> **지문 ❷-1∼2** 특히 미래주의 화가들은 질주하는 자동차, 사람들로 북적이는 기차역, 광란의 댄스홀, 노동자들이 일하는 공장 등 활기찬 움직임을 보여 주는 모습을 주요 소재로 삼아 산업 사회의 역동적인 모습을 표현하였다. 그들은 대상의 움직임의 추이를 화폭에 담아냄으로써 대상을 생동감 있게 형상화하려 하였다.

❷ 미래주의 화가들은 활기차게 움직이는 인물만을 주요 소재로 삼아 그들의 움직임의 추이를 형상화하였다.
··· (○ / ×)

> **지문 ❸-1** 분할주의 기법은 19세기 사진작가 머레이의 연속 사진 촬영 기법에 영향을 받은 것으로, 이미지의 겹침, 역선(力線), 상호 침투를 통해 대상의 연속적인 움직임을 효과적으로 표현하였다.

❸ 대상의 연속적인 움직임을 표현하는 분할주의 기법은 연속 사진 촬영 기법에 영향을 주었다. ·········· (○ / ×)

> **지문 ❹-1** 기존의 전통적인 서양 회화가 대상의 고정적인 모습에 주목하여 비례, 통일, 조화 등을 아름다움의 요소로 보았다면, 미래주의 회화는 움직이는 대상의 속도와 운동이라는 미적 가치에 주목하여 새로운 미의식을 제시했다는 점에서 의의를 찾을 수 있다.

❹ 움직이는 대상의 속도와 운동을 아름다움의 요소로 본 것은 (전통적인 서양 회화 / 미래주의 회화)이다.

플러스 독해 TIP

첫 문단에서 개념이 정의되는 글

중심 화제는 지문에서 말하고자 하는 대상이다. 이러한 중심 화제가 어렵거나 낯설다면 지문에 대한 이해를 돕기 위해 첫 문단에서 중심 화제에 대해 설명하거나, 중심 화제를 이해하기 위한 사전 지식을 제시한다. 따라서 첫 문단에서 어떤 대상의 개념이 정의된다면 그 대상은 중심 화제이거나 중심 화제를 이해하는 데 필요한 핵심어일 가능성이 높다.

> 미술관에서 오랫동안 움직이지 않고 서 있는 관광객 차림의 부부를 본다면 사람들은 다시 한번 바라볼 것이다. 그리고 그것이 미술 작품이라는 것을 알면 놀랄 것이다. 이처럼 현실에 존재하는 것을 실재라고 믿을 수 있도록 재현하는 유파를 <u>하이퍼리얼리즘</u>이라고 한다.　　　　　　　2018·9월 고3 모의평가

윗글은 하이퍼리얼리즘의 특성과 하이퍼리얼리즘에서 주로 사용하는 기법에 대해 설명하는 지문인데, 첫 문단에서 '하이퍼리얼리즘'의 개념을 정의하고 있다. 즉 첫 문단에서 개념이 정의된 부분에 주목하면 지문의 중심 화제가 '하이퍼리얼리즘'임을 파악할 수 있다. 따라서 지문의 첫 문단에서 개념이 정의된다면 그 대상과 정의에 표시해 둔다. 그리고 그와 관련된 정보를 중심으로 글을 읽어 나가면 지문의 핵심 정보를 파악하고 구조를 이해하는 데 도움이 된다.

1 ¹도움이 필요한 할머니를 외면하고 약속 시간을 지키는 것이 옳은가, 아니면 늦더라도 할머니를 돕는 것이 옳은가? ²이렇게 대립하는 가치들 중 어떤 가치를 선택해야 하는가의 문제, 즉 도덕적 갈등 문제를 바라보는 다양한 관점이 있다.

2 ¹먼저 ㉠도덕적 원칙주의자는 합리적인 이성을 통해 찾을 수 있는 선험적인 도덕 법칙이 존재한다고 본다. ²그리고 모든 인간은 이를 반드시 따라야 한다고 주장한다. ³따라서 도덕적 원칙주의자는 갈등 상황이 생겼을 때 주관적 욕구나 개인이 처한 상황을 고려하지 말고 도덕 법칙에 따라 행동하라고 말한다.

3 ¹도덕적 원칙주의는 인간의 합리적인 이성을 신뢰하고 이를 통해 윤리적으로 올바른 삶이란 무엇인가를 규명하려고 했다는 점에서 의의가 있다. ²하지만 어느 사회에나 보편적으로 적용되는 선험적인 도덕 법칙이 존재한다면, 도덕적 갈등은 나타나지 않거나 나타나더라도 쉽게 해결이 돼야 하는데 실제로는 그렇지 않다는 점에서 한계가 있다.

4 ¹㉡도덕적 자유주의자는 도덕적 원칙주의자와 달리 선험적인 도덕 법칙이 존재하지 않는다고 본다. ²대신 개인들이 합의를 통해 만든 상위 원리를 바탕으로 갈등을 해결해야 한다고 주장한다. ³자신의 이익만을 생각하는 편협한 입장에서 벗어나 객관적이고 공평한 지점에서 상위 원리를 만들 수 있다고 보기 때문이다. ⁴상위 원리를 통해 법과 같은 현실적인 규범이나 지침을 만들면 사람들이 이를 준수함으로써 도덕적 갈등이 해결된다는 것이다. ⁵따라서 도덕적 자유주의자는 공정한 형식적 절차를 마련하는 것을 최우선으로 삼는다.

5 ¹도덕적 자유주의는 인간의 자율성을 보장하면서 갈등 상황을 해결할 수 있는 현실적인 방법을 만들어 냈다는 데 의의가 있다. ²하지만 누구나 동의할 수 있는 상위 원리를 만들어 내는 것이 항상 가능한 것은 아니다. ³또한 합의를 통해 상위 원리를 만들었다고 하더라도 구체적인 규범과 지침을 마련하는 과정에서 또 다른 갈등이 발생할 수 있다.

[가]

6 ¹한편 도덕적 다원주의자는 해결 불가능한 도덕적 갈등이 있다고 주장한다. ²이는 도덕적 가치의 우선순위를 판단하는 통일된 지표를 마련하는 것이 어려운 경우가 존재한다고 보기 때문이다. ³가령 자유나 평등처럼 가치가 본래 지닌 내재적 속성이 상충되어 어느 하나를 추구하다 보면 다른 것을 상대적으로 덜 중시할 수밖에 없는 경우도 있으며, 어떤 조건에서는 우선시되는 가치가 다른 조건에서는 그렇지 않은 경우도 있다.

7 ¹따라서 도덕적 다원주의자는 중재를 통해 타협점을 모색하는 방식을 제안한다. ²가령 정의라는 가치가 중요하더라도 특정 갈등 상황에서 배려라는 가치가 더 중요하다면 타협을 통해 그것을 선택할 수도 있다고 말한다. ³또한 타협하는 과정에서 기존의 도덕적 가치들 외에 새로운 가치를 생성할 수도 있다고 본다. ⁴도덕적 다원주의자는 도덕적 갈등 상황에서 어떤 가치가 옳고 그른지 판단하는 것보다 갈등 당사자 간의 인간관계가 훼손되지 않는 것을 중시한다. ⁵갈등 당사자들이 서로 다른 도덕적 가치를 주장한다고 하더라도 한 공동체 안에서 상호 작용하며 살아가야 하는 구성원들이라고 보기 때문이다.

8 ¹도덕적 다원주의는 도덕적 갈등을 해결할 수 있는 현실적인 지침을 제공하지 않는다는 비판을 받기도 한다. ²하지만 갈등 상황에서 따라야 할 단일 기준을 내세우지 않는다는 것은 상황에 따라 문제를 해결할 수 있는 풍부한 기지와 창조력을 발휘할 수 있는 기회를 제공한다고도 할 수 있다. ³이러한 점에서 도덕적 다원주의는 도덕적 갈등을 바라보는 근본적인 인식을 바꾸었다는 의의가 있다.

1 ㉠과 ㉡에 대한 설명으로 적절하지 <u>않은</u> 것은?

① ㉠은 어느 사회에나 보편적으로 적용되는 도덕 법칙이 있다고 본다.

② ㉡은 상위 원리를 통해 현실적인 규범을 만들 수 있다고 본다.

③ ㉠은 ㉡과 달리 도덕적 가치의 우선순위를 판단할 수 있다고 본다.

④ ㉡은 ㉠과 달리 선험적인 도덕 법칙을 인정하지 않는다.

⑤ ㉠과 ㉡ 모두 도덕적 갈등 상황을 해결할 수 있다고 본다.

2 [가]의 '도덕적 다원주의자'의 관점에서 〈보기〉를 설명한 내용으로 가장 적절한 것은?

> 보기
>
> A는 친구 B에게 1,000만 원을 빌렸지만 형편이 어려워 B에게 돈을 갚지 못했다. 이에 B는 소송을 제기했다. ㉮판사 C는 A의 상황이 딱하다고 생각했으나 A가 법을 어긴 것은 잘못이라고 판단하여, A가 B에게 돈을 갚으라고 판결하였다.
>
> 한편, 판사 C의 친구 D는 C에게서 1,000만 원을 빌렸지만 형편이 어려워 C에게 돈을 갚지 못하고 있다. 이에 ㉯C는 소송을 제기할 것을 고민했으나, 친구의 어려움을 배려하는 것이 더 중요하다고 생각해서 소송을 단념했다.

① ㉮와 ㉯에서 C가 올바른 가치 판단을 하기 위해서는 통일된 지표가 있어야 한다.

② ㉮와 ㉯에서 C가 서로 다르게 판단한 것은 조건에 따라 가치의 우선순위가 다를 수 있기 때문이다.

③ ㉮에서 C가 우선시한 가치와 ㉯에서 C가 우선시한 가치는 동일하다.

④ ㉮에서 C는 통일된 지표에 따라 판단하였고, ㉯에서 C는 조건에 따라 판단하였다.

⑤ ㉮에서는 두 가치 간의 내재적 속성이 상충되지만, ㉯에서는 두 가치 간의 내재적 속성이 상충되지 않는다.

3 윗글을 바탕으로 〈보기〉에 대해 보인 반응으로 적절하지 <u>않은</u> 것은?

> 보기
>
> 이웃에 살고 있는 갑과 을은 공공장소에 CCTV 설치를 확대해야 하는가를 두고 갈등하고 있다. 갑은 CCTV가 없는 곳에서 범죄를 당한 적이 있다며, 공공의 안전이라는 가치를 위해 CCTV 수를 늘려야 한다고 주장한다. 반면 을은 CCTV로 인해 개인 정보가 노출된 적이 있다며, 사생활 보호라는 가치를 위해 CCTV 수를 늘리면 안 된다고 주장한다.

① 도덕적 원칙주의자는 CCTV 설치 확대를 둘러싼 갈등을 해결하는 데 갑이 범죄를 당한 적이 있다는 사실을 고려해서는 안 된다고 생각하겠군.

② 도덕적 자유주의자는 공정한 절차에 따른 합의에 의해 CCTV 설치 확대가 결정된다면 을은 그 결정을 따라야 한다고 생각하겠군.

③ 도덕적 자유주의자는 CCTV로 인해 개인 정보가 노출된 적이 있는 을의 입장이 고려되어야 한다는 점에서 갑이 양보해야 한다고 생각하겠군.

④ 도덕적 다원주의자는 갑과 을이 CCTV 설치 확대 문제를 이분법적으로 결정하기보다는 타협할 수 있는 지점을 찾아야 한다고 생각하겠군.

⑤ 도덕적 다원주의자는 갑과 을이 CCTV 설치 확대 문제를 둘러싼 갈등으로 인해 둘 사이의 관계가 나빠지지 않도록 하는 것이 중요하다고 생각하겠군.

1 **1**문단을 통해 글의 중심 화제를 파악해 보자.

(   ) 문제를 바라보는 다양한 관점

2 중심 화제와 관련된 각 문단의 정보를 정리해 보자.

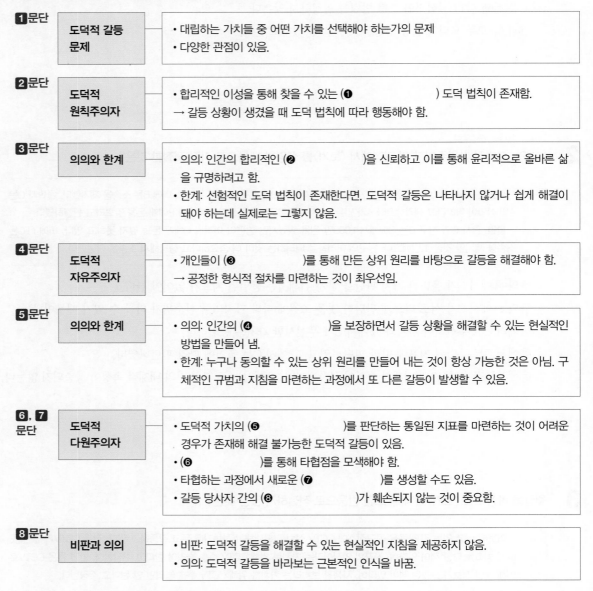

1문단 — **도덕적 갈등 문제**
- 대립하는 가치들 중 어떤 가치를 선택해야 하는가의 문제
- 다양한 관점이 있음.

2문단 — **도덕적 원칙주의자**
- 합리적인 이성을 통해 찾을 수 있는 (❶   ) 도덕 법칙이 존재함.
- → 갈등 상황이 생겼을 때 도덕 법칙에 따라 행동해야 함.

3문단 — **의의와 한계**
- 의의: 인간의 합리적인 (❷   )을 신뢰하고 이를 통해 윤리적으로 올바른 삶을 규명하려고 함.
- 한계: 선험적인 도덕 법칙이 존재한다면, 도덕적 갈등은 나타나지 않거나 쉽게 해결이 돼야 하는데 실제로는 그렇지 않음.

4문단 — **도덕적 자유주의자**
- 개인들이 (❸   )를 통해 만든 상위 원리를 바탕으로 갈등을 해결해야 함.
- → 공정한 형식적 절차를 마련하는 것이 최우선임.

5문단 — **의의와 한계**
- 의의: 인간의 (❹   )을 보장하면서 갈등 상황을 해결할 수 있는 현실적인 방법을 만들어 냄.
- 한계: 누구나 동의할 수 있는 상위 원리를 만들어 내는 것이 항상 가능한 것은 아님. 구체적인 규범과 지침을 마련하는 과정에서 또 다른 갈등이 발생할 수 있음.

6, **7** 문단 — **도덕적 다원주의자**
- 도덕적 가치의 (❺   )를 판단하는 통일된 지표를 마련하는 것이 어려운 경우가 존재해 해결 불가능한 도덕적 갈등이 있음.
- (❻   )를 통해 타협점을 모색해야 함.
- 타협하는 과정에서 새로운 (❼   )를 생성할 수도 있음.
- 갈등 당사자 간의 (❽   )가 훼손되지 않는 것이 중요함.

8문단 — **비판과 의의**
- 비판: 도덕적 갈등을 해결할 수 있는 현실적인 지침을 제공하지 않음.
- 의의: 도덕적 갈등을 바라보는 근본적인 인식을 바꿈.

3 다음 정보 간의 관계를 파악해 보자.

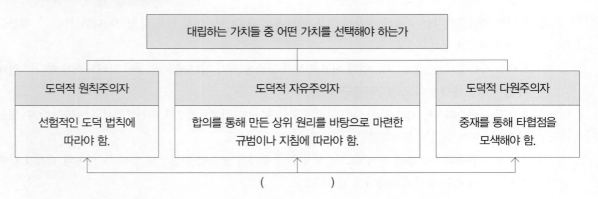

대립하는 가치들 중 어떤 가치를 선택해야 하는가

도덕적 원칙주의자	도덕적 자유주의자	도덕적 다원주의자
선험적인 도덕 법칙에 따라야 함.	합의를 통해 만든 상위 원리를 바탕으로 마련한 규범이나 지침에 따라야 함.	중재를 통해 타협점을 모색해야 함.

(   )

지문을 바탕으로 ❶~❹의 내용을 판단해 보자.

> **지문 ❷-1** 먼저 도덕적 원칙주의자는 합리적인 이성을 통해 찾을 수 있는 선험적인 도덕 법칙이 존재한다고 본다.

❶ 도덕적 원칙주의자는 선험적인 도덕 법칙은 합리적인 이성을 통해 찾을 수 있다고 본다. ·················· (○ / ×)

> **지문 ❹-4~5** 상위 원리를 통해 법과 같은 현실적인 규범이나 지침을 만들면 사람들이 이를 준수함으로써 도덕적 갈등이 해결된다는 것이다. 따라서 도덕적 자유주의자는 공정한 형식적 절차를 마련하는 것을 최우선으로 삼는다.

❷ 도덕적 자유주의자는 공정한 형식적 절차를 마련하면 도덕적 갈등은 저절로 해결된다고 본다. ········· (○ / ×)

> **지문 ❼-1, 3** 따라서 도덕적 다원주의자는 중재를 통해 타협점을 모색하는 방식을 제안한다. … 또한 타협하는 과정에서 기존의 도덕적 가치들 외에 새로운 가치를 생성할 수도 있다고 본다.

❸ 도덕적 다원주의자는 중재를 통해 새로운 도덕적 가치를 반드시 생성해야 한다고 생각한다. ············ (○ / ×)

> **지문 ❽-2~3** 하지만 갈등 상황에서 따라야 할 단일 기준을 내세우지 않는다는 것은 상황에 따라 문제를 해결할 수 있는 풍부한 기지와 창조력을 발휘할 수 있는 기회를 제공한다고도 할 수 있다. 이러한 점에서 도덕적 다원주의는 도덕적 갈등을 바라보는 근본적인 인식을 바꾸었다는 의의가 있다.

❹ 도덕적 다원주의는 (단일 기준 / 상황)에 따라 문제를 해결할 수 있는 기회를 제공한다는 점에서 도덕적 갈등을 바라보는 근본적인 인식을 바꾸었다.

플러스 독해 TIP

여러 관점이 나타나는 글

하나의 대상에 대한 다양한 시각이 드러나는 지문에는 한 관점과 그것을 비판하는 관점이 제시되기도 하고, 앞에 제시된 관점을 보완하는 관점이 제시되거나, 상반되는 두 관점을 절충·통합하는 관점이 제시되기도 한다.

> 비도덕적 행동이 발생하는 원인과 도덕적 행동을 유도하는 방법을 설명하는 데 있어, 자기 조절이라는 개념을 중심으로 도덕 교육에 시사점을 주는 현대 심리학 이론들이 있다. …
> 밴두라의 사회 인지 이론에서는 인간이 자기 조절 능력을 선천적으로 가지고 있다고 본다. 이런 특징을 가진 인간은 가치 있는 것을 획득하기 위해 행동하거나 두려워하는 것을 피하기 위해 행동한다. 밴두라에 따르면, 자기 조절은 세 가지의 하위 기능인 자기 검열, 자기 판단, 자기 반응의 과정을 통해 작동한다. …
> 한편 바우마이스터의 자기 통제 힘 이론은, 사회 인지 이론의 기본적인 틀을 유지하면서 인간의 심리적 현상에 대해 자연 과학적 근거를 찾으려는 경향이 대두되면서 등장하였다. 이 이론에서 말하는 자기 조절은 개인의 목표 성취와 관련된 개인적 표준, 자신의 행동을 관찰하는 모니터링, 개인적 표준에 도달할 수 있게 하는 동기, 자기 조절에 들이는 에너지로 구성된다.
> 2019-4월 고3 학력평가

윗글에는 '자기 조절'에 대한 현대 심리학 이론들의 관점이 나타난다. 첫 번째는 '사회 인지 이론'의 관점이고, 두 번째는 이 이론의 기본적인 틀을 유지하면서 새롭게 등장한 '자기 통제 힘 이론'의 관점이다. 이렇게 여러 관점이 나타나는 지문에서는 관점 간의 관계를 묻는 문제가 출제되거나, 각 관점을 비교하는 문제가 자주 출제된다. 관점이 제시될 때는 '…고 주장한다.', '…고 본다.', '…고 여긴다.'와 같은 형식이 나타나므로, 이러한 표현에 주목하여 각 관점의 핵심 부분에 표시를 하면서 읽는 것이 좋다.

1 ¹중국 역사에서 전국 시대는 전쟁으로 점철된 시대였다. ²여러 사상가들이 혼란한 정국을 수습하고 백성들을 고통에서 벗어나게 하기 위한 대안을 마련하였는데, 이 과정에서 그들의 이론을 뒷받침할 형이상학적 체계로서의 인성론이 대두되었다. ³인성론은, 인간의 본성은 선하다는 성선설, 인간의 본성이 악하다는 성악설, 인간의 본성에는 애초에 선과 악이라는 구분이 전혀 없다는 성무선악설 등으로 분류될 수 있다. ⁴맹자와 순자를 비롯한 사상가들은 인간 본성에 대한 이론적 탐구에서 더 나아가 사회적·정치적 관점으로 인성론을 구성하고 변형시켜 왔다.

[A]
2 ¹맹자의 성선설이 국가 공권력에 저항하기 위해 호족들 및 지주들이 선한 본성을 갖춘 자신들을 간섭하지 말라는 이념적 논거로 사용되었다면, 순자나 법가의 성악설은 군주가 국가 공권력을 정당화할 때 그 논거로서 사용되었다. ²즉 선악이란 윤리적 개념이 정치적 개념과 불가분의 관계에 놓여 있다는 사실을 확인할 수 있다. ³성선설에서는 개체가 외부의 강제적인 간섭 없이도 '정치적 질서'를 낳고 유지할 수 있다고 본 반면, 성악설에서는 외부의 간섭이 없을 경우 개체는 '정치적 무질서'를 초래할 뿐인 존재라고 본 것이다.

3 ¹한편 ㉠고자는 성무선악설을 통해 인간이 가지고 있는 식욕과 같은 자연적인 욕구가 본성이므로 이를 정치적이면서 동시에 윤리적인 범주로서의 선과 악의 개념으로 다룰 수 없다고 주장했다. ²그는 인간의 본성을 '소용돌이치는 물'로 비유했는데, 이러한 관점은 소용돌이처럼 역동적인 삶의 의지를 지닌 인간을 규격화함으로써 그 역동성을 마비시키려는 일체의 외적 간섭에 저항하는 입장을 취하도록 하였다.

4 ¹㉡맹자는, 인간의 본성을 역동적인 것으로 간주한 고자의 인성론을 비판하였다. ²맹자는 살아 있는 버드나무와 그것으로 만들어진 나무 술잔의 비유를 통해, 나무 술잔으로 쓰일 수 있는 본성이 이미 버드나무 안에 있다고 보았다. ³맹자는 인간이 선천적으로 지닌 이러한 본성을 인의예지 네 가지로 규정하였다. ⁴고통에 빠진 타인을 측은히 여기는 동정심, 즉 측은지심은 인간이라면 누구나 갖고 있다고 보고, 측은한 마음은 인간의 의식적 노력에서 나온 것이 아니라 불쌍한 타인을 목격할 때 저절로 내면 깊은 곳에서 흘러나온다고 본 것이 맹자의 관점이었다. ⁵다시 말해 인간은 스스로의 노력으로 본성을 실현할 수 있는 존재, 즉 타인의 힘이 아닌 자력으로 수양할 수 있는 존재라고 보았다. ⁶이것이 바로 맹자 수양론의 기본 전제이다.

5 ¹모든 인간은 선한 본성을 지니고 있고, 이 선한 본성의 실현은 주체 자신의 노력에 의해서만 가능하다는 맹자의 성선설을 순자는 사변적이고 낙관적이며 현실 감각이 결여된 주장으로 보았다. ²선한 인간이 되기 위해서 인간은 국가 질서, 학문, 관습 등과 같은 외적인 것에 의존할 필요가 없다고 본 맹자의 논리는 현실 사회에서 국가 공권력과 사회 규범의 역할을 전적으로 부정하는 논거로도 사용될 수 있었기 때문이다. ³㉢순자의 견해처럼 인간의 본성이 악하다고 전제할 때 그것을 교정하고 순치할 수 있는 외적인 강제력, 다시 말해 국가 권력이나 전통적인 제도들이 부각될 수 있다. ⁴국가 질서와 사회 규범을 정당화하기 위한 순자의 견해는 성악설뿐만 아니라 현실주의적 인간관에서 비롯되었다.

6 ¹순자는 인간의 욕망이 무한하지만 그것을 충족시켜 줄 재화는 매우 한정되어 있다고 보고 이런 모순을 해결하기 위해서 국가에 의해 예(禮)가 만들어졌다는 입장을 견지하였다. ²만약 인간에게 외적인 공권력과 사회 규범이 없는 경우를 가정한다면 인간들은 자신들의 욕망 충족에 있어 턱없이 부족한 재화를 놓고 일종의 전쟁 상태에 빠지게 될 것이고, 그 결과 사회는 걷잡을 수 없는 무질서 상태로 전락하게 될 것이다. ³맹자의 성선설이 비현실적일 뿐만 아니라 정치적 질서를 해칠 가능성이 있다고 본 순자의 비판은, 바로 인간과 사회에 대한 이와 같은 견해로부터 나온 것이다.

논지 전개 방식 파악

1 윗글에 대한 설명으로 가장 적절한 것은?

① 인성에 대한 세 견해의 장단점을 비교하고 있다.

② 인성론의 등장 배경과 다양한 견해를 소개하고 있다.

③ 인성론의 역사적 의의와 한계에 대해 분석하고 있다.

④ 인성론이 등장한 시대적 상황을 구체적 자료를 통해 제시하고 있다.

⑤ 인성에 대한 두 견해를 제시하며 이를 절충한 이론을 소개하고 있다.

핵심 개념 이해

2 [A]를 통해 '인성론'에 대해 이해한 내용으로 가장 적절한 것은?

① 사회의 발전을 위한 갈등 유지의 당위성을 인정하였다.

② 권력자의 윤리 의식과 통치력이 상반된다고 판단하였다.

③ 정치적 입장을 정당화하는 이념적인 수단으로 사용되었다.

④ 초자연적 존재와 대비되는 인간 본성의 우위를 추구하였다.

⑤ 인간의 타고난 본성을 거스르는 인위적 노력을 배격하였다.

구체적 상황에 적용

3 ㉠~㉢의 관점에서 〈보기〉를 이해한 것으로 적절하지 않은 것은?

> 보기
>
> 가난과 배고픔 때문에 빵을 훔친 장발장은 체포되어 19년 동안 감옥 생활을 한다. 출소한 장발장은 신분증에 전과가 적혀 있어 잠잘 곳도, 일자리도 구할 수 없게 된다. 오직 미리엘 주교만이 이런 그를 따뜻하게 맞아 주었으나, 장발장은 은촛대를 훔치다가 경관에게 붙잡힌다. 하지만 미리엘 주교는 은촛대는 장발장이 훔친 것이 아니라 선물로 준 것이라고 말하며 사랑을 베풀어 주었고, 이에 감동받은 장발장은 정체를 숨기고 선행을 베풀며 살아간다.

① ㉠: 장발장이 배가 고파 빵을 먹고 싶은 것은 인간의 자연스러운 욕구에서 비롯된 것으로 이해할 수 있다.

② ㉠: 미리엘 주교가 은촛대를 장발장에게 준 선물이라고 말한 것은 역동적 삶의 의지를 규격화하려는 행위로 볼 수 있다.

③ ㉡: 미리엘 주교가 장발장에게 편히 쉴 곳을 마련해 준 것은 불쌍한 사람을 측은히 여기는 마음에 따른 것으로 이해할 수 있다.

④ ㉡: 장발장이 선행을 베풀며 살아가는 모습은 스스로의 노력으로 선한 본성을 실현하는 것으로 볼 수 있다.

⑤ ㉢: 장발장이 체포되어 수감된 것은 본성을 바로잡기 위한 사회 규범에 의거한 것으로 볼 수 있다.

1 ❶문단을 통해 글의 중심 화제를 파악해 보자.

사회적·정치적 관점으로 구성되고 변형되어 온 (   )

2 중심 화제와 관련된 각 문단의 정보를 정리해 보자.

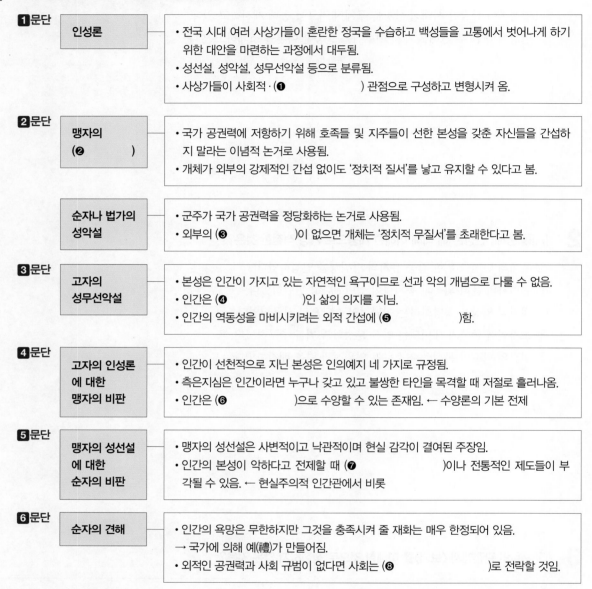

❶문단

| 인성론 | • 전국 시대 여러 사상가들이 혼란한 정국을 수습하고 백성들을 고통에서 벗어나게 하기 위한 대안을 마련하는 과정에서 대두됨.
• 성선설, 성악설, 성무선악설 등으로 분류됨.
• 사상가들이 사회적·(❶   ) 관점으로 구성하고 변형시켜 옴. |

❷문단

| 맹자의
(❷   ) | • 국가 공권력에 저항하기 위해 호족들 및 지주들이 선한 본성을 갖춘 자신들을 간섭하지 말라는 이념적 논거로 사용됨.
• 개체가 외부의 강제적인 간섭 없이도 '정치적 질서'를 낳고 유지할 수 있다고 봄. |

| 순자나 법가의
성악설 | • 군주가 국가 공권력을 정당화하는 논거로 사용됨.
• 외부의 (❸   )이 없으면 개체는 '정치적 무질서'를 초래한다고 봄. |

❸문단

| 고자의
성무선악설 | • 본성은 인간이 가지고 있는 자연적인 욕구이므로 선과 악의 개념으로 다룰 수 없음.
• 인간은 (❹   )인 삶의 의지를 지님.
• 인간의 역동성을 마비시키려는 외적 간섭에 (❺   )함. |

❹문단

| 고자의 인성론
에 대한
맹자의 비판 | • 인간이 선천적으로 지닌 본성은 인의예지 네 가지로 규정됨.
• 측은지심은 인간이라면 누구나 갖고 있고 불쌍한 타인을 목격할 때 저절로 흘러나옴.
• 인간은 (❻   )으로 수양할 수 있는 존재임. ← 수양론의 기본 전제 |

❺문단

| 맹자의 성선설
에 대한
순자의 비판 | • 맹자의 성선설은 사변적이고 낙관적이며 현실 감각이 결여된 주장임.
• 인간의 본성이 악하다고 전제할 때 (❼   )이나 전통적인 제도들이 부각될 수 있음. ← 현실주의적 인간관에서 비롯 |

❻문단

| 순자의 견해 | • 인간의 욕망은 무한하지만 그것을 충족시켜 줄 재화는 매우 한정되어 있음.
→ 국가에 의해 예(禮)가 만들어짐.
• 외적인 공권력과 사회 규범이 없다면 사회는 (❽   )로 전락할 것임. |

3 다음 정보 간의 관계를 파악해 보자.

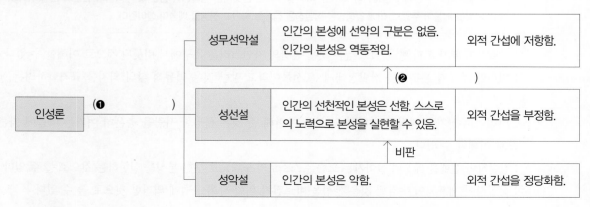

	성무선악설	인간의 본성에 선악의 구분은 없음. 인간의 본성은 역동적임.	외적 간섭에 저항함.
인성론 (❶)			(❷)↑
	성선설	인간의 선천적인 본성은 선함. 스스로의 노력으로 본성을 실현할 수 있음.	외적 간섭을 부정함.
			비판↑
	성악설	인간의 본성은 악함.	외적 간섭을 정당화함.

선지 판단 연습

추론적 사고력 기르기

지문을 바탕으로 ❶~❹의 내용을 판단해 보자.

> **지문 ❶-2** 여러 사상가들이 혼란한 정국을 수습하고 백성들을 고통에서 벗어나게 하기 위한 대안을 마련하였는데, 이 과정에서 그들의 이론을 뒷받침할 형이상학적 체계로서의 인성론이 대두되었다.

❶ 인성론은 혼란한 시대 상황을 해결하기 위한 구체적인 대안으로 대두되었다. .... (○ / ×)

> **지문 ❷-1** 맹자의 성선설이 국가 공권력에 저항하기 위해 호족들 및 지주들이 선한 본성을 갖춘 자신들을 간섭하지 말라는 이념적 논거로 사용되었다면, 순자나 법가의 성악설은 군주가 국가 공권력을 정당화할 때 그 논거로서 사용되었다.

❷ 성선설은 국가 공권력에 저항하는 힘없는 백성들의 이념적 논거로 사용되었다. .... (○ / ×)

> **지문 ❹-4** 고통에 빠진 타인을 측은히 여기는 동정심, 즉 측은지심은 인간이라면 누구나 갖고 있다고 보고, 측은한 마음은 인간의 의식적 노력에서 나온 것이 아니라 불쌍한 타인을 목격할 때 저절로 내면 깊은 곳에서 흘러나온다고 본 것이 맹자의 관점이었다.

❸ 맹자는 다른 사람을 불쌍하게 여기는 마음은 인간의 본성이라고 생각했다. .... (○ / ×)

> **지문 ❻-1** 순자는 인간의 욕망이 무한하지만 그것을 충족시켜 줄 재화는 매우 한정되어 있다고 보고 이런 모순을 해결하기 위해서 국가에 의해 예(禮)가 만들어졌다는 입장을 견지하였다.

❹ 순자는 인간의 욕망은 (유한 / 무한)한 데 비해 재화는 (유한 / 무한)하기 때문에 예(禮)가 만들어졌다고 보았다.

플러스 독해 TIP

인물이나 용어가 나타나는 글

지문에 인물의 이름이 나타나면 그 인물의 견해·주장·사상이 제시된다. 이때 인물의 견해·주장·사상을 특정 용어를 통해 나타내기도 한다. 또한 예술 작품의 특징을 제시하는 용어, 법률 또는 경제와 관련된 용어 등 낯선 용어가 제시되는 경우도 있다.

> 수양론의 한 가지 기반으로, 율곡은 이통기국(理通氣局)을 주장한다. 이것은 만물이 하나의 동일한 '이'를 공유하지만, 다양한 '기'의 성질로 인해 서로 다른 모습으로 나타날 수 있음을 의미한다. 또한 이러한 이통기국론은, 성인과 일반인이 기질의 차이는 있지만 동일한 '이'를 갖기 때문에 일반인이라도 기질상의 병폐를 제거하고 탁한 기질을 정화하면 '이'의 선한 본성이 회복되어 성인의 경지에 이를 수 있다는 기질 변화론으로 이어진다. 율곡은 흐트러진 마음을 거두어들이는 거경(居敬), 경전을 읽고 공부하여 시비를 분별하는 궁리(窮理), 그리고 몸과 마음을 다스려 사욕을 극복하는 역행(力行)을 기질 변화를 위한 중요한 수양 방법으로 제시한다.   2018-6월 고3 모의평가

윗글에는 '율곡'이라는 인물의 주장이 나타나는데 이는 '이통기국(론)', '기질 변화론'이라는 용어를 통해 제시된다. 또한 율곡이 제시한 수양 방법은 '거경', '궁리', '역행' 등의 용어를 통해 나타난다. 지문에서 인물의 생각은 글의 핵심 정보인 경우가 많고, 용어는 지문의 중심 화제이거나 중심 화제를 설명하기 위한 보조적인 개념인 경우가 많다. 따라서 지문에 인물이 등장한다면 인물의 견해·주장·사상을 파악하고, 용어가 나타난다면 용어의 개념이 정의된 부분에 주목하며 읽어야 한다.

1 ¹공리주의는 일반적으로 어떤 행위의 옳고 그름이 공리에 따라, 즉 그 행위가 인간의 이익과 행복을 늘리는 데 결과적으로 얼마나 기여하는가에 따라 결정된다고 보는 이론이다. ²이러한 공리주의는 인간이 자신과 더불어 다른 존재들의 이익과 행복을 공평하게 고려해야 한다는 것을 전제로 한다. ³그리고 인간은 자신의 이익과 행복을 증진하려 하는데, 그러한 인간이 할 수 있는 행위들 중에서 인간의 최대 이익과 행복이라는 '최선의 결과'를 가져오는 행위를 옳은 행위로 본다. ⁴공리주의는 이러한 최선의 결과를 본래적 가치로 여긴다. ⁵이때 본래적 가치란 그 자체로서 지니는 가치를 의미하는데, 이는 다른 어떤 것을 위한 수단으로서의 가치인 도구적 가치와는 상대되는 개념이다. ⁶그런데 최선의 결과를 무엇으로 보느냐에 따라 공리주의는 크게 쾌락주의적 공리주의, 선호 공리주의, 이상 공리주의 등으로 나누어 볼 수 있다.

2 ¹㉠쾌락주의적 공리주의는 최선의 결과를 쾌락의 증진으로 보는 이론이다. ²다시 말해 인간의 심리적 경험인 쾌락을 본래적 가치로 여기고 있는 것이다. ³이 이론에 따르면 도덕적으로 옳은 행위는 자신뿐 아니라, 그 행위가 영향을 미치는 모든 인간들의 쾌락을 가장 많이 증진하는 행위이다. ⁴그러나 쾌락주의적 공리주의는 인간이 어떤 행위를 선택할 때 쾌락만을 추구하는 것이 아니라 다른 것을 추구하기도 한다는 것을 설명하기 어렵다는 한계를 지닌다.

3 ¹쾌락주의적 공리주의의 이런 한계를 극복하기 위해 등장한 이론이 ㉡선호 공리주의이다. ²이 이론은 최선의 결과를 선호의 실현으로 본다. ³여기에서 선호란 사람마다 원하는 것 혹은 실현하고자 하는 것을 말한다. ⁴선호 공리주의에 따르면 도덕적으로 옳은 행위는 자신뿐 아니라, 그 행위가 영향을 미치는 모든 사람들 각자가 지닌 선호를 가장 많이 실현시키는 행위이다. ⁵선호 공리주의는 쾌락뿐만 아니라 쾌락이 아닌 다른 것을 추구하기도 하는 인간의 행위가 개인의 선호를 반영한 것이고, 이런 선호의 실현이 곧 최선의 결과라고 설명함으로써 쾌락주의적 공리주의의 한계를 극복했다. ⁶그러나 선호 공리주의는 보편적인 관점에서 볼 때 비정상적인 욕구에 기반을 둔 선호의 실현과 정상적인 욕구에 기반을 둔 선호의 실현이 동일한 비중을 갖지 않는다는 점을 설명하기 어렵다는 한계를 지닌다.

4 ¹쾌락주의적 공리주의와 선호 공리주의에 대한 대안으로 등장한 것이 ㉢이상 공리주의이다. ²이 이론은 앞의 두 이론과 마찬가지로 인간의 최대 이익과 행복을 가져오는 인간의 행위를 옳은 행위로 여긴다. ³그러나 이상 공리주의는 쾌락주의적 공리주의와 달리 쾌락을 유일한 본래적 가치라고 생각하지 않는다. ⁴이 이론은 진실, 아름다움, 정의, 평등, 자유, 생명, 배려 등의 이상들도 본래적 가치에 해당한다고 본다. ⁵또 선호 공리주의와 달리 이상 공리주의는 이런 이상들이 인간의 선호와 무관하게 실현되어야 할 본래적 가치라고 주장한다. ⁶결국 이 이론은 이상의 실현을 최선의 결과로 본다. ⁷이상 공리주의에 따르면 본래적 가치에 해당하는 이상들은 인간의 이익과 행복을 구성한다. ⁸그렇기 때문에 이상 공리주의는 인간들의 서로 다른 관심과는 무관하게 실현되어야 할 이상들을 인간이 더 많이 실현하는 것이 곧 최대의 이익과 행복이라고 본다. ⁹그러나 이상 공리주의는 본래적 가치에 해당하는 이상들이 갈등하는 경우 어떤 이상의 실현이 최선의 결과일지에 대해 설명하기 어렵다는 한계를 지니고 있다.

5 ¹공리주의에서 말하는 최선의 결과에 대한 논의는 지금도 계속되고 있다. ²인간이 이익과 행복을 증진하려는 노력을 계속하는 한 공리주의 담론에서 최선의 결과에 대한 논의는 계속될 것이다.

1 내용 전개 방식 파악

윗글의 내용 전개 방식으로 가장 적절한 것은?

① '최선의 결과'에 대한 역사적인 사건을 제시하고 최선의 결과를 다루고 있는 세 이론의 한계를 지적하고 있다.

② '최선의 결과'를 강조하는 세 이론을 제시하고 각각의 입장을 뒷받침하는 예시들을 활용하여 구체화하고 있다.

③ '최선의 결과'에 대해 서로 다른 관점을 지닌 세 이론을 제시하고 각각의 주장과 한계를 중심으로 설명하고 있다.

④ '최선의 결과'를 중심으로 세 이론을 소개하고 이론들이 제기한 문제점이 해결된 사회적 상황을 부각하고 있다.

⑤ '최선의 결과'에 대한 문제점을 제기하는 세 이론을 소개하고 그 문제점을 보완하는 새로운 이론을 제안하고 있다.

2 세부 내용 파악

윗글의 내용과 일치하지 않는 것은?

① 쾌락주의적 공리주의와 선호 공리주의에 대한 대안으로 이상 공리주의가 등장하였다.

② 선호 공리주의는 쾌락을 추구하는 인간의 행위에 개인의 선호가 반영되어 있다고 본다.

③ 공리주의는 인간의 이익과 행복의 증진과는 무관하게 행위의 옳고 그름이 정해진다고 주장한다.

④ 쾌락주의적 공리주의는 인간이 쾌락이 아닌 다른 것을 추구하기도 한다는 것을 설명하기 어렵다.

⑤ 공리주의는 인간이 자신뿐 아니라 다른 존재들의 이익과 행복을 공평하게 고려해야 한다는 것을 전제로 한다.

3 구체적 사례에 적용

㉠~㉢의 관점에서 〈보기〉에 대해 보인 반응으로 적절하지 않은 것은?

> 보기
>
> 인문학 서적을 읽는 것을 가장 좋아하는 A는 인문학 서적을 더 많이 읽기 위해 같은 성향을 가진 친구들을 모아 동아리를 만들었다. 배려와 관련된 인문학 서적을 읽고 즐거움을 느낀 A는 동아리 첫 시간에 그 서적을 동아리 친구들과 함께 읽었다. 그 인문학 서적을 읽고 A와 동아리 친구들은 모두 큰 즐거움을 느꼈고, 동아리 내에서 서로에 대한 배려를 실현하였다.

① ㉠: A가 인문학 서적을 읽는 것에 대해 동일한 성향을 가진 친구들을 모아 동아리를 만든 행위는 쾌락이라는 심리적 경험을 증진하기 위한 것이라고 볼 수 있겠군.

② ㉠: A가 배려와 관련된 인문학 서적을 동아리 친구들과 함께 읽은 행위는 자신을 포함한 동아리 친구들의 쾌락을 증진하였으므로 동아리 내에서 도덕적으로 옳은 행위라고 볼 수 있겠군.

③ ㉡: A와 동아리 친구들이 인문학 서적을 읽은 것은 A와 동아리 친구들의 선호 실현이라는 인간의 최대 이익과 행복을 가져오는 행위라고 볼 수 있겠군.

④ ㉡: A가 배려와 관련된 인문학 서적을 동아리 친구들과 함께 읽은 행위는 자신과 더불어 동아리 친구들의 선호를 실현시켰으므로 동아리 내에서 도덕적으로 옳은 행위라고 볼 수 있겠군.

⑤ ㉢: A와 동아리 친구들이 배려와 관련된 인문학 서적을 읽고 동아리 내에서 실현한 배려라는 것은 배려에 대한 그들의 관심에 따라 실현되어야 하는 이상이라고 볼 수 있겠군.

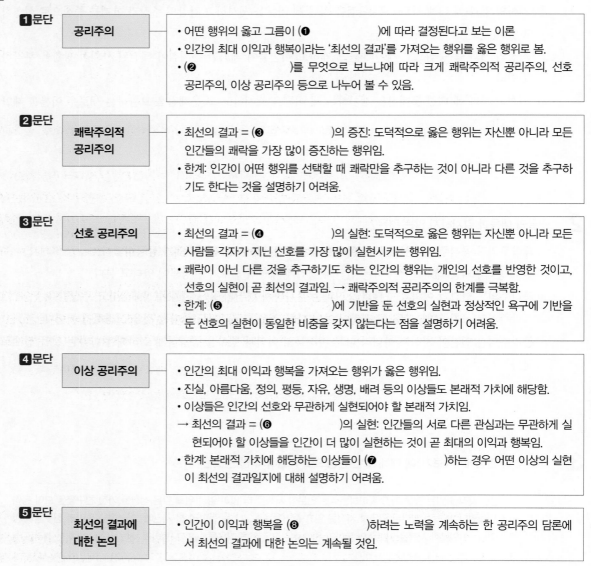

지문
분석

1 ❶문단을 통해 글의 중심 화제를 파악해 보자.

최선의 결과에 대한 관점에 따라 나누어지는 (   )

2 중심 화제와 관련된 각 문단의 정보를 정리해 보자.

❶문단

공리주의

- 어떤 행위의 옳고 그름이 (❶   )에 따라 결정된다고 보는 이론
- 인간의 최대 이익과 행복이라는 '최선의 결과'를 가져오는 행위를 옳은 행위로 봄.
- (❷   )를 무엇으로 보느냐에 따라 크게 쾌락주의적 공리주의, 선호 공리주의, 이상 공리주의 등으로 나누어 볼 수 있음.

❷문단

쾌락주의적 공리주의

- 최선의 결과 = (❸   )의 증진: 도덕적으로 옳은 행위는 자신뿐 아니라 모든 인간들의 쾌락을 가장 많이 증진하는 행위임.
- 한계: 인간이 어떤 행위를 선택할 때 쾌락만을 추구하는 것이 아니라 다른 것을 추구하기도 한다는 것을 설명하기 어려움.

❸문단

선호 공리주의

- 최선의 결과 = (❹   )의 실현: 도덕적으로 옳은 행위는 자신뿐 아니라 모든 사람들 각자가 지닌 선호를 가장 많이 실현시키는 행위임.
- 쾌락이 아닌 다른 것을 추구하기도 하는 인간의 행위는 개인의 선호를 반영한 것이고, 선호의 실현이 곧 최선의 결과임. → 쾌락주의적 공리주의의 한계를 극복함.
- 한계: (❺   )에 기반을 둔 선호의 실현과 정상적인 욕구에 기반을 둔 선호의 실현이 동일한 비중을 갖지 않는다는 점을 설명하기 어려움.

❹문단

이상 공리주의

- 인간의 최대 이익과 행복을 가져오는 행위가 옳은 행위임.
- 진실, 아름다움, 정의, 평등, 자유, 생명, 배려 등의 이상들도 본래적 가치에 해당함.
- 이상들은 인간의 선호와 무관하게 실현되어야 할 본래적 가치임.
- → 최선의 결과 = (❻   )의 실현: 인간들의 서로 다른 관심과는 무관하게 실현되어야 할 이상들을 인간이 더 많이 실현하는 것이 곧 최대의 이익과 행복임.
- 한계: 본래적 가치에 해당하는 이상들이 (❼   )하는 경우 어떤 이상의 실현이 최선의 결과일지에 대해 설명하기 어려움.

❺문단

최선의 결과에 대한 논의

- 인간이 이익과 행복을 (❽   )하려는 노력을 계속하는 한 공리주의 담론에서 최선의 결과에 대한 논의는 계속될 것임.

3 다음 정보 간의 관계를 파악해 보자.

	(❶)	(❷)
쾌락주의적 공리주의	인간의 최대 이익과 행복을 가져오는 행위를 옳은 행위로 봄.	쾌락을 유일한 본래적 가치로 봄.
선호 공리주의		선호의 실현을 본래적 가치로 봄.
이상 공리주의		이상들을 선호와 무관하게 실현되어야 할 본래적 가치로 봄.

(공리주의 — 쾌락주의적 공리주의 / 선호 공리주의 / 이상 공리주의)

선지 판단 연습

추론적 사고력 기르기

지문을 바탕으로 ❶~❹의 내용을 판단해 보자.

지문 ❶-3~5 그리고 인간은 자신의 이익과 행복을 증진하려 하는데, 그러한 인간이 할 수 있는 행위들 중에서 인간의 최대 이익과 행복이라는 '최선의 결과'를 가져오는 행위를 옳은 행위로 본다. 공리주의는 이러한 최선의 결과를 본래적 가치로 여긴다. 이때 본래적 가치란 그 자체로서 지니는 가치를 의미하는데, 이는 다른 어떤 것을 위한 수단으로서의 가치인 도구적 가치와는 상대되는 개념이다.

❶ 공리주의는 인간의 최대 이익과 행복을 (본래적 / 도구적) 가치로 본다.

지문 ❷-1, 3 쾌락주의적 공리주의는 최선의 결과를 쾌락의 증진으로 보는 이론이다. … 이 이론에 따르면 도덕적으로 옳은 행위는 자신뿐 아니라, 그 행위가 영향을 미치는 모든 인간들의 쾌락을 가장 많이 증진하는 행위이다.

❷ 쾌락주의적 공리주의는 타인보다 자신의 쾌락을 중요하게 생각한다. ·············· (○ / ×)

지문 ❸-3~4 여기에서 선호란 사람마다 원하는 것 혹은 실현하고자 하는 것을 말한다. 선호 공리주의에 따르면 도덕적으로 옳은 행위는 자신뿐 아니라, 그 행위가 영향을 미치는 모든 사람들 각자가 지닌 선호를 가장 많이 실현시키는 행위이다.

❸ 선호 공리주의는 모든 사람들이 공통으로 원하는 것을 완벽하게 실현시키는 행위가 도덕적으로 옳다고 본다.
·············· (○ / ×)

지문 ❹-9 그러나 이상 공리주의는 본래적 가치에 해당하는 이상들이 갈등하는 경우 어떤 이상의 실현이 최선의 결과일지에 대해 설명하기 어렵다는 한계를 지니고 있다.

❹ 이상 공리주의는 본래적 가치의 우선순위를 정할 수 없다는 한계가 있다. ·············· (○ / ×)

플러스 독해 TIP

비교되는 대상이 나타나는 글

수능 지문에서는 대등한 두 대상을 제시하고 대상의 공통점과 차이점을 중심으로 내용을 전개하는 경우가 많다. 이런 지문을 읽을 때는 대상의 공통점과 차이점을 파악해야 하는데 특히 차이점을 통해 두 대상의 특성이 드러난다는 점을 기억해야 한다.

> 인간이 처해 있는 이 실존적인 불안은 세상의 모든 개체들이 다른 모든 개체들과 수평적 모순 관계 속에, 그리고 개체의 존재와 소멸을 주관하는 미지의 절대적 존재와 수직적 모순 관계 속에 놓여 있기 때문이라고 말할 수 있다. … 이 실존적 불안에 인간은 어떻게 대처해 왔는가.
> … 폴리스가 형성된 후의 서양 철학에서는 이 절대적 존재에 대해 규명을 시도하기 시작했다. 이성의 힘을 통해 절대적 존재의 본질이 무엇인지를 밝혀 수직적 모순과 수평적 모순을 동시에 해결하고자 한 것이다. … 따라서 서양 철학에서는 절대적 존재의 본질이 무엇인가를 놓고 논리적 정당화의 과정을 통해 다투는 방식인 쟁론이 중요해졌다.
> … 그런데 춘추 시대 이후 공자의 사상을 계승한 학자들의 관심은 절대적 존재와의 수직적 관계로부터 인간과 다른 인간들과의 수평적 관계인 인아(人我) 관계로 이동해 갔다. … 따라서 그들에게는 한 집단에서 조화를 이루고 질서를 유지하기 위해 도덕적 가치에 따르며 자신을 드러내기를 삼가는 방식인 상보가 중요해졌다.
> 이 두 방식은 실존적 불안에 대처하는 방법과 해결의 과정이 모두 다르지만 인간이 그 모순을 해결할 수 있다고 보았다는 점에서 근본적으로 유사하다. ── 2021-7월 고3 학력평가

윗글은 '폴리스 형성 후의 서양 철학'과 '춘추 시대 이후 공자의 사상을 계승한 중국의 학자들'이 실존적 불안에 대처한 방식을 비교하고 있다. 두 방식은 실존적 불안에 대처하는 방법과 해결 과정에 차이점이 있지만, 인간이 수평적 모순과 수직적 모순을 해결할 수 있다고 보았다는 공통점이 있다. 이렇게 지문에 비교 대상이 나타나면 비교되는 두 대상에 표시해 두고, 두 대상의 공통점과 차이점이 드러나는 부분에 주목하여 표시를 하며 읽는 것이 좋다.

1 ¹근대 이전의 조각은 고유한 미술 영역의 독립적인 작품으로서가 아니라 신전이나 사원, 왕궁과 같은 장소의 일부로서 존재했다. ²중세 유럽의 성당 곳곳에 성서와 관련 있는 각종 인물이 새겨지거나 조각상으로 놓였던 것, 왕궁 안에 왕이나 귀족의 인물상들이 놓였던 것이 그 예이다. ³이러한 조각은 그것이 놓여 있는 장소의 성격에 따라 종교적인 분위기를 조성하거나 왕의 권력을 상징함으로써 사람들을 감화시키는 기능을 수행하였다.

2 ¹조각이 장소와 긴밀한 관련성을 지니고 그 장소의 맥락과 의미를 강조하는 수단으로 활용되는 경향은 근대에 들어서면서 큰 변화를 맞이했다. ²종교의 영향력 및 왕권이 약화되면서 관련 장소가 지녔던 권위도 퇴색하여, 그 장소에 놓인 조각에 부여되었던 종교적, 정치적 의미도 약해진 것이다. ³또 특정 장소의 상징으로서의 조각이 원래의 장소에서 물리적으로 분리되어 기존의 맥락을 상실하는 경우도 생겨났다. ⁴이러한 상황이 전시 및 교육을 목적으로 하는 박물관, 미술관 등 근대적 장소가 출현하는 상황과 맞물리면서 조각에 대한 새로운 관점이 부각되기 시작했다. ⁵조각이 박물관이나 미술관에 놓이면서 미적 감상의 대상인 '작품'으로서의 성격이 강조된 것이다. ⁶사람들은 조각을 예술적인 기법이나 양식 등 순수한 미적 현상이 구현된 독립적인 작품으로 감상하게 되었다.

3 ¹이러한 경향은 19세기 이후 미술의 흐름 속에서 더욱 두드러졌고, 작품 외적 맥락에 구속되기보다는 작품 자체에서 의미의 완결을 추구하는 경우가 많아졌다. ²그래서 작품 바깥의 대상을 지시하거나 재현하기보다는 감상자의 시선을 작품에만 집중시키는 단순하고 추상화된 작품들이 이 시기부터 많이 등장하였다. ³이러한 작품들은 대개 미술 전시장의 전형적인 화이트 큐브, 즉 출입구 이외에는 사방이 막힌 실내 공간 안에서 받침대 위에 놓여 실제적인 장소나 현실로부터 분리된 느낌을 주었다.

4 ¹이렇게 조각이 특정 장소로부터 독립해 가는 경향 속에서 미니멀리즘이 등장하였다. ²미니멀리즘은 1960년대에 미국을 중심으로 발달한 예술 사조로, 작품의 의미가 예술가의 의도에 의해 결정되는 것을 최소화하고 꾸밈과 표현도 최소화하여 극단적으로 단순화된 기하학적 형태를 추구했다. ³미니멀리즘 작가들은 가공하지 않은 있는 그대로의 산업 재료들을 사용하는 등의 방법으로 무의도성과 단순성을 구현했기 때문에, 그 결과물은 작품이라기보다는 사물로 인식되기도 하였다. ⁴또한 미니멀리즘 조각은 감상자들이 걸어 다니는 바닥이나 전시실 벽면과 같은 곳에 받침대 없이 놓임으로써 감상자와 작품 간의 거리를 축소하고, 동선에 따라 개별적이고 다양한 경험과 의미 형성이 가능하도록 하였다. ⁵그 결과 미니멀리즘 조각은 단순성과 추상성을 특징으로 한다는 점에서 이전 시기의 추상 조각과 공통점을 지니면서도, 전시장이라는 실제 장소의 물리적 특성을 작품에 의도적으로 결부하여 활용했다는 점에서 차별성을 띠게 되었다. ⁶이런 특징은 근대 이전의 조각이 장소의 특성에 종속되어 있었던 것과도 차별화된다.

5 ¹이후 미술에서는 미니멀리즘을 통해 부각된 작품과 장소 간의 관련성을 새롭게 실현하려는 시도들이 이어져 왔다. ²미니멀리즘 작품이 장소와의 관련성을 모색하고 구현한 것이기는 해도 미술관이라는 공간 내부에 제한된다는 점을 간파한 일부 예술가들은, 미술관 바깥의 도시나 자연을 작업의 장소이자 대상으로 삼아 장소와의 관련성을 다양한 방식으로 실현하려 하였다. ³대지 미술은 이러한 시도 중 하나로, 대지의 표면에 형상을 디자인하고 자연 경관 속에 작품을 만들어 냄으로써 지역이나 환경 자체를 작품화하였다. ⁴구체적인 장소의 특성을 작품 의미의 근원으로 삼는 이러한 작품들에서는 작품과 장소, 감상자 간의 상호 작용을 통해 의미가 형성된다는 특징이 드러났다.

1

윗글의 논지 전개 방식으로 가장 적절한 것은?

① 논쟁이 벌어지게 된 배경을 다각도로 분석하고 있다.

② 통념에 대한 비판을 통해 특정 이론을 도출하고 있다.

③ 하나의 현상을 해석하는 대립적인 관점을 절충하고 있다.

④ 역사적 사건에 영향을 미친 요소를 구체적으로 나열하고 있다.

⑤ 논의의 대상이 변모해 온 양상을 시간적 순서로 설명하고 있다.

2

윗글의 내용과 일치하지 않는 것은?

① 대지 미술가들은 자연을 창작 작업의 장소이자 대상으로 삼았다.

② 화이트 큐브는 현실로부터 작품이 분리된 느낌을 완화해 주는 역할을 하였다.

③ 왕권이 약해짐에 따라 왕의 모습을 담은 인물상에 부여되는 상징적 의미가 변화되었다.

④ 19세기 이후의 추상 조각은 감상자의 시선을 작품 외적 맥락보다 작품 자체에 집중시키는 경향이 있었다.

⑤ 미니멀리즘 작가들은 가공하지 않은 산업 재료들을 사용하여 무의도성과 단순성을 구현하기도 하였다.

3

〈보기〉는 미술 작품을 감상한 사례이다. 윗글을 읽고 〈보기〉를 이해한 내용으로 적절하지 않은 것은?

보기

작품	감상 내용
⊙: 「L 자 빔」	A는 미술관 안에서 동일한 크기의 'L' 자 모양 조형물들을 곳곳에 배치한 ⊙을 보았다. 조형물들 사이를 걸으며 감상해 보니, 보는 위치에 따라 조형물들의 형태와 구도가 다르게 보였다. 서로 다른 동선으로 ⊙을 감상한 B와 그 느낌을 비교해 볼 수도 있었다.
ⓛ: 「나선형 방파제」	ⓛ은 그레이트 솔트 호수에 설치된 작품으로, 돌과 흙으로 만든 나선형의 방파제이다. C는 실제로 방파제 위를 걸어 보았는데, 가장자리의 일부가 물에 잠겼다가 다시 나타나기도 했다. 육지 쪽으로 나와서 바라보니 방파제 위에 하얀 소금 결정들이 덮여 있는 부분도 보여 색다른 느낌을 받았다.

① ⊙은 미술관 내부라는 제한된 공간에 위치하고 있다는 점에서 ⓛ과 구별된다.

② ⊙을 감상하는 동선에 따른 A와 B의 상이한 경험은 작품에 대한 각자의 의미 형성에 기여했을 것이다.

③ ⓛ은 호수라는 자연에 돌과 흙으로 형상을 만들어 자연환경을 작품화한 것으로 볼 수 있다.

④ ⓛ은 그 위나 주변을 걸으면서 감상하게 되므로, 작품의 의미는 작품, 감상자 및 장소 간의 상호 작용으로 형성된다고 할 수 있다.

⑤ ⊙과 ⓛ은 감상자가 한눈에 조망할 수 있는 위치에 있을 때 작가의 의도가 드러난다는 점에서 장소와 긴밀한 연관성을 가진 작품으로 볼 수 있다.

지문 분석

1 **1**, **2** 문단을 통해 글의 중심 화제를 파악해 보자.

(　　　　　　　)과 장소의 관련성

2 중심 화제와 관련된 각 문단의 정보를 정리해 보자.

1 문단 │ 근대 이전의 조각

- 고유한 미술 영역의 독립적인 작품으로서가 아니라 (❶　　　　　　　)의 일부로서 존재함.
- 놓여 있는 장소의 성격에 따라 사람들을 (❷　　　　　)시키는 기능을 수행함.

2 문단 │ 근대에 들어서면서의 변화

- 장소에 따라 조각에 부여되었던 종교적, 정치적 의미가 약해짐.
- 조각이 장소에서 물리적으로 분리되어 기존의 맥락을 상실하는 경우도 생겨남.
- 박물관, 미술관 등 근대적 장소가 출현함.
- → 조각을 (❸　　　　　　　)이 구현된 독립적인 작품으로 감상하게 됨.

3 문단 │ 19세기 이후 미술의 흐름

- 작품 자체에서 의미의 (❹　　　　　　)을 추구하는 경우가 많아짐.
- → 단순하고 추상화된 작품들이 많이 등장함.
- → 받침대 위에 놓여 실제적인 장소나 현실로부터 분리된 느낌을 줌.

4 문단 │ 1960년대에 등장한 미니멀리즘

- 극단적으로 (❺　　　　　　　)된 기하학적 형태를 추구함.
- 미니멀리즘 조각: 받침대 없이 놓여 감상자와 작품 간의 (❻　　　　　　)를 축소하고, 동선에 따라 개별적이고 다양한 경험과 의미 형성이 가능하도록 함.
- → 19세기와의 공통점: 단순성과 (❼　　　　　　)을 특징으로 함.
  19세기와의 차별성: 실제 장소의 물리적 특성을 작품에 의도적으로 결부하여 활용함.
  근대 이전의 조각이 장소의 특성에 종속되어 있었던 것과도 차별화됨.

5 문단 │ 1960년대 이후 미술

- 작품과 장소 간의 관련성을 새롭게 실현하려는 시도들이 이어짐.
- （❽　　　　　　　）: 대지 표면에 형상을 디자인하고 자연 경관 속에 작품을 만들어 지역이나 환경 자체를 작품화함.
- → 작품과 장소, 감상자 간의 상호 작용을 통해 의미가 형성됨.

3 다음 정보 간의 관계를 파악해 보자.

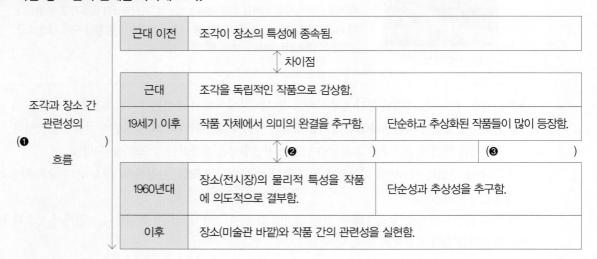

조각과 장소 간 관련성의 (❶　　　　　) 흐름

근대 이전	조각이 장소의 특성에 종속됨.	
↕ 차이점		
근대	조각을 독립적인 작품으로 감상함.	
19세기 이후	작품 자체에서 의미의 완결을 추구함.	단순하고 추상화된 작품들이 많이 등장함.
↕ (❷　　　　　)		(❸　　　　　)
1960년대	장소(전시장)의 물리적 특성을 작품에 의도적으로 결부함.	단순성과 추상성을 추구함.
이후	장소(미술관 바깥)와 작품 간의 관련성을 실현함.	

추론적 사고력 기르기

지문을 바탕으로 ❶~❹의 내용을 판단해 보자.

지문 ❶-1, 3 근대 이전의 조각은 고유한 미술 영역의 독립적인 작품으로서가 아니라 신전이나 사원, 왕궁과 같은 장소의 일부로서 존재했다. … 이러한 조각은 그것이 놓여 있는 장소의 성격에 따라 종교적인 분위기를 조성하거나 왕의 권력을 상징함으로써 사람들을 감화시키는 기능을 수행하였다.

❶ 근대 이전의 조각은 왕권보다 종교 지도자의 권력이 강하다는 점을 드러내는 기능을 하였다. ………… (○ / ×)

지문 ❷-4, 6 이러한 상황이 전시 및 교육을 목적으로 하는 박물관, 미술관 등 근대적 장소가 출현하는 상황과 맞물리면서 조각에 대한 새로운 관점이 부각되기 시작했다. … 사람들은 조각을 예술적인 기법이나 양식 등 순수한 미적 현상이 구현된 독립적인 작품으로 감상하게 되었다.

❷ 조각을 독립적인 작품으로 감상하게 된 것은 근대적 장소의 출현과 관련이 있다. ………………………… (○ / ×)

지문 ❹-4 또한 미니멀리즘 조각은 감상자들이 걸어 다니는 바닥이나 전시실 벽면과 같은 곳에 받침대 없이 놓임으로써 감상자와 작품 간의 거리를 축소하고, 동선에 따라 개별적이고 다양한 경험과 의미 형성이 가능하도록 하였다.

❸ 미니멀리즘 조각은 감상자와 작품 사이에 거리를 둠으로써 다양한 의미를 형성하였다. …………………… (○ / ×)

지문 ❺-2 미니멀리즘 작품이 장소와의 관련성을 모색하고 구현한 것이기는 해도 미술관이라는 공간 내부에 제한된다는 점을 간파한 일부 예술가들은, 미술관 바깥의 도시나 자연을 작업의 장소이자 대상으로 삼아 장소와의 관련성을 다양한 방식으로 실현하려 하였다.

❹ 미니멀리즘 작품의 한계를 인식한 일부 예술가들은 작품과 미술관 (내부 / 바깥) 장소와의 관련성을 실현하려 하였다.

플러스 독해 TIP

시기가 언급되는 글

이론이나 개념, 예술 사조나 작품 경향의 변화 과정을 통시적으로 설명하는 지문에서는 시기를 나타내는 표현이 제시된다. 따라서 글에서 시기가 언급된다면 시간의 흐름에 따라 글이 전개될 것임을 예측하고 각 시기의 특징에 주목해야 한다.

> 16세기 말부터 중국에 본격 유입된 서양 과학은, 청 왕조가 1644년 중국의 역법(曆法)을 기반으로 서양 천문학 모델과 계산법을 수용한 시헌력을 공식 채택함에 따라 그 위상이 구체화되었다. …
>
> 17세기 웅명우와 방이지 등은 중국 고대 문헌에 수록된 우주론에 대해서는 부정적 태도를 견지하면서 성리학적 기론(氣論)에 입각하여 실증적인 서양 과학을 재해석한 독창적 이론을 제시하였다. …
>
> 17세기 후반 왕석천과 매문정은 서양 과학의 영향을 받아 경험적 추론과 수학적 계산을 통해 우주의 원리를 파악하고자 하였다. 그러면서 서양 과학의 우수한 면은 모두 중국 고전에 이미 갖추어져 있던 것인데 웅명우 등이 이를 깨닫지 못한 채 성리학 같은 형이상학에 몰두했다고 비판했다.   2019 수능

윗글은 중국에서 서양 우주론의 영향을 받아 우주론이 전개되는 양상을 '16세기 말, 1644년, 17세기, 17세기 후반' 등 시간의 흐름에 따라 설명하고 있다. 시기를 나타내는 표현은 각 문단의 첫 문장에 드러나는 경우가 많으므로 이에 주목하여 시기를 구분하고, 각 시기별 특징을 파악해야 한다. 특히 시기에 따라 무엇이 달라졌는지 그 차이점에 주목해야 한다. 시기를 나타내는 표현과 그 시기의 특징이 드러나는 부분에 표시하며 읽으면 변화 양상을 파악하는 데 도움이 된다.

1 ¹누구나 한번쯤은 경치 좋은 곳에 누워 아무 일도 하지 않는 자신의 삶을 꿈꿔 본 적이 있을 것이다. ²이러한 상상에는 '일', 즉 '노동'에 대한 우리의 부정적 생각이 깔려 있다. ³하지만 역사 속에서 인간은 노동을 통해 개인과 사회를 발전시켜 왔고, 이러한 점에서 노동은 나름의 가치를 지닌다고 볼 수 있다. ⁴그렇다면 철학자들은 이러한 인간의 노동에 어떤 철학적 의미를 부여했을까?

2 ¹로크는 노동을 ⊙소유의 권리와 관련하여 설명했다. ²로크는 신이 인류의 생존을 위해 인간에게 자연을 공유물로 주면서, 동시에 인간이 신의 목적대로 자연을 이용할 수 있도록 이성도 주었다고 주장한다. ³그런데 그는 신이 인간에게 공유물로 주지 않은 유일한 것이 신체이기 때문에 각자의 신체에 대해서는 본인만이 배타적 권리를 가진다고 본다. ⁴이렇게 신체가 한 개인의 소유라면 그 신체의 활동인 노동 역시 그 개인의 소유가 되는 것이다. ⁵그리하여 인간이 공유 상태인 어떤 사물에 노동을 부여하는 것은 공유물에 배타적 소유권을 첨가하는 것이 된다. ⁶따라서 모든 개인은 노동을 통해 소유권의 주체가 될 수 있다. ⁷다만 로크는 모든 노동이 공유물에 대한 소유권의 근거가 되는 것은 아니라고 보았다. ⁸로크에게 노동은 단순히 신체를 사용하는 것이 아니라 삶과 편의에 최대한 도움이 되도록 자연을 이용하는 것을 의미하기 때문이다. ⁹이에 따라 로크는 만약 어떤 개인이 신체를 사용하여 공유물을 인류의 삶에 손해가 되도록 만든 경우, 그것은 노동에 해당하지 않기 때문에 소유권을 인정받을 수 없다고 주장했다.

3 ¹한편 헤겔은 노동을 사적 소유권의 근거를 넘어 주체와 객체가 통일되는 과정이며, 인간이 자기의식과 자기 정체성을 확보하는 계기라고 주장했다. ²또한 인간은 동물과 달리 자연을 그대로 받아들이지 않고 노동을 통해 자신에게 맞게 바꾸어 필요한 물품과 적절한 생활 환경을 마련하며 생명을 보전한다고 보았다. ³이때 자립성을 지닌 객체는 주체의 노동에 저항하기 마련인데, 객체의 자립성은 인간의 노동에 의해 일정하게 제거되고 약화되어 주체에 알맞게 변화된다. ⁴한편 주체는 노동 과정에서 객체에 내재된 질서나 법칙을 일정 정도 받아들이면서 자신의 욕구나 목적을 객체 속에 실현한다. ⁵그 결과 객체는 주체의 노동으로 사라지거나 파괴되는 것이 아니라 인간과 무관한 것에서 인간을 위한 노동 산물로 변화하는 것이다. ⁶이렇게 하여 주체는 객체 안으로 들어가고 객체는 주체의 고유한 형식을 받아들이게 된다. ⁷헤겔은 이처럼 노동을 통해 주체가 자신을 객체 속에 나타내는 것을 자기 대상화라 하였다. ⁸결국 주체와 객체는 서로 분리·고립되어 있다가 노동을 통해 노동 산물 속에서 통일되어 가며, 주체는 그 속에 실현된 자기 대상화의 정도만큼 자기의식을 확보한다는 것이다. ⁹그런데 헤겔은 노동 산물이 주체의 ⓒ소유지만, 여전히 주체와 분리되어 있고, 주체를 완전히 표현하지도 못하기에 노동을 통한 주객 통일에 한계가 있다고 지적했다.

4 ¹이에 비해 마르크스는 헤겔의 노동관을 수용하면서도 노동 자체가 한계를 지닌다는 주장에는 동의하지 않았다. ²마르크스는 인간은 노동을 통해 외부 대상인 자연을 가공하여 인간의 욕구와 자기실현에 알맞은 인간화된 자연으로 만든다고 보았다. ³결국 그에게 노동은 객체에 인간적 형식을 부여하기 위해 자연적 소재의 형식을 부정함으로써 주체의 주관적 욕구나 목적을 대상으로 객관화하는 것이다. ⁴그리하여 가공된 대상에는 주체의 형식이 부여되고, 주체의 욕구나 목적 등은 물질화되어 구체적 노동 산물이 된다. ⁵그 결과 인간은 노동을 통해 만들어 낸 노동 산물에서 자신의 능력을 확인하고 자기의식과 정체성을 확보하게 된다. ⁶더 나아가 자신의 능력을 더욱 개발하여 자연의 구속으로부터 벗어나 자유를 획득하면서 자아를 실현하게 되는 것이다. ⁷이러한 관점에서 그는 노동이 가장 현실적인 주객 통일의 방법이자 인간의 자아실현 과정이라 주장한 것이다. ⁸다만 그는 노동을 통한 주객 통일의 한계가 사회적 구조의 한계에서 비롯된다고 분석하며, 노동을 통한 인간의 자아실현을 완성하기 위해서는 사회 구조를 변혁해야 한다고 역설했다.

1 윗글에서 답을 찾을 수 있는 질문에 해당하지 <u>않는</u> 것은?

① 로크는 인간에게 이성을 부여한 신의 의도를 무엇이라 생각하는가?

② 헤겔은 인간이 동물과 달리 자연을 자신에게 맞게 바꾸는 목적을 무엇이라 생각하는가?

③ 헤겔은 인간이 노동을 통해 자신을 객체 속에 나타내어 얻게 되는 결과를 무엇이라 생각하는가?

④ 마르크스는 노동이 인간의 자아를 실현하는 과정이 될 수 있는 이유를 무엇이라 생각하는가?

⑤ 마르크스는 노동이 주객 통일을 완성하는 것을 방해하는 사회적 구조의 한계를 무엇이라 생각하는가?

2 ㉠과 ㉡에 대한 이해로 가장 적절한 것은?

① ㉠과 ㉡은 모두 인간을 신으로부터 자유롭게 한다.

② ㉠과 ㉡은 모두 인간의 노동을 성립 기반으로 하고 있다.

③ ㉠은 이타심의 실현을 목적으로 하는 반면, ㉡은 이기심의 실현을 목적으로 한다.

④ ㉠은 인간과 자연의 합일을 강화하는 반면, ㉡은 인간과 자연의 분리를 강화한다.

⑤ ㉠은 공유물의 존재에 의해 보장되는 반면, ㉡은 주객 통일의 완성에 의해 보장된다.

3 윗글의 마르크스 의 관점에서 〈보기〉를 이해한 내용으로 적절하지 <u>않은</u> 것은?

> 보기
>
> 캐릭터 아티스트를 꿈꾸는 A 씨는 관련 공부를 위해 미국으로 건너가 예술 학교에서 공부를 마치고 B사에 입사했다. 그런데 그곳에서 그는 유명한 몇몇 캐릭터만 반복적으로 그려야 하는 현실에 염증을 느끼고 캐릭터 아티스트로서 더 이상 성장할 수 없겠다는 생각이 들어 C사로 직장을 옮겼다. 이후 그는 다양한 종류의 캐릭터를 마음껏 변용해 그리는 동시에 여러 동물들의 모습을 관찰하여 자신만의 독창적인 캐릭터를 창작하게 되었다.

① A 씨는 노동을 통해 자신의 욕구를 객체 속에 실현하려고 노력해 왔겠군.

② A 씨는 노동을 통해 자신의 형식을 부여한 노동 산물을 만드는 데 관심을 가지고 있겠군.

③ A 씨가 제한된 캐릭터를 그리는 노동에 염증을 느꼈던 이유는 자기의식 확보에 대한 갈증 때문이겠군.

④ A 씨가 직장을 옮긴 것은 노동을 자신의 재능을 개발하고 자유를 확장하는 계기로 삼기 위한 것이겠군.

⑤ A 씨가 예술 학교에서 공부한 기간은 외부 대상인 자연의 형식에 맞게 자신의 목적을 객관화시킨 시기였겠군.

1 ❶문단을 통해 글의 중심 화제를 파악해 보자.

( )의 철학적 의미

2 중심 화제와 관련된 각 문단의 정보를 정리해 보자.

❶문단	노동	• 노동에 대한 부정적 생각이 있지만 노동은 나름의 (❶)를 지님.

❷문단	로크	• 노동을 소유의 권리와 관련하여 설명: 신체에 대해서는 본인만이 배타적 권리를 가짐. → 신체의 활동인 노동 역시 개인의 소유임. → 인간이 공유 상태인 사물에 노동을 부여하는 것 = 공유물에 배타적 소유권을 첨가하는 것 ⇒ 모든 개인은 노동을 통해 (❷)의 주체가 될 수 있음. • 노동은 삶과 편의에 최대한 (❸)이 되도록 자연을 이용하는 것임. → 개인이 신체를 사용하여 공유물을 인류의 삶에 손해가 되도록 만든 경우, 노동에 해당하지 않기 때문에 소유권을 인정받을 수 없음.

❸문단	헤겔	• 노동은 사적 소유권의 근거를 넘어 주체와 객체가 (❹)되는 과정이며, 인간이 자기의식과 자기 정체성을 확보하는 계기임. • 주체는 노동 과정에서 객체에 내재된 질서나 법칙을 일정 정도 받아들이면서 자신의 욕구나 목적을 객체 속에 실현함. → 객체는 인간을 위한 (❺)로 변화함. → 주체는 객체 안으로 들어가고 객체는 주체의 고유한 형식을 받아들임. → 주체는 노동 산물 속에 실현된 자기 대상화의 정도만큼 (❻)을 확보함. • 노동 산물이 여전히 주체와 분리되어 있고, 주체를 완전히 표현하지도 못하기에 노동을 통한 주객 통일에 한계가 있음.

❹문단	마르크스	• 노동은 객체에 인간적 형식을 부여하기 위해 자연적 소재의 형식을 부정함으로써 주체의 주관적 욕구나 목적을 대상으로 객관화하는 것임. → 가공된 대상은 구체적 노동 산물이 됨. → 인간은 노동 산물에서 자신의 능력을 확인하고 자기의식과 정체성을 확보함. 자신의 능력을 더욱 개발하여 자연의 구속으로부터 벗어나 자유를 획득하면서 자아를 실현함. ⇒ 노동은 가장 현실적인 주객 통일의 방법이자 인간의 (❼) 과정임. • 노동을 통한 주객 통일의 한계는 사회적 구조의 한계에서 비롯됨. → 노동을 통한 인간의 자아실현을 완성하기 위해서는 (❽)를 변혁해야 함.

3 다음 정보 간의 관계를 파악해 보자.

로크	노동은 공유물에 대한 소유권의 근거임.	

↓ 확장

헤겔	노동은 사적 소유권의 근거를 넘어 주체와 객체가 통일되는 과정이며, 자기의식과 자기 정체성을 확보하는 계기임.	노동을 통한 주객 통일에 한계가 있음.

↓ ( )   ↑ 반박

마르크스	노동은 가장 현실적인 주객 통일의 방법이자 인간의 자아실현 과정임.	노동을 통한 주객 통일의 한계는 사회적 구조의 한계에서 비롯됨.

선지판단연습

지문을 바탕으로 ❶~❹의 내용을 판단해 보자.

지문 ❶-1~2   누구나 한번쯤은 경치 좋은 곳에 누워 아무 일도 하지 않는 자신의 삶을 꿈꿔 본 적이 있을 것이다. 이러한 상상에는 '일', 즉 '노동'에 대한 우리의 부정적 생각이 깔려 있다.

❶ 인간이 노동을 하지 않는 삶을 꿈꾸는 것은 노동을 부정적으로 생각하기 때문이다. ·····················(O / X)

지문 ❷-6, 8   따라서 모든 개인은 노동을 통해 소유권의 주체가 될 수 있다. ··· 로크에게 노동은 단순히 신체를 사용하는 것이 아니라 삶과 편의에 최대한 도움이 되도록 자연을 이용하는 것을 의미하기 때문이다.

❷ 로크는 신체를 사용하는 모든 활동을 통해 인간이 소유권의 주체가 될 수 있다고 보았다. ·················(O / X)

지문 ❸-7~8   헤겔은 이처럼 노동을 통해 주체가 자신을 객체 속에 나타내는 것을 자기 대상화라 하였다. 결국 주체와 객체는 서로 분리·고립되어 있다가 노동을 통해 노동 산물 속에서 통일되어 가며, 주체는 그 속에 실현된 자기 대상화의 정도만큼 자기의식을 확보한다는 것이다.

❸ 헤겔이 말한 자기 대상화란 노동을 통해 주체와 객체가 주체 속에서 통일되어 가는 것이다. ··············(O / X)

지문 ❹-1, 8   이에 비해 마르크스는 헤겔의 노동관을 수용하면서도 노동 자체가 한계를 지닌다는 주장에는 동의하지 않았다. ··· 다만 그는 노동을 통한 주객 통일의 한계가 사회적 구조의 한계에서 비롯된다고 분석하며, 노동을 통한 인간의 자아실현을 완성하기 위해서는 사회 구조를 변혁해야 한다고 역설했다.

❹ 마르크스는 (노동 자체 / 사회 구조)의 한계 때문에 노동을 통한 주객 통일에 한계가 있다고 보았다.

플러스 독해 TIP

첫 문단에서 질문이 제시되는 글

  지문에서 질문이 제시되면 그에 대한 대답도 반드시 나타난다. 특히 첫 문단에서 질문이 나타나면 그 질문에 대한 대답을 제시하는 방식으로 지문이 전개되는 경우가 많다.

>   음악은 소리로 이루어진 예술이다. 예술이 아름다움을 추구한다면 음악 또한 아름다움을 추구해야 할 것이다. 그렇다면 아름다운 음악 작품은 듣기 좋은 소리만으로 만들어질 수 있는 것일까? 음악적 아름다움은 어떻게 구현되는 것일까?
>
> 2017-6월 고3 모의평가

  윗글은 지문의 첫 문단인데 마지막 문장에서 "음악적 아름다움은 어떻게 구현되는 것일까?"라고 질문을 하고 있다. 이에 대한 대답이 이어질 것이므로 윗글은 '음악적 아름다움을 구현하는 방식'에 대해 설명하는 지문임을 짐작할 수 있다. 이렇게 첫 문단에서 제시되는 질문은 지문에서 무엇에 대해 설명할 것인지, 즉 중심 화제를 알려 주는 표지인 경우가 많다. 따라서 질문을 통해 중심 화제를 파악하고, 질문에 대한 대답을 찾으며 글을 읽으면 지문의 핵심 정보를 파악할 수 있다.

1 ¹조선 시대 유학자들은 도덕적이고 규범적이며 사람다운 삶을 강조하는 성리학을 받아들였다. ²성리학은 우주의 근원과 질서, 그리고 인간의 심성과 질서를 '이(理)'와 '기(氣)' 두 가지를 통해 설명하고, 이를 바탕으로 인간과 세계를 연구하는 학문이다. ³그래서 성리학을 '이기론' 또는 '이기 철학'이라고도 부른다. ⁴성리학에서 일반적으로 '이'는 만물에 내재하는 원리이고, '기'는 그 원리를 현실에 드러내 주는 방식과 구체적인 현실의 모습이라 할 수 있다. ⁵'이'는 '기'를 통해서 드러난다. ⁶'이'는 언제나 한결같지만 '기'는 여러 가지 모습으로 존재하므로, 우주 만물의 원리는 그대로지만 형체는 다양하다. ⁷이러한 '이'와 '기'를 어떻게 보는가에 따라 성리학자들이 현실을 해석하고 인식하는 자세가 달라진다.

2 ¹'기'를 중시했던 대표적인 성리학자로 서경덕을 들 수 있다. ²그는 '기'를 우주 만물의 근원이라고 보았다. ³서경덕에 의하면, 태초에 '기'가 음기와 양기가 되고, 음기와 양기가 모이고 흩어지고를 반복하면서 하늘과 땅, 해와 달과 별, 불과 물 등의 만물이 만들어졌다. ⁴'기'는 어떤 외부의 원리나 힘에 의해 움직이는 것이 아니라 스스로 움직여 만물을 생성하고 변하게 한다. ⁵하지만 '이'는 '기' 속에 있으면서 '기'가 작용하는 원리로 존재할 뿐 독립적으로 드러나거나 작용하지 않는다. ⁶즉, '이'와 '기'는 하나이며, 세계에 드러나는 것은 '기'뿐이라는 것이다. ⁷이와 같은 입장을 '기일원론(氣一元論)'이라 한다. ⁸기일원론의 바탕에는, 현실 세계의 모습은 '기'의 움직임에 의한 것이므로, '기'가 다시 움직이면 현실도 변할 수 있을 것이라는 사고가 깔려 있다.

3 ¹'이'를 중시했던 대표적인 성리학자는 이황이다. ²이황은 서경덕의 논의를 단호하게 비판하며 '이'와 '기'는 하나가 아니라는 주장을 펼쳤다. ³그는 '이'를 우주 만물의 근원이자 변하지 않는 절대적 가치이며 도덕 법칙이라고 보았다. ⁴'이'는 하늘의 뜻, 즉 천도(天道)이며, 만물이 선천적으로 지니고 태어나는 본성이라고 여겼다. ⁵따라서 인간이 '이'를 깨우치고 실행하면 하늘이 부여한 본성을 회복하고, 인간 사회는 천도에 맞는 이상적이고 도덕적인 질서를 확립한다고 보았다. ⁶현실 사회가 비도덕적이고 타락한 모습을 보이는 이유는 인간이 본성을 잃어버리고 사악한 마음을 따르기 때문인데, 이러한 사악한 마음은 인간의 생체적 욕구, 욕망 등인 '기'에서 나오는 것이다. ⁷따라서 '이'와 '기'가 하나일 수는 없으며, 둘은 철저히 구분되어야 한다는 것이 이황의 주장이다. ⁸이러한 입장을 '이기 이원론(理氣二元論)'이라 한다. ⁹이황은 '이'가 원리로서만 존재하는 것이 아니라 *발동한다고 보았다. ¹⁰'이'가 발동하면 그에 따라 '기'도 작용하여 인간이나 사회는 도덕적인 모습이 되지만, '이'가 발동하지 않고 '기'만 작용하면 인간이나 사회는 비도덕적 모습이 될 수 있다. ¹¹이황은 인간이 '이'를 깨우치고 실행하기 위해서는 학문과 수양에 힘써야 한다고 생각하였다. ¹²그는 현실의 문제 상황은 학문과 수양을 통해 '이'를 회복함으로써 해결될 수 있다는 점을 강조하였다.

4 ¹한편, 이이는 서경덕과 이황의 논의가 양극단을 달리는 오류를 범하고 있다고 비판하면서, '이'와 '기'의 관계를 새롭게 규정하였다. ²이이는 '이'를 모든 사물의 근원적 원리로, '기'를 그 원리를 담는 그릇으로 보았다. ³둥근 그릇에 물을 담으면 물의 모양이 둥글고 모난 그릇에 물을 담으면 물의 모양이 모나 보이지만, 그 속에 담긴 물의 속성은 달라지지 않는다. ⁴이처럼 '기'는 현실에서 다양한 모습으로 존재하지만 그 속에 담겨 있는 '이'는 달라지지 않는다. ⁵물이 그릇에 담겨 있지만 물과 그릇이 다른 존재이듯이, '이'와 '기'도 한 몸처럼 붙어 있지만 '이'와 '기'로 각각 존재한다는 것이다. ⁶이이에 따르면, '이'는 현실에 아무 작용을 하지 않고 '기'만 작용한다. ⁷현실의 모습이 문제를 드러내고 있다면, 이는 '이'가 잘못된 것이 아니라 '기'가 잘못된 것이다. ⁸그러므로 '이'를 회복하기보다는 '기'로 나타난 현실의 모습 자체를 바꾸기 위해 싸워야 한다는 것이 이이의 주장이다. ⁹이이가 조선 사회의 변화를 위한 여러 가지 개혁론을 펼칠 수 있었던 것은 이러한 사고가 바탕을 이루고 있었기 때문이다.

*발동(發動) 일어나 움직임.

1 윗글에 대한 설명으로 가장 적절한 것은?

① 철학적 용어의 현대적 의미를 재조명하고 있다.

② 철학적 용어에 대한 사회적 통념을 비판하고 있다.

③ 문답의 형식을 통해 철학적 용어의 개념을 드러내고 있다.

④ 현실을 해석하는 철학적 용어가 등장한 배경을 소개하고 있다.

⑤ 철학적 용어의 관계를 바라보는 다양한 관점을 나열하고 있다.

2 윗글을 참고할 때, 〈보기〉의 'ㄱ'과 'ㄴ'에 들어갈 내용으로 가장 적절한 것은?

보기

	서경덕	이황
'이'와 '기'란 무엇인가?	'이'란 만물에 내재하는 원리이고, '기'란 '이'를 현실에 드러내 주는 방식과 구체적인 현실의 모습이다.	
'이'와 '기'의 성격은 어떠한가?	ㄱ	ㄴ

① ㄱ: '이'와 '기'는 하나이다.　　ㄴ: '이'와 '기'는 철저히 구분된다.

② ㄱ: '이'는 '기'와 별도로 작용한다.　　ㄴ: '이'는 '기'와 동시에 작용한다.

③ ㄱ: 현실로 나타나는 것은 '이'이다.　　ㄴ: 현실로 나타나는 것은 '기'이다.

④ ㄱ: '기'는 '이' 속에 포함되어 있다.　　ㄴ: '이'는 '기' 속에 포함되어 있다.

⑤ ㄱ: 생체적 욕구와 욕망을 '기'라고 본다.　　ㄴ: 생체적 욕구와 욕망을 '이'라고 본다.

3 윗글을 바탕으로 〈보기〉에 대해 '이이'가 할 수 있는 말로 가장 적절한 것은?

보기

　　양반이 되어야 군포를 면제받을 수 있기 때문에 백성들은 밤낮으로 양반이 되는 길을 모색한다. 고을 호적부에 기록되면 양반이 되고, 거짓 족보를 만들면 양반이 되고, 고향을 떠나 먼 곳으로 이사하면 양반이 되고, 두건을 쓰고 과거 시험장에 드나들면 양반이 된다. 몰래 불어나고, 암암리에 늘어나고, 해마다 증가하고, 달마다 불어나 장차 온 나라 사람들이 모두 양반이 되고 말 것이다.　　　　　　　　　　　　　　　　　　　　　　 – 정약용, 「신포의(身布議)」

① 양반이 되려는 백성들의 문제는 본성을 잃어버려서 생긴 문제이므로, 학문과 수양을 통해 본성을 회복해야 합니다.

② 편법으로 쉽게 양반이 될 수 있는 현실이 백성을 이렇게 만든 것이므로, 이러한 현실의 모습을 우선적으로 개선해야 합니다.

③ 백성들의 행동은 현실에 내재하는 원리가 잘못되어 나타난 현상이므로, 현실의 문제를 근본부터 해결하기 위해서는 이 원리부터 바꾸어야 합니다.

④ 양반이 되려는 백성들의 모습은 음양의 작용에 의해 생겨난 것이므로, 인위적인 노력보다는 음양의 또 다른 작용을 통해 해결되기를 기다려야 합니다.

⑤ 백성들이 양반이 되고자 하는 것은 군포를 면제받고자 하는 잘못된 욕구에서 나온 것이므로, 이러한 욕구를 따르지 않도록 천도에 맞는 질서를 확립해야 합니다.

지문 분석

1 ◼︎문단을 통해 글의 중심 화제를 파악해 보자.

'(   )'와 '(   )'에 대한 관점에 따른 성리학자들의 현실 인식

2 중심 화제와 관련된 각 문단의 정보를 정리해 보자.

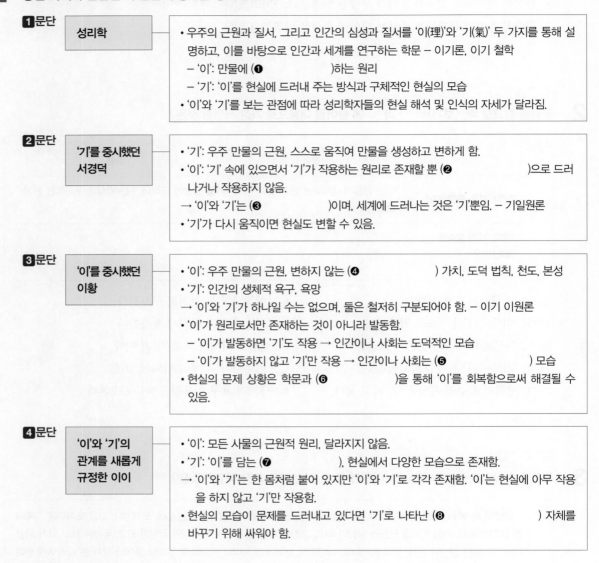

◼︎문단 · 성리학

- 우주의 근원과 질서, 그리고 인간의 심성과 질서를 '이(理)'와 '기(氣)' 두 가지를 통해 설명하고, 이를 바탕으로 인간과 세계를 연구하는 학문 – 이기론, 이기 철학
  - '이': 만물에 (❶   )하는 원리
  - '기': '이'를 현실에 드러내 주는 방식과 구체적인 현실의 모습
- '이'와 '기'를 보는 관점에 따라 성리학자들의 현실 해석 및 인식의 자세가 달라짐.

❷문단 · '기'를 중시했던 서경덕

- '기': 우주 만물의 근원, 스스로 움직여 만물을 생성하고 변하게 함.
- '이': '기' 속에 있으면서 '기'가 작용하는 원리로 존재할 뿐 (❷   )으로 드러나거나 작용하지 않음.
- → '이'와 '기'는 (❸   )이며, 세계에 드러나는 것은 '기'뿐임. – 기일원론
- '기'가 다시 움직이면 현실도 변할 수 있음.

❸문단 · '이'를 중시했던 이황

- '이': 우주 만물의 근원, 변하지 않는 (❹   ) 가치, 도덕 법칙, 천도, 본성
- '기': 인간의 생체적 욕구, 욕망
- → '이'와 '기'가 하나일 수는 없으며, 둘은 철저히 구분되어야 함. – 이기 이원론
- '이'가 원리로서만 존재하는 것이 아니라 발동함.
  - '이'가 발동하면 '기'도 작용 → 인간이나 사회는 도덕적인 모습
  - '이'가 발동하지 않고 '기'만 작용 → 인간이나 사회는 (❺   ) 모습
- 현실의 문제 상황은 학문과 (❻   )을 통해 '이'를 회복함으로써 해결될 수 있음.

❹문단 · '이'와 '기'의 관계를 새롭게 규정한 이이

- '이': 모든 사물의 근원적 원리, 달라지지 않음.
- '기': '이'를 담는 (❼   ), 현실에서 다양한 모습으로 존재함.
- → '이'와 '기'는 한 몸처럼 붙어 있지만 '이'와 '기'로 각각 존재함. '이'는 현실에 아무 작용을 하지 않고 '기'만 작용함.
- 현실의 모습이 문제를 드러내고 있다면 '기'로 나타난 (❽   ) 자체를 바꾸기 위해 싸워야 함.

3 다음 정보 간의 관계를 파악해 보자.

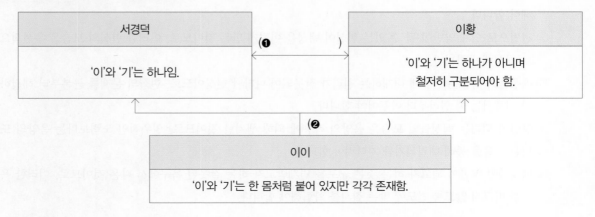

서경덕		이황
'이'와 '기'는 하나임.	(❶)	'이'와 '기'는 하나가 아니며 철저히 구분되어야 함.

(❷   )

이이

'이'와 '기'는 한 몸처럼 붙어 있지만 각각 존재함.

선지 판단 연습

지문을 바탕으로 ❶~❹의 내용을 판단해 보자.

지문 ❶-2~3 성리학은 우주의 근원과 질서, 그리고 인간의 심성과 질서를 '이(理)'와 '기(氣)' 두 가지를 통해 설명하고, 이를 바탕으로 인간과 세계를 연구하는 학문이다. 그래서 성리학을 '이기론' 또는 '이기 철학'이라고 도 부른다.

❶ 이기론은 '이'와 '기'를 통해 우주와 인간을 설명한다. ─────────────────────────── (○ / ×)

지문 ❷-5~7 하지만 '이'는 '기' 속에 있으면서 '기'가 작용하는 원리로 존재할 뿐 독립적으로 드러나거나 작용 하지 않는다. 즉, '이'와 '기'는 하나이며, 세계에 드러나는 것은 '기'뿐이라는 것이다. 이와 같은 입장을 '기일원 론(氣一元論)'이라 한다.

❷ '기일원론'은 '기'를 중시하고 '이'의 존재를 부정한다. ───────────────────────── (○ / ×)

지문 ❸-9~10 이황은 '이'가 원리로서만 존재하는 것이 아니라 발동한다고 보았다. '이'가 발동하면 그에 따라 '기'도 작용하여 인간이나 사회는 도덕적인 모습이 되지만, '이'가 발동하지 않고 '기'만 작용하면 인간이나 사회 는 비도덕적 모습이 될 수 있다.

❸ 이황은 사회가 도덕적인 모습이 되기 위해서는 '(이 / 기)'가 발동해야 한다고 보았다.

지문 ❹-5~6 물이 그릇에 담겨 있지만 물과 그릇이 다른 존재이듯이, '이'와 '기'도 한 몸처럼 붙어 있지만 '이' 와 '기'로 각각 존재한다는 것이다. 이이에 따르면, '이'는 현실에 아무 작용을 하지 않고 '기'만 작용한다.

❹ 이이는 한 몸처럼 붙어 있는 '이'와 '기'가 현실에서 함께 작용한다고 보았다. ──────────── (○ / ×)

플러스 독해 TIP

첫 문단에서 특정 용어가 반복되는 글

중심 화제는 글에서 중점적으로 말하고자 하는 대상이므로 지문에 자주 등장한다. 특히 첫 문단에서 반복되는 용어가 있다 면 그것은 중심 화제이거나 중심 화제를 이해하기 위해 필요한 정보인 경우가 많다.

> 서구에서 자연은 중요한 개념으로 다루어졌는데, 이 개념에는 자연이라는 말로 지칭되는 대상 자체뿐만 아니라 이와 관련된 상태나 특성 등이 모두 포함된다. 자연이라는 개념에 부여되는 의미는 철학자의 관점에 따라 다양했는 데, 근대에 홉스와 루소는 자연 개념을 중심으로 자신의 철학을 구축하였다. 2018-4월 고3 학력평가

윗글은 자연 개념에 대한 홉스와 루소, 니체의 이론을 설명하는 지문의 첫 문단이다. '자연'이라는 용어가 반복되는 것을 통해 이것이 지문의 중심 화제임을 알 수 있다. 중심 화제와 관련된 정보가 지문의 핵심 정보이므로 지문을 읽을 때는 중심 화제를 파악하여 그와 관련된 정보를 중심으로 독해해야 한다. 지문의 첫 문단에서 특정 용어가 반복된다면 이에 주목하여 중심 화제를 찾고, 중심 화제와 관련된 정보에 표시하며 읽은 후 정보를 종합하면 지문의 핵심 내용을 이해할 수 있다.

1 ¹언어 철학에서 특정 인물이나 사물 등을 나타내는 '고유 이름'은 언어와 대상의 관계를 밝히는 데 중요한 역할을 하는 언어 표현이다. ²그래서 고유 이름이 의미하는 바가 무엇인지에 대한 논의는 언어 철학자들의 중요한 관심사였다. ³그중 의미 지칭 이론에 따르면 고유 이름이 의미하는 바는 그 표현이 지칭하는 것, 즉 지시체 자체이다. ⁴이들에 따르면 '금성'이라는 고유 이름이 의미하는 바는 금성 자체인 것이다. ⁵하지만 프레게는 이러한 의미 지칭 이론의 입장을 그대로 받아들일 경우 발생하는 문제를 지적하며, 이를 해결하기 위해 지시체와 '뜻'을 구분하여 고유 이름이 의미하는 바를 새롭게 설명하는 이론을 제시한다.

2 ¹먼저 프레게는 고유 이름이 의미하는 바가 지시체라는 의미 지칭 이론의 입장을 따를 경우에 발생하는 문제를 밝힌다. ²다음의 두 문장을 보자.

　　1) 샛별은 <u>샛별</u>이다.
　　2) 샛별은 <u>개밥바라기</u>이다.

3 ¹프레게에 의하면 의미 지칭 이론의 입장에서 1)과 2)는 완전히 동일한 의미를 지녀야 한다. ²왜냐하면 의미 지칭 이론에 따르면 밑줄 친 '샛별'과 '개밥바라기'라는 두 고유 이름이 의미하는 바는 금성이라는 지시체로 동일하기 때문이다. ³하지만 프레게는 1)은 동어의 반복이기에 정보를 제공하지 않고, 2)는 정보를 제공하기 때문에 사람들은 두 문장을 다르게 인식하게 된다고 말한다. ⁴그리고 이러한 인식적 차이가 발생하는 이유가 고유 이름이 지시체 그 자체가 아닌 '뜻'을 의미하기 때문이라고 주장한다. ⁵즉 프레게는 '샛별'은 아침에 뜨는 별이라는 뜻을, '개밥바라기'는 저녁에 뜨는 별이라는 뜻을 의미하며, '샛별'과 '개밥바라기'는 동일한 지시체인 금성을 서로 다른 제시 방식으로 제시한 것이라고 말한다. ⁶프레게는 이처럼 동일한 지시체의 서로 다른 제시 방식인 '샛별'과 '개밥바라기'는 다른 뜻을 가진다고 말한다. ⁷따라서 프레게는 고유 이름이 의미하는 바는 지시체가 아니기에 지시체와 뜻을 구분해야 하고, 뜻의 차이로 인해 1)과 2)가 인식적 차이가 있음을 설명하려고 한 것이다.

4 ¹프레게는 고유 이름에 한정 기술구도 포함되어야 한다고 주장한다. ²한정 기술구란 오직 하나의 대상만이 만족하는 조건을 몇 개의 단어나 이런저런 기호로 구성한 언어 표현이다. ³예를 들어 프레게는 '플라톤의 가장 유명한 제자'나 『니코마코스 윤리학』의 저자'와 같은 한정 기술구도 '아리스토텔레스'와 같은 고유 이름으로 간주한다. ⁴그래서 프레게에 따르면 '플라톤의 가장 유명한 제자'와 『니코마코스 윤리학』의 저자'는 고유 이름들이며, 아리스토텔레스라는 사람에 대한 서로 다른 제시 방식으로 각각은 다른 뜻을 가진다.

[A]
5 ¹한편 프레게는 특정 지시체에 대해 개인이 갖고 있는 관념을 뜻과 혼동해서는 안 된다고 말한다. ²관념은 지시체에서 개인이 감각적 경험을 통해 얻게 된 주관적인 내적 이미지이다. ³반면 뜻은 우리가 의사소통을 통해 전달하고 이해할 수 있어야 하기에, 언어 공동체가 공유할 수 있는 객관적으로 합의된 재산인 것이다. ⁴다시 말해 우리가 성공적으로 의사소통할 수 있는 이유는 뜻이 공적인 것이기 때문이다. ⁵만약 뜻이 개인의 관념과 같다고 한다면 뜻은 사람마다 다르게 되고, 의사소통은 성공적으로 이루어지기 어렵게 된다. ⁶따라서 프레게는 언어 표현의 뜻은 개인이 지시체에 대해 갖는 관념과는 다르다는 것을 분명히 한다.

6 ¹결국 프레게는 지시체와 뜻을 구분함으로써 고유 이름이 의미하는 바를 명확히 하였다. ²또한 이를 통해 의미 지칭 이론에서 설명하지 못하는 ㉠<u>'유니콘'과 같이 지시체가 존재하지 않는 허구적인 대상의 고유 이름이 의미하는 바</u>를 설명할 수 있게 되었다.

1 세부 내용 파악

〈보기〉는 프레게의 이론을 비유적으로 설명하기 위한 예시이다. 윗글의 [A]를 참고하여 프레게의 입장에서 〈보기〉의 ⓐ~ⓒ를 설명할 수 있는 말로 적절한 것을 고른 것은?

> 보기
>
> 우리 가족들은 천문대에 가서 ⓐ밤하늘의 달을 보았다. 그날 우리는 하나의 망원경을 통해 달을 보고 이야기를 나눌 수 있었다. ⓑ우리 가족이 나눈 대화 속 망원경 렌즈에 맺힌 달의 형상은 모두 같았지만, 그날 망원경의 렌즈를 거쳐 ⓒ망막에 맺힌 달은 우리 가족에게 서로 다른 추억으로 기억되고 있다.

	ⓐ	ⓑ	ⓒ
①	지시체	관념	뜻
②	내적 이미지	뜻	관념
③	지시체	뜻	관념
④	내적 이미지	관념	뜻
⑤	지시체	내적 이미지	뜻

2 중심 개념 이해

윗글을 읽은 학생이 프레게의 입장에서 〈보기〉에 대해 보일 수 있는 반응으로 적절하지 <u>않은</u> 것은?

> 보기
>
> 왼쪽에 있는 삼각형의 각 꼭짓점에서 그 대변의 중점으로 이어지는 선을 a, b, c라고 할 때, ㉮'a와 b의 교점'과 ㉯'b와 c의 교점'의 지시체는 ㉰o이다. 따라서 ㉱'o는 a와 b의 교점이다.'와 같은 문장으로 표현할 수 있다.

① ㉮와 ㉯는 동일한 지시체를 지칭하지만 뜻은 서로 다르다고 볼 수 있겠군.

② ㉮와 ㉯는 몇 개의 단어와 기호로 구성되어 있지만 고유 이름으로 볼 수 있겠군.

③ ㉮와 ㉯로 의사소통이 가능한 이유는 ㉰에 대한 개인의 내적 이미지가 일치하기 때문이겠군.

④ ㉰에 대한 제시 방식에는 ㉮와 ㉯뿐만 아니라 'a와 c의 교점'도 포함할 수 있겠군.

⑤ ㉱는 'o는 o이다.'라는 문장과 인식적 차이가 발생한다고 할 수 있겠군.

3 내용 추론

윗글을 참고할 때, 의미 지칭 이론에서 ㉠을 설명하지 못하는 이유를 추론한 내용으로 가장 적절한 것은?

① 고유 이름은 다수의 지시체를 의미한다고 보기 때문이겠군.

② 고유 이름과 지시체는 서로 관련이 없다고 보기 때문이겠군.

③ 고유 이름이 의미하는 바를 지시체 그 자체로 보기 때문이겠군.

④ 고유 이름과 지시체가 서로 다른 정보를 제공한다고 보기 때문이겠군.

⑤ 고유 이름으로는 언어와 대상의 관계를 밝힐 수 없다고 보기 때문이겠군.

1 ❶문단을 통해 글의 중심 화제를 파악해 보자.

(   )이 의미하는 바를 새롭게 설명하는 프레게의 이론

2 중심 화제와 관련된 각 문단의 정보를 정리해 보자.

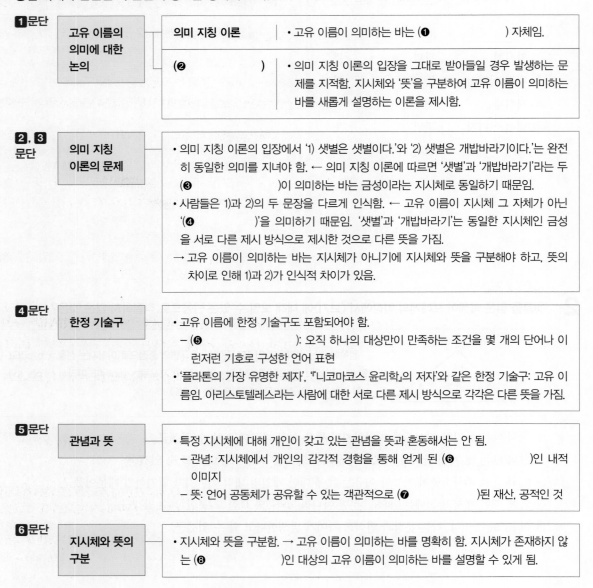

❶문단

고유 이름의 의미에 대한 논의

| 의미 지칭 이론 | • 고유 이름이 의미하는 바는 (❶   ) 자체임. |
| (❷   ) | • 의미 지칭 이론의 입장을 그대로 받아들일 경우 발생하는 문제를 지적함. 지시체와 '뜻'을 구분하여 고유 이름이 의미하는 바를 새롭게 설명하는 이론을 제시함. |

❷, ❸문단

의미 지칭 이론의 문제

• 의미 지칭 이론의 입장에서 '1) 샛별은 샛별이다.'와 '2) 샛별은 개밥바라기이다.'는 완전히 동일한 의미를 지녀야 함. ← 의미 지칭 이론에 따르면 '샛별'과 '개밥바라기'라는 두 (❸   )이 의미하는 바는 금성이라는 지시체로 동일하기 때문임.
• 사람들은 1)과 2)의 두 문장을 다르게 인식함. ← 고유 이름이 지시체 그 자체가 아닌 '(❹   )'을 의미하기 때문임. '샛별'과 '개밥바라기'는 동일한 지시체인 금성을 서로 다른 제시 방식으로 제시한 것으로 다른 뜻을 가짐.
→ 고유 이름이 의미하는 바는 지시체가 아니기에 지시체와 뜻을 구분해야 하고, 뜻의 차이로 인해 1)과 2)가 인식적 차이가 있음.

❹문단

한정 기술구

• 고유 이름에 한정 기술구도 포함되어야 함.
– (❺   ): 오직 하나의 대상만이 만족하는 조건을 몇 개의 단어나 이런저런 기호로 구성한 언어 표현
• '플라톤의 가장 유명한 제자', 『니코마코스 윤리학』의 저자'와 같은 한정 기술구: 고유 이름임. 아리스토텔레스라는 사람에 대한 서로 다른 제시 방식으로 각각은 다른 뜻을 가짐.

❺문단

관념과 뜻

• 특정 지시체에 대해 개인이 갖고 있는 관념을 뜻과 혼동해서는 안 됨.
– 관념: 지시체에서 개인의 감각적 경험을 통해 얻게 된 (❻   )인 내적 이미지
– 뜻: 언어 공동체가 공유할 수 있는 객관적으로 (❼   )된 재산, 공적인 것

❻문단

지시체와 뜻의 구분

• 지시체와 뜻을 구분함. → 고유 이름이 의미하는 바를 명확히 함. 지시체가 존재하지 않는 (❽   )인 대상의 고유 이름이 의미하는 바를 설명할 수 있게 됨.

3 다음 정보 간의 관계를 파악해 보자.

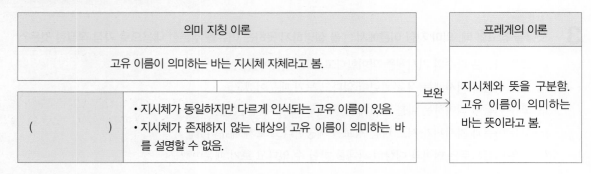

의미 지칭 이론		프레게의 이론
고유 이름이 의미하는 바는 지시체 자체라고 봄.		지시체와 뜻을 구분함. 고유 이름이 의미하는 바는 뜻이라고 봄.
( )	• 지시체가 동일하지만 다르게 인식되는 고유 이름이 있음. • 지시체가 존재하지 않는 대상의 고유 이름이 의미하는 바를 설명할 수 없음.	

보완 →

선지 판단 연습

추론적 사고력 기르기

지문을 바탕으로 ❶~❹의 내용을 판단해 보자.

지문 ❶-3~4 그중 의미 지칭 이론에 따르면 고유 이름이 의미하는 바는 그 표현이 지칭하는 것, 즉 지시체 자체이다. 이들에 따르면 '금성'이라는 고유 이름이 의미하는 바는 금성 자체인 것이다.

❶ 의미 지칭 이론에서 '금성'이라는 고유 이름이 금성 자체를 의미한다고 보는 것은, 고유 이름이 그 표현이 지칭하는 대상 자체를 의미한다고 보기 때문이다. ·· (○ / ×)

지문 ❸-4~5 그리고 이러한 인식적 차이가 발생하는 이유가 고유 이름이 지시체 그 자체가 아닌 '뜻'을 의미하기 때문이라고 주장한다. 즉 프레게는 '샛별'은 아침에 뜨는 별이라는 뜻을, '개밥바라기'는 저녁에 뜨는 별이라는 뜻을 의미하며, '샛별'과 '개밥바라기'는 동일한 지시체인 금성을 서로 다른 제시 방식으로 제시한 것이라고 말한다.

❷ 프레게에 따르면 '샛별'과 '개밥바라기'는 (지시체 / 뜻)의 차이 때문에 인식적 차이가 발생한다.

지문 ❹-2~3 한정 기술구란 오직 하나의 대상만이 만족하는 조건을 몇 개의 단어나 이런저런 기호로 구성한 언어 표현이다. 예를 들어 프레게는 '플라톤의 가장 유명한 제자'나 『니코마코스 윤리학』의 저자'와 같은 한정 기술구도 '아리스토텔레스'와 같은 고유 이름으로 간주한다.

❸ 프레게는 '플라톤의 가장 유명한 제자', 『니코마코스 윤리학』의 저자', '아리스토텔레스'와 같은 한정 기술구 역시 고유 이름으로 간주한다. ·· (○ / ×)

지문 ❺-4~5 다시 말해 우리가 성공적으로 의사소통할 수 있는 이유는 뜻이 공적인 것이기 때문이다. 만약 뜻이 개인의 관념과 같다고 한다면 뜻은 사람마다 다르게 되고, 의사소통은 성공적으로 이루어지기 어렵게 된다.

❹ 성공적으로 의사소통을 하기 위해서는 뜻을 개인의 관념에 따라 파악해야 한다. ····························· (○ / ×)

플러스 독해 TIP

문제점과 해결(보완)이 나타나는 글

지문에서 어떤 이론·현상을 제시한 후 이에 대해 문제나 의문을 제기하고, 이를 해결하거나 보완한 이론·현상을 제시하는 방식으로 내용을 전개하는 경우가 있다.

> 맥락주의 비평은 주로 예술 작품이 창작된 사회적·역사적 배경에 관심을 갖는다. …
> 그러나 객관적 자료를 중심으로 작품을 비평하려는 맥락주의는 자칫 작품 외적인 요소에 치중하여 작품의 핵심적 본질을 훼손할 우려가 있다는 비판을 받는다. 이러한 맥락주의 비평의 문제점을 극복하기 위한 방법으로는 형식주의 비평과 인상주의 비평이 있다. 형식주의 비평은 예술 작품의 외적 요인 대신 작품의 형식적 요소와 그 요소들 간 구조적 유기성의 분석을 중요하게 생각한다. …
> 인상주의 비평은 모든 분석적 비평에 대해 회의적인 시각을 가지고 있어 예술을 어떤 규칙이나 객관적 자료로 판단할 수 없다고 본다.
> 2021-9월 고3 모의평가

윗글은 예술 작품을 감상하고 비평하는 방법에 대한 논의를 다루고 있다. 첫 번째 비평 방법은 맥락주의 비평인데 이것은 작품 외적인 요소에 치중하여 작품의 본질을 훼손할 수 있다는 문제점이 있다. 이를 극복하기 위한 비평 방법이 형식주의 비평과 인상주의 비평이다. 이와 같은 지문을 읽을 때는 앞서 제시된 이론·현상의 한계를 파악하고, 새로운 이론·현상이 그것을 어떻게 해결·보완했는지 파악해야 한다. 문제점과 해결 방안을 연결하며 읽되, 문제점보다 해결 방안에 주목하는 것이 좋다.

1 ¹브레송은 일상의 순간에 예술적 생명감을 불어넣은 '결정적 순간'의 미학을 탄생시킨 사진작가이다. ²그는 피사체가 의식하지 못한 상태에서 피사체의 자연스러운 동작이나 표정을 찍는 사진 기법을 활용하여 자신의 예술성을 드러내었다.

2 ¹○브레송은 자신의 예술성을 드러내기 위해 안정된 구도와 유동성을 기반으로 하여 움직임 가운데 균형을 잡아낸 사진을 촬영하였다. ²'안정된 구도'란 회화에 기초한 구도를 통해 사진에서 안정감을 느낄 수 있도록 하는 것을 의미한다. ³그가 사용한 회화의 구도는 황금 분할 구도, 기하학적 구도, 주요 요소들을 대비시킨 구도였다. ⁴황금 분할 구도는 3 : 2의 비율로 화면을 분할한 것이고, 기하학적 구도는 여러 종류의 도형이 채워져 있는 것이다. ⁵주요 요소들 간의 대비로는 동(動)과 정(靜)의 대비, 상하 대비, 좌우 대비, 좌우 대각선 대비 등을 사용하였다. ⁶그는 이와 같은 안정된 구도의 기반이 되는 공간을 미리 계획하였다. ⁷그리고 '유동성'은 움직이는 대상에 집중하는 것으로, 그는 자신이 미리 계획했던 구도에 움직이는 대상이 들어와 원하는 형태적 구성을 완성한 순간이 포착될 때까지 끈질기게 기다렸다. ⁸한편 카메라를 눈의 연장으로 생각했던 그는, 화각이 인간의 시야와 가장 비슷한 표준 렌즈를 주로 사용해 사람의 눈높이에서 촬영했다. ⁹이때 화각은 카메라 렌즈를 통해 이미지를 담을 수 있는 범위를 뜻한다. ¹⁰그는 표준 렌즈에 비해 화각이 넓은 광각 렌즈나 플래시의 사용을 가급적 피했다. ¹¹이런 장치를 사용하면 눈으로 보는 실제 모습과 달라지기 때문이었다.

3 ¹그는 『순간 이미지』라는 자신의 사진집에서 '결정적 순간'이란 어떤 하나의 사실과 관련해 시각적으로 포착된 다양한 모습들이 하나의 긴밀한 구성을 이루고, 그 구성 안에 의미가 실리는 것을 순간적으로 동시에 인식하는 것이라 정의 내렸다. ²그는 내용과 구성이 조화를 이룬 '결정적 순간'을 발견하고 타이밍에 맞추어 촬영하였던 것이다.

4 ¹이후 사진작가들에게 브레송의 미학은 큰 영향을 주었다. ²1960년대부터 활동한 ○마크 코헨은 브레송의 '결정적 순간'에 영향을 받아 자신만의 결정적 순간을 포착하고자 했다. ³그는 돌발성을 기반으로 한 근접 촬영 방식을 택해 독특하면서도 기발한 결정적 순간을 포착했다. ⁴그는 광각 렌즈를 부착한 카메라를 들고 길거리에서 마주치는 사람들에게 돌발적으로 접근해 카메라를 허리 밑에 위치한 상태에서 자유로운 각도로 촬영하였다. ⁵그리고 그는 대상의 일부만을 잘라 낸 구도를 사용하기도 하였으며 플래시를 사용해 그림자의 모양을 자신의 의도대로 변화시키기도 하였다. ⁶즉 그는 자신이 원한 형태의 사진을 촬영하기에 적합한 방식으로 눈으로 보는 세상과는 다르게 보이도록 인공적으로 만든 자신만의 결정적 순간을 포착한 것이다.

5 ¹이처럼 예술가가 자신이 원하는 순간을 포착하는 것의 중요성을 보여 준 브레송의 '결정적 순간'은 사진작가 각자의 개성이 담긴 결정적 순간으로 확대되면서 예술 지평을 넓혔다는 평가를 받았다.

세부 내용 파악

1 다음은 윗글을 읽은 후 정리한 독서 노트이다. 그 내용이 적절하지 <u>않은</u> 것은?

알게 된 점	브레송의 사진에 회화가 미친 영향 ·· ①
	브레송의 사진에 주로 사용된 구도 ·· ②
	브레송의 '결정적 순간'이 갖는 예술사적 의의 ····································· ③
더 알고 싶은 내용	마크 코헨이 결정적 순간을 포착하기 위해 주로 사용한 렌즈 ············ ④
	마크 코헨의 결정적 순간이 잘 드러난 대표 작품 ····························· ⑤

세부 내용 파악

2 ㉠과 ㉡에 대한 설명으로 적절하지 <u>않은</u> 것은?

① ㉠은 내용과 구성이 조화를 이루는 순간을 촬영하였다.

② ㉠은 카메라의 위치나 렌즈 선택 시 사람 눈과의 유사성을 중시하였다.

③ ㉡은 근접 촬영을 통해 독특하고 기발한 이미지를 담았다.

④ ㉡은 인공의 빛을 이용해 눈으로 보는 세상과는 다른 순간을 포착하였다.

⑤ ㉠과 ㉡은 모두 돌발성을 기반으로 하여 사진작가의 의도대로 촬영하였다.

구체적 사례에 적용

3 〈보기〉는 브레송의 「생 라자르 역」(1932)을 분석하기 위한 그림이다. 윗글을 바탕으로 할 때 〈보기〉에 대해 이해한 것으로 적절하지 <u>않은</u> 것은?

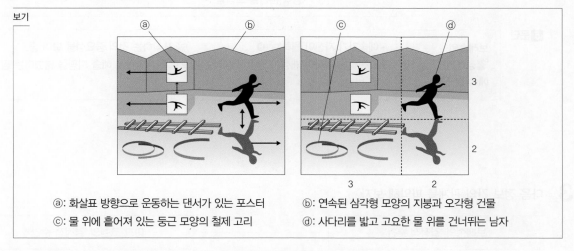

보기

ⓐ: 화살표 방향으로 운동하는 댄서가 있는 포스터   ⓑ: 연속된 삼각형 모양의 지붕과 오각형 건물

ⓒ: 물 위에 흩어져 있는 둥근 모양의 철제 고리   ⓓ: 사다리를 밟고 고요한 물 위를 건너뛰는 남자

① 움직이는 남자와 고요한 물에서 동과 정의 대비를 확인할 수 있군.

② 남자와 그림자, 포스터와 그림자의 위치에서 상하 대비를 보이는 안정된 구도를 확인할 수 있군.

③ 건물, 지붕, 사다리, 고리의 모습에서 여러 종류의 도형이 이루는 기하학적 구도를 찾아볼 수 있군.

④ 남자와 그림자가 일정한 비율로 분할된 곳에 위치한 것에서 황금 분할에 기초한 구도를 찾아볼 수 있군.

⑤ 남자와 포스터 속 댄서를 좌우 대각선에 배치한 것에서 미리 계획한 구도에 변화를 주었음을 알 수 있군.

1 🔳문단을 통해 글의 중심 화제를 파악해 보자.

브레송의 '(   )'

2 중심 화제와 관련된 각 문단의 정보를 정리해 보자.

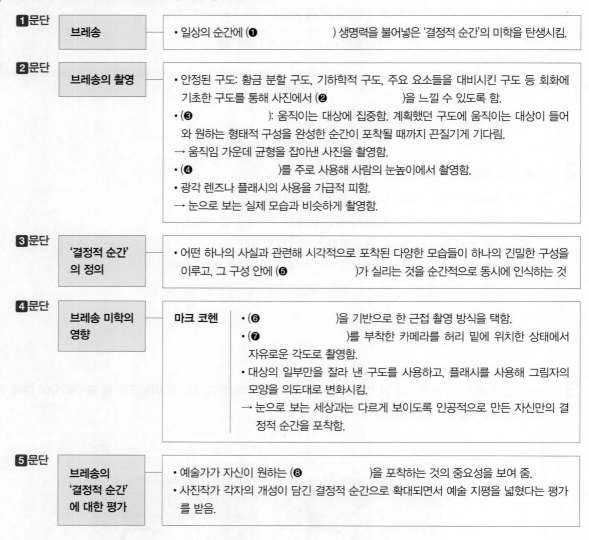

🔳문단 | 브레송 → • 일상의 순간에 (❶   ) 생명력을 불어넣은 '결정적 순간'의 미학을 탄생시킴.

🔳문단 | 브레송의 촬영 →
• 안정된 구도: 황금 분할 구도, 기하학적 구도, 주요 요소들을 대비시킨 구도 등 회화에 기초한 구도를 통해 사진에서 (❷   )을 느낄 수 있도록 함.
• (❸   ): 움직이는 대상에 집중함. 계획했던 구도에 움직이는 대상이 들어와 원하는 형태적 구성을 완성한 순간이 포착될 때까지 끈질기게 기다림.
→ 움직임 가운데 균형을 잡아낸 사진을 촬영함.
• (❹   )를 주로 사용해 사람의 눈높이에서 촬영함.
• 광각 렌즈나 플래시의 사용을 가급적 피함.
→ 눈으로 보는 실제 모습과 비슷하게 촬영함.

🔳문단 | '결정적 순간'의 정의 →
• 어떤 하나의 사실과 관련해 시각적으로 포착된 다양한 모습들이 하나의 긴밀한 구성을 이루고, 그 구성 안에 (❺   )가 실리는 것을 순간적으로 동시에 인식하는 것

🔳문단 | 브레송 미학의 영향 → 마크 코헨
• (❻   )을 기반으로 한 근접 촬영 방식을 택함.
• (❼   )를 부착한 카메라를 허리 밑에 위치한 상태에서 자유로운 각도로 촬영함.
• 대상의 일부만을 잘라 낸 구도를 사용하고, 플래시를 사용해 그림자의 모양을 의도대로 변화시킴.
→ 눈으로 보는 세상과는 다르게 보이도록 인공적으로 만든 자신만의 결정적 순간을 포착함.

🔳문단 | 브레송의 '결정적 순간'에 대한 평가 →
• 예술가가 자신이 원하는 (❽   )을 포착하는 것의 중요성을 보여 줌.
• 사진작가 각자의 개성이 담긴 결정적 순간으로 확대되면서 예술 지평을 넓혔다는 평가를 받음.

3 다음 정보 간의 관계를 파악해 보자.

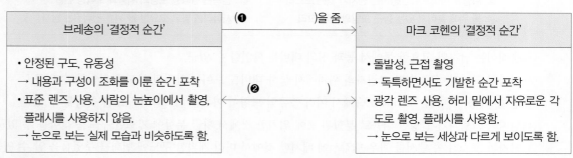

브레송의 '결정적 순간'	(❶)을 줌.	마크 코헨의 '결정적 순간'
• 안정된 구도, 유동성 → 내용과 구성이 조화를 이룬 순간 포착 • 표준 렌즈 사용, 사람의 눈높이에서 촬영, 플래시를 사용하지 않음. → 눈으로 보는 실제 모습과 비슷하도록 함.	(❷)	• 돌발성, 근접 촬영 → 독특하면서도 기발한 순간 포착 • 광각 렌즈 사용, 허리 밑에서 자유로운 각도로 촬영, 플래시를 사용함. → 눈으로 보는 세상과 다르게 보이도록 함.

추론적 사고력 기르기

선지 판단 연습

지문을 바탕으로 ❶~❹의 내용을 판단해 보자.

지문 ❶-1 브레송은 일상의 순간에 예술적 생명감을 불어넣은 '결정적 순간'의 미학을 탄생시킨 사진작가이다.

❶ 브레송은 일상의 순간에서 결정적 순간을 포착했다. ·· (O / X)

지문 ❷-10~11 그는 표준 렌즈에 비해 화각이 넓은 광각 렌즈나 플래시의 사용을 가급적 피했다. 이런 장치를 사용하면 눈으로 보는 실제 모습과 달라지기 때문이었다.

❷ 표준 렌즈를 사용하면 눈으로 보는 실제 모습과 달라지게 촬영할 수 있다. ···················· (O / X)

지문 ❹-2, 5 1960년대부터 활동한 마크 코헨은 브레송의 '결정적 순간'에 영향을 받아 자신만의 결정적 순간을 포착하고자 했다. … 그리고 그는 대상의 일부만을 잘라 낸 구도를 사용하기도 하였으며 플래시를 사용해 그림자의 모양을 자신의 의도대로 변화시키기도 하였다.

❸ 마크 코헨은 (자연스럽게 / 인공적으로) 만들어진 순간을 포착하고자 했다.

지문 ❺-1 이처럼 예술가가 자신이 원하는 순간을 포착하는 것의 중요성을 보여 준 브레송의 '결정적 순간'은 사진작가 각자의 개성이 담긴 결정적 순간으로 확대되면서 예술 지평을 넓혔다는 평가를 받았다.

❹ 브레송의 '결정적 순간'은 대중에게 영향을 주어 예술 감상의 폭을 넓혔다. ····················· (O / X)

플러스 독해 TIP

〈보기〉에서 시각 자료를 제시하는 문제

수능의 예술 지문에서는 지문과 관련된 그림이나 사진을 〈보기〉에서 제시하고, 지문에 제시된 개념·이론·관점 등을 이해했는지 확인하거나 지문에 제시된 작품과의 관련성을 묻는 문제가 출제된다. 과학·기술 지문에서는 지문에서 언급한 과정·단계를 도식화한 자료를 〈보기〉에서 제시하고 단계별 세부 내용을 확인하는 문제가 출제된다. 또한 지문에 제시된 현상·원리를 표나 그래프로 나타낸 자료를 〈보기〉에서 제시하고 지문을 바탕으로 자료를 해석하는 문제가 출제되기도 한다.

〈지문〉 하이데거는 이러한 미학적 관점을 고흐의 「구두」라는 작품을 통해 설명한다. … 그는 고흐의 작품 속 구두의 '존재'가 그것을 신고 다녔을 어느 농부가 살아온 삶의 궤적을 드러내게 된다고 생각했으며, 구두에 담긴 농부의 고단하면서도 소박하고 경건한 삶 전체가 구두라는 존재자에 은폐되었던 '진리'라고 여긴 것이다.

〈보기〉 세계적인 사진작가 앙드레 케르테츠는 화가 몬드리안의 초상 사진을 촬영해 달라는 의뢰를 받고 몬드리안의 작업실을 방문했다. 그리고 테이블에 놓인 화가의 안경과 파이프, 재떨이를 촬영한 후 "이것이 몬드리안의 초상입니다."라고 말했다.

앙드레 케르테츠, 「몬드리안의 안경과 파이프」

〈선지〉 하이데거는 케르테츠의 사진 속 '안경'과 '파이프'가 몬드리안의 삶의 궤적을 드러낸다고 여겼을 것이다. ○

2018-7월 고3 학력평가

〈지문〉에서 하이데거는 고흐의 작품 속 '구두'가 그것을 사용하는 사람의 삶의 궤적을 드러낸다고 생각했다. 따라서 하이데거는 〈보기〉의 작품 속 '안경, 파이프, 재떨이' 역시 그것을 사용하는 사람, 즉 몬드리안의 삶의 궤적을 드러낸다고 생각했을 것이다. 지문과 〈보기〉, 지문과 선지, 〈보기〉와 선지에서 서로 관련되는 부분을 파악하는 것이 문제를 푸는 열쇠이므로 대응하는 키워드를 표시하며 선지의 적절성을 판단해야 한다.

1 ¹실존주의는 현대 과학 기술 문명과 전쟁 속에서 비인간화되어 가는 현실을 고발하는 과정에서 등장한 철학 사조로, 개인으로서의 인간의 주체적 존재성을 강조한다. ²사르트르(J. P. Sartre)는 실존주의를 대표하는 철학자로, 이전의 철학자들이 인간의 본질이 무엇이냐는 근원적 물음을 탐구했다면, 사르트르는 개개인의 실존을 문제 삼았다. ³그의 사상은 '실존은 본질에 선행한다.'로 집약할 수 있는데, 여기서 '본질'은 어떤 존재에 관해 '그 무엇'이라고 정의될 수 있는 성질을 뜻하고, '실존'은 자기의 존재를 자각하면서 존재하는 주체적인 상태를 뜻한다.

2 ¹무신론자였던 사르트르는 인간은 사물과 달리 그 본질이나 목적을 가지고 판단할 수 없다고 보았다. ²예를 들어, 연필은 처음부터 '쓴다.'라는 목적으로 만들어진다. ³무엇인가를 쓴다는 것은 연필의 본질이므로, 연필의 존재는 그 본질로부터 나온다. ⁴즉 사물은 본질이 그 존재에 선행하는 것이다. ⁵그러나 인간은 사물과 다르다. ⁶사르트르는 인간이 신의 뜻에 따라 만들어진 존재라는 기존의 통념을 거부하면서, 인간은 우연히 이 세계에 내던져진 채 스스로를 만들어 가는 존재라고 보았다.

3 ¹사르트르는 이 세계의 모든 존재를 '의식'의 유무를 기준으로 의식이 없는 '사물 존재'와 의식이 있는 '인간 존재'로 구분하였다. ²그리고 사물 존재를 '즉자 존재(Being in itself)'로, 인간 존재를 '대자 존재(Being for itself)'로 각각 명명하였다. ³여기서 즉자 존재는 일상의 사물들처럼 자기의식이 없기 때문에, 그 자리에 계속 그것인 상태로 남아 있다. ⁴반면에 대자 존재는 자기의식을 가진 존재이다. ⁵따라서 자기 자신을*대상화하여 스스로를 바라볼 수도 있고, 매 순간 자유로운 선택을 통해 자신을 만들어 갈 수도 있다. ⁶그런데 모든 것이 인간의 선택으로 결정이 된다면, 그 선택에 따른 책임도 자기 스스로 져야 한다. ⁷그래서 사르트르는 진실한 인간이라면 책임감이라는 부담 때문에 번민하고, 그 번민의 원인이 되는 자유로부터 도피하고 싶은 욕망이 생길 수 있다고 보았다.

4 ¹또한 사르트르는 인간의 자유로운 선택이 타자와 연관된다고 여겼다. ²왜냐하면 내가 주체적 의식을 지니고 살아가듯이 타자도 주체적 의식을 지니고 있어서, 내가 아무리 주체성을 지닌 존재라 하더라도 나를 바라보는 다른 사람은 나를 즉자 존재처럼 객체화하여 파악할 수 있기 때문이다. ³그래서 사르트르는 타인의 시선으로 규정되는 인간의 모습을 일컬어 '대타 존재(Being for others)'라고 명명하였다. ⁴예를 들어, 길을 걷다가 친구의 장난스러운 표정이 떠올라 웃었다고 가정해 보자. ⁵그런데 그런 상황을 모르는 타자는 '저 사람 참 실없는 사람이네.'라는 시선을 보낼 수 있다. 이때 타자에 의해 '실없다.'라고 규정되는 존재가 대타 존재인 것이다.

5 ¹그런데 이런 시선은 타자만 나에게 보내는 것이 아니라 나도 타자에게 보낼 수 있다. ²왜냐하면 [⬚⬚⬚⬚⬚⬚⬚ ㉠ ⬚⬚⬚⬚⬚⬚⬚] ³그래서 사르트르는 나와 타자가 맺는 관계는 공존이 아니라 갈등과 투쟁으로 여겨서, '타자는 지옥이다.'라는 극단적인 표현까지 동원하기도 하였다. ⁴그러나 그는 이렇게 자신이 타자의 시선에 노출되더라도 자신의 행위를 계속해 나가야 한다고 말한다. ⁵자신의 선택에 따라 행동하며 그것을 타자가 받아들이도록 함으로써 타자를 자신의 선택 속에 끌어들일 수 있는 것이다. ⁶그러니까 인간은 참된 자아를 찾기 위해 타자의 시선을 두려워하거나 피할 것이 아니라 이를 극복하고 계속 자신의 행위를 선택하며 살아가야 한다.

6 ¹사르트르의 실존주의는 개인이 사회적 관습에 의해 제약을 받는다는 사실을 간과하였다는 점, 나와 타자가 맺어 가는 인간관계를 지나치게 비관적으로 설정하였다는 점 등에서 비판을 받기도 하였다. ²하지만 그의 실존주의는 주체성을 상실한 채 획일화되어 가는 우리의 삶을 반성하게 하고, 주체적이고 개성적인 삶을 살아가도록 도움을 준다는 점에서 오늘날까지 그 가치가 높이 평가되고 있다.

***대상화** 자기의 주관 안에 있는 것을 객관적인 대상으로 구체화하여 밖에 있는 것처럼 다룸.

핵심 정보 파악

1 윗글의 표제와 부제로 가장 적절한 것은?

① 사르트르 실존주의의 장단점 – 인간과 사물의 차이점을 중심으로

② 사르트르 실존주의의 발생 배경 – 현대 과학 기술 문명의 발전을 중심으로

③ 사르트르 실존주의의 변천 과정 – 본질과 실존의 우선순위 변화를 중심으로

④ 사르트르 실존주의의 특성과 의의 – 사물, 나, 타자에 대한 이해를 중심으로

⑤ 사르트르 실존주의의 주요 개념과 한계 – 자유와 책임의 상호 관계를 중심으로

세부 내용 추론

2 ㉠에 들어갈 말로 가장 적절한 것은?

① 서로가 서로의 자유로운 선택을 인정하기 때문이다.

② 나와 타자가 각자의 방식으로 자신을 돌아보기 때문이다.

③ 서로가 서로를 주체성을 지닌 존재로 파악하기 때문이다.

④ 나와 타자가 서로의 시선에서 벗어나기를 원하기 때문이다.

⑤ 서로가 서로를 대상으로 삼아 객체화하려고 하기 때문이다.

구체적 상황에 적용

3 윗글을 바탕으로 〈보기〉를 이해한 내용으로 적절하지 <u>않은</u> 것은?

> 보기
>
> (학생이 선생님과 상담하는 상황)
>
> **학생**: 선생님, 저는 어렸을 때부터 누가 장래 희망을 물어보면 늘 의사라고 대답하곤 했는데, 고 2가 되면서 제가 정말 의사가 되고 싶은지 의문이 들었어요.
>
> **선생님**: 왜 그런 생각을 하게 된 거야?
>
> **학생**: 의사라는 꿈이 제 꿈이 아니라 부모님의 꿈이라는 생각이 들었거든요. 저는 어렸을 때부터 '너는 의사가 될 거야.'라는 말을 들으며 자랐어요. 그래서 당연히 의사가 되어야 한다고 생각했어요.
>
> **선생님**: 그렇구나. 그런데 처음부터 해야 할 일이 정해진 사람은 없어. 네 꿈은 네가 고민해서 선택하는 것이 맞지 않을까?
>
> **학생**: 그렇기는 하지만…… 부모님께서 반대하시면요?
>
> **선생님**: 어떤 선택을 하든 네가 선택한 것에 책임감 있게 행동하면, 부모님도 너의 선택을 인정해 주시지 않을까? 선생님은 네가 하고 싶은 일을 스스로 찾았으면 좋겠어.

① '학생'은 장래 희망과 관련하여 스스로를 대상화하고 있군.

② 부모님의 기대를 의식하는 '학생'은 대타 존재에 해당하겠군.

③ '선생님'은 선천적으로 주어진 본질이란 없다고 생각하고 있군.

④ 학생이 의사가 되기를 바라는 '부모님'은 대자 존재에 해당하겠군.

⑤ '학생'은 장래 희망과 관련된 선택에서 타자의 시선을 고려하고 있군.

1 ❶문단을 통해 글의 중심 화제를 파악해 보자.

사르트르의 (   )

2 중심 화제와 관련된 각 문단의 정보를 정리해 보자.

❶문단	실존주의와 사르트르	• 실존주의: 개인으로서 인간의 (❶) 존재성을 강조함. • 이전의 철학자들: 인간의 본질을 탐구함. ↔ 사르트르: 개개인의 실존을 문제 삼음.
❷문단	인간	• 본질이나 목적을 가지고 판단할 수 없음. ↔ 사물은 본질이 그 존재에 선행함. • 우연히 이 세계에 내던져진 채 스스로를 만들어 가는 존재임.

❸문단	의식의 유무에 따른 구분	사물 존재 – 즉자 존재	• (❷)이 없음. → 그 자리에 계속 그것인 상태로 남아 있음.
		인간 존재 – 대자 존재	• 의식이 있음. → 자기 자신을 (❸)하여 바라볼 수 있고, 자유로운 선택을 통해 자신을 만들어 갈 수 있음. → 선택에 따른 책임감으로 번민함. 자유로부터 도피하고 싶은 욕망이 생길 수 있음.

❹문단	대타 존재	• 인간의 자유로운 선택이 (❹)와 연관됨. • 타인의 시선으로 규정되는 인간의 모습을 (❺)라고 명명함.
❺문단	나와 타자의 관계	• 나와 타자가 맺는 관계는 (❻)과 투쟁임. • 인간은 참된 자아를 찾기 위해 타자의 (❼)을 극복하고 계속 자신의 행위를 선택하며 살아야 함.
❻문단	사르트르 실존주의에 대한 평가	• 비판: 개인이 (❽)에 의해 제약을 받는다는 사실을 간과함. 인간관계를 지나치게 비관적으로 설정함. • 가치: 획일화되어 가는 삶을 반성하게 함. 주체적이고 개성적인 삶을 살아가도록 도움.

3 다음 정보 간의 관계를 파악해 보자.

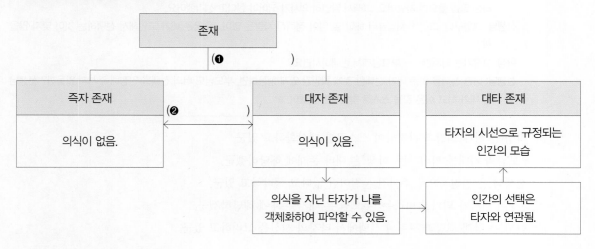

```
                        존재
                         |
                    (❶          )
        ┌────────────────┼────────────────────┐
   즉자 존재      (❷        )    대자 존재              대타 존재
                ←──────────→
   의식이 없음.              의식이 있음.         타자의 시선으로 규정되는
                                              인간의 모습
                              |                      |
                       의식을 지닌 타자가 나를    인간의 선택은
                       객체화하여 파악할 수 있음.   타자와 연관됨.
```

선지 판단 연습

추론적 사고력 기르기

지문을 바탕으로 ❶~❹의 내용을 판단해 보자.

지문 ❶-2 사르트르(J. P. Sartre)는 실존주의를 대표하는 철학자로, 이전의 철학자들이 인간의 본질이 무엇이냐는 근원적 물음을 탐구했다면, 사르트르는 개개인의 실존을 문제 삼았다.

❶ 사르트르는 인간 본질의 근원적 물음을 탐구하는 철학의 전통을 이어받아 개개인의 실존을 문제 삼았다.
.... (○ / ×)

지문 ❷-5~6 그러나 인간은 사물과 다르다. 사르트르는 인간이 신의 뜻에 따라 만들어진 존재라는 기존의 통념을 거부하면서, 인간은 우연히 이 세계에 내던져진 채 스스로를 만들어 가는 존재라고 보았다.

❷ 사르트르는 인간은 사물과 달리 주체적인 존재라고 생각하였다. .... (○ / ×)

지문 ❹-3~5 그래서 사르트르는 타인의 시선으로 규정되는 인간의 모습을 일컬어 '대타 존재(Being for others)'라고 명명하였다. 예를 들어, 길을 걷다가 친구의 장난스러운 표정이 떠올라 웃었다고 가정해 보자. 그런데 그런 상황을 모르는 타자는 '저 사람 참 실없는 사람이네.'라는 시선을 보낼 수 있다. 이때 타자에 의해 '실없다.'라고 규정되는 존재가 대타 존재인 것이다.

❸ 사르트르는 타인의 상황을 고려하지 않고 타자를 '실없다.'라고 규정하는 존재를 '대타 존재'라고 하였다.
.... (○ / ×)

지문 ❺-3 그래서 사르트르는 나와 타자가 맺는 관계는 공존이 아니라 갈등과 투쟁으로 여겨서, '타자는 지옥이다.'라는 극단적인 표현까지 동원하기도 하였다.

❹ 사르트르는 나와 타자가 맺는 관계를 (낙관적 / 비관적)으로 생각하였다.

플러스 독해 TIP

제목을 묻는 문제

지문의 표제와 부제를 묻는 문제는 지문의 핵심 내용을 파악했는지 확인하기 위한 것이다. 즉 표제와 부제는 지문의 핵심 내용을 포괄해야 하므로 지문의 중심 화제가 반드시 포함되어야 한다.

> 19. 윗글의 표제와 부제로 가장 적절한 것은?
> ① 에피쿠로스 사상의 성립 배경 – 인간과 자연의 관계를 중심으로 ×
> ② 에피쿠로스 사상의 목적과 의의 – 신, 인간, 우주에 대한 이해를 중심으로 ○
> ③ 에피쿠로스 사상에 대한 비판과 옹호 – 사상의 한계와 발전적 계승을 중심으로 ×
> ④ 에피쿠로스 사상을 둘러싼 논쟁과 이견 – 당대 세계관과의 비교를 중심으로 ×
> ⑤ 에피쿠로스 사상의 현대적 수용과 효용성 – 행복과 쾌락의 상관성을 중심으로 ×
>
> 2020–6월 고3 모의평가

위 문제는 '에피쿠로스의 자연학과 그의 쾌락주의적 윤리학'을 다룬 지문의 제목을 묻고 있다. 즉 지문의 중심 화제는 '에피쿠로스 사상'인데 모든 선지에 중심 화제가 포함되어 있다. 그런데 ①번의 '성립 배경'은 1문단에서 간단히 제시되므로 표제로 적절하지 않다. ③번~⑤번에 있는 에피쿠로스 사상에 대한 '비판', '논쟁과 이견', '현대적 수용'은 지문에 제시되지 않는다. 따라서 ②번이 정답이 된다. 제목을 묻는 문제를 풀 때는 지문의 중심 화제를 파악한 후 선지가 그것을 포함하고 있는지 확인해야 한다. 그리고 지문의 일부 내용만 담고 있지는 않은지, 지문에서 다룬 내용인지를 판단하여 지문의 핵심 내용을 포괄하는 선지를 고르면 된다.

1 ¹스피노자의 윤리학을 이해하기 위해서는 코나투스(Conatus)라는 개념이 필요하다. ²스피노자에 따르면 실존하는 모든 사물은 자신의 존재를 유지하기 위해 노력하는데, 이것이 바로 그 사물의 본질인 코나투스라는 것이다. ³정신과 신체를 서로 다른 것이 아니라 하나로 보았던 그는 정신과 신체에 관계되는 코나투스를 충동이라 부르고, 다른 사물들과 같이 인간도 자신을 보존하고자 하는 충동을 갖고 있다고 보았다. ⁴특히 인간은 자신의 충동을 의식할 수 있다는 점에서 동물과 차이가 있다며 인간의 충동을 욕망이라고 하였다. ⁵즉 인간에게 코나투스란 삶을 지속하고자 하는 욕망을 의미한다.

2 ¹스피노자에 따르면 코나투스를 본질로 지닌 인간은 한번 태어난 이상 삶을 지속하기 위해 힘쓴다. ²하지만 인간은 자신의 힘만으로 삶을 지속하기 어렵다. ³인간은 다른 것들과의 관계 속에서만 삶을 유지할 수 있으므로 언제나 타자와 관계를 맺는다. ⁴이때 타자로부터 받은 자극에 의해 신체적 활동 능력이 증가하거나 감소하는 변화가 일어난다. ⁵감정을 신체의 변화에 대한 표현으로 보았던 스피노자는 신체적 활동 능력이 증가하면 기쁨의 감정을 느끼고, 신체적 활동 능력이 감소하면 슬픔의 감정을 느낀다고 생각했다. ⁶또한 신체적 활동 능력이 감소하는 것과 슬픔의 감정을 느끼는 것은 코나투스가 감소하고 있음을 보여 주는 것, 다시 말해 삶을 지속하고자 하는 욕망이 줄어드는 것이라고 여겼다. ⁷그래서 인간은 코나투스의 증가를 위해 자신의 신체적 활동 능력을 증가시키고 기쁨의 감정을 유지하려고 노력한다는 것이다.

3 ¹한편 스피노자는 선악의 개념도 코나투스와 연결 짓는다. ²그는 사물이 다른 사물과 어떤 관계를 맺느냐에 따라 선이 되기도 하고 악이 되기도 한다고 말한다. ³코나투스의 관점에서 보면 선이란 자신의 신체적 활동 능력을 증가시키는 것이며, 악은 자신의 신체적 활동 능력을 감소시키는 것이다. ⁴이를 정서의 차원에서 설명하면 선은 자신에게 기쁨을 주는 모든 것이며, 악은 자신에게 슬픔을 주는 모든 것이다. ⁵한마디로 인간의 선악에 대한 판단은 자신의 감정에 따라 결정된다는 것을 의미한다.

4 ¹이러한 생각을 토대로 스피노자는 코나투스인 욕망을 긍정하고 욕망에 따라 행동하라고 이야기한다. ²슬픔은 거부하고 기쁨을 지향하라는 것, 그것이 곧 선의 추구라는 것이다. ³그리고 코나투스는 타자와의 관계에 영향을 받으므로 인간에게는 타자와 함께 자신의 기쁨을 증가시킬 수 있는 공동체가 필요하다고 말한다. ⁴그 안에서 자신과 타자 모두의 코나투스를 증가시킬 수 있는 기쁨의 관계를 형성하라는 것이 스피노자의 윤리학이 우리에게 하는 당부이다.

1 중심 화제 파악

윗글에서 다룬 내용으로 적절하지 <u>않은</u> 것은?

① 코나투스의 의미

② 정신과 신체의 유래

③ 감정과 신체의 관계

④ 감정과 코나투스의 관계

⑤ 코나투스와 관련한 인간과 동물의 차이

2 세부 내용 이해

윗글에 나타난 선악에 대한 스피노자의 입장으로 적절하지 <u>않은</u> 것은?

① 자신에게 기쁨을 주는 것은 선이다.

② 선악은 사물 자체가 가지고 있는 성질이다.

③ 선악에 대한 판단은 타자와의 관계에 따라 달라진다.

④ 자신의 신체적 활동 능력을 감소시키는 것은 악이다.

⑤ 기쁨의 관계 형성이 가능한 공동체는 선의 추구를 위해 필요하다.

3 내용 추론

윗글을 바탕으로 〈보기〉를 이해한 내용으로 가장 적절한 것은?

> 보기
>
> 쇼펜하우어는 욕망을 인간과 세계의 본질로 생각했다. 그의 관점에서 보면 인간을 포함한 모든 사물은 욕망을 충족하기 위해 노력하지만, 채우고 채워도 욕망은 완전히 충족될 수 없다. 그래서 그는 삶을 욕망의 결핍이 주는 고통의 시간이라고 말했고, 이러한 고통으로부터 벗어나기 위해 욕망을 부정하면서 욕망을 절제해야 한다는 금욕주의를 주장했다.

① 쇼펜하우어는 스피노자처럼, 욕망을 부정적으로 판단하고 있군.

② 쇼펜하우어는 스피노자처럼, 인간은 욕망에 따라 행동해야 한다고 보고 있군.

③ 쇼펜하우어는 스피노자처럼, 삶을 욕망의 결핍이 주는 고통의 시간이라고 여겼군.

④ 쇼펜하우어는 스피노자와 달리, 욕망을 인간의 본질로 보고 있군.

⑤ 쇼펜하우어는 스피노자와 달리, 인간이 욕망에서 벗어나야 한다고 보고 있군.

1 ❶문단을 통해 글의 중심 화제를 파악해 보자.

스피노자 윤리학의 (　　　　　　　　)

2 중심 화제와 관련된 각 문단의 정보를 정리해 보자.

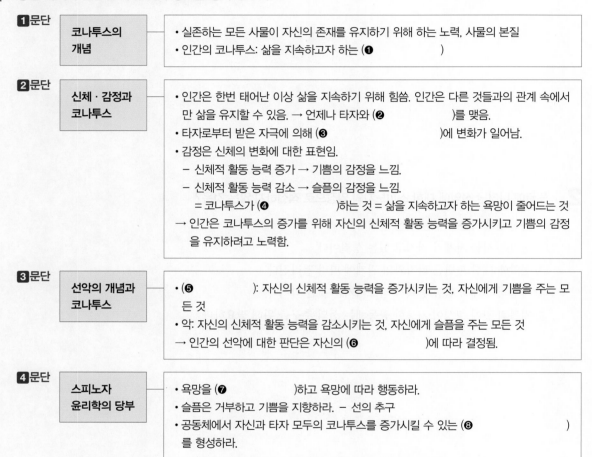

❶문단　｜ 코나투스의 개념 ｜
• 실존하는 모든 사물이 자신의 존재를 유지하기 위해 하는 노력, 사물의 본질
• 인간의 코나투스: 삶을 지속하고자 하는 (❶　　　　　　)

❷문단　｜ 신체 · 감정과 코나투스 ｜
• 인간은 한번 태어난 이상 삶을 지속하기 위해 힘씀. 인간은 다른 것들과의 관계 속에서만 삶을 유지할 수 있음. → 언제나 타자와 (❷　　　　　　)를 맺음.
• 타자로부터 받은 자극에 의해 (❸　　　　　　　　)에 변화가 일어남.
• 감정은 신체의 변화에 대한 표현임.
　– 신체적 활동 능력 증가 → 기쁨의 감정을 느낌.
　– 신체적 활동 능력 감소 → 슬픔의 감정을 느낌.
　　= 코나투스가 (❹　　　　　)하는 것 = 삶을 지속하고자 하는 욕망이 줄어드는 것
→ 인간은 코나투스의 증가를 위해 자신의 신체적 활동 능력을 증가시키고 기쁨의 감정을 유지하려고 노력함.

❸문단　｜ 선악의 개념과 코나투스 ｜
• (❺　　　　　　): 자신의 신체적 활동 능력을 증가시키는 것, 자신에게 기쁨을 주는 모든 것
• 악: 자신의 신체적 활동 능력을 감소시키는 것, 자신에게 슬픔을 주는 모든 것
→ 인간의 선악에 대한 판단은 자신의 (❻　　　　　　)에 따라 결정됨.

❹문단　｜ 스피노자 윤리학의 당부 ｜
• 욕망을 (❼　　　　　　)하고 욕망에 따라 행동하라.
• 슬픔은 거부하고 기쁨을 지향하라. – 선의 추구
• 공동체에서 자신과 타자 모두의 코나투스를 증가시킬 수 있는 (❽　　　　　　)를 형성하라.

3 다음 정보 간의 관계를 파악해 보자.

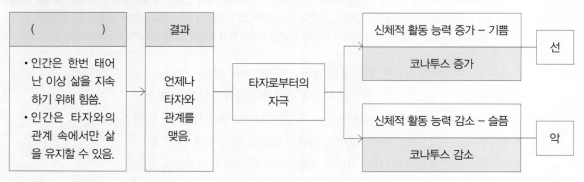

(　　　　)	결과		신체적 활동 능력 증가 – 기쁨	선
• 인간은 한번 태어난 이상 삶을 지속하기 위해 힘씀. • 인간은 타자와의 관계 속에서만 삶을 유지할 수 있음.	언제나 타자와 관계를 맺음.	타자로부터의 자극	코나투스 증가	
			신체적 활동 능력 감소 – 슬픔	악
			코나투스 감소	

선지 판단 연습

지문을 바탕으로 ❶~❹의 내용을 판단해 보자.

지문 ❶-2 스피노자에 따르면 실존하는 모든 사물은 자신의 존재를 유지하기 위해 노력하는데, 이것이 바로 그 사물의 본질인 코나투스라는 것이다.

❶ 스피노자는 인간을 제외한 모든 사물이 코나투스를 본질로 지니고 있다고 본다. ·········· (○ / ×)

지문 ❷-3~4 인간은 다른 것들과의 관계 속에서만 삶을 유지할 수 있으므로 언제나 타자와 관계를 맺는다. 이때 타자로부터 받은 자극에 의해 신체적 활동 능력이 증가하거나 감소하는 변화가 일어난다.

❷ 인간은 타자와의 관계에 따라 신체적 활동 능력이 변화한다. ·········· (○ / ×)

지문 ❸-4~5 이를 정서의 차원에서 설명하면 선은 자신에게 기쁨을 주는 모든 것이며, 악은 자신에게 슬픔을 주는 모든 것이다. 한마디로 인간의 선악에 대한 판단은 자신의 감정에 따라 결정된다는 것을 의미한다.

❸ 어떤 것에 기쁨을 느낀다면 인간은 그것을 (선 / 악)으로 판단한다.

지문 ❹-4 그 안에서 자신과 타자 모두의 코나투스를 증가시킬 수 있는 기쁨의 관계를 형성하라는 것이 스피노자의 윤리학이 우리에게 하는 당부이다.

❹ 스피노자의 윤리학에서는 나와 타자의 코나투스가 동시에 증가하기는 어렵다고 생각한다. ·········· (○ / ×)

플러스 독해 TIP

표현이나 진술이 달라진 선지

수능 문제에서 선지를 만드는 기본적인 방법은 지문의 어휘를 비슷한 뜻의 다른 어휘로 바꾸거나, 지문의 여러 문장을 한 문장으로 재구성하거나, 지문과 반대되는 진술로 바꾸는 것이다.

〈지문〉 ㉠생산학파는 노동자가 기계화된 노동으로 착취당하는 동안 감각과 감성으로 체험하는 내면세계를 상실하고 사물로 전락했다고 고발하였다. 이렇게 보면 근대 도시는 어떠한 쾌락과 환상도 끼어들지 못하는 거대한 생산 기계인 듯하다.	〈선지〉 ㉠은 근대 도시를 근대 도시인이 지닌 환상에 의해 작동되는 생산 기계라고 본다. ×
〈지문〉 이에 대하여 ㉡소비학파는 근대 도시인이 내면세계를 상실한 사물로 전락한 것은 아니라고 하면서 생산학파를 비판하기 시작했다. … 생산학파와 달리 캠벨은 새로운 테크놀로지의 발달 덕분에 이런 환상이 단순한 몽상이 아니라 실현 가능한 현실이 될 것이라는 기대를 불러일으킨다고 보았다.	〈선지〉 ㉡은 근대 도시인이 사물로 전락한 대상이 아니라 실현 가능한 미래에 대한 기대를 가진 존재라고 본다. ○ 2019-9월 고3 모의평가

첫 번째 〈지문〉을 보면 근대 도시는 환상이 끼어들지 못한다고 했으나 〈선지〉에서는 근대 도시가 환상에 의해 작동된다고 하였다. 지문과 반대되는 진술로 선지를 구성한 것이다. 두 번째 〈지문〉을 보면 '실현 가능한 현실이 될 것이라는 기대'가 나타나는데 이것이 〈선지〉에서는 '실현 가능한 미래에 대한 기대'로 바뀌었다. 표현은 다르지만 둘 다 실현 가능할 것이라는 기대를 의미하므로 지문과 선지의 내용이 일치한다. 선지의 적절성을 판단할 때는 선지에서 키워드가 될 만한 단어를 찾고, 지문에서 같은 단어가 나타나는 부분을 찾아 그 앞뒤의 내용을 선지와 비교한다. 이때 지문과 선지의 '표현'이 아닌 '내용'이 일치하는지 살펴보아야 한다.

사회·문화

▌지문의 특징은?

- 주로 법·경제·정치 분야의 글이 출제된다.
- 법률, 경제 이론, 제도나 정책 등 하나의 대상에 대한 세부적인 정보가 병렬적으로 제시되어 정보량이 많다.
- 법률 용어, 경제 용어, 정책 용어 등 낯선 용어가 많이 등장하는데, 이에 대한 이해를 돕기 위해 예시를 들거나 그래프 등을 활용하는 경우가 많다.

▌어떻게 읽을까?

- 지문에서 설명하는 개념이나 이론을 실제 사례에 적용하는 문제가 자주 출제되므로 개념·이론의 핵심적인 내용을 파악하며 읽는다.
- 대상의 개념뿐만 아니라 효과, 문제점, 적용 범위, 예외 등 세부 정보를 묻는 문제가 출제되는 경우가 많으므로 꼼꼼하게 읽어야 한다.
- 개념이나 이론의 변화가 제시되거나, 여러 이론이 등장하는 지문에서는 대부분 개념이나 이론을 비교·대조하는 문제가 출제되므로 공통점과 차이점에 주목하여 읽는다.

1 ¹공익을 위한 적법한 행정 작용으로 개인의*재산권에 특별한 희생이 발생한 경우, 개인은 자신이 입은 재산상 손실을 보상하도록 요구할 수 있는 권리인 '손실 보상 청구권'을 갖는다. ²여기서 '특별한 희생'이란 보호할 필요가 있는 재산권에 대한 침해를 이르는 말로, 이로 인한 손실은 국가가 보상해야 한다. ³가령 감염병 예방법에 따르면, 행정 기관이 감염병 예방을 위해 의료 기관의 병상이나 연수원, 숙박 시설 등을 동원한 경우 이로 인한 손실을 개인에게 보상하여야 하는데, 이때의 재산권 침해가 특별한 희생에 해당하는 것이다.

2 ¹손실 보상 청구권은 공적 부담의 평등을 위해 인정되는 헌법상 권리이다. ²행정 작용으로 누군가에게 특별한 희생이 발생하면, 그로 인한 부담을 공공이 분담하는 것이 평등 원칙에 부합하기 때문이다. ³또한 헌법 제23조 제3항은 "공공 필요에 의한 재산권의 수용·사용 또는 제한 및 그에 대한 보상은 법률로써 하되, 정당한 보상을 지급하여야 한다."라고 하여, '공공 필요에 의한 재산권의 수용·사용 또는 제한', 즉 공용 침해와 이에 대한 보상이 법률에 규정되어야 함을 명시하고 있다. ⁴공용 침해 중 수용이란 개인의 재산권을 국가로 이전하는 것, 사용이란 행정 기관이 개인의 재산권을 일시적으로 사용하는 것, 제한이란 개인의 재산권 사용 또는 그로 인한 수익을 한정하는 것을 의미한다. ⁵한편 제23조 제3항은 내용상 분리될 수 없는 사항은 함께 규정되어야 한다는 의미의 '불가분 조항'이다. ⁶따라서 공용 침해 규정과 보상 규정은 하나의 법률에서 규정되어야 한다.

3 ¹그러나 헌법은 제23조 제1항에서 "모든 국민의 재산권은 보장된다. 그 내용과 한계는 법률로 정한다."라고 규정하여, 재산권은 법률에 의해 구체화된다고 밝히고 있다. ²또한 제2항에서 "재산권의 행사는 공공복리에 적합하도록 하여야 한다."라고 하여, 개인의 재산권 행사가 공익에 적합하여야 한다는 재산권의 '사회적 제약'을 규정하고 있다. ³특히 토지처럼 공공성이 강한 사유 재산은 재산권 행사에 더욱 강한 사회적 제약을 받을 수 있다. ⁴만약 재산권 침해가 사회적 제약의 범위 내에 있다면 이로 인한 손실은 보상의 대상이 되지 않는다. ⁵즉 재산권 침해가 특별한 희생에 해당할 때만 보상이 가능한 것이다.

4 ¹재산권의 사회적 제약과 특별한 희생의 구별에 대해 ㉠경계 이론과 ㉡분리 이론은 서로 다른 입장을 취한다. ²경계 이론에 따르면 양자는 별개가 아니라 단지 침해의 정도에 있어서만 차이가 있을 뿐이다. ³재산권 침해는 그 정도가 사회적 제약의 범위를 넘어서면 특별한 희생으로 바뀐다는 것이다. ⁴따라서 경계 이론은 사회적 제약을 벗어나는 재산권 침해는 보상 규정이 없어도 보상이 이루어져야 한다고 본다. ⁵보상을 규정하지 않은 채 공용 침해를 규정하고 있는 법률은, 불가분 조항인 헌법 제23조 제3항에 위반되어 위헌이고, 위헌임이 밝혀진 법률에 근거한 공용 침해 행위는 위법한 행정 작용이 된다는 것이다. ⁶경계 이론은 적법한 공용 침해 행위의 경우에 보상이 인정된다면, 위법한 공용 침해 행위의 경우에도 헌법 제23조 제3항을 근거로 보상을 인정해야 한다는 입장이다.

5 ¹이에 반해 분리 이론은 재산권의 사회적 제약에 대한 헌법 제23조 제2항의 규정과 특별한 희생에 대한 제3항의 규정은 입법자의 의사에 따라 완전히 분리된다고 주장한다. ²따라서 재산권 침해를 규정한 법률에 보상 규정이 없는 경우 입법자가 이러한 재산권 침해를 특별한 희생이 아닌 사회적 제약으로 규정한 것으로 본다. ³재산권 침해가 사회적 제약 또는 특별한 희생 중 무엇에 해당하는지 결정하는 것은 법률을 제정하는 입법자의 권한이라는 것이다. ⁴만약 해당 법률에 규정된 재산권 침해가 헌법 제23조 제2항에서 규정한 재산권의 공익 적합성을 넘어서서 개인의 재산권을 과도하게 침해한다면, 이러한 법률은 헌법 제23조 제2항을 위반하여 위헌이고, 위헌임이 밝혀진 법률에 근거한 행정 작용은 위법하게 된다. ⁵분리 이론은 이러한 경우 ㉢손실을 보상하는 것이 아니라, 위법한 행정 작용 자체를 제거해야 한다고 본다. ⁶재산권을 존속시키는 것이 재산권을 침해하면서 그 손실을 보상하는 것보다 우선한다고 보기 때문이다.

***재산권** 재산의 소유권, 사용·수익권, 처분권 등 일체의 재산적 가치가 있는 권리.

1 ㉠과 ㉡에 대한 이해로 적절하지 **않은** 것은?

① ㉠은 법률에 보상 규정이 없는 경우에도 헌법 제23조 제3항을 근거로 하여, 행정 작용으로 인한 재산상 손실을 보상할 수 있다고 본다.

② ㉡은 헌법 제23조 제2항과 제3항의 규정은 전혀 다른 내용을 규정하고 있다고 본다.

③ ㉠은 행정 작용으로 인한 재산상 손실을 항상 보상해야 한다고 보는 반면, ㉡은 보상하지 않을 수 있다고 본다.

④ ㉠은 재산권 침해의 정도를, ㉡은 입법자의 의사를 기준으로 손실 보상 청구권의 성립 여부를 판단해야 한다고 본다.

⑤ ㉠과 ㉡은 모두 보상 규정 없이 사회적 제약의 범위를 벗어나는 재산권 침해를 규정한 법률은 위헌이라고 본다.

2 ㉢의 전제로 가장 적절한 것은?

① 재산권은 입법자의 의사에 따라 보상 없이 제한해야 하는 권리이다.

② 공용 침해 규정과 손실 보상 규정이 동일한 법률에서 규정될 필요는 없다.

③ 재산권의 사회적 제약은 입법자의 의사에 따라 제한 없이 규정될 수 있다.

④ 행정 작용이 공익을 목적으로 한다면 이로 인한 손실은 보상할 필요가 없다.

⑤ 입법자가 별도로 규정하지 않는 한, 재산권은 그대로 보존되어야 하는 권리이다.

3 윗글을 참고하여 〈보기〉의 '헌법 재판소'의 판단에 대해 추론한 내용으로 적절하지 **않은** 것은?

> 보기
>
> A 법률에 따르면, 국가는 도시 환경을 보전하기 위해 개발 제한 구역을 지정할 수 있고, 개발 제한 구역으로 지정된 토지에서는 건축 등 토지 사용이 제한된다. 하지만 A 법률은 개발 제한 구역 지정으로 인한 손실을 보상하는 규정은 포함하고 있지 않았다. 이러한 상황에서 A 법률에 대한 헌법 소원이 제기되었다.
>
> 헌법 재판소는 분리 이론의 입장을 취하면서, 토지 재산권의 공공성을 고려하면 A 법률은 원칙적으로 합헌이라고 판단하였다. 하지만 개발 제한 구역으로 지정되어 토지를 사용할 방법이 전혀 없는 등 개인에게 가혹한 부담이 발생하는 예외적인 경우에는 사회적 제약을 벗어나서 토지 소유자의 재산권을 과도하게 침해한다고 판단하였다. 따라서 이러한 예외적인 경우까지 고려하지 않은 A 법률은 헌법에 위반된다고 판단하였다.

① 헌법 재판소는 개발 제한 구역을 지정하는 행위가 헌법 제23조 제2항에 위반되는지를 판단하였겠군.

② 헌법 재판소는 개발 제한 구역을 지정하는 행위가 헌법 제23조 제3항과는 관련이 없다고 판단하였겠군.

③ 헌법 재판소는 개발 제한 구역을 지정하는 행위가 헌법에 위반되었는지 여부를 토지의 공공성을 근거로 판단하였겠군.

④ 헌법 재판소는 개발 제한 구역 지정으로 인한 재산권 침해는 개인에게 가혹한 부담이 발생하지 않는 범위 내에서만 가능하다고 판단하였겠군.

⑤ 헌법 재판소는 개발 제한 구역을 지정하는 행위가 개인에게 가혹한 부담을 초래한 경우, 이때의 재산권 침해는 특별한 희생에 해당한다고 판단하였겠군.

1 ❶문단을 통해 글의 중심 화제를 파악해 보자.

(   ) 청구권

2 중심 화제와 관련된 각 문단의 정보를 정리해 보자.

❶문단 — **손실 보상 청구권**

- 공익을 위한 적법한 행정 작용으로 개인의 (❶   )에 특별한 희생이 발생한 경우, 개인이 자신이 입은 재산상 손실을 보상하도록 요구할 수 있는 권리
  - 특별한 희생: 보호할 필요가 있는 재산권에 대한 침해 → 손실은 국가가 보상해야 함.

❷문단 — **헌법상 권리**

- 손실 보상 청구권은 공적 부담의 평등을 위해 인정되는 (❷   )상 권리임.
- 헌법 제23조 제3항: 공공 필요에 의한 재산권의 수용·사용 또는 제한, 즉 공용 침해와 이에 대한 보상이 법률에 규정되어야 함을 명시함.
  - 수용: 개인의 재산권을 국가로 이전하는 것
  - 사용: 행정 기관이 개인의 재산권을 일시적으로 사용하는 것
  - 제한: 개인의 재산권 사용 또는 그로 인한 수익을 한정하는 것
- 헌법 제23조 제3항은 (❸   ) 조항임. → 공용 침해 규정과 보상 규정은 하나의 법률에서 규정되어야 함.

❸문단 — **재산권의 사회적 제약**

- 헌법 제23조 제1항: 재산권은 법률에 의해 구체화된다고 밝힘.
- 헌법 제23조 제2항: 재산권의 '사회적 제약'을 규정함.
- 재산권 침해가 사회적 (❹   )의 범위 내에 있다면 보상의 대상이 되지 않음. → 재산권 침해가 특별한 (❺   )에 해당할 때만 보상이 가능함.

❹문단 — **경계 이론**

- 재산권의 사회적 제약과 특별한 희생은 별개가 아니라 단지 침해의 정도에 있어서만 차이가 있음. 재산권 침해의 정도가 사회적 제약의 범위를 넘어서면 특별한 희생으로 바뀜. → 사회적 제약을 벗어나는 재산권 침해는 보상 규정이 없어도 (❻   )이 이루어져야 함.
- 위법한 공용 침해 행위의 경우에도 헌법 제23조 제3항을 근거로 보상을 인정해야 함.

❺문단 — **분리 이론**

- 재산권의 사회적 제약에 대한 규정과 특별한 희생에 대한 규정은 입법자의 의사에 따라 완전히 (❼   )됨. → 재산권 침해를 규정한 법률에 보상 규정이 없는 경우 입법자가 재산권 침해를 사회적 제약으로 규정한 것임.
- 재산권의 공익 적합성을 넘어서서 재산권의 과도한 침해를 규정한 법률 → 헌법 제23조 제2항을 위반하여 (❽   )임. → 위헌인 법률에 근거한 행정 작용은 위법임. → 손실을 보상하는 것이 아니라, 위법한 행정 작용 자체를 제거해야 함.

3 다음 정보 간의 관계를 파악해 보자.

	경계 이론		분리 이론
재산권의 사회적 제약과 특별한 희생의 구별	별개가 아니라 침해의 정도에 차이가 있음.	( )	입법자의 의사에 따라 완전히 분리됨.
사회적 제약을 넘어선 재산권 침해	보상 규정이 없어도 손실에 대한 보상이 이루어져야 함.		위법한 행정 작용을 제거해야 함.

지문을 바탕으로 ❶~❹의 내용을 판단해 보자.

> **지문 ❶-3** 가령 감염병 예방법에 따르면, 행정 기관이 감염병 예방을 위해 의료 기관의 병상이나 연수원, 숙박 시설 등을 동원한 경우 이로 인한 손실을 개인에게 보상하여야 하는데, 이때의 재산권 침해가 특별한 희생에 해당하는 것이다.

❶ 감염병 예방을 위해 개인에게 특별한 희생이 발생하면 감염병 예방법에 따라 손실을 보상해야 한다. （ ○ / × ）

> **지문 ❷-4** 공용 침해 중 수용이란 개인의 재산권을 국가로 이전하는 것, 사용이란 행정 기관이 개인의 재산권을 일시적으로 사용하는 것, 제한이란 개인의 재산권 사용 또는 그로 인한 수익을 한정하는 것을 의미한다.

❷ 공용 침해 중 '사용'을 제외한 '수용'과 '제한'은 국가가 개인의 재산권을 가지지 않는다. ·····················（ ○ / × ）

> **지문 ❸-2~3** 또한 제2항에서 "재산권의 행사는 공공복리에 적합하도록 하여야 한다."라고 하여, 개인의 재산권 행사가 공익에 적합하여야 한다는 재산권의 '사회적 제약'을 규정하고 있다. 특히 토지처럼 공공성이 강한 사유 재산은 재산권 행사에 더욱 강한 사회적 제약을 받을 수 있다.

❸ 토지와 같은 사유 재산이 재산권 행사에 더욱 강한 사회적 제약을 받는 것은 토지에 대한 개인의 재산권 행사가 공익에 적합하기 때문이다. ···（ ○ / × ）

> **지문 ❹-6** 경계 이론은 적법한 공용 침해 행위의 경우에 보상이 인정된다면, 위법한 공용 침해 행위의 경우에도 헌법 제23조 제3항을 근거로 보상을 인정해야 한다는 입장이다.

❹ 경계 이론은 （ 공익 / 법률 ）에 위반되는 공용 침해 행위도 보상해야 한다는 입장이다.

대조되는 대상이 나타나는 글

수능 지문에서는 상반되거나 상대되는 대상을 견주어 그 차이점을 제시하는 경우가 많다. 이때 각 대상이 대등한 위상으로 대비되기도 하고, 대비를 통해 하나의 대상을 더 강조하기도 한다.

> 불법 행위에 대해 피해자의 책임 여부는 고려하지 않고 가해자의 책임 여부만을 고려하는 책임 원칙들을 살펴보자. 비책임 원칙은 불법 행위는 발생했으나 피해자의 손해에 대해서 가해자가 어떠한 배상 책임도 지지 않는 원칙이다. 반면 엄격 책임 원칙은 손해에 대해서 가해자가 모든 배상 책임을 지는 원칙이다. … 이와 달리 과실 원칙은 가해자의 과실 여부에 따라 가해자의 배상 책임 여부를 판단하는 원칙이다. 이때 과실이란 법원이 부여한 주의 기준을 지키지 않은 것을 의미한다. 과실 원칙에서는 가해자에게만 주의 기준이 부여되므로 가해자에게 과실이 있으면 가해자가 전적으로 배상 책임을 지고, 과실이 없으면 배상 책임을 지지 않는다.
>
> 2019-4월 고3 학력평가

윗글에서는 불법 행위에 대한 책임 원칙 중 비책임 원칙과 엄격 책임 원칙, 그리고 과실 원칙을 대조하고 있다. '반면', '이와 달리'와 같은 표현이 나타나면 이것의 앞과 뒤의 내용이 반대되거나 일치하지 않는다. 따라서 지문에 이와 같은 표현이 나타난다면 대조되는 대상을 찾고, 무엇에 대해 대조되는지, 구체적으로 어떤 차이점이 있는지를 파악한다. 이렇게 대조되는 대상의 차이점은 대부분 문제로 출제되므로 대조되는 대상과 그것의 차이점에 표시하며 읽는 것이 좋다.

1 ¹2002년 월드컵 조별 예선에서 우리나라가 폴란드를 이기고 사상 처음 1승을 거두자 'Be the Reds'라고 새겨진 티셔츠 수요가 폭발했다. ²하지만 실제 월드컵 기간 동안 불티나게 팔린 티셔츠로 수익을 본 업체는 모조품을 판매하는 업체와 이를 제조하는 업체였다. ³오히려 정품을 생산해 대리점에서 판매하는 ㉠스포츠 브랜드 업체는 수익을 내지 못했다. ⁴실제로 많은 브랜드 업체들은 월드컵 이후 수요가 폭락해 팔지 못한 재고로 난처했다. ⁵도대체 왜 이런 상황이 벌어졌을까?

2 ¹간단한 문제 같지만 이 현상은 요즘 경영에서 유행처럼 번지는 공급 사슬망 관리(Supply Chain Management, SCM)의 핵심을 설명해 줄 수 있는 사례이다. ²공급 사슬망이란 상품의 흐름이 고리처럼 연결되어 있고, 이들의 상관관계 또한 서로 긴밀하게 연결되어 있는 것을 말한다.

3 ¹이 현상의 원인을 설명하기 위해서는 공급 사슬망의 '채찍 효과(Bullwhip effect)'를 우선 이해해야 한다. ²아기 기저귀라는 상품을 예로 들어 보면, 상품 특성상 소비자 수요는 일정한데 소매점 및 도매점 주문 수요는 들쑥날쑥했다. ³그리고 이러한 주문 변동 폭은 '최종 소비자-소매점-도매점-제조업체-원자재 공급업체'로 이어지는 공급 사슬망에서 최종 소비자로부터 멀어질수록 더 증가하였다. ⁴공급 사슬망에서 이와 같이 수요 변동 폭이 확대되는 현상을 공급 사슬망의 '채찍 효과'라 한다. ⁵이는 채찍을 휘두를 때 손잡이 부분을 작게 흔들어도 이 파동이 끝 쪽으로 갈수록 더 커지는 현상과 유사하기 때문에 붙여진 이름이다. ⁶이런 변동 폭은 유통업체나 제조업체 모두 반길 만한 사항이 아니다. ⁷왜냐하면 늘 수요가 일정하면 이를 기준으로 생산이나 마케팅의 자원을 적절히 분배하여 계획하고 효율적으로 운영할 수 있지만, 변동 폭이 크면 계획이나 운영을 원활하게 수행하기 어렵기 때문이다.

4 ¹그렇다면 이런 채찍 효과가 생기는 이유는 무엇일까? ²여러 가지 이유가 있지만 첫 번째는 수요의 왜곡이다. ³소비자의 수요가 갑자기 늘면 소매점은 앞으로 수요 증가를 기대하는 심리로 기존 주문량보다 더 많은 양을 도매점에 주문하게 된다. ⁴그리고 도매점도 같은 이유로 소매점 주문량보다 더 많은 양을 제조업체에 주문한다. ⁵즉 공급 사슬망에서 최종 소비자로부터 멀어질수록 점점 더 심하게 왜곡되는 현상이 발생하는 것이다. ⁶이러한 왜곡 현상은 공급자가 시장에서 제한적일 때 더 크게 발생한다. ⁷즉 공급자가 한정된 상황에서는 더 많은 양을 주문해야 제품을 공급받기가 수월하기 때문이다. ⁸티셔츠를 공급하는 제조업체에서 물량이 한정돼 있으면 한꺼번에 많은 양을 주문하는 도매업체에게 우선권을 주는 것은 당연하다. ⁹결국 물건을 공급받기 위해서 업체들은 경쟁적으로 더 많은 주문을 해 공급을 보장받으려 한다. ¹⁰결국 '수요의 왜곡'이 발생한다.

5 ¹채찍 효과가 일어나는 두 번째 이유는 공급 사슬망에서 최종 소비자로부터 멀어질수록 대량 주문 방식을 요하기 때문이다. ²예를 들면 소비자는 소매점에서 물건을 한두 개 단위로 구입하지만 소매점은 도매상에서 물건을 박스 단위로 주문한다. ³그리고 다시 도매점은 제조업체에 트럭 단위로 주문을 한다. ⁴이처럼 최종 소비자로부터 멀어질수록 기본 주문 단위가 커진다. ⁵그런데 이렇게 주문 단위가 커질수록 재고량이 증가하게 되고, 재고량 증가는 변화에 민첩하게 대응하지 못하게 하는 원인이 된다.

6 ¹채찍 효과의 세 번째 원인은 주문 발주에서 도착까지의 발주 실행 시간에 의한 시차 때문이다. ²물건을 주문했다고 바로 물건이 도착하지 않는다. ³주문을 처리하고 물류가 이동하는 시간이 있기 때문이다. ⁴그런데 문제는 각 공급 사슬망 주체의 발주 실행 시간이 저마다 다르다는 데에 있다. ⁵예를 들어 소매점이 도매점으로 주문을 했을 때 물건을 받기까지 걸리는 시간이 3~4일 정도라면, 도매점이 제조업체에 주문을 했을 때 물건을 받기까지는 몇 주 정도가 걸릴 수도 있다. ⁶즉 최종 소비자로부터 멀어질수록 이런 물류 이동 시간이 증가하게 된다. ⁷그리고 이처럼 발주 실행 시간이 길어지면 주문량이 많아지고, 이는 재고량 증가로 이어질 수 있다.

7 ¹공급 사슬망에서 채찍 효과로 인해 발생하는 재고는 기업 입장에서는 큰 부담이 될 수 있다. ²왜냐하면 재고를 쌓아 둘 공간을 마련하거나 재고를 손상 없이 관리하는 데 큰 비용이 들기 때문이다. ³그러므로 공급 사슬망에서 각 주체들 간에 수요와 공급 정보를 공유함으로써 불필요한 재고를 줄여야 한다.

세부 내용 파악

1 윗글에 대한 이해로 적절하지 <u>않은</u> 것은?

① 주문 변동 폭은 원자재 공급업체에 가까워질수록 커진다.

② 소비자의 수요가 일정한 상품에서는 채찍 효과가 나타나지 않는다.

③ 주문 변동 폭이 클수록 유통업체와 제조업체의 계획이나 운영에 어려움이 생긴다.

④ 물건의 기본 주문 단위가 커질수록 재고량이 증가하고 변화에 민첩하게 대처하지 못한다.

⑤ 주문하고 바로 물건을 받을 수 없는 이유는 주문 처리 시간과 물류 이동 시간이 있기 때문이다.

내용 추론

2 윗글을 바탕으로 ㉠의 원인을 추론한 것으로 가장 적절한 것은?

① 적정 재고량을 유지했기 때문이겠군.

② 공급 사슬망에서 벗어났기 때문이겠군.

③ 시장에서 공급자가 제한적이기 때문이겠군.

④ 수익보다 재고 관리 비용이 적었기 때문이겠군.

⑤ 발주 실행 시간이 물건을 공급받기에 짧았기 때문이군.

구체적 사례에 적용

3 윗글을 바탕으로 〈보기〉에 대해 이해한 것으로 가장 적절한 것은?

보기

'협력 공급 기획 예측(CPFR) 프로그램'이란 제조사와 이동 통신 사업자 간 협력을 통해 물량 수요 예측을 조정해 나가는 프로세스다. 국내 이동 통신 시장은 돌발적인 수요 변화가 많다. 이런 환경에서 A 전자와 B 통신은 CPFR 프로그램을 이용하여 판매, 재고, 생산 계획의 정보를 실시간으로 공유하며 적기에 필요한 물량을 공급하고 재고를 최소화하기로 하였다. (단, 여기에서는 A 전자와 B 통신 외에 다른 요인이 작용하지 않는다.)

① B 통신은 A 전자 휴대폰을 항상 대량 주문할 것이다.

② A 전자와 B 통신의 휴대폰 재고량이 늘어나게 될 것이다.

③ A 전자와 B 통신이 서로 정보를 공유함으로써 과잉 주문이 줄어들 것이다.

④ B 통신이 A 전자 휴대폰 공장 근처로 이전하게 되어 주문량에 상관없이 물건을 받는 시간은 일정하게 유지될 것이다.

⑤ A 전자가 휴대폰을 B 통신에 안정적으로 공급함으로써 국내 이동 통신 시장에서 돌발적인 수요 변화가 줄어들 것이다.

1 ❸문단을 통해 글의 중심 화제를 파악해 보자.

(   )의 (   ) 효과

2 중심 화제와 관련된 각 문단의 정보를 정리해 보자.

❶, ❷ 문단	공급 사슬망	• 2002년 월드컵 티셔츠로 모조품 판매업체와 제조업체는 (❶)을 보고, 스포츠 브랜드 업체는 수익을 내지 못함. ← 공급 사슬망 관리의 핵심을 설명해 주는 사례 • (❷): 상품의 흐름이 고리처럼 연결되어 있고, 이들의 상관관계 또한 서로 긴밀하게 연결되어 있는 것

❸문단 | 채찍 효과
• 공급 사슬망에서 최종 소비자로부터 멀어질수록 (❸   ) 변동 폭이 확대되는 현상
• 변동 폭이 크면 유통업체나 제조업체가 계획이나 운영을 원활하게 수행하기 어려움.

❹문단 | 채찍 효과가 생기는 첫 번째 이유 | **수요의 왜곡**
• 수요 증가를 기대하는 심리 → 공급 사슬망에서 최종 소비자로부터 멀어질수록 수요가 더 심하게 왜곡됨.
• 공급자가 (❹   )된 상황에서는 많은 양을 주문해야 제품을 공급받기가 수월함. → 업체들은 경쟁적으로 더 많은 주문을 함. → 수요의 왜곡이 발생함.

❺문단 | 두 번째 이유 | **대량 주문 방식**
• 공급 사슬망에서 최종 소비자로부터 멀어질수록 대량 주문 방식을 요해 기본 (❺   )가 커짐. → 재고량이 증가함. → 변화에 민첩하게 대응하지 못함.

❻문단 | 세 번째 이유 | **발주 실행 시간에 의한 시차**
• (❻   )로부터 멀어질수록 물류 이동 시간(발주 실행 시간)이 길어짐. → 주문량이 많아짐. → (❼   )이 증가함.

❼문단 | 채찍 효과로 인한 재고
• 관리하는 데 큰 비용이 들기 때문에 기업 입장에서는 큰 부담이 됨.
→ 공급 사슬망에서 각 주체들 간에 수요와 공급 정보를 (❽   )하여 불필요한 재고를 줄여야 함.

3 다음 정보 간의 관계를 파악해 보자.

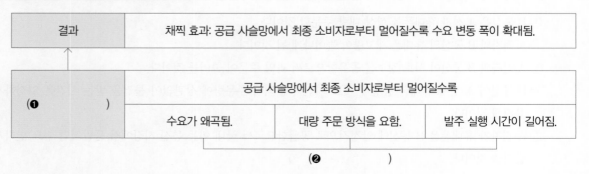

결과	채찍 효과: 공급 사슬망에서 최종 소비자로부터 멀어질수록 수요 변동 폭이 확대됨.

(❶)	공급 사슬망에서 최종 소비자로부터 멀어질수록
	수요가 왜곡됨. / 대량 주문 방식을 요함. / 발주 실행 시간이 길어짐.
	(❷)

지문을 바탕으로 ❶~❹의 내용을 판단해 보자.

지문 ❸-3, ❺-4   그리고 이러한 주문 변동 폭은 '최종 소비자-소매점-도매점-제조업체-원자재 공급업체' 로 이어지는 공급 사슬망에서 최종 소비자로부터 멀어질수록 더 증가하였다. … 이처럼 최종 소비자로부터 멀어질수록 기본 주문 단위가 커진다.

❶ 소매점의 기본 주문 단위보다 제조업체의 기본 주문 단위가 더 크다. ……………………………… (○ / ×)

지문 ❹-3~4   소비자의 수요가 갑자기 늘면 소매점은 앞으로 수요 증가를 기대하는 심리로 기존 주문량보다 더 많은 양을 도매점에 주문하게 된다. 그리고 도매점도 같은 이유로 소매점 주문량보다 더 많은 양을 제조업체에 주문한다.

❷ 도매점은 수요 증가를 기대하며 소비자의 주문량보다 더 많은 양을 제조업체에 주문한다. …………… (○ / ×)

지문 ❻-6~7   즉 최종 소비자로부터 멀어질수록 이런 물류 이동 시간이 증가하게 된다. 그리고 이처럼 발주 실행 시간이 길어지면 주문량이 많아지고, 이는 재고량 증가로 이어질 수 있다.

❸ 주문량이 많아지면 발주 실행 시간이 길어지지만 재고량은 줄어든다. ……………………………… (○ / ×)

지문 ❼-2~3   왜냐하면 재고를 쌓아 둘 공간을 마련하거나 재고를 손상 없이 관리하는 데 큰 비용이 들기 때문이다. 그러므로 공급 사슬망에서 각 주체들 간에 수요와 공급 정보를 공유함으로써 불필요한 재고를 줄여야 한다.

❹ 공급 사슬망에서 각 주체들이 정보를 공유하면 재고의 (관리 비용 / 필요성)을 줄일 수 있다.

플러스 독해 TIP

원인(이유)과 결과(현상)가 나타나는 글

수능 지문에서는 결과·현상을 제시하고 그 원인이나 이유를 설명하거나, 원인·이유를 제시하고 그 결과나 현상을 보여 주기도 한다. 이때 특정 개념과 관련지어 설명하는 경우가 많으므로 지문에서 설명하는 개념을 이해하는 것이 중요하다.

> 환율이나 주가 등 경제 변수가 단기에 지나치게 상승 또는 하락하는 현상을 오버슈팅(overshooting)이라고 한다. … 그런데 단기에는 물가의 경직성으로 인해 구매력 평가설에 기초한 환율과는 다른 움직임이 나타나면서 오버슈팅이 발생할 수 있다. 가령 국내 통화량이 증가하여 유지될 경우, 물가가 경직적이어서 실질 통화량은 증가하고 이에 따라 시장 금리는 하락한다. 국가 간 자본 이동이 자유로운 상황에서, 시장 금리 하락은 투자의 기대 수익률 하락으로 이어져, 단기성 외국인 투자 자금이 해외로 빠져나가거나 신규 해외 투자 자금 유입을 위축시키는 결과를 초래한다. 이 과정에서 자국 통화의 가치는 하락하고 환율은 상승한다. 통화량의 증가로 인한 효과는 물가가 신축적인 경우에 예상되는 환율 상승에, 금리 하락에 따른 자금의 해외 유출이 유발하는 추가적인 환율 상승이 더해진 것으로 나타난다. 이러한 추가적인 상승 현상이 환율의 오버슈팅인데, 오버슈팅의 정도 및 지속성은 물가 경직성이 클수록 더 크게 나타난다.
>
> 2018 수능

윗글에서는 물가의 경직성이 원인이 되어 오버슈팅이 발생함을 설명하고 있다. 오버슈팅이 발생하는 과정에 따라 원인과 결과가 제시된 부분에서는 결과가 다시 원인으로 작용하여 또 다른 결과가 나타나기도 하므로 단계를 구분하고 선후 관계를 따지며 읽어야 한다. 이때 인과 관계를 화살표 등으로 표시해 두는 것이 좋다. 인과 관계가 나타날 때는 일반적으로 '왜', '…로 인해', '…하기 위하여', '… 때문이다.', '그래서'와 같은 표현이 나타나지만 특정 표지가 나타나지 않는 경우도 있으므로 내용 간의 논리 관계를 확인하며 읽어야 한다.

1 ¹희소성 높은 최고급 커피의 생두 가격은 어떻게 결정될까? ²그것은 바로 경매이다. ³경매를 통한 가격 결정 방식은 수요자들이 해당 재화의 가치를 서로 다르게 평가하고 있거나, 해당 재화의 가치를 정확히 가늠할 수 없을 때 주로 사용된다. ⁴커피나무는 환경에 민감한 식물로, 일조량과 온도와 토질에 따라서 생두의 맛과 품질이 천차만별이다. ⁵그래서 같은 지역이라 하더라도 매년 커피 생두의 품질이 달라지는 것이다. ⁶이처럼 생두의 품질이 매년 다양한 이유로 달라지는 상황에서 해당 커피 생두의 가치를 결정하는 가장 수월한 방법은 단연 경매라 할 수 있다.

2 ¹경매를 통한 가격 결정 방식을 사용하는 또 다른 이유는 구매자와 판매자의 숫자가 극단적으로 불일치할 때 가격을 결정하는 유용한 방법이기 때문이다. ²특정 재화의 판매자가 한 명인데, 이를 구매하고자 하는 사람이 여러 명이라면 경매를 통해 가장 높은 가격을 지불하고자 하는 사람에게 판매할 수 있다. ³최고급 커피 생두 역시 이러한 이유에서 경매로 가격을 결정한다. ⁴이 밖에도 골동품, 미술품 등은 현재 동일한 이유로 경매를 통해 가격을 결정하고 있다. ⁵이와는 반대로 특정 재화의 구매자는 한 명인데, 이를 판매하고자 하는 사람이 여러 명일 경우에도 경매는 유용한 방식이다. ⁶가장 저렴한 가격을 제시한 사람에게서 구매하면 되기 때문이다. ⁷현재 전투기와 같이 정부만이 유일한 구매자라 할 수 있는 국방 관련 물품이 일종의 경매인 경쟁 입찰로 결정된다.

3 ¹경매는 *입찰 방식의 공개 여부에 따라 공개 구두 경매와 밀봉 입찰 경매로 구분할 수 있다. ²먼저 공개 구두 경매는 경매에 참여하는 사람들을 모두 한자리에 모아 놓고 누가 어떠한 조건으로 경매에 응하는지를 공개적으로 진행하는 방식을 말한다. ³이러한 공개 구두 경매는 다시 영국식 경매와 네덜란드식 경매로 구분할 수 있다. ⁴Ⓒ영국식 경매는 오름 경매 방식으로, 우리가 가장 흔히 접하는 낮은 가격부터 시작해서 가장 높은 가격을 제시한 사람이 *낙찰자가 되는 방식을 말한다. ⁵이러한 영국식 경매를 통해 가격을 결정하고 있는 대표적인 품목으로는 와인과 앞서 소개한 최고급 생두가 여기에 해당한다.

4 ¹이와는 반대로 판매자가 높은 가격부터 제시해 가격을 점점 낮추면서 가장 먼저 *응찰한 사람을 낙찰자로 정하는 방식이 Ⓑ네덜란드식 경매다. ²이것이 내림 경매 방식이다. ³내림 경매 방식은 튤립 재배로 유명한 네덜란드에서 오래전부터 이용해 오던 방식이며, 국내에서도 수산물 도매 시장에서 생선 가격을 결정할 때 이 방식을 통해 가격을 결정한다.

5 ¹공개적으로 진행되는 경매와는 달리 경매 참여자들이 서로 어떠한 가격에 응찰했는지를 확인할 수 없는 밀봉 입찰 경매가 있다. ²밀봉 입찰 경매는 낙찰자가 지불하는 금액을 어떻게 결정하느냐에 따라 최고가 밀봉 경매와 차가 밀봉 경매로 구분된다. ³최고가 밀봉 경매는 응찰자 중 가장 높은 가격을 적어 냈을 때 낙찰이 되는 것으로 낙찰자는 자신이 적어 낸 금액을 지불한다. ⁴차가 밀봉 경매의 낙찰자 결정 방식은 최고가 밀봉 경매와 동일하다. ⁵그러나 낙찰자가 지불하는 금액은 자신이 적어 낸 금액이 아니라 응찰자가 적어 낸 금액 중 두 번째로 높은 금액이다.

***입찰** 경매 참가자에게 각자의 희망 가격을 제시하게 하는 일.

***낙찰자** 경매나 경쟁 입찰 따위에서 물건이나 일을 받기로 결정된 사람.

***응찰** 입찰에 참가함.

1 윗글의 '경매'에 대한 설명으로 적절하지 <u>않은</u> 것은?

① 재화의 가치를 정확하게 평가할 수 없을 때 주로 쓴다.

② 오름 경매 방식에서는 최고가를 제시한 사람에게 낙찰된다.

③ 수요자가 재화의 가치를 서로 다르게 평가할 때 주로 쓴다.

④ 구매자와 판매자의 수가 극단적으로 불일치할 때 유용하다.

⑤ 내림 경매 방식은 구매자가 입찰 금액을 제시해 경매가 시작된다.

2 ⊙과 ⓒ에 대한 이해로 적절하지 <u>않은</u> 것은?

① ⊙은 경매에 참여한 사람이 경쟁자가 제시한 입찰 금액을 알 수 있다.

② 희소성이 있는 최고급 생두는 ⊙의 방식을 통해 가격을 결정하는 대표적 품목이다.

③ ⓒ 방식에서 낙찰 가격은 경매에서 최초로 제시된 금액보다 높아질 수 없다.

④ ⊙과 ⓒ 모두 경매에 나온 재화의 낙찰 가격을 알 수 있다.

⑤ 경매에 참가한 사람이 다수일 경우 ⊙과 ⓒ 모두 가장 먼저 응찰한 사람이 낙찰자가 된다.

3 윗글을 바탕으로 할 때, 〈보기〉의 ⊙~ⓔ에 들어갈 내용으로 적절한 것은?

> 보기
>
> '밀봉 입찰 경매'로 진행되는 경매에 A, B, C 세 사람이 각각 10만 원, 8만 원, 6만 원으로 입찰에 참가하였다. 이 경매가 '최고가 밀봉 경매'라면 낙찰자는 (⊙)이며 낙찰자가 지불할 금액은 (ⓒ)이다. '차가 밀봉 경매'라면 낙찰자는 (ⓒ)이며 낙찰자가 지불할 금액은 (ⓔ)이다.

	⊙	ⓒ	ⓒ	ⓔ
①	A	10만 원	A	10만 원
②	A	10만 원	A	8만 원
③	A	8만 원	B	10만 원
④	B	8만 원	B	6만 원
⑤	B	8만 원	C	6만 원

1 ❶문단을 통해 글의 중심 화제를 파악해 보자.

(　　　　　　　)를 통한 가격 결정 방식

2 중심 화제와 관련된 각 문단의 정보를 정리해 보자.

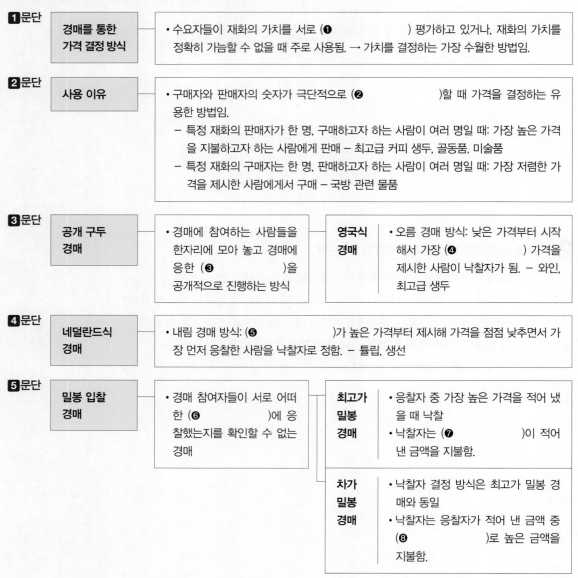

| ❶문단 | 경매를 통한 가격 결정 방식 | • 수요자들이 재화의 가치를 서로 (❶　　　　　　) 평가하고 있거나, 재화의 가치를 정확히 가늠할 수 없을 때 주로 사용됨. → 가치를 결정하는 가장 수월한 방법임. |

❷문단 | 사용 이유
• 구매자와 판매자의 숫자가 극단적으로 (❷　　　　　　)할 때 가격을 결정하는 유용한 방법임.
  – 특정 재화의 판매자가 한 명, 구매하고자 하는 사람이 여러 명일 때: 가장 높은 가격을 지불하고자 하는 사람에게 판매 – 최고급 커피 생두, 골동품, 미술품
  – 특정 재화의 구매자는 한 명, 판매하고자 하는 사람이 여러 명일 때: 가장 저렴한 가격을 제시한 사람에게서 구매 – 국방 관련 물품

❸문단 | 공개 구두 경매
• 경매에 참여하는 사람들을 한자리에 모아 놓고 경매에 응한 (❸　　　　　　)을 공개적으로 진행하는 방식

영국식 경매
• 오름 경매 방식: 낮은 가격부터 시작해서 가장 (❹　　　　　) 가격을 제시한 사람이 낙찰자가 됨. – 와인, 최고급 생두

❹문단 | 네덜란드식 경매
• 내림 경매 방식: (❺　　　　　　)가 높은 가격부터 제시해 가격을 점점 낮추면서 가장 먼저 응찰한 사람을 낙찰자로 정함. – 튤립, 생선

❺문단 | 밀봉 입찰 경매
• 경매 참여자들이 서로 어떠한 (❻　　　　　　)에 응찰했는지를 확인할 수 없는 경매

최고가 밀봉 경매
• 응찰자 중 가장 높은 가격을 적어 냈을 때 낙찰
• 낙찰자는 (❼　　　　　　)이 적어 낸 금액을 지불함.

차가 밀봉 경매
• 낙찰자 결정 방식은 최고가 밀봉 경매와 동일
• 낙찰자는 응찰자가 적어 낸 금액 중 (❽　　　　　　)로 높은 금액을 지불함.

3 다음 정보 간의 관계를 파악해 보자.

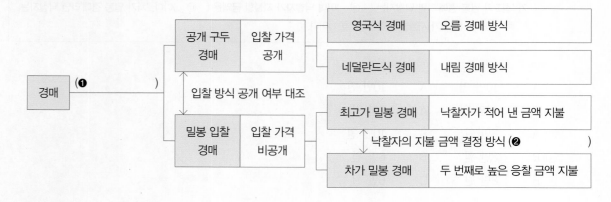

| 경매 (❶　　　　　) | 공개 구두 경매 / 입찰 가격 공개 | 영국식 경매 | 오름 경매 방식 |
| | | 네덜란드식 경매 | 내림 경매 방식 |

입찰 방식 공개 여부 대조

| 밀봉 입찰 경매 / 입찰 가격 비공개 | 최고가 밀봉 경매 | 낙찰자가 적어 낸 금액 지불 |
| | 차가 밀봉 경매 | 두 번째로 높은 응찰 금액 지불 |

낙찰자의 지불 금액 결정 방식 (❷　　　　　　)

선지 판단 연습

지문을 바탕으로 ❶~❹의 내용을 판단해 보자.

지문 ❶-6 이처럼 생두의 품질이 매년 다양한 이유로 달라지는 상황에서 해당 커피 생두의 가치를 결정하는 가장 수월한 방법은 단연 경매라 할 수 있다.

❶ 경매로 커피 생두의 가격을 결정하는 이유는 매년 생두의 품질에 차이가 있기 때문이다. ··········(○ / ×)

지문 ❷-7 현재 전투기와 같이 정부만이 유일한 구매자라 할 수 있는 국방 관련 물품이 일종의 경매인 경쟁 입찰로 결정된다.

❷ 전투기는 구매 경쟁이 심해 경매로 가격을 결정한다. ··(○ / ×)

지문 ❸-4~5 영국식 경매는 오름 경매 방식으로, 우리가 가장 흔히 접하는 낮은 가격부터 시작해서 가장 높은 가격을 제시한 사람이 낙찰자가 되는 방식을 말한다. 이러한 영국식 경매를 통해 가격을 결정하고 있는 대표적인 품목으로는 와인과 앞서 소개한 최고급 생두가 여기에 해당한다.

❸ 와인은 우리가 가장 흔히 접하는 경매 방식을 통해 가격을 결정한다. ·····························(○ / ×)

지문 ❺-3~5 최고가 밀봉 경매는 응찰자 중 가장 높은 가격을 적어 냈을 때 낙찰이 되는 것으로 낙찰자는 자신이 적어 낸 금액을 지불한다. 차가 밀봉 경매의 낙찰자 결정 방식은 최고가 밀봉 경매와 동일하다. 그러나 낙찰자가 지불하는 금액은 자신이 적어 낸 금액이 아니라 응찰자가 적어 낸 금액 중 두 번째로 높은 금액이다.

❹ 동일한 금액을 적어 내 낙찰이 되었을 때 최고가 밀봉 경매에서 지불하는 금액과 차가 밀봉 경매에서 지불하는 금액은 (같다 / 다르다).

플러스 독해 TIP

대상을 기준에 따라 구분하는 글

구분의 방식으로 내용을 전개하는 글로, 어떤 대상을 기준에 따라 나누고 각 대상의 특징을 제시한다. 구분된 각 대상의 특징을 파악하고 대상 간의 차이점에 주목해야 한다.

> 경제학에서는 실업이 발생하는 원인에 따라 실업을 크게 마찰적 실업, 구조적 실업, 경기적 실업 등으로 분류하고 그 해결책을 정부의 역할과 관련하여 제시하고 있다.
> 우선 마찰적 실업이란 일반적인 경제 상황에서 노동자가 개인의 선택으로 직업이나 직장을 바꾸는 과정에서 불가피하게 발생하는 실업이다. … 다음으로 구조적 실업이란 노동자가 공급하는 기술 수준과 기업에서 요구하는 기술 수준 간의 불합치 때문에 발생하는 실업이다. … 마지막으로 경기적 실업이란 경기 침체의 영향으로 기업 활동이 위축되고 이로 인해 노동에 대한 수요가 감소하여 고용량이 줄어들어 발생하는 실업이다.   2020-4월 고3 학력평가

윗글에서는 '실업이 발생하는 원인'이라는 기준에 따라 '실업'을 '마찰적 실업, 구조적 실업, 경기적 실업'으로 나누어 설명하고 있다. 세 가지 유형에서 실업이 발생하는 원인이 어떻게 다른지에 주목하여 각 유형 간의 차이점을 이해해야 한다. 이렇게 구분의 방식이 사용된 지문을 읽을 때는 구분의 대상, 구분된 대상과 각 대상의 차이점에 표시를 하며 읽는 것이 좋다. 이때 대상을 구분한 기준이 구분된 대상 간의 차이점이 된다. 구분 기준은 '…에 따라'의 형식으로 제시되는 경우가 많으므로 이러한 표지에 주목하면 구분된 대상 간의 차이점을 파악하는 데 도움이 된다.

1 ¹분쟁이 예견되거나 진행 중인 상황에서 후일 상대방이 사실을 번복하거나 그런 내용을 고지받지 못했다고 주장하는 것을 막기 위해 '내용 증명'을 활용할 수 있다. ²내용 증명이란 누가, 언제, 누구에게, 어떤 내용의 문서를 보냈다는 사실을 우체국에서 공적으로 증명해 주는 특수한 우편 제도로, 이를 활용하면 ⊙향후 법적 분쟁의 소지를 줄일 수 있다.

2 ¹내용 증명은 개인 간 채권·채무 관계나 권리·의무를 더욱 명확하게 할 필요가 있을 때 주로 이용된다. ²예를 들어 방문 판매를 통해 충동적으로 구입한 화장품, 건강식품 등의 구매 계약을 철회 기간 내에 취소하고 싶을 때 사용할 수 있다. ³특히 판매자와 연락이 되지 않는 등의 사유로 계약을 철회할 수 있는 기간 내에 철회가 불가능한 경우에도 사용한다.

3 ¹내용 증명은 다른 우편물과는 달리 우체국에 같은 내용의 문서 3부를 제출해야 한다. ²이는 발신인, 수신인, 우체국 3자가 각각 동일한 내용의 문서를 소지하기 위함이다. ³그 결과 발신인이 작성한 어떤 내용의 문서가 언제 누구에게 발송되었는지를 우체국장이 증명할 수 있게 되는 것이다. ⁴그러나 이것이 문서의 내용이 맞다는 것까지 증명하는 것은 아니라는 점에 유의해야 한다. ⁵내용 증명 우편이 발송되었다는 사실은 입증하지만 문서 내용의 진위까지 입증하는 것은 아니므로 그 자체로 문제가 해결되는 것은 아니다.

4 ¹그렇다면 내용 증명은 어떠한 기능을 하는 것일까? ²우선, 내용 증명은 문서를 발송하였다는 것을 공적으로 증명하는 증거 효력을 갖는다. ³만약 법적 대응 과정에서 내용 증명을 제출한다면 상대방은 그와 같은 내용의 문서를 언제 받았다는 사실만큼은 문제 삼을 수 없다. ⁴다음으로, 내용 증명은 상대방에게 심리적 부담을 주어 그 내용의 이행을 실현하게 하기도 한다. ⁵왜냐하면 내용 증명을 보내는 사람이 추후 강력한 법적 대응을 이어 갈 의지가 있음을 알리기 때문이다. ⁶예를 들어 A에게 돈을 빌린 B가 채무 이행을 독촉하는 내용 증명을 받으면 B는 A가 이후 법적 대응을 할 수도 있다는 심리적 부담을 느껴 자발적으로 돈을 갚을 가능성이 있다는 것이다.

5 ¹또한 내용 증명은 그 자체만으로는 단순히 *최고하는 것에 불과하지만, 소멸 시효를 중단시키는 데 중요한 역할을 한다. ²채권에는 소멸 시효가 있기 때문에 제때 권리 행사를 하지 않으면 소멸 시효가 만료되어 그 권리가 소멸된다. ³따라서 소멸 시효가 만료될 무렵까지 채무 이행이 이루어지지 않고 있다면 채권자는 소멸 시효가 더 이상 진행되지 못하도록 중단시켜야 한다. ⁴그러나 내용 증명을 발송하였다고 하여 바로 소멸 시효가 중단되는 것은 아니다. ⁵내용 증명을 보낸 날짜로부터 6개월 이내에 청구나 압류, 가압류, 가처분 등을 해야만 소멸 시효가 중단되는 효력이 발생한다. ⁶이러한 법적 대응을 하게 되면 해당 사안의 소멸 시효가 내용 증명을 보낸 시점에 중단되는 효력이 발생한다. ⁷이렇게 소멸 시효가 중단되면 그때까지 경과한 소멸 시효의 기간은 무효가 되고 중단 사유가 종료된 때로부터 소멸 시효가 새로이 시작된다.

6 ¹내용 증명을 작성할 때 정해진 양식이 있는 것은 아니지만 특정일에 특정 내용을 전달했다는 증거가 되므로 발신인, 수신인, 제목, 본문, 날짜 등이 순서대로 포함되어야 한다. ²기재된 발신인 및 수신인의 주소와 이름은 반드시 봉투 겉면에 작성하는 주소, 이름과 일치하도록 해야 하고, 제목에는 손해 배상 청구 등과 같이 내용 증명의 구체적 목적이 담겨야 한다. ³본문에는 계약 경위와 같은 객관적 사실 관계와 요구 사항 등을 분명히 제시해야 한다. ⁴날짜에는 발송 날짜를 쓰고 발신인의 도장을 찍거나 서명을 하도록 한다. ⁵작성하면서 글자나 기호를 정정, 삽입 또는 삭제할 때에는 반드시 '정정', '삽입' 또는 '삭제'라는 문자 및 수정한 글자 수를 여백에 기재하고 그곳에 발송인의 도장 또는 지장을 찍거나 서명을 하여야 한다.

7 ¹민법의 규정에 따라 문서의 우편 발송은 수신인에게 도달된 때로부터 효력이 발생한다. ²그러나 방문 판매 등의 청약 철회를 요청하는 내용 증명의 경우에는 수신인의 수취 여부와 상관없이 서면을

*최고 다른 사람에게 일정한 행위를 할 것을 요구하는 통지를 냄.

발송한 날부터 발생한다. ³내용 증명으로 발송한 우편물은 3년간 우체국에서 보관한다. ⁴발신인이나 수신인이 이를 분실할 경우 발송 우체국에 특수 우편물 수령증, 주민 등록증 등을 제시해 본인임을 입증하면 보관 중인 내용 증명의 열람을 청구할 수 있으며 필요시에는 복사를 요청할 수도 있다.

세부 정보 이해

1 윗글의 내용과 일치하지 <u>않는</u> 것은?

① 내용 증명을 받은 수신인은 심리적 부담감을 느끼고 문제 해결을 시도할 수 있다.

② 방문 판매의 청약 철회를 요청하는 내용 증명의 효력은 서면을 발송한 날부터 발생한다.

③ 내용 증명 발송 직후 발신인이 이를 분실한 경우 발송 우체국에서 복사를 요청할 수 있다.

④ 내용 증명을 위해 우체국에 같은 내용의 문서를 3부 제출하여 발신인도 그중 하나를 갖는다.

⑤ 계약을 철회할 수 있는 기간이 지난 후 발송한 내용 증명도 법적 대응 과정에서 효력을 가질 수 있다.

세부 정보 추론

2 ㉠의 이유로 가장 적절한 것은?

① 수신인에게 분쟁을 철회할 것을 요청하기 때문에

② 수신인에게 의사 표시를 할 것을 주장하기 때문에

③ 발신인이 충동적으로 계약을 맺는 것을 막아 주기 때문에

④ 발신인이 의사 표시를 했음을 객관적으로 드러내기 때문에

⑤ 발신인이 주장하는 내용의 진위를 법적으로 입증하기 때문에

구체적 사례에 적용

3 윗글을 바탕으로 〈보기〉의 상황을 이해한 내용으로 가장 적절한 것은?

> 보기
>
> 을은 갑에게 돈을 빌려주었으며, 해당 채무 관계의 소멸 시효는 3년으로 2020년 12월 31일에 만료된다. 그런데 갑은 만료일이 다가오도록 을에게 채무를 이행하지 않고 있다. 이에 을은 주변의 조언을 받아 2020년 10월 31일에 채무 이행을 요구하는 내용 증명을 보내어 갑에게 도달하였음을 확인하였다.

① 을이 갑에게 내용 증명을 보낸 궁극적인 목적은 소멸 시효 만료를 알리기 위함이다.

② 을이 보낸 내용 증명으로 인해 소멸 시효 만료일인 2020년 12월 31일로부터 중단 효력이 발생한다.

③ 을이 내용 증명을 소멸 시효 만료 2개월 전에 보냈으므로 중단 사유 종료 후 소멸 시효가 2개월 연장된다.

④ 을이 이후 법적 대응을 할 뜻이 없다면 을이 돈을 받을 수 있는 권리는 2020년 12월 31일까지만 유지된다.

⑤ 을이 2021년 6월 30일까지 가압류, 가처분 등의 조치를 하면 소멸 시효는 2020년 10월 31일에 중단된 것으로 본다.

1 ❶문단을 통해 글의 중심 화제를 파악해 보자.

(　　　　　　　　)

2 중심 화제와 관련된 각 문단의 정보를 정리해 보자.

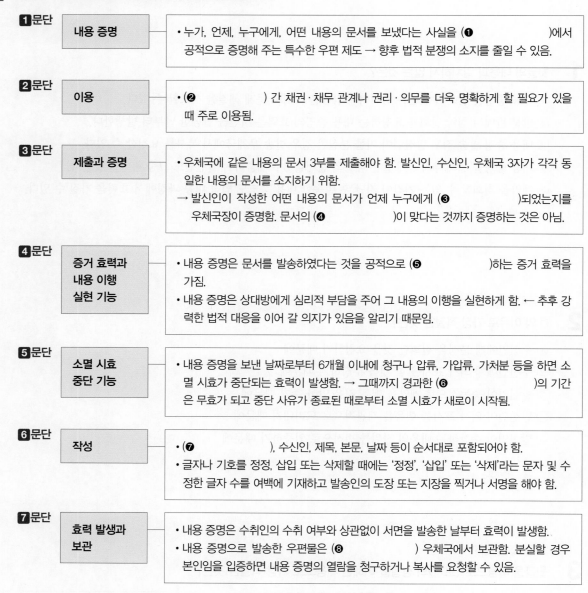

❶문단　**내용 증명**
- 누가, 언제, 누구에게, 어떤 내용의 문서를 보냈다는 사실을 (❶　　　　　　)에서 공적으로 증명해 주는 특수한 우편 제도 → 향후 법적 분쟁의 소지를 줄일 수 있음.

❷문단　**이용**
- (❷　　　　　　) 간 채권·채무 관계나 권리·의무를 더욱 명확하게 할 필요가 있을 때 주로 이용됨.

❸문단　**제출과 증명**
- 우체국에 같은 내용의 문서 3부를 제출해야 함. 발신인, 수신인, 우체국 3자가 각각 동일한 내용의 문서를 소지하기 위함.
  → 발신인이 작성한 어떤 내용의 문서가 언제 누구에게 (❸　　　　　　)되었는지를 우체국장이 증명함. 문서의 (❹　　　　　　)이 맞다는 것까지 증명하는 것은 아님.

❹문단　**증거 효력과 내용 이행 실현 기능**
- 내용 증명은 문서를 발송하였다는 것을 공적으로 (❺　　　　　　)하는 증거 효력을 가짐.
- 내용 증명은 상대방에게 심리적 부담을 주어 그 내용의 이행을 실현하게 함. ← 추후 강력한 법적 대응을 이어 갈 의지가 있음을 알리기 때문임.

❺문단　**소멸 시효 중단 기능**
- 내용 증명을 보낸 날짜로부터 6개월 이내에 청구나 압류, 가압류, 가처분 등을 하면 소멸 시효가 중단되는 효력이 발생함. → 그때까지 경과한 (❻　　　　　　)의 기간은 무효가 되고 중단 사유가 종료된 때로부터 소멸 시효가 새로이 시작됨.

❻문단　**작성**
- (❼　　　　　　), 수신인, 제목, 본문, 날짜 등이 순서대로 포함되어야 함.
- 글자나 기호를 정정, 삽입 또는 삭제할 때에는 '정정', '삽입' 또는 '삭제'라는 문자 및 수정한 글자 수를 여백에 기재하고 발송인의 도장 또는 지장을 찍거나 서명을 해야 함.

❼문단　**효력 발생과 보관**
- 내용 증명은 수취인의 수취 여부와 상관없이 서면을 발송한 날부터 효력이 발생함.
- 내용 증명으로 발송한 우편물은 (❽　　　　　　) 우체국에서 보관함. 분실할 경우 본인임을 입증하면 내용 증명의 열람을 청구하거나 복사를 요청할 수 있음.

3 다음 정보 간의 관계를 파악해 보자.

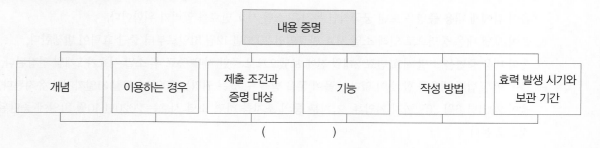

내용 증명

| 개념 | 이용하는 경우 | 제출 조건과 증명 대상 | 기능 | 작성 방법 | 효력 발생 시기와 보관 기간 |

(　　　　　　)

지문을 바탕으로 ❶~❹의 내용을 판단해 보자.

지문 ❶-2　내용 증명이란 누가, 언제, 누구에게, 어떤 내용의 문서를 보냈다는 사실을 우체국에서 공적으로 증명해 주는 특수한 우편 제도로, 이를 활용하면 향후 법적 분쟁의 소지를 줄일 수 있다.

❶ 내용 증명은 문서를 보냈다는 사실을 우체국에서 증명해 주는 사적 우편 제도이다. ·····················(○ / ×)

지문 ❹-6　예를 들어 A에게 돈을 빌린 B가 채무 이행을 독촉하는 내용 증명을 받으면 B는 A가 이후 법적 대응을 할 수도 있다는 심리적 부담을 느껴 자발적으로 돈을 갚을 가능성이 있다는 것이다.

❷ 내용 증명을 통해 상대방에게 법적 대응 의지를 보여 주어 상대방이 내용을 (스스로 / 강제로) 이행하게 할 수 있다.

지문 ❻-1　내용 증명을 작성할 때 정해진 양식이 있는 것은 아니지만 특정일에 특정 내용을 전달했다는 증거가 되므로 발신인, 수신인, 제목, 본문, 날짜 등이 순서대로 포함되어야 한다.

❸ 내용 증명은 특정한 양식에 맞추어 발신인, 수신인, 제목, 본문, 날짜 등을 포함하여 작성한다. ·········(○ / ×)

지문 ❼-3~4　내용 증명으로 발송한 우편물은 3년간 우체국에서 보관한다. 발신인이나 수신인이 이를 분실할 경우 발송 우체국에 특수 우편물 수령증, 주민 등록증 등을 제시해 본인임을 입증하면 보관 중인 내용 증명의 열람을 청구할 수 있으며 필요시에는 복사를 요청할 수도 있다.

❹ 내용 증명은 발신인이나 수신인이 본인임을 입증하면 3년 동안 발송 우체국에서 열람할 수 있다. ·········(○ / ×)

플러스 독해 TIP

중심 화제에 대한 정보가 병렬적으로 나타나는 글

　하나의 대상에 대해 설명하는 지문에서는 그 대상에 대한 개념, 등장 배경, 목표, 효과, 문제점, 대안, 적용 사례, 범위, 조건 등 대상과 관련된 정보를 병렬적으로 제시한다.

> 　… 그런데 시장 가격을 임의의 수준으로 결정할 수 있는 독점적 지위를 가진 생산자는 소비자 잉여를 생산자의 이윤으로 흡수하기 위해 이부 가격을 설정하기도 한다.
> 1문단: 이부 가격 설정의 목적
>
> 　'이부 가격 설정'이란 어떤 상품에 대하여 두 차례 가격을 치르도록 하는 방식이다. 즉 소비자로 하여금 특정한 상품을 이용할 수 있는 권리를 구입하게 한 다음, 상품을 이용하는 양에 비례하여 가격을 부담시키는 방식이다. …
> 2문단: 이부 가격 설정의 개념
>
> 　놀이공원 입장료를 결정하기 위해 먼저 생산자는 자신의 이익을 극대화하는 수준에서 놀이 기구 이용료를 결정한다. …
> 3문단: 이부 가격 설정의 순서
>
> 　이부 가격 설정은 독점 시장에서 발생하는 사회적 손실을 보완하기도 한다. …
> 4문단: 이부 가격 설정의 기능
>
> 2017-3월 고3 학력평가

　윗글의 중심 화제는 '이부 가격 설정'이다. 각 문단에서 이부 가격 설정의 목적, 개념, 순서, 기능을 제시하며 이부 가격 설정에 대해 설명하고 있다. 이렇게 중심 화제와 관련된 여러 가지 정보가 제시되는 지문을 읽을 때는 중심 화제를 파악하는 것이 가장 중요하다. 그리고 중심 화제와 관련하여 각 문단에서 어떤 정보를 제시하고 있는지 파악한다. 이때 내용이 서로 연관되어 있는 문단은 묶어서 정보를 파악한 후 정보 간의 관계를 이해한다. 이 과정에서 중심 화제와 각 문단의 중심 내용에 표시해 두면 글의 구조와 흐름을 이해하는 데 도움이 된다.

1 ¹근로자란 직업의 종류를 불문하고 사업장에서 임금을 받을 목적으로 일하는 사람을 의미한다. ²정규직 근로자에서부터 단시간 근로자 즉 아르바이트까지 근로자에 포함된다. ³그런데 단시간 근로자의 경우 법적으로는 엄연한 근로자이면서도 여러 가지 이유에서 법적인 보호에서 벗어나 있는 경우가 많다.

2 ¹사업주가 근로자를 채용할 경우에는 근로 조건을 명시(明示)한 근로 계약서를 작성해야 한다. ²근로 계약이란 근로자가 근로 조건에 대해서 사업주와 약속하는 것을 말한다. ³이러한 약속은 구두로 하기보다는 나중에 문제가 생겼을 때를 대비하여 반드시 문서로 작성해야 한다. ⁴근로 계약서에는 일을 하기로 한 기간, 일할 장소, 해야 할 일, 하루에 일해야 하는 시간과 쉬는 시간, 쉬는 날, 임금과 임금을 받는 날 등 중요한 내용이 반드시 나타나 있어야 한다. ⁵근로 계약서는 사업주와 근로자 본인이 작성해야 하며, 다른 사람이 대신할 수는 없다. ⁶또 1일 근로 시간이 4시간인 경우에는 30분 이상, 8시간인 경우에는 1시간 이상의 쉬는 시간이 주어져야 하고, 1주간의 정해진 근로 일수대로 일한 근로자에게는 1주에 1일의 *유급 주휴일이 보장되어야 한다. ⁷4인 이하의 사업장을 제외하고는 휴일에 근무할 경우 임금의 50%를 가산(加算)하여 받을 수 있으며, 1년간 정해진 근로 일수에 따라 성실히 근무한 경우에는 *연차 유급 휴가를 보장받을 수 있다. ⁸다만 1주간의 정해진 근로 시간이 15시간 미만일 경우에는 퇴직금, 유급 주휴일, 연차 휴가 규정이 적용되지 않는다. ⁹만약 사업주가 근로 계약서 작성을 거부할 경우 신고할 수 있으며, 이 경우 사업주는 500만 원 이하의 벌금형을 받을 수 있다. ¹⁰사업주가 근로 계약서를 작성하고 근로자에게 이를 교부(交附)하지 않았을 경우에도 처벌 대상이 된다.

3 ¹모든 근로자는 최저 임금법에서 정한 최저 임금 이상의 임금을 받을 권리가 있다. ²보호자의 동의를 얻어 일을 하는 만 18세 미만의 연소 근로자도 동일한 적용을 받는다. ³근로자로 채용된 이후에 기업의 필요에 따라 교육이나 연수를 받고 있는 수습 근로자의 경우, 일하기 시작한 날부터 3개월 이내에는 최저 임금의 90%를, 3개월이 지나면 최저 임금 전액을 지급받아야 한다. ⁴하지만 단순 노무직 근로자이거나 계약 기간이 1년 미만인 근로자의 경우에는 수습 기간에도 100% 임금을 지급받아야 한다. ⁵만약 사업주가 최저 임금 미만의 임금을 지급할 경우에는 최저 임금법 제28조에 의해 3년 이하의 징역 또는 2,000만 원 이하의 벌금형에 처해질 수 있다.

4 ¹임금은 '정기적으로', '해당 근로자에게 직접', '전액을', '현금으로' 지급해야 한다. ²임금은 일, 주, 월 단위로 지급할 수 있고, 현물이나 상품권은 안 되며, 통장으로 지급하는 것은 가능하다. ³이 기준을 지키지 못하면 임금 체불이 된다. ⁴대표적인 임금 체불 사례를 보면, 정기적으로 지급하기로 한 날에 지급하지 않는 경우, 임금 중 일부만 지급하는 경우, 퇴사 후 14일 이내에 당사자 간 약속 없이 임금을 지급하지 않는 경우 등이다. ⁵그리고 일을 하기 위해 출근하였으나 갑자기 일이 없어 집으로 되돌아가야 하는 경우, 그 이유가 사업주에게 있다면 4인 이하의 사업장을 제외하고는 평균 임금의 70%에 해당하는 휴업 수당을 받아야 한다. ⁶만약 임금을 받지 못하면 독촉장을 발송하거나 고용 노동부에 진정서를 제출하여 문제를 해결할 수 있다.

5 ¹사업주는 근로 계약 기간이 끝나기 전에 정당한 이유 없이 근로자를 해고할 수 없다. ²아르바이트로 일하는 경우에도 근로 기준법에서 정한 해고 관련 내용 등이 동일하게 적용된다. ³만약 사업주에게 부당하게 해고를 당했을 경우 일정 금액의 해고 수당을 받을 수 있다. ⁴다만 일용 근로자로서 3개월을 연속 근무하지 않은 경우, 2개월 이내의 기간을 정하여 근무하는 경우, 계절적 업무에 6개월 이내의 기간을 정하여 근무하는 경우, 3개월 이내의 수습 기간을 정하여 근무 중인 경우에는 해고 수당을 청구(請求)할 수 없다. ⁵정당한 이유 없이 근로자를 해고한 경우에는 5년 이하의 징역 또는 3,000만 원 이하의 벌금형에 처해질 수 있다.

6 ¹일하다가 다쳤을 경우 사업주가 보험에 가입하지 않았거나 근로자 본인의 과실(過失)을 이유로 치료비 지급을 거부하더라도 치료비를 본인이 부담할 필요는 없다. ²산업 재해 보상 보험법(산재 보험)에

*유급 주휴일 1주간의 정해진 근로 일수대로 일하였을 때 임금을 받으면서 쉴 수 있는 날.

*연차 유급 휴가 해마다 종업원에게 주도록 정하여진 유급 휴가.

따라 근로 복지 공단에서 치료 및 보상을 받을 수 있기 때문이다. [3]또한 근로 기준법 제7조, 제8조에 따르면 사업주 또는 관리자가 근로자에게 기분이 나쁠 정도의 폭언이나 지나친 성적 농담을 하는 경우 또는 신체적인 체벌을 하는 경우에는 위법이므로 고용 노동부나 경찰서 등 관련 기관에 신고할 수 있다.

세부 내용 파악

1 윗글의 내용과 일치하지 <u>않는</u> 것은?

① 아르바이트는 근로자임에도 법적인 보호를 받지 못하는 경우가 많다.

② 근로 계약이란 근로 조건에 대해서 근로자와 사업주가 약속하는 것을 말한다.

③ 1주일의 근로 시간이 15시간 미만일 경우에도 연차 휴가를 보장받을 수 있다.

④ 아르바이트의 경우에도 근로 기준법에서 정한 해고 관련 내용이 동일하게 적용된다.

⑤ 근로 기준법에 의하면 사업주 또는 관리자가 근로자에게 폭언이나 지나친 성적 농담을 하는 것은 위법이다.

내용 추론

2 윗글을 읽은 후 추가할 수 있는 질문으로 적절하지 <u>않은</u> 것은?

① 사업주가 근로 계약서 작성을 거부할 경우 어디에 신고하면 되나요?

② 사업주가 근로자를 해고할 수 있는 정당한 이유에는 어떤 것들이 있나요?

③ 아르바이트를 하다가 사업주에게 체벌을 받았을 경우에는 어떻게 해야 하나요?

④ 수습 기간에도 최저 임금 전액을 받을 수 있는 단순 노무직에는 어떤 것들이 있나요?

⑤ 임금이 체불된 경우 독촉장을 발송하거나 진정서를 제출하는 것 말고는 다른 방법이 없나요?

구체적 사례에 적용

3 〈보기 1〉은 직원이 10여 명인 ◇◇ 식당에 근무하게 된 '박○○' 군의 근로 계약서이다. 〈보기 2〉의 '박○○' 군에게 해 줄 수 있는 말로 가장 적절한 것은?

> **보기 1**
>
> **연소 근로자 근로 계약서**
>
> 1. 근로 계약 기간: 2018년 5월 1일부터 2018년 6월 20일까지
>
> 2. 근무 장소: ◇◇ 식당 홀 3. 업무의 내용: 홀 서빙 및 청소
>
> 4. 근로 시간/휴게 시간: 16시 30분부터 21시 30분까지 5. 근무일/휴일: 매주 5일 근무/매주 토, 일요일
>
> ⋮
>
> 8. 사회 보험 가입 여부(해당란에 체크): ☑ 고용 보험 ☐ 산재 보험 ☐ 국민연금 ☑ 건강 보험

> **보기 2**
>
> 박○○ 군은 5월 둘째 주 월요일에 사업주의 사정으로 일을 하지 못하고 그냥 돌아왔다. 그 주 토요일에는 일손이 모자라 근무하였다. 그 후 서빙 중 본인의 실수로 화상을 입었는데, 본인의 잘못으로 다쳤다는 이유로 사업주는 치료비 지급을 거부하였다. 그뿐만 아니라 다친 상태로 일을 할 수 없다는 이유로 박○○ 군에게 해고를 통보하였다.

① 휴일인 토요일에 근무하였으므로 가산된 임금을 적용받을 수 있습니다.

② 근로 기간 중에 해고당한 근로자이므로 해고 수당을 받을 수 있습니다.

③ 업무 수행 중이지만 본인 과실로 다쳤으므로 치료비를 보상받을 수 없습니다.

④ 사업주 사정으로 근무일에 일하지 못하고 돌아왔으므로 휴업 수당을 요구할 수 없습니다.

⑤ 사업주가 산업 재해 보상 보험에 가입되어 있지 않으므로 치료비를 보상받을 수 없습니다.

1 ❶문단을 통해 글의 중심 화제를 파악해 보자.

(　　　　　　　)의 법적인 보호

2 중심 화제와 관련된 각 문단의 정보를 정리해 보자.

❶문단 | 근로자
- 사업장에서 (❶　　　　　　　)을 받을 목적으로 일하는 사람
- 정규직 근로자부터 단기간 근로자까지 포함됨.

❷문단 | 근로 계약서
- 사업주는 근로자 채용 시 (❷　　　　　　　)을 명시한 근로 계약서를 작성해야 함.
- 사업주가 근로 계약서 작성을 거부할 경우, 사업주가 근로 계약서를 작성하고 근로자에게 (❸　　　　　)하지 않을 경우 처벌 대상이 됨.

❸문단 | 최저 임금 | 최저 임금법
- 모든 근로자는 최저 임금 (❹　　　　　　　)의 임금을 받을 권리가 있음.
- 사업주가 최저 임금 미만의 임금을 지급하면 징역 또는 벌금형에 처할 수 있음.

❹문단 | 임금 지급과 체불
- 임금은 '정기적으로', '해당 근로자에게 직접', '전액을', '현금으로' 지급해야 함. − 이 기준을 지키지 못하면 임금 (❺　　　　　)이 됨.
- 임금을 받지 못하면 독촉장을 발송하거나 고용 노동부에 진정서를 제출할 수 있음.

❺문단 | 해고 | 근로 기준법
- 사업주는 근로 계약 기간이 끝나기 전에 정당한 (❻　　　　　　　) 없이 근로자를 해고할 수 없음.
- 부당하게 해고를 당했을 경우 해고 수당을 받을 수 있음.
- 정당한 이유 없이 근로자를 해고하면 징역 또는 벌금형에 처할 수 있음.

❻문단 | 치료 및 보상 | 산업 재해 보상 보험법
- 일하다가 다쳤을 경우 (❼　　　　　　　　　　)에서 치료 및 보상을 받을 수 있음.

위법 행위 | 근로 기준법
- 사업주 또는 관리자의 (❽　　　　　　　), 성적 농담, 신체적인 체벌은 위법이므로 고용 노동부나 경찰서 등 관련 기관에 신고할 수 있음.

3 다음 정보 간의 관계를 파악해 보자.

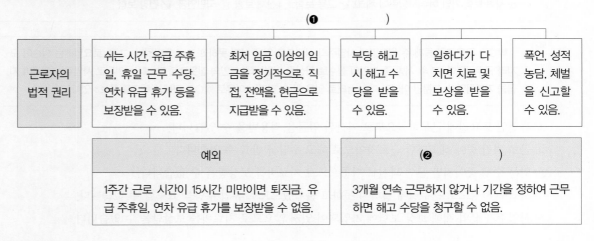

(❶　　　　　　　)

| 근로자의 법적 권리 | 쉬는 시간, 유급 주휴일, 휴일 근무 수당, 연차 유급 휴가 등을 보장받을 수 있음. | 최저 임금 이상의 임금을 정기적으로, 직접, 전액을, 현금으로 지급받을 수 있음. | 부당 해고 시 해고 수당을 받을 수 있음. | 일하다가 다치면 치료 및 보상을 받을 수 있음. | 폭언, 성적 농담, 체벌을 신고할 수 있음. |

예외	(❷　　　　　　　)
1주간 근로 시간이 15시간 미만이면 퇴직금, 유급 주휴일, 연차 유급 휴가를 보장받을 수 없음.	3개월 연속 근무하지 않거나 기간을 정하여 근무하면 해고 수당을 청구할 수 없음.

선지 판단 연습

추론적 사고력 기르기

지문을 바탕으로 ❶~❹의 내용을 판단해 보자.

지문 ❷-6 또 1일 근로 시간이 4시간인 경우에는 30분 이상, 8시간인 경우에는 1시간 이상의 쉬는 시간이 주어져야 하고, 1주간의 정해진 근로 일수대로 일한 근로자에게는 1주에 1일의 유급 주휴일이 보장되어야 한다.

❶ 1일 근로 시간에 따라 (쉬는 시간 / 휴일)이 다르게 보장된다.

지문 ❷-10 사업주가 근로 계약서를 작성하고 근로자에게 이를 교부(交附)하지 않았을 경우에도 처벌 대상이 된다.

❷ 사업주는 작성한 근로 계약서를 반드시 근로자에게 제공해야 한다. ·················· (○ / ×)

지문 ❸-1~2 모든 근로자는 최저 임금법에서 정한 최저 임금 이상의 임금을 받을 권리가 있다. 보호자의 동의를 얻어 일을 하는 만 18세 미만의 연소 근로자도 동일한 적용을 받는다.

❸ 만 18세 미만 근로자의 보호자가 동의한다면 사업주는 최저 임금 미만의 임금을 지급할 수 있다. ······ (○ / ×)

지문 ❻-2~3 산업 재해 보상 보험법(산재 보험)에 따라 근로 복지 공단에서 치료 및 보상을 받을 수 있기 때문이다. 또한 근로 기준법 제7조, 제8조에 따르면 사업주 또는 관리자가 근로자에게 기분이 나쁠 정도의 폭언이나 지나친 성적 농담을 하는 경우 또는 신체적인 체벌을 하는 경우에는 위법이므로 고용 노동부나 경찰서 등 관련 기관에 신고할 수 있다.

❹ 사업주에게 폭언을 들은 근로자는 산재 보험에 따라 보상을 받을 수 있다. ·················· (○ / ×)

플러스 독해 TIP

원칙과 예외가 나타나는 글

사회 영역 지문 중 특히 법 관련 지문에서는 원칙을 제시하고 그것이 제한되는 조건·범위 등을 제시하는 경우가 있다. 이러한 지문에서는 예외적인 부분을 바탕으로 문제가 출제된다.

> 사법(私法)은 개인과 개인 사이의 재산, 가족 관계 등에 적용되는 법으로서 이 법의 영역에서는 `계약 자유의 원칙`이 적용된다. 계약의 구체적인 내용 결정 등은 당사자들 스스로 정할 수 있다는 것이다. …
>
> 그러나 법률로 정해진 내용과 어긋나게 계약을 하면 당사자들에게 벌금이나 과태료 같은 법적 불이익이 있거나 계약의 효력이 부정되는 예외적인 경우도 있다. …
>
> 이 경우 계약 당사자들은 상대에게 급부를 하라고 요구할 수는 없다. 이미 급부를 이행하여 재산적 이익을 넘겨주었다면 이 이익은 '부당 이득'에 해당하기 때문에 반환을 요구할 수 있다. 즉 '부당 이득 반환 청구권'이 인정된다. …
>
> 그러나 강행 법규에 의해 계약의 효력이 부정되었을 때 부당 이득 반환 청구권이 인정되지 않는 경우도 있다. 급부의 내용이 위조지폐 제작처럼 비도덕적이거나 반사회적인 행동이라면, 계약의 효력이 인정되지 않을 뿐 아니라 이미 넘겨준 이익을 돌려받을 권리도 부정되는 것이 원칙이다.
>
> 2019-6월 고3 모의평가

윗글을 보면 사법에서는 계약 자유의 원칙이 적용되지만 법률로 정해진 내용과 어긋나게 계약을 하면 예외가 발생함을 설명하고 있다. 또한 이러한 예외적인 상황에서는 부당 이득 반환 청구권이 인정되는 것이 원칙이지만 급부의 내용이 비도덕적이거나 반사회적인 행동이라면 이익을 돌려받을 권리가 인정되지 않는 예외가 있음을 제시하고 있다. 이러한 글을 읽을 때는 원칙과 예외를 연결하여 이해하되 예외가 드러나는 부분에 주목해야 하는데 특히 예외가 발생하는 조건을 파악해야 한다.

1 ¹현대 사회의 기업들은 새로운 내부 조직을 만들거나 다른 기업과 합병하는 등의 방식을 통해 기업의 규모를 변화시키기도 한다. ²신제도 학파에서는 기업들의 이러한 규모 변화를 거래 비용이라는 개념으로 설명하는데, 이를 거래 비용 이론이라고 한다.

2 ¹거래 비용 이론에서 말하는 거래 비용이란 재화를 생산하는 데 드는 생산 비용을 제외한, 경제 주체들이 재화를 거래하는 과정에서 발생하는 모든 비용을 말한다. ²즉 경제 주체가 거래 의사와 능력을 가진 상대방을 탐색하는 과정, 가격이나 교환 조건을 상대방과 협상하여 계약을 하는 과정, 또 계약 후 계약 이행 여부를 확인하고 강제하는 과정 등에서 발생하는 비용을 거래 비용이라고 할 수 있다.

3 ¹거래 비용 이론에서는 기업은 시장에서 재화를 거래할 때 발생하는 거래 비용인 '시장 거래 비용'을 줄이기 위해, 재화를 자체적으로 생산하는 것에 대해 고려하게 된다고 보았다. ²이런 상황에서 기업이 새로운 내부 조직을 만들거나 다른 기업을 합병하여 내부 조직으로 흡수하는 등의 방법을 통해 거래를 내부화하면 기업의 조직 내에서도 거래가 일어나게 된다. ³그 결과 거래 비용이 발생하게 되고, 이를 '조직 내 거래 비용'이라고 한다. ⁴이때 시장 거래 비용과 조직 내 거래 비용을 합친 것을 '총 거래 비용'이라고 하며, 기업은 총 거래 비용을 고려하여 기업의 규모를 결정하게 된다.

4 ¹예를 들어 어떤 제품을 생산하는 기업을 가정해 보자. ²이 기업에서는 시장 거래를 통해 다른 기업으로부터 모든 부품을 조달하여 제품을 생산할 수도 있고, 반대로 기업 내부적으로 모든 부품을 제조하여 제품을 생산할 수도 있다. ³만약 이 기업이 다른 기업과의 시장 거래를 통해 모든 부품을 조달한다면 조직 내 거래 비용은 발생하지 않고, 시장 거래 비용만 발생하게 될 것이다. ⁴이런 상황에서 기업은 시장 거래 비용을 줄이기 위해 시장 거래에서 조달하던 부품의 일부를 기업 내에서 생산하려 할 것이다. ⁵이렇게 기업이 부품을 자체 생산하여 내부 거래를 증가시키면 시장 거래 비용은 감소하지만, 조직 내 거래 비용은 증가하게 된다. ⁶이때 기업은 총 거래 비용이 최소가 되는 지점까지 내부 조직의 규모를 확대하여 부품을 자체 생산할 수 있고, 이 지점이 바로 기업의 최적 규모라고 할 수 있다.

5 ¹그렇다면 ㉠ 거래 비용이 발생하는 요인은 무엇일까? ²거래 비용 이론에서는 이를 인간적 요인과 환경적 요인으로 나누어 설명한다. ³인간적 요인에는 인간의 제한된 합리성과 기회주의적 속성이 있다. ⁴먼저, 인간은 거래 상황 속에서 정보를 수집하고 처리할 때 완벽하게 합리적인 선택을 할 수 있는 존재는 아니라는 것이다. ⁵다음으로 인간은 효용의 극대화를 위해 자신의 이익만을 추구하는 기회주의적 면모를 보일 가능성이 높다는 것이다. ⁶이와 같은 인간적 요인으로 인해 거래 상황 속에서 인간은 완벽한 선택을 할 수 없고, 거래 상대를 전적으로 신뢰할 수는 없으므로 거래의 과정 속에서 거래 비용이 발생하게 된다는 것이다.

6 ¹환경적 요인에는 자산 특수성과 정보의 불확실성 등이 있다. ²먼저 자산 특수성이란 다양한 거래 주체를 통해 일반적으로 구할 수 있는 자산이 아닌, 특정 거래 주체와의 거래에서만 높은 가치를 갖는 자산의 속성을 말한다. ³따라서 특정 주체와의 거래에서는 높은 가치를 갖던 것이 다른 주체와의 거래에서는 가치가 하락하는 경우, 자산 특수성이 높다고 할 수 있다. ⁴이때 자산 특수성이 높으면 경제 주체들은 기회주의적으로 행동할 가능성이 커질 수 있기 때문에 이를 보완하고자 다양한 안전장치를 마련하려 할 것이다. ⁵이로 인해 거래 비용은 더 높아질 수 있는 것이다. ⁶다음으로 거래 상대의 정보를 확인할 수 없는 상황에서 거래 주체는 자신의 이익을 위해 정보를 공유하지 않을 가능성이 높다. ⁷그렇기 때문에 일반적으로 정보가 불확실한 거래 상황일수록 거래 주체들은 상대의 정보를 알아내기 위한 노력을 할 것이고, 이로 인해 거래 비용은 높아지게 된다.

1

윗글을 통해 알 수 있는 내용으로 적절하지 않은 것은?

① 거래 비용의 종류

② 총 거래 비용의 개념

③ 시장 거래 비용을 줄이는 방법

④ 기업의 규모가 변화하는 이유

⑤ 기업 규모와 생산 비용의 관계

2

거래 비용 이 발생하는 상황으로 적절하지 않은 것은?

① 도자기 장인이 직접 흙을 채취하여 도자기를 빚을 때

② 집을 구매하려는 사람이 집을 판매하는 사람을 탐색할 때

③ 가구를 생산하는 사람이 원목 판매자와 재료값을 흥정할 때

④ 소비자가 인터넷을 설치하기 위해 통신사와 약정서를 작성할 때

⑤ 제과업체가 계약대로 밀가루가 제대로 공급되고 있는지 확인할 때

3

㉮를 바탕으로 〈보기〉를 이해한 내용으로 적절하지 않은 것은?

> 보기
>
> **사례 1:** 자동차를 조립하여 판매하는 A 기업은 자동차에 들어가는 부품 중 볼트를 특정 기업을 선정하지 않고 다양한 기업을 통해 조달하고 있다.
>
> **사례 2:** 의료 기구 생산 업체인 B 기업은 핵심 부품을 C 기업을 통해서만 조달하고 있어, 안정적인 생산과 조달을 위해 두 기업은 계약을 할 때 장기간의 계약 기간을 계약 조건으로 명시하였다.
>
> **사례 3:** D 기업은 새로 개발한 제품의 원재료를 외국의 E 기업에서 조달하고자 하였으나, E 기업이 원재료의 품질 정보를 세부적으로 제공하지 않아 신제품 생산에 차질이 발생하게 되었다.

① A 기업이 조달하는 볼트의 자산 특수성은 높지 않다고 할 수 있겠군.

② B 기업과 C 기업이 계약 조건으로 장기간의 계약 기간을 명시한 것은 거래에 있어 안전장치를 마련한 것으로 볼 수 있겠군.

③ B 기업과 C 기업은 거래하는 핵심 부품이 지닌 특성으로 인해 상대가 기회주의적으로 행동할 가능성을 염려했다고 볼 수 있겠군.

④ D 기업과 E 기업 간의 거래에서는 정보의 불확실성으로 인해 거래 비용이 높아질 가능성이 있겠군.

⑤ E 기업이 원재료의 품질 정보를 세부적으로 제공하지 않은 것은 D 기업을 탐색하는 과정에서 완벽하게 합리적인 선택을 하였기 때문이겠군.

1 **1**문단을 통해 글의 중심 화제를 파악해 보자.

(   ) 이론

2 중심 화제와 관련된 각 문단의 정보를 정리해 보자.

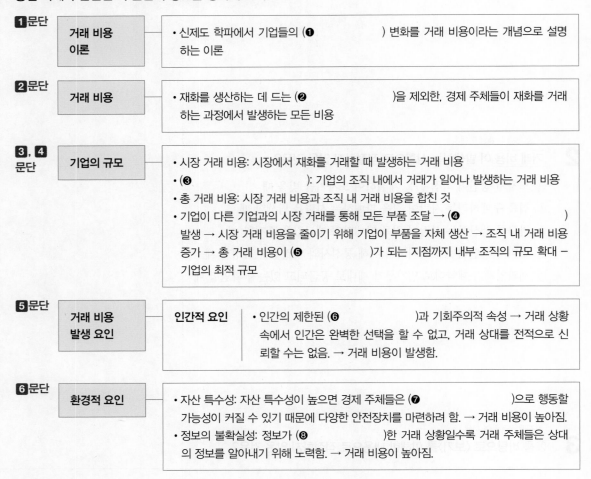

1문단 | 거래 비용 이론 → • 신제도 학파에서 기업들의 (❶   ) 변화를 거래 비용이라는 개념으로 설명하는 이론

2문단 | 거래 비용 → • 재화를 생산하는 데 드는 (❷   )을 제외한, 경제 주체들이 재화를 거래하는 과정에서 발생하는 모든 비용

3, **4**문단 | 기업의 규모 →
• 시장 거래 비용: 시장에서 재화를 거래할 때 발생하는 거래 비용
• (❸   ): 기업의 조직 내에서 거래가 일어나 발생하는 거래 비용
• 총 거래 비용: 시장 거래 비용과 조직 내 거래 비용을 합친 것
• 기업이 다른 기업과의 시장 거래를 통해 모든 부품 조달 → (❹   ) 발생 → 시장 거래 비용을 줄이기 위해 기업이 부품을 자체 생산 → 조직 내 거래 비용 증가 → 총 거래 비용이 (❺   )가 되는 지점까지 내부 조직의 규모 확대 – 기업의 최적 규모

5문단 | 거래 비용 발생 요인 → **인간적 요인** • 인간의 제한된 (❻   )과 기회주의적 속성 → 거래 상황 속에서 인간은 완벽한 선택을 할 수 없고, 거래 상대를 전적으로 신뢰할 수는 없음. → 거래 비용이 발생함.

6문단 | 환경적 요인 →
• 자산 특수성: 자산 특수성이 높으면 경제 주체들은 (❼   )으로 행동할 가능성이 커질 수 있기 때문에 다양한 안전장치를 마련하려 함. → 거래 비용이 높아짐.
• 정보의 불확실성: 정보가 (❽   )한 거래 상황일수록 거래 주체들은 상대의 정보를 알아내기 위해 노력함. → 거래 비용이 높아짐.

3 다음 정보 간의 관계를 파악해 보자.

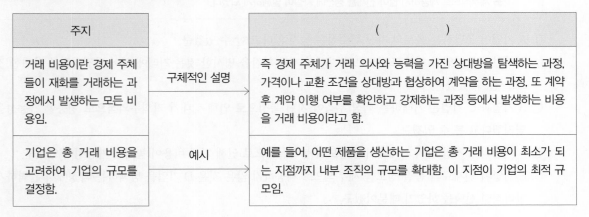

주지		( )
거래 비용이란 경제 주체들이 재화를 거래하는 과정에서 발생하는 모든 비용임.	구체적인 설명	즉 경제 주체가 거래 의사와 능력을 가진 상대방을 탐색하는 과정, 가격이나 교환 조건을 상대방과 협상하여 계약을 하는 과정, 또 계약 후 계약 이행 여부를 확인하고 강제하는 과정 등에서 발생하는 비용을 거래 비용이라고 함.
기업은 총 거래 비용을 고려하여 기업의 규모를 결정함.	예시	예를 들어, 어떤 제품을 생산하는 기업은 총 거래 비용이 최소가 되는 지점까지 내부 조직의 규모를 확대함. 이 지점이 기업의 최적 규모임.

선지 판단 연습

지문을 바탕으로 ❶~❹의 내용을 판단해 보자.

> **지문 ❶-2** 신제도 학파에서는 기업들의 이러한 규모 변화를 거래 비용이라는 개념으로 설명하는데, 이를 거래 비용 이론이라고 한다.

❶ 거래 비용 이론은 기업의 규모 변화를 통해 거래 비용의 개념을 설명한다. ……………………………… (○ / ×)

> **지문 ❸-1, 3** 거래 비용 이론에서는 기업은 시장에서 재화를 거래할 때 발생하는 거래 비용인 '시장 거래 비용'을 줄이기 위해, 재화를 자체적으로 생산하는 것에 대해 고려하게 된다고 보았다. … 그 결과 거래 비용이 발생하게 되고, 이를 '조직 내 거래 비용'이라고 한다.

❷ 기업이 재화를 자체적으로 생산한다면 조직 내 거래 비용은 0이 된다. …………………………………… (○ / ×)

> **지문 ❹-5** 이렇게 기업이 부품을 자체 생산하여 내부 거래를 증가시키면 시장 거래 비용은 감소하지만, 조직 내 거래 비용은 증가하게 된다.

❸ 어떤 기업의 조직 내 거래 비용이 증가하면 그 기업의 시장 거래 비용은 (증가 / 감소)한다.

> **지문 ❻-4~5** 이때 자산 특수성이 높으면 경제 주체들은 기회주의적으로 행동할 가능성이 커질 수 있기 때문에 이를 보완하고자 다양한 안전장치를 마련하려 할 것이다. 이로 인해 거래 비용은 더 높아질 수 있는 것이다.

❹ 높은 자산 특수성은 인간의 기회주의적 속성에 영향을 주어 거래 비용을 높인다. …………………………… (○ / ×)

플러스 독해 TIP

주지와 부연이 나타나는 글

수능 지문에서는 글에서 중점적으로 다루는 개념·현상·주장·이론 등에 대한 이해를 돕기 위해 부연 설명을 하는 경우가 많다. 주지 부분의 의미를 쉽게 설명하거나 주지와 관련된 구체적인 정보·사례를 제시하는데 이를 통해 주지의 내용을 명확하게 파악해야 한다.

> CDS는 채권 투자자들이 신용 위험을 피하려는 목적으로 활용하는 파생 금융 상품이다. CDS 거래는 보장 매입자와 보장 매도자 사이에서 이루어진다. 여기서 '보장'이란 신용 위험으로부터의 보호를 뜻한다. 보장 매도자는, 보장 매입자가 보유한 채권에서 부도가 나면 이에 따른 손실을 보상하는 역할을 한다. CDS 거래를 통해 채권의 신용 위험은 보장 매입자로부터 보장 매도자로 이전된다. CDS 거래에서 신용 위험의 이전이 일어나는 대상 자산을 기초 자산이라 한다. 가령 은행 갑은, 기업 을이 발행한 채권을 매입하면서 그것의 신용 위험을 피하기 위해 보험 회사 병과 CDS 계약을 체결할 수 있다. 이때 기초 자산은 을이 발행한 채권이다.
>
> 2019-9월 고3 모의평가

윗글에서는 'CDS 거래'에 대해 설명하면서 구체적인 예시를 통해 부연을 하고 있다. 예시의 '은행 갑', '기업 을', '채권'을 통해 '보장 매입자', '보장 매도자', '기초 자산'에 대한 이해를 돕는다. 이렇게 주지와 부연이 나타나는 지문은 핵심 정보가 되는 주지와 그것에 관련된 구체적인 설명·사례를 연결하며 읽어야 한다. 부연은 '즉', '다시 말해', '예를 들어', '가령'과 같은 표현과 함께 제시되는 경우가 많으므로 이러한 표지에 주목하면 주지와 부연의 관계를 파악하는 데 도움이 된다.

1 ¹두 나라가 자발적으로 무역을 하기 위해서는 두 나라 모두 이익을 얻을 수 있어야 한다. ²만일 무역 당사국이 이익을 전혀 얻지 못하거나 손실을 본다면, 이 나라는 무역을 하지 않을 것이기 때문이다. ³그러면 무역을 통해 이익이 발생할 수 있는 이유는 무엇일까? ⁴또 무역에서 수출입 재화는 각각 어떻게 결정될까?

2 ¹A국과 B국에서 자동차와 신발을 생산하는 상황을 가정해 보자. ²아래 〈그림〉과 같이 A국은 이용 가능한[*]생산 요소를 모두 투입하여 최대 자동차 10대 혹은 신발 1,000켤레를 만들 수 있다. ³한편, B국에서는 동일한 조건하에 자동차 3대 또는 신발 600켤레를 생산할 수 있다.

3 ¹이때 국가 간 비교 우위 산업의 차이에 의해서 무역의 이익이 발생할 수 있다. ²비교 우위란 어떤 재화 생산의 기회비용이 다른 나라보다 작은 경우를 의미하며, 이때 기회비용이란 그 재화 생산으로 인해 포기해야 하는 다른 재화의 가치를 말한다. ³위의 상황에서 A국이 자동차를 1대 더 생산하기 위해서는 신발 생산을 100켤레 줄여야 한다. ⁴즉, A국 입장에서 자동차 1대 생산의 기회비용은 신발 100켤레와 같다. ⁵한편, B국은 자동차 1대 생산의 기회비용이 신발 200켤레가 된다. ⁶이 경우 A국

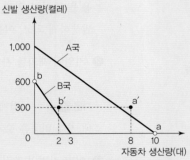

〈그림〉 A국과 B국의[*]생산 가능 곡선

의 자동차 생산의 기회비용이 B국의 그것보다 작으므로, A국이 자동차 생산에 있어 비교 우위를 갖고 있다. ⁷반면, ㉠B국은 신발 생산에 있어 비교 우위를 갖게 된다.

4 ¹따라서 A국이 자동차를 특화해 B국에 수출하고, B국은 신발을 특화해 A국에 수출하면 무역을 하지 않을 때에 비해 양국 모두 이익을 얻을 수 있다. ²위 〈그림〉에서 A국이 자동차만 10대 생산(a)하고 B국이 신발만 600켤레를 생산(b)해서 양국이 무역을 한다고 하자. ³이때 A국이 자동차 2대를 수출하고 그 대신 B국으로부터 신발 300켤레를 수입한다면, A국은 자동차 8대와 신발 300켤레의 조합(a′)을, B국은 자동차 2대와 신발 300켤레의 조합(b′)을 소비할 수 있다. ⁴즉 무역을 통해 양국은 무역 이전에는 생산할 수 없었던 재화량의 조합을 생산하는 것과 같은 효과를 갖게 되어 무역을 통한 이익을 얻을 수 있다.

5 ¹이처럼 각국의 비교 우위 산업이 존재하는 이유에 대해 20세기 초의 경제학자 헥셔는 국가 간[*]생산 요소 부존량의 상대적 차이가 비교 우위를 낳는다고 보았다. ²그에 따르면, 각국은 타국에 비해 상대적으로 풍부한 생산 요소를 집약적으로 사용하는 재화의 생산에 비교 우위를 갖는다. ³즉 재화마다 각 생산 요소들이 투입되는 비율이 다르기 마련인데, 어떤 재화 생산에 특정 생산 요소가 집약적으로 사용된다면 그 생산 요소를 다른 나라들에 비해 풍부하게 보유하고 있는 국가가 해당 재화의 생산에 비교 우위를 갖게 된다는 것이다. ⁴예를 들어, 어떤 국가가 자동차·선박 등 자본 집약재의 수출국이고 신발·의류 등 노동 집약재의 수입국이라면, 그 국가는 타국에 비해 자본은 상대적으로 풍부하고 노동은 그렇지 않다고 판단할 수 있다.

6 ¹각국의 비교 우위 산업은 국가 간 생산 요소 부존량의 상대적 차이가 변화함에 따라 바뀔 수도 있다. ²우리나라도 과거 경공업 위주의 노동 집약적 산업에서 자본 집약적인 중화학 공업, 최근의 지식 집약적인 IT 산업까지 주요 산업 및 수출품이 변화해 왔다. ³이는 경제 성장에 따라 각 생산 요소들의 부존 비율이 변화함으로써 우리나라의 비교 우위 산업이 변화해 왔기 때문이다.

[*]**생산 요소** 재화를 생산하기 위해 필요한 노동, 자본 등의 투입 요소.

[*]**생산 가능 곡선** 한 경제의 이용 가능한 생산 요소들을 가장 효율적으로 투입하여 생산할 수 있는 각 재화 생산량의 조합을 나타낸 선.

[*]**생산 요소 부존량** 한 경제 내에 존재하고 있는 생산 요소의 양.

1 핵심 내용 이해

윗글을 통해 답할 수 <u>없는</u> 질문은?

① 각국의 비교 우위 산업이 변할 수 있는 이유는 무엇인가?

② 자발적인 무역이 한 나라의 각 재화 생산에 어떤 영향을 미칠 수 있는가?

③ 어떤 재화 생산에 투입되는 각 생산 요소의 비율은 어떻게 결정되는가?

④ 자발적인 무역에서 어떤 재화가 수출품이 되고 어떤 재화가 수입품이 되는가?

⑤ 국가 간 생산 요소 부존량의 상대적 차이가 자발적인 무역에 미치는 영향은 무엇인가?

2 논리적 흐름 이해

㉠의 이유로 가장 적절한 것은?

① B국의 신발 생산의 기회비용이 자국의 자동차 생산의 기회비용보다 크기 때문이다.

② B국의 신발 생산의 기회비용이 A국의 신발 생산의 기회비용보다 작기 때문이다.

③ B국의 신발 생산의 기회비용이 A국의 자동차 생산의 기회비용보다 작기 때문이다.

④ 이용 가능한 생산 요소를 모두 투입했을 때, B국이 A국보다 신발 생산량이 더 커지기 때문이다.

⑤ 이용 가능한 생산 요소를 모두 투입했을 때, B국의 자동차 생산량보다 신발 생산량이 더 커지기 때문이다.

3 가상적 사례에 적용하여 이해

윗글에 근거하여 〈보기〉의 상황을 이해한 것으로 적절하지 <u>않은</u> 것은?

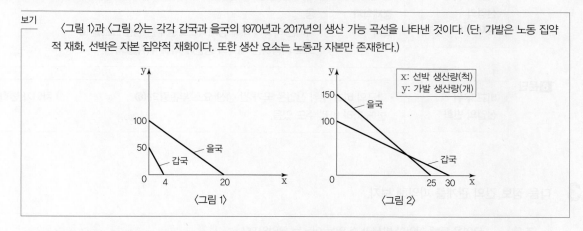

보기
　　〈그림 1〉과 〈그림 2〉는 각각 갑국과 을국의 1970년과 2017년의 생산 가능 곡선을 나타낸 것이다. (단, 가발은 노동 집약적 재화, 선박은 자본 집약적 재화이다. 또한 생산 요소는 노동과 자본만 존재한다.)

① 1970년, 갑국이 선박을 2척 더 생산하기 위해서는 가발 생산을 25개 줄여야 했을 것이다.

② 1970년, 갑국은 을국에 비해 자본보다는 노동이 상대적으로 풍부했을 것이다.

③ 2017년, 선박 생산의 기회비용은 을국이 갑국에 비해 2배 이상 클 것이다.

④ 2017년, 을국은 갑국에 비해 노동의 부존 비율이 상대적으로 클 것이다.

⑤ 2017년, 갑국이 을국에 선박 1척을 수출하고 을국으로부터 가발 4개를 수입한다면, 무역 전에 비해 갑국이 소비할 수 있는 재화량의 조합이 늘어날 것이다.

지문 분석

1 ▌문단을 통해 글의 중심 화제를 파악해 보자.

(　　　　　　　　)을 통해 이익이 발생하는 이유와 무역에서 (　　　　　　　　　　)의 결정 방식

2 중심 화제와 관련된 각 문단의 정보를 정리해 보자.

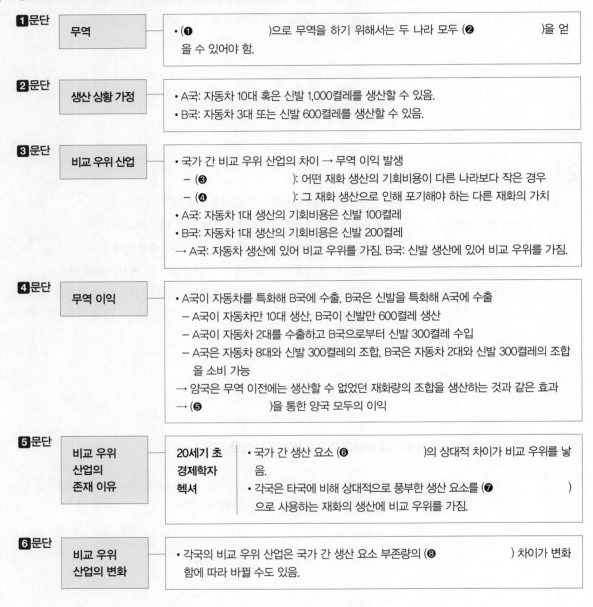

1 문단 | 무역
- (❶　　　　　　　　　)으로 무역을 하기 위해서는 두 나라 모두 (❷　　　　　　)을 얻을 수 있어야 함.

2 문단 | 생산 상황 가정
- A국: 자동차 10대 혹은 신발 1,000켤레를 생산할 수 있음.
- B국: 자동차 3대 또는 신발 600켤레를 생산할 수 있음.

3 문단 | 비교 우위 산업
- 국가 간 비교 우위 산업의 차이 → 무역 이익 발생
  - (❸　　　　　　　　　): 어떤 재화 생산의 기회비용이 다른 나라보다 작은 경우
  - (❹　　　　　　　　　): 그 재화 생산으로 인해 포기해야 하는 다른 재화의 가치
- A국: 자동차 1대 생산의 기회비용은 신발 100켤레
- B국: 자동차 1대 생산의 기회비용은 신발 200켤레
- → A국: 자동차 생산에 있어 비교 우위를 가짐. B국: 신발 생산에 있어 비교 우위를 가짐.

4 문단 | 무역 이익
- A국이 자동차를 특화해 B국에 수출, B국은 신발을 특화해 A국에 수출
  - A국이 자동차만 10대 생산, B국이 신발만 600켤레 생산
  - A국이 자동차 2대를 수출하고 B국으로부터 신발 300켤레 수입
  - A국은 자동차 8대와 신발 300켤레의 조합, B국은 자동차 2대와 신발 300켤레의 조합을 소비 가능
- → 양국은 무역 이전에는 생산할 수 없었던 재화량의 조합을 생산하는 것과 같은 효과
- → (❺　　　　　　)을 통한 양국 모두의 이익

5 문단 | 비교 우위 산업의 존재 이유

20세기 초 경제학자 헥셔
- 국가 간 생산 요소 (❻　　　　　　　　)의 상대적 차이가 비교 우위를 낳음.
- 각국은 타국에 비해 상대적으로 풍부한 생산 요소를 (❼　　　　　　) 으로 사용하는 재화의 생산에 비교 우위를 가짐.

6 문단 | 비교 우위 산업의 변화
- 각국의 비교 우위 산업은 국가 간 생산 요소 부존량의 (❽　　　　　　) 차이가 변화함에 따라 바뀔 수도 있음.

3 다음 정보 간의 관계를 파악해 보자.

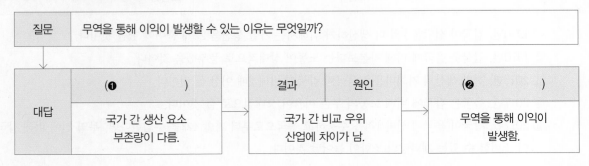

| 질문 | 무역을 통해 이익이 발생할 수 있는 이유는 무엇일까? |

| 대답 | (❶　　　　　) 국가 간 생산 요소 부존량이 다름. | 결과 / 원인 국가 간 비교 우위 산업에 차이가 남. | (❷　　　　　) 무역을 통해 이익이 발생함. |

선지 판단 연습

추론적 사고력 기르기

지문을 바탕으로 ❶~❹의 내용을 판단해 보자.

> 지문 ❶-1~2　두 나라가 자발적으로 무역을 하기 위해서는 두 나라 모두 이익을 얻을 수 있어야 한다. 만일 무역 당사국이 이익을 전혀 얻지 못하거나 손실을 본다면, 이 나라는 무역을 하지 않을 것이기 때문이다.

❶ 각 나라는 이익을 얻기 위해 다른 나라와 무역을 한다. ·· (○ / ×)

> 지문 ❹-4　즉 무역을 통해 양국은 무역 이전에는 생산할 수 없었던 재화량의 조합을 생산하는 것과 같은 효과를 갖게 되어 무역을 통한 이익을 얻을 수 있다.

❷ 자국이 생산할 수 없었던 재화를 타국의 도움으로 생산할 수 있으므로 무역은 이익이 된다. ············· (○ / ×)

> 지문 ❺-1　이처럼 각국의 비교 우위 산업이 존재하는 이유에 대해 20세기 초의 경제학자 헥셔는 국가 간 생산 요소 부존량의 상대적 차이가 비교 우위를 낳는다고 보았다.

❸ 헥셔는 한 나라의 비교 우위 산업은 그 나라의 생산 요소 부존량에 따라 결정된다고 보았다. ············ (○ / ×)

> 지문 ❻-1,3　각국의 비교 우위 산업은 국가 간 생산 요소 부존량의 상대적 차이가 변화함에 따라 바뀔 수도 있다. … 이는 경제 성장에 따라 각 생산 요소들의 부존 비율이 변화함으로써 우리나라의 비교 우위 산업이 변화해 왔기 때문이다.

❹ 국가의 비교 우위 산업은 (경제 성장률 / 생산 요소 부존 비율)의 변화에 따라 바뀔 수 있다.

플러스 독해 TIP

시각 자료가 나타나는 글

　예술, 경제, 과학 지문에서 추상적이거나 어려운 내용의 이해를 돕기 위해 시각 자료를 제시하는 경우가 있다. 이러한 지문에서는 시각 자료를 해석하거나 시각 자료와 관련된 사례를 해석하는 문제가 자주 출제된다.

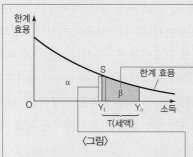

〈그림〉에서 원래 소득이 Y_00였던 사람이 세액 T를 내면 세후 소득이 Y_t0로 줄어든다. 이때 희생된 효용의 절대량은 면적 β로 나타낼 수 있다. 절대 희생 균등의 원칙에 따르면 각 개인들이 조세를 부담함으로써 떠안게 되는 희생의 절대적 크기가 균등해야 한다. …
　비례 희생 균등의 원칙에 따르면 과세 이전 총소득으로부터 얻는 총효용에서 납세로 인한 효용의 상실, 즉 희생이 차지하는 비율이 모든 개인에게 동일해야 한다. 이는 〈그림〉에서 면적 β를 면적 α+β로 나눈 값인 효용의 희생 비율이 모두 똑같아야 한다는 것을 뜻한다. …
　한계 희생 균등의 원칙에 따르면 과세 이후에 얻는 한계 효용의 크기가 모든 개인에게 동일해야만 한다. 〈그림〉에서 조세 부담의 마지막 단위에서 발생하는 한계 효용은 선분 Y_tS의 길이로 나타낼 수 있는데, 한계 희생 균등의 원칙에 따르면 이 길이가 모든 사람에게 같아지도록 해야 한다.
2020-3월 고3 학력평가

　윗글에서는 그래프를 통해 '절대 희생 균등의 원칙', '비례 희생 균등의 원칙', '한계 희생 균등의 원칙'을 설명하고 있다. 그래프를 참고하면 각각에서 균등의 의미를 어떻게 보고 있는지를 쉽게 이해할 수 있다. 이렇게 시각 자료가 나타나는 지문은 지문의 정보와 시각 자료를 연결하며 읽어야 한다. 이때 지문과 시각 자료에서 대응되는 정보에 표시하며 읽으면 시각 자료와 관련된 문제를 푸는 데 도움이 된다.

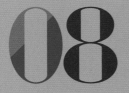
1 ¹국민 참여 재판이란, 일반 국민이 형사 재판에 배심원으로 참여하여 법정 공방을 지켜본 후 피고인의 유·무죄에 대한 판단을 내리고 적절한 형을 제시하면 재판부가 이를 참고하여 판결을 선고하는 제도이다. ²「국민의 형사 재판 참여에 관한 법률」에 규정된 범죄 중 피고인이 신청하는 경우에 한해 진행되며, 피고인이 원한다 하더라도 적절하지 않다고 판단되는 경우 법원은 국민 참여 재판으로 진행하지 않을 수 있다.

2 ¹국민 참여 재판에서 배심원 선정은 매우 중요하다. ²배심원을 선정하기 전 법원은 먼저 필요한 배심원의 수와 예비 배심원의 수를 결정한다. ³법정형이 사형, 무기 징역 등에 해당하는 사건의 경우에는 9인의 배심원이, 그 외의 경우에는 7인의 배심원이 재판에 참여하게 된다. ⁴다만 피고인이 *공소 사실의 주요 내용을 인정했을 경우에는 5인의 배심원이 참여할 수 있다. ⁵또한 법원은 배심원의 결원 등에 대비하여 5인 이내의 예비 배심원을 둘 수 있는데, 이들은 *평의와 *평결만 참여할 수 없을 뿐 배심원과 동일한 역할을 수행한다. ⁶배심원과 예비 배심원을 합한 수만큼 인원을 선정한 후, 추첨을 통해 예비 배심원을 선정한다. ⁷누가 예비 배심원인지는 평의에 들어가기 직전에 공개한다.

3 ¹배심원 선정을 위해 해당 지방 법원은 사전에 작성한 배심원 후보 예정자 명부 중에서 필요한 수의 '배심원 후보자'를 무작위로 추출하여 그들에게 배심원 선정 기일을 통지한다. ²통지를 받은 배심원 후보자는 법률에 규정되어 있는, 배심원이 될 수 없는 사유에 해당되지 않는 한 배심원 선정 기일에 출석해야 하며, 정당한 사유 없이 출석하지 않을 경우 과태료가 부과된다.

4 ¹선정 기일에 '출석한 배심원 후보자'들 중에서 필요한 배심원과 예비 배심원을 합한 수만큼을 추첨한다. ²이렇게 선정된 '추첨된 배심원 후보자'를 대상으로 검사와 변호인은 배심원 선정을 위해 여러 가지 질문을 하게 된다. ³답변을 듣고 자신들에게 불리한 결정을 할 우려가 있다고 판단되는 경우 검사와 변호인은 재판부에 배심원 후보자에 대한 기피 신청을 할 수 있다. ⁴기피 신청에는 기피 이유를 제시하고 기피 여부를 재판부가 판단하는 '이유부 기피 신청'과 기피 이유를 제시하지 않아도 재판부에서 무조건 기피 신청을 받아들여야 하는 '무이유부 기피 신청'이 있다. ⁵일반적으로 '이유부 기피 신청'을 먼저 하고, 이것이 재판부에 의해 받아들여지지 않으면 '무이유부 기피 신청'을 한다. ⁶다만 '무이유부 기피 신청'은 '이유부 기피 신청'과 달리 검사와 변호인 모두에게 인원 제한이 있는데, 배심원이 9인인 경우에는 각 5인, 배심원이 7인인 경우에는 각 4인, 배심원이 5인인 경우에는 각 3인까지 가능하다. ⁷만약 기피 신청이 받아들여지면, 추첨되지 않은 배심원 후보자를 대상으로 그 인원만큼 다시 추첨하여 배심원 후보자를 뽑고 질문과 기피 신청을 반복하여 필요한 수만큼의 배심원과 예비 배심원을 확정한다.

5 ¹배심원 및 예비 배심원 선정이 종결되면, 이들은 재판부와 함께 증거 조사를 지켜보게 된다. ²증거 조사가 끝나면 재판장은 사건의 쟁점과 적용할 법률, 판단 원칙 등을 설명하고, 배심원 중 누가 예비 배심원인지 알려 준 후 배심원들에게 평의실로 이동하여 평의를 시작하게 한다. ³평의가 시작되면 배심원은 법정에서 보고 들은 증거와 진술을 바탕으로 피고인의 유·무죄를 의논하게 된다. ⁴배심원 사이에 유·무죄에 관한 의견이 만장일치로 정해지면 그에 따라 평결서를 작성하여 재판부에 제출한다. ⁵만약 의견이 일치되지 않으면 반드시 재판부의 의견을 듣고 다시 평의를 진행한 후 다수결로 평결서를 작성하게 된다. ⁶그리고 평결이 유죄인 경우에는 재판부와 함께 피고인에게 부과할 적정한 형에 대해 토의한 후 *양형에 대한 최종 의견을 재판부에 알려 준다.

6 ¹이후 재판장은 피고인에게 유·무죄 여부와 유죄인 경우 그 형에 대한 판결을 선고하게 된다. ²배심원의 평결과 양형 의견은 재판장이 판결을 할 때 권고적 효력만을 가진다. ³하지만 재판장은 판결 선고 시 피고인에게 배심원의 평결 결과를 알려 주어야 하며, 만약 배심원의 평결 결과와 다른 판결을 선고할 때에는 피고인에게 반드시 그 이유를 설명하고 판결서에도 그 이유를 기재해야 한다. ⁴재판장이 판결 종결을 알리면 배심원의 임무 역시 모두 끝나게 된다.

* **공소** 검사가 법원에 특정 형사 사건의 재판을 청구함.

* **평의** 피고인의 유·무죄를 판단하기 위한 배심원의 논의 절차.

* **평결** 유·무죄에 대한 배심원의 최종적인 판단.

* **양형** 형벌의 정도를 정하는 일.

세부 정보 파악

1 윗글에 대한 이해로 가장 적절한 것은?

① 예비 배심원은 재판이 끝날 때까지 모든 과정을 배심원과 함께 수행한다.

② 피고인이 원하지 않아도 법원의 결정에 따라 국민 참여 재판이 열릴 수 있다.

③ 배심원 후보자가 배심원 선정 기일에 출석하지 않으면 배심원으로 선정될 수 없다.

④ 국민 참여 재판은 일반 국민들이 배심원으로 참여하여 직접 판결까지 선고하는 제도이다.

⑤ 재판장은 배심원의 평결과 다르게 판결하더라도 판결서에 관련된 내용을 기재하지 않아도 된다.

구체적 상황에 적용

2 윗글을 바탕으로 〈보기〉를 이해한 내용으로 적절하지 <u>않은</u> 것은?

보기

다음의 표는 배심원 확정 과정을 나타낸 것으로, 배심원 선정 기일에 출석한 배심원 후보자는 모두 40명임.

	추첨된 배심원 후보자 수	이유부 기피 신청이 받아들여진 후보자 수	무이유부 기피 신청이 받아들여진 후보자 수	확정된 배심원 수
1차	14	3	3	8
2차	6	2	1	3
3차	3	×	×	3

① 3차에 걸쳐 필요한 수만큼의 배심원과 예비 배심원을 모두 확정하였군.

② 검사와 변호인 모두 자신들이 신청할 수 있는 최대 인원만큼 '무이유부 기피 신청'을 하지 않았군.

③ 추첨된 배심원 후보자에게 제기된 기피 이유가 재판부에 의해 정당하다고 인정된 경우는 모두 9명이군.

④ 출석한 배심원 후보자 중 17명은 검사와 변호인에게 배심원 선정과 관련하여 어떠한 질문도 받지 못했 겠군.

⑤ 1차에 추첨된 배심원 후보자 수를 볼 때 법원은 이번 재판에 9명의 배심원과 5명의 예비 배심원을 두기 로 결정했었군.

구체적 사례에 적용

3 윗글을 바탕으로 〈보기〉의 사례를 이해한 내용으로 적절하지 <u>않은</u> 것은?

보기

　　6월의 어느 날 김한국 씨는 국민 참여 재판의 배심원으로 참석해 달라는 등기 우편을 받았다. 배심원 선정 기일 아침 △△ 지방 법원을 찾아간 김한국 씨는 검사·변호인과의 질의응답 후 배심원으로 선정되었다. 늦은 밤까지 증거 조사가 진행되었고, 배심원 교체 없이 진행된 평의에서는 유·무죄에 대한 의견이 만장일치가 되지 않았다. 치열한 재논의 끝에 유죄와 무죄에 대해 각 2：5의 의견으로 평결서를 작성하였고, 재판장은 최종적으로 피고인에게 무죄를 선고하였다.

① 등기 우편을 받은 것으로 보아 김한국 씨는 △△ 지방 법원에서 사전에 작성한 배심원 후보 예정자 명부 에 포함되어 있었군.

② 평의와 평결에 참여한 것으로 보아 김한국 씨는 예비 배심원이 아닌 배심원으로 선정되었군.

③ 배심원 수를 감안하면 해당 사건은 법정형으로 사형이나 무기 징역을 선고할 수 있는 사건은 아니었겠군.

④ 작성된 평결서를 감안하면 평의 도중 재판부의 의견을 들어 보는 과정 없이 배심원 간에만 논의가 진행 되었겠군.

⑤ 평결서와 판결을 감안하면 재판부와 배심원 간에 피고인의 양형에 대한 논의는 이루어지지 않았겠군.

1 ❶문단을 통해 글의 중심 화제를 파악해 보자.

(　　　　　　　　　　)

2 중심 화제와 관련된 각 문단의 정보를 정리해 보자.

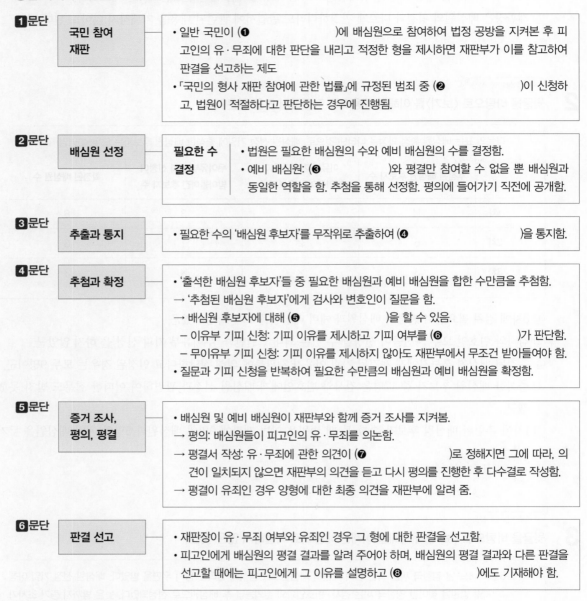

❶문단　**국민 참여 재판**

- 일반 국민이 (❶　　　　　　　　　　)에 배심원으로 참여하여 법정 공방을 지켜본 후 피고인의 유·무죄에 대한 판단을 내리고 적정한 형을 제시하면 재판부가 이를 참고하여 판결을 선고하는 제도
- 「국민의 형사 재판 참여에 관한 법률」에 규정된 범죄 중 (❷　　　　　　　　)이 신청하고, 법원이 적절하다고 판단하는 경우에 진행됨.

❷문단　**배심원 선정**

필요한 수 결정
- 법원은 필요한 배심원의 수와 예비 배심원의 수를 결정함.
- 예비 배심원: (❸　　　　　　　　)와 평결만 참여할 수 없을 뿐 배심원과 동일한 역할을 함. 추첨을 통해 선정함. 평의에 들어가기 직전에 공개함.

❸문단　**추출과 통지**

- 필요한 수의 '배심원 후보자'를 무작위로 추출하여 (❹　　　　　　　　　　　)을 통지함.

❹문단　**추첨과 확정**

- '출석한 배심원 후보자'들 중 필요한 배심원과 예비 배심원을 합한 수만큼을 추첨함.
→ '추첨된 배심원 후보자'에게 검사와 변호인이 질문을 함.
→ 배심원 후보자에 대해 (❺　　　　　　　　)을 할 수 있음.
　- 이유부 기피 신청: 기피 이유를 제시하고 기피 여부를 (❻　　　　　　　)가 판단함.
　- 무이유부 기피 신청: 기피 이유를 제시하지 않아도 재판부에서 무조건 받아들여야 함.
- 질문과 기피 신청을 반복하여 필요한 수만큼의 배심원과 예비 배심원을 확정함.

❺문단　**증거 조사, 평의, 평결**

- 배심원 및 예비 배심원이 재판부와 함께 증거 조사를 지켜봄.
→ 평의: 배심원들이 피고인의 유·무죄를 의논함.
→ 평결서 작성: 유·무죄에 관한 의견이 (❼　　　　　　　　)로 정해지면 그에 따라, 의견이 일치되지 않으면 재판부의 의견을 듣고 다시 평의를 진행한 후 다수결로 작성함.
→ 평결이 유죄인 경우 양형에 대한 최종 의견을 재판부에 알려 줌.

❻문단　**판결 선고**

- 재판장이 유·무죄 여부와 유죄인 경우 그 형에 대한 판결을 선고함.
- 피고인에게 배심원의 평결 결과를 알려 주어야 하며, 배심원의 평결 결과와 다른 판결을 선고할 때에는 피고인에게 그 이유를 설명하고 (❽　　　　　　　)에도 기재해야 함.

3 다음 정보 간의 관계를 파악해 보자.

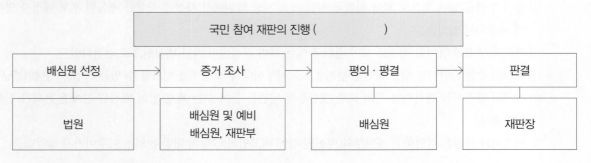

국민 참여 재판의 진행 (　　　　　　)

배심원 선정	증거 조사	평의 · 평결	판결
법원	배심원 및 예비 배심원, 재판부	배심원	재판장

선지 판단 연습

추론적 사고력 기르기

지문을 바탕으로 ❶~❹의 내용을 판단해 보자.

지문 ❷-3~4 법정형이 사형, 무기 징역 등에 해당하는 사건의 경우에는 9인의 배심원이, 그 외의 경우에는 7인의 배심원이 재판에 참여하게 된다. 다만 피고인이 공소 사실의 주요 내용을 인정했을 경우에는 5인의 배심원이 참여할 수 있다.

❶ 피고인이 자신의 죄를 인정하면 재판에 참여하는 배심원의 수가 달라질 수 있다. ·····························(○ / ×)

지문 ❸-2 통지를 받은 배심원 후보자는 법률에 규정되어 있는, 배심원이 될 수 없는 사유에 해당되지 않는 한 배심원 선정 기일에 출석해야 하며, 정당한 사유 없이 출석하지 않을 경우 과태료가 부과된다.

❷ 배심원 후보자로 통지를 받으면 배심원 선정 기일에 반드시 출석해야 한다. ·····························(○ / ×)

지문 ❹-4~5 기피 신청에는 기피 이유를 제시하고 기피 여부를 재판부가 판단하는 '이유부 기피 신청'과 기피 이유를 제시하지 않아도 재판부에서 무조건 기피 신청을 받아들여야 하는 '무이유부 기피 신청'이 있다. 일반적으로 '이유부 기피 신청'을 먼저 하고, 이것이 재판부에 의해 받아들여지지 않으면 '무이유부 기피 신청'을 한다.

❸ 기피 이유를 재판부가 받아들이지 않으면 이유를 (바꾸어 / 빼고) 무이유부 기피 신청을 할 수 있다.

지문 ❺-2 증거 조사가 끝나면 재판장은 사건의 쟁점과 적용할 법률, 판단 원칙 등을 설명하고, 배심원 중 누가 예비 배심원인지 알려 준 후 배심원들에게 평의실로 이동하여 평의를 시작하게 한다.

❹ 평의 직전에 배심원과 예비 배심원이 구분되면 이들은 평의에서 서로 다른 역할을 수행한다. ·········(○ / ×)

플러스 독해 TIP

〈보기〉에서 사례·상황을 제시하는 문제

〈보기〉에서 사례·상황을 제시하는 문제는 〈보기〉의 내용을 지문의 정보와 대응시킬 수 있는지 확인하기 위한 것이다.

〈지문〉 이처럼 양도인이 직접 점유를 유지하지만, 양수인에게 점유 인도가 이루어진 것으로 간주되는 경우를 점유 개정이라고 한다. …

점유로 공시되는 동산의 경우 양수인이 충분히 주의를 했는데도 양도인이 소유자가 아님을 알지 못한 채 양도인과 유효한 계약을 하고, 점유 인도로 공시를 했다면 양수인은 소유권을 취득한다. 이것을 '선의 취득'이라 한다. 다만 간접 점유에 의한 인도 방법 중 점유 개정으로는 선의 취득을 하지 못한다.

〈보기〉 갑과 을은, 갑이 끼고 있었던 금반지의 소유권을 을에게 양도하기로 하는 유효한 계약을 했다. 갑과 을은, 갑이 이 금반지를 보관하다가 을이 요구할 때 넘겨주기로 합의했다. 을은 소유권 양도 계약을 할 때 양도인이 소유자라고 믿었고 양도인이 소유자인지 확인하기 위해 충분히 주의했다. 을은 일주일 후 병과 유효한 소유권 양도 계약을 했고, 갑에게 통지하여 사흘 후 병에게 금반지를 넘겨주라고 알려 주었다.

〈선지〉 갑이 금반지 소유자가 아니었더라도, 병은 을로부터 을이 가진 소유권을 양도받아 취득한다. ×

2020-9월 고3 모의평가

〈보기〉에서 갑과 을이 양도 계약을 맺은 이후에도 갑이 금반지의 직접 점유를 유지하므로 〈지문〉에 제시된 '점유 개정'에 해당한다. 〈지문〉에서 점유 개정으로는 선의 취득을 하지 못한다고 했으므로 〈선지〉에서 갑이 금반지의 소유자가 아니라면 을은 소유권을 갖지 못한다. 즉 이 문제는 〈보기〉의 상황이 〈지문〉의 '점유 개정'과 대응된다는 것을 파악해야 풀 수 있다. 이런 문제를 풀 때는 〈보기〉의 사례·상황과 관련된 지문의 개념·원리를 찾아 지문의 내용이 〈보기〉에서 어떻게 구체화되었는지 파악해야 한다.

1 ¹현대 산업 사회에서는 주로 대량 생산이 이루어지기 때문에 그 과정에서 결함 상품이 발생하고, 이에 따라 소비자의 피해도 발생한다. ²이런 경우 피해를 입은 소비자가 구제를 받기 위해서는 제조물의 제조 과정에서 제조자의 과실이 있었고 그 과실에 따른 결함으로 피해가 발생하였음을 입증하여야 하는데 그것은 상당히 어렵다. ³이에 소비자가 쉽게 피해 구제를 받을 수 있도록 하기 위해 제조물 책임법을 제정하여 시행하고 있다.

2 ¹㉮ 제조물 책임법은 제조업자에게 고의나 과실이 없더라도 제조물의 결함으로 인해 생명·신체·재산상의 손해를 입은 사람에 대하여 제조업자가 손해 배상 책임을 지도록 하는 법률이다. ²이 법이 적용되는 ⓐ제조물과 ⓑ제조업자의 범위를 살펴보면, 제조물은 공산품, 가공식품 등의 제조 또는 가공된 물품을 의미하는 것으로, 일상생활에서 사용하고 있는 거의 모든 물품이 포함된다. ³또한 중고품, 폐기물, 부품, 원재료도 적용 대상이 된다. ⁴그러나 미가공 농수축산물 등은 원칙적으로 제조물의 범위에서 제외되는데, 농수축산물 등 일차 농산품에까지 확대할 경우 농업인 등이 쉽게 소송의 대상이 될 뿐만 아니라 연대 책임 조항에 의하여 유통업자와 가공업자의 과실에 대해서도 불공정하게 책임을 질 우려가 있기 때문이다. ⁵그리고 손해 배상의 책임 주체인 제조업자에는 부품 또는 완성품의 제조업자, 제조물 수입을 업(業)으로 하는 자, 자신을 제조자 혹은 수입업자로 표시한 자가 포함된다. ⁶제조업자를 알 수 없는 경우에는 제조물의 공급업자도 해당된다.

3 ¹제조물 책임은 제조물에 결함이 존재하는가 여부에 의해 결정되는데, 결함의 유형에는 제조상의 결함, 설계상의 결함, 표시상의 결함이 있다. ²제조상의 결함은 제조업자가 제조 또는 가공상의 주의 의무를 이행하였음에도 불구하고 제조물이 원래 의도한 설계와 다르게 제조 또는 가공됨으로써 안전하지 못하게 된 경우이며, 설계상의 결함은 제조업자가 소비자를 고려하여 합리적으로 설계했다면 피해나 위험을 줄이거나 피할 수 있었음에도 그렇게 하지 않아 제조물이 안전하지 못하게 된 경우를 말한다. ³표시상의 결함은 제조업자가 합리적인 설명·지시·경고 또는 그 밖의 표시를 하였더라면 해당 제조물에 의하여 발생할 수 있는 피해나 위험을 줄이거나 피할 수 있었음에도 이를 표시하지 않은 경우를 말한다.

4 ¹그런데 피해자가 제조업자에게 손해 배상을 청구하려면 원칙적으로 제조물의 결함 사실과 손해 발생의 사실, 그리고 제조물의 결함과 손해 발생의 인과 관계를 입증해야 한다. ²하지만 소비자의 입장에서 이를 입증하는 것은 쉽지 않다. ³그래서 제조물 책임법은 소비자가 제조물을 통상적인 방법으로 사용하다가 사고가 발생했다는 사실만 입증하면 해당 제조물 자체에 결함이 있었고 그 결함으로 인하여 피해가 발생한 것으로 추정하도록 하고 있다.

5 ¹한편 제조물의 결함으로 손해가 발생한 경우에 제조업자는 다음 중 어느 하나를 입증하면 손해 배상 책임을 면할 수 있다. ²첫째, 제조업자가 해당 제조물을 공급하지 아니한 사실, 둘째, 제조업자가 해당 제조물을 공급한 때의 과학·기술 수준으로는 결함의 존재를 발견할 수 없었다는 사실, 셋째, 제조업자가 해당 제조물을 공급할 당시의 법령이 정하는 기준을 준수함으로써 제조물의 결함이 발생한 사실 등이다. ³그 밖에 원재료 또는 부품 제조업자의 경우에는 해당 원재료 또는 부품을 사용한 제조물 제조업자의 설계 또는 제작에 관한 지시로 인하여 결함이 발생하였다는 사실을 입증하면 책임을 지지 않아도 된다. ⁴그러나 면책 사유에 해당하더라도 제조업자가 제조물의 결함을 알면서도 적절한 피해 예방 조치를 하지 않은 경우, 또는 주의를 기울였다면 충분히 알 수 있었을 결함을 발견하지 못한 경우에는 책임을 피할 수 없다.

6 ¹제조물 책임법에 따른 제조업자의 배상 의무는 피해자의 생명·신체 또는 재산상의 손해에 대한 것으로 한정되고, 결함이 있는 제조물 자체는 민법에 따라 유통업자나 판매업자에게 구제받아야 한다. ²예컨대, 결함이 있는 녹즙기로 인하여 손을 다쳤을 경우, 치료비는 제조업자에게 배상받고 불량품인 녹즙기는 판매업자에게 환불받을 수 있다.

세부 정보 파악

1 ⓐ와 ⓑ에 대한 이해로 적절하지 <u>않은</u> 것은?

① 화장품, 건전지와 달리 고등어는 ⓐ에 포함되지 않는다.

② 중고 자동차는 ⓐ에 포함되며, 이를 수입하는 자는 ⓑ에 해당된다.

③ 복숭아 통조림은 ⓐ에 포함되고, 이를 제조한 자와 복숭아를 생산한 자 모두 ⓑ에 해당된다.

④ 자동차 부품의 결함으로 자동차가 고장이 났다면 자동차 부품을 만든 자는 ⓑ에 해당되므로 손해 배상의 책임이 있다.

⑤ 전자 제품에 결함이 발생했지만 제품을 공급했을 당시의 기술 수준으로는 발견할 수 없었던 결함이라면 ⓑ는 손해 배상에 대한 면책 요건을 갖추고 있다.

내용 추론

2 ㉮와 〈보기〉의 ㉯를 비교한 것으로 적절하지 <u>않은</u> 것은?

> 보기
>
> ㉯리콜 제도는 소비자의 생명·신체 및 재산상에 위해를 끼치거나 끼칠 우려가 있는 제품 결함이 발견된 경우, 제조업자 스스로 또는 정부의 강제 명령에 의해 제품의 결함 내용을 소비자에게 알리고 제품 전체를 대상으로 수거·파기 및 수리·교환·환급 등의 적절한 시정 조치를 취함으로써 결함 제품으로 인한 위해 확산을 방지하고자 하는 소비자 보호 제도이다.
>
> 소비자의 입장에서 보면 결함 제품에 의한 피해의 확산을 방지하여 안전한 소비 생활을 영위할 수 있도록 하며, 기업의 입장에서 보면 안전사고를 미연에 방지함으로써 소비자 피해에 대한 손해 배상의 부담을 줄일 수 있다.

① ㉮가 사후 피해 구제에 중점을 두고 있다면, ㉯는 결함 제품에 의한 피해 확산 방지에 중점을 두고 있다.

② ㉮는 결함 제품으로 인한 소비자 피해 사실에 대해, ㉯는 결함 제품에 대해 책임을 지는 제도이다.

③ ㉮와 달리 ㉯는 제품 결함이 발견된 경우 소비자에게 결함 내용을 알리는 제도이다.

④ ㉯와 달리 ㉮는 소비자의 요청이 있어야만 이행된다.

⑤ ㉮와 ㉯는 모두 제조물의 결함으로 인한 소비자의 손해 발생을 필수 조건으로 하고 있다.

구체적 상황에 적용

3 윗글을 바탕으로 〈보기〉의 사례를 이해한 반응으로 적절하지 <u>않은</u> 것은?

> 보기
>
> **(가)** A는 안심 버튼이 있어 사용 중 넘어져도 뜨거운 물이 쏟아지지 않는다는 광고를 보고 B사의 전기 주전자를 C 마트에서 구입하였다. 그러나 물을 끓이던 도중 B사의 전기 주전자가 넘어져 쏟아진 물에 생후 8개월 된 A의 딸이 양팔에 2~3도의 화상을 입었다. 한국 소비자원의 조사 결과 주전자의 개폐 버튼 부분이 잘못 결합되어 물이 새는 결함이 발견되었다.
>
> **(나)** D가 E사의 승용차 탈취제를 구입하여 사용 설명서에 따라 에어컨 통풍구에 분사하던 중 승용차에 화재가 발생하였다. 제품 사용 설명서에는 탈취제가 LP 가스를 포함하고 있어 화재가 발생할 위험이 있다는 문구가 없었다. 조사 결과 탈취제의 LP 가스가 화재의 원인으로 밝혀졌다.

① A가 B사에 책임을 물으려면 전기 주전자를 통상적으로 사용했음을 입증해야겠군.

② A는 B사로부터 전기 주전자에 대해 환불을 받을 수 있겠군.

③ B사는 제조상의 결함을 지닌 제품을 생산했군.

④ D는 승용차 화재로 인해 발생한 피해에 대해 E사에 손해 배상을 청구할 수 있겠군.

⑤ E사가 제조한 승용차 탈취제는 표시상의 결함을 지녔군.

1 ❶문단을 통해 글의 중심 화제를 파악해 보자.

(　　　　　　　) 책임법

2 중심 화제와 관련된 각 문단의 정보를 정리해 보자.

❶문단 | 제조물 책임법의 제정
- 소비자가 쉽게 피해 (❶　　　　　　　)를 받을 수 있도록 하기 위해 제조물 책임법을 제정하여 시행함.

❷문단 | 적용 범위
- 제조물 책임법: 제조업자에게 고의나 과실이 없더라도 제조물의 (❷　　　　　　)으로 인해 생명·신체·재산상의 손해를 입은 사람에 대하여 제조업자가 손해 배상 책임을 지도록 하는 법률
  - 제조물의 범위: 제조 또는 (❸　　　　　　)된 물품, 중고품, 폐기물, 부품, 원재료. 미가공 농수축산물 등은 제외됨.
  - (❹　　　　　　)의 범위: 부품 또는 완성품의 제조업자, 제조물 수입을 업으로 하는 자, 자신을 제조자 혹은 수입업자로 표시한 자. 제조업자를 알 수 없는 경우에는 제조물의 공급업자도 해당됨.

❸문단 | 결함의 유형
- 제조상의 결함: 제조물이 원래 의도한 설계와 다르게 제조 또는 가공된 경우
- (❺　　　　　　)의 결함: 제조업자가 합리적으로 설계하지 않은 경우
- 표시상의 결함: 제조업자가 합리적인 설명·지시·경고 등을 표시하지 않은 경우

❹문단 | 피해자의 입증
- 제조물을 (❻　　　　　　) 방법으로 사용하다가 사고가 발생했다는 사실 입증 → 제조물 자체의 결함으로 인하여 피해가 발생한 것으로 추정함.

❺문단 | 제조업자의 면책 사유
- 해당 제조물을 공급하지 아니함. 해당 제조물을 공급한 때의 과학·기술 수준으로는 결함의 존재를 발견할 수 없었음. 해당 제조물 공급 당시의 법령 기준을 준수함으로써 제조물의 결함이 발생함. → (❼　　　　　　)하면 손해 배상 책임을 면할 수 있음.
- 제조물의 결함을 알면서도 피해 예방 조치를 하지 않은 경우, 주의를 기울였다면 충분히 알 수 있었을 결함을 발견하지 못한 경우에는 책임을 피할 수 없음.

❻문단 | 제조업자의 배상 의무
- 피해자의 생명·신체 또는 (❽　　　　　　)상의 손해에 대한 것으로 한정됨.
- 제조물 자체는 민법에 따라 유통업자나 판매업자에게 구제받아야 함.

3 다음 정보 간의 관계를 파악해 보자.

(❶　　　　　)	제조업자는 제조물의 결함으로 인해 손해를 입은 사람에게 손해 배상 책임을 져야 함.
예외	면책 사유: 제조업자가 제조물을 공급하지 않음. 공급 당시의 과학·기술 수준으로는 결함을 발견할 수 없었음. 공급 당시 법령 기준을 준수해 결함이 발생함. → 손해 배상 책임을 지지 않아도 됨.
(❷　　　　　)	면책 제한 사유: 제조업자가 제조물의 결함을 알면서도 피해 예방 조치를 하지 않음. 주의를 기울였다면 알 수 있었을 결함을 발견하지 못함. → 손해 배상 책임을 피할 수 없음.

선지 판단 연습

추론적 사고력 기르기

지문을 바탕으로 ❶~❹의 내용을 판단해 보자.

지문 2-1 제조물 책임법은 제조업자에게 고의나 과실이 없더라도 제조물의 결함으로 인해 생명·신체·재산 상의 손해를 입은 사람에 대하여 제조업자가 손해 배상 책임을 지도록 하는 법률이다.

❶ 제조업자의 잘못이 아니라도 제조물의 결함으로 손해를 입었다면 손해 배상을 받을 수 (**있다** / 없다).

지문 3-2 제조상의 결함은 제조업자가 제조 또는 가공상의 주의 의무를 이행하였음에도 불구하고 제조물이 원래 의도한 설계와 다르게 제조 또는 가공됨으로써 안전하지 못하게 된 경우이며, 설계상의 결함은 제조업자 가 소비자를 고려하여 합리적으로 설계했다면 피해나 위험을 줄이거나 피할 수 있었음에도 그렇게 하지 않아 제조물이 안전하지 못하게 된 경우를 말한다.

❷ 제조물이 의도대로 제조되었으나 안전성에 문제가 생겼다면 설계상의 결함을 의심할 수 있다. ·········(○ / ×)

지문 5-3 그 밖에 원재료 또는 부품 제조업자의 경우에는 해당 원재료 또는 부품을 사용한 제조물 제조업자의 설계 또는 제작에 관한 지시로 인하여 결함이 발생하였다는 사실을 입증하면 책임을 지지 않아도 된다.

❸ 부품 제조업자가 책임을 면하기 위해서는 원재료 제조업자의 지시로 인하여 결함이 발생했음을 입증해야 한다.
···(○ / ×)

지문 6-1 제조물 책임법에 따른 제조업자의 배상 의무는 피해자의 생명·신체 또는 재산상의 손해에 대한 것 으로 한정되고, 결함이 있는 제조물 자체는 민법에 따라 유통업자나 판매업자에게 구제받아야 한다.

❹ 제조물 책임법은 결함이 있는 제조물에 대한 유통업자의 배상 의무를 다루고 있다. ····························(○ / ×)

플러스 독해 TIP

〈보기〉에서 이론·관점·제도를 제시하는 문제

수능에서는 지문에서 특정 이론·관점·제도를 설명한 후 〈보기〉에서 또 다른 이론·관점·제도를 제시하는 문제가 출제되 기도 한다. 이런 문제는 지문과 〈보기〉의 내용을 비교해 공통점과 차이점을 파악해야 풀 수 있다.

〈지문〉 한 예로 매매 계약은 '팔겠다'는 일방의 의사 표시 와 '사겠다'는 상대방의 의사 표시가 합치함으로써 성립 하며, 매도인은 매수인에게 매매 목적물의 소유권을 이 전하여야 할 의무를 짐과 동시에 매매 대금의 지급을 청 구할 권리를 갖는다. 반대로 매수인은 매도인에게 매매 대금을 지급할 의무가 있고 소유권의 이전을 청구할 권 리를 갖는다. 양 당사자는 서로 권리를 행사하고 서로 의 무를 이행하는 관계에 놓이는 것이다.

〈보기〉 증여는 당사자의 일방이 자기의 재산을 무상으 로 상대방에게 줄 의사를 표시하고 상대방이 이를 승 낙함으로써 성립하는 계약이다. 증여자만 이행 의무 를 진다는 점이 특징이다.

〈선지〉 증여는 당사자 일방만이 이행한다는 점에서 양 당사자가 서로 이행하는 관계를 갖는 매매와 차이가 있다. ○

2019 수능

〈지문〉에는 '매매'가 제시되고, 〈보기〉에는 '증여'가 제시되고 있다. 매매와 증여는 의사 표시가 합치함으로써 성립하는 계 약이라는 공통점이 있다. 그러나 매매는 양방이 서로 의무를 이행하고, 증여는 일방만이 의무를 이행한다는 차이점이 있다. 이때 '계약', '이행'과 같이 지문과 〈보기〉의 공통점이나 차이점을 드러내는 부분이 핵심어이다. 〈보기〉에서 이론·관점·제도 를 제시하는 문제를 풀 때는 이러한 핵심어를 찾아 이를 중심으로 지문과 〈보기〉의 내용을 비교해야 한다.

1 ¹국내외 사정으로 경기가 불안정할 때에 정부와 중앙은행은 경기 안정 정책을 펼친다. ²정부는 정부 지출과 조세 등을 조절하는 재정 정책을, 중앙은행은 통화량과 이자율을 조정하는 통화 정책을 활용한다. ³이 정책들은 경기 상황에 따라 달리 활용된다. ⁴경기가 좋지 않을 때에는 *총 수요를 증가시키기 위해 정부 지출을 늘리거나 조세를 감면하는 확장적 재정 정책이나 통화량을 늘리고 이자율을 낮추는 확장적 통화 정책이 활용된다. ⁵또 경기 과열이 우려될 때에는 정부 지출을 줄이거나 세금을 올리는 긴축적 재정 정책이나 통화량을 줄이고 이자율을 올리는 긴축적 통화 정책이 활용된다. ⁶이러한 정책들의 효과 여부에 대해서는 이견들이 존재하는데 대표적으로 '통화주의'와 '케인스주의'를 들 수 있다. ⁷두 학파의 입장 차이를 확장적 정책을 중심으로 살펴보자.

2 ¹먼저 정부의 시장 개입을 최소화해야 한다고 보는 통화주의는 화폐 수요가 소득 증가에 민감하게 반응한다고 주장했다. ²여기서 화폐란 물건을 교환하기 위한 수단을 말하고, 화폐 수요는 특정한 시점에 사람들이 보유하고 싶어 하는 화폐의 총액을 의미한다. ³통화주의에서는 화폐 수요의 변화에 따라 이자율 변화가 크게 나타나고 이자율이 투자 수요에 미치는 영향도 크다고 보았다. ⁴따라서 불경기에 정부 지출을 증가시키는 재정 정책을 펼치면 국민 소득이 증가함에 따라 화폐 수요가 크게 증가하고 이에 영향을 받아 이자율이 매우 높게 상승한다고 보았다. ⁵더불어 이자율에 크게 영향을 받는 투자 수요는 높아진 이자율로 인해 예상된 투자 수요보다 급격히 감소하면서 경기를 호전시키지 못한다고 보았다. ⁶이 때문에 확장적 재정 정책의 효과가 기대보다 낮을 것이라 주장했다. ⁷결국 불황기에는 정부 주도의 재정 정책보다는 중앙은행의 통화 정책을 통해 통화량을 늘리고 이자율을 낮추는 방식을 택하면 재정 정책과 달리 투자 수요가 증가하여 경기를 부양시킬 수 있다고 본 것이다.

3 ¹반면에 경기 안정을 위해 정부의 적극적인 개입이 필요하다고 보는 케인스주의는 화폐를 교환 수단으로만 보지 않고 이자율과 역의 관계를 가지는 투기적 화폐 수요가 존재한다고 보았다. ²투기적 화폐 수요는 통화량이 늘어나도 소비하지 않고 더 높은 이익을 얻기 위해 화폐를 소유하고자 하는 수요이다. ³따라서 통화 정책을 통해 통화량을 늘리고 이자율을 낮추면 투기적 화폐 수요가 늘어나 화폐가 시중에 돌지 않기 때문에 투자 수요가 거의 증가하지 않는다고 본 것이다. ⁴즉 케인스주의는 실제로 사람들이 화폐를 거래 등에 얼마나 자주 사용하였는지가 소득의 변화보다 화폐 수요에 크게 영향을 미친다고 본 것이다. ⁵그래서 케인스주의는 확장적 재정 정책을 시행하여 정부 지출이 증가하면 국민 소득은 증가하지만, 소득의 변화가 화폐 수요에 미치는 영향이 작기 때문에 화폐 수요도 작게 증가할 것이라 보았다. ⁶이에 따라 이자율도 낮게 상승하기 때문에 투자 수요가 예상된 것보다 작게 감소할 것이라 보았던 것이다.

4 ¹또한 확장적 재정 정책의 효과는 ㉠승수 효과와 ㉡구축 효과가 나타나는 정도에 따라 달리 볼 수 있다. ²승수 효과란 정부의 재정 지출이 그것의 몇 배나 되는 국민 소득의 증가로 이어지면서 소비와 투자가 촉진되는 것을 의미한다. ³케인스주의는 이러한 승수 효과를 통해 경기 부양이 가능하다고 보았다. ⁴한편 승수 효과가 발생하기 위해서는 케인스주의가 주장한 바와 같이 정부 지출을 늘렸을 때 이자율의 변화가 거의 없어 투자 수요가 예상 투자 수요보다 크게 감소하지 않아야 한다. ⁵그런데 정부가 재정 정책을 펼치기 위해 재정 적자를 감수하고 국가가 일종의 차용 증서인 국채를 발행해 시중의 돈을 빌리게 되는 경우가 많다. ⁶국채 발행으로 시중의 돈이 정부로 흘러 들어가면 이자율이 오르고 이에 대한 부담으로 가계나 기업들의 소비나 투자 수요가 감소되는 상황이 발생하게 된다. ⁷결국 세금으로 충당하기 어려운 재정 정책을 펼치기 위해 국채를 활용하는 과정에서 이자율이 올라가고 이로 인해 민간의 소비나 투자를 줄어들게 하는 구축 효과가 발생하게 된다는 것이다. ⁸통화주의에서는 구축 효과에 의해 승수 효과가 감쇄되어 확장적 재정 정책의 효과가 기대보다 줄어들 것이라고 본 것이다.

* **총 수요** 국내에서 생산된 재화와 서비스에 대해 모든 경제 주체들이 일정 기간 동안 구입하고자 하는 것.

5 [1]이처럼 경기를 안정화시키기 위해 특정한 정책의 긍정적 효과만을 고려하여 정책을 시행하게 될 경우 예상치 못한 문제들이 발생하여 기대했던 경기 안정을 가져오지 못할 수 있다. [2]경제학자들은 재정 정책과 통화 정책의 의의를 인정하면서, 이 정책들을 적절하게 활용한다면 경기 안정이라는 목적을 달성하는 데에 중요한 열쇠가 될 수 있을 것이라 보았다.

세부 내용 파악

1 윗글을 통해 해결할 수 있는 질문으로 적절하지 <u>않은</u> 것은?

① 정부의 재정 적자를 해소하는 방법은 무엇인가?

② 확장적 정책과 긴축적 정책의 시행 시기는 언제인가?

③ 투기적 화폐 수요가 투자 수요에 미치는 영향은 무엇인가?

④ 정부의 지출 증가가 국민 소득에 미치는 영향은 무엇인가?

⑤ 정부와 중앙은행이 각각 활용하는 경기 안정 정책은 무엇인가?

세부 내용 파악

2 ㉠과 ㉡에 대한 설명으로 적절하지 <u>않은</u> 것은?

① ㉠은 정부의 재정 지출에 비해 더 큰 소득의 증가가 나타나는 현상에 대한 설명이다.

② ㉡은 세금으로 충당하기 어려운 정부 지출을 위해 시중의 돈이 줄어드는 상황에서 나타나는 것이다.

③ ㉠과 달리 ㉡은 정부 지출이 정부의 의도만큼 효과를 거두지 못할 것이라는 주장의 근거가 된다.

④ ㉡과 달리 ㉠은 정부가 재정 지출을 늘릴 경우 투자 수요가 줄어들 것이라는 주장의 근거가 된다.

⑤ ㉠과 ㉡은 모두 정부 지출을 확대했을 때 발생할 수 있는 결과들에 대해 분석한 것이다.

구체적 사례에 적용

3 윗글을 바탕으로 할 때, 〈보기〉의 A~D에 들어갈 말을 바르게 짝 지은 것은?

보기
　　국내 사정으로 경기가 (A)되어 정부가 긴축적 재정 정책을 사용하면 시중 통화량이 (B)하고, 이에 따라 이자율이 변동한다. 이러한 정책을 통해 경기가 안정되었지만 대외 경제 상황에 의해 경기 (C)이/가 우려된다면, 중앙은행의 경우 통화량을 줄이고 이자율을 (D) 경기 안정을 도모할 수 있다.

	A	B	C	D
①	과열	감소	과열	올려
②	과열	증가	침체	내려
③	과열	감소	침체	올려
④	침체	감소	침체	올려
⑤	침체	증가	과열	내려

1 ❶문단을 통해 글의 중심 화제를 파악해 보자.

확장적 정책에 대한 (　　　　　　)와 (　　　　　　　)의 입장 차이

2 중심 화제와 관련된 각 문단의 정보를 정리해 보자.

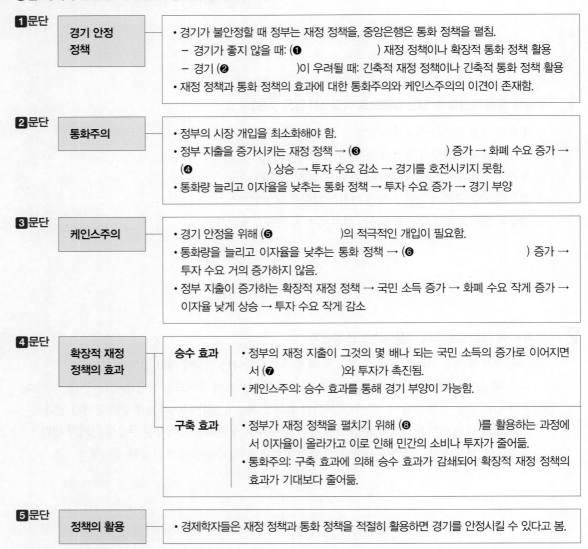

❶문단　**경기 안정 정책**
- 경기가 불안정할 때 정부는 재정 정책을, 중앙은행은 통화 정책을 펼침.
  - 경기가 좋지 않을 때: (❶　　　　　　　) 재정 정책이나 확장적 통화 정책 활용
  - 경기 (❷　　　　　　)이 우려될 때: 긴축적 재정 정책이나 긴축적 통화 정책 활용
- 재정 정책과 통화 정책의 효과에 대한 통화주의와 케인스주의의 이견이 존재함.

❷문단　**통화주의**
- 정부의 시장 개입을 최소화해야 함.
- 정부 지출을 증가시키는 재정 정책 → (❸　　　　　　　) 증가 → 화폐 수요 증가 → (❹　　　　　　　) 상승 → 투자 수요 감소 → 경기를 호전시키지 못함.
- 통화량 늘리고 이자율을 낮추는 통화 정책 → 투자 수요 증가 → 경기 부양

❸문단　**케인스주의**
- 경기 안정을 위해 (❺　　　　　　)의 적극적인 개입이 필요함.
- 통화량을 늘리고 이자율을 낮추는 통화 정책 → (❻　　　　　　　) 증가 → 투자 수요 거의 증가하지 않음.
- 정부 지출이 증가하는 확장적 재정 정책 → 국민 소득 증가 → 화폐 수요 작게 증가 → 이자율 낮게 상승 → 투자 수요 작게 감소

❹문단　**확장적 재정 정책의 효과**

승수 효과
- 정부의 재정 지출이 그것의 몇 배나 되는 국민 소득의 증가로 이어지면서 (❼　　　　　　)와 투자가 촉진됨.
- 케인스주의: 승수 효과를 통해 경기 부양이 가능함.

구축 효과
- 정부가 재정 정책을 펼치기 위해 (❽　　　　　　)를 활용하는 과정에서 이자율이 올라가고 이로 인해 민간의 소비나 투자가 줄어듦.
- 통화주의: 구축 효과에 의해 승수 효과가 감쇄되어 확장적 재정 정책의 효과가 기대보다 줄어듦.

❺문단　**정책의 활용**
- 경제학자들은 재정 정책과 통화 정책을 적절히 활용하면 경기를 안정시킬 수 있다고 봄.

3 다음 정보 간의 관계를 파악해 보자.

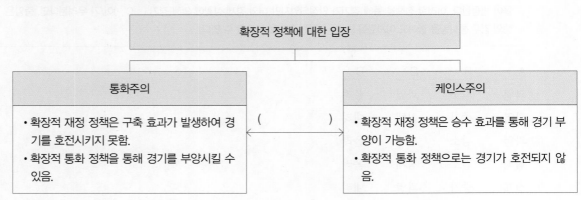

확장적 정책에 대한 입장

통화주의
- 확장적 재정 정책은 구축 효과가 발생하여 경기를 호전시키지 못함.
- 확장적 통화 정책을 통해 경기를 부양시킬 수 있음.

(　　　　　)

케인스주의
- 확장적 재정 정책은 승수 효과를 통해 경기 부양이 가능함.
- 확장적 통화 정책으로는 경기가 호전되지 않음.

선지 판단 연습

지문을 바탕으로 ❶~❹의 내용을 판단해 보자.

> **지문 ❶-5** 또 경기 과열이 우려될 때에는 정부 지출을 줄이거나 세금을 올리는 긴축적 재정 정책이나 통화량을 줄이고 이자율을 올리는 긴축적 통화 정책이 활용된다.

❶ 경기 과열이 우려될 때에는 시장 개입을 최소화하는 정책이 활용된다. ⋯⋯⋯⋯⋯⋯⋯⋯⋯⋯⋯⋯⋯⋯⋯ (○ / ×)

> **지문 ❷-1, 4** 먼저 정부의 시장 개입을 최소화해야 한다고 보는 통화주의는 화폐 수요가 소득 증가에 민감하게 반응한다고 주장했다. … 따라서 불경기에 정부 지출을 증가시키는 재정 정책을 펼치면 국민 소득이 증가함에 따라 화폐 수요가 크게 증가하고 이에 영향을 받아 이자율이 매우 높게 상승한다고 보았다.

❷ 통화주의는 화폐 수요와 이자율은 (비례 / 반비례) 관계에 있다고 보았다.

> **지문 ❸-5** 그래서 케인스주의는 확장적 재정 정책을 시행하여 정부 지출이 증가하면 국민 소득은 증가하지만, 소득의 변화가 화폐 수요에 미치는 영향이 작기 때문에 화폐 수요도 작게 증가할 것이라 보았다.

❸ 케인스주의는 확장적 재정 정책이 국민 소득 증가로 이어지지 않는다고 보았다. ⋯⋯⋯⋯⋯⋯⋯⋯⋯ (○ / ×)

> **지문 ❺-2** 경제학자들은 재정 정책과 통화 정책의 의의를 인정하면서, 이 정책들을 적절하게 활용한다면 경기 안정이라는 목적을 달성하는 데에 중요한 열쇠가 될 수 있을 것이라 보았다.

❹ 재정 정책과 통화 정책은 경기를 안정시키는 데 목적이 있다. ⋯⋯⋯⋯⋯⋯⋯⋯⋯⋯⋯⋯⋯⋯⋯⋯⋯⋯⋯ (○ / ×)

플러스 독해 TIP

〈보기〉에서 지문 내용을 요약하는 문제

지문에 비슷한 대상 또는 대비되는 대상이 나타나거나, 지문의 내용이 인과, 과정, 비례·반비례 관계 등으로 밀접한 관련이 있는 경우 〈보기〉를 통해 지문의 핵심 내용을 정리하게 하는 문제가 출제되기도 한다.

> **〈지문〉** 미시 건전성 정책은 개별 금융 회사의 건전성에 대한 예방적 규제 성격을 가진 정책 수단을 활용하는데, 그 예로는 향후 손실에 대비하여 금융 회사의 자기 자본 하한을 설정하는 최저 자기 자본 규제를 들 수 있다. …
> 거시 건전성 정책의 목표를 효과적으로 달성하기 위해서는 경기 변동과 금융 시스템 위험 요인 간의 상관관계를 감안한 정책 수단의 도입이 필요하다. … 이 제도는 정책 당국이 경기 과열기에 금융 회사로 하여금 최저 자기 자본에 추가적인 자기 자본, 즉 완충 자본을 쌓도록 하여 과도한 신용 팽창을 억제시킨다. 한편 적립된 완충 자본은 경기 침체기에 대출 재원으로 쓰도록 함으로써 신용이 충분히 공급되도록 한다.

> **〈보기〉** 미시 건전성 정책과 거시 건전성 정책 간에는 정책 수단 운용에서 입장 차이가 존재한다. 경기가 (A)일 때 (B) 건전성 정책에서는 완충 자본을 (C)하도록 하고, (D) 건전성 정책에서는 최소 수준 이상의 자기 자본을 유지하도록 하여 개별 금융 회사의 건전성을 확보하려 한다.
>
> **〈선지〉** ① A: 불황, B: 거시, C: 사용, D: 미시 ○
> ② A: 호황, B: 거시, C: 사용, D: 미시 ×
>
> 2020-6월 고3 모의평가

〈보기〉에서 'B 건전성 정책'은 '완충 자본'과 관련 있고, 'D 건전성 정책'은 '최소 수준 이상의 자기 자본'과 관련 있다. 이를 〈지문〉에서 찾아보면 B에는 '거시'가, D에는 '미시'가 들어간다. A와 C에 들어갈 내용을 찾기 위해서는 '경기'와 '완충 자본 사용'의 관계를 파악해야 한다. 〈지문〉에 따르면 '경기 과열기(호황) - 쌓도록(적립)', '경기 침체기(불황) - 쓰도록(사용)'의 관계이므로 ①번이 답이 된다. 이러한 문제를 풀 때는 순서대로 답을 찾기보다는 확정적인 내용부터 찾아나가야 한다. '완충 자본', '최소 수준 이상의 자기 자본'과 같은 핵심어를 파악하여 지문과 〈보기〉의 내용을 비교하면 도움이 된다. 또한 정보 간의 상관관계에 주목해야 한다.

1 ¹국가는 자국의 힘이 외부의 군사적 위협을 견제하기에 충분치 않다고 판단할 때나, 역사와 전통 등의 가치가 위협받는다고 느낄 때 다른 나라와 동맹을 맺는다. ²동맹 결성의 핵심적인 이유는 동맹을 통해서 확보되는 이익이며 이는 동맹 관계 유지의 근간이 된다.

2 ¹동맹의 종류는 그 형태에 따라 방위 조약, 중립 조약, 협상으로 나눌 수 있다. ²먼저 방위 조약은 조약에 서명한 국가들 중 어느 한 국가가 침략을 당했을 경우, 다른 모든 서명국들이 공동 방어를 위해서 참전하기를 약속하는 것이다. ³다음으로 중립 조약은 서명국들 중 한 국가가 제3국으로부터 침략을 받더라도, 서명국들 간에 전쟁을 선포하지 않고 중립을 지킬 것을 약속하는 것이다. ⁴마지막으로 협상은 서명국들 중 한 국가가 제3국으로부터 침략을 당했을 경우, 서명국들 간에 공조 체제를 유지할 것인지에 대해 차후에 협의할 것을 약속하는 것이다. ⁵정리하면 세 가지 유형 중 방위 조약의 경우는 동맹국의 전쟁에 개입해야 한다는 강제성이 있기에 동맹국 간의 정치·외교적 관계의 정도가 매우 가깝다. ⁶또한 조약의 강제성으로 인해 전쟁 발발 시 동맹 관계 속에서 국가가 펼칠 수 있는 정치·외교적 자율성은 매우 낮다. ⁷즉 방위 조약이 동맹국 간의 자율성이 가장 낮고, 다음으로 중립 조약, 협상 순으로 자율성이 높아진다. ⁸한 연구에 따르면, 1816년부터 1965년까지 약 150년간 맺어진 148개의 군사 동맹 중에서 73개는 방위 조약, 39개는 중립 조약, 36개는 협상의 형태인데, 평균 수명은 방위 조약이 115개월, 중립 조약이 94개월, 협상은 68개월 정도였다. ⁹따라서 _____ ㉮

3 ¹위와 같이 동맹 관계는 고정되어 있지 않다. ²그 이유에 대해 ㉠현실주의자들과 ㉡구성주의자들은 서로 다른 견해를 보이는데, 이는 국제 사회를 바라보는 시각의 차이에서 기인한다. ³우선 현실주의자들은 국가는 이기적 존재이며 국제 사회의 유일하고 중요한 행위 주체라고 생각한다. ⁴국제 사회는 국가 이상의 단위에서 작동하는 중앙 정부와 같은 존재가 부재하는 일종의 무정부 상태이므로 개별 국가는 힘의 논리로부터 스스로를 지켜야 한다고 본다. ⁵따라서 각 나라는 군사적 동맹을 통해 세력 균형을 이루어 패권 안정을 취하려 한다. ⁶특정한 패권 국가가 출현하면 그 힘을 견제하기 위한 국가들 간의 동맹이 형성되기도 하고, 그 힘에 편승하는 동맹이 형성되기도 한다. ⁷이렇듯 힘의 균형점이 이동함에 따라 세력의 균형을 끊임없이 찾는 과정에서 동맹 관계는 변할 수 있다고 보는 것이다.

4 ¹구성주의자들 역시 현실주의자들처럼 동맹 관계가 고정된 약속이 아니라, 상황에 따라 변할 수 있는 약속이라고 본다. ²구성주의자들은 무정부적 국제 사회를 힘의 분배와 균형 등의 요소로 분석할 수 없다고 비판하며, 관계에 주목한다. ³구성주의자들은 국제 사회의 구성원들이 상호 작용을 하여 상호 간 역할과 가치를 형성하면서 국제 사회 환경의 변화를 만들어 낸다고 본다. ⁴상호 작용의 변화에 따라 동맹은 달라질 수 있는데, 타국이나 국제 사회에 대한 인식이 긍정적이고 국제 사회에서의 구성원들의 역할이 가치가 있다고 판단될 때, 긍정적인 동맹 관계를 맺고 평화로울 수 있지만, 그렇지 않으면 동맹은 파기될 수 있다고 본 것이다.

1 세부 정보 비교

㉠과 ㉡에 대한 설명으로 적절한 것은?

① 국제 사회의 문제를 ㉠은 힘의 관계에, ㉡은 상호 인식 관계에 주목하여 설명하였다.

② 국제 사회 혼란의 원인을 ㉠은 국가적 이기심, ㉡은 세력의 불균형 때문이라고 보았다.

③ 국제 사회의 안정을 유지하기 위해 ㉠은 상호 협력이, ㉡은 상호 견제가 필요하다고 보았다.

④ 동맹이 변화하는 이유를 ㉠은 패권 국가의 출현으로 인한 전쟁으로, ㉡은 구성원의 자국에 대한 인식의 부재로 보았다.

⑤ 국제 사회의 질서 유지를 위해 ㉠은 중앙 정부와 같은 존재가, ㉡은 구성원 간의 고른 역할 분배가 필요하다고 보았다.

2 내용 추론

㉮에 들어갈 내용으로 적절한 것은?

① 동맹 관계가 멀고 자율성이 높을수록 그 수명이 연장되었음을 알 수 있다.

② 동맹 관계가 멀고 자율성이 낮을수록 그 수명이 단축되었음을 알 수 있다.

③ 동맹 관계가 가깝고 자율성이 높을수록 그 수명이 연장되었음을 알 수 있다.

④ 동맹 관계가 가깝고 자율성이 낮을수록 그 수명이 단축되었음을 알 수 있다.

⑤ 동맹 관계가 가깝고 자율성이 낮을수록 그 수명이 연장되었음을 알 수 있다.

3 구체적 사례에 적용

윗글을 바탕으로 〈보기〉를 이해한 내용으로 적절하지 않은 것은?

> 보기
>
> A국은 B국과 방위 조약을 맺고 동맹 관계를 유지해 왔다. 그런데 국제 정세의 변화에 따라 A국은 B국과의 동맹을 파기하고 C국과 중립 조약을 새로 체결했다. 그런데 A국의 여론은 이러한 변화에 반대한다.

① A국이 B국과 동맹을 파기하기 전에는, A국은 B국의 전쟁에 참전해야 할 의무가 있었겠군.

② A국이 C국과 동맹을 맺은 후에는, B국과 C국 사이에 전쟁이 발발하더라도 A국은 참전하지 않아야 하겠군.

③ 현실주의자들은 A국과 B국의 동맹이 파기된 이유를, B국에 대한 A국 구성원들의 신뢰가 약화되었기 때문이라고 설명하겠군.

④ 구성주의자들은 A국 구성원들이 C국에 부정적 인식을 가지게 된다면, C국과의 동맹 관계는 유지되기 힘들 것이라고 설명하겠군.

⑤ 구성주의자들은 A국에서 변화에 반대하는 여론이 형성된 이유를, C국보다 B국에 대한 긍정적 인식이 작용했기 때문이라고 설명하겠군.

1 ❶문단을 통해 글의 중심 화제를 파악해 보자.

다른 나라와의 (　　　　　　　)

2 중심 화제와 관련된 각 문단의 정보를 정리해 보자.

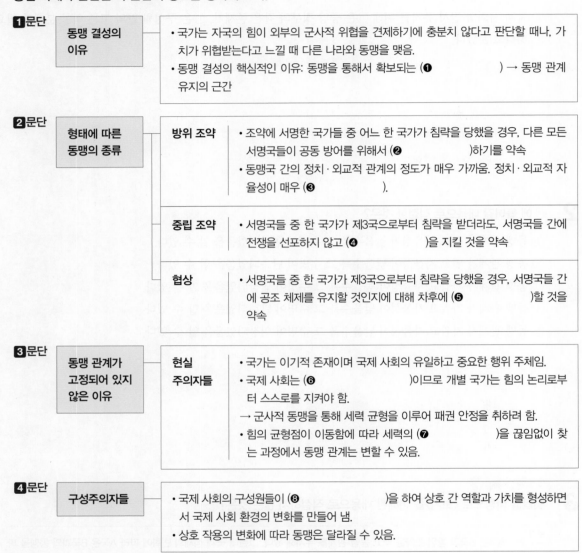

❶문단

동맹 결성의 이유	• 국가는 자국의 힘이 외부의 군사적 위협을 견제하기에 충분치 않다고 판단할 때나, 가치가 위협받는다고 느낄 때 다른 나라와 동맹을 맺음.
	• 동맹 결성의 핵심적인 이유: 동맹을 통해서 확보되는 (❶　　　　　　　) → 동맹 관계 유지의 근간

❷문단

형태에 따른 동맹의 종류	방위 조약	• 조약에 서명한 국가들 중 어느 한 국가가 침략을 당했을 경우, 다른 모든 서명국들이 공동 방어를 위해서 (❷　　　　　　)하기를 약속
		• 동맹국 간의 정치·외교적 관계의 정도가 매우 가까움. 정치·외교적 자율성이 매우 (❸　　　　　　).
	중립 조약	• 서명국들 중 한 국가가 제3국으로부터 침략을 받더라도, 서명국들 간에 전쟁을 선포하지 않고 (❹　　　　　　)을 지킬 것을 약속
	협상	• 서명국들 중 한 국가가 제3국으로부터 침략을 당했을 경우, 서명국들 간에 공조 체제를 유지할 것인지에 대해 차후에 (❺　　　　　　)할 것을 약속

❸문단

동맹 관계가 고정되어 있지 않은 이유	현실 주의자들	• 국가는 이기적 존재이며 국제 사회의 유일하고 중요한 행위 주체임.
		• 국제 사회는 (❻　　　　　　)이므로 개별 국가는 힘의 논리로부터 스스로를 지켜야 함.
		→ 군사적 동맹을 통해 세력 균형을 이루어 패권 안정을 취하려 함.
		• 힘의 균형점이 이동함에 따라 세력의 (❼　　　　　　)을 끊임없이 찾는 과정에서 동맹 관계는 변할 수 있음.

❹문단

구성주의자들	• 국제 사회의 구성원들이 (❽　　　　　　)을 하여 상호 간 역할과 가치를 형성하면서 국제 사회 환경의 변화를 만들어 냄.
	• 상호 작용의 변화에 따라 동맹은 달라질 수 있음.

3 다음 정보 간의 관계를 파악해 보자.

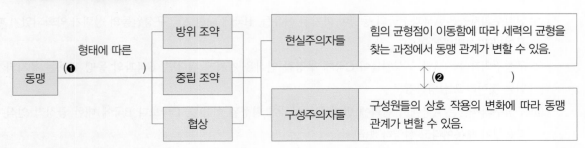

형태에 따른
(❶　　　　　　)

동맹 → 방위 조약 / 중립 조약 / 협상

현실주의자들: 힘의 균형점이 이동함에 따라 세력의 균형을 찾는 과정에서 동맹 관계가 변할 수 있음.

↕ (❷　　　　　　)

구성주의자들: 구성원들의 상호 작용의 변화에 따라 동맹 관계가 변할 수 있음.

선지 판단 연습

지문을 바탕으로 ❶~❹의 내용을 판단해 보자.

지문 ❶-2 동맹 결성의 핵심적인 이유는 동맹을 통해서 확보되는 이익이며 이는 동맹 관계 유지의 근간이 된다.

❶ 각 나라는 동맹을 통해 이익을 얻기 때문에 동맹을 맺고 유지한다. ·························· (○ / ×)

지문 ❷-2, 4 먼저 방위 조약은 조약에 서명한 국가들 중 어느 한 국가가 침략을 당했을 경우, 다른 모든 서명국들이 공동 방어를 위해서 참전하기를 약속하는 것이다. … 마지막으로 협상은 서명국들 중 한 국가가 제3국으로부터 침략을 당했을 경우, 서명국들 간에 공조 체제를 유지할 것인지에 대해 차후에 협의할 것을 약속하는 것이다.

❷ (방위 조약 / 협상)은 동맹 국가가 침략을 당했을 때의 공조 여부가 정해져 있지 않다.

지문 ❸-3~4 우선 현실주의자들은 국가는 이기적 존재이며 국제 사회의 유일하고 중요한 행위 주체라고 생각한다. 국제 사회는 국가 이상의 단위에서 작동하는 중앙 정부와 같은 존재가 부재하는 일종의 무정부 상태이므로 개별 국가는 힘의 논리로부터 스스로를 지켜야 한다고 본다.

❸ 이기적인 국가들이 스스로를 유일한 국가로 지키려고 하는 상태를 무정부 상태라고 한다. ·············· (○ / ×)

지문 ❹-1 구성주의자들 역시 현실주의자들처럼 동맹 관계가 고정된 약속이 아니라, 상황에 따라 변할 수 있는 약속이라고 본다.

❹ 현실주의자들은 동맹 관계가 변할 수 없는 약속이라고 본다. ····························· (○ / ×)

플러스 독해 TIP

내용·의미·관점 추론 문제

내용·의미·관점을 추론하는 문제는 선지의 내용이 지문과 일치하는지 묻는 문제와 비슷하지만 선지의 내용이 지문에 그대로 나타나지 않는다. 따라서 지문을 바탕으로 미루어 짐작하면서 선지의 적절성을 판단해야 한다.

〈지문〉 이후 브레턴우즈 체제에서는 … 미국의 중앙은행에 '금 태환 조항'에 따라 금 1온스와 35달러를 언제나 맞교환해 주어야 한다는 의무를 지게 했다. … 이를 해결할 수 있는 방법은 달러화의 가치를 내리는 평가 절하, 또는 달러화에 대한 여타국 통화의 환율을 하락시켜 그 가치를 올리는 평가 절상이었다. 하지만 브레턴우즈 체제하에서 달러화의 평가 절하는 규정상 불가능했고, 당시 대규모 대미 무역 흑자 상태였던 독일, 일본 등 주요국들은 평가 절상에 나서려고 하지 않았다. 이 상황이 유지되기 어려울 것이라는 전망으로 독일의 마르크화와 일본의 엔화에 대한 투기적 수요가 증가했고, 결국 환율의 변동 압력은 더욱 커질 수밖에 없었다.

→ 〈선지〉 브레턴우즈 체제에서 마르크화와 엔화의 투기적 수요가 증가한 것은 이들 통화의 평가 절상을 예상했기 때문이다. ○

→ 〈선지〉 브레턴우즈 체제에서 마르크화가 달러화에 대해 평가 절상되면, 같은 금액의 마르크화로 구입 가능한 금의 양은 감소한다. ×

2022 수능

첫 번째 〈선지〉를 보면 〈지문〉에서 마르크화와 엔화의 투기적 수요가 증가한 것은 독일, 일본 등이 평가 절상에 나서려고 하지 않았지만 이 상황이 유지되기 어려울 것이라고 전망했기 때문이다. 즉 이들 통화의 평가 절상을 예상했기 때문이다. 두 번째 〈선지〉를 보면 〈지문〉에서 금 1온스와 35달러의 가치가 고정되어 있고, 달러화에 대한 여타국 통화의 환율을 하락시켜 그 가치를 올리는 것이 평가 절상이라고 하였다. 따라서 마르크화가 달러화에 대해 평가 절상되면 마르크화에 대응하는 달러화의 금액이 커지므로 같은 금액의 마르크화로 구입 가능한 금의 양은 증가한다. 추론 문제의 선지는 지문 내용을 해석하여 새롭게 진술하거나, 지문에서 숨겨진 내용을 이끌어 낸 경우가 많다. 중요한 것은 이러한 선지 역시 지문에서 근거를 찾아 적절성을 판단해야 한다는 것이다. 지문에서 관련 부분을 찾아 선지가 지문 내용으로부터 도출할 수 있는 내용인지를 판단해야 한다.

1 [A] ¹정보 통신 기술의 발달로 개인에 대한 정보가 데이터베이스화되면서 개인 정보 유출로 인한 피해가 증가하고 있다. ²이에 따라 최근 개인 정보를 보호해야 한다는 사회적 인식이 커지고 있다. ³개인은 자신에 관한 정보가 언제, 누구에게, 어느 범위까지 알려지고 이용될 것인지를 스스로 결정할 수 있는 권리를 가지는데, 이러한 권리를 '개인 정보 자기 결정권'이라고 한다. ⁴이는 타인에 의해 개인 정보가 함부로 공개되지 않도록 보장받을 권리와 개인 정보에 대해 열람, 삭제, 정정 등의 행위를 요구할 수 있는 권리 등을 포함한다. ⁵우리나라는 헌법 제17조에 명시된 사생활의 비밀과 자유가 보장되어야 한다는 내용을 주된 근거로 개인 정보 자기 결정권이 기본권 중 하나임을 인정하고 있다.

2 ¹이러한 개인 정보 자기 결정권을 보호하기 위해 제정된 법률이 개인 정보 보호법이다. ²개인 정보 보호법에서 규정하는 개인 정보는 살아 있는 개인에 관한 정보이다. ³사망자에 관한 정보나 단체 혹은 법인에 관한 정보는 개인 정보에 포함되지 않는다. ⁴또한 성명, 주민 등록 번호, 사진이나 동영상 등과 같이 개인을 알아볼 수 있는 정보여야 한다. ⁵그리고 주어진 정보만으로 특정 개인을 알아볼 수 없더라도 다른 정보와 쉽게 결합하여 알아볼 수 있다면 이 역시 법적 보호 대상으로서의 개인 정보에 포함된다. ⁶가령 휴대 전화 번호의 뒷자리 숫자를 집 전화번호와 같은 다른 정보와 결합하여 사용자를 식별할 수 있다면 개인 정보에 해당한다.

3 ¹개인 정보 보호법에 따른 사전 동의 제도는 정보 주체인 개인이 개인 정보에 대한 자기 결정을 표현할 수 있다는 점에서 개인 정보 자기 결정권을 보호하는 중요한 수단이다. ²개인 정보를 처리하는 개인이나 단체를 의미하는 개인 정보 처리자는, 정보 주체의 동의를 구할 때 정보 수집·이용의 목적, 수집 항목, 보유 및 이용 기간 등을 고지해야 한다. ³또한 동의를 거부할 권리가 있다는 사실과, 동의 거부에 따른 불이익이 있는 경우 그 불이익의 내용 역시 알려야 한다.

4 ¹수집·이용하려는 개인 정보 중 고유 식별 정보와 민감 정보는 별도로 동의를 받아야 한다. ²고유 식별 정보는 여권 번호와 같이 개인을 고유하게 구별하기 위해 부여된 정보이며, 민감 정보는 건강 정보나 정치적 견해와 같이 주체의 사생활을 현저히 침해할 우려가 있는 정보이다. ³이때 정보 주체가 알아보기 쉽도록 수집하려는 고유 식별 정보와 민감 정보의 항목을 밑줄이나 큰 글씨로 강조해야 한다.

5 ¹개인 정보 보호법에서는 개인이 수집·이용에 동의했더라도 개인 정보가 무분별하게 이용되어 개인의 권리가 침해되는 것을 막기 위해 수집 목적을 달성할 수 있는 한에서 개인 정보를 ㉠익명 정보로 처리하여 보존하거나 이용하도록 하고 있다. ²익명 정보란 다른 정보를 사용하더라도 더 이상 개인을 알아볼 수 없는 정보를 의미한다. ³익명 정보는 시간이나 비용, 현재의 기술 수준이나 충분히 예견될 수 있는 기술의 발전 등을 고려했을 때 원래의 개인 정보로 복원되는 것이 불가능하다고 판단되는 정보로, 익명 처리를 마친 정보는 수집 목적 이외의 분야에서 활용하기 어렵다는 제약이 있다.

6 ¹최근 정보 활용의 중요성이 커지면서 개인 정보 활용의 유연성을 높여야 한다는 주장이 대두되었다. ²이에 개인 정보 보호법에서는 개인 정보를 익명 정보가 아닌 가명 정보로 가공하여 활용할 수 있도록 하는 방안을 마련하였다. ³㉡가명 정보는 개인 정보의 일부를 삭제 혹은 대체한 것으로, 추가 정보와 비교적 쉽게 결합하여 개인을 식별할 수 있으므로 개인 정보 보호법의 보호 대상이 된다. ⁴이러한 가명 정보는 통계 작성, 과학적 연구, 공익적 기록 보존 등을 위해 정보 주체의 동의 없이 이용·제공될 수 있다. ⁵단, 가명 정보는 익명 정보와 달리 개인 정보와 일대일 대응이 가능하기 때문에 가명 정보를 제3자에게 제공하는 경우 특정 개인을 알아보는 데 사용될 수 있는 정보를 포함해서는 안 된다.

1 ㉠과 ㉡에 대한 설명으로 적절한 것은?

① ㉠은 익명 처리되기 전의 개인 정보와 일대일로 대응한다.

② ㉡은 이용 목적에 상관없이 정보 주체의 동의가 필수적이다.

③ ㉠은 ㉡과 달리 개인 정보 보호법의 보호 대상이 아니다.

④ ㉡은 ㉠과 달리 수집 목적 이외의 분야에서 활용되기 어렵다.

⑤ ㉠과 ㉡은 모두 개인 정보 처리자가 제3자에게 제공할 수 없다.

2 [A]를 참고할 때, 〈보기〉의 빈칸에 들어갈 내용으로 가장 적절한 것은?

> 보기
>
> 헌법 제17조에서는 타인에 의해 자유를 제한받지 않을 권리를 보장하는데, 이러한 권리는 일반적으로 소극적 성격의 권리로 해석된다. 이는 적극적으로 타인에게 일정한 행위를 요구할 수 있는 청구권적 성격을 포괄하기 어려워, 헌법 제17조만으로는 개인 정보 자기 결정권을 보장하는 근거가 불충분하다는 견해가 있다. 그것은 개인 정보 자기 결정권이 ( )하기 때문이다.

① 공익을 목적으로 타인의 개인 정보를 자유롭게 이용할 수 있는 권리에 해당

② 특정 대상에 대한 개인적 견해와 같은 사적인 정보를 보호받을 권리를 포함

③ 개인 정보가 정보 주체의 동의가 없더라도 개인 정보 처리자에게 제공되도록 허용

④ 정보 주체의 이익보다 개인 정보의 활용으로 인한 사회적 이익을 우선하여 보장

⑤ 개인 정보에 대한 열람, 삭제, 정정 등을 적극적으로 요구할 수 있는 권리를 포함

3 윗글을 바탕으로 인터넷 사이트에서 회원 가입 시 제시하는 다음 동의서를 이해한 내용으로 적절하지 <u>않은</u> 것은?

> **가. 개인 정보 수집 및 이용 동의**
> 주식회사 ○○(이하 '회사')는 ○○ 서비스 회원(이하 '회원')의 권리를 적극적으로 보장합니다.
>   1. 수집 항목: 아이디, 비밀번호
>   ⋮
>   4. 개인 정보 수집 및 이용 동의를 거부할 권리
>   4-1. 회원은 개인 정보의 수집 및 이용 동의를 거부할 권리가 있습니다.
>   4-2. 수집 및 이용 동의를 거부할 경우, 서비스 이용이 제한됩니다.
>   ☐ 개인 정보를 수집하고 이용하는 것에 동의합니다.
>
> **나. 건강 정보 수집 및 이용 동의**
>   1. 수집 항목: **건강 정보**
>   ⋮
>   ☐ 건강 정보를 수집하고 이용하는 것에 동의합니다.

① '가'에서 '회사'는 개인 정보 처리자, '회원'은 개인 정보의 주체에 해당하겠군.

② '가'의 4-2는 정보 제공 동의를 거부할 경우 정보 주체가 받을 수 있는 불이익에 해당하겠군.

③ '가'에서 '회원'의 동의 여부를 확인하는 것은 '회원'의 개인 정보 자기 결정권을 보호하기 위한 수단이겠군.

④ '나'의 1은 개인의 건강 정보가 고유 식별 정보에 해당하기 때문에 수집 항목을 강조하여 표시한 것이겠군.

⑤ '나'는 정보 주체의 사생활이 현저히 침해되는 것을 방지하는 차원에서 '가'와 별도로 동의를 받는 것이겠군.

1 ❷문단을 통해 글의 중심 화제를 파악해 보자.

(　　　　　　　　) 보호법

2 중심 화제와 관련된 각 문단의 정보를 정리해 보자.

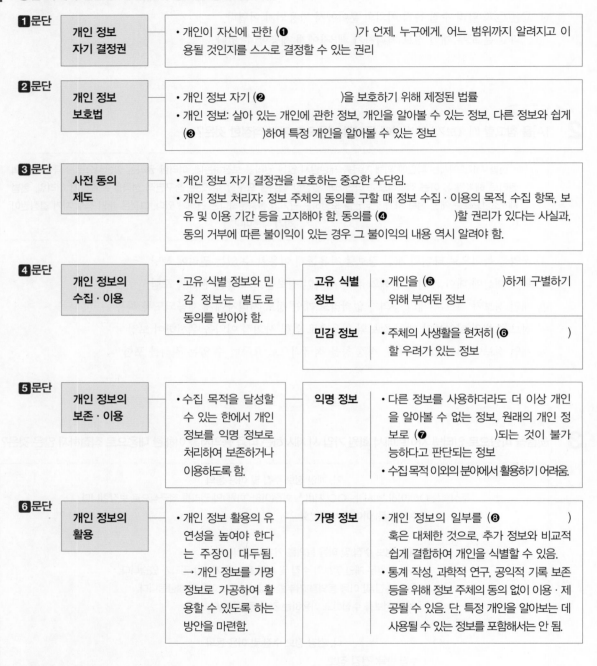

❶문단 | 개인 정보 자기 결정권 → ・개인이 자신에 관한 (❶　　　　　　)가 언제, 누구에게, 어느 범위까지 알려지고 이용될 것인지를 스스로 결정할 수 있는 권리

❷문단 | 개인 정보 보호법 → ・개인 정보 자기 (❷　　　　　　)을 보호하기 위해 제정된 법률
・개인 정보: 살아 있는 개인에 관한 정보, 개인을 알아볼 수 있는 정보, 다른 정보와 쉽게 (❸　　　　　)하여 특정 개인을 알아볼 수 있는 정보

❸문단 | 사전 동의 제도 → ・개인 정보 자기 결정권을 보호하는 중요한 수단임.
・개인 정보 처리자: 정보 주체의 동의를 구할 때 정보 수집·이용의 목적, 수집 항목, 보유 및 이용 기간 등을 고지해야 함. 동의를 (❹　　　　)할 권리가 있다는 사실과, 동의 거부에 따른 불이익이 있는 경우 그 불이익의 내용 역시 알려야 함.

❹문단 | 개인 정보의 수집·이용 → ・고유 식별 정보와 민감 정보는 별도로 동의를 받아야 함.
　　고유 식별 정보 | ・개인을 (❺　　　　　)하게 구별하기 위해 부여된 정보
　　민감 정보 | ・주체의 사생활을 현저히 (❻　　　　)할 우려가 있는 정보

❺문단 | 개인 정보의 보존·이용 → ・수집 목적을 달성할 수 있는 한에서 개인 정보를 익명 정보로 처리하여 보존하거나 이용하도록 함.
　　익명 정보 | ・다른 정보를 사용하더라도 더 이상 개인을 알아볼 수 없는 정보, 원래의 개인 정보로 (❼　　　　)되는 것이 불가능하다고 판단되는 정보
・수집 목적 이외의 분야에서 활용하기 어려움.

❻문단 | 개인 정보의 활용 → ・개인 정보 활용의 유연성을 높여야 한다는 주장이 대두됨.
→ 개인 정보를 가명 정보로 가공하여 활용할 수 있도록 하는 방안을 마련함.
　　가명 정보 | ・개인 정보의 일부를 (❽　　　　) 혹은 대체한 것으로, 추가 정보와 비교적 쉽게 결합하여 개인을 식별할 수 있음.
・통계 작성, 과학적 연구, 공익적 기록 보존 등을 위해 정보 주체의 동의 없이 이용·제공될 수 있음. 단, 특정 개인을 알아보는 데 사용될 수 있는 정보를 포함해서는 안 됨.

3 다음 정보 간의 관계를 파악해 보자.

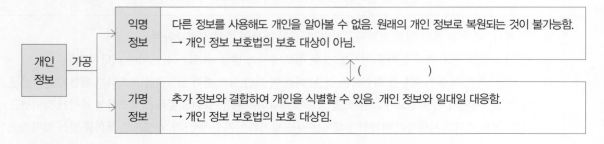

개인 정보 ―가공―
익명 정보 | 다른 정보를 사용해도 개인을 알아볼 수 없음. 원래의 개인 정보로 복원되는 것이 불가능함.
→ 개인 정보 보호법의 보호 대상이 아님.

↕ (　　　　　　)

가명 정보 | 추가 정보와 결합하여 개인을 식별할 수 있음. 개인 정보와 일대일 대응함.
→ 개인 정보 보호법의 보호 대상임.

선지판단연습

추론적 사고력 기르기

지문을 바탕으로 ①~④의 내용을 판단해 보자.

지문 ①-3 개인은 자신에 관한 정보가 언제, 누구에게, 어느 범위까지 알려지고 이용될 것인지를 스스로 결정할 수 있는 권리를 가지는데, 이러한 권리를 '개인 정보 자기 결정권'이라고 한다.

① '개인 정보 자기 결정권'은 자신에 관한 정보의 공개와 이용을 스스로 결정할 수 있는 권리이다. ········ (○ / ×)

지문 ②-4~5 또한 성명, 주민 등록 번호, 사진이나 동영상 등과 같이 개인을 알아볼 수 있는 정보여야 한다. 그리고 주어진 정보만으로 특정 개인을 알아볼 수 없더라도 다른 정보와 쉽게 결합하여 알아볼 수 있다면 이 역시 법적 보호 대상으로서의 개인 정보에 포함된다.

② 사진은 다른 정보와 결합해야 특정 개인을 알아볼 수 있는 정보이므로 법적 보호 대상이 아니다. ······ (○ / ×)

지문 ④-2 고유 식별 정보는 여권 번호와 같이 개인을 고유하게 구별하기 위해 부여된 정보이며, 민감 정보는 건강 정보나 정치적 견해와 같이 주체의 사생활을 현저히 침해할 우려가 있는 정보이다.

③ 고유 식별 정보는 개인의 구별을 위해, 민감 정보는 개인의 사생활 보호를 위해 부여된 정보이다. ···· (○ / ×)

지문 ⑥-1~2 최근 정보 활용의 중요성이 커지면서 개인 정보 활용의 유연성을 높여야 한다는 주장이 대두되었다. 이에 개인 정보 보호법에서는 개인 정보를 익명 정보가 아닌 가명 정보로 가공하여 활용할 수 있도록 하는 방안을 마련하였다.

④ 익명 정보와 가명 정보 중 개인 정보 활용의 유연성이 낮은 것은 (익명 / 가명) 정보이다.

플러스 독해 TIP

대응이 어긋난 선지

하나의 지문에는 여러 가지 정보가 제시된다. 이러한 정보를 정확하게 이해했는지 확인하기 위해 정보 간의 대응 관계를 바꾸어 선지를 구성하는 경우가 있다. A라는 대상은 ㉮라는 특징이 있고, B라는 대상은 ㉯라는 특징이 있는데, A라는 대상이 ㉯라는 특징이 있다고 진술하여 선지를 구성하는 것이다.

〈지문〉 ⓛ파슨스와 스멜서는 이러한 이론적 통찰을 기능주의 이론으로 구체화한다. … 사람들은 가치에 기대어 위기가 주는 심리적 긴장과 압박을 해소하는 집합 의례를 행한다. 그 결과 사회의 통합이 회복된다. 파슨스와 스멜서는 이것이 마치 유기체가 환경의 압박으로 인해 흐트러진 항상성의 기능을 생리 작용을 통해 회복하는 과정과 유사하다고 본다.	〈선지〉 ⓒ과 달리 ⓛ은 집합 의례가 발생하는 과정을 경험적으로 탐구할 필요성이 있다고 본다. ×
ⓒ알렉산더는 … 그 대안으로 '사회적 공연론'을 제시한다. 그는 가치를 전 사회로 일반화하는 집합 의례가 현대 사회에서는 유기체의 생리 작용처럼 자연적으로 진행되는 것이 아니라, 그 결과가 정해지지 않은 과정이라고 본다. … 알렉산더가 기능주의 이론과 달리 공연의 요소들이 어떤 조건 아래에서 어떤 과정을 거쳐 융합이 이루어지는지 경험적으로 세밀하게 탐구해야 한다고 강조하는 이유가 여기에 있다.	〈선지〉 ⓛ과 ⓒ은 모두 문화적 실천으로서의 집합 의례를 유기체의 생리 과정과 유사하다고 본다. ×

2018-9월 고3 모의평가

첫 번째 〈선지〉의 내용을 〈지문〉에서 찾아보면 집합 의례가 이루어지는 과정을 경험적으로 세밀하게 탐구해야 한다고 강조한 것은 알렉산더(ⓒ)이다. 두 번째 〈선지〉의 내용을 〈지문〉에서 찾아보면 파슨스와 스멜서(ⓛ)는 집합 의례가 유기체의 생리 과정과 유사하다고 보지만, 알렉산더(ⓒ)는 집합 의례가 유기체의 생리 작용처럼 자연적으로 진행되는 것이 아니라고 하였다. 이와 같이 둘 이상의 대상을 비교하는 형식의 선지는 지문에서 선지의 핵심어가 나타나는 부분을 찾아 선지의 내용이 지문과 부합하는지, 정보의 대응 관계가 정확한지 살펴보아야 한다. 이때 '달리', '모두'와 같은 표현이 적절한지 반드시 확인해야 한다.

과학·기술

1 ¹최근 스마트폰이나 자동차 등에서 인공 지능 음성 언어 비서 시스템이 사용되고 있다. ²이 시스템이 제대로 작동하기 위해서는 사용자의 음성이 올바르게 인식되어야 한다. ³그런데 불분명하게 발음하거나 여러 단어를 쉼 없이 발음하는 경우 시스템이 어떻게 이를 올바른 문장으로 인식할 수 있을까? ⁴이럴 때는 입력된 음성 언어를 문자 언어로 변환한 다음, 통계 데이터를 활용하여 단어나 문장의 오류를 보정하는 자연어 처리 기술이 사용된다. ⁵이러한 기술에는 철자 오류 보정 방식과 띄어쓰기 오류 보정 방식이 있다.

2 ¹철자 오류 보정 방식은 교정 사전과 어휘별 통계 데이터를 기반으로 잘못된＊문자열을 올바른 문자열로 바꿔 주는 방식이다. ²철자 오류 보정은 '전처리, 오류 문자열 판단, 교정 후보 집합 생성, 최종 교정 문자열 탐색' 과정을 거친다. ³먼저 '전처리'는 입력 문장에서 사용자의 발음이 불분명하게 입력되어 시스템에서 처리가 불가능한 문자열을 처리가 가능한 문자열로 바꿔 주는 과정이다. ⁴가령, '실크'가 '싫'으로 인식될 경우, '싫'이라는 음절이 국어에 쓰이지 않으므로 '실크'로 바꿔 준다. ⁵이렇게 전처리가 끝나면 다음 단계인 '오류 문자열 판단' 단계로 넘어간다. ⁶이 단계에서는 입력된 문장을 어절 단위의 문자열로 구분하여, 각 문자열이 교정 사전의 오류 문자열에 존재하는지 여부를 확인한다. ⁷교정 사전이란 오류 문자열과 이를 수정한 교정 문자열이 쌍을 이루어 구축되어 있는 사전이다. ⁸예를 들어 사람들이 자주 틀리는 어휘인 '할려고'의 경우, 교정 사전의 [A] 오류 문자열에 '할려고', 이를 수정한 교정 문자열에 '하려고'가 들어가 있다.

3 ¹처리된 문자열이 교정 사전의 오류 문자열에 존재하지 않을 경우 바로 결과 문장으로 도출되지만, 존재할 경우 '교정 후보 집합 생성' 단계로 넘어간다. ²이 단계에서는 오류 문자열과 교정 문자열 모두를 교정 후보로 하는 교정 후보 집합을 생성한다. ³예컨대 처리된 문자열이 '할려고'일 경우, '할려고'와 '하려고' 모두를 교정 후보로 하는 교정 후보 집합을 생성한다. ⁴그런 다음 '최종 교정 문자열 탐색' 단계로 넘어간다. ⁵여기서는 철자 오류가 거의 없는 교과서나 신문 기사와 같은 자료에서 어휘들의 사용 빈도를 추출한 어휘별 통계 데이터를 활용하여, 교정 후보 중 사용 빈도가 높은 문자열을 최종 교정 문자열로 선택하여 결과 문장을 도출한다. ⁶만일 통계 데이터에서 '할려고'의 사용 빈도가 1회, '하려고'의 사용 빈도가 100회라면 '하려고'를 최종 교정 문자열로 선택하는 것이다.

4 ¹띄어쓰기 오류 보정 방식은 잘못된 띄어쓰기를 통계 데이터와 비교하여 올바른 띄어쓰기로 바꿔 주는 방식이다. ²이를 위해서는 입력된 문장의 띄어쓰기를 시스템에서 처리할 수 있도록 이진법으로 변환하는 과정이 요구된다. ³이 과정에서 음절의 좌나 우, 혹은 음절의 사이에 공백이 있을 때 1, 공백이 없을 때 0으로 표기한다. ⁴가령 '동생이 밥 을 먹었다'라는 문장에서 '밥'은 음절의 좌, 우에 모두 공백이 있으므로 이를 이진법으로 나타내 '1밥1'이 되는데, 이를 편의상 '밥(11)'로 나타낸다. ⁵같은 방법으로 '밥 을'은 두 음절의 좌, 사이, 우에 모두 공백이 있으므로 '밥을(111)'이 되고, '밥 을 먹'은 '밥을먹(1110)'이 된다. ⁶이때 문장의 처음과 끝은 공백이 있는 것으로 처리한다. ⁷이렇게 띄어쓰기를 이진법으로 변환한 다음, 올바르게 띄어쓰기가 구현된 문장에서 추출한 통계 데이터와 비교한다. ⁸그 결과 빈도수가 높은 띄어쓰기 결과에 맞춰 띄어쓰기 오류를 보정한다. ⁹만약 통계 데이터에서 '밥을(111)'의 빈도수가 낮고 '밥을(101)'의 빈도수가 높을 경우, 이에 따라 '밥 을'은 '밥을'로 띄어쓰기가 보정된다.

5 ¹이러한 방법들은 모두 올바른 단어나 문장에서 추출된 통계 데이터를 기반으로 보정이 이루어진다는 공통점이 있다. ²보정의 정확도를 향상시키기 위해서는 통계 데이터의 양을 늘리는 것이 요구되지만, 이 경우 데이터 처리 속도가 감소하게 된다는 단점이 있다. ³이러한 문제점을 해결하기 위해 최근 보정의 정확도와 데이터의 처리 속도를 모두 향상시키기 위한 방안이 지속적으로 연구되고 있다.

＊**문자열** 데이터로 다루는 일련의 문자.

사실적 이해

1 윗글에서 알 수 있는 내용으로 적절하지 <u>않은</u> 것은?

① 잘못 입력된 문장이 보정되지 않으면 음성 언어 비서 시스템이 제 기능을 발휘하지 못한다.

② 음성 인식 오류를 보정할 때는 사용자의 음성 언어를 문자 언어로 변환하는 과정이 선행된다.

③ 철자 오류 보정 방식은 각 단계마다 입력된 문장을 음절 단위로 구분하여 데이터를 처리한다.

④ 띄어쓰기 오류 보정 방식에서 입력된 문장의 처음과 끝은 공백이 있는 것으로 처리된다.

⑤ 통계 데이터에 포함된 데이터의 양을 늘리면 보정의 정확도는 증가하지만 처리 속도는 감소한다.

구체적 상황에 적용

2 [A]를 참고로 하여 〈보기〉의 ⑦~⑭를 설명한 내용으로 적절하지 <u>않은</u> 것은?

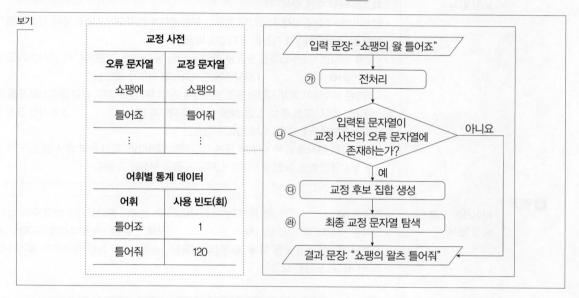

① ⑦: '왏'를 '왈츠'로 교정하여 처리가 가능한 문자열로 바꿔 준다.

② ⑭: '쇼팽의'를 교정 사전에서 확인한 결과 오류 문자열에 해당하지 않으므로 결과 문장으로 바로 보낸다.

③ ⑭: '틀어죠'를 교정 사전에서 확인한 결과 오류 문자열에 해당하므로 '교정 후보 집합 생성' 단계로 보낸다.

④ ⑭: '틀어죠'가 교정 사전의 오류 문자열에 있으므로 '틀어줘'만을 교정 후보로 하는 교정 후보 집합을 생성한다.

⑤ ⑭: 어휘별 통계 데이터를 적용하여 사용 빈도가 높은 '틀어줘'를 최종 교정 문자열로 선택한다.

세부 내용 이해

3 윗글을 바탕으로 할 때, ㄱ~ㅁ에서 〈보기〉의 띄어쓰기 오류 보정이 일어난 이유로 가장 적절한 것은?

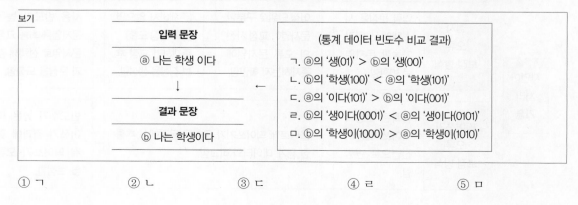

① ㄱ   ② ㄴ   ③ ㄷ   ④ ㄹ   ⑤ ㅁ

1 ①문단을 통해 글의 중심 화제를 파악해 보자.

( ) 처리 기술인 철자 오류 보정 방식과 띄어쓰기 오류 보정 방식

2 중심 화제와 관련된 각 문단의 정보를 정리해 보자.

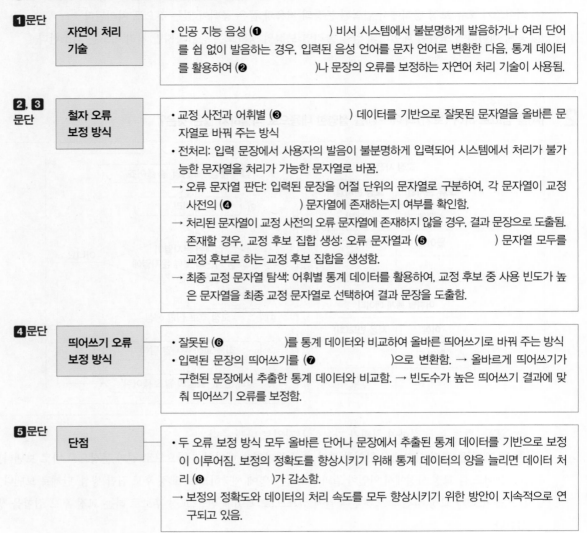

①문단 | 자연어 처리 기술
- 인공 지능 음성 (❶) 비서 시스템에서 불분명하게 발음하거나 여러 단어를 쉼 없이 발음하는 경우, 입력된 음성 언어를 문자 언어로 변환한 다음, 통계 데이터를 활용하여 (❷)나 문장의 오류를 보정하는 자연어 처리 기술이 사용됨.

②, ③ 문단 | 철자 오류 보정 방식
- 교정 사전과 어휘별 (❸) 데이터를 기반으로 잘못된 문자열을 올바른 문자열로 바꿔 주는 방식
- 전처리: 입력 문장에서 사용자의 발음이 불분명하게 입력되어 시스템에서 처리가 불가능한 문자열을 처리가 가능한 문자열로 바꿈.
→ 오류 문자열 판단: 입력된 문장을 어절 단위의 문자열로 구분하여, 각 문자열이 교정 사전의 (❹) 문자열에 존재하는지 여부를 확인함.
→ 처리된 문자열이 교정 사전의 오류 문자열에 존재하지 않을 경우, 결과 문장으로 도출됨. 존재할 경우, 교정 후보 집합 생성: 오류 문자열과 (❺) 문자열 모두를 교정 후보로 하는 교정 후보 집합을 생성함.
→ 최종 교정 문자열 탐색: 어휘별 통계 데이터를 활용하여, 교정 후보 중 사용 빈도가 높은 문자열을 최종 교정 문자열로 선택하여 결과 문장을 도출함.

④문단 | 띄어쓰기 오류 보정 방식
- 잘못된 (❻)를 통계 데이터와 비교하여 올바른 띄어쓰기로 바꿔 주는 방식
- 입력된 문장의 띄어쓰기를 (❼)으로 변환함. → 올바르게 띄어쓰기가 구현된 문장에서 추출한 통계 데이터와 비교함. → 빈도수가 높은 띄어쓰기 결과에 맞춰 띄어쓰기 오류를 보정함.

⑤문단 | 단점
- 두 오류 보정 방식 모두 올바른 단어나 문장에서 추출된 통계 데이터를 기반으로 보정이 이루어짐. 보정의 정확도를 향상시키기 위해 통계 데이터의 양을 늘리면 데이터 처리 (❽)가 감소함.
→ 보정의 정확도와 데이터의 처리 속도를 모두 향상시키기 위한 방안이 지속적으로 연구되고 있음.

3 다음 정보 간의 관계를 파악해 보자.

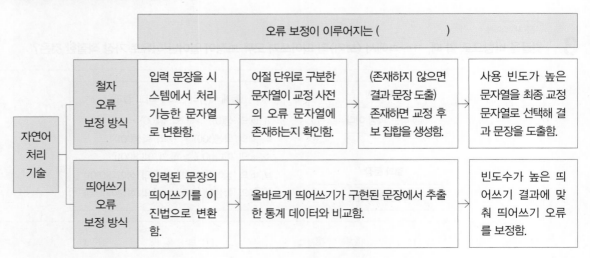

오류 보정이 이루어지는 ( )

자연어 처리 기술

철자 오류 보정 방식
- 입력 문장을 시스템에서 처리 가능한 문자열로 변환함.
- 어절 단위로 구분한 문자열이 교정 사전의 오류 문자열에 존재하는지 확인함.
- (존재하지 않으면 결과 문장 도출) 존재하면 교정 후보 집합을 생성함.
- 사용 빈도가 높은 문자열을 최종 교정 문자열로 선택해 결과 문장을 도출함.

띄어쓰기 오류 보정 방식
- 입력된 문장의 띄어쓰기를 이진법으로 변환함.
- 올바르게 띄어쓰기가 구현된 문장에서 추출한 통계 데이터와 비교함.
- 빈도수가 높은 띄어쓰기 결과에 맞춰 띄어쓰기 오류를 보정함.

선지 판단 연습

지문을 바탕으로 ❶~❹의 내용을 판단해 보자.

지문 ❶-4~5 이럴 때는 입력된 음성 언어를 문자 언어로 변환한 다음, 통계 데이터를 활용하여 단어나 문장의 오류를 보정하는 자연어 처리 기술이 사용된다. 이러한 기술에는 철자 오류 보정 방식과 띄어쓰기 오류 보정 방식이 있다.

❶ 철자 오류 보정 방식과 띄어쓰기 오류 보정 방식은 통계 데이터를 활용하여 오류를 보정한다. ·········· (○ / ×)

지문 ❷-7~8 교정 사전이란 오류 문자열과 이를 수정한 교정 문자열이 쌍을 이루어 구축되어 있는 사전이다. 예를 들어 사람들이 자주 틀리는 어휘인 '할려고'의 경우, 교정 사전의 오류 문자열에 '할려고', 이를 수정한 교정 문자열에 '하려고'가 들어가 있다.

❷ 교정 사전에는 오류 문자열인 '할려고'는 없고 교정 문자열인 '하려고'만 있다. ······························· (○ / ×)

지문 ❸-4~5 그런 다음 '최종 교정 문자열 탐색' 단계로 넘어간다. 여기서는 철자 오류가 거의 없는 교과서나 신문 기사와 같은 자료에서 어휘들의 사용 빈도를 추출한 어휘별 통계 데이터를 활용하여, 교정 후보 중 사용 빈도가 높은 문자열을 최종 교정 문자열로 선택하여 결과 문장을 도출한다.

❸ '최종 교정 문자열 탐색' 단계에서 결과 문장을 도출할 때는 사용 빈도가 (낮은 / 높은) 문자열이 선택된다.

지문 ❹-3~4 이 과정에서 음절의 좌나 우, 혹은 음절의 사이에 공백이 있을 때 1, 공백이 없을 때 0으로 표기한다. 가령 '동생이 밥 을 먹었다'라는 문장에서 '밥'은 음절의 좌, 우에 모두 공백이 있으므로 이를 이진법으로 나타내 '1밥1'이 되는데, 이를 편의상 '밥(11)'로 나타낸다.

❹ '밥(11)'은, 문장에서 '밥'의 좌, 우에 모두 음절이 있음을 나타낸다. ··· (○ / ×)

플러스 독해 TIP

과정이 나타나는 글

수능 지문 중에는 어떤 현상이 일어나기까지 거치는 단계, 실험 과정 등을 순차적으로 설명하는 글이 있다. 이런 지문을 읽을 때는 단계별 순서를 파악하는 것이 중요하다. 또한 각 단계별 특징에 주목해 차이점을 파악해야 한다.

> [PCR 과정]은 우선①열을 가해 이중 가닥의 DNA를 2개의 단일 가닥으로 분리하는 것으로 시작한다. 이후②각각의 단일 가닥 DNA에 프라이머가 결합하면,③DNA 중합 효소에 의해 복제되어 2개의 이중 가닥 DNA가 생긴다. 일정한 시간 동안 진행되는 이러한 DNA 복제 과정이 한 사이클을 이루며, 사이클마다 표적 DNA의 양은 2배씩 증가한다. 그리고 DNA의 양이 더 이상 증폭되지 않을 정도로 충분히 사이클을 수행한 후 PCR를 종료한다. 전통적인 PCR는 PCR의 최종 산물에 형광 물질을 결합시켜 발색을 통해 표적 DNA의 증폭 여부를 확인한다.   2022–6월 고3 모의평가

윗글은 중합 효소 연쇄 반응(PCR)의 과정을 설명하고 있다. '열을 가해 이중 가닥의 DNA를 2개의 단일 가닥으로 분리 → 각각의 단일 가닥 DNA에 프라이머가 결합 → DNA 중합 효소에 의해 복제되어 2개의 이중 가닥 DNA 생성'의 단계로 PCR가 진행되는 것이다. 이러한 과정을 통해 표적 DNA의 양이 2배씩 증가하는데 DNA의 양이 더 이상 증폭되지 않을 때까지 이 과정을 반복한다. 이와 같이 과정이 나타나는 지문에서는 '우선, 이후', '먼저, 다음', '첫 번째, 두 번째'와 같은 표지가 나타나기도 한다. 이를 참고하여 각 단계를 화살표, 연결선 등으로 표시하거나 번호를 매기며 읽으면 내용 파악에 도움이 된다.

1 ¹약은 생체의 작용에 영향을 미쳐 생물학적 효과를 내기 위한 목적으로 이용하는 의약품을 말한다. ²약은 생체에서 수용체와 결합하여 유익 작용 및 유해 작용을 나타내는 방식을 취하기도 한다. ³이 경우 약은 생체의 리간드와 유사한 화학적 분자 구조를 가진 성분을 포함하는데, 이러한 성분으로 인해 약은 생체 내에서 리간드로 기능한다. ⁴여기서 리간드란 수용체와 결합하여 신경 자극이나 [A] 화학 반응과 같은 생물학적 반응을 촉발할 수 있는 물질이다. ⁵생체 내에서 수용체와 친화성이 높은 리간드가 결합하면, 리간드와 결합한 수용체의 작용에 의해 생체의 변화가 일어나기도 하고, 수용체에 의해 리간드의 구조 변화가 일어남으로써 이후의 생물학적 반응이 유도되기도 한다. ⁶이러한 점에서 약은 특정 수용체와 결합할 수 있는 리간드를 인위적으로 생체에 증가시킴으로써 리간드와 결합한 수용체의 수가 일정 시간 동안 일정 수준 이상이 되게 하여 효과를 낸다고 할 수 있다.

2 ¹대체로 약은 병원체에 작용하거나 생체에 직접 작용하는 방식으로 생물학적 효과를 낸다. ²박테리아나 바이러스에 의한 질병의 치료에 활용되는 항생제나 항바이러스제 등은 전자의 방식에 해당하는 경우가 많다. ³가령 박테리아에 의한 질병 치료에 사용되는 ㉠설파제는, 인간과 박테리아가 모두 대사 과정에서 엽산이라는 물질을 필요로 하는데 엽산을 섭취하여 사용할 수 있는 인간과 달리 박테리아는 엽산을 스스로 만들어야만 한다는 점을 이용한다. ⁴박테리아는 엽산을 만들기 위한 수용체를 가지고 있는데, 파라아미노벤조산(PABA)이 그 수용체와 결합하여 최종적으로 엽산이 된다. ⁵박테리아에 감염된 환자가 설파제를 복용하면 설파제는 체내에서 화학적 변화를 거쳐 PABA와 분자 구조가 매우 유사한 설파닐아마이드가 되어 PABA가 결합할 수용체와 먼저 결합한다. ⁶이로 인해 박테리아는 엽산을 만들지 못하고 결국 죽게 된다.

3 ¹항바이러스제는, 스스로는 증식하지 못하고 다른 세포에 기생하여 DNA 복제 과정을 거치며 증식하는 바이러스의 특성을 활용하여, 바이러스에 감염된 세포의 증식을 막는 방식으로 바이러스 확산을 억제하기도 한다. ²㉡뉴클레오사이드 유도체를 포함한 항바이러스제가 이러한 방식의 약에 해당한다. ³뉴클레오사이드 유도체는 뉴클레오타이드와 유사하지만, 뉴클레오사이드 유도체가 세포의 DNA나 RNA의 수용체와 결합하면 결과적으로 DNA 복제 과정이 이루어지지 않는다. ⁴또한 뉴클레오사이드 유도체는 바이러스에 감염된 세포와는 쉽게 결합하지만 감염되지 않은 세포와는 잘 결합하지 않는 특성이 있다. ⁵이 때문에 뉴클레오사이드 유도체는 바이러스에 감염된 세포들이 더 이상 증식하지 못하게 할 수 있으며, 이를 통해 바이러스 확산을 억제한다.

4 ¹한편 신경 작용제는 신경 전달 물질의 작용에 관여하는 방식으로 사람의 정신이나 행동에 영향을 주는 생물학적 효과를 내는 약이다. ²하나의 뉴런에서 발생한 전기 신호는 뉴런 말단에 도달하여 신경 전달 물질을 분비하게 하고, 이러한 신경 전달 물질은 연접한 다른 뉴런에 존재하는 수용체에 화학 신호를 전달함으로써 연접한 뉴런 간에 신호를 전달하는 매개체의 역할을 한다. ³우울증과 관련된 것으로 알려진 신경 전달 물질인 세로토닌이나 노르에피네프린은, 보통 후(後)연접 뉴런 수용체에서 기능을 다하고 전(前)연접 뉴런에 재흡수되는 과정을 거치는데, 이 과정에서 뉴런 간 연접 틈새에서 세로토닌이나 노르에피네프린의 농도가 낮아지면 우울증이 나타나는 것으로 알려져 있다. ⁴항우울제는 연접 틈새에서 이들 신경 전달 물질의 부족을 해소하는 방식으로 약효를 낸다. ⁵TCA 항우울제는 전연접 뉴런의 수용체와 결합하여 신경 전달 물질의 재흡수가 일어나지 않도록 하는 방식으로, SNRI 항우울제는 신경 전달 물질의 재흡수를 억제하거나 후연접 뉴런의 수용체와 결합하는 방식으로, 연접 틈새에서 신경 전달 물질의 농도가 높아진 것과 같은 효과를 낸다.

5 ¹대부분의 약들은 약효가 여러 가지인 경우가 많기 때문에 두 가지 약을 함께 복용하면 이들 약의 일차적인 약효는 서로 다를지라도 이차적인 약효는 같을 수 있어, 공통되는 이차적인 약효가 한층 커질

수 있다. ²이와 같이 약들이 서로 도와 약효를 높이는 효과를 상승효과라고 한다. ³한편 약을 장기간 남용하게 되면 수용체의 민감도가 떨어지게 되어, 결과적으로 기존과 동일한 효과를 내기 위해서 더 많은 약을 필요로 하게 되는 내성이 생길 수 있다.

세부 정보 간의 관계 파악

1 [A]를 이해한 내용으로 가장 적절한 것은?

① 생체에서 리간드에 의해 수용체의 구조에 변화가 일어나면 세포의 기능에 변화가 일어난다.

② 생체에서 생물학적 반응이 일어나면 수용체와 리간드는 동일한 화학적 분자 구조로 변화된다.

③ 약을 복용하면 리간드와 결합된 수용체의 수가 일정 시간 동안 복용 전보다 많은 정도가 유지된다.

④ 약의 효과를 높이기 위해서는 약이 생체의 리간드와 친화성이 높은 리간드를 많이 포함하고 있어야 한다.

⑤ 수용체와 동일한 화학적 분자 구조를 가진 물질을 포함한 약은 생체에서 생물학적 효과를 더 크게 일으킨다.

핵심 정보 파악

2 ㉠, ㉡에 대한 설명으로 적절하지 <u>않은</u> 것은?

① ㉠은 생체 내에서 화학적 변화를 거친 후 약효를 발휘한다.

② ㉠은 병원체가 대사 과정에서 필요로 하는 물질의 생성을 방해하여 병원체의 사멸을 유도한다.

③ ㉡은 바이러스에 감염된 세포의 DNA 복제 과정에 개입하여 바이러스의 확산을 억제한다.

④ ㉠과 ㉡ 모두 병원체와 병원체에 감염될 수 있는 생체의 차이를 활용하여 생물학적 효과를 낸다.

⑤ ㉠과 ㉡ 모두 병원체와 생체가 공통적으로 필요로 하는 물질을 사용하여 병원체의 확산을 억제한다.

세부 정보 파악

3 〈보기〉는 항우울제의 작용을 이해하기 위한 그림이다. 〈보기〉를 이해한 내용으로 적절하지 <u>않은</u> 것은?

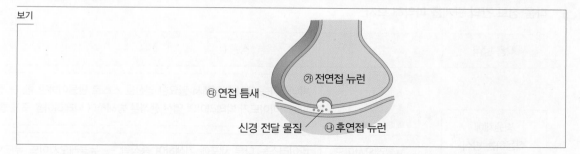

보기

㉮ 전연접 뉴런
㉯ 연접 틈새
신경 전달 물질
㉰ 후연접 뉴런

① 보통 ㉮에서 분비된 세로토닌이나 노르에피네프린은 ㉰에 작용한 후 다시 ㉮로 재흡수된다.

② SNRI 항우울제는 ㉰에 지속적으로 흡수됨으로써 ㉯에서 신경 전달 물질의 농도가 높아지는 효과를 낸다.

③ 우울증의 치료를 위해 ㉯에서 세로토닌이나 노르에피네프린의 농도가 높아지도록 하는 방식을 활용한다.

④ ㉯에서 신경 전달 물질의 농도가 높은 상태로 장기간 유지되면 수용체의 민감도가 떨어지게 된다.

⑤ 항우울제는 ㉮나 ㉰의 수용체와 결합하여 우울증이 발현되는 원인을 완화하는 효과를 낸다.

1 ❶문단을 통해 글의 중심 화제를 파악해 보자.

(   )이 생체에서 효과를 내는 방식

2 중심 화제와 관련된 각 문단의 정보를 정리해 보자.

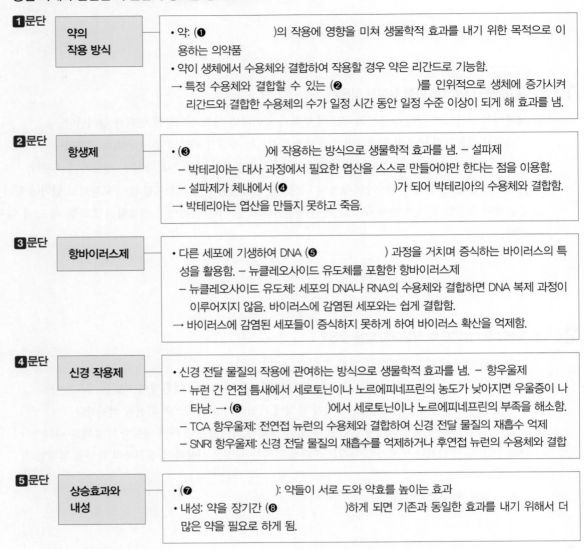

❶문단 | 약의 작용 방식
- 약: (❶   )의 작용에 영향을 미쳐 생물학적 효과를 내기 위한 목적으로 이용하는 의약품
- 약이 생체에서 수용체와 결합하여 작용할 경우 약은 리간드로 기능함.
  → 특정 수용체와 결합할 수 있는 (❷   )를 인위적으로 생체에 증가시켜 리간드와 결합한 수용체의 수가 일정 시간 동안 일정 수준 이상이 되게 해 효과를 냄.

❷문단 | 항생제
- (❸   )에 작용하는 방식으로 생물학적 효과를 냄. – 설파제
  – 박테리아는 대사 과정에서 필요한 엽산을 스스로 만들어야만 한다는 점을 이용함.
  – 설파제가 체내에서 (❹   )가 되어 박테리아의 수용체와 결합함.
  → 박테리아는 엽산을 만들지 못하고 죽음.

❸문단 | 항바이러스제
- 다른 세포에 기생하여 DNA (❺   ) 과정을 거치며 증식하는 바이러스의 특성을 활용함. – 뉴클레오사이드 유도체를 포함한 항바이러스제
  – 뉴클레오사이드 유도체: 세포의 DNA나 RNA의 수용체와 결합하면 DNA 복제 과정이 이루어지지 않음. 바이러스에 감염된 세포와는 쉽게 결합함.
  → 바이러스에 감염된 세포들이 증식하지 못하게 하여 바이러스 확산을 억제함.

❹문단 | 신경 작용제
- 신경 전달 물질의 작용에 관여하는 방식으로 생물학적 효과를 냄. – 항우울제
  – 뉴런 간 연접 틈새에서 세로토닌이나 노르에피네프린의 농도가 낮아지면 우울증이 나타남. → (❻   )에서 세로토닌이나 노르에피네프린의 부족을 해소함.
  – TCA 항우울제: 전연접 뉴런의 수용체와 결합하여 신경 전달 물질의 재흡수 억제
  – SNRI 항우울제: 신경 전달 물질의 재흡수를 억제하거나 후연접 뉴런의 수용체와 결합

❺문단 | 상승효과와 내성
- (❼   ): 약들이 서로 도와 약효를 높이는 효과
- 내성: 약을 장기간 (❽   )하게 되면 기존과 동일한 효과를 내기 위해서 더 많은 약을 필요로 하게 됨.

3 다음 정보 간의 관계를 파악해 보자.

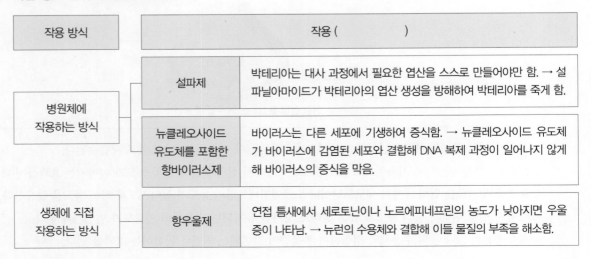

작용 방식		작용 ( )
병원체에 작용하는 방식	설파제	박테리아는 대사 과정에서 필요한 엽산을 스스로 만들어야만 함. → 설파닐아마이드가 박테리아의 엽산 생성을 방해하여 박테리아를 죽게 함.
	뉴클레오사이드 유도체를 포함한 항바이러스제	바이러스는 다른 세포에 기생하여 증식함. → 뉴클레오사이드 유도체가 바이러스에 감염된 세포와 결합해 DNA 복제 과정이 일어나지 않게 해 바이러스의 증식을 막음.
생체에 직접 작용하는 방식	항우울제	연접 틈새에서 세로토닌이나 노르에피네프린의 농도가 낮아지면 우울증이 나타남. → 뉴런의 수용체와 결합해 이들 물질의 부족을 해소함.

선지 판단 연습

지문을 바탕으로 ①~④의 내용을 판단해 보자.

지문 ❶-2~3 약은 생체에서 수용체와 결합하여 유익 작용 및 유해 작용을 나타내는 방식을 취하기도 한다. 이 경우 약은 생체의 리간드와 유사한 화학적 분자 구조를 가진 성분을 포함하는데, 이러한 성분으로 인해 약은 생체 내에서 리간드로 기능한다.

❶ 약은 생체 내에서 리간드와 결합하여 유익 작용을 한다. ··· (○ / ×)

지문 ❷-1~2 대체로 약은 병원체에 작용하거나 생체에 직접 작용하는 방식으로 생물학적 효과를 낸다. 박테리아나 바이러스에 의한 질병의 치료에 활용되는 항생제나 항바이러스제 등은 전자의 방식에 해당하는 경우가 많다.

❷ 항바이러스제는 생체에 직접 작용하는 방식으로 생물학적 효과를 내는 경우가 많다. ·················· (○ / ×)

지문 ❹-2 하나의 뉴런에서 발생한 전기 신호는 뉴런 말단에 도달하여 신경 전달 물질을 분비하게 하고, 이러한 신경 전달 물질은 연접한 다른 뉴런에 존재하는 수용체에 화학 신호를 전달함으로써 연접한 뉴런 간에 신호를 전달하는 매개체의 역할을 한다.

❸ 뉴런에서 발생한 전기 신호의 영향으로 분비되는 신경 전달 물질은 연접한 다른 뉴런의 수용체에 화학 신호를 전달한다. ··· (○ / ×)

지문 ❹-3 우울증과 관련된 것으로 알려진 신경 전달 물질인 세로토닌이나 노르에피네프린은, 보통 후(後)연접 뉴런 수용체에서 기능을 다하고 전(前)연접 뉴런에 재흡수되는 과정을 거치는데, 이 과정에서 뉴런 간 연접 틈새에서 세로토닌이나 노르에피네프린의 농도가 낮아지면 우울증이 나타나는 것으로 알려져 있다.

❹ 항우울제는 뉴런 간 연접 틈새에서 세로토닌이나 노르에피네프린의 농도를 (높이는 / 낮추는) 방식으로 만들어진다.

플러스 독해 TIP

원리가 나타나는 글

수능 지문에서는 중심 화제와 관련하여 그것이 일어나는 원리, 작동하는 원리를 설명하기도 한다. 이런 지문에서는 원리와 관련된 정보가 핵심 정보일 가능성이 높으므로 이를 중심으로 독해해야 한다. 원리를 설명한 후에는 이것이 적용되는 과정·방법을 제시하는 경우가 많다.

> 그렇다면 호흡 과정에서 공기의 흐름이 발생하는 원리는 무엇일까? 이는 용기의 부피 증가는 기체의 압력을 감소시키는 반면 용기의 부피 감소는 기체의 압력을 증가시킨다는 보일의 법칙과 관련되어 있다. 폐포 안의 기체 압력을 폐포압이라고 하고 체외의 공기 압력을 대기압이라고 하는데, 일반적으로 공기는 압력이 높은 곳에서 낮은 곳으로 흐르기 때문에 폐포압이 대기압보다 작거나 클 때 공기는 폐로 들어오거나 나가게 된다. 다시 말해 흡기와 호기 동안 폐의 부피는 변화하고, 이 변화는 보일의 법칙에 따라 폐포압을 변화시켜 폐 안팎으로 공기 흐름을 일으키는 것이다.
>
> 2018-4월 고3 학력평가

윗글은 호흡 과정에서 공기의 흐름이 발생하는 원리를 설명하고 있다. 부피와 압력 간의 관계, 압력에 따른 공기의 흐름을 제시한 후 이것을 적용해 호흡 과정에서 공기의 흐름이 어떻게 일어나는지 설명하고 있다. 이처럼 원리에 따라 어떤 현상이 일어나는 과정을 제시하고 있다면 과정별 순서를 표시하며 읽는 것이 좋다. 또한 원인과 결과에 따라 원리를 설명하는 경우가 많으므로 내용의 선후 관계를 바탕으로 인과 관계에 주목해야 한다.

1 ¹인체는 70%가 수분이다. ²수분은 인체의 세포를 유지하고 세포가 일을 하면서 생성하는 여러 가지 노폐물을 배출하는 데 관여한다. ³인체의 세포는 일종의 화력 발전소이다. ⁴연기가 나지 않을 뿐이지 들어오는 음식을 잘 분해하고 연소시켜서 에너지를 만든다. ⁵몸은 이 에너지를 이용하여 축구도 하고 달리기도 한다. ⁶이때 여러 가지 노폐물이 발생하는데, 이 노폐물들을 인체 밖으로 내보내야 한다. ⁷그래야만 몸이 늘 일정한 상태, 즉 항상성을 유지하게 된다. ⁸노폐물을 몸 밖으로 내보내는 역할은 주로 신장이 한다.

2 ¹㉠신장의 주 역할은 노폐물을 걸러 내어 오줌으로 내보내는 것이다. ²이 일이 진행되는 곳은 네프론이라는 장치인데, 신장 하나에 100만 개 정도가 있다. ³네프론은 사구체, 보먼주머니, 세뇨관으로 이루어지는데 이곳에서 노폐물이 여과되고 필요한 영양분, 즉 포도당, 수분 등이 재흡수되기도 한다. ⁴포도당은 100% 재흡수되는데, 당이 재흡수되지 않고 소변에 섞여 나오면 당뇨병을 의심해 볼 수 있다. ⁵몸 안의 수분량에 따라 수분을 재흡수하는 양이 결정되므로 몸 안의 수분이 적으면 배출하는 수분의 양을 줄인다. ⁶이 때문에 소변이 노랗게 되는데 이것은 몸의 수분이 적다는 신호이다.

3 ¹노폐물은 혈액의 압력 차이에 의해 모세 혈관 덩어리인 사구체를 통해 보먼주머니에 모이고 이것이 세뇨관을 거쳐 방광에 모아져 오줌으로 배설된다. ²물론 분자량이 큰 세포나 단백질 등은 그대로 혈액 속에 남아 있다. ³이때 노폐물뿐만 아니라 인체에 필요한 무기 염류, 아미노산, 물 등도 혈액의 압력에 의해 보먼주머니로 나온다. ⁴보먼주머니에 모인 물질 중 필요한 것은 세뇨관에서 다시 모세 혈관 속으로 재흡수된다. ⁵이와 같이 신장은 신체 내의 노폐물을 몸 밖으로 내보내는 여과와 필요한 것은 계속 사용할 수 있게 하는 재흡수의 기능으로 우리 몸을 항상 일정 상태로 유지한다. ⁶이러한 중요한 역할을 하는 신장에 이상이 생기면 우리 몸은 중대 위기에 봉착한다.

4 ¹신장 기능에 이상이 생기면 인체에 여러 가지 문제가 생긴다. ²우선 노폐물이 걸러지지 않고 농도가 높아짐으로써 세포가 제대로 작용을 하지 못하게 되고, 얼굴이 붓는 증상에서부터 신장이 제 기능을 못하는 신부전증의 단계에까지 이른다. ³이러한 경우 생명이 위험해진다. ⁴물론 신장 이식 등의 방법도 있지만, 기증자가 나타나지 않으면 인공 신장에 의지해야 한다. ⁵신부전 환자는 한 번에 4~5시간은 소요되는 괴로운 혈액 투석을 일주일에 서너 번씩 해야 한다.

5 ¹사실 ㉡인공 신장은 정확한 말이 아니다. ²인공 신장이라면 신장을 대신하여 몸 안에 장착하여 계속 쓸 수 있어야 하는데, 여기서 말하는 인공 신장이란 일종의 혈액 투석기이다. ³즉 체외에서 신장의 기능인 노폐물의 여과 기능을 대신하는 수단이다.

6 ¹인공 신장에서는 노폐물인 요소 등을 제거해야 하는데 요소가 제거되는 근본 원리는 물질의 농도 차이이다. ²물이 담긴 컵에 잉크 한 방울을 떨어뜨렸을 때, 잉크가 퍼져 나가는 것은 컵 속의 잉크 농도를 균일하게 하려는 성질 때문이다. ³노폐물인 요소도 농도가 높은 곳에서 낮은 곳으로 이동한다. ⁴인공 신장에서도 같은 원리로 노폐물이 제거된다. ⁵즉 반투막을 사이에 두고 한쪽에는 노폐물이 있는 혈액을 통과시키고 다른 한쪽에는 노폐물이 없는 투석액을 통과시키면 노폐물은 농도 차이에 의해 농도가 높은 혈액에서 낮은 투석액으로 이동한다. ⁶물론 혈액 속의 세포들과 분자량이 큰 단백질 등은 반투막을 통과하지 못하므로 다시 몸속으로 들어간다. ⁷또한 무기 염류, 포도당 등이 빠져나가지 않게 하려면, 반투막을 중심으로 양쪽이 같은 농도가 되도록 하면 된다.

7 ¹실제 병원에서 쓰이는 혈액 투석기는 가는 여과관이 여러 개 모여 있는 구조의 *중공사막을 사용한다. ²가는 여과관이 수백 개 다발로 있기 때문에 빠른 속도로 투석을 진행할 수 있다. ³혈액이 흐르는 방향과 투석액이 흐르는 방향이 같으면 처음에는 노폐물 농도 차이가 있어서 노폐물이 이동하지만 농도가 비슷해지면 노폐물의 이동이 줄어든다. ⁴따라서 혈액과 투석액이 서로 반대 방향으로 흐르도록 해 노폐물의 농도 차이가 일정하게 유지되도록 한다.

중공사막 사람의 혈액을 걸러 주는 인공 신장 투석기의 필터.

1

윗글을 통해 알 수 있는 내용으로 가장 적절한 것은?

① 소변에 당이 섞여 배출되면 소변 색이 노랗게 된다.

② 신장은 무기 염류, 아미노산 등을 노폐물과 함께 몸 밖으로 배출한다.

③ 인체에 필요한 단백질은 사구체에서 여과된 후 모세 혈관으로 재흡수된다.

④ 걸러진 노폐물은 세뇨관을 통해 보먼주머니에 모아져 오줌으로 배설된다.

⑤ 세포가 생성하는 여러 가지 노폐물을 제거해야 인체의 항상성을 유지할 수 있다.

2

㉠과 ㉡에 대한 설명으로 적절한 것은?

① ㉠과 ㉡ 모두 인체의 수분을 늘리는 기능이 있다.

② ㉠과 ㉡ 모두 여과한 물질을 다시 흡수하는 기능이 있다.

③ ㉠과 ㉡ 모두 혈액 속의 요소 성분을 제거하는 기능을 한다.

④ ㉠은 농도의 차이로, ㉡은 압력의 차이로 노폐물을 걸러 낸다.

⑤ ㉠의 기능에 이상이 생겼을 때, ㉡을 환자의 체내에 이식한다.

3

윗글을 바탕으로 〈보기〉의 '혈액 투석기'를 이해한 내용으로 적절하지 않은 것은?

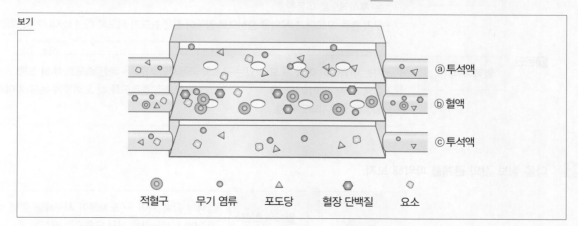

보기

ⓐ 투석액
ⓑ 혈액
ⓒ 투석액

적혈구　　무기 염류　　포도당　　혈장 단백질　　요소

① ⓐ와 ⓒ의 요소 농도는 ⓑ보다 높다.

② ⓐ와 ⓑ, ⓑ와 ⓒ 사이의 막은 반투막이다.

③ ⓐ, ⓑ, ⓒ의 무기 염류, 포도당 농도는 같다.

④ ⓐ와 ⓒ는 ⓑ와 반대 방향으로 흐른다.

⑤ ⓐ와 ⓑ, ⓑ와 ⓒ 사이에서 세포와 단백질은 이동하지 않는다.

1 ❶, ❺문단을 통해 글의 중심 화제를 파악해 보자.

신장과 (   )의 역할

2 중심 화제와 관련된 각 문단의 정보를 정리해 보자.

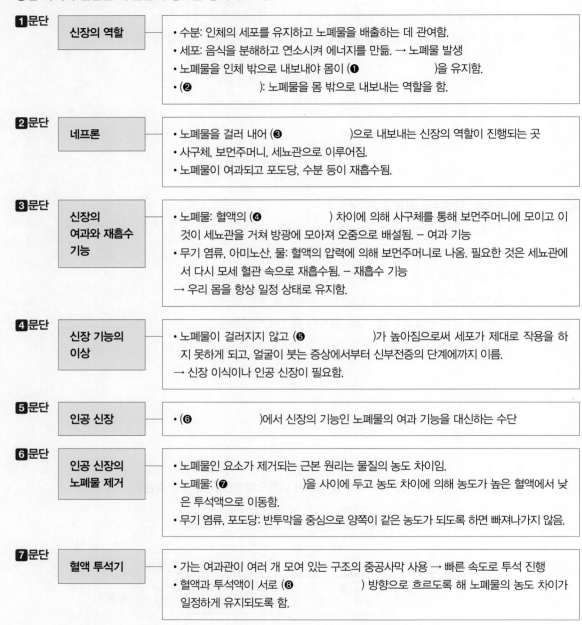

❶문단 **신장의 역할**
- 수분: 인체의 세포를 유지하고 노폐물을 배출하는 데 관여함.
- 세포: 음식을 분해하고 연소시켜 에너지를 만듦. → 노폐물 발생
- 노폐물을 인체 밖으로 내보내야 몸이 (❶   )을 유지함.
- (❷   ): 노폐물을 몸 밖으로 내보내는 역할을 함.

❷문단 **네프론**
- 노폐물을 걸러 내어 (❸   )으로 내보내는 신장의 역할이 진행되는 곳
- 사구체, 보먼주머니, 세뇨관으로 이루어짐.
- 노폐물이 여과되고 포도당, 수분 등이 재흡수됨.

❸문단 **신장의 여과와 재흡수 기능**
- 노폐물: 혈액의 (❹   ) 차이에 의해 사구체를 통해 보먼주머니에 모이고 이것이 세뇨관을 거쳐 방광에 모아져 오줌으로 배설됨. – 여과 기능
- 무기 염류, 아미노산, 물: 혈액의 압력에 의해 보먼주머니로 나옴. 필요한 것은 세뇨관에서 다시 모세 혈관 속으로 재흡수됨. – 재흡수 기능
→ 우리 몸을 항상 일정 상태로 유지함.

❹문단 **신장 기능의 이상**
- 노폐물이 걸러지지 않고 (❺   )가 높아짐으로써 세포가 제대로 작용을 하지 못하게 되고, 얼굴이 붓는 증상에서부터 신부전증의 단계에까지 이름.
→ 신장 이식이나 인공 신장이 필요함.

❺문단 **인공 신장**
- (❻   )에서 신장의 기능인 노폐물의 여과 기능을 대신하는 수단

❻문단 **인공 신장의 노폐물 제거**
- 노폐물인 요소가 제거되는 근본 원리는 물질의 농도 차이임.
- 노폐물: (❼   )을 사이에 두고 농도 차이에 의해 농도가 높은 혈액에서 낮은 투석액으로 이동함.
- 무기 염류, 포도당: 반투막을 중심으로 양쪽이 같은 농도가 되도록 하면 빠져나가지 않음.

❼문단 **혈액 투석기**
- 가는 여과관이 여러 개 모여 있는 구조의 중공사막 사용 → 빠른 속도로 투석 진행
- 혈액과 투석액이 서로 (❽   ) 방향으로 흐르도록 해 노폐물의 농도 차이가 일정하게 유지되도록 함.

3 다음 정보 간의 관계를 파악해 보자.

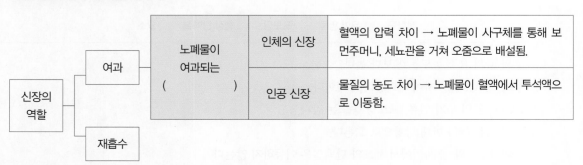

			인체의 신장	혈액의 압력 차이 → 노폐물이 사구체를 통해 보먼주머니, 세뇨관을 거쳐 오줌으로 배설됨.
신장의 역할	여과	노폐물이 여과되는 ( )	인공 신장	물질의 농도 차이 → 노폐물이 혈액에서 투석액으로 이동함.
	재흡수			

추론적 사고력 기르기

지문을 바탕으로 ❶~❹의 내용을 판단해 보자.

지문 ❶-2 수분은 인체의 세포를 유지하고 세포가 일을 하면서 생성하는 여러 가지 노폐물을 배출하는 데 관여한다.

❶ 수분은 세포의 작용과 관련된 기능을 하기도 한다. ···(○ / ×)

지문 ❷-2~4 이 일이 진행되는 곳은 네프론이라는 장치인데, 신장 하나에 100만 개 정도가 있다. 네프론은 사구체, 보먼주머니, 세뇨관으로 이루어지는데 이곳에서 노폐물이 여과되고 필요한 영양분, 즉 포도당, 수분 등이 재흡수되기도 한다. 포도당은 100% 재흡수되는데, 당이 재흡수되지 않고 소변에 섞여 나오면 당뇨병을 의심해 볼 수 있다.

❷ 신장에 있는 네프론에서 포도당이 여과되지 못하면 당뇨병이 유발될 수 있다. ·····························(○ / ×)

지문 ❸-5 이와 같이 신장은 신체 내의 노폐물을 몸 밖으로 내보내는 여과와 필요한 것은 계속 사용할 수 있게 하는 재흡수의 기능으로 우리 몸을 항상 일정 상태로 유지한다.

❸ 신장은 노폐물을 여과하고 재흡수하여 우리 몸의 항상성을 유지한다. ···(○ / ×)

지문 ❻-5,7 즉 반투막을 사이에 두고 한쪽에는 노폐물이 있는 혈액을 통과시키고 다른 한쪽에는 노폐물이 없는 투석액을 통과시키면 노폐물은 농도 차이에 의해 농도가 높은 혈액에서 낮은 투석액으로 이동한다. … 또한 무기 염류, 포도당 등이 빠져나가지 않게 하려면, 반투막을 중심으로 양쪽이 같은 농도가 되도록 하면 된다.

❹ 투석 과정에서 무기 염류가 빠져나갔다면 혈액이 투석액보다 무기 염류 농도가 (높을 / 낮을) 것이다.

**플러스
독해 TIP**

둘 이상의 중심 화제가 나타나는 글

대부분의 지문은 글 전체에서 하나의 중심 화제에 대해 서술한다. 그러나 매우 많은 정보가 나타나는 지문에서는 둘 이상의 중심 화제가 나타나기도 한다.

> 주사 터널링 현미경(STM)에서는 끝이 첨예한 금속 탐침과 도체 또는 반도체 시료 표면 간에 적당한 전압을 걸어 주고 둘 간의 거리를 좁히게 된다. …
>
> STM은 대체로 진공 통 안에 설치되어 사용되는데 그 이유는 무엇일까? 기체 분자는 끊임없이 떠돌아다니다가 주변과 충돌한다. 이때 일부 기체 분자들은 관찰하려는 시료의 표면에 붙어 표면과 반응하거나 표면을 덮어 시료 표면의 관찰을 방해한다. 따라서 용이한 관찰을 위해 STM을 활용한 실험에서는 관찰하려고 하는 시료와 기체 분자의 접촉을 최대한 차단할 필요가 있어 진공이 요구되는 것이다. …
>
> 초고진공을 얻기 위해서는 스퍼터 이온 펌프가 널리 쓰인다. 스퍼터 이온 펌프는 진공 통 내부의 기체 분자가 펌프 내부로 유입되도록 진공 통과 연결하여 사용한다. 스퍼터 이온 펌프는 영구 자석, 금속 재질의 속이 뚫린 원통 모양 양극, 타이타늄으로 만든 판 형태의 음극으로 구성되어 있다.   2019-9월 고3 모의평가

윗글에서는 먼저 '주사 터널링 현미경(STM)'에 대해 설명한다. 그리고 이를 활용하기 위해 진공 기술이 필요하다고 언급한 후 초고진공을 얻기 위해 사용하는 '스퍼터 이온 펌프'에 대해 설명한다. 즉 이 지문의 중심 화제는 '주사 터널링 현미경의 특징'과 '스퍼터 이온 펌프가 초고진공을 만드는 원리'이다. 중심 화제가 둘 이상인 지문에서는 하나의 중심 화제가 다른 중심 화제와 관련성이 있으면서 세부적인 경우가 많지만 모두 지문의 핵심 정보와 관련된다. 따라서 중심 화제를 중심으로 관련 정보에 주목하여 지문을 읽어야 한다.

1 [1]지역난방은 열 병합 발전소에서 전기 생산을 위해 사용된 열을 회수하여 인근 지역의 난방에 활용하는 것이다. [2]지역난방에서는 회수된 열로 데워진 물을 배관을 통해 인근 지역으로 공급함으로써 열을 수송하는 방식을 주로 사용하는데, 근래에는 열 수송의 효율성을 높이기 위해 상변화 물질을 활용하는 방식을 개발하고 있다.

2 [1]열 수송에 사용되는 상변화 물질이란, 상변화를 할 때 수반되는 잠열을 효율적으로 사용하기 위해 활용되는 물질을 말한다. [2]상변화란, 물질의 상태를 고체, 액체, 기체로 분류할 때, 주변의 온도나 압력 변화에 의해 어떤 물질이 이전과 다른 상태로 변하는 것을 의미하는데, 얼음이 물이 되거나 물이 수증기가 되는 것 등이 이에 해당한다. [3]이러한 변화에는 열이 수반되는데, 이를 '잠열'이라고 한다. [4]예를 들어 비커에 일정량의 얼음을 넣고 가열하면 얼음의 온도가 올라가게 되고, 0℃에 도달하면 얼음이 물로 변하기 시작하여 비커 속에는 얼음과 물이 공존하게 된다. [5]그런데 비커 속 얼음이 모두 물로 변할 때까지는 온도가 올라가지 않고 계속 0℃를 유지하는데, 이는 비커에 가해진 열이 물질의 온도 변화가 아닌 상변화에 사용되었기 때문이다. [6]이렇게 상변화에 사용된 열이 잠열인데, 이는 물질의 온도 변화로 나타나지 않는 숨어 있는 열이라는 뜻이다. [7]잠열은 물질마다 그 크기가 다르며, 일반적으로 물질이 고체에서 액체가 되거나 액체에서 기체가 될 때, 또는 고체에서 바로 기체가 될 때에는 잠열을 흡수하고 그 반대의 경우에는 잠열을 방출한다. [8]한편 비커를 계속 가열하여 얼음이 모두 녹아 물이 된 후에는 다시 온도가 올라가기 시작한다. [9]이렇게 얼음의 온도가 올라가거나 물의 온도가 올라가는 것처럼 온도 변화로 나타나는 열을 '현열'이라고 한다.

3 [1]그렇다면 상변화 물질의 특성을 이용하여 열 수송을 하면 어떤 장점이 있는 것일까? [2]상변화 물질을 활용하여 열 병합 발전소에서 인근 지역 공동 주택으로 열을 수송하는 과정을 통해 이를 살펴보자. [3]열 병합 발전소에서는 발전에 사용된 수증기를 열 교환기로 보낸다. [4]열 교환기로 이동한 수증기는 열 수송에 사용되는 물에 열을 전달하여 물을 데운다. [5]이 물속에는 고체 상태의 상변화 물질이 담겨 있는 마이크로 단위의 캡슐이 섞여 있다. [6]이 상변화 물질의 녹는점은 물의 어는점과 끓는점 사이에 있기 때문에, 물이 데워져 물의 온도가 상변화 물질의 녹는점 이상이 되면 상변화 물질은 액체로 상변화하게 된다. [7]액체가 된 상변화 물질이 섞인 물은 열 교환기에서 나와 온수 공급관을 통해 인근 지역 공동 주택 기계실의 열 교환기로 이동한다. [8]이 과정에서 상변화 물질이 고체로 상변화되지 않아야 하므로 이동하는 물의 온도는 상변화 물질의 녹는점 이상으로 유지되어야 한다.

4 [1]공동 주택 기계실의 열 교환기로 이동한 물과 캡슐 속 상변화 물질은 공동 주택의 찬물에 열을 전달하면서 온도가 내려간다. [2]이렇게 공동 주택의 찬물을 데우는 과정에서 상변화 물질의 온도가 상변화 물질의 녹는점 이하로 내려가면 캡슐 속 상변화 물질은 액체에서 고체로 상변화하면서 잠열을 방출하게 되는데, 이 역시 찬물을 데우는 데 사용된다. [3]즉 온수 공급관을 통해 이동해 온 물의 현열과 캡슐 속 상변화 물질의 현열, 그리고 상변화 물질의 잠열이 공동 주택의 찬물을 데우는 데 모두 사용되는 것이다. [4]이렇게 데워진 공동 주택의 물은 각 세대의 난방기로 공급되어 세대 난방을 하게 되고, 상변화 물질 캡슐이 든 물은 온수 회수관을 통해 다시 발전소로 회수되어 재사용된다.

5 [1]이와 같이 상변화 물질을 활용한 열 수송 방식을 사용하면 현열만 사용하던 기존의 열 수송 방식과 달리 현열과 잠열을 모두 사용할 수 있으므로 온수 공급관을 통해 보내는 물의 온도를 현저히 낮출 수 있어 열 수송의 효율성이 개선된다. [2]이때 상변화 물질 캡슐의 양을 늘릴수록 열 수송에 활용할 수 있는 잠열의 양은 증가하겠지만 캡슐의 양이 일정 수준 이상으로 늘어나면 물이 원활하게 이동할 수 없으므로 캡슐의 양을 증가시키는 데에는 한계가 있다.

세부 내용 파악

1 윗글의 내용과 일치하지 <u>않는</u> 것은?

① 상변화는 주변의 온도나 압력 변화에 의해 물질의 상태가 변하는 것을 의미한다.

② 열 병합 발전소에서는 전기 생산에 사용된 수증기의 열을 회수하여 인근 지역으로 공급한다.

③ 상변화 물질이 들어 있는 캡슐의 양은 물의 이동을 고려해야 하므로 일정 수준 이상 늘릴 수 없다.

④ 상변화 물질을 활용하여 열을 수송하는 방식을 사용하는 것은 열 수송의 효율성을 높이기 위해서이다.

⑤ 상변화 물질을 활용한 열 수송 방식에서는 온수 공급관으로 보내는 물의 온도를 기존 방식보다 높여야 한다.

내용 파악

2 〈보기〉는 상변화 물질을 활용한 열 수송 과정을 도식화한 것이다. 윗글을 바탕으로 〈보기〉에 대해 이해한 내용으로 적절하지 <u>않은</u> 것은?

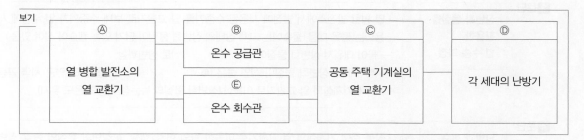

① ⓐ에서 캡슐 속 상변화 물질의 온도는 상변화 물질의 녹는점 이상으로 올라가겠군.

② ⓑ에서는 물에 있는 캡슐 속 상변화 물질의 상변화가 일어나지 않겠군.

③ ⓑ와 ⓔ를 통해 이동하는 물에 있는 상변화 물질의 상태는 서로 같겠군.

④ ⓒ에서 공동 주택의 찬물은 현열과 잠열에 의해 데워져 ⓓ에 공급되겠군.

⑤ ⓔ를 통해 회수된 물에 있는 상변화 물질은 ⓐ에서 다시 상변화 과정을 거쳐 재사용되겠군.

구체적 상황에 적용

3 윗글을 읽은 학생이 〈보기 1〉을 보고 〈보기 2〉와 같이 메모했을 때, ㉮~㉰에 들어갈 말로 적절한 것은?

보기 1

　　A 기업에서는 녹는점이 15℃인 상변화 물질을 벽에 넣어 밤과 낮의 온도 차가 크더라도 벽의 온도를 일정하게 만들 수 있는 기술을 연구하고 있다.

보기 2

　　벽의 온도가 15℃보다 높아지면 이 상변화 물질은 (㉮)로 상변화할 것이고, 이때 잠열을 (㉯)할 것이다. 이렇게 상변화가 일어나는 중에는 상변화 물질의 온도가 (㉰) 것이다.

	㉮	㉯	㉰
①	액체	흡수	유지될
②	액체	흡수	상승할
③	액체	방출	유지될
④	고체	흡수	유지될
⑤	고체	방출	상승할

1 ❶문단을 통해 글의 중심 화제를 파악해 보자.

(　　　　　　　) 물질을 활용한 지역난방

2 중심 화제와 관련된 각 문단의 정보를 정리해 보자.

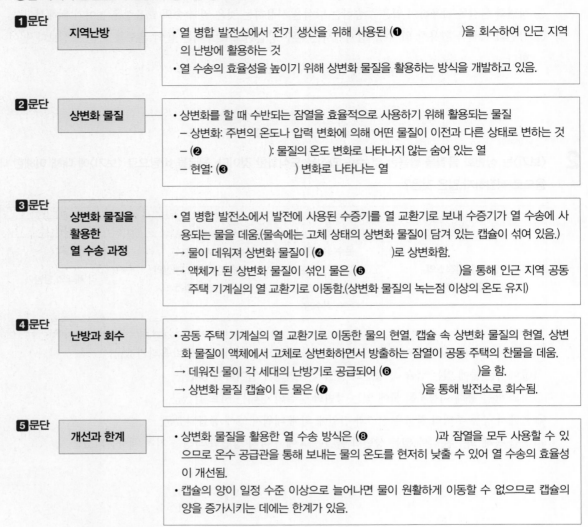

❶문단 **지역난방**
- 열 병합 발전소에서 전기 생산을 위해 사용된 (❶　　　　　)을 회수하여 인근 지역의 난방에 활용하는 것
- 열 수송의 효율성을 높이기 위해 상변화 물질을 활용하는 방식을 개발하고 있음.

❷문단 **상변화 물질**
- 상변화를 할 때 수반되는 잠열을 효율적으로 사용하기 위해 활용되는 물질
  - 상변화: 주변의 온도나 압력 변화에 의해 어떤 물질이 이전과 다른 상태로 변하는 것
  - (❷　　　　　　): 물질의 온도 변화로 나타나지 않는 숨어 있는 열
  - 현열: (❸　　　　　　) 변화로 나타나는 열

❸문단 **상변화 물질을 활용한 열 수송 과정**
- 열 병합 발전소에서 발전에 사용된 수증기를 열 교환기로 보내 수증기가 열 수송에 사용되는 물을 데움.(물속에는 고체 상태의 상변화 물질이 담겨 있는 캡슐이 섞여 있음.)
  → 물이 데워져 상변화 물질이 (❹　　　　　)로 상변화함.
  → 액체가 된 상변화 물질이 섞인 물은 (❺　　　　　　　)을 통해 인근 지역 공동 주택 기계실의 열 교환기로 이동함.(상변화 물질의 녹는점 이상의 온도 유지)

❹문단 **난방과 회수**
- 공동 주택 기계실의 열 교환기로 이동한 물의 현열, 캡슐 속 상변화 물질의 현열, 상변화 물질이 액체에서 고체로 상변화하면서 방출하는 잠열이 공동 주택의 찬물을 데움.
  → 데워진 물이 각 세대의 난방기로 공급되어 (❻　　　　　　　)을 함.
  → 상변화 물질 캡슐이 든 물은 (❼　　　　　　)을 통해 발전소로 회수됨.

❺문단 **개선과 한계**
- 상변화 물질을 활용한 열 수송 방식은 (❽　　　　　　)과 잠열을 모두 사용할 수 있으므로 온수 공급관을 통해 보내는 물의 온도를 현저히 낮출 수 있어 열 수송의 효율성이 개선됨.
- 캡슐의 양이 일정 수준 이상으로 늘어나면 물이 원활하게 이동할 수 없으므로 캡슐의 양을 증가시키는 데에는 한계가 있음.

3 다음 정보 간의 관계를 파악해 보자.

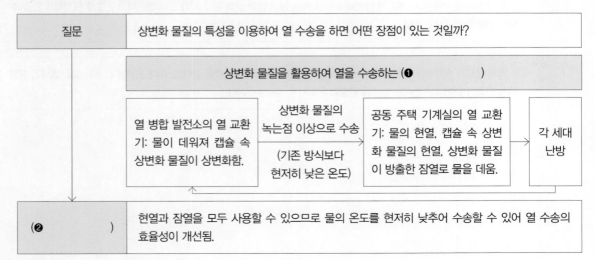

질문	상변화 물질의 특성을 이용하여 열 수송을 하면 어떤 장점이 있는 것일까?

상변화 물질을 활용하여 열을 수송하는 (❶　　　　　)

열 병합 발전소의 열 교환기: 물이 데워져 캡슐 속 상변화 물질이 상변화함.	상변화 물질의 녹는점 이상으로 수송 (기존 방식보다 현저히 낮은 온도)	공동 주택 기계실의 열 교환기: 물의 현열, 캡슐 속 상변화 물질의 현열, 상변화 물질이 방출한 잠열로 물을 데움.	각 세대 난방

(❷　　　　　)	현열과 잠열을 모두 사용할 수 있으므로 물의 온도를 현저히 낮추어 수송할 수 있어 열 수송의 효율성이 개선됨.

선지 판단 연습

추론적 사고력 기르기

지문을 바탕으로 ❶~❹의 내용을 판단해 보자.

> **지문 ❷-1** 열 수송에 사용되는 상변화 물질이란, 상변화를 할 때 수반되는 잠열을 효율적으로 사용하기 위해 활용되는 물질을 말한다.

❶ 상변화 물질이 열 수송에 사용되는 이유는 상변화로 잠열을 없애 열 효율성을 높일 수 있기 때문이다.
.... (○ / ×)

> **지문 ❷-7** 잠열은 물질마다 그 크기가 다르며, 일반적으로 물질이 고체에서 액체가 되거나 액체에서 기체가 될 때, 또는 고체에서 바로 기체가 될 때에는 잠열을 흡수하고 그 반대의 경우에는 잠열을 방출한다.

❷ 물질이 고체에서 액체가 될 때보다 액체에서 고체가 될 때의 잠열이 더 크다. .... (○ / ×)

> **지문 ❸-8** 이 과정에서 상변화 물질이 고체로 상변화되지 않아야 하므로 이동하는 물의 온도는 상변화 물질의 녹는점 이상으로 유지되어야 한다.

❸ 온도가 상변화 물질의 녹는점보다 낮으면 상변화 물질은 고체로 상변화된다. .... (○ / ×)

> **지문 ❺-1** 이와 같이 상변화 물질을 활용한 열 수송 방식을 사용하면 현열만 사용하던 기존의 열 수송 방식과 달리 현열과 잠열을 모두 사용할 수 있으므로 온수 공급관을 통해 보내는 물의 온도를 현저히 낮출 수 있어 열 수송의 효율성이 개선된다.

❹ 기존의 열 수송 방식과 상변화 물질을 활용한 열 수송 방식은 모두 (현열 / 잠열)을 사용한다.

플러스 독해 TIP

질문이 나타나는 글

질문을 제시한 후 그에 대한 대답을 밝히며 내용을 전개하는 지문이 있다. 전달하려는 핵심 내용을 먼저 질문 형식으로 제시하여 주의를 집중시킨 후 질문에 대답함으로써 내용을 강조하려는 것이다. 이러한 서술 방식은 내용 전개 방식을 묻는 문제의 선지로 구성될 수도 있다.

> 미토콘드리아는 여전히 고유한 DNA를 가진 채 복제와 증식이 이루어지는데도, 미토콘드리아와 진핵 세포 사이의 관계를 공생 관계로 보지 않는 이유는 무엇일까? 두 생명체가 서로 떨어져서 살 수 없더라도 각자의 개체성을 잃을 정도로 유기적 상호 작용이 강하지 않다면 그 둘은 공생 관계에 있다고 보는데, 미토콘드리아와 진핵 세포 간의 유기적 상호 작용은 둘을 다른 개체로 볼 수 없을 만큼 매우 강하기 때문이다.   2020-6월 고3 모의평가

윗글에서는 '미토콘드리아와 진핵 세포 사이의 관계를 공생 관계로 보지 않는 이유'가 무엇인지를 질문 형식으로 제시한 후 '유기적 상호 작용이 강하기 때문'이라는 대답을 제시하고 있다. 지문에 따라 질문에 대한 대답이 바로 이어지지 않기도 하고, 대답이 명시적으로 드러나지 않아 내용을 종합적으로 이해해야 대답을 찾을 수 있는 경우도 있다. 하지만 말하고자 하는 바를 질문과 대답의 형식으로 전달하는 것이므로 질문이 나타나면 반드시 대답이 제시된다. 문답 형식은 대부분 정보를 강조하기 위해 사용하므로 핵심 정보와 관련된다. 따라서 질문에 대한 대답에 주목하고 질문과 대답을 연결하며 읽는 것이 좋다.

2020-6월 고1 학력평가

1 ¹19세기 초 지질학자들은 스테노와 스미스의 층서 원리를 적용하여 전 세계의 지질학적 연구 성과를 종합했다. ²우리가 흔히 쓰는 '중생대 쥐라기'와 같은 '대', '기' 등으로 나타내는 지질학적 시간 척도는 이때 확립되었다. ³그러나 이러한 지질학적 시간 척도는 상대적인 척도로 한 지층이 다른 지층보다 오래되었는지 아닌지를 말해 줄 수는 있어도 실질적으로 얼마나 오래되었느냐는 말해 줄 수 없었다.

2 ¹이후 많은 사람들이 지층의 정확한 연대 측정을 시도한 끝에 1905년 러더포드가 방사성 동위 원소를 이용하여 지층 연대의 측정에 성공했다. ²그는 암석 내 우라늄의 양을 측정하여 한 암석의 연대를 계산해 냈다. ³이것이 동위 원소 연대 측정법의 시작이었다. ⁴자연적으로 발생하는 방사성 동위 원소를 사용해 암석의 연대를 결정하는 연대 측정 방법들은 그 후 수년간 더욱 개선되어 갔으며, 더 많은 방사성 동위 원소들이 발견되고 방사성 붕괴 과정의 심층적인 이해가 이루어졌다.

3 ¹지질학자들은 방사성 동위 원소의 어떤 특성을 활용하여 암석의 연령을 측정하였을까? ²이 질문의 답을 얻기 위해서는 먼저 방사성 동위 원소가 무엇인지를 살펴볼 필요가 있다. ³물질의 기본 단위인 원자 중심에는 양성자와 중성자로 이루어진 원자핵이 있다. ⁴이 원자핵에 들어 있는 양성자 수에 따라 물질을 이루는 기본 성분인 원소의 종류가 결정된다. ⁵탄소 원자핵에 있는 양성자 수는 6개이고, 산소 원자핵에 있는 양성자 수는 8개이다. ⁶같은 원소라고 하더라도 원자핵에 있는 중성자 수가 다른 것들이 있는데 이를 '동위 원소'라 한다. ⁷예를 들면 탄소의 경우, '탄소-12'는 원자핵에 양성자 6개와 중성자 6개가 있는 원자이며, '탄소-14'는 양성자 6개와 중성자 8개가 있는 동위 원소이다.

4 ¹한편, 자연계의 모든 물질은 불안정한 상태에서 안정한 상태로 가려는 성질이 있다. ²동위 원소 중에는 양성자의 수가 중성자의 수에 비해 너무 많거나 또는 그 반대의 이유로 본래 원자핵의 상태가 불안정한 원소들이 있다. ³그래서 불안정한 원자핵이 스스로 방사선을 방출하고 이를 통해 에너지를 잃고 안정된 상태로 가는 과정을 거치는데 이를 방사성 붕괴 또는 핵붕괴라 한다. ⁴동위 원소 중 방사성 붕괴를 일으키는 동위 원소를 방사성 동위 원소라 한다. ⁵이들은 방사성 붕괴를 통해 불안정한 원자핵이 안정된 상태의 다른 종류의 원자핵으로 변한다. ⁶예를 들면 방사성 동위 원소인 '탄소-14'는 방사성 붕괴로 인해 중성자 1개가 붕괴되어 양성자로 바뀌고, 양성자 7개와 중성자 7개로 이루어진 원자핵을 가진 안정된 원소인 '질소-14'가 된다. ⁷붕괴 전의 방사성 동위 원소를 '모원소', 모원소의 방사성 붕괴에 의해 생성된 안정된 원소를 '자원소'라 일컫는다. ⁸붕괴 전 방사성 동위 원소인 '탄소-14'는 모원소이고 방사성 붕괴에 의해 생성된 안정된 원소인 '질소-14'는 자원소이다.

5 ¹방사성 동위 원소는 일정한 시간이 지나면 모원소의 개수가 원래 개수에서 절반으로 줄어드는 특성이 있다. ²모원소의 개수가 원래 개수의 절반으로 줄어드는 데에 걸리는 시간을 반감기라 한다. ³이때 줄어든 모원소의 개수만큼 자원소의 개수가 늘어난다. ⁴첫 반감기 때 모원소의 개수는 처음의 반으로 줄고 두 번째 반감기에는 남은 모원소의 개수가 반으로 줄어 처음의 1/4로, 세 번째 반감기에는 또 남은 모원소의 개수가 반으로 줄어 처음의 1/8과 같은 식으로 줄어든다. ⁵그래서 모원소와 자원소의 개수의 비율이 첫 반감기에는 1:1로 같아진다. 두 번째 반감기에는 1:3으로 되고, 세 번째 반감기에는 1:7로 된다. ⁶다만, 원소에 따라 반감기가 다른데 '탄소-14'는 5730년, '포타슘-40'은 13억 년, '우라늄-238'은 44억 년의 반감기를 갖는다. ⁷방사성 동위 원소의 반감기는 온도나 압력에 영향을 받지 않는다. ⁸따라서 어떤 암석에 포함된 모원소와 자원소의 비율을 알고, 그 결과와 방사성 동위 원소의 반감기를 이용하면 암석이 만들어진 연대를 추정할 수 있다. ⁹가령 어떤 암석이 생성될 때 '포타슘-40'을 함유하고 있고 이 원소가 외부 유입이나 유출, 암석의 변성 작용 등 다른 외부 요인에 의한 변화가 없다고 할 때 이 암석의 방사성 동위 원소 측정 결과 모원소와 자원소의 비율이 1:3이라면 반감기를 두 번 거쳤기 때문에 이 암석은 26억 년 전에 생성되었다고 볼 수 있다.

1 논지 전개 방식 파악

윗글의 진술 방식으로 가장 적절한 것은?

① 방사성 동위 원소의 개념을 예시를 통해 설명하고 있다.

② 원자핵의 구성 물질을 세부적 묘사를 통해 설명하고 있다.

③ 방사성 동위 원소의 붕괴 과정을 유추를 통해 설명하고 있다.

④ 지층 연대 측정 방법의 발전 과정을 유형별로 분류하여 설명하고 있다.

⑤ 지질학적 시간 척도의 특징을 전문가의 의견을 인용하여 설명하고 있다.

2 세부 정보 파악

윗글에서 알 수 있는 내용으로 적절하지 <u>않은</u> 것은?

① 방사성 동위 원소의 핵은 불안정하여 붕괴된다.

② 질소-14의 원자핵은 양성자와 중성자의 개수가 같다.

③ 방사성 동위 원소의 반감기는 온도나 압력에 영향을 받는다.

④ 19세기 초 지질학자들은 지층이 형성된 연도를 정확히 알 수 없었다.

⑤ 자연계의 모든 물질은 불안정한 상태에서 안정한 상태로 가려는 성질이 있다.

3 종합적 이해

윗글을 바탕으로 〈보기〉를 이해한 내용으로 적절하지 <u>않은</u> 것은?

보기

그림은 어떤 방사성 동위 원소 ㉮가 붕괴할 때, 시간에 따른 모원소와 자원소의 함량을 나타낸 것이다.

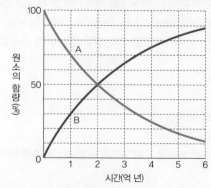

암석 S가 생성될 때 방사성 동위 원소 ㉮를 함유하고 있고 ㉮는 외부 유입이나 유출, 암석의 변성 작용 등 다른 요인에 의한 변화는 없었다. 이 암석의 방사성 동위 원소 ㉮를 측정한 결과 모원소와 자원소의 비율이 1 : 30이었다.

① B는 자원소와 관련이 있다.

② 암석 S의 생성 시기는 4억 년 전이다.

③ 4번의 반감기를 거치면 처음 A의 양은 1/16로 줄어든다.

④ 모원소와 자원소의 비율이 1 : 1로 같아지는 데 걸리는 시간은 2억 년이다.

⑤ 시간이 지날수록 자원소와 모원소의 개수를 더한 값은 감소한다.

1 **2**문단을 통해 글의 중심 화제를 파악해 보자.

(   )를 이용한 지층 연대 측정

2 중심 화제와 관련된 각 문단의 정보를 정리해 보자.

1문단　　**지질학적 시간 척도**
- 19세기 초 지질학자들은 스테노와 스미스의 층서 원리를 적용하여 전 세계의 지질학적 연구 성과를 종합함. → (❶   ) 시간 척도 확립
- 상대적인 척도로, 지층이 실질적으로 얼마나 오래되었느냐는 말해 줄 수 없었음.

2문단　　**동위 원소 연대 측정법**
- 1905년 러더포드가 방사성 동위 원소를 이용하여 지층 연대의 측정에 성공함. → (❷   )의 시작

3문단　　**동위 원소**
- 원자: 물질의 기본 단위. 중심에 양성자와 중성자로 이루어진 원자핵이 있음.
- 원소: 물질을 이루는 기본 성분. 원자핵에 들어 있는 (❸   ) 수에 따라 종류가 결정됨.
- 동위 원소: 같은 원소이지만 원자핵에 있는 (❹   ) 수가 다른 것

4문단　　**방사성 동위 원소**
- (❺   ) 붕괴, 핵붕괴: 불안정한 원자핵이 스스로 방사선을 방출하여 에너지를 잃고 안정된 상태로 가는 과정
- 방사성 동위 원소: 동위 원소 중 방사성 붕괴를 일으키는 동위 원소
  - (❻   ): 붕괴 전의 방사성 동위 원소
  - 자원소: 모원소의 방사선 붕괴에 의해 생성된 안정된 원소

5문단　　**암석 연대 추정**
- 방사성 동위 원소의 특성: 일정한 시간(반감기)이 지나면 모원소의 개수가 원래 개수에서 절반으로 줄어듦. 줄어든 모원소의 개수만큼 (❼   )의 개수가 늘어남.
  - 모원소와 자원소 개수의 비율이 첫 반감기 1:1, 두 번째 반감기 1:3, 세 번째 반감기 1:7로 됨.
  - 반감기는 원소에 따라 다르고, 온도나 압력에 영향을 받지 않음.
- → 암석에 포함된 모원소와 자원소의 비율, 방사성 동위 원소의 (❽   )를 이용하면 암석이 만들어진 연대를 추정할 수 있음.

3 다음 정보 간의 관계를 파악해 보자.

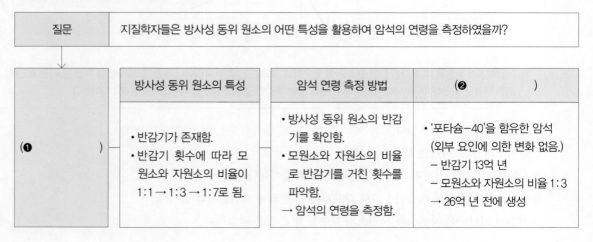

질문	지질학자들은 방사성 동위 원소의 어떤 특성을 활용하여 암석의 연령을 측정하였을까?

(❶)	방사성 동위 원소의 특성	암석 연령 측정 방법	(❷)
	• 반감기가 존재함. • 반감기 횟수에 따라 모원소와 자원소의 비율이 1:1 → 1:3 → 1:7로 됨.	• 방사성 동위 원소의 반감기를 확인함. • 모원소와 자원소의 비율로 반감기를 거친 횟수를 파악함. → 암석의 연령을 측정함.	• '포타슘-40'을 함유한 암석 (외부 요인에 의한 변화 없음.) – 반감기 13억 년 – 모원소와 자원소의 비율 1:3 → 26억 년 전에 생성

선지
판단
연습

지문을 바탕으로 ❶~❹의 내용을 판단해 보자.

> **지문 ❷-4** 자연적으로 발생하는 방사성 동위 원소를 사용해 암석의 연대를 결정하는 연대 측정 방법들은 그 후 수년간 더욱 개선되어 갔으며, 더 많은 방사성 동위 원소들이 발견되고 방사성 붕괴 과정의 심층적인 이해가 이루어졌다.

❶ 암석의 연대를 방사성 동위 원소를 사용해 측정하게 된 후 방사성 붕괴 과정에 대해 깊이 이해하게 되었다.
.... (○ / ×)

> **지문 ❸-4, 6** 이 원자핵에 들어 있는 양성자 수에 따라 물질을 이루는 기본 성분인 원소의 종류가 결정된다. … 같은 원소라고 하더라도 원자핵에 있는 중성자 수가 다른 것들이 있는데 이를 '동위 원소'라 한다.

❷ 원자핵에 들어 있는 양성자 수가 (같고 / 다르고) 중성자 수가 (같은 / 다른) 원소가 동위 원소이다.

> **지문 ❹-6** 예를 들면 방사성 동위 원소인 '탄소-14'는 방사성 붕괴로 인해 중성자 1개가 붕괴되어 양성자로 바뀌고, 양성자 7개와 중성자 7개로 이루어진 원자핵을 가진 안정된 원소인 '질소-14'가 된다.

❸ '탄소-14'는 방사성 붕괴를 통해 원소의 종류를 유지하면서 안정된 상태가 된다. .... (○ / ×)

> **지문 ❺-1** 방사성 동위 원소는 일정한 시간이 지나면 모원소의 개수가 원래 개수에서 절반으로 줄어드는 특성이 있다.

❹ 방사성 동위 원소의 모원소는 시간이 지날수록 개수가 빠르게 줄어든다. .... (○ / ×)

플러스
독해 TIP

두 번째 문단 이후에서 중심 화제가 구체화되는 글

지문에서 중심 화제는 대부분 첫 번째 문단에서 나타나지만 두 번째 문단 이후에서 중심 화제가 드러나거나 구체화되는 경우도 있다.

> '노동 가능 인구'는 경제 활동에 참여할 의사와 능력이 있는 경제 활동 인구와 육아, 가사, 취학, 취업 준비 등의 이유로 경제 활동에 참여할 의사나 능력이 없는 비경제 활동 인구로 구분한다. 경제 활동 인구는 현재 직업에 종사하고 있는 취업자와 일할 능력과 의사가 있음에도 불구하고 지난 4주 동안 일자리를 구하지 못한 실업자로 나뉜다. 경제 활동 인구 중에서 실업자가 차지하는 비율인 '실업률'은 국가 경제를 드러내는 지표의 하나로, 보통 실업률이 낮으면 고용 상황이 매우 좋은 것으로 인식될 수 있다.
> 2018-7월 고3 학력평가

윗글은 실업률 문제를 다루면서 실업의 형태를 설명하는 지문이다. 1문단에서는 '실업률'의 개념을 이해하기 위해 필요한 '경제 활동 인구', '실업자' 등의 용어를 설명한 후 2문단에서 '실업률'이라는 중심 화제를 드러낸다. 두 번째 문단 이후에 화제가 구체화되는 지문에서는 윗글과 같이 중심 화제를 이해하는 데 필요한 개념을 먼저 설명하기도 하고, 중심 화제가 나타난 배경을 제시하거나, 중심 화제가 반박할 이론·견해를 제시하거나, 중심 화제와 관련된 사례를 제시하는 등 중심 화제를 이끌어 내기 위한 도입 기능을 하는 문단이 제시되고 그 이후에 중심 화제가 나타난다. 중심 화제가 첫 번째 문단에서 나타나지 않을 수도 있다는 것을 염두에 두고 먼저 각 문단의 화제를 찾은 후 지문 전체의 중심 화제를 파악하는 것이 좋다.

1 ¹세상에는 너무 작아서 눈으로 볼 수 없는 세계가 많다. ²사람의 눈으로 볼 수 있는 가시광선 영역은 파장이 길기 때문에 단백질 분자 구조와 같은 물질의 내부 구조는 관찰할 수 없다. ³그래서 미세한 물질의 내부 구조를 파악하기 위해서는 보다 짧은 파장의 빛의 영역까지 활용할 수 있어야 하는데, 이때 활용 가능한 빛이 바로 방사광이다. ⁴방사광이란 빛의 속도에 가깝게 빠른 속도로 운동하는 전자가 방향을 바꿀 때, 바뀐 운동 궤도 곡선의 접선 방향으로 방출되는 좁은 퍼짐의 전자기파를 가리킨다.

2 ¹방사광은 적외선, 가시광선, 자외선, X선에 이르는 다양한 파장을 가진 빛으로, 실험 목적에 따라 파장을 선택하여 사용할 수 있는 파장 가변성을 지닌다. ²그리고 방사광은 휘도가 높은 빛이다. ³휘도란 빛의 집중 정도를 나타내는 것으로, 빛의 세기가 크면 클수록, 그리고 빛의 퍼짐이 작으면 작을수록 높은 휘도 값을 갖는다. ⁴예를 들어 방사광에서 실험을 위해 선택된 X선은, 기존에 쓰던 X선보다 휘도가 수만 배 이상이라서 이를 활용하면 물질의 정보를 보다 자세하게 얻을 수 있다.

3 ¹방사광은 자연에서는 별이 수명을 다해 폭발할 때 발생하기도 하지만, 이를 연구에 활용하는 것은 어려우므로 고성능 슈퍼 현미경이라고도 불리는 방사광 가속기를 사용해 인위적으로 만들어 사용한다. ²방사광 가속기는 일반적으로 크게 전자 입사 장치, 저장 링, 빔 라인 등으로 구성되어 있다. ³전자 입사 장치는 전자를 방출시킨 뒤 빛의 속도에 가깝게 가속시켜 저장 링으로 주입하는 장치로, 전자총과 선형 가속기로 구성된다. ⁴전자총은 고유한 파장을 가진 금속에 그 파장보다 짧은 파장의 빛을 가하면 전자가 방출되는 광전 효과를 활용하여 지속적으로 전자를 방출시킨다. ⁵이때 방출되는 전자는 상대적으로 속도가 느려 높은 에너지를 가지지 못하므로, 선형 가속기에서는 음(-)전하를 띤 전자가 양(+)전하를 띤 양극 쪽으로 움직이려는 전기적인 힘의 원리를 활용하여 전자를 가속시킨다. ⁶선형 가속기에서 빛의 속도에 근접하게 된 전자는 이후 저장 링으로 보내진다.

4 ¹저장 링은 휨 전자석, 삽입 장치, 고주파 공동 장치 등으로 구성되어 있고, 일반적으로 n각형 모양으로 설계하여 n개의 직선 부분과 n개의 모서리 부분으로 이루어져 있다. ²저장 링의 모서리 부분에는 전자의 방향을 조절해 주는 휨 전자석을 설치하여 전자가 지속적으로 궤도를 따라 회전할 수 있도록 한다. ³전자는 휨 전자석을 지나면서 자석 주위의 자기장의 힘을 받아 휘게 되는데, 이때 전자의 운동 궤도 곡선의 접선 방향으로 방사광이 방출된다. ⁴저장 링의 직선 부분에는 N극과 S극을 번갈아 배열한 삽입 장치가 설치되어 있다. ⁵전자는 삽입 장치에서 자기장의 영향을 받아 N극과 S극의 사이에서 주기적으로 방향이 바뀌며 구불구불하게 움직이게 되는데, 방향이 주기적으로 바뀔 때마다 방사광이 방출된다. ⁶이렇게 방출된 방사광은, 위상이 동일한 방사광과 서로 중첩되면서 진폭이 커지는 간섭 현상이 나타난다. ⁷그래서 삽입 장치에서 중첩되어 진폭이 커진 방사광은, 휨 전자석에서 방출된 방사광보다 큰 에너지를 지닌 더 밝은 방사광이 된다. ⁸이때 휨 전자석과 삽입 장치를 통과하며 방사광을 방출한 전자는 에너지를 잃게 되고, 고주파 공동 장치는 이러한 전자에 에너지를 보충하여 전자가 계속 궤도를 돌게 한다.

5 ¹마지막으로 빔 라인은 실험 목적에 맞도록 방사광에서 원하는 파장을 분리시켜 실험에 이용하는 장치로, 크게 진공 자외선 빔 라인과 X선 빔 라인으로 나눌 수 있다. ²진공 자외선 빔 라인에서는 주로 기체 상태의 물질의 구조나 고체 표면에서의 물질의 구조 등에 관한 실험들이 이루어지고, X선 빔 라인에서는 다른 빛보다 상대적으로 짧은 파장을 가진 X선의 특성을 이용하여 주로 물질의 내부 구조, 원자 배열 등에 대한 실험이 이루어진다. ³특히 X선 빔 라인들 중 하나인 ㉠X선 현미경은 최대 15나노미터 정도 되는 생체 조직 등과 같은 물질의 내부 구조까지도 확대하여 관찰할 수 있다. ⁴X선은 가시광선과 달리 유리 렌즈나 거울을 써서 굴절시키거나 반사시키기 어렵다. ⁵그래서 X선 현미경은, 강력한 전자기장으로 X선을 굴절시켜 빛을 모을 수 있는 특수 금속 렌즈를 이용해 X선을 실험에 활용한다.

1 방사광에 대한 설명으로 적절하지 않은 것은?

① 실험 목적에 따라 파장을 선택해 사용할 수 있는 빛이다.

② 방사광 가속기에서 연구 목적으로 가속시키는 전자기파이다.

③ 자연적으로 발생하기도 하고 인위적으로 만들 수도 있는 빛이다.

④ 휘도가 높아 물질에 대한 자세한 정보를 얻을 수 있게 하는 빛이다.

⑤ 빛의 속도에 가깝게 운동하는 전자가 방향을 바꿀 때 방출되는 전자기파이다.

2 〈보기〉는 방사광 가속기의 주요 장치를 도식화한 것이다. 윗글을 바탕으로 〈보기〉를 이해한 내용으로 적절하지 않은 것은?

보기

전자 입사 장치		저장 링			진공 자외선 빔 라인
전자총	선형 가속기	휨 전자석	삽입 장치	고주파 공동 장치	⒡
Ⓐ	Ⓑ	Ⓒ	Ⓓ	Ⓔ	X선 빔 라인

① Ⓐ에서 광전 효과를 활용하여 방출시킨 전자는 Ⓑ에서 빛의 속도에 가깝게 가속되어 높은 에너지를 갖게 되겠군.

② 전자는 Ⓒ를 지나면서 자석 주위의 자기장의 힘을 받아 방향이 바뀌면서 궤도를 따라 회전할 수 있게 되겠군.

③ Ⓒ에서 방출된 방사광이 Ⓓ에서 방출된 방사광보다 밝은 이유는 Ⓓ에서 방사광이 서로 중첩되어 진폭이 더 커졌기 때문이겠군.

④ Ⓒ와 Ⓓ를 통과하며 에너지가 손실된 전자는 Ⓔ로부터 에너지를 공급받아 궤도를 계속 돌게 되겠군.

⑤ ⒡는 실험 목적에 맞게 방사광에서 원하는 파장을 분리시켜 실험에 이용하는 장치이겠군.

3 윗글의 ㉠과 〈보기〉의 ㉡을 비교한 내용으로 가장 적절한 것은?

보기

㉡광학 현미경은 가시광선을 굴절시켜 빛을 모을 수 있는 유리 렌즈를 이용해 물질의 표면을 확대하는 실험 장치이다. 일반적으로 광학 현미경의 렌즈 배율을 최대로 높이면 크기가 200나노미터 정도 되는 물질까지 관찰할 수 있다.

① ㉠과 달리 ㉡은 물질의 내부 구조를 관찰할 수 있는 장치이다.

② ㉡과 달리 ㉠은 빛이 굴절하는 성질을 이용하여 실험하는 장치이다.

③ ㉡과 달리 ㉠은 유리 렌즈를 활용하여 빛을 모아 물질을 확대하는 장치이다.

④ ㉡은, ㉠에서 사용하는 빛의 영역이 아닌 인간의 눈으로 볼 수 없는 빛의 영역을 이용하는 장치이다.

⑤ ㉠은, ㉡에서 사용하는 빛보다 상대적으로 짧은 파장의 빛을 이용하여 물질을 관찰할 수 있는 장치이다.

1 **1**, **3**문단을 통해 글의 중심 화제를 파악해 보자.

(　　　　　)과 방사광 (　　　　　　　)

2 중심 화제와 관련된 각 문단의 정보를 정리해 보자.

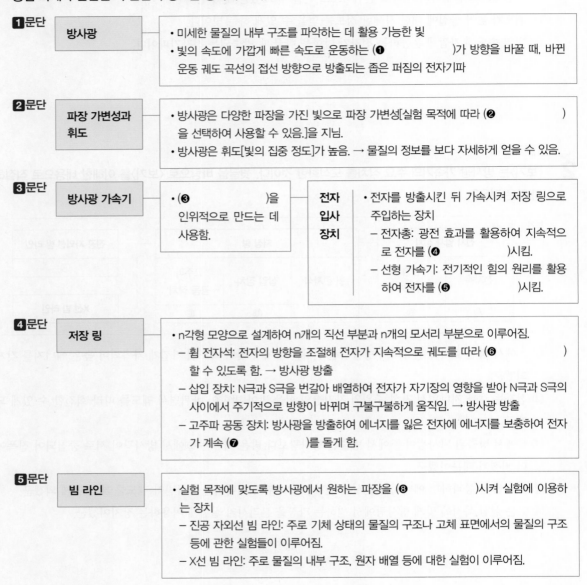

1문단　방사광
- 미세한 물질의 내부 구조를 파악하는 데 활용 가능한 빛
- 빛의 속도에 가깝게 빠른 속도로 운동하는 (**❶**　　　　　)가 방향을 바꿀 때, 바뀐 운동 궤도 곡선의 접선 방향으로 방출되는 좁은 퍼짐의 전자기파

2문단　파장 가변성과 휘도
- 방사광은 다양한 파장을 가진 빛으로 파장 가변성[실험 목적에 따라 (**❷**　　　　)을 선택하여 사용할 수 있음.]을 지님.
- 방사광은 휘도[빛의 집중 정도]가 높음. → 물질의 정보를 보다 자세하게 얻을 수 있음.

3문단　방사광 가속기
- (**❸**　　　　　)을 인위적으로 만드는 데 사용함.

　전자 입사 장치
- 전자를 방출시킨 뒤 가속시켜 저장 링으로 주입하는 장치
  - 전자총: 광전 효과를 활용하여 지속적으로 전자를 (**❹**　　　　)시킴.
  - 선형 가속기: 전기적인 힘의 원리를 활용하여 전자를 (**❺**　　　　)시킴.

4문단　저장 링
- n각형 모양으로 설계하여 n개의 직선 부분과 n개의 모서리 부분으로 이루어짐.
  - 휨 전자석: 전자의 방향을 조절해 전자가 지속적으로 궤도를 따라 (**❻**　　　　) 할 수 있도록 함. → 방사광 방출
  - 삽입 장치: N극과 S극을 번갈아 배열하여 전자가 자기장의 영향을 받아 N극과 S극의 사이에서 주기적으로 방향이 바뀌며 구불구불하게 움직임. → 방사광 방출
  - 고주파 공동 장치: 방사광을 방출하여 에너지를 잃은 전자에 에너지를 보충하여 전자가 계속 (**❼**　　　　)를 돌게 함.

5문단　빔 라인
- 실험 목적에 맞도록 방사광에서 원하는 파장을 (**❽**　　　　)시켜 실험에 이용하는 장치
  - 진공 자외선 빔 라인: 주로 기체 상태의 물질의 구조나 고체 표면에서의 물질의 구조 등에 관한 실험들이 이루어짐.
  - X선 빔 라인: 주로 물질의 내부 구조, 원자 배열 등에 대한 실험이 이루어짐.

3 다음 정보 간의 관계를 파악해 보자.

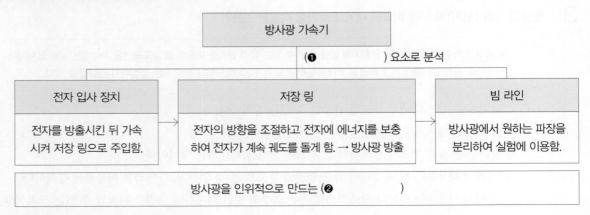

방사광 가속기

(**❶**　　　　　) 요소로 분석

전자 입사 장치	저장 링	빔 라인
전자를 방출시킨 뒤 가속시켜 저장 링으로 주입함.	전자의 방향을 조절하고 전자에 에너지를 보충하여 전자가 계속 궤도를 돌게 함. → 방사광 방출	방사광에서 원하는 파장을 분리하여 실험에 이용함.

방사광을 인위적으로 만드는 (**❷**　　　　)

선지 판단 연습

지문을 바탕으로 ❶~❹의 내용을 판단해 보자.

지문 ❷-2~3 그리고 방사광은 휘도가 높은 빛이다. 휘도란 빛의 집중 정도를 나타내는 것으로, 빛의 세기가 크면 클수록, 그리고 빛의 퍼짐이 작으면 작을수록 높은 휘도 값을 갖는다.

❶ 방사광은 빛의 세기와 빛의 퍼짐이 모두 크기 때문에 높은 휘도 값을 갖는다. ·································· (○ / ×)

지문 ❸-5 이때 방출되는 전자는 상대적으로 속도가 느려 높은 에너지를 가지지 못하므로, 선형 가속기에서는 음(−)전하를 띤 전자가 양(+)전하를 띤 양극 쪽으로 움직이려는 전기적인 힘의 원리를 활용하여 전자를 가속시킨다.

❷ 전자가 선형 가속기를 통과해 속도가 빨라지면 에너지는 낮아진다. ································· (○ / ×)

지문 ❹-2~3 저장 링의 모서리 부분에는 전자의 방향을 조절해 주는 휨 전자석을 설치하여 전자가 지속적으로 궤도를 따라 회전할 수 있도록 한다. 전자는 휨 전자석을 지나면서 자석 주위의 자기장의 힘을 받아 휘게 되는데, 이때 전자의 운동 궤도 곡선의 접선 방향으로 방사광이 방출된다.

❸ 휨 전자석을 지나는 전자는 궤도를 따라 회전하며 운동 궤도 곡선의 접선 방향으로 방사광을 방출한다.
··· (○ / ×)

지문 ❺-2 진공 자외선 빔 라인에서는 주로 기체 상태의 물질의 구조나 고체 표면에서의 물질의 구조 등에 관한 실험들이 이루어지고, X선 빔 라인에서는 다른 빛보다 상대적으로 짧은 파장을 가진 X선의 특성을 이용하여 주로 물질의 내부 구조, 원자 배열 등에 대한 실험이 이루어진다.

❹ 진공 자외선 빔 라인은 X선 빔 라인과는 달리 고체 (내부 / 표면)에서의 물질의 구조에 관한 실험이 이루어진다.

플러스 독해 TIP

전체와 구성 요소가 나타나는 글

  지문에서 하나의 대상을 그것을 이루고 있는 구성 요소로 나누어 설명하는 경우가 있다. 이때 각 구성 요소는 유기적인 관계를 맺으며 하나의 전체를 구성한다. 대부분 각 구성 요소의 기능을 토대로 전체에 해당하는 대상이 작동하는 과정과 방식을 설명한다.

> 디지털 통신 시스템은 송신기, 채널, 수신기로 구성되며, 전송할 데이터를 빠르고 정확하게 전달하기 위해 부호화 과정을 거쳐 전송한다. …
> 송신기에서는 소스 부호화, 채널 부호화, 선 부호화를 거쳐 기호를 부호로 변환한다. … 채널 부호화를 거친 부호들을 채널을 통해 전송하려면 부호들을 전기 신호로 변환해야 한다. … 수신기에서는 송신기와 동일한 기준 신호를 사용하여, 전압의 변화가 있으면 1로 판단하고 변화가 없으면 0으로 판단한다.   2018 수능

  윗글은 '디지털 통신 시스템'이라는 대상을 그 구성 요소로 나누어 설명하고 있다. '송신기, 채널, 수신기'라는 구성 요소들이 유기적인 관계를 이루며 작동할 때 '디지털 통신 시스템'이 작동한다. 전체와 구성 요소는 '…는 …로 구성된다.' 또는 '…는 …를 요소로 한다.'와 같은 형식을 통해 제시되는 경우가 많다. 이러한 표현에 주목하여 전체와 구성 요소 간의 관계를 표시해 두고, 각 구성 요소의 기능에 주목해 독해해야 한다.

1 ¹인체는 끊임없이 세균과 바이러스, 기생충과 같은 외부 물질의 공격을 받는다. ²이들은 주로 감염이나 질병의 원인이 되므로 인체는 이와 같은 외부 물질의 침입에 저항하고 방어하는 작용을 하게 되는데, 이를 면역 반응이라 한다. ³따라서 건강하다는 것은 면역 반응이 활발하여 외부 물질들을 완벽하게 제거하는 상태를 의미하는 것으로 이해하기 쉽다.

2 ¹그러나 면역 반응이 과도해지면 오히려 인체에 해를 끼치기도 한다. ²최근 급증하는 알레르기나 천식, 자가 면역 질환은 불필요한 면역 반응으로 인해 발생한다. ³면역계가 일반적으로는 해가 되지 않는 물질들인 꽃가루나 먼지뿐만 아니라 자신의 조직까지 제거해야 할 대상으로 인식하여 공격하는 것이다. ⁴그런데 이와 같은 면역계 과민 반응으로 인한 질병들은 의료 환경이 발달한 선진국에서 점점 더 증가하는 추세이다. ⁵그렇다면 이와 같은 면역계 과민 반응이 나타나는 이유는 무엇일까?

3 ¹과학자들은 그 이유를 인체가 수백만 년 동안 진화해 온 환경에서 찾았다. ²인체는 무균 지대나 청정 지대가 아니라 세균과 바이러스, 기생충 등과 함께 진화해 왔다. ³즉 이들 침입자는 인체의 면역계로부터 자신을 보호하기 위해 면역 반응을 억제하도록 진화했고, 인체는 면역 반응을 억제하는 외부 물질의 침입에 대비하여 면역 반응을 일으키도록 진화했다. ⁴그런데 현대 의학의 발달과 환경 개선으로 바이러스 등이 줄어들게 되자 면역 반응이 지나치게 된 것이다. ⁵이를 위생 가설이라고 한다. ⁶위생 가설에 따르면 바이러스에 접할 기회가 줄어든 깨끗한 환경이 오히려 질병의 원인이 된다.

4 ¹위생 가설은 인체가 외부 물질과의 공존 속에서 면역 반응의 균형을 찾는다는 시사점을 주었다. ²모든 외부 물질들이 배척되기만 한다면 면역 반응에 제동을 걸어 줄 존재가 사라지므로 균형이 깨어지는 것이다. ³그렇다면 면역계는 어떻게 외부 물질과 공존할 수 있을까? ⁴장(腸)에 존재하는 미생물을 통해 이를 설명할 수 있다. ⁵우리 장 안에는 몸 전체의 세포 수보다 10여 배나 더 많은 장내 미생물이 살고 있는데, 이는 면역계가 이들의 존재를 인정하고 받아들였기 때문이다.

5 ¹면역계를 구성하는 면역 세포들은 인체에 유입된 외부 물질을 인지하고 이를 제거하는 면역 반응을 일으킨다. ²중추적 역할을 하는 면역 세포는 수지상 세포와 T 세포이다. ³수지상 세포는 말 그대로 세포막이 나뭇가지처럼 기다랗게 뻗어 나와 있는 모양의 세포이다. ⁴수지상 세포는 인체에 침입한 외부 물질을 인지하고, 소장과 대장 주변에 분포한 림프절에서 미성숙 T 세포를 조력 T 세포와 세포 독성 T 세포로 분화시킨다. ⁵이 두 종류의 T 세포가 몸 안에 침입한 이물질을 없애는 역할을 한다.

6 ¹그런데 장내 미생물은 조력 T 세포나 세포 독성 T 세포의 공격을 피하기 위해 수지상 세포에 영향을 미쳐 그 성격을 바꿔 놓는다. ²즉 수지상 세포가 면역 반응을 일으키지 못하게 만드는 것이다. ³이렇게 성격이 변한 수지상 세포를 조절 수지상 세포라고 부른다. ⁴조절 수지상 세포는 림프절에서 미성숙 T 세포를 조절 T 세포로 성숙시키는데, 조절 T 세포는 조력 T 세포나 세포 독성 T 세포와는 달리 면역 반응을 억제하는 역할을 한다. ⁵그 결과 장내 미생물은 외부 물질이면서도 면역계와 공존할 수 있게 된 것이다.

7 ¹장내 미생물은 조절 T 세포를 통해 자신의 생존을 꾀하지만 그 결과 인체의 면역계는 면역 반응의 강약을 조절하게 된다. ²조절 T 세포가 면역계 과민 반응으로 인한 질병을 치료하는 역할을 담당하게 된 것이다. ³실제로 알레르기 환자의 몸에 조절 T 세포가 작용하면 과민 면역 반응으로 인해 발생한 염증이 억제되면서 증상이 완화된다. ⁴이처럼 조절 T 세포를 만들게 하는 데 외부 물질인 장내 미생물이 중요한 역할을 한다는 사실이 밝혀지면서 면역계와 공존하는 외부 물질에 대한 인식의 전환이 일어나게 되었다.

1 윗글을 통해 답을 확인할 수 <u>없는</u> 질문은?

① 장내 미생물이 인체에서 어떻게 생존할 수 있을까?

② 인체가 바이러스를 접할 기회가 줄어든 이유는 무엇일까?

③ 면역계 과민 반응으로 인해 일어나는 질병에는 어떤 것이 있을까?

④ 위생 가설에 따를 때 깨끗한 환경이 인체에 미치는 긍정적 변화는 무엇일까?

⑤ 인체가 외부 물질을 제거하지 않고 공존할 때 어떤 이익을 얻을 수 있을까?

2 윗글을 이해한 내용으로 적절하지 <u>않은</u> 것은?

① 인체의 면역계는 과도한 면역 반응을 스스로 조절하는 능력이 있다.

② 인체가 건강하다는 것은 면역 반응의 강약이 조절되는 것을 의미한다.

③ 외부 물질이 인체에 유해한 경우도 있지만 유해하지 않은 경우도 있다.

④ 현대 의학의 발달과 환경 개선은 면역 반응이 지나치게 된 원인에 해당한다.

⑤ 장내 미생물은 자신을 공격 대상으로 인식하지 못하도록 면역계에 영향을 미친다.

3 〈보기〉를 활용하여 윗글을 보충하고자 할 때, 그 구체적 방안으로 가장 적절한 것은?

> 보기
>
> 　최근 기생충이 특정한 질병의 치료에 효과가 있는 것으로 밝혀졌다. 해당 질병을 가진 환자의 뇌 조직을 관찰한 결과, 그 질병 역시 면역계 과민 반응과 연관이 있다는 것이 알려지면서 기생충을 이용한 치료가 시도되었고, 이것이 성과를 거두고 있다.

① 외부 물질과 공존하여 면역 반응이 균형을 이루게 됨을 보여 주는 사례로 활용한다.

② 외부 물질이 면역 반응을 활발하게 하는 역할을 함을 뒷받침하는 사례로 활용한다.

③ 인체가 무균 지대나 청정 지대에서 진화를 거듭해 왔음을 드러내는 사례로 활용한다.

④ 면역계가 환경의 발전에 따라 지속적으로 적응하며 변화하고 있음을 설명하는 사례로 활용한다.

⑤ 인체에 침입한 유해한 외부 물질들을 제거하는 면역계의 중요성을 설명하는 사례로 활용한다.

1 ④문단을 통해 글의 중심 화제를 파악해 보자.

면역계와 외부 물질의 (   )

2 중심 화제와 관련된 각 문단의 정보를 정리해 보자.

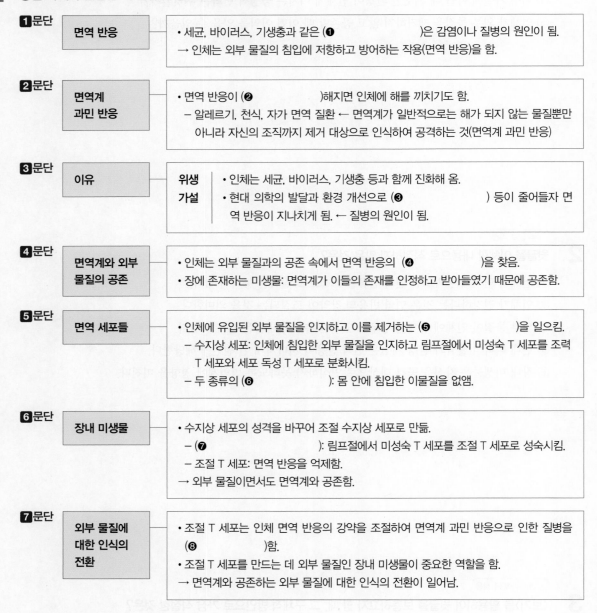

❶문단 | **면역 반응**
• 세균, 바이러스, 기생충과 같은 (❶   )은 감염이나 질병의 원인이 됨.
→ 인체는 외부 물질의 침입에 저항하고 방어하는 작용(면역 반응)을 함.

❷문단 | **면역계 과민 반응**
• 면역 반응이 (❷   )해지면 인체에 해를 끼치기도 함.
 – 알레르기, 천식, 자가 면역 질환 ← 면역계가 일반적으로는 해가 되지 않는 물질뿐만 아니라 자신의 조직까지 제거 대상으로 인식하여 공격하는 것(면역계 과민 반응)

❸문단 | **이유**
위생 가설
• 인체는 세균, 바이러스, 기생충 등과 함께 진화해 옴.
• 현대 의학의 발달과 환경 개선으로 (❸   ) 등이 줄어들자 면역 반응이 지나치게 됨. ← 질병의 원인이 됨.

❹문단 | **면역계와 외부 물질의 공존**
• 인체는 외부 물질과의 공존 속에서 면역 반응의 (❹   )을 찾음.
• 장에 존재하는 미생물: 면역계가 이들의 존재를 인정하고 받아들였기 때문에 공존함.

❺문단 | **면역 세포들**
• 인체에 유입된 외부 물질을 인지하고 이를 제거하는 (❺   )을 일으킴.
 – 수지상 세포: 인체에 침입한 외부 물질을 인지하고 림프절에서 미성숙 T 세포를 조력 T 세포와 세포 독성 T 세포로 분화시킴.
 – 두 종류의 (❻   ): 몸 안에 침입한 이물질을 없앰.

❻문단 | **장내 미생물**
• 수지상 세포의 성격을 바꾸어 조절 수지상 세포로 만듦.
 – (❼   ): 림프절에서 미성숙 T 세포를 조절 T 세포로 성숙시킴.
 – 조절 T 세포: 면역 반응을 억제함.
→ 외부 물질이면서도 면역계와 공존함.

❼문단 | **외부 물질에 대한 인식의 전환**
• 조절 T 세포는 인체 면역 반응의 강약을 조절하여 면역계 과민 반응으로 인한 질병을 (❽   )함.
• 조절 T 세포를 만드는 데 외부 물질인 장내 미생물이 중요한 역할을 함.
→ 면역계와 공존하는 외부 물질에 대한 인식의 전환이 일어남.

3 다음 정보 간의 관계를 파악해 보자.

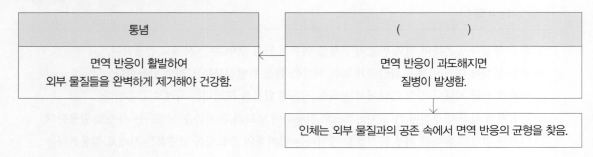

통념	( )
면역 반응이 활발하여 외부 물질들을 완벽하게 제거해야 건강함.	면역 반응이 과도해지면 질병이 발생함.

인체는 외부 물질과의 공존 속에서 면역 반응의 균형을 찾음.

선지 판단 연습

지문을 바탕으로 ❶∼❹의 내용을 판단해 보자.

지문 ❷-4　그런데 이와 같은 면역계 과민 반응으로 인한 질병들은 의료 환경이 발달한 선진국에서 점점 더 증가하는 추세이다.

❶ 면역계 과민 반응으로 인한 질병이 증가하면서 선진국의 의료 환경이 점점 발달하였다. ·················· (○ / ×)

지문 ❸-3　즉 이들 침입자는 인체의 면역계로부터 자신을 보호하기 위해 면역 반응을 억제하도록 진화했고, 인체는 면역 반응을 억제하는 외부 물질의 침입에 대비하여 면역 반응을 일으키도록 진화했다.

❷ 인체는 면역 반응을 억제하는 방향으로 진화하여 외부 물질로부터 인체를 보호했다. ·················· (○ / ×)

지문 ❹-1~2　위생 가설은 인체가 외부 물질과의 공존 속에서 면역 반응의 균형을 찾는다는 시사점을 주었다. 모든 외부 물질들이 배척되기만 한다면 면역 반응에 제동을 걸어 줄 존재가 사라지므로 균형이 깨어지는 것이다.

❸ 위생 가설을 통해, 인체가 모든 외부 물질을 배척하면 면역 반응의 균형이 깨어질 수 있다는 점을 알게 되었다.
·· (○ / ×)

지문 ❻-1~2　그런데 장내 미생물은 조력 T 세포나 세포 독성 T 세포의 공격을 피하기 위해 수지상 세포에 영향을 미쳐 그 성격을 바꿔 놓는다. 즉 수지상 세포가 면역 반응을 일으키지 못하게 만드는 것이다.

❹ 장내 미생물은 수지상 세포의 (성격 전환 / 면역 반응)을 막는다.

플러스 독해 TIP

내용 전환이 나타나는 글

　한 지문 내에서 기존의 견해·이론을 제시하고 이에 대한 반론을 제기하거나, 어떤 대상에 대한 장점(단점)을 제시한 후 단점(장점)을 밝혀 지문의 내용 흐름이 바뀌는 경우가 있다. 이때는 대부분 전환된 내용이 주목해야 할 정보이다.

> 　고전 역학에 따르면, 물체의 크기에 관계없이 초기 운동 상태를 정확히 알 수 있다면 일정한 시간 후의 물체의 상태는 정확히 측정될 수 있으며, 배타적인 두 개의 상태가 공존할 수 없다. 하지만 20세기에 등장한 양자 역학에 의해 미시 세계에서는 상호 배타적인 상태들이 공존할 수 있음이 알려졌다.
> 　미시 세계에서의 상호 배타적인 상태의 공존을 이해하기 위해, 거시 세계에서 회전하고 있는 반지름 5cm의 팽이를 생각해 보자.
> 　　　　　　　　　　　　　　　　　　　　　　　　　　　　　　　　　　　　　　　2018-9월 고3 모의평가

　윗글에서는 배타적인 두 개의 상태가 공존할 수 없다고 본 '고전 역학'을 제시하고, 이와 달리 미시 세계에서는 상호 배타적인 상태들이 공존할 수 있다고 본 '양자 역학'을 제시하고 있다. 이후에는 양자 역학에서 말한 상호 배타적인 상태의 공존에 대한 설명이 이어진다. 즉 '하지만'을 기준으로 전환된 내용이 지문에서 설명하고자 하는 핵심 정보이다. 일반적으로 '그런데', '그러나', '하지만' 등과 같은 접속어를 통해 내용의 전환이 이루어지므로 이러한 표지에 주목하여 전환된 내용을 중심으로 독해하는 것이 핵심 내용 파악에 효율적이다.

1 ¹전기 레인지는 용기를 가열하는 방식에 따라 하이라이트 레인지와 인덕션 레인지로 나눌 수 있다. ²하이라이트 레인지는 상판 자체를 가열해서 열을 발생시키는 ㉠직접 가열 방식이고, 인덕션 레인지는 상판을 가열하지 않고 전자기 유도 현상을 통해 용기에 자체적으로 열을 발생시키는 ㉡유도 가열 방식이다.

2 ¹하이라이트 레인지는 주로 니크롬으로 만들어진 열선을 원형으로 배치하고 열선의 열을 통해 그 위의 세라믹 글라스 판을 직접 가열한다. ²이렇게 발생한 열이 용기에 전달되어 음식을 조리할 수 있게 된다. ³하이라이트 레인지는 비교적 다양한 소재의 용기를 쓸 수 있지만 에너지 효율이 낮아 조리 속도가 느리고 상판의 잔열로 인한 화상의 우려가 있다.

3 ¹인덕션 레인지는 표면이 세라믹 글라스 판으로 되어 있고 그 밑에 나선형 코일이 설치되어 있다. ²전원이 켜지면 코일에 2만Hz 이상의 고주파 교류 전류가 흐르면서 그 주변으로 1초에 2만 번 이상 방향이 바뀌는 교류 자기장이 발생하게 되고, 그 위에 도체인 냄비를 놓으면 교류 자기장에 의해 냄비 바닥에는 수많은*폐회로가 생겨나며 그 회로 속에 소용돌이 형태의 유도 전류인 맴돌이 전류가 발생한다. ³이때 흐르는 맴돌이 전류가 냄비 소재의 저항에 부딪혀*줄열 효과가 나타나게 되고 이에 의해 냄비에 열이 발생하게 되는데, 이때 맴돌이 전류의 세기는 나선형 코일에 흐르는 전류의 세기에 비례한다.

4 ¹인덕션 레인지의 가열 원리는 강자성체의 자기 이력 현상과도 관련이 있다. ²일반적으로 물체는 자기장의 영향을 받으면 자석의 성질을 갖게 되는데 이것을 자화라고 하며, 자화된 물체를 자성체라고 한다. ³자성체의 자화 세기는 물체에 가해 준 자기장의 세기에 비례하여 커지다가 일정값 이상으로는 더 이상 커지지 않는데, 이를 자기 포화 상태라고 한다. ⁴이때 물체에 가해 준 자기장의 세기를 줄이면 자화의 세기도 줄어들기 시작하며, 외부의 자기장이 사라지면 자석의 성질도 사라진다. ⁵그런데 강자성체의 경우에는 외부 자기장의 세기가 줄어들어도 자화의 세기가 상대적으로 천천히 줄어들게 되고 외부 자기장이 사라져도 어느 정도 자화된 상태를 유지하게 되는데, 이를 자기 이력 현상이라고 하며 자성체에 남아 있는 자화의 세기를 잔류 자기라고 한다. ⁶그리고 처음에 가해 준 외부 자기장의 역방향으로 일정 세기의 자기장을 가해 주면 자화의 세기가 0이 되고, 자기장을 더 세게 가해 주면 반대쪽으로 커져 자기 포화 상태가 된다. ⁷이러한 과정을 반복하면 자기장의 세기에 따른 자화의 세기는 일정한 곡선을 그리게 되는데 이를 자기 이력 곡선이라고 한다. ⁸이 과정에서 자기 에너지는 열에너지로 전환되어 자성체의 온도를 높이는데, 이때 발생하는 열에너지는 자기 이력 곡선의 내부 면적과 비례한다. ⁹만약 인덕션에 사용하는 냄비의 소재가 강자성체인 경우, 자기 이력 현상으로 인해 냄비에 추가로 열이 발생하게 된다.

5 ¹이러한 가열 방식 때문에 인덕션 레인지는 음식 조리에 필요한 열을 낼 수 있도록 소재의 저항이 크면서 강자성체인 용기를 사용해야 한다는 제약이 있다. ²또한 고주파 전류를 사용하기 때문에 조리 시 전자파에 대한 우려도 있다. ³하지만 직접 가열 방식보다 에너지 효율이 높아 순식간에 용기가 가열되기 때문에 상대적으로 빠르게 음식을 조리할 수 있다. ⁴그리고 무엇보다 상판이 직접 가열되지 않기 때문에 발화에 의한 화재의 가능성이 매우 낮고, 뜨거운 상판에 의한 화상 등의 피해로부터 비교적 안전하다는 장점이 있다.

***폐회로** 전류가 흐를 수 있도록 구성된 회로.

***줄열 효과** 도체에 전류를 흐르게 했을 때 도체의 저항 때문에 열에너지가 증가하는 현상.

정보 간의 관계 파악

1 ㉠과 ㉡에 대한 설명으로 적절한 것은?

① ㉠은 유도 전류를 이용하여 용기를 가열한다.

② ㉡은 상판을 가열하여 그 열로 음식을 조리한다.

③ ㉠은 ㉡에 비해 상대적으로 화상의 위험이 적다.

④ ㉠은 ㉡과 달리 빠른 시간 안에 용기를 가열할 수 있다.

⑤ ㉡은 ㉠보다 사용할 수 있는 용기 소재에 제약이 많다.

내용 파악

2 윗글을 바탕으로 〈보기〉의 '전기 레인지'를 이해한 내용으로 적절하지 **않은** 것은?

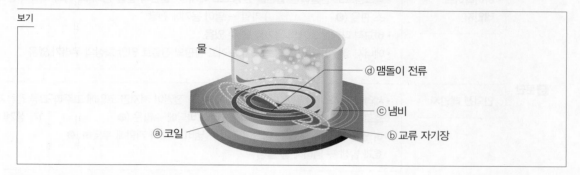

보기

물
ⓓ 맴돌이 전류
ⓒ 냄비
ⓐ 코일
ⓑ 교류 자기장

① ⓐ에 고주파 교류 전류가 흐르면 ⓑ가 만들어지는군.

② ⓑ의 영향을 받으면 ⓒ의 바닥에 ⓓ가 발생하는군.

③ ⓒ 소재의 저항이 커지면 ⓑ의 세기도 커지겠군.

④ ⓓ의 세기는 ⓐ에 흐르는 전류의 세기에 비례하겠군.

⑤ ⓓ가 흐르면 ⓒ 소재의 저항에 의해 열이 발생하는군.

원리 이해

3 윗글을 바탕으로 〈보기〉를 이해한 내용으로 적절하지 **않은** 것은?

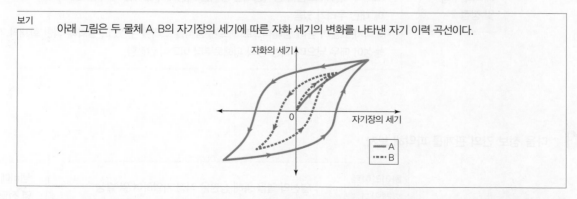

보기

아래 그림은 두 물체 A, B의 자기장의 세기에 따른 자화 세기의 변화를 나타낸 자기 이력 곡선이다.

자화의 세기

0   자기장의 세기

— A
---- B

① 외부 자기장이 사라져도 자석의 성질을 지닌다는 점에서 A와 B는 모두 인덕션 레인지 용기의 소재로 적합하겠군.

② A 소재의 용기 외부에 가해지는 자기장의 세기가 커질수록 발생하는 열에너지의 크기는 계속 증가하겠군.

③ 인덕션 레인지의 전원을 차단했을 때 A 소재의 용기가 B 소재의 용기보다 잔류 자기의 세기가 더 크겠군.

④ 용기의 잔류 자기를 제거하기 위해서는 B 소재의 용기보다 A 소재의 용기에 더 큰 세기의 자기장을 가해 주어야겠군.

⑤ B 소재의 용기는 A 소재의 용기보다 자기장의 변화에 따라 발생하는 열에너지가 적겠군.

1 ❶문단을 통해 글의 중심 화제를 파악해 보자.

하이라이트 레인지와 인덕션 레인지의 용기 (　　　　　　　　　)

2 중심 화제와 관련된 각 문단의 정보를 정리해 보자.

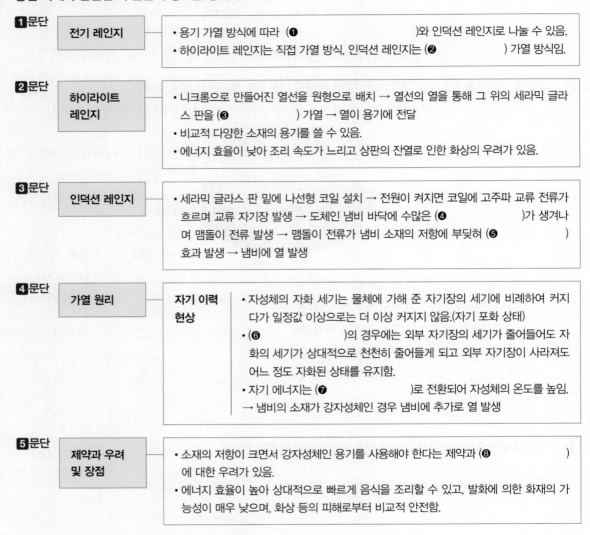

❶문단　전기 레인지
- 용기 가열 방식에 따라 (❶　　　　　　　　　　　　　)와 인덕션 레인지로 나눌 수 있음.
- 하이라이트 레인지는 직접 가열 방식, 인덕션 레인지는 (❷　　　　　　　) 가열 방식임.

❷문단　하이라이트 레인지
- 니크롬으로 만들어진 열선을 원형으로 배치 → 열선의 열을 통해 그 위의 세라믹 글라스 판을 (❸　　　　　　) 가열 → 열이 용기에 전달
- 비교적 다양한 소재의 용기를 쓸 수 있음.
- 에너지 효율이 낮아 조리 속도가 느리고 상판의 잔열로 인한 화상의 우려가 있음.

❸문단　인덕션 레인지
- 세라믹 글라스 판 밑에 나선형 코일 설치 → 전원이 켜지면 코일에 고주파 교류 전류가 흐르며 교류 자기장 발생 → 도체인 냄비 바닥에 수많은 (❹　　　　　　　　)가 생겨나며 맴돌이 전류 발생 → 맴돌이 전류가 냄비 소재의 저항에 부딪혀 (❺　　　　　　) 효과 발생 → 냄비에 열 발생

❹문단　가열 원리　｜　자기 이력 현상
- 자성체의 자화 세기는 물체에 가해 준 자기장의 세기에 비례하여 커지다가 일정값 이상으로는 더 이상 커지지 않음.(자기 포화 상태)
- (❻　　　　　　　　)의 경우에는 외부 자기장의 세기가 줄어들어도 자화의 세기가 상대적으로 천천히 줄어들게 되고 외부 자기장이 사라져도 어느 정도 자화된 상태를 유지함.
- 자기 에너지는 (❼　　　　　　　　)로 전환되어 자성체의 온도를 높임.
→ 냄비의 소재가 강자성체인 경우 냄비에 추가로 열 발생

❺문단　제약과 우려 및 장점
- 소재의 저항이 크면서 강자성체인 용기를 사용해야 한다는 제약과 (❽　　　　　　　) 에 대한 우려가 있음.
- 에너지 효율이 높아 상대적으로 빠르게 음식을 조리할 수 있고, 발화에 의한 화재의 가능성이 매우 낮으며, 화상 등의 피해로부터 비교적 안전함.

3 다음 정보 간의 관계를 파악해 보자.

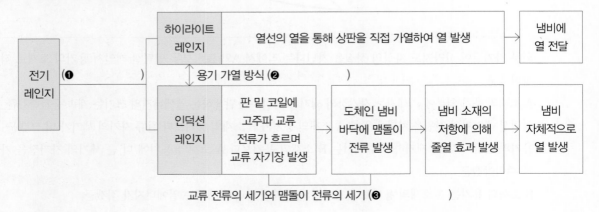

전기 레인지 (❶　　　　　　)

하이라이트 레인지 → 열선의 열을 통해 상판을 직접 가열하여 열 발생 → 냄비에 열 전달

용기 가열 방식 (❷　　　　　　)

인덕션 레인지 → 판 밑 코일에 고주파 교류 전류가 흐르며 교류 자기장 발생 → 도체인 냄비 바닥에 맴돌이 전류 발생 → 냄비 소재의 저항에 의해 줄열 효과 발생 → 냄비 자체적으로 열 발생

교류 전류의 세기와 맴돌이 전류의 세기 (❸　　　　　　)

선지판단연습

지문을 바탕으로 ❶~❹의 내용을 판단해 보자.

지문 ❷-1 하이라이트 레인지는 주로 니크롬으로 만들어진 열선을 원형으로 배치하고 열선의 열을 통해 그 위의 세라믹 글라스 판을 직접 가열한다.

❶ 하이라이트 레인지는 세라믹 글라스 판에서 발생한 열이 열선을 가열한다. ···········(○ / ×)

지문 ❸-2~3 전원이 켜지면 코일에 2만Hz 이상의 고주파 교류 전류가 흐르면서 그 주변으로 1초에 2만 번 이상 방향이 바뀌는 교류 자기장이 발생하게 되고, 그 위에 도체인 냄비를 놓으면 교류 자기장에 의해 냄비 바닥에는 수많은 폐회로가 생겨나며 그 회로 속에 소용돌이 형태의 유도 전류인 맴돌이 전류가 발생한다. 이때 흐르는 맴돌이 전류가 냄비 소재의 저항에 부딪혀 줄열 효과가 나타나게 되고 이에 의해 냄비에 열이 발생하게 되는데, 이때 맴돌이 전류의 세기는 나선형 코일에 흐르는 전류의 세기에 비례한다.

❷ 코일에 흐르는 전류의 세기가 크고 냄비 소재의 저항성이 작을수록 줄열 효과가 더 크게 나타난다. (○ / ×)

지문 ❹-2 일반적으로 물체는 자기장의 영향을 받으면 자석의 성질을 갖게 되는데 이것을 자화라고 하며, 자화된 물체를 자성체라고 한다.

❸ 자기장의 영향을 받아 자석의 성질을 갖게 된 물체를 (자화 / 자성체)라고 한다.

지문 ❹-5 그런데 강자성체의 경우에는 외부 자기장의 세기가 줄어들어도 자화의 세기가 상대적으로 천천히 줄어들게 되고 외부 자기장이 사라져도 어느 정도 자화된 상태를 유지하게 되는데, 이를 자기 이력 현상이라고 하며 자성체에 남아 있는 자화의 세기를 잔류 자기라고 한다.

❹ 강자성체는 외부 자기장이 사라져도 어느 정도 잔류 자기를 갖는다. ·············(○ / ×)

플러스 독해 TIP

비례·반비례 관계가 나타나는 글

지문에 제시된 여러 대상 중 한 대상이 다른 대상의 변화에 영향을 주는 경우가 있다. A라는 대상이 증가(감소)할 때 그것이 영향을 주어 B라는 대상도 증가(감소)하면 A와 B는 비례 관계이다. 이와 달리 A라는 대상이 증가(감소)할 때 그것이 영향을 주어 B라는 대상은 감소(증가)하면 A와 B는 반비례 관계이다.

> 17세기 후반에 뉴턴은 태양 중심설을 역학적으로 정당화하였다. 그는 만유인력 가설로부터 케플러의 행성 운동 법칙들을 성공적으로 연역했다. 이때 가정된 만유인력은 두 질점이 서로 당기는 힘으로, 그 크기는 두 질점의 질량의 곱에 비례하고 거리의 제곱에 반비례한다. 지구를 포함하는 천체들이 밀도가 균질하거나 구 대칭을 이루는 구라면 천체가 그 천체 밖 어떤 질점을 당기는 만유인력은, 그 천체를 잘게 나눈 부피 요소들 각각이 그 천체 밖 어떤 질점을 당기는 만유인력을 모두 더하여 구할 수 있다.
>
> 2019 수능

윗글에는 '만유인력의 크기', '두 질점의 질량', '두 질점의 거리'의 관계가 나타난다. 만유인력의 크기와 두 질점의 질량의 곱은 비례하므로 두 질점의 질량의 곱이 증가하면 만유인력의 크기도 증가한다. 만유인력의 크기와 두 질점의 거리의 제곱은 반비례하므로 두 질점의 거리의 제곱이 감소하면 만유인력의 크기는 증가한다. 윗글과 같이 '비례, 반비례'라는 표현이 직접 드러날 수도 있고, '…면 …다.', '…수록 …다.'와 같은 형식을 통해 대상 간의 관계가 표현될 수도 있다. 이러한 대상의 관계는 화살표로 표시해 두는 것이 좋다.

1 ¹우리는 내비게이션을 통해 목적지까지의 경로를 탐색하거나 스마트폰을 이용해 자신이 현재 있는 위치를 확인할 수 있다. ²이는 GPS(Global Positioning System)로 인해 가능한 것이다. ³그렇다면 GPS는 어떻게 현재 위치를 파악하는 것일까?

2 ¹GPS는 크게 GPS 위성과 GPS 수신기 등으로 구성된다. ²현재 지구를 도는 약 30개의 GPS 위성은 일정한 속력으로 정해진 궤도를 돌면서, 자신의 위치 정보 및 시각 정보를 담은 신호를 지구로 송신한다. ³이 신호를 받은 수신기는 위성에서 신호를 보낸 시각과 자신이 신호를 받은 시각의 차이를 근거로, 위성 신호가 수신기까지 이동하는 데 걸린 시간을 계산하여 위성과 수신기 사이의 거리를 구한다. ⁴위성이 보낸 신호는 빛의 속력으로 이동하므로, 신호가 이동하는 데 걸린 시간(t)에 빛의 속력(c)을 곱하면 위성과 수신기 사이의 거리(r)를 구할 수 있다. ⁵이를 식으로 표시하면 'r = t × c'이다.

3 ¹그런데 GPS가 현재 위치를 정확하게 파악하기 위해서는 상대성 이론을 고려해야 한다. ²상대성 이론에 따르면 대상이 빠르게 움직일수록 시간은 느리게 흐르고, 대상에 미치는 중력이 약해질수록 시간은 빠르게 흐른다. ³실제로 위성은 지구의 자전 속력보다 빠르게 지구 주변을 돌고 있기 때문에 지표면에 비해 시간이 느리게 흘러, 위성의 시간은 하루에 약 7.2μs씩 느려지게 된다. ⁴또한 위성은 약 20,000km 이상의 상공에 있기 때문에 중력이 지표면보다 약하게 작용해 지표면에 비해 시간이 하루에 약 45.8μs씩 빨라지게 된다. ⁵그 결과 ㉠GPS 위성에 있는 원자시계의 시간은 지표면의 시간에 비해 매일 약 38.6μs씩 빨라진다. ⁶이러한 차이는 하루에 약 11km의 오차를 발생시킨다. ⁷이를 방지하기 위해 GPS는 위성에 탑재된 원자시계의 시간을 지표면의 시간과 일치하도록 조정하여 위성과 수신기 사이의 거리를 정확하게 구하게 된다.

4 ¹이렇게 계산된 거리는 수신기가 자신의 위치를 파악하는 데 사용되는데, 이를 이해하기 위해서는 삼변 측량법을 알아야 한다. ²삼변 측량법은 세 기준점 A, B, C의 위치와, 각 기준점에서 대상 P까지의 거리를 이용하여 P의 위치를 측정하는 방법이다.

5 ¹가령, 〈그림〉과 같이 평면상의 A(0, 0)에서 거리가 5만큼 떨어진 지점에, B(4, 0)에서 거리가 3만큼 떨어진 지점에, C(0, 3)에서 거리가 4만큼 떨어진 지점에 P(x, y)가 있다고 하자. ²평면상의 한 점에서 같은 거리에 있는 점을 모두 연결하면 원이 된다. ³그러므로 A를 중심으로 반지름이 5인 원, B를 중심으로 반지름이 3인 원, C를 중심으로 반지름이 4인 원을 그리면 세 원이 교차하는 지점이 하나 생기는데, 이 지점이 바로 P(4, 3)의 위치가 된다. ⁴이때 세 개의 점 A, B, C를 GPS 위성으로 본다면 이들의 좌표값은 위성의 위치 정보이고, P의 좌표값은 GPS 수신기의 위치 정보에 해당한다고 할 수 있다.

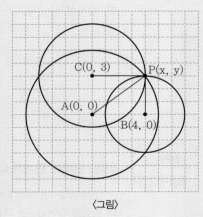

〈그림〉

6 ¹그러나 실제 공간은 2차원 평면이 아닌 3차원 입체이기 때문에 GPS 위성으로부터 동일한 거리에 있는 점들은 원이 아니라 구(球)의 형태로 나타난다. ²그 결과 세 개의 GPS 위성을 중심으로 하는 세 개의 구가 겹치는 지점은 일반적으로 두 군데가 된다. ³하지만 이 중 한 지점은 지구 표면 가까이에 위치하게 되고, 나머지 한 지점은 우주 공간에 위치하게 된다. ⁴GPS 수신기는 이 두 교점 중 지구 표면 가까이에 있는 지점을 자신의 현재 위치로 파악하게 된다.

*μs(마이크로초) 1초의 100만 분의 1.

세부 정보 파악

1 윗글에서 알 수 있는 내용으로 적절하지 <u>않은</u> 것은?

① GPS 위성은 약 20,000km 이상의 상공에서 일정한 속력으로 정해진 궤도를 돈다.

② GPS를 이용하면 스마트폰이나 내비게이션으로 현재의 위치 정보를 확인할 수 있다.

③ GPS 수신기는 GPS 위성에 보낸 신호를 바탕으로 자신의 위치 정보를 계산한다.

④ GPS 위성과 GPS 수신기 간의 거리를 빛의 속력으로 나누면 위성의 신호가 수신기에 도달하는 데 걸린 시간이 된다.

⑤ 삼변 측량법이란 기준점의 위치 및 대상과 기준점 사이의 거리를 이용하여 대상의 위치를 파악하는 방법이다.

인과 관계 파악

2 문맥을 고려할 때, ㉠의 이유로 가장 적절한 것은?

① GPS 위성에는 지구의 중력이 지표면에 비해 강하게 작용하기 때문이다.

② GPS 위성이 지구를 도는 속력이 지구가 자전하는 속력보다 느리기 때문이다.

③ GPS 위성이 지구를 도는 방향과 지구가 자전을 하는 방향이 동일하기 때문이다.

④ GPS 수신기가 GPS 위성의 신호를 받는 과정에서 시간의 차이가 생기기 때문이다.

⑤ GPS 위성의 이동 속력으로 인한 시간의 변화보다 중력으로 인한 시간의 변화가 더 크기 때문이다.

구체적 사례에 적용

3 윗글을 바탕으로 〈보기〉에 대해 이해한 내용으로 적절하지 <u>않은</u> 것은?

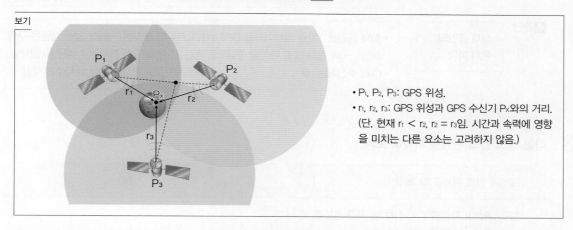

보기

- P_1, P_2, P_3: GPS 위성.
- r_1, r_2, r_3: GPS 위성과 GPS 수신기 P_x와의 거리.
 (단, 현재 $r_1 < r_2$, $r_2 = r_3$임. 시간과 속력에 영향을 미치는 다른 요소는 고려하지 않음.)

① P_1~P_3가 송신하는 신호에는 위성의 위치 정보와 위성이 신호를 보낸 시각 정보가 담겨 있다.

② P_1~P_3의 위치 정보가 달라져도 r_1~r_3의 값이 변하지 않으면, 각각의 위성이 보낸 신호가 P_x에 도달하는 데 걸리는 시간은 달라지지 않는다.

③ P_1에서 보낸 신호가 P_x에 도달하는 데 걸린 시간이 실제보다 짧게 계산되면, r_1의 값은 실제보다 작게 계산된다.

④ P_1이 송신한 신호가 P_x에 도달할 때까지 걸린 시간은 P_2가 송신한 신호가 P_x에 도달할 때까지 걸린 시간보다 길다.

⑤ r_1~r_3를 반지름으로 하는 구의 교점 중 지표면에 가까운 교점이 P_x의 현재 위치이다.

1 **1**문단을 통해 글의 중심 화제를 파악해 보자.

( )가 현재 위치를 파악하는 방법

2 중심 화제와 관련된 각 문단의 정보를 정리해 보자.

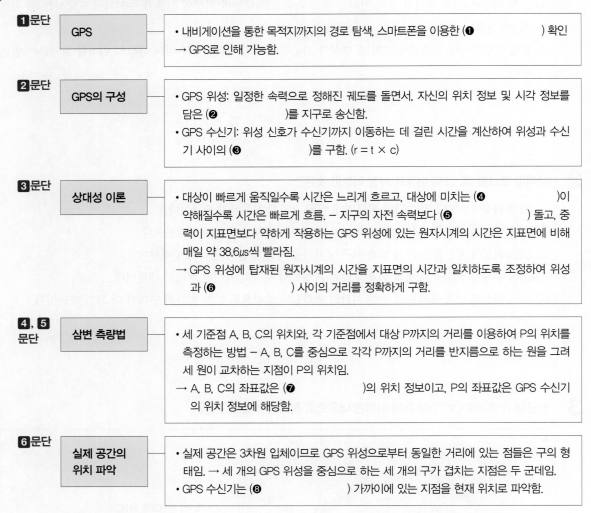

1문단 | GPS
- 내비게이션을 통한 목적지까지의 경로 탐색, 스마트폰을 이용한 (❶) 확인 → GPS로 인해 가능함.

2문단 | GPS의 구성
- GPS 위성: 일정한 속력으로 정해진 궤도를 돌면서, 자신의 위치 정보 및 시각 정보를 담은 (❷)를 지구로 송신함.
- GPS 수신기: 위성 신호가 수신기까지 이동하는 데 걸린 시간을 계산하여 위성과 수신기 사이의 (❸)를 구함. ($r = t \times c$)

3문단 | 상대성 이론
- 대상이 빠르게 움직일수록 시간은 느리게 흐르고, 대상에 미치는 (❹)이 약해질수록 시간은 빠르게 흐름. – 지구의 자전 속력보다 (❺) 돌고, 중력이 지표면보다 약하게 작용하는 GPS 위성에 있는 원자시계의 시간은 지표면에 비해 매일 약 $38.6\mu s$씩 빨라짐.
→ GPS 위성에 탑재된 원자시계의 시간을 지표면의 시간과 일치하도록 조정하여 위성과 (❻) 사이의 거리를 정확하게 구함.

4, **5**문단 | 삼변 측량법
- 세 기준점 A, B, C의 위치와, 각 기준점에서 대상 P까지의 거리를 이용하여 P의 위치를 측정하는 방법 – A, B, C를 중심으로 각각 P까지의 거리를 반지름으로 하는 원을 그려 세 원이 교차하는 지점이 P의 위치임.
→ A, B, C의 좌표값은 (❼)의 위치 정보이고, P의 좌표값은 GPS 수신기의 위치 정보에 해당함.

6문단 | 실제 공간의 위치 파악
- 실제 공간은 3차원 입체이므로 GPS 위성으로부터 동일한 거리에 있는 점들은 구의 형태임. → 세 개의 GPS 위성을 중심으로 하는 세 개의 구가 겹치는 지점은 두 군데임.
- GPS 수신기는 (❽) 가까이에 있는 지점을 현재 위치로 파악함.

3 다음 정보 간의 관계를 파악해 보자.

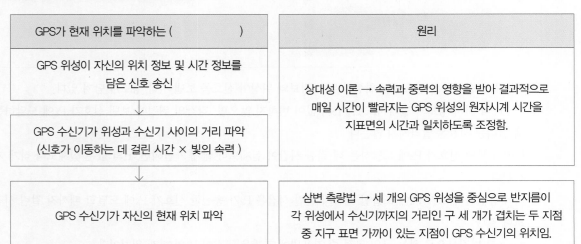

GPS가 현재 위치를 파악하는 ( )	원리
GPS 위성이 자신의 위치 정보 및 시간 정보를 담은 신호 송신 ↓ GPS 수신기가 위성과 수신기 사이의 거리 파악 (신호가 이동하는 데 걸린 시간 × 빛의 속력) ↓ GPS 수신기가 자신의 현재 위치 파악	상대성 이론 → 속력과 중력의 영향을 받아 결과적으로 매일 시간이 빨라지는 GPS 위성의 원자시계 시간을 지표면의 시간과 일치하도록 조정함. 삼변 측량법 → 세 개의 GPS 위성을 중심으로 반지름이 각 위성에서 수신기까지의 거리인 구 세 개가 겹치는 두 지점 중 지구 표면 가까이 있는 지점이 GPS 수신기의 위치임.

선지 판단 연습

지문을 바탕으로 ❶~❹의 내용을 판단해 보자.

지문 ❷-4 위성이 보낸 신호는 빛의 속력으로 이동하므로, 신호가 이동하는 데 걸린 시간(t)에 빛의 속력(c)을 곱하면 위성과 수신기 사이의 거리(r)를 구할 수 있다.

❶ '위성이 보낸 신호가 이동하는 데 걸린 시간'과 '위성과 수신기 사이의 거리'는 (비례 / 반비례)한다.

지문 ❸-2 상대성 이론에 따르면 대상이 빠르게 움직일수록 시간은 느리게 흐르고, 대상에 미치는 중력이 약해질수록 시간은 빠르게 흐른다.

❷ 상대성 이론에 따르면 대상이 빠르게 움직일수록, 대상에 미치는 중력이 강해질수록 시간은 느리게 흐른다.
.... (○ / ×)

지문 ❹-1~2 이렇게 계산된 거리는 수신기가 자신의 위치를 파악하는 데 사용되는데, 이를 이해하기 위해서는 삼변 측량법을 알아야 한다. 삼변 측량법은 세 기준점 A, B, C의 위치와, 각 기준점에서 대상 P까지의 거리를 이용하여 P의 위치를 측정하는 방법이다.

❸ 수신기는 자신의 위치를 파악하기 위해 세 기준점의 위치와 각 기준점에서 자신까지의 거리를 이용한다.
.... (○ / ×)

지문 ❻-1 그러나 실제 공간은 2차원 평면이 아닌 3차원 입체이기 때문에 GPS 위성으로부터 동일한 거리에 있는 점들은 원이 아니라 구(球)의 형태로 나타난다.

❹ 3차원 공간에서는 GPS 위성으로부터 동일한 거리에 있는 점들이 원의 형태로 나타난다. .... (○ / ×)

플러스 독해 TIP

공식이 나타나는 글

수능 지문에서는 공식을 제시하며 내용을 설명하기도 한다. 이런 지문에서는 공식을 이용해 푸는 문제가 출제되는 경우가 많으므로 공식을 이해하여 문제에서 활용할 수 있어야 한다.

> BIS 비율은 은행의 재무 건전성을 유지하는 데 필요한 최소한의 자기 자본 비율을 설정하여 궁극적으로 예금자와 금융 시스템을 보호하기 위해 바젤 위원회에서 도입한 것이다. 바젤 위원회에서는 BIS 비율이 적어도 규제 비율인 8%는 되어야 한다는 기준을 제시하였다. 이에 대한 식은 다음과 같다.
>
> $$\text{BIS 비율(\%)} = \frac{\boxed{\text{자기 자본}}}{\boxed{\text{위험 가중 자산}}} \times 100 \geq 8(\%)$$
>
> 여기서 자기 자본은 은행의 기본 자본, 보완 자본 및 단기 후순위 채무의 합으로, 위험 가중 자산은 보유 자산에 각 자산의 신용 위험에 대한 위험 가중치를 곱한 값들의 합으로 구하였다. 　　　　2020 수능

윗글은 'BIS 비율'을 설명하며 공식을 제시하고 있다. 여기서 '자기 자본'과 '위험 가중 자산'이 무엇인지 이해해야 문제에서 주어진 수치를 공식에 대입할 수 있다. 따라서 지문에 공식이 제시되면 공식을 구성하는 각 요소들의 개념을 파악하여 선으로 연결하거나 공식 옆에 메모해 두는 것이 좋다.

2018-6월 고2 학력평가

1 ¹정조 임금이 애초 10년을 잡았던 수원 화성의 공사를 2년 7개월 만에 끝낼 수 있었던 까닭은 무엇일까? ²그것은 정약용이 발명한 '유형거(游衡車)'라는 특별한 수레 덕분이었다. ³『화성성역의궤』의 기록에 따르면 성을 쌓는 돌을 운반할 때 유형거를 이용함으로써 공사 기간을 단축하고 비용도 크게 절약할 수 있었다고 한다.

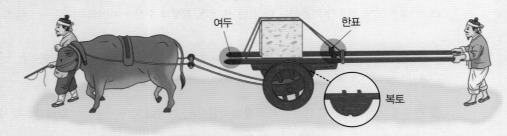

여두 / 한표 / 복토

2 ¹그렇다면 기존의 수레에 비해 유형거가 공학적으로 높은 평가를 받는 까닭은 무엇일까? ²첫째, 여느 수레는 짐을 나르는 기능에만 치우쳐 있는 것에 비해, 유형거는 짐을 쉽게 운반할 수 있을 뿐만 아니라 짐을 싣는 작업도 지렛대의 원리를 반영하여 쉽게 할 수 있도록 설계되었다. ³유형거는 무게를 견디고 분산시키는 바퀴와 복토, 짐을 싣는 곳인 차상, 수레 손잡이, 여두 등으로 이루어져 있다. ⁴돌부리에 찔러 넣어 돌을 들어 올리는 여두(舁頭)는 소 혀와 같은 모양으로 만들어 돌을 쉽게 올려놓을 수 있도록 하였고, 수레 손잡이는 끝부분을 점점 가늘고 둥글게 하여 손으로 쉽게 조작하도록 하였다. ⁵이 손잡이 부분을 잡고 올리면 여두가 낮아져 돌을 쉽게 차상에 올려놓을 수 있고, 다시 손잡이를 내리면 돌이 손잡이 쪽으로 미끄러지게 된다.

3 ¹둘째, 유형거는 소에서 얻는 주동력 외에 보조 동력을 더할 수 있었다. ²이는 수레가 흔들림에 따라 싣고 있는 돌이 차상 위에서 앞뒤로 움직이는 것을 이용한 것으로, 바퀴 축과 차상 사이에 설치한 '복토(伏兔)'라는 반원형의 장치 덕분이다. ³상식적으로는 복토로 인해 짐을 싣는 부분이 높아져 수레가 흔들리는 만큼 무게 중심도 계속 변화하여 수레를 안정적으로 운용하기 어렵다. ⁴그럼에도 복토를 설치함으로써 얻을 수 있는 보조 동력을 정약용은 놓치지 않았던 것이다. ⁵즉, 유형거가 움직일 때 수레 손잡이를 들어 올리면 돌은 정지 마찰력을 극복하고 견인 줄에 의해 멈출 때까지 수레의 진행 방향으로 여두 부근까지 미끄러지는데, 이때 생긴 에너지는 수레에 추진력을 더한다. ⁶그리고 수레 손잡이를 내리면 이번에는 돌이 다시 수레의 진행 방향 반대쪽으로 미끄러지다가 한표(限表)라고 하는 조그만 나무토막에 걸려 멈추게 되는데, 이때 발생하는 에너지는 수레가 나아가는 것을 방해한다. ⁷하지만 바퀴 축을 중심으로 보았을 때 여두까지의 거리가 길고 한표까지의 거리는 짧은 것을 생각하면, 추진력에 비해 나아가는 것을 방해하는 힘은 작으므로 결국 수레를 운전하는 입장에서는 그만큼 보조 동력을 얻는 셈이다. ⁸실제 『화성성역의궤』에서도 1치(약 3cm)쯤 물러섰다가 1자(약 30cm) 정도 앞으로 나아간다고 밝히고 있다.

4 ¹셋째, 유형거는 손잡이의 조작으로 수레에 가해지는 충격을 완화시킬 수 있었다. ²기존의 수레는 거친 길을 달리면서 받는 충격을 완화하기가 힘들었으나, 유형거는 수레를 운용하는 사람이 손에 익은 경험을 통해 유형거가 받는 충격을 감지하고 그 힘을 상쇄하기 위하여 손잡이를 조작하는 방식으로 완충 제어를 하였다. ³언덕을 오를 때는 손잡이를 올리고 내려갈 때는 손잡이를 내림으로써 수레가 앞뒤로 흔들거리며 진동하는 현상을 제어하는 것이다. ⁴마찬가지로 왼쪽으로 돌 때에는 왼쪽이 올라가므로 왼쪽 손잡이를 누른다. ⁵또 갑자기 출발할 때는 손잡이를 올리고, 갑자기 정지할 때는 손잡이를 내리는 등 사람의 능동적인 손잡이 조작에 의해 좀 더 안정적으로 수레를 운용할 수 있게 된 것이다.

5 ¹이상으로 볼 때 유형거는 단순한 수레라고 할 수 없다. ²유형거는 편리하게 짐을 실을 수 있는 지게차이자 운행 중 덤으로 얻을 수 있는 보조 동력까지 갖추고, 불안정한 수레의 움직임을 보다 안정적으로 제어할 수 있는 완충 장치까지 갖춘 위대한 발명품이었다.

1 윗글의 표제와 부제로 가장 적절한 것은?

① 유형거의 우수성 – 구조적 특징 분석을 중심으로

② 유형거의 미학적 특성 – 복토의 운용상 장점을 중심으로

③ 효과적인 운반 수단이 된 유형거 – 실제 운용한 사람의 경험을 중심으로

④ 수레 발달의 역사 – 기존 수레와 유형거의 차이를 중심으로

⑤ 유형거의 변화 과정 – 유형거의 장단점과 작동 원리를 중심으로

2 〈보기〉를 활용하여 '유형거'에 대해 이해한 내용으로 적절하지 <u>않은</u> 것은?

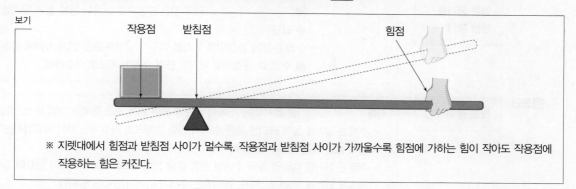

보기

작용점   받침점   힘점

※ 지렛대에서 힘점과 받침점 사이가 멀수록, 작용점과 받침점 사이가 가까울수록 힘점에 가하는 힘이 작아도 작용점에 작용하는 힘은 커진다.

① 수레 손잡이 쪽에 한표를 두어 힘점에 가해지는 힘을 늘리려 했겠군.

② 손잡이는 되도록 길게 만들어 작용점에 더 큰 힘이 작용하도록 의도했겠군.

③ 여두와 바퀴 축의 거리를 가깝게 만들어 작은 힘으로도 무거운 돌을 싣도록 했겠군.

④ 여두를 특수한 형태로 만들어 작용점에 작용하는 힘이 더 효과적으로 전달되도록 했겠군.

⑤ 유형거의 여두는 작용점으로, 바퀴 축은 받침점으로, 손잡이는 힘점으로 기능하도록 설계했겠군.

3 윗글을 바탕으로 〈보기〉의 질문에 답하고자 할 때, ㉠~㉢에 들어갈 말로 적절한 것은?

보기

〈교사의 질문〉 유형거가 평지에서 급출발을 하여 언덕길을 오른 후 갈림길에서 오른쪽으로 돌았다고 할 때, 사람은 유형거의 손잡이를 어떻게 제어해야 할까요?

〈학생의 답변〉 급출발 시에 손잡이를 올리고, 언덕길에서 손잡이를 (㉠), 갈림길에서 (㉡) 손잡이를 (㉢)합니다.

	㉠	㉡	㉢
①	올린 후	오른쪽	눌러야
②	올린 후	오른쪽	올려야
③	올린 후	왼쪽	눌러야
④	내린 후	오른쪽	눌러야
⑤	내린 후	왼쪽	올려야

1 ❷문단을 통해 글의 중심 화제를 파악해 보자.

(   )가 공학적으로 높은 평가를 받는 까닭

2 중심 화제와 관련된 각 문단의 정보를 정리해 보자.

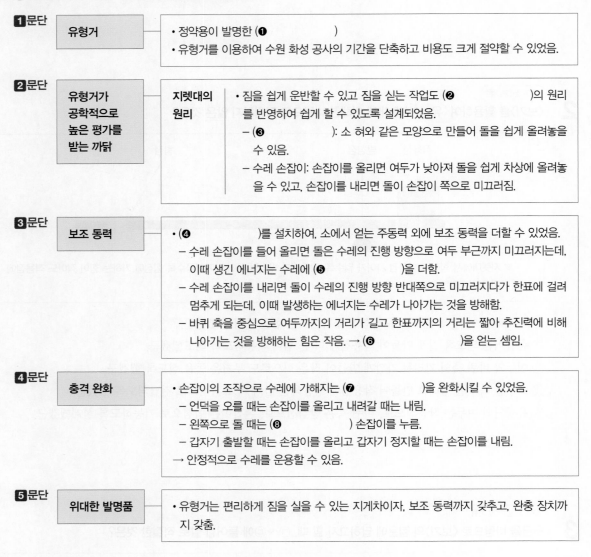

❶문단 유형거
• 정약용이 발명한 (❶   )
• 유형거를 이용하여 수원 화성 공사의 기간을 단축하고 비용도 크게 절약할 수 있었음.

❷문단 유형거가 공학적으로 높은 평가를 받는 까닭

지렛대의 원리
• 짐을 쉽게 운반할 수 있고 짐을 싣는 작업도 (❷   )의 원리를 반영하여 쉽게 할 수 있도록 설계되었음.
 − (❸   ): 소 혀와 같은 모양으로 만들어 돌을 쉽게 올려놓을 수 있음.
 − 수레 손잡이: 손잡이를 올리면 여두가 낮아져 돌을 쉽게 차상에 올려놓을 수 있고, 손잡이를 내리면 돌이 손잡이 쪽으로 미끄러짐.

❸문단 보조 동력
• (❹   )를 설치하여, 소에서 얻는 주동력 외에 보조 동력을 더할 수 있었음.
 − 수레 손잡이를 들어 올리면 돌은 수레의 진행 방향으로 여두 부근까지 미끄러지는데, 이때 생긴 에너지는 수레에 (❺   )을 더함.
 − 수레 손잡이를 내리면 돌이 수레의 진행 방향 반대쪽으로 미끄러지다가 한표에 걸려 멈추게 되는데, 이때 발생하는 에너지는 수레가 나아가는 것을 방해함.
 − 바퀴 축을 중심으로 여두까지의 거리가 길고 한표까지의 거리는 짧아 추진력에 비해 나아가는 것을 방해하는 힘은 작음. → (❻   )을 얻는 셈임.

❹문단 충격 완화
• 손잡이의 조작으로 수레에 가해지는 (❼   )을 완화시킬 수 있었음.
 − 언덕을 오를 때는 손잡이를 올리고 내려갈 때는 내림.
 − 왼쪽으로 돌 때는 (❽   ) 손잡이를 누름.
 − 갑자기 출발할 때는 손잡이를 올리고 갑자기 정지할 때는 손잡이를 내림.
 → 안정적으로 수레를 운용할 수 있음.

❺문단 위대한 발명품
• 유형거는 편리하게 짐을 실을 수 있는 지게차이자, 보조 동력까지 갖추고, 완충 장치까지 갖춤.

3 다음 정보 간의 관계를 파악해 보자.

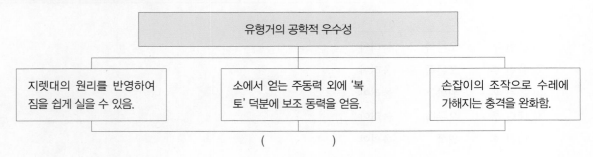

유형거의 공학적 우수성

지렛대의 원리를 반영하여 짐을 쉽게 실을 수 있음.

소에서 얻는 주동력 외에 '복토' 덕분에 보조 동력을 얻음.

손잡이의 조작으로 수레에 가해지는 충격을 완화함.

(   )

선지 판단 연습

추론적 사고력 기르기

지문을 바탕으로 ❶~❹의 내용을 판단해 보자.

> **지문 ❷-2** 첫째, 여느 수레는 짐을 나르는 기능에만 치우쳐 있는 것에 비해, 유형거는 짐을 쉽게 운반할 수 있을 뿐만 아니라 짐을 싣는 작업도 지렛대의 원리를 반영하여 쉽게 할 수 있도록 설계되었다.

❶ 유형거는 지렛대의 원리를 반영한 보통의 수레보다 짐을 쉽게 실을 수 있었다. ·················· (○ / ×)

> **지문 ❷-3, 5** 유형거는 무게를 견디고 분산시키는 바퀴와 복토, 짐을 싣는 곳인 차상, 수레 손잡이, 여두 등으로 이루어져 있다. … 이 손잡이 부분을 잡고 올리면 여두가 낮아져 돌을 쉽게 차상에 올려놓을 수 있고, 다시 손잡이를 내리면 돌이 손잡이 쪽으로 미끄러지게 된다.

❷ 유형거가 짐을 싣는 데 관여하는 요소는 복토와 여두이다. ······························· (○ / ×)

> **지문 ❸-5~6** 즉, 유형거가 움직일 때 수레 손잡이를 들어 올리면 돌은 정지 마찰력을 극복하고 견인 줄에 의해 멈출 때까지 수레의 진행 방향으로 여두 부근까지 미끄러지는데, 이때 생긴 에너지는 수레에 추진력을 더한다. 그리고 수레 손잡이를 내리면 이번에는 돌이 다시 수레의 진행 방향 반대쪽으로 미끄러지다가 한표(限表)라고 하는 조그만 나무토막에 걸려 멈추게 되는데, 이때 발생하는 에너지는 수레가 나아가는 것을 방해한다.

❸ 유형거가 추진력을 얻기 위해서는 돌이 수레의 진행 (방향 / 역방향)으로 미끄러져야 한다.

> **지문 ❹-5** 또 갑자기 출발할 때는 손잡이를 올리고, 갑자기 정지할 때는 손잡이를 내리는 등 사람의 능동적인 손잡이 조작에 의해 좀 더 안정적으로 수레를 운용할 수 있게 된 것이다.

❹ 유형거를 안정적으로 제어하기 위해서는 손잡이를 능동적으로 조작해야 한다. ·················· (○ / ×)

플러스 독해 TIP

대등한 정보들이 나열되는 글

수능 지문에서는 중심 화제와 관련된 방법을 나열하거나, 중심 화제의 특징을 나열하는 등 정보를 병렬적으로 나열하기도 한다. 이때 나열되는 정보는 위계가 없이 대등한 관계를 지닌다.

> 한편 실내에서 위치 측정에 사용 가능한 방법으로는 블루투스 기반의 비콘을 활용하는 기술이 있다. 비콘은 실내에 고정 설치되어 비콘마다 정해진 식별 번호와 위치 정보가 포함된 신호를 주기적으로 보내는 기기이다. … 이 신호를 이용하여 2차원 평면에서의 위치를 측정하는 방법으로는 다음과 같은 것들이 있다.
> 근접성 기법은 단말기가 비콘 신호를 수신하면 해당 비콘의 위치를 단말기의 위치로 정한다. …
> 삼변 측량 기법은 3개 이상의 비콘으로부터 수신된 신호 세기를 측정하여 단말기와 비콘 사이의 거리로 환산한다. 각 비콘을 중심으로 이 거리를 반지름으로 하는 원을 그리고, 그 교점을 단말기의 현재 위치로 정한다. …
> 위치 지도 기법은 측정 공간을 작은 구역들로 나누어 각 구역마다 기준점을 설정하고 그 주위에 비콘들을 설치한다. 그리고 나서 비콘들이 송신하여 각 기준점에 도달하는 신호의 세기를 측정한다. 2020-9월 고3 모의평가

윗글에서는 비콘을 활용하여 실내에서 위치를 측정하는 방법인 '근접성 기법', '삼변 측량 기법', '위치 지도 기법'을 나열하고 있다. 각 기법은 다른 기법의 하위로 종속되지 않고 각각 대등하게 기능하므로 정보의 중요도에 차이가 없다. 지문에 '첫째, 둘째', '우선, 다음으로'와 같은 표지가 드러난다면 대등한 정보가 나열된 것으로 볼 수 있다. 이러한 표지가 없을 때는 각 정보의 내용과 기능을 고려하여 각각의 관계를 파악해야 한다.

1 ¹우리 주변에 존재하는 생물들 중에는 독을 가진 경우가 흔하다. ²이러한 생물들은 위협적인 상대로부터 자신을 보호하거나 종족을 보존하기 위해 독을 이용한다. ³특히 동물은 사냥감을 포획하기 위한 수단으로도 독을 사용한다. ⁴이와 같은 독은 식물과 동물에 따라 다양한 특징을 보인다.

2 ¹식물 독의 주성분은 대부분 알칼로이드라는 물질인데 이는 질소를 함유하는 염기성 유기 화합물을 일컫는 것으로, 그 예에는 투구꽃의 '아코니틴'과 흰독말풀의 '아트로핀'이 있다. ²아코니틴과 아트로핀은 모두 동물의 신경계에서 '근육에 가해진 자극이나 뇌가 내린 명령'에 관한 정보가 전달되는 것을 방해한다. ³먼저 아코니틴은 신경 세포의 나트륨 이온 통로를 계속 열어 두기 때문에 나트륨 이온을 세포 안으로 다량 유입시킨다. ⁴이로 인해 이온의 농도 차에 의한 나트륨 이온의 이동이 정상적으로 일어나지 않아, 전기 신호인*활동 전위가 신경 세포에서 일어나지 못하게 된다. ⁵그러면 아세틸콜린이 분비되지 않아, 결국 호흡 곤란으로 이어질 수 있다. ⁶하지만 적정량을 사용하면 진정 효과 등의 약리 작용이 있기 때문에 아코니틴을 진통제의 성분으로 이용하기도 한다.

3 ¹한편 아트로핀은 부교감 신경의 시냅스에서 아세틸콜린 대신에 아세틸콜린 수용체와 결합함으로써 아세틸콜린의 작용을 방해한다. ²여기서 아세틸콜린은 활동 전위에 의해 신경 세포 말단에 있는 시냅스 소포에서 분비된 후, 다른 신경 세포로 정보를 전달하는 물질이다. ³아세틸콜린의 분비가 억제되거나 아세틸콜린이 아세틸콜린 수용체와 결합하지 못하면 신경의 흥분이 억제되어 근육은 이완되지만 아세틸콜린이 과잉 분비되면 그 반대 현상이 일어난다. ⁴아트로핀은 아세틸콜린과 화학 구조가 유사하기 때문에 아세틸콜린 수용체와 결합함으로써 시냅스에서 이루어지는 정보 전달을 방해하게 된다. ⁵이를 이용해 아트로핀은 ⓐ일부 독의 해독제로 쓰이기도 한다.

4 ¹반면 동물 독은 독의 성질이 제각기 다르다. ²대표적으로 뱀의 독에는 주로 단백질 계열의 50~60종의 성분이 있으며, 뱀마다 독의 작용에도 큰 차이가 있다. ³코브라에게 물리면 '오피오톡신'이 시냅스에서 아세틸콜린 수용체와 결합해 근육으로의 정보 전달이 방해된다. ⁴이와 달리 살무사에게 물리면 '크로탈로톡신'이라는 독이 혈액 내의 혈구 세포와 혈소판 등을 파괴한다. ⁵이로 인해 근육이 괴사되고 출혈이 멈추지 않아 죽게 된다. ⁶한편 복어는 '테트로도톡신'이라는 알칼로이드 계열의 독소를 가지고 있다. ⁷테트로도톡신은 신경 세포의 나트륨 이온 통로를 차단함으로써 나트륨 이온이 들어오지 못하게 하기 때문에 활동 전위가 일어나지 않는다. ⁸이로 인해 아세틸콜린이 분비되지 않는다. ⁹특히 테트로도톡신은 복어가 스스로 만들어 내는 것이 아니라, 복어가 먹이로 섭취한 플랑크톤에 의해 축적되거나 복어 체내에 기생하는 균에 의해 만들어진다는 특징이 있다.

5 ¹독이 우리 몸에 유입되면 해독제를 신속하게 투여하는 것이 중요하다. ²해독제로는 산과 염기의 반응을 이용한 중화제, 독소 분자를 분해하는 효소, 유입된 독과 서로 반대 작용을 하는 독을 활용할 수 있다.

*활동 전위 생물체의 세포나 조직이 활동할 때 일어나는 전압 변화.

1 세부 내용 파악
윗글에서 답을 찾을 수 있는 질문에 해당하지 <u>않는</u> 것은?

① 아코니틴에 의해 나타나는 증상은 무엇일까?

② 복어의 독소는 무엇에 의해 만들어지는 것일까?

③ 알칼로이드가 질소를 함유하는 이유는 무엇일까?

④ 살무사에게 물리면 출혈이 멈추지 않는 이유는 무엇일까?

⑤ 오피오톡신과 크로탈로톡신의 작용에는 어떤 차이가 있을까?

2 내용 추론
ⓐ의 이유로 가장 적절한 것은?

① 아트로핀이 아세틸콜린을 분해하는 물질의 작용을 방해하기 때문에

② 아트로핀이 아세틸콜린을 소모하여 부교감 신경의 흥분을 유도하기 때문에

③ 아트로핀이 아세틸콜린을 분비시켜 신경계의 정보 전달을 유도하기 때문에

④ 아트로핀이 아세틸콜린의 작용을 방해해 부교감 신경의 흥분을 억제하기 때문에

⑤ 아트로핀이 아세틸콜린의 분비를 억제하고 다른 신경 전달 물질을 활성화하기 때문에

3 구체적 사례에 적용
윗글을 바탕으로 〈보기〉를 이해한 내용으로 적절하지 <u>않은</u> 것은?

> 보기
> • A의 잎에는 알칼로이드에 속하는 스코폴라민이 포함되어 있는데, 강한 쓴맛 때문에 동물에게 먹히지 않는다. 스코폴라민이 몸속에 들어오면 아세틸콜린 수용체와 결합하므로 멀미약의 성분으로 이용된다.
> • B는 꼬리에 있는 독침에서 분비되는 단백질 계열의 카리브도톡신을 이용한다. 카리브도톡신이 먹잇감인 곤충의 몸속에 들어가면 활동 전위가 계속 일어나도록 하기 때문에 시냅스 말단에서는 아세틸콜린이 과잉 분비된다.

① A의 스코폴라민은 시냅스에서 이루어지는 정보 전달을 방해하는 작용을 하겠군.

② B의 카리브도톡신은 신경의 흥분을 억제하므로 근육으로의 정보 전달을 방해하겠군.

③ A의 스코폴라민은 근육을 이완시키고, B의 카리브도톡신은 근육을 수축시키겠군.

④ A의 스코폴라민은 산성 물질을, B의 카리브도톡신은 단백질 분해 효소를 해독제로 활용할 수 있겠군.

⑤ A에게 스코폴라민은 자신을 보호하기 위한, B에게 카리브도톡신은 사냥감을 포획하기 위한 수단이겠군.

1 ■문단을 통해 글의 중심 화제를 파악해 보자.

식물과 동물에 따른 (　　　　　)의 특징

2 중심 화제와 관련된 각 문단의 정보를 정리해 보자.

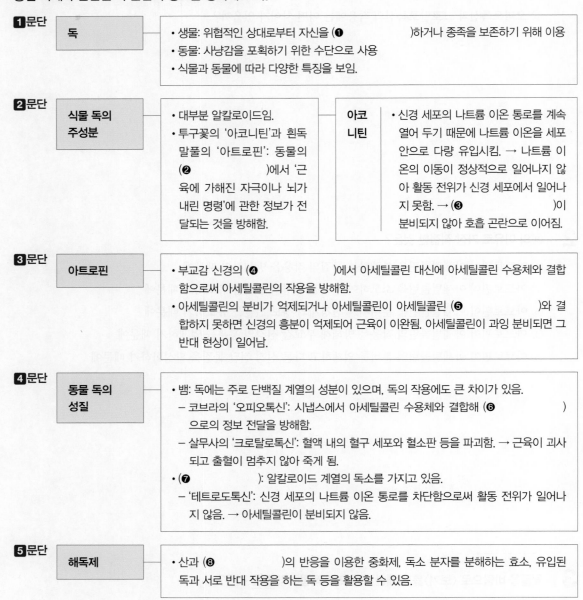

■문단　독
- 생물: 위협적인 상대로부터 자신을 (❶　　　　　)하거나 종족을 보존하기 위해 이용
- 동물: 사냥감을 포획하기 위한 수단으로 사용
- 식물과 동물에 따라 다양한 특징을 보임.

②문단　식물 독의 주성분
- 대부분 알칼로이드임.
- 투구꽃의 '아코니틴'과 흰독말풀의 '아트로핀': 동물의 (❷　　　　　)에서 '근육에 가해진 자극이나 뇌가 내린 명령'에 관한 정보가 전달되는 것을 방해함.

아코니틴
- 신경 세포의 나트륨 이온 통로를 계속 열어 두기 때문에 나트륨 이온을 세포 안으로 다량 유입시킴. → 나트륨 이온의 이동이 정상적으로 일어나지 않아 활동 전위가 신경 세포에서 일어나지 못함. → (❸　　　　　)이 분비되지 않아 호흡 곤란으로 이어짐.

③문단　아트로핀
- 부교감 신경의 (❹　　　　　)에서 아세틸콜린 대신에 아세틸콜린 수용체와 결합함으로써 아세틸콜린의 작용을 방해함.
- 아세틸콜린의 분비가 억제되거나 아세틸콜린이 아세틸콜린 (❺　　　　　)와 결합하지 못하면 신경의 흥분이 억제되어 근육이 이완됨. 아세틸콜린이 과잉 분비되면 그 반대 현상이 일어남.

④문단　동물 독의 성질
- 뱀: 독에는 주로 단백질 계열의 성분이 있으며, 독의 작용에도 큰 차이가 있음.
  – 코브라의 '오피오톡신': 시냅스에서 아세틸콜린 수용체와 결합해 (❻　　　　　)으로의 정보 전달을 방해함.
  – 살무사의 '크로탈로톡신': 혈액 내의 혈구 세포와 혈소판 등을 파괴함. → 근육이 괴사되고 출혈이 멈추지 않아 죽게 됨.
- (❼　　　　　): 알칼로이드 계열의 독소를 가지고 있음.
  – '테트로도톡신': 신경 세포의 나트륨 이온 통로를 차단함으로써 활동 전위가 일어나지 않음. → 아세틸콜린이 분비되지 않음.

⑤문단　해독제
- 산과 (❽　　　　　)의 반응을 이용한 중화제, 독소 분자를 분해하는 효소, 유입된 독과 서로 반대 작용을 하는 독 등을 활용할 수 있음.

3 다음 정보 간의 관계를 파악해 보자.

독
- 식물 독　주성분이 대부분 알칼로이드임.
- ↕ (　　　　　)
- 동물 독　성질이 제각기 다름.
  - 뱀의 독　주로 단백질 계열
  - 복어의 독　알칼로이드 계열

선지 판단 연습

추론적 사고력 기르기

지문을 바탕으로 ❶~❹의 내용을 판단해 보자.

지문 ❶-2~3 이러한 생물들은 위협적인 상대로부터 자신을 보호하거나 종족을 보존하기 위해 독을 이용한다. 특히 동물은 사냥감을 포획하기 위한 수단으로도 독을 사용한다.

❶ 식물은 자신을 보호하거나 사냥감을 포획하기 위해 독을 사용한다. ⋯⋯⋯⋯⋯⋯⋯⋯⋯⋯⋯⋯⋯ (○ / ×)

지문 ❷-3~4, ❹-7 먼저 아코니틴은 신경 세포의 나트륨 이온 통로를 계속 열어 두기 때문에 나트륨 이온을 세포 안으로 다량 유입시킨다. 이로 인해 이온의 농도 차에 의한 나트륨 이온의 이동이 정상적으로 일어나지 않아, 전기 신호인 활동 전위가 신경 세포에서 일어나지 못하게 된다. … 테트로도톡신은 신경 세포의 나트륨 이온 통로를 차단함으로써 나트륨 이온이 들어오지 못하게 하기 때문에 활동 전위가 일어나지 않는다.

❷ 아코니틴과 달리 테트로도톡신은 신경 세포의 나트륨 이온 통로를 (열어 / 막아) 활동 전위가 신경 세포에서 일어나지 않는다.

지문 ❸-4 아트로핀은 아세틸콜린과 화학 구조가 유사하기 때문에 아세틸콜린 수용체와 결합함으로써 시냅스에서 이루어지는 정보 전달을 방해하게 된다.

❸ 아트로핀은 아세틸콜린 수용체와 화학 구조가 유사해 아세틸콜린 수용체와 결합한다. ⋯⋯⋯⋯⋯ (○ / ×)

지문 ❺-2 해독제로는 산과 염기의 반응을 이용한 중화제, 독소 분자를 분해하는 효소, 유입된 독과 서로 반대 작용을 하는 독을 활용할 수 있다.

❹ 체내에 들어온 독과 상반되게 작용하는 독을 활용하면 독성 물질의 작용을 없앨 수 있다. ⋯⋯⋯⋯ (○ / ×)

플러스 독해 TIP

이유 또는 결론 추론 문제

수능에서 지문의 특정 부분을 지정하여 그것의 이유·근거·전제 또는 결론을 묻는 문제를 출제하는 경우가 있다.

> **〈지문〉** 한편 2400MHz 대역은 산업, 과학, 의료용으로 분배되어 있어 특별히 할당받지 않아도 누구나 사용할 수 있다. 2400MHz 대역으로 통신하는 블루투스 기기들은 자유롭게 통신하면서도 혼선을 피할 수 있어야 한다. 블루투스 기기들은 주파수 도약 확산(FHSS) 방식을 사용하는데, 블루투스 통신을 위해서는 우선 통신하고자 하는 기기들이 '페어링'되어야 한다. …
> FHSS 방식을 사용하는 블루투스 통신에서는 2402MHz부터 2480MHz까지의 주파수를 1MHz 단위로 나누어 79개의 채널을 생성하고, 79개의 채널 중 몇 개를 선택하여 이동한다. 이때 채널을 선택하는 패턴을 확산 패턴이라고 한다. ㉮블루투스 기기들은 여러 개의 주파수를 확산 패턴에 따라 1초당 1600번 이동해 가며 통신을 한다.
>
> **〈문제〉** ㉮의 이유로 가장 적절한 것은?
>
> **〈선지〉** 블루투스 통신에서 사용하는 주파수 대역은 누구나 사용할 수 있어 그 주파수 대역에서의 혼선을 방지하기 위해 ○
>
> 2021-3월 고3 학력평가

〈지문〉을 보면 2400MHz 대역으로 통신하는 블루투스 기기들은 자유롭게 통신하면서도 혼선을 피할 수 있어야 한다. 그런데 2400MHz 대역은 누구나 사용할 수 있으므로 혼선이 있을 수 있다. 따라서 여러 개의 주파수를 확산 패턴에 따라 이동해 가며 통신을 하는 이유는 혼선을 방지하기 위해서라고 추론할 수 있다. 이러한 문제를 풀 때는 지문에서 추론의 근거가 되는 진술, 사례 등을 찾는 것이 가장 중요하다. 이를 바탕으로 지정된 부분과 선지의 인과 관계를 따져 보아야 하는데, 이유를 묻는 문제라면 선지 때문에 지정 부분과 같은 결과가 발생했을 것이고, 결론을 묻는 문제라면 지정 부분이 이유가 되어 선지와 같은 결과가 발생했을 것이다. 이러한 논리 관계를 바탕으로 선지의 적절성을 판단해야 한다.

1 ¹'식욕'은 음식을 먹고 싶어 하는 욕망으로, 인간이 살아가는 데 필요한 영양분을 얻기 위해서 반드시 필요하다. ²식욕은 기본적으로 뇌의 *시상 하부에 있는 식욕 *중추의 영향을 받는데, 이 중추에는 배가 고픈 느낌이 들게 하는 '섭식 중추'와 배가 부른 느낌이 들게 하는 '포만 중추'가 함께 있다. ³우리 몸이 영양분을 필요로 하는 상태가 되면 섭식 중추는 뇌 안의 다양한 곳에 신호를 보낸다. ⁴그러면 식욕이 느껴져 침의 분비와 같이 먹는 일과 관련된 무의식적인 행동이 촉진된다. ⁵그러다 영양분의 섭취가 늘어나면, 포만 중추가 작용해서 식욕이 억제된다.

2 ¹그렇다면 뇌에 있는 섭식 중추나 포만 중추는 어떻게 몸속 영양분의 상태에 따라 식욕을 조절하는 것일까? ²여기에서 중요한 역할을 하는 것이 혈액 속을 흐르는 영양소인데, 특히 탄수화물에서 분해된 '포도당'과 지방에서 분해된 '지방산'이 중요하다. ³먼저 탄수화물은 식사를 통해 섭취된 후 소장에서 분해되면, 포도당으로 변해 혈액 속으로 흡수된다. ⁴그러면 혈중 포도당의 농도가 높아지고, 이를 줄이기 위해 췌장에서 '인슐린'이라는 호르몬이 분비된다. ⁵이 포도당과 인슐린이 혈액을 타고 시상 하부로 이동하여 포만 중추의 작용은 촉진하고 섭식 중추의 작용은 억제한다. ⁶반면에 지방은 피부 아래의 조직에 중성 지방의 형태로 저장되어 있다가 공복 상태가 길어지면 혈액 속으로 흘러가 간(肝)으로 운반된다. ⁷그러면 부족한 에너지를 보충하기 위해 간에서 중성 지방이 분해되고, 이 과정에서 생긴 지방산이 혈액을 타고 시상 하부로 이동하여 섭식 중추의 작용은 촉진하고 포만 중추의 작용은 억제한다. ⁸이와 같은 작용 원리에 따라 우리의 식욕은 자연스럽게 조절된다.

3 ¹그런데 우리는 온전히 영양분 섭취만을 목적으로 식욕을 느끼는 것은 아니다. ²예를 들어, '스트레스를 받으니까 매운 음식이 먹고 싶어.'처럼 영양분의 섭취와 상관없이 취향이나 기분에 좌우되는 식욕도 있다. ³이와 같은 식욕은 대뇌의 앞부분에 있는 '전두 연합 영역'에서 조절되는데, 본래 이 영역은 정신적이고 지적인 활동을 담당하는 곳이지만 식욕에도 큰 영향을 미친다. ⁴이곳에서는 음식의 맛, 냄새 등 음식에 관한 다양한 감각 정보를 정리해 종합적으로 기억한다. ⁵또한 맛이 없어도 건강을 위해 음식을 섭취하는 것과 같이, 먹는 행동을 이성적으로 조절하는 일도 이곳에서 담당하는데, 전두 연합 영역의 지령은 신경 세포의 신호를 통해 섭식 중추와 포만 중추로 전해진다.

4 ¹한편 전두 연합 영역의 기능을 알면, ⓐ음식을 먹은 후 '이젠 더 이상 못 먹겠다.'라고 생각하면서도 디저트를 먹는 현상을 쉽게 이해할 수 있다. ²흔히 사람들이 '이젠 더 이상 못 먹겠다.'라고 생각하는 이유는 ⓑ실제로 배가 찼기 때문일 수도 있고, 배가 차지는 않았지만 특정한 맛에 질렸기 때문일 수도 있다. ³그런데 이런 상황에도 불구하고 디저트를 먹는 현상은 모두 전두 연합 영역의 영향을 받는다. ⁴먼저, 배가 찬 상태에서는 전두 연합 영역의 영향으로 위(胃) 속에 디저트가 들어갈 공간을 마련할 수 있다. ⁵전두 연합 영역의 신경 세포가 '맛있다'와 같은 신호를 섭식 중추로 보내면, 거기에서 '오렉신'이라는 물질이 나온다. ⁶오렉신은 위(胃)의 운동에 관련되는 신경 세포에 작용해서, 위(胃)의 내용물을 밀어내고 다시 새로운 음식이 들어갈 공간을 마련하는 것이다. ⁷다음으로, 배가 차지 않은 상태이지만 전두 연합 영역의 영향으로 특정한 맛에 질릴 수 있다. ⁸그래서 식사가 끝난 후에는 대개 단맛의 음식을 먹고 싶어 하게 되는데, 이는 주식이나 반찬에는 그 정도의 단맛을 내는 음식이 없기 때문이다. ⁹따라서 우리가 "디저트 먹을 배는 따로 있다."라고 하는 것은 생물학적으로 충분히 설득력 있는 표현이 되는 것이다.

*시상 하부 사람이 의식적으로 통제하지 못하는 다양한 신체 시스템을 감시하고 조절하는 뇌의 영역.

*중추 신경 기관 가운데, 신경 세포가 모여 있는 부분.

1 윗글을 이해한 내용으로 적절하지 <u>않은</u> 것은?

① 식욕은 인간이 살아가는 데 반드시 필요한 욕망이다.

② 인간의 뇌에 있는 시상 하부는 인간의 식욕에 영향을 끼친다.

③ 위(胃)의 운동에 관여하는 오렉신은 전두 연합 영역에서 분비된다.

④ 음식의 특정한 맛에 질렸을 때 더 이상 먹을 수 없다고 생각할 수 있다.

⑤ 전두 연합 영역은 정신적이고 지적인 활동뿐만 아니라 식욕에도 관여한다.

2 ⓑ와 '식욕 중추의 작용'을 고려하여 ⓐ를 이해한 내용으로 적절한 것은?

① 섭식 중추의 작용이 억제되므로 ⓐ는 타당하다.

② 섭식 중추의 작용이 활발하므로 ⓐ는 모순적이다.

③ 포만 중추의 작용이 억제되므로 ⓐ는 모순적이다.

④ 포만 중추의 작용이 활발하므로 ⓐ는 모순적이다.

⑤ 섭식 중추와 포만 중추의 작용이 반복되므로 ⓐ는 타당하다.

3 윗글을 바탕으로 〈보기〉를 이해한 내용으로 적절하지 <u>않은</u> 것은?

> 보기
>
> (뷔페에서 음식을 먹은 후)
>
> A: 너무 많이 먹어서 배가 터질 것 같아.
>
> B: 나도 배가 부르기는 한데, 그래도 내가 좋아하는 떡볶이를 좀 더 먹어야겠어.
>
> (잠시 후 디저트를 둘러보며)
>
> A: 예전에 여기서 이 과자 먹어 봤는데 정말 달고 맛있었어. 오늘도 먹어 볼까?
>
> B: 너 조금 전에 배가 터질 것 같다고 하지 않았니?
>
> A: 후식 먹을 배는 따로 있다는 말도 못 들어 봤어?
>
> B: 왜! 그게 또 들어가? 진짜 대단하다. 나는 입맛에는 안 맞지만 건강을 위해 녹차나 마셔야겠어.

① A는 오렉신의 영향으로 위(胃)에 후식이 들어갈 공간이 더 마련되었겠군.

② A는 섭식 중추의 작용으로 뷔페의 과자가 맛있었다고 떠올릴 수 있었겠군.

③ B는 영양분의 섭취와는 무관하게 떡볶이가 먹고 싶다고 생각했겠군.

④ B는 전두 연합 영역의 작용으로 건강을 위해 입맛에 맞지 않는 녹차를 마셨겠군.

⑤ A와 B는 디저트를 둘러보기 전까지 섭식 중추의 작용이 점점 억제되었겠군.

1 ❷, ❸문단을 통해 글의 중심 화제를 파악해 보자.

섭식 중추나 포만 중추, 전두 연합 영역의 (   ) 조절

2 중심 화제와 관련된 각 문단의 정보를 정리해 보자.

❶문단 | 식욕 중추

- 식욕: 음식을 먹고 싶어 하는 욕망. 영양분을 얻기 위해서 반드시 필요함. 식욕 중추의 영향을 받음.
- 배가 고픈 느낌이 들게 하는 '(❶   ) 중추'와 배가 부른 느낌이 들게 하는 '포만 중추'가 함께 있음.
- 영양분을 필요로 하는 상태가 되면 섭식 중추가 뇌 안의 다양한 곳에 신호를 보냄. → 식욕이 느껴짐. → 먹는 일과 관련된 무의식적인 행동이 촉진됨.
- 영양분의 섭취가 늘어나면 포만 중추가 작용함. → (❷   )이 억제됨.

❷문단 | 식욕 조절

- 탄수화물 섭취 → 소장에서 분해되면 포도당으로 변해 혈액 속으로 흡수 → 혈중 포도당의 농도 증가 → 췌장에서 '(❸   )' 분비 → 포도당과 인슐린이 혈액을 타고 시상 하부로 이동 → 포만 중추의 작용 촉진, 섭식 중추의 작용 억제
- 지방은 피부 아래의 조직에 중성 지방의 형태로 저장 → 공복 상태가 길어지면 혈액 속으로 흘러가 간으로 운반 → 간에서 중성 지방 분해 → (❹   )이 혈액을 타고 시상 하부로 이동 → 섭식 중추의 작용 촉진, 포만 중추의 작용 억제

❸문단 | 전두 연합 영역

- 영양분의 섭취와 상관없이 취향이나 기분에 좌우되는 식욕을 조절함.
- 음식에 관한 다양한 (❺   ) 정보를 정리해 종합적으로 기억함.
- 먹는 행동을 이성적으로 조절함. 전두 연합 영역의 지령은 (❻   )의 신호를 통해 섭식 중추와 포만 중추로 전해짐.

❹문단 | 디저트를 먹는 현상

- 배가 찬 상태: 전두 연합 영역의 신경 세포가 '맛있다'와 같은 신호를 섭식 중추로 보냄. → '오렉신'이 나옴. → (❼   )이 위의 운동에 관련되는 신경 세포에 작용해서, 위의 내용물을 밀어내고 새로운 음식이 들어갈 공간을 마련함.
- 배가 차지 않은 상태: 전두 연합 영역의 영향으로 특정한 맛에 질림. → 식사가 끝난 후에는 대개 (❽   )의 음식을 먹고 싶어 함.

3 다음 정보 간의 관계를 파악해 보자.

식욕 조절 ( )	
식욕 중추	영양분의 상태에 따른 식욕: 포만 중추는 배가 부른 느낌이 들게 하고, 섭식 중추는 배가 고픈 느낌이 들게 함. → 영양분을 섭취하면 탄수화물에서 분해된 포도당이 포만 중추의 작용을 촉진해 식욕이 억제되고, 영양분이 필요하면 지방에서 분해된 지방산이 섭식 중추의 작용을 촉진해 식욕이 촉진됨.
전두 연합 영역	취향이나 기분에 좌우되는 식욕: 전두 연합 영역은 음식에 관한 감각 정보를 종합적으로 기억하거나, 먹는 행동을 이성적으로 조절함. → 배가 찬 상태에서도 새로운 음식이 들어갈 공간이 생기거나, 특정한 맛에 질려 다른 맛의 음식을 먹고 싶어 함.

선지 판단 연습

지문을 바탕으로 ❶~❹의 내용을 판단해 보자.

> **지문 ❶-2~3** 식욕은 기본적으로 뇌의 시상 하부에 있는 식욕 중추의 영향을 받는데, 이 중추에는 배가 고픈 느낌이 들게 하는 '섭식 중추'와 배가 부른 느낌이 들게 하는 '포만 중추'가 함께 있다. 우리 몸이 영양분을 필요로 하는 상태가 되면 섭식 중추는 뇌 안의 다양한 곳에 신호를 보낸다.

❶ 식욕 중추 중에서 신체에 영양분이 필요할 때 신호를 보내는 중추는 포만 중추이다. ·························· (○ / ×)

> **지문 ❷-3~4** 먼저 탄수화물은 식사를 통해 섭취된 후 소장에서 분해되면, 포도당으로 변해 혈액 속으로 흡수된다. 그러면 혈중 포도당의 농도가 높아지고, 이를 줄이기 위해 췌장에서 '인슐린'이라는 호르몬이 분비된다.

❷ 탄수화물이 소장에서 분해되며 생성된 포도당은 인슐린에 의해 농도가 높아진다. ·························· (○ / ×)

> **지문 ❸-3,5** 이와 같은 식욕은 대뇌의 앞부분에 있는 '전두 연합 영역'에서 조절되는데, 본래 이 영역은 정신적이고 지적인 활동을 담당하는 곳이지만 식욕에도 큰 영향을 미친다. … 또한 맛이 없어도 건강을 위해 음식을 섭취하는 것과 같이, 먹는 행동을 이성적으로 조절하는 일도 이곳에서 담당하는데, 전두 연합 영역의 지령은 신경 세포의 신호를 통해 섭식 중추와 포만 중추로 전해진다.

❸ 음식 섭취를 이성적으로 조절하는 것은 전두 연합 영역에서 담당한다. ·························· (○ / ×)

> **지문 ❹-5~6** 전두 연합 영역의 신경 세포가 '맛있다'와 같은 신호를 섭식 중추로 보내면, 거기에서 '오렉신'이라는 물질이 나온다. 오렉신은 위(胃)의 운동에 관련되는 신경 세포에 작용해서, 위(胃)의 내용물을 밀어내고 다시 새로운 음식이 들어갈 공간을 마련하는 것이다.

❹ 전두 연합 영역의 신경 세포가 섭식 중추에 신호를 보내면 오렉신이 분비되어 위의 운동이 (촉진 / 억제) 된다.

플러스 독해 TIP

논리 관계가 뒤바뀐 선지

수능에서는 지문에 'A → B'의 논리 관계로 제시된 내용을 'B → A'로 바꾸어 선지를 구성하기도 한다. 인과 관계를 뒤바꾸거나, 지문에 제시된 과정의 순서를 바꾸거나, 상관관계를 바꾸어 진술하는데 이처럼 순서를 바꾸면 논리가 성립하지 않는다.

> **〈지문〉** 왜곡이 보정된 영상에서의 몇 개의 점과 그에 대응하는 실세계 격자판의 점들의 위치를 알고 있다면, 영상의 모든 점들과 격자판의 점들 간의 대응 관계를 가상의 좌표계를 이용하여 기술할 수 있다. 이 대응 관계를 이용해서 영상의 점들을 격자의 모양과 격자 간의 상대적인 크기가 실세계에서와 동일하게 유지되도록 한 평면에 놓으면 2차원 영상으로 나타난다. 이때 얻은 영상이 위에서 내려다보는 시점의 영상이 된다. 이와 같은 방법으로 구한 각 방향의 영상을 합성하면 차량 주위를 위에서 내려다본 것 같은 영상이 만들어진다.
>
> →
>
> **〈선지〉** 차량의 전후좌우 카메라에서 촬영된 영상을 하나의 영상으로 합성한 후 왜곡을 보정한다. ×
>
> 2022 수능

〈지문〉에 따르면 왜곡이 보정된 영상을 2차원 영상으로 나타내고, 이렇게 구한 각 방향의 영상을 합성한다. 그러나 〈선지〉에서는 각 방향에서 촬영된 영상을 하나의 영상으로 합성한 후 왜곡을 보정한다고 하였으므로 과정의 순서가 바뀌었다. 논리 관계가 뒤바뀐 선지는 지문에 제시된 어휘가 선지에서도 비슷하게 나타나므로 헷갈리기 쉽다. 따라서 지문과 선지를 비교해 영향을 주는 대상과 받는 대상이 올바르게 연결되었는지, 정보의 선후 관계가 적절한지 등을 꼼꼼하게 따져 보아야 한다.

주제 통합

▌지문의 특징은?

- 주제나 소재가 유사한 두 글이 [가]와 [나]로 묶여 출제된다.
- 함께 제시된 두 글은 동일한 화제에 대해 서로 다른 견해를 나타내거나, 서로 다른 측면의 정보를 제시하기도 한다.
- 상호 텍스트성을 바탕으로 두 글의 내용과 형식을 비교·분석하여 종합적으로 이해해야 풀 수 있는 문제가 출제된다.

▌어떻게 읽을까?

- 두 글의 공통 화제를 파악하여 그와 관련된 정보에 주목하여 읽는다.
- 공통 화제에 대해 두 글이 어떠한 관점을 취하고 있는지, 어떤 측면에 초점을 맞추어 정보를 전달하고 있는지가 핵심 정보이므로 이러한 정보를 정확하게 이해하며 읽는다.
- 인문·예술, 사회·문화, 과학·기술 영역의 글을 읽으며 습득한 독해 방법을 바탕으로 두 글을 유기적으로 연계하여 통합적으로 읽는다.

[가]

1 ¹소쉬르의 언어학은 언어에 대한 전통적인 견해에 대해서 의문을 제기하고 이를 뒤집는다. ²소쉬르 이전의 사람들은 일반적으로 언어가 현실 세계의 대상을 지칭한다고 생각했다. ³반면 소쉬르는 언어가 현실 세계를 있는 그대로 묘사하는 것이 아니라는 것을 언어의 기호 체계를 통해 설명하며, 오히려 사람들이 그들의 언어 체계에 맞춰 현실 세계를 새롭게 인식한다고 주장한다.

2 ¹소쉬르에 따르면 언어는 기호 체계로, 현실 세계를 묘사하는 것이 아니라 근본적으로 자의적인 체계이다. ²기호란 어떠한 뜻을 나타내기 위해 쓰이는 표지를 이르는데, 기표와 기의로 이루어진다. ³기표는 귀로 들을 수 있는 소리로써 의미를 전달하는 외적 형식을 ㉠이르며, 기의는 말에 있어서 소리로 표시되는 의미를 이른다. ⁴예컨대 언어의 소리 측면을 지칭하는 '산[san]'이라는 기표에, 그 소리가 지칭하는 의미를 나타내는 '평지보다 높이 솟아 있는 땅의 부분'이라는 기의가 대응하는 것이다. ⁵소쉬르에 따르면 기표와 기의의 관계는 필연적이지 않고 자의적이며, 단지 그 기호를 사용하는 사람들의 사회적 약속일 뿐이다. ⁶이는 '평지보다 높이 솟아 있는 땅의 부분'이라는 기의가, 한국어에서는 '산[san]', 중국어에서는 '山[shān]', 영어에서는 'mountain[máuntən]' 등의 다른 기표로 나타나는 것에서 확인할 수 있다. ⁷즉 언어는 자의적인 성격을 지닐 뿐이며 현실 세계를 묘사하는 것이 아니라는 것이다.

3 ¹더불어 소쉬르는 사람들이 언어 체계에 맞춰 현실 세계를 새롭게 인식한다는 것을 설명하기 위해 '랑그'와 '파롤'이라는 개념을 제시한다. ²랑그란 언어가 갖는 추상적인 체계이고, 파롤은 랑그에 바탕을 ㉡두고 개인이 실현하는 구체적인 발화이다. ³소쉬르는 어떤 사람이 어떠한 발화를 하더라도 그 발화의 표현 방식이나 범위는 사실상 그가 사용하는 언어 체계인 랑그에 의해서 지배되거나 제약받는다고 주장한다. ⁴예를 들어 한국어에서는 빨강 계통의 색을 '빨갛다', '시뻘겋다', '새빨갛다', '불긋불긋하다' 등 다채롭게 표현할 수 있다. ⁵하지만 영어에서는 한국어만큼 빨강 계통의 색을 다채롭게 표현할 수 있는 단어가 많지 않다. ⁶따라서 소쉬르는 영어를 사용하는 사람들이 실제로는 다양하게 존재하는 빨강 계통의 색을 그들이 사용하는 랑그에 맞게 인식한다고 본다. ⁷이는 결국 랑그의 차이에 따라 사람들이 현실 세계를 인식하는 방식이 달라진다는 것을 의미하는 것이다.

4 ¹일반적으로 사람들은 어휘를 선택하고 그것을 언어 체계에 맞추어 발화하는 주체가 자신이라고 생각한다. ²하지만 소쉬르는 발화의 진정한 주체는 발화자가 아닌 랑그라는 사실을 전제하고 있다. ³결국 소쉬르의 언어학은 언어가 현실 세계를 수동적으로 재현하는 수단이 아니며, 오히려 언어가 현실 세계를 구성한다는 생각을 함축하고 있는 것이다.

[나]

1 ¹비트겐슈타인에게 언어는 삶의 다양한 맥락에 ㉢따라 서로 다르게 혹은 유사한 모습으로 존재한다. ²이에 따라 비트겐슈타인은 언어를 이해하는 것은 그것이 어떻게 사용될 수 있는지를 이해하는 것이라는 '의미 사용 이론'을 제시한다. ³비트겐슈타인은 언어를 배우는 것이, 일상 활동들의 맥락 속에서 언어를 어떻게 사용하고 또한 타인의 언어에 어떻게 반응해야 하는지를 배우는 것이라고 말한다. ⁴가령 '빨강'이라는 단어의 의미를 배우는 것은 사전에 실려 있는 추상적 개념을 배우는 것이 아니라, 실제 미술 시간에 눈앞에 있는 빨간 사과를 그려 보라는 교사의 말에 물감 중 필요한 빨간색을 ㉣골라 사용할 수 있게 되는 일이다.

2 ¹비트겐슈타인은 이런 의미 사용 이론을 설명하기 위해 언어를 게임에 비유하여 설명한다. ²예컨대 땅따먹기와 같은 게임의 규칙은 절대 불변의 법칙이 아니라 땅따먹기라는 게임을 원활하게 진행하기 위해서 만들어진 것이며, 이런 게임의 규칙은 그것에 참가한 사람들이 게임을 수행할 수 있도록 만드는 형식에 불과하다. ³이렇게 언어를 게임에 빗대어 설명한다는 것은 곧 언어가 그것을 사용하는 사람들의 구체적인 활동과 관련해서만 의미가 있다는 것을 보여 준다.

3 ¹비트겐슈타인은 언어가 사람들의 삶과 엉켜 있으면서 사람들의 삶을 반영한다는 것을 언어의 모호성을 통해서 설명하기도 한다. ²'크다'나 '작다'와 같은 표현들은 사람에 따라 의미가 다르게 사용되기 때문에 듣는 사람에게 모호하다는 느낌을 줄 수 있다. ³하지만 이와 같은 표현이 없다면, 정확한 크기를 알 수 없는 경우에 대해서는 언급 자체를 할 수가 없게 된다. ⁴더욱이 사람들은 간혹 의도적으로 모호한 표현을 사용하기도 한다. ⁵따라서 비트겐슈타인은 언어에 존재하는 많은 불명확성이 오히려 단점이 아닌 장점이 될 수도 있으며, 높은 수준의 명확성이 오히려 융통성의 여지를 없앨 수도 있다고 말한다.

4 ¹전통적으로 어떤 개념을 형성하는 일은, 수많은 종류의 나무로부터 공통 요소를 추출하여 '나무'라는 개념을 형성하는 것처럼 서로 다른 개별적이고 구체적인 대상으로부터 공통 요소를 추출하는 과정을 통해 이루어졌다. ²하지만 비트겐슈타인은 개념을 사용할 때 그것의 적용 사례들에 어떤 공통 요소가 반드시 있어야 한다는 강박 관념을 버려야 한다고 강조한다. ³이는 결국 언어가 그것을 사용하는 사람들의 삶과 ⑩맞물려 있어 삶의 양식이 다양한 만큼 언어 역시 다양하기 때문이다. ⁴따라서 비트겐슈타인에게 있어 언어란 현실 세계를 재현하는 것이 아니라, 언어를 사용하는 사람들의 소통에 의해서 만들어지는 것이라고 할 수 있다.

서술상의 공통점 파악

1 [가]와 [나]의 서술상의 공통점으로 가장 적절한 것은?

① 언어에 대한 특정한 이론을 관련 사례를 들어 소개하고 있다.

② 언어에 대한 상반된 주장을 제시하여 절충 방안을 모색하고 있다.

③ 언어에 대한 관점들이 통합되어 가는 역사적 과정을 부각하고 있다.

④ 언어에 대한 이론들을 시대순으로 나열하여 공통적인 특성을 도출하고 있다.

⑤ 언어에 대한 다양한 이론을 소개하며 각 이론이 지닌 의의와 한계를 설명하고 있다.

세부 내용 파악

2 랑그, 파롤에 대한 이해로 가장 적절한 것은?

① 랑그는 현실 세계를 재현하는 수단이다.

② 파롤은 언어의 추상적 체계를 지칭한다.

③ 랑그는 개인이 실현하는 구체적인 발화이다.

④ 파롤의 표현 방식은 랑그에 의해서 제약을 받는다.

⑤ 랑그는 파롤을 바탕으로 발화자가 주체임을 드러낸다.

3 다음은 온라인 수업 게시판의 일부이다. 윗글을 바탕으로 학생들이 과제를 수행했다고 할 때, ㉮~㉰에 들어
갈 말로 가장 적절한 것은?

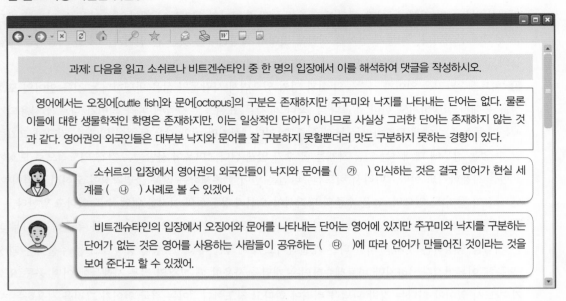

과제: 다음을 읽고 소쉬르나 비트겐슈타인 중 한 명의 입장에서 이를 해석하여 댓글을 작성하시오.

영어에서는 오징어[cuttle fish]와 문어[octopus]의 구분은 존재하지만 주꾸미와 낙지를 나타내는 단어는 없다. 물론
이들에 대한 생물학적인 학명은 존재하지만, 이는 일상적인 단어가 아니므로 사실상 그러한 단어는 존재하지 않는 것
과 같다. 영어권의 외국인들은 대부분 낙지와 문어를 잘 구분하지 못할뿐더러 맛도 구분하지 못하는 경향이 있다.

소쉬르의 입장에서 영어권의 외국인들이 낙지와 문어를 (㉮) 인식하는 것은 결국 언어가 현실 세
계를 (㉯) 사례로 볼 수 있겠어.

비트겐슈타인의 입장에서 오징어와 문어를 나타내는 단어는 영어에 있지만 주꾸미와 낙지를 구분하는
단어가 없는 것은 영어를 사용하는 사람들이 공유하는 (㉰)에 따라 언어가 만들어진 것이라는 것을
보여 준다고 할 수 있겠어.

	㉮	㉯	㉰
①	다르게	구성한다는	삶의 양식
②	다르게	묘사한다는	높은 수준의 명확성
③	비슷하게	구성한다는	삶의 양식
④	비슷하게	구성한다는	높은 수준의 명확성
⑤	비슷하게	묘사한다는	삶의 양식

※ 〈보기〉는 윗글을 읽은 학생의 독서 활동 과정이다. 4번과 5번 물음에 답하시오.

보기

읽기 전	기존에 가지고 있던 '언어'에 대한 자신의 생각을 말해 보기
	↓
읽기 중	[가], [나]를 읽고 글의 내용에 대한 이해를 점검하는 질문에 응답하기
	↓
읽기 후	[가], [나]와는 다른 관점을 지닌 글을 찾아서 공통점과 차이점을 설명하기

공통점과 차이점 이해

4 다음은 '읽기 중' 단계에서 학생이 수행한 활동지의 일부이다. 학생의 응답으로 적절하지 <u>않은</u> 것은?

질문	학생의 응답	
	예	아니요
소쉬르는 언어가 현실 세계의 대상을 지칭하는 것이라고 주장하고 있나요?		✓ … ①
비트겐슈타인은 언어에 존재하는 많은 불명확성에 대해 긍정하고 있나요?	✓	… ②
소쉬르와 비트겐슈타인은 모두, 언어에 대한 전통적인 입장을 고수하고 있나요?		✓ … ③
소쉬르는 비트겐슈타인과 달리, 언어가 사람들의 약속에 의해 형성된다는 것을 비판하고 있나요?	✓	… ④
비트겐슈타인은 소쉬르와 달리, 언어가 사용하는 사람들의 맥락에 따라 다르게 사용될 수도 있다는 것을 부정하고 있나요?		✓ … ⑤

자료를 바탕으로 이해

5 다음은 '읽기 후' 단계에서 학생이 찾은 다른 학자들의 견해이다. 윗글을 바탕으로 주제 통합적 읽기를 수행한 학생의 이해로 적절하지 <u>않은</u> 것은?

> ⓐ 말소리와 지시물 간에는 직접적인 관계가 없으며 개념이 말소리와 직접적으로 연결된다. 지시물은 개념을 통해 말소리와 간접적으로 연결되어 언어는 일정한 의미를 형성하게 된다.
> ⓑ 언어란 현실 세계를 재현하기 위한 수단이며 언어의 의미는 곧 언어가 구체적으로 지시하는 대상이다. 세계가 먼저 있고 그 세계를 재현하기 위해서 언어가 존재하는 것이다.
> ⓒ 언어에서 사물의 이름은 임의적으로 붙여진 것이 아니다. 사물은 자연의 일부로서 자연을 닮고 서로 유사함을 나누어 가지며, 사물의 이름은 이런 자연의 법칙에 따라 지어진 것이다.

① 개념이 말소리와 직접적으로 연결된다는 ⓐ의 입장과 유사하게, 소쉬르는 언어가 기표와 기의의 대응을 통해 이루어진다고 주장하고 있다.

② 언어는 일정한 의미를 형성하게 된다는 ⓐ의 입장과 달리, 비트겐슈타인은 언어가 사람들의 소통에 의해서 만들어진다고 주장하고 있다.

③ 언어란 현실 세계를 재현하기 위한 수단이라는 ⓑ의 입장과 달리, 소쉬르는 언어가 자의적인 성격을 지닐 뿐이며 현실 세계를 재현하는 것이 아니라고 주장하고 있다.

④ 세계가 먼저 있고 그 세계를 재현하기 위해서 언어가 존재한다는 ⓑ의 입장과 유사하게, 비트겐슈타인은 언어가 먼저 있고 절대 불변의 법칙에 따라 세계가 존재한다고 주장하고 있다.

⑤ 언어에서 사물의 이름은 임의적으로 붙여진 것이 아니라는 ⓒ의 입장과 달리, 소쉬르는 기표와 기의의 관계가 필연적이지 않다고 주장하고 있다.

어휘의 의미 파악

6 문맥상 ㉠~㉤의 단어와 가장 가까운 의미로 쓰인 것은?

① ㉠: 그녀는 약속 장소에 <u>이르며</u> 친구에게 전화를 걸었다.

② ㉡: 우리 회사는 세계 곳곳에 많은 지점을 <u>두고</u> 있다.

③ ㉢: 예전에 어머니를 <u>따라</u> 시장 구경을 갔던 기억이 났다.

④ ㉣: 탁자 위에 쌓인 여러 책들 중에 한 권을 <u>골라</u> 주었다.

⑤ ㉤: 그의 입술은 굳게 <u>맞물려</u> 떨어질 줄을 몰랐다.

1 [가]의 **1**문단과 [나]의 **1**문단을 통해 [가]와 [나]의 중심 화제를 파악해 보자.

[가]: (❶)의 언어학
[나]: (❷)의 '의미 사용 이론'

2 중심 화제와 관련된 각 문단의 정보를 정리해 보자.

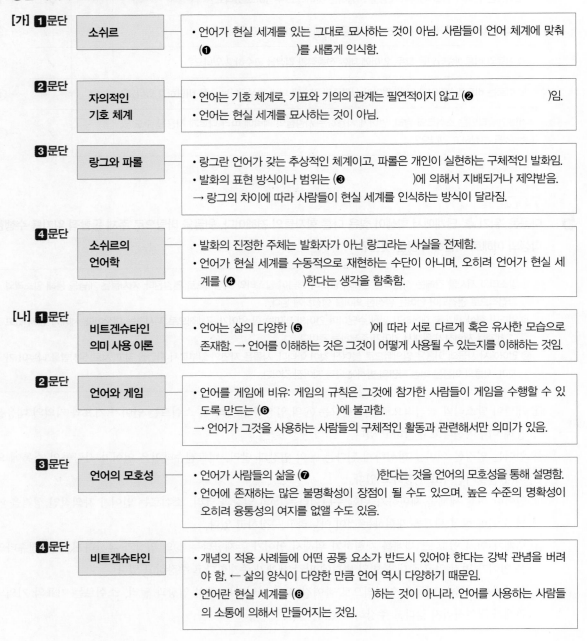

[가] **1**문단

소쉬르

- 언어가 현실 세계를 있는 그대로 묘사하는 것이 아님. 사람들이 언어 체계에 맞춰 (❶)를 새롭게 인식함.

2문단

자의적인 기호 체계

- 언어는 기호 체계로, 기표와 기의의 관계는 필연적이지 않고 (❷)임.
- 언어는 현실 세계를 묘사하는 것이 아님.

3문단

랑그와 파롤

- 랑그란 언어가 갖는 추상적인 체계이고, 파롤은 개인이 실현하는 구체적인 발화임.
- 발화의 표현 방식이나 범위는 (❸)에 의해서 지배되거나 제약받음.
- → 랑그의 차이에 따라 사람들이 현실 세계를 인식하는 방식이 달라짐.

4문단

소쉬르의 언어학

- 발화의 진정한 주체는 발화자가 아닌 랑그라는 사실을 전제함.
- 언어가 현실 세계를 수동적으로 재현하는 수단이 아니며, 오히려 언어가 현실 세계를 (❹)한다는 생각을 함축함.

[나] **1**문단

비트겐슈타인 의미 사용 이론

- 언어는 삶의 다양한 (❺)에 따라 서로 다르게 혹은 유사한 모습으로 존재함. → 언어를 이해하는 것은 그것이 어떻게 사용될 수 있는지를 이해하는 것임.

2문단

언어와 게임

- 언어를 게임에 비유: 게임의 규칙은 그것에 참가한 사람들이 게임을 수행할 수 있도록 만드는 (❻)에 불과함.
- → 언어가 그것을 사용하는 사람들의 구체적인 활동과 관련해서만 의미가 있음.

3문단

언어의 모호성

- 언어가 사람들의 삶을 (❼)한다는 것을 언어의 모호성을 통해 설명함.
- 언어에 존재하는 많은 불명확성이 장점이 될 수도 있으며, 높은 수준의 명확성이 오히려 융통성의 여지를 없앨 수도 있음.

4문단

비트겐슈타인

- 개념의 적용 사례들에 어떤 공통 요소가 반드시 있어야 한다는 강박 관념을 버려야 함. ← 삶의 양식이 다양한 만큼 언어 역시 다양하기 때문임.
- 언어란 현실 세계를 (❽)하는 것이 아니라, 언어를 사용하는 사람들의 소통에 의해서 만들어지는 것임.

3 다음 정보 간의 관계를 파악해 보자.

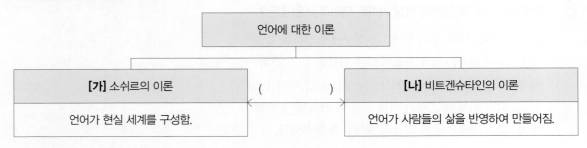

언어에 대한 이론

[가] 소쉬르의 이론
언어가 현실 세계를 구성함.

( )

[나] 비트겐슈타인의 이론
언어가 사람들의 삶을 반영하여 만들어짐.

선지 판단 연습

지문을 바탕으로 ❶~❹의 내용을 판단해 보자.

[가] 지문 ❷-3~4 기표는 귀로 들을 수 있는 소리로써 의미를 전달하는 외적 형식을 이르며, 기의는 말에 있어서 소리로 표시되는 의미를 이른다. 예컨대 언어의 소리 측면을 지칭하는 '산[san]'이라는 기표에, 그 소리가 지칭하는 의미를 나타내는 '평지보다 높이 솟아 있는 땅의 부분'이라는 기의가 대응하는 것이다.

❶ 귀로 들을 수 있는 언어의 소리인 '산[san]'은 언어의 외적 형식으로, 기의에 해당한다. ·················· (○ / ×)

[가] 지문 ❹-1~2 일반적으로 사람들은 어휘를 선택하고 그것을 언어 체계에 맞추어 발화하는 주체가 자신이라고 생각한다. 하지만 소쉬르는 발화의 진정한 주체는 발화자가 아닌 랑그라는 사실을 전제하고 있다.

❷ 소쉬르와 달리 일반적인 사람들은 발화의 주체가 (발화자 / 랑그)라고 생각한다.

[나] 지문 ❶-3 비트겐슈타인은 언어를 배우는 것이, 일상 활동들의 맥락 속에서 언어를 어떻게 사용하고 또한 타인의 언어에 어떻게 반응해야 하는지를 배우는 것이라고 말한다.

❸ 비트겐슈타인은 다양한 일상 활동에서 언어를 사용하고 타인의 언어에 반응할 수 있어야 언어를 배운 것이라고 생각한다. ·· (○ / ×)

[나] 지문 ❸-2~3 '크다'나 '작다'와 같은 표현들은 사람에 따라 의미가 다르게 사용되기 때문에 듣는 사람에게 모호하다는 느낌을 줄 수 있다. 하지만 이와 같은 표현이 없다면, 정확한 크기를 알 수 없는 경우에 대해서는 언급 자체를 할 수가 없게 된다.

❹ '크다'나 '작다'와 같은 표현은 모호한 느낌을 주므로 정확한 크기를 알 수 없는 경우에는 사용할 수 없다. ·· (○ / ×)

플러스 독해 TIP

하나의 화제에 대해 대조되는 견해가 나타나는 두 글

주제 통합 유형에서는 공통된 화제에 대해 대립되거나 대비되는 관점이 나타나는 두 글을 함께 제시하는 경우가 많다. 주로 지문 간 전개 방식의 공통점과 차이점을 묻는 문제, 견해를 비교하는 문제, 견해를 다른 사례에 적용하는 문제가 출제된다.

> **[가]** 한국, 중국 등 동아시아 사회에서 오랫동안 유지되었던 <u>과거제</u>는 세습적 권리와 무관하게 능력주의적인 시험을 통해 관료를 선발하는 제도라는 점에서 합리성을 갖추고 있었다. …
> 명확하고 합리적인 기준에 따른 관료 선발 제도라는 공정성을 바탕으로 과거제는 보다 많은 사람들에게 사회적 지위 획득의 기회를 줌으로써 개방성을 제고하여 사회적 유동성 역시 증대시켰다.
> **[나]** 시험 방식이 가져오는 부작용들은 <u>과거제</u>의 중요한 문제였다. 치열한 경쟁은 학문에 대한 깊이 있는 학습이 아니라 합격만을 목적으로 하는 형식적 학습을 하게 만들었고, 많은 인재들이 수험 생활에 장기간 매달리면서 재능을 낭비하는 현상도 낳았다. 또한 학습 능력 이외의 <u>인성이나 실무 능력을 평가할 수 없다</u>는 이유로 시험의 익명성에 대한 회의도 있었다.
> 2021-6월 고3 모의평가

[가]와 [나]는 '과거제'라는 공통된 화제를 다루고 있지만 화제에 대한 관점은 서로 대립된다. [가]는 과거제의 사회적 기능을 언급하여 과거제에 대한 긍정적인 관점이 나타난다. 하지만 [나]는 과거제의 부작용을 언급하여 과거제에 대한 부정적인 관점이 나타난다. 이러한 주제 통합 유형의 지문을 읽을 때는 두 글의 공통 화제를 찾고, 각 글이 화제에 대해 어떤 입장을 취하고 있는지를 파악해야 한다. 지문에서 견해가 나타나는 부분을 중심으로 독해해야 하는데, 특히 차이점이 드러나는 부분에 주목해야 한다.

[가]

1 [1]다윈은 같은 종에 속하는 개체들이 생존 경쟁에서 살아남아 번식하면 그 형질 중 일부가 자손에게 전달돼 진화가 일어난다는 '자연 선택설'을 주장하였다. [2]그런데 개체가 다른 개체들과의 생존 경쟁에서 이기기 위해서는 이기적인 행동을 할 수밖에 없지만, 자연계에서는 동물들의 이타적 행동이 자주 ⓐ관찰된다. [3]이에 진화론을 옹호하는 학자들은 동물의 이타적 행동을 설명하는 이론을 제시하였다.

2 [1]해밀턴은 개체들의 이타적 행동은 자신과 같은 유전자를 공유하는 친족들의 생존과 번식에 도움을 줌으로써 자신의 유전자를 후세에 많이 전달하기 위한 행동이라는 ㉮혈연 선택 가설을 제시하였다. [2]㉠해밀턴의 법칙에 의하면, 'r×b-c>0'을 만족할 때 개체의 이타적 유전자가 진화한다. [3]이때 'r'은 유전적 근연도로 이타적 행위자와 이의 수혜자가 유전자를 공유할 확률을, 'b'는 이타적 행위의 수혜자가 얻는 이득을, 'c'는 이타적 행위자가 ⓑ감수하는 손실을 의미한다. [4]부나 모가 자식과 같은 유전자를 공유할 확률은 50%이고, 형제자매 간에 같은 유전자를 공유할 확률도 50%이다. [5]r은 2촌인 형제자매를 기준으로 1촌이 늘어날 때마다 반씩 준다. [6]가령, 행위자가 세 명의 형제를 구하고 죽는다면 '0.5×3-1>0'이므로 행위자의 유전자는 그의 형제들을 통해 다음 세대로 퍼지게 된다. [7]이러한 해밀턴의 이론은 유전자의 개념으로 동물의 이타적 행동을 설명한 것으로, 이타적 행동의 진화에 얽힌 수수께끼를 푸는 중요한 열쇠로 평가된다.

3 [1]도킨스는 ㉯『이기적 유전자』에서 동물의 이타적인 행동은 유전자가 다른 유전자와의 생존 경쟁에서 살아남아 더 많은 자신의 복제본을 퍼뜨리기 위한 행동이라고 설명하였다. [2]그에 따르면 유전자란 다음 세대에 다른 DNA 서열로 대체될 수 있는 DNA 단편으로, 염색체상에서 임의의 어떤 DNA 단편은 그와 동일한 위치나 순서에 있는 다른 유전자들과 경쟁 관계에 있다. [3]그는 다윈과 같은 기존의 진화론자와 달리 생존 경쟁의 주체를 유전자로 보고 개체는 단지 그러한 유전자를 다음 세대로 전달하는 운반체에 불과하다고 보았다. [4]그러므로 이타적으로 보이는 개체의 행동은 겉보기에만 그럴 뿐, 실은 유전자가 다른 DNA와의 생존 경쟁에서 이기기 위한 이기적인 행동인 셈이다. [5]이러한 도킨스의 이론은 유전자의 이기성으로 동물의 여러 행동을 설명하여 과학계에 큰 반향을 불러일으켰으나, 개체를 단순히 유전자의 생존을 돕는 수동적 존재로 보았다는 점에서 비판을 받기도 하였다.

[나]

1 [1]경제학적 관점에서 이타적 행동이란 자신의 손해를 감수하면서 타인에게 이익을 주는 행동이기 때문에 이기적 사람들과 이타적 사람들이 공존할 경우 이타적 사람들은 자연히 ⓒ도태될 수밖에 없다. [2]그럼에도 불구하고 우리 주변에는 여전히 이타적 행동을 하는 사람들이 존재한다. [3]이에 대해 최근 진화적 게임 이론에서는 '반복-상호성 가설'과 '집단 선택 가설'을 통해 사람들이 이타적 행동을 하는 이유 및 이타적 인간이 진화하는 이유에 대해 설명하고 있다.

2 [1]㉰반복-상호성 가설에서는 자신이 이기적으로 행동할 경우 상대방도 이기적인 행동으로 보복할 수 있기 때문에 이를 피하기 위해 이타적 행동을 한다고 주장하는데, 이를 게임 이론 중 하나인 TFT 전략으로 설명한다. [2]TFT 전략이란 상대방이 협조할지 배신할지 모르고 선택이 매회 동시에 일어나는 상황에서 처음에는 무조건 상대방에게 협조하고 그다음부터는 상대방이 바로 전에 사용한 방법을 모방하는 전략이다. [3]즉 상대방이 이타적으로 행동하면 자신도 이타적으로, 상대방이 이기적으로 행동하면 자신도 이기적으로 행동하는 것이다. [4]이러한 행동이 반복되면 점점 상대방의 배신 횟수는 줄고

협조 횟수는 늘어 서로에게 이득이 되는 결과를 얻게 된다. [5]반복-상호성 가설은 혈연관계가 아닌 사람들 사이의 이타적 행동을 설명하는 데 ⓓ유용하지만 반복적이지 않은 상황에서 나타나는 이타적 행동을 설명하는 데는 한계가 있다.

3 [1]ⓐ집단 선택 가설에서는 이타적 구성원이 많은 집단이 그렇지 않은 집단과의 생존 경쟁에 유리하기 때문에 이타적 인간이 진화한다고 설명한다. [2]개인 간의 생존 경쟁에서 우월한 개인이 생존하는 개인 선택에서는 이기적 인간이 살아남는 데 유리하지만, 집단 간의 생존 경쟁에서 우월한 집단이 생존하는 집단 선택에서는 이타적 구성원이 많은 집단일수록 식량을 구하거나 다른 집단과의 분쟁에 효과적으로 ⓔ대응할 수 있기 때문에 생존할 확률이 높다. [3]따라서 집단 선택에 의해 이타적인 구성원이 많은 집단이 생존하게 되면 자연히 이를 구성하는 이타적 인간도 진화하게 된다. [4]실제로 인류는 혹독한 빙하기를 거쳐 살아남은 존재라는 점에서 집단 선택 가설은 설득력을 얻는다. [5]하지만 이타적인 구성원이 많은 집단이라 하더라도 그 안에는 이기적인 구성원도 함께 존재하기 마련이다. [6]그러므로 집단 선택에 의해서 이타적인 구성원이 진화하기 위해서는 ⓛ집단 선택이 일어나는 속도가 개인 선택이 일어나는 속도를 압도해야 한다. [7]그러나 사회 생물학에서는 집단 선택의 속도가 현저하게 느리다는 점을 들어 집단 선택 가설은 논리적으로만 가능할 뿐이라고 비판하고 있다. [8]이에 대해 최근 집단 선택 가설에서는 개인 선택이 일어나는 속도를 늦추고 집단 선택의 효과를 높이는 장치로서 법과 관습과 같은 제도에 주목하면서, 집단 선택의 유효성을 높일 수 있는 방안에 대해서도 연구를 진행하고 있다.

서술상의 공통점 파악

1 [가]와 [나]의 서술상의 공통점으로 가장 적절한 것은?

① 이타적 행동을 설명하는 대립된 이론을 절충하고 있다.

② 이타적 행동을 정의한 후 구체적 유형을 분류하고 있다.

③ 이타적 행동에 관한 이론들을 통시적으로 고찰하고 있다.

④ 이타적 행동을 설명하는 이론의 발전 방향을 전망하고 있다.

⑤ 이타적 행동에 관한 이론과 그에 대한 평가를 제시하고 있다.

세부 내용 이해

2 ⊙을 이해한 내용으로 적절하지 않은 것은?

① 유전적 근연도에 초점을 맞춰 이타적 행위를 설명하고 있다.

② 개체의 이기적 행동에 숨겨진 이타적 동기에 대해 설명하고 있다.

③ 이타적 행위자와 그의 수혜자가 삼촌 관계일 경우 r은 0.25가 된다.

④ 이타적 행위자와 수혜자가 부모 자식이나 형제자매 관계일 경우 r은 같다.

⑤ 이타적 행위자와 그의 수혜자가 혈연관계일 때, b와 c가 같으면 이타적 유전자가 진화하지 않는다.

3 [나]의 TFT 전략을 참고할 때 〈보기〉의 질문에 대한 답으로 적절한 것은?

보기

다음은 A와 B의 협조 여부에 따른 보수(편익과 비용의 합)를 행렬로 나타낸 것이다. A와 B가 상대방의 선택을 모르고 선택이 동시에 이루어지는 상황에서 A만 'TFT 전략'을 사용한다고 가정하자. B가 첫 회에만 비협조 전략을 사용한다면, B가 두 번째 회까지 얻게 되는 보수의 합은 얼마인가?

		B	
	전략	협조	비협조
A	협조	(1, 1)	(−1, 2)
	비협조	(2, −1)	(0, 0)

《(2, −1)은 A가 비협조 전략, B가 협조 전략을 사용할 때, A의 보수가 2, B의 보수가 −1임을 나타냄.》

① 0   ② 1   ③ 2   ④ 3   ⑤ 4

4 ㉡의 이유를 추론한 내용으로 가장 적절한 것은?

① 집단 선택의 속도가 개인 선택의 속도보다 느릴 경우, 이타적 구성원의 수가 천천히 증가하기 때문에
② 개인 선택으로 이타적인 구성원이 먼저 소멸한 후, 집단 선택에 의해 이기적인 구성원이 소멸하기 때문에
③ 집단 선택이 천천히 일어날 경우 집단 간의 생존 경쟁이 발생하지 않아 집단 선택이 일어나지 않기 때문에
④ 개인 선택으로 이타적인 구성원이 먼저 소멸하면, 이타적 구성원을 진화하게 하는 집단 선택이 발생할 수 없기 때문에
⑤ 개인 선택의 속도가 집단 선택의 속도보다 빠를 경우, 이타적인 구성원이 많은 집단이 개인 선택에 불리해지기 때문에

자료 이해

5 ㉮~㉱를 바탕으로 〈보기〉를 이해한 내용으로 적절하지 <u>않은</u> 것은?

보기
　ㄱ. 개미의 경우, 수정란(2n)은 암컷이 되고, 미수정란(n)은 수컷이 된다. 여왕개미가 낳은 암컷들은 부와는 1, 모와는 0.5, 자매와는 0.75의 유전적 근연도를 갖는다. 암컷 중 여왕개미가 되지 못한 일개미들은 직접 번식을 하지 않고 여왕개미가 낳은 수많은 자신의 자매들을 돌보며 목숨을 걸고 개미 군락을 지키는 역할을 한다.
　ㄴ. 현재 지구상에는 390여 개의 부족이 수렵과 채취에 의존해 살아가고 있다. 이러한 부족은 대체로 몇 개의 서로 다른 친족들로 구성되어 있으며, 평등주의적 부족 질서 아래 사냥감을 서로 나누어 먹는 식량 공유 관습을 가지고 있다. 이는 개인의 사냥 성공률이 낮은 상황에서 효과적인 생존 방식이라 할 수 있다.

① ㄱ: ㉮에서는 일개미가 자식을 낳지 않고 자매들을 돌보는 것을 부보다 모의 유전자를 후세에 더 많이 전달하기 위한 전략으로 보겠군.
② ㄱ: ㉯에서는 일개미가 목숨을 걸고 개미 군락을 지키는 것을 다른 DNA와의 생존 경쟁에서 이기기 위한 유전자의 이기적인 행동으로 보겠군.
③ ㄴ: ㉰에서는 자신이 식량을 나눠 주지 않으면 사냥에 실패했을 때 자신도 얻어먹지 못할 수 있기 때문에 식량 공유 관습이 생긴 것으로 보겠군.
④ ㄴ: ㉱에서는 식량 공유 관습을 이기적인 구성원도 식량을 공유하게 함으로써 이타적 구성원이 사회에서 사라지지 않도록 하는 제도로 보겠군.
⑤ ㄴ: ㉮에서는 혈연관계가 없는 구성원과의 식량 공유를 설명할 수 없지만, ㉱에서는 협업을 통해 집단의 생존 확률을 높이는 행동으로 보겠군.

단어의 동음이의어 이해

6 밑줄 친 단어가 ⓐ~ⓔ와 동음이의어인 것은?

① ⓐ: 그는 형의 모습을 유심히 관찰하였다.
② ⓑ: 이 사전은 여러 전문가가 감수하였다.
③ ⓒ: 그 기업은 경쟁사에 밀려 도태되었다.
④ ⓓ: 이것은 장소를 검색하는 데 유용하다.
⑤ ⓔ: 우리는 적극적으로 상황에 대응하였다.

1 [가]의 **1**문단과 [나]의 **1**문단을 통해 [가]와 [나]의 중심 화제를 파악해 보자.

[가]: 동물의 (❶　　　　　　　　)을 설명하는 이론

[나]: 사람들의 이타적 행동의 이유 및 (❷　　　　　　　　　)의 진화 이유를 설명하는 이론

2 중심 화제와 관련된 각 문단의 정보를 정리해 보자.

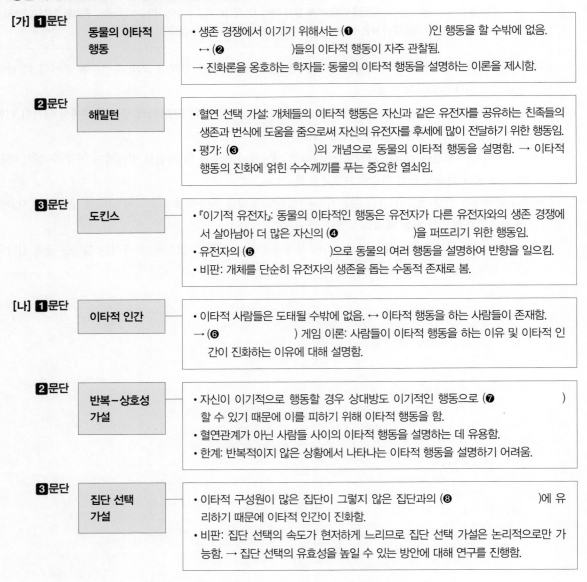

[가] **1**문단

동물의 이타적 행동

- 생존 경쟁에서 이기기 위해서는 (❶　　　　　　　)인 행동을 할 수밖에 없음.
  ↔ (❷　　　　　　)들의 이타적 행동이 자주 관찰됨.
- → 진화론을 옹호하는 학자들: 동물의 이타적 행동을 설명하는 이론을 제시함.

2문단

해밀턴

- 혈연 선택 가설: 개체들의 이타적 행동은 자신과 같은 유전자를 공유하는 친족들의 생존과 번식에 도움을 줌으로써 자신의 유전자를 후세에 많이 전달하기 위한 행동임.
- 평가: (❸　　　　　　　)의 개념으로 동물의 이타적 행동을 설명함. → 이타적 행동의 진화에 얽힌 수수께끼를 푸는 중요한 열쇠임.

3문단

도킨스

- 『이기적 유전자』: 동물의 이타적인 행동은 유전자가 다른 유전자와의 생존 경쟁에서 살아남아 더 많은 자신의 (❹　　　　　　　)을 퍼뜨리기 위한 행동임.
- 유전자의 (❺　　　　　　)으로 동물의 여러 행동을 설명하여 반향을 일으킴.
- 비판: 개체를 단순히 유전자의 생존을 돕는 수동적 존재로 봄.

[나] **1**문단

이타적 인간

- 이타적 사람들은 도태될 수밖에 없음. ↔ 이타적 행동을 하는 사람들이 존재함.
- → (❻　　　　　　) 게임 이론: 사람들이 이타적 행동을 하는 이유 및 이타적 인간이 진화하는 이유에 대해 설명함.

2문단

반복-상호성 가설

- 자신이 이기적으로 행동할 경우 상대방도 이기적인 행동으로 (❼　　　　　　) 할 수 있기 때문에 이를 피하기 위해 이타적 행동을 함.
- 혈연관계가 아닌 사람들 사이의 이타적 행동을 설명하는 데 유용함.
- 한계: 반복적이지 않은 상황에서 나타나는 이타적 행동을 설명하기 어려움.

3문단

집단 선택 가설

- 이타적 구성원이 많은 집단이 그렇지 않은 집단과의 (❽　　　　　　)에 유리하기 때문에 이타적 인간이 진화함.
- 비판: 집단 선택의 속도가 현저하게 느리므로 집단 선택 가설은 논리적으로만 가능함. → 집단 선택의 유효성을 높일 수 있는 방안에 대해 연구를 진행함.

3 다음 정보 간의 관계를 파악해 보자.

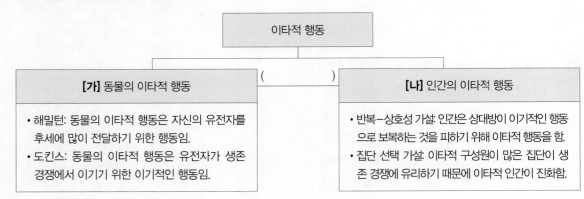

이타적 행동

[가] 동물의 이타적 행동

- 해밀턴: 동물의 이타적 행동은 자신의 유전자를 후세에 많이 전달하기 위한 행동임.
- 도킨스: 동물의 이타적 행동은 유전자가 생존 경쟁에서 이기기 위한 이기적인 행동임.

(　　　　　　)

[나] 인간의 이타적 행동

- 반복-상호성 가설: 인간은 상대방이 이기적인 행동으로 보복하는 것을 피하기 위해 이타적 행동을 함.
- 집단 선택 가설: 이타적 구성원이 많은 집단이 생존 경쟁에 유리하기 때문에 이타적 인간이 진화함.

선지 판단 연습

지문을 바탕으로 ❶~❹의 내용을 판단해 보자.

[가] 지문 ❶-2~3 그런데 개체가 다른 개체들과의 생존 경쟁에서 이기기 위해서는 이기적인 행동을 할 수밖에 없지만, 자연계에서는 동물들의 이타적 행동이 자주 관찰된다. 이에 진화론을 옹호하는 학자들은 동물의 이타적 행동을 설명하는 이론을 제시하였다.

❶ 학자들은 동물이 생존 경쟁에 부적합한 이타적 행동을 하는 이유를 진화론적으로 설명하고자 했다. (○ / ×)

[가] 지문 ❸-5 이러한 도킨스의 이론은 유전자의 이기성으로 동물의 여러 행동을 설명하여 과학계에 큰 반향을 불러일으켰으나, 개체를 단순히 유전자의 생존을 돕는 수동적 존재로 보았다는 점에서 비판을 받기도 하였다.

❷ 도킨스는 개체를 이기적 존재로, 유전자를 수동적 존재로 보고 동물의 행동을 설명했다. ················· (○ / ×)

[나] 지문 ❷-3~4 즉 상대방이 이타적으로 행동하면 자신도 이타적으로, 상대방이 이기적으로 행동하면 자신도 이기적으로 행동하는 것이다. 이러한 행동이 반복되면 점점 상대방의 배신 횟수는 줄고 협조 횟수는 늘어 서로에게 이득이 되는 결과를 얻게 된다.

❸ 상대방의 행동과 상관없이 이타적인 행동을 반복하면 서로에게 이득이 되는 결과를 얻을 수 있다. (○ / ×)

[나] 지문 ❸-2 개인 간의 생존 경쟁에서 우월한 개인이 생존하는 개인 선택에서는 이기적 인간이 살아남는 데 유리하지만, 집단 간의 생존 경쟁에서 우월한 집단이 생존하는 집단 선택에서는 이타적 구성원이 많은 집단일수록 식량을 구하거나 다른 집단과의 분쟁에 효과적으로 대응할 수 있기 때문에 생존할 확률이 높다.

❹ 개인 간의 생존 경쟁에서는 (이기적 / 이타적) 인간이 생존할 확률이 높다.

플러스 독해 TIP

하나의 화제에 대한 서로 다른 정보가 병렬적으로 나타나는 두 글

주제 통합 유형에서는 화제에 대한 정보가 병렬적으로 나타나는 두 글을 함께 제시하기도 한다. 이때 두 글은 동일한 화제의 서로 다른 측면에 초점을 맞추어 정보를 제시한다.

> **[가]** 광고는 독점적 경쟁 시장에서 그 효과가 크다. … 각 판매자는 자신이 공급하는 상품을 구매자가 차별적으로 인지하고 선호할 수 있도록 하기 위해 광고를 이용한다. …
> 가격이 변화할 때 구매자의 상품 수요량이 변하는 정도를 수요의 가격 탄력성이라 하는데, 구매자가 자신이 선호하는 상품이 차별화되었다고 느낄수록 수요의 가격 탄력성은 감소한다. 이처럼 구매자가 특정 상품에 갖는 충성도가 높아지면, 판매자의 독점적 지위는 강화된다. 판매자는 이렇게 광고가 경쟁을 제한하는 효과를 노린다.
> **[나]** 광고가 특정한 상품에 대한 독점적 경쟁 시장을 넘어서 경제와 사회 전반에 영향을 주기도 한다. 개별 광고가 구매자의 내면에 잠재된 필요나 욕구를 환기하여 대상 상품에 대한 소비를 촉진하는 효과가 합쳐지면 경제 전반에 선순환을 기대할 수 있다. …
> 하지만 광고의 소비 촉진 효과는 환경 오염을 우려하는 사람들에게 비판의 대상이 되기도 한다. 소비뿐만 아니라 소비로 촉진된 생산 활동에서도 환경 오염이 발생하기 때문이다.
 2022-9월 고3 모의평가

[가]와 [나]는 '광고'라는 공통된 화제를 다루고 있지만 세부 내용을 보면 서로 다른 측면에서 광고를 설명하고 있다. [가]는 독점적 경쟁 시장에서 판매자가 이용하는 광고의 기능과 효과를 설명하고, [나]는 광고가 경제에 미치는 긍정적인 영향과 환경에 미치는 부정적인 영향을 설명한다. 이러한 주제 통합 유형의 지문을 읽을 때는 두 글의 공통 화제를 찾고, 각 글이 화제의 어떤 측면에 초점을 맞추고 있는지를 파악해야 한다. 이에 따라 세부 내용을 파악하여 화제에 대한 두 글의 정보를 종합적으로 이해해야 한다.

MEMO

빠른시작

수능 국어 비문학 독서

빠작으로 내신과 수능을
한발 앞서 준비하세요.

빠른시작

빠착

수능
국어
비문학 독서

정답과
해설

동아출판

빠른시작

빠작

수능
국어
비문학 독서

정답과
해설

빠른시작

본책 14~15쪽

1 ③   2 ⑤   3 ③

지문 이해
2021 – 3월 고1 학력평가

[인문_철학] 조선 시대 유학자들의 민본 사상

• 이 글의 중심 화제는 '조선 시대 유학자들의 민본 사상'이다. 1문단에서 조선 시대의 유학자들이 민본 사상을 통치 기조로 삼을 것을 주장했다고 밝힌 후 군주와 백성에 대한 관점을 제시하고 있다. 이를 통해 조선 시대의 각 유학자가 민본 사상의 관점에서 군주와 백성을 어떻게 보았는지에 대한 내용이 이어질 것임을 예측해야 한다.

• 2문단에는 조선 초기 정도전의 주장이, 3문단에는 조선 중기 이이의 주장이, 4문단에는 조선 후기 정약용의 주장이 제시된다. 각 학자의 주장에서 드러나는 군주와 백성에 대한 관점을 이해하고 그것을 비교하여 관점 간의 공통점과 차이점을 파악해야 한다.

1 ¹조선 시대의 유학자들은 왕권의 기반이 민심에 있으며 민심을 천심으로 받아들여야 한다고 보는 민본(民本) 사상을 통치 기조로 삼을 것을 주장했다. ²이러한 관점에서 군주는 백성의 뜻을 하늘의 뜻으로 받들며 섬기고 덕성을 갖춘 성군으로서 백성의 모범이 되어야 하며, 백성을 사랑하는 애민의 태도로 백성의 삶을 안정시키고 백성을 교화해야 하는 존재라고 강조했다. ³또한 백성은 보살핌과 가르침을 받는 존재로서 통치에 순응해야 한다고 보았다.
1 민본 사상을 통치 기조로 삼을 것을 주장한 조선 시대 유학자들

2 ¹군주와 백성에 대한 이러한 관점은 조선 개국을 주도하고 통치 체제를 설계한 정도전의 주장에도 드러난다. ²정도전은 군주나 관료가 백성에 대한 통치권을 지닌 것은 백성을 지배하기 위한 것이 아니라 백성을 보살피고 안정시키기 위한 것이라고 보았다. ³군주나 관료가 지배자가 아니라 백성을 위해 일하는 봉사자일 때 이들의 지위나 녹봉은 그 정당성이 확보된다고 여긴 것이다. ⁴또한 왕권이 정상적으로 작동하기 위해서는 왕을 정점으로 하여 관료 조직을 위계적으로 정비하는 것과 더불어, 민심을 받들어 백성을 보살피는 자로서 군주가 덕성을 갖추는 것이 중요하다고 보았다. ⁵백성을 위하는 관료의 자질 향상 및 책무의 중요성을 강조한 한편, 관료의 비행을 감독하는 감사 기능의 강화를 주장하기도 했다. ⁶이러한 정도전의 주장은 백성을 보살핌의 대상으로 바라본 민본 사상의 관점에 입각한 것이라 할 수 있다.
2 군주나 관료에 대한 정도전의 관점

3 ¹조선 중기의 학자 이이 역시 군주의 바람직한 덕성을 강조한 한편 군주와 백성의 관계를 부모와 자식의 관계에 빗대어 백성을 보살펴야 하는 대상이라 논했다. ²이이는 특히 애민은 부모가 자녀를 가르치듯 군주가 백성들을 도덕적으로 교화함으로써 실현되며, 교화를 순조롭게 이루기 위해서는 우선 백성들을 경제적으로 안정시켜야 한다는 점을 강조했다. ³또한 백성은 군주에 대한 신망을 지닐 수도 버릴 수도 있는 존재이므로, 군주는 백성을 두려워하는 외민(畏民)의 태도를 지녀야 함을 역설했다. ⁴백성을 보살피고 교화해야 할 대상으로 여긴 점은 정도전의 관점과 상통하는 지점이다. ⁵다만 군주가 백성에 대한 두려움을 가지고 백성의 신망을 유지하기 위해 노력해야 한다는 것을 강조한 점에서 차이가 있다.
3 군주와 백성에 대한 이이의 관점

4 ¹조선 후기의 학자 정약용은 환자나 극빈자, 노인과 어린이 등 사회적 약자에 속하는 백성을 적극적으로 보호하는 것이 애민의 내용이라고 주장했다. ²이는 백성을 보살핌의 대상으로 바라보는 시각을 구체화한 것이라 할 수 있다. ³한편 정약용은 백성을 통치 체제 유지에 기여해야 하는 존재라 보고, 백성이 각자의 경제적 형편에 부합하는 역할을 수행해야 한다고 주장하여 백성에 대한 기존의 관점과 차이를 드러냈다. ⁴그는 가난한 백성인 '소민'은 교화를 따름으로써, 부유한 백성인 '대민'은 생산 수단을 제공하고 납세의 부담을 맡음으로써 통치 질서의 안정에 기여해야 한다고 논했다. ⁵이는 조선 후기 농업 기술과 상공업의 발달로 인해 재산을 축적한 백성들이 등장한 현실을 고려한 것으로, 백성이 국가를 유지하는 근간이라고 보는 관점에 기반한 주장이었다.
4 백성에 대한 정약용의 관점

5 ¹조선 시대 학자들의 이와 같은 주장은 군주를 비롯한 통치 계층이 백성을 존중하는 정책을 펼치는 바탕이 되었다. ²백성을 대상으로 한 교육 제도, 관료의 횡포를 견제하는 감찰제도, 민생 안정을 위한 조세 및 복지 제도, 백성의 민원을 수렴하는 소원 제도 등은 백성을 위한 정책이 구현된 사례라 할 수 있다.
5 조선 시대 학자들의 주장을 바탕으로 구현된 백성 존중 정책

주제 민본 사상을 바탕으로 한 조선 시대 유학자들의 군주와 백성에 대한 관점

전개 방식 파악

1 윗글에 대한 설명으로 가장 적절한 것은?   답 ③

① 조선 시대 관료 조직의 위계를 분석하고 있다.
▶ 왕권이 정상적으로 작동하기 위해서는 왕을 정점으로 하여 관료 조직을 위계적으로 정비해야 한다는 정도전의 주장이 나타나지만 조선 시대 관료 조직의 위계를 분석하고 있지는 않다.

② 조선 시대 조세 제도의 문제점을 나열하고 있다.
▶ 부유한 백성인 '대민'이 납세 부담을 맡아야 한다는 정약용의 주장과, 조선 시대 학자들의 주장을 바탕으로 민생 안정을 위한 조세 제도가 펼쳐졌다는 내용이 나타나지만 조세 제도의 문제점을 나열하고 있지는 않다.

✓③ 조선 시대 학자들의 백성에 대한 관점을 비교하고 있다.
▶ 정도전, 이이, 정약용 등 조선 시대 학자들의 주장에 드러난 백성에 대한 관점을 비교하여 공통점과 차이점을 제시하고 있다. → 적절하므로 정답

④ 조선 시대 군주들의 통치관을 비판적으로 서술하고 있다.
▶ 조선 시대 유학자들이 민본 사상을 통치 기조로 삼을 것을 주장했다고 했고, 각 유학자들이 제시한 군주의 역할을 통치관이라고 볼 수도 있지만 이를 비판적으로 서술하고 있지는 않다.

⑤ 조선 시대 상업의 발달 과정을 통시적으로 기술하고 있다.
▶ 정약용의 주장이 조선 후기의 상공업 발달 현실을 고려한 것이라는 내용이 나타나지만 조선 시대 상업의 발달 과정을 시간의 흐름에 따라 통시적으로 기술하고 있지는 않다.

2 외민(畏民)에 대한 이해로 가장 적절한 것은? 답 ⑤

① 백성이 군주에 대해 지녀야 할 마음가짐이다.

> **근거** **3-3** 외민은 군주가 백성을 두려워하는 것으로, 군주가 백성에 대해 지녀야 할 마음가짐이다.

② 관료의 비행을 감독하기 위해 마련한 제도이다.

> **근거** **2-5** 관료의 비행을 감독하는 감사 기능의 강화를 주장한 것은 정도전으로, 이이가 주장한 외민의 태도는 이와 관련이 없다.

③ 군주와 백성을 부모와 자식의 관계에 비유하는 근거이다.

> **근거** **1-2, 3-1~3** 이이는 군주와 백성의 관계를 부모와 자식의 관계에 빗대어 백성을 보살펴야 하는 대상이라 논했다. 이것은 백성을 사랑하는 애민의 태도에 근거한 것이지, 백성을 두려워하는 외민의 태도에 근거한 것이라고 볼 수 없다.

④ 민생이 안정되었을 때 드러나는 백성의 이상적 모습이다.

> **근거** **1-2~3, 3-3** 민본 사상의 관점에서 군주는 애민의 태도로 백성의 삶을 안정시켜야 하고, 이렇게 민생이 안정되었을 때 백성은 보살핌과 가르침을 받는 존재로서 통치에 순응하는 것이 이상적인 모습이다. 이는 군주가 백성을 두려워하는 외민의 태도와 관련이 없다.

✓⑤ 백성이 군주에 대한 신망을 버릴 수 있다고 보는 관점이다.

> **근거** **3-3** 이이는 백성이 군주에 대한 신망을 지닐 수도 버릴 수도 있는 존재라고 본다. 따라서 군주는 백성을 두려워하는 외민의 태도를 지녀야 한다고 주장한다. → 적절하므로 정답

3 윗글을 바탕으로 〈보기〉를 이해한 내용으로 적절하지 않은 것은? 답 ③

▶ 정도전, 이이, 정약용의 주장을 파악하고, 이것을 〈보기〉의 내용과 연결 지어 이해해야 한다.

보기

ㄱ. 옛날에 바야흐로 온 세상을 제압하고 나서 천자가 벼슬을 내리고 녹봉을 나누어 준 것은 신하들을 위해서가 아니라 백성들을 위한 것이었다. … 임금이 관리에게 책임을 지우는 것도 한결같이 백성에 근본을 두고, 관리가 임금에게 보고하는 것도 한결같이 백성에 근본을 두면, 백성은 중요한 존재가 된다.
<small>군주나 관료가 백성을 위한 봉사자일 때 지위나 녹봉의 정당성이 확보된다는 주장과 연계</small>
　　　　　　　　　　　　　　　　　　　　　　　　 – 정도전, 『삼봉집』

ㄴ. 청컨대 전하의 식사와 옷에서부터, 바치는 물건들과 대궐 안에서 일상적으로 쓰는 물건들 일체를 삼분의 일 줄이십시오. 이런 방식으로 헤아려서 모든 팔도의 진상·공물들도 삼분의 일 줄이십시오. 이렇게만 하신다면 은택이 아래로 미치어 백성들이 실질적인 혜택을 받게 될 것입니다. – 이이, 『율곡전서』
<small>백성을 경제적으로 안정시켜야 한다는 주장과 연계</small>

ㄷ. 만일 목화 농사가 흉작이 되어 면포의 가격이 뛰어오르는데 수백 리 밖의 고장은 풍년이 들어 면포의 값이 매우 쌀 경우 수령은 일단 백성에게 군포를 납부하지 말도록 해야 한다. 그리고 아전 중 청렴한 자를 골라 풍년이 든 곳에 가서 면포를 구입해 오도록 하여 군포를 바친다. 그리고 면포를 구입하는 데 쓴 돈은 백성들이 균등하게 부담케 하면 백성에게 큰 혜택이 돌아갈 것이다. – 정약용, 『목민심서』
<small>사회적 약자에 속하는 백성을 적극적으로 보호해야 한다는 주장과 연계</small>

---

① ㄱ은 관료의 녹봉이 백성을 위해 일하는 봉사자로서 얻는 것이라는 주장과 관련된다.

> **근거** **2-3** 정도전은 군주나 관료가 백성을 위해 일하는 봉사자일 때 이들의 지위나 녹봉은 그 정당성이 확보된다고 주장했다. 천자가 벼슬을 내리고 녹봉을 나누어 준 것은 백성들을 위한 것이라는 ㄱ의 내용은 이러한 주장과 관련된다.

② ㄴ은 군주가 백성을 보살피는 존재라는 시각을 바탕으로 한다.

> **근거** **3-1~2** 이이는 군주와 백성의 관계를 부모와 자식의 관계에 빗대어 백성을 보살펴야 하는 대상이라 논했다. 또한 군주가 백성들을 경제적으로 안정시켜야 한다고 강조했다. 이러한 시각을 바탕으로 ㄴ에서 진상·공물들을 줄이라고 한 것이다.

✓③ ㄷ은 대민과 소민에 따라 납세 부담에 차이가 있어야 한다는 주장을 구현하는 방법이다.

> **근거** **4-4** 정약용은 '소민'은 교화를 따름으로써, '대민'은 생산 수단을 제공하고 납세의 부담을 맡음으로써 통치 질서의 안정에 기여해야 한다고 주장했다. 즉 정약용은 대민과 소민에 따라 납세 부담에 차이가 있어야 한다고 주장했다. 그러나 ㄷ에서는 면포를 구입하는 데 쓴 돈을 백성들이 균등하게 부담케 하자고 했으므로 ㄷ은 납세 부담에 차이가 있어야 한다는 주장을 구현하는 방법으로 볼 수 없다. → 적절하지 않으므로 정답

④ ㄱ과 ㄷ은 민본 사상의 관점에서 바람직한 관료의 면모를 보여 준다.

> **근거** **1-2** 민본 사상의 관점에서 군주는 백성의 뜻을 하늘의 뜻으로 받들며 섬기고, 백성의 삶을 안정시켜야 하는 존재이다. ㄱ은 백성에 근본을 두는 임금과 관리, ㄷ은 백성의 삶을 안정시키는 수령의 면모를 보여 준다.

⑤ ㄴ과 ㄷ은 백성의 경제적 안정을 중시하는 관점에서 제안된 방안에 해당한다.

> **근거** **3-2, 4-1** 이이는 군주가 백성들을 경제적으로 안정시켜야 한다고 강조했고, 정약용은 사회적 약자에 속하는 백성을 적극적으로 보호해야 한다고 주장했다. ㄴ에서 진상·공물들을 줄이라는 것, ㄷ에서 흉작이 든 고장의 백성에게 군포를 납부하지 말도록 하고 풍년이 든 곳에 가서 면포를 구입하여 그 비용을 백성들이 균등하게 부담케 하자는 것은 백성이 경제적 혜택을 받게 하기 위한 방안으로, 백성의 경제적 안정을 중시하는 관점에서 제안된 것이다.

▶ **지문 분석** 　　　　　　　　　　　　　　　　　본책 16~17쪽

1 민본 사상

2　❶ 군주　　　❷ 보살핌　　　❸ 덕성
　　 ❹ 외민　　　❺ 교화　　　　❻ 애민
　　 ❼ 통치 체제　❽ 교육 제도

3　❶ 공통점　　❷ 차이점

▶ **선지 판단 연습**

❶ ✕　**해설** 조선 시대의 유학자들은 백성이 군주의 통치에 순응해야 한다고 보았다.

❷ ✕　**해설** 정도전은 민본 사상에 입각하여 관료의 비행을 감독하는 감사 기능을 강화해야 한다고 주장했다.

❸ ○

❹ 보호

1 ④　　2 ②　　3 ②

지문 이해

2020 - 3월 고1 학력평가

[예술_미술] 미래주의 회화 운동

• 이 글의 중심 화제는 '미래주의'이다. 1문단에서 미래주의의 개념을 설명하는 부분에 주목하여 중심 화제를 파악해야 한다.
• 미래주의의 등장 배경, 미래주의 화가들이 사용한 기법, 미래주의 회화의 의의 등 중심 화제와 관련된 정보가 병렬적으로 제시되고 있음을 이해해야 한다.
• 전통적인 서양 회화와 미래주의 회화를 대조하고 있음을 파악하고 두 대상의 차이점에 주목해야 한다. 또한 미래주의 회화가 키네틱 아트의 등장에 영향을 주었으므로 둘의 관련성을 파악해야 한다.

1 ¹미래주의는 20세기 초 이탈리아 시인 마리네티의 '미래주의 선언'을 시작으로, 화가 발라, 조각가 보치오니, 건축가 상텔리아, 음악가 루솔로 등이 참여한 *전위 예술 운동이다. ²당시 산업화에 뒤처진 이탈리아는 산업화에 대한 열망과 민족적 자존감을 고양시킬 수 있는 새로운 예술을 필요로 하였다. ³이에 산업화의 특성인 속도와 운동에 주목하고 이를 예술적으로 표현하려는 미래주의가 등장하게 되었다.
　　　　　　　　　　　　　　　　　　　　　　　　1 미래주의의 등장

2 ¹특히 미래주의 화가들은 질주하는 자동차, 사람들로 북적이는 기차역, 광란의 댄스홀, 노동자들이 일하는 공장 등 활기찬 움직임을 보여 주는 모습을 주요 소재로 삼아 산업 사회의 역동적인 모습을 표현하였다. ²그들은 대상의 움직임의 추이를 화폭에 담아냄으로써 대상을 생동감 있게 형상화하려 하였다. ³이를 위해 미래주의 화가들은, 시간의 흐름에 따른 대상의 움직임을 하나의 화면에 표현하는 분할주의 기법을 사용하였다. ⁴'질주하고 있는 말의 다리는 4개가 아니라 20개다.'라는 미래주의 선언의 내용은, 분할주의 기법을 통해 대상의 역동성을 지향하고자 했던 미래주의 화가들의 생각을 잘 드러내고 있다.
　　　　　　　　　　　2 분할주의 기법을 사용한 미래주의 화가들

3 ¹분할주의 기법은 19세기 사진작가 머레이의 연속 사진 촬영 기법에 영향을 받은 것으로, 이미지의 겹침, 역선(力線), 상호 침투를 통해 대상의 연속적인 움직임을 효과적으로 표현하였다. ²먼저 이미지의 겹침은 화면에 하나의 대상을 여러 개의 이미지로 중첩시켜서 표현하는 방법이다. ³마치 연속 사진처럼 화가는 움직이는 대상의 잔상을 바탕으로 시간의 흐름에 따른 대상의 움직임을 겹쳐서 나타내었다. ⁴다음으로 힘의 선을 나타내는 역선은, 대상의 움직임의 궤적을 여러 개의 선으로 구현하는 방법이다. ⁵미래주의 화가들은 사물이 각기 특징적인 움직임을 갖고 있다고 보고, 이를 역선을 통해 표현함으로써 사물에 대한 화가의 느낌을 드러내었다. ⁶마지막으로 상호 침투는 대상과 대상이 겹쳐서 보이게 하는 방법이다. ⁷역선을 사용하여 대상의 모습을 나타내면 대상이 다른 대상이나 배경과 구분이 모호해지는 상호 침투가 발생해 대상이 사실적인 형태보다는 왜곡된 형태로 표현된다. ⁸이러한 방식으로 미래주의 화가들은 움직이는 대상의 속도와 운동을 효과적으로 나타낼 수 있었다.
　　　　　　　　　3 분할주의 기법에서 사용하는 이미지의 겹침, 역선, 상호 침투

4 ¹기존의 전통적인 서양 회화가 대상의 고정적인 모습에 주목하여 비례, 통일, 조화 등을 아름다움의 요소로 보았다면, 미래주의 회화는 움직이는 대상의 속도와 운동이라는 미적 가치에 주목하여 새로운 미의식을 제시했다는 점에서 의의를 찾을 수 있다. ²이러한 미래주의 회화는 이후 모빌과 같이 나무나 금속으로 만들어 입체적 조형물의 운동을 보여 주는 키네틱 아트가 등장하는 데 ㉠영감을 제공한 것으로 평가되고 있다.
　　　　　　　　　　　　　　　　　　　　　4 미래주의 회화의 의의

*전위 예술 기존의 표현 예술 형식을 부정하고 새로운 표현을 추구하는 예술 경향.

주제 미래주의 회화의 기법과 의의

전체 내용 이해

1 윗글에서 언급된 내용이 아닌 것은?　　　　답 ④

① 미래주의에 참여한 예술가들
　근거 **1**-1 미래주의는 20세기 초 이탈리아 시인 마리네티의 '미래주의 선언'을 시작으로, 화가 발라, 조각가 보치오니, 건축가 상텔리아, 음악가 루솔로 등이 참여하였다.

② 미래주의가 등장하게 된 배경
　근거 **1**-2~3 산업화에 뒤처진 이탈리아가 산업화에 대한 열망과 민족적 자존감을 고양시킬 수 있는 새로운 예술을 필요로 하여 미래주의가 등장하였다.

③ 미래주의 화가들이 사용한 기법
　근거 **2**-3, **3**-1 미래주의 화가들은 이미지의 겹침, 역선(力線), 상호 침투를 통해 대상의 움직임을 하나의 화면에 표현하는 분할주의 기법을 사용하였다.

✓④ 미래주의 회화가 발전해 온 과정
　▶ 미래주의 회화가 어떤 과정으로 발전해 왔는지는 글에 제시되어 있지 않다. → 언급된 내용이 아니므로 정답

⑤ 미래주의 화가들이 추구한 미의식
　근거 **4**-1 미래주의 회화는 움직이는 대상의 속도와 운동이라는 미적 가치에 주목하여 새로운 미의식을 제시했다.

정보 추론

2 ㉠의 구체적 내용으로 가장 적절한 것은?　　　　답 ②

▶ 미래주의 회화가 키네틱 아트에 미친 영향을 파악해야 한다.
　근거 **4**-1 미래주의 회화는 움직이는 대상의 속도와 운동이라는 미적 가치에 주목했다.
　근거 **4**-2 이러한 미래주의 회화는 입체적 조형물의 운동을 보여 주는 키네틱 아트가 등장하는 데 영향을 미쳤다.

① 전통 회화 양식에서 벗어나 움직이는 대상이 주는 아름다움을 최초로 작품화하려는 생각

근거 **4**-1 미래주의 회화는 기존의 전통적인 서양 회화와 달리 움직이는 대상의 미적 가치에 주목하여 이를 이미 작품화했다. 따라서 키네틱 아트가 움직이는 대상이 주는 아름다움을 최초로 작품화하려 했다고 보기 어렵다.

✓ ② 기존의 방식과 달리 미적 가치를 3차원에서 실제로 움직이는 대상을 통해 구현하려는 생각

근거 **4**-1~2 대상의 고정적인 모습에 주목했던 기존과 달리 미래주의 회화는 움직이는 대상에 주목했다. 이것은 미적 가치를 입체적 조형물의 운동을 통해 구현하려는 생각을 하게 했다. → 적절하므로 정답

③ 사진의 촬영 기법을 회화에 접목시켜 비례와 조화에서 오는 조형물의 예술성을 높이려는 생각

근거 **3**-1 미래주의 회화는 사진 촬영 기법에 영향을 받았지만 키네틱 아트가 사진 촬영 기법을 접목시켰다는 내용은 나타나 있지 않다.

근거 **4**-1 비례와 조화는 전통적인 서양 회화에서 아름다움의 요소로 본 것으로, 미래주의 회화가 키네틱 아트에 준 영감과는 관련이 없다.

④ 산업 사회의 역동적인 모습에서 벗어나 인류가 추구해야 할 미래상을 화폭에 담아내려는 생각

근거 **2**-1 미래주의 회화는 산업 사회의 역동적인 모습을 표현하려고 하였다. 또한 키네틱 아트가 인류가 추구해야 할 미래상을 화폭에 담아내려 했다는 내용은 언급되어 있지 않다.

⑤ 예술적 대상의 범위를 구체적인 대상에서 추상적인 대상으로 확대하여 작품을 창작하려는 생각

근거 **2**-1~2 미래주의 화가들은 질주하는 자동차, 사람들로 북적이는 기차역, 광란의 댄스홀, 노동자들이 일하는 공장 등 구체적인 대상을 형상화하려 하였다. 또한 키네틱 아트가 예술적 대상의 범위를 추상적인 대상으로 확대하려 했다는 내용은 언급되어 있지 않다.

① 움직이는 강아지의 모습을 속도감 있게 그린 것에서 미래주의 회화의 경향을 엿볼 수 있겠군.

근거 **3**-8 미래주의 회화는 움직이는 대상의 속도와 운동을 효과적으로 나타내었다.

✓ ② 선을 교차시켜 쇠사슬의 잔상을 구체적으로 재현한 것에서 역선을 통해 사실적인 형태를 강조했음을 알 수 있겠군.

근거 **3**-7 역선을 사용하면 상호 침투가 발생해 대상이 사실적인 형태보다는 왜곡된 형태로 표현된다. → 적절하지 않으므로 정답

③ 강아지의 발과 바닥의 경계가 모호하게 보이는 것에서 대상과 배경의 상호 침투 효과를 엿볼 수 있겠군.

근거 **3**-7 역선을 사용해 대상의 모습을 나타내면 대상이 다른 대상이나 배경과 구분이 모호해지는 상호 침투가 발생한다.

④ 강아지의 발을 중첩시켜 표현한 것은 이미지 겹침을 통해 시간의 흐름에 따른 대상의 움직임을 나타낸 것이겠군.

근거 **3**-2 화면에 하나의 대상을 여러 개의 이미지로 중첩시켜서 표현하는 것은 이미지의 겹침이다.

근거 **3**-3 이미지의 겹침을 통해 시간의 흐름에 따른 대상의 움직임을 나타내었다.

⑤ 사람의 다리를 두 개가 아닌 여러 개로 그린 것은 분할주의 기법을 활용하여 걷는 이의 역동적 모습을 강조한 것이겠군.

근거 **3**-1~2 화면에 하나의 대상을 여러 개의 이미지로 중첩시켜서 표현하는 이미지의 겹침은 분할주의 기법의 하나로, 이를 통해 대상의 연속적인 움직임을 효과적으로 표현하였다.

<구체적 사례에 적용>

3 윗글을 바탕으로 〈보기〉를 감상한 내용으로 적절하지 <u>않은</u> 것은?

답 ②

▶ 미래주의 화가들이 사용한 분할주의 기법인 이미지의 겹침, 역선, 상호 침투의 특징을 파악하고, 이것이 〈보기〉의 작품에 나타난 양상을 이해해야 한다.

보기

발라의 「강아지의 다이내미즘」은 여인이 강아지를 데리고 산책하는 모습을 그린 미래주의 회화의 대표적인 작품이다.

▶ **지문 분석**   본책 20~21쪽

1 미래주의

2 ❶ 산업화   ❷ 속도
   ❸ 분할주의   ❹ 이미지
   ❺ 상호 침투   ❻ 아름다움
   ❼ 미의식   ❽ 키네틱 아트

3 ❶ 대조   ❷ 영향

▶ **선지 판단 연습**

❶ ○

❷ ×   해설 미래주의 화가들은 질주하는 자동차, 사람들로 북적이는 기차역 등 활기찬 움직임을 보여 주는 모습을 주요 소재로 삼아 대상의 움직임의 추이를 형상화하였다.

❸ ×   해설 분할주의 기법은 연속 사진 촬영 기법에 영향을 받았다.

❹ 미래주의 회화

지문 이해

2020-3월 고2 학력평가

[인문_철학] 도덕적 갈등 문제에 대한 관점

• 이 글의 중심 화제는 '도덕적 갈등 문제를 바라보는 다양한 관점'이다. 1문단에서 예시를 통해 도덕적 갈등 문제의 개념을 설명한 후 마지막 문장에서 중심 화제를 구체적으로 드러내고 있다. 이를 통해 중심 화제를 파악해야 한다.

• 도덕적 갈등 문제를 바라보는 도덕적 원칙주의자, 도덕적 자유주의자, 도덕적 다원주의자의 관점이 대조되므로 각 관점의 차이점에 주목하여 독해해야 한다. 또한 각 관점의 의의와 한계를 파악해야 한다.

1 ¹도움이 필요한 할머니를 외면하고 약속 시간을 지키는 것이 옳은가, 아니면 늦더라도 할머니를 돕는 것이 옳은가? ²이렇게 대립하는 가치들 중 어떤 가치를 선택해야 하는가의 문제, 즉 도덕적 갈등 문제를 바라보는 다양한 관점이 있다.
1 대립하는 가치들 중 어떤 가치를 선택해야 하는가의 도덕적 갈등 문제

2 ¹먼저 ㉠도덕적 원칙주의자는 합리적인 이성을 통해 찾을 수 있는 선험적인 도덕 법칙이 존재한다고 본다. ²그리고 모든 인간은 이를 반드시 따라야 한다고 주장한다. ³따라서 도덕적 원칙주의자는 갈등 상황이 생겼을 때 주관적 욕구나 개인이 처한 상황을 고려하지 말고 도덕 법칙에 따라 행동하라고 말한다.
2 선험적인 도덕 법칙에 따라 행동하라고 말하는 도덕적 원칙주의자

3 ¹도덕적 원칙주의는 인간의 합리적인 이성을 신뢰하고 이를 통해 윤리적으로 올바른 삶이란 무엇인가를 규명하려고 했다는 점에서 의의가 있다. ²하지만 어느 사회에나 보편적으로 적용되는 선험적인 도덕 법칙이 존재한다면, 도덕적 갈등은 나타나지 않거나 나타나더라도 쉽게 해결이 돼야 하는데 실제로는 그렇지 않다는 점에서 한계가 있다.

4 ¹도덕적 자유주의자는 도덕적 원칙주의자와 달리 선험적인 도덕 법칙이 존재하지 않는다고 본다. ²대신 개인들이 합의를 통해 만든 상위 원리를 바탕으로 갈등을 해결해야 한다고 주장한다. ³자신의 이익만을 생각하는 편협한 입장에서 벗어나 객관적이고 공평한 지점에서 상위 원리를 만들 수 있다고 보기 때문이다. ⁴상위 원리를 통해 법과 같은 현실적인 규범이나 지침을 만들면 사람들이 이를 준수함으로써 도덕적 갈등이 해결된다는 것이다. ⁵따라서 도덕적 자유주의자는 공정한 형식적 절차를 마련하는 것을 최우선으로 삼는다.
4 상위 원리를 바탕으로 갈등을 해결해야 한다고 주장하는 도덕적 자유주의자

5 ¹도덕적 자유주의는 인간의 자율성을 보장하면서 갈등 상황을 해결할 수 있는 현실적인 방법을 만들어 냈다는 데 의의가 있다. ²하지만 누구나 동의할 수 있는 상위 원리를 만들어 내는 것이 항상 가능한 것은 아니다. ³또한 합의를 통해 상위 원리를 만들었다고 하더라도 구체적인 규범과 지침을 마련하는 과정에서 또 다른 갈등이 발생할 수 있다.
5 도덕적 자유주의의 의의와 한계

6 ¹한편 도덕적 다원주의자는 해결 불가능한 도덕적 갈등이 있다고 주장한다. ²이는 도덕적 가치의 우선순위를 판단하는 통일된 지표를 마련하는 것이 어려운 경우가 존재한다고 보기 때문이다. ³가령 자유나 평등처럼 가치가 본래 지닌 내재적 속성이 상충되어 어느 하나를 추구하다 보면 다른 것을 상대적으로 덜

중시할 수밖에 없는 경우도 있으며, 어떤 조건에서는 우선시되는 가치가 다른 조건에서는 그렇지 않은 경우도 있다.

7 ¹따라서 도덕적 다원주의자는 중재를 통해 타협점을 모색하는 방식을 제안한다. ²가령 정의라는 가치가 중요하더라도 특정 갈등 상황에서 배려라는 가치가 더 중요하다면 타협을 통해 그것을 선택할 수도 있다고 말한다. ³또한 타협하는 과정에서 기존의 도덕적 가치들 외에 새로운 가치를 생성할 수도 있다고 본다. ⁴도덕적 다원주의자는 도덕적 갈등 상황에서 어떤 가치가 옳고 그른지 판단하는 것보다 갈등 당사자 간의 인간관계가 훼손되지 않는 것을 중시한다. ⁵갈등 당사자들이 서로 다른 도덕적 가치를 주장한다고 하더라도 한 공동체 안에서 상호 작용하며 살아가야 하는 구성원들이라고 보기 때문이다.
6·7 중재를 통해 타협점을 모색하는 방식을 제안하는 도덕적 다원주의자

[가]

8 ¹도덕적 다원주의는 도덕적 갈등을 해결할 수 있는 현실적인 지침을 제공하지 않는다는 비판을 받기도 한다. ²하지만 갈등 상황에서 따라야 할 단일 기준을 내세우지 않는다는 것은 상황에 따라 문제를 해결할 수 있는 풍부한 기지와 창조력을 발휘할 수 있는 기회를 제공한다고도 할 수 있다. ³이러한 점에서 도덕적 다원주의는 도덕적 갈등을 바라보는 근본적인 인식을 바꾸었다는 의의가 있다.
8 도덕적 다원주의의 비판과 의의

주제 도덕적 갈등 문제를 바라보는 세 관점의 의의와 한계

세부 정보 파악

1 ㉠과 ㉡에 대한 설명으로 적절하지 않은 것은?   답 ③

① ㉠은 어느 사회에나 보편적으로 적용되는 도덕 법칙이 있다고 본다.
근거 **2**-1, **3**-2 도덕적 원칙주의자(㉠)는 어느 사회에나 보편적으로 적용되는 선험적인 도덕 법칙이 존재한다고 본다.

② ㉡은 상위 원리를 통해 현실적인 규범을 만들 수 있다고 본다.
근거 **4**-4 도덕적 자유주의자(㉡)는 상위 원리를 통해 법과 같은 현실적인 규범이나 지침을 만들 수 있다고 본다.

✓③ ㉠은 ㉡과 달리 도덕적 가치의 우선순위를 판단할 수 있다고 본다.
근거 **2**-3 도덕적 원칙주의자(㉠)는 선험적인 도덕 법칙에 따라 도덕적 갈등을 해결할 수 있다고 본다.
근거 **4**-4 도덕적 자유주의자(㉡)는 상위 원리를 통해 만든 규범이나 지침을 준수함으로써 도덕적 갈등을 해결할 수 있다고 본다.
근거 **6**-1~2 도덕적 갈등 문제를 해결하기 위해서는 도덕적 가치의 우선순위를 판단해 하나를 선택해야 한다. 따라서 도덕적 원칙주의자(㉠)와 도덕적 자유주의자(㉡) 모두 도덕적 가치의 우선순위를 판단할 수 있다고 볼 것이다. → 적절하지 않으므로 정답

④ ㉡은 ㉠과 달리 선험적인 도덕 법칙을 인정하지 않는다.
근거 **4**-1 도덕적 자유주의자(㉡)는 도덕적 원칙주의자(㉠)와 달리 선험적인 도덕 법칙이 존재하지 않는다고 본다.

⑤ ㉠과 ㉡ 모두 도덕적 갈등 상황을 해결할 수 있다고 본다.
근거 **2**-3 도덕적 원칙주의자(㉠)는 선험적인 도덕 법칙에 따라 도덕적 갈등 상황을 해결할 수 있다고 본다.
근거 **4**-4 도덕적 자유주의자(㉡)는 상위 원리를 통해 만든 규범이나 지침을 준수함으로써 도덕적 갈등 상황을 해결할 수 있다고 본다.

2 [가]의 '도덕적 다원주의자'의 관점에서 〈보기〉를 설명한 내용으로 가장 적절한 것은? 답 ②

[근거] **6-2~3** 도덕적 다원주의자는 도덕적 가치의 우선순위를 판단하는 통일된 지표를 마련하는 것이 어려운 경우가 존재한다고 본다. 가령 어떤 조건에서는 우선시되는 가치가 다른 조건에서는 그렇지 않은 경우도 있다.

> **보기**
>
> A는 친구 B에게 1,000만 원을 빌렸지만 형편이 어려워 B에게 돈을 갚지 못했다. 이에 B는 소송을 제기했다. ㉮판사 C는 A의 상황이 딱하다고 생각했으나 A가 법을 어긴 것은 잘못이라고 판단하여, A가 B에게 돈을 갚으라고 판결하였다. _{A의 딱한 상황을 고려하는 것보다 법을 지키는 것의 가치를 우선시함.}
>
> 한편, 판사 C의 친구 D는 C에게서 1,000만 원을 빌렸지만 형편이 어려워 C에게 돈을 갚지 못하고 있다. 이에 ㉯C는 소송을 제기할 것을 고민했으나, 친구의 어려움을 배려하는 것이 더 중요하다 _{법을 지키는 것보다 친구의 어려움을 배려하는 것의 가치를 우선시함.} 고 생각해서 소송을 단념했다. → C가 우선시한 도덕적 가치가 달라짐.

① ㉮와 ㉯에서 C가 올바른 가치 판단을 하기 위해서는 통일된 지표가 있어야 한다.

[근거] **6-2** 도덕적 다원주의자는 도덕적 가치의 우선순위를 판단하는 통일된 지표를 마련하는 것이 어려운 경우가 존재한다고 본다.

✓② ㉮와 ㉯에서 C가 서로 다르게 판단한 것은 조건에 따라 가치의 우선순위가 다를 수 있기 때문이다.

[근거] **6-3** ㉮와 ㉯에서 C가 서로 다르게 판단한 것은 ㉮의 조건에서는 법을 지키는 것의 가치를 우선시했지만, ㉯의 조건에서는 법을 지키는 것보다 친구의 어려움을 배려하는 것의 가치를 우선시했기 때문이다. → 적절하므로 정답

③ ㉮에서 C가 우선시한 가치와 ㉯에서 C가 우선시한 가치는 동일하다.

▶ ㉮에서는 법을 지키는 것의 가치를, ㉯에서는 친구의 어려움을 배려하는 것의 가치를 우선시했으므로 우선시한 가치는 다르다.

④ ㉮에서 C는 통일된 지표에 따라 판단하였고, ㉯에서 C는 조건에 따라 판단하였다.

[근거] **6-2~3** ㉮와 ㉯에서 우선시한 가치가 다르므로 도덕적 가치의 우선순위를 판단하는 통일된 지표가 있다고 보기 어렵다. ㉮에서 역시 조건에 따라 판단하였다.

⑤ ㉮에서는 두 가치 간의 내재적 속성이 상충되지만, ㉯에서는 두 가치 간의 내재적 속성이 상충되지 않는다.

▶ ㉮에서는 A의 딱한 상황을 고려하는 것과 법을 지키는 것의 가치가 상충되고, ㉯에서는 법을 지키는 것과 친구의 어려움을 배려하는 것의 가치가 상충된다.

3 윗글을 바탕으로 〈보기〉에 대해 보인 반응으로 적절하지 않은 것은? 답 ③

▶ 〈보기〉에는 '공공의 안전'과 '사생활 보호' 중 하나를 선택해야 하는 도덕적 갈등 문제가 나타난다. 도덕적 갈등 문제를 해결하기 위해 도덕적 원칙주의자, 도덕적 자유주의자, 도덕적 다원주의자가 제시한 방법을 파악해야 한다.

> **보기**
>
> 이웃에 살고 있는 갑과 을은 공공장소에 CCTV 설치를 확대해야 하는가를 두고 갈등하고 있다. 갑은 CCTV가 없는 곳에서 범죄를

당한 적이 있다며, <u>공공의 안전이라는 가치</u>를 위해 CCTV 수를 늘려야 한다고 주장한다. 반면 을은 CCTV로 인해 개인 정보가 노출된 적이 있다며, <u>사생활 보호라는 가치</u>를 위해 CCTV 수를 늘리면 안 된다고 주장한다. → 도덕적 갈등 문제가 발생함.

① 도덕적 원칙주의자는 CCTV 설치 확대를 둘러싼 갈등을 해결하는 데 갑이 범죄를 당한 적이 있다는 사실을 고려해서는 안 된다고 생각하겠군.

[근거] **2-3** 도덕적 원칙주의자는 갈등 상황이 생겼을 때 개인이 처한 상황을 고려하지 말아야 한다고 말한다.

② 도덕적 자유주의자는 공정한 절차에 따른 합의에 의해 CCTV 설치 확대가 결정된다면 을은 그 결정을 따라야 한다고 생각하겠군.

[근거] **4-2, 4** 도덕적 자유주의자는 개인들의 합의를 통해 만든 상위 원리를 바탕으로 규범이나 지침을 만들면 사람들이 이를 준수함으로써 도덕적 갈등이 해결된다고 본다.

✓③ 도덕적 자유주의자는 CCTV로 인해 개인 정보가 노출된 적이 있는 을의 입장이 고려되어야 한다는 점에서 갑이 양보해야 한다고 생각하겠군.

[근거] **4-3~4** 도덕적 자유주의자는 객관적이고 공평한 지점에서 만든 상위 원리를 통해 규범이나 지침을 만들면 이를 준수해야 한다고 생각한다. 상대방의 입장을 고려해 양보해야 한다고 생각하지 않는다. → 적절하지 않으므로 정답

④ 도덕적 다원주의자는 갑과 을이 CCTV 설치 확대 문제를 이분법적으로 결정하기보다는 타협할 수 있는 지점을 찾아야 한다고 생각하겠군.

[근거] **7-1** 도덕적 다원주의자는 갈등 상황에서 중재를 통해 타협점을 모색하는 방식을 제안한다.

⑤ 도덕적 다원주의자는 갑과 을이 CCTV 설치 확대 문제를 둘러싼 갈등으로 인해 둘 사이의 관계가 나빠지지 않도록 하는 것이 중요하다고 생각하겠군.

[근거] **7-4** 도덕적 다원주의자는 도덕적 갈등 상황에서 갈등 당사자 간의 인간관계가 훼손되지 않는 것을 중시한다.

▶ **지문 분석** 본책 24~25쪽

1 도덕적 갈등

2 ❶ 선험적인 ❷ 이성 ❸ 합의
    ❹ 자율성 ❺ 우선순위 ❻ 중재
    ❼ 가치 ❽ 인간관계

3 대조

▶ **선지 판단 연습**

❶ ○

❷ ✕ [해설] 도덕적 자유주의자는 공정한 형식적 절차를 사람들이 준수함으로써 도덕적 갈등이 해결된다고 본다.

❸ ✕ [해설] 도덕적 다원주의자는 중재를 통해 타협하는 과정에서 새로운 도덕적 가치를 생성할 수도 있다고 생각한다.

❹ 상황

1 ② **2** ③ **3** ②

지문 이해

2019-6월 고1 학력평가

[인문_철학] **인성론의 세 가지 학설**

• 이 글의 중심 화제는 '사회적·정치적 관점으로 구성되고 변형되어 온 인성론'이다. 1문단에서 인성론의 대두 배경과 분류를 제시한 후 인성론이 인간 본성에 대한 이론적 탐구에서 더 나아가 사회적·정치적 관점으로 구성되고 변형되어 왔다고 한 것에서 중심 화제를 파악해야 한다.

• 인성론을 성선설, 성악설, 성무선악설로 구분하여 각 학설의 특징을 제시하고 있다. 또한 맹자, 순자, 고자 등 여러 인물이 등장하는데 각 인물과 그 인물의 견해에 해당하는 학설을 대응시킬 수 있어야 한다. 특히 견해 간의 차이점에 주목하여 다른 인물의 견해를 비판한 근거를 이해하며 독해해야 한다.

1 ¹중국 역사에서 전국 시대는 전쟁으로 점철된 시대였다. ²여러 사상가들이 혼란한 정국을 수습하고 백성들을 고통에서 벗어나게 하기 위한 대안을 마련하였는데, 이 과정에서 그들의 이론을 뒷받침할 형이상학적 체계로서의 인성론이 대두하였다. ³인성론은, 인간의 본성은 선하다는 성선설, 인간의 본성이 악하다는 성악설, 인간의 본성에는 애초에 선과 악이라는 구분이 전혀 없다는 성무선악설 등으로 분류될 수 있다. ⁴맹자와 순자를 비롯한 사상가들은 인간 본성에 대한 이론적 탐구에서 더 나아가 사회적·정치적 관점으로 인성론을 구성하고 변형시켜 왔다. ▸ **1** 인성론의 대두 배경과 분류

2 ¹맹자의 성선설이 국가 공권력에 저항하기 위해 호족들 및 지주들이 선한 본성을 갖춘 자신들을 간섭하지 말라는 이념적 논거로 사용되었다면, 순자나 법가의 성악설은 군주가 국가 공권력을 정당화할 때 그 논거로서 사용되었다. ²즉 선악이란 윤리적 개념이 정치적 개념과 불가분의 관계에 놓여 있다는 사실을 [A] 확인할 수 있다. ³성선설에서는 개체가 외부의 강제적인 간섭 없이도 '정치적 질서'를 낳고 유지할 수 있다고 본 반면, 성악설에서는 외부의 간섭이 없을 경우 개체는 '정치적 무질서'를 초래할 뿐인 존재라고 본 것이다. ▸ **2** 선악의 개념을 정치적으로 연결시킨 성선설과 성악설

3 ¹한편 ㉠고자는 성무선악설을 통해 인간이 가지고 있는 식욕과 같은 자연적인 욕구가 본성이므로 이를 정치적이면서 동시에 윤리적인 범주로서의 선과 악의 개념으로 다룰 수 없다고 주장했다. ²그는 인간의 본성을 '소용돌이치는 물'로 비유했는데, 이러한 관점은 소용돌이처럼 역동적인 삶의 의지를 지닌 인간을 규격화함으로써 그 역동성을 마비시키려는 일체의 외적 간섭에 저항하는 입장을 취하도록 하였다. ▸ **3** 인간 본성과 외적 간섭에 대한 성무선악설의 관점

4 ¹㉡맹자는, 인간의 본성을 역동적인 것으로 간주한 고자의 인성론을 비판하였다. ²맹자는 살아 있는 버드나무와 그것으로 만들어진 나무 술잔의 비유를 통해, 나무 술잔으로 쓰일 수 있는 본성이 이미 버드나무 안에 있다고 보았다. ³맹자는 인간이 선천적으로 지닌 이러한 본성을 인의예지 네 가지로 규정하였다. ⁴고통에 빠진 타인을 측은히 여기는 동정심, 즉 측은지심은 인간이라면 누구나 갖고 있다고

보고, 측은한 마음은 인간의 의식적 노력에서 나온 것이 아니라 불쌍한 타인을 목격할 때 저절로 내면 깊은 곳에서 흘러나온다고 본 것이 맹자의 관점이었다. ⁵다시 말해 인간은 스스로의 노력으로 본성을 실현할 수 있는 존재, 즉 타인의 힘이 아닌 자력으로 수양할 수 있는 존재라고 보았다. ⁶이것이 바로 맹자 수양론의 기본 전제이다. ▸ **4** 고자의 인성론에 대한 맹자의 비판

5 ¹모든 인간은 선한 본성을 지니고 있고, 이 선한 본성의 실현은 주체 자신의 노력에 의해서만 가능하다는 맹자의 성선설을 순자는 사변적이고 낙관적이며 현실 감각이 결여된 주장으로 보았다. ²선한 인간이 되기 위해서 인간은 국가 질서, 학문, 관습 등과 같은 외적인 것에 의존할 필요가 없다고 본 맹자의 논리는 현실 사회에서 국가 공권력과 사회 규범의 역할을 전적으로 부정하는 논거로도 사용될 수 있었기 때문이다. ³㉢순자의 견해처럼 인간의 본성이 악하다고 전제할 때 그것을 교정하고 순치할 수 있는 외적인 강제력, 다시 말해 국가 권력이나 전통적인 제도들이 부각될 수 있다. ⁴국가 질서와 사회 규범을 정당화하기 위한 순자의 견해는 성악설뿐만 아니라 현실주의적 인간관에서 비롯되었다. ▸ **5** 맹자의 성선설에 대한 순자의 비판

6 ¹순자는 인간의 욕망이 무한하지만 그것을 충족시켜 줄 재화는 매우 한정되어 있다고 보고 이런 모순을 해결하기 위해서 국가에 의해 예(禮)가 만들어졌다는 입장을 견지하였다. ²만약 인간에게 외적인 공권력과 사회 규범이 없는 경우를 가정한다면 인간들은 자신들의 욕망 충족에 있어 턱없이 부족한 재화를 놓고 일종의 전쟁 상태에 빠지게 될 것이고, 그 결과 사회는 걷잡을 수 없는 무질서 상태로 전락하게 될 것이다. ³맹자의 성선설이 비현실적일 뿐만 아니라 정치적 질서를 해칠 가능성이 있다고 본 순자의 비판은, 바로 인간과 사회에 대한 이와 같은 견해로부터 나온 것이다. ▸ **6** 인간과 사회에 대한 순자의 견해

주제 사회적·정치적 관점으로 구성·변형되어 온 맹자·순자·고자의 인성론

논지 전개 방식 파악

1 윗글에 대한 설명으로 가장 적절한 것은? 답 ②

① 인성에 대한 세 견해의 장단점을 비교하고 있다.
▸ 인성에 대한 세 견해인 성선설, 성악설, 성무선악설을 제시하고 있지만 각 견해의 장단점을 비교하고 있지는 않다.

✓ ② 인성론의 등장 배경과 다양한 견해를 소개하고 있다.
▸ 인성론이 전국 시대의 혼란한 상황에서 대두하게 되었음을 밝히고, 인성론이 사회적·정치적 관점으로 구성·변형되어 왔음을 말하며, 맹자의 성선설, 순자의 성악설, 고자의 성무선악설을 소개하고 있다. → 적절하므로 정답

③ 인성론의 역사적 의의와 한계에 대해 분석하고 있다.
▸ 인성론의 역사적 의의와 한계에 대해서는 언급되어 있지 않다.

④ 인성론이 등장한 시대적 상황을 구체적 자료를 통해 제시하고 있다.

　▶ 인성론이 등장한 시대적 상황은 언급하고 있지만 구체적 자료는 제시되어 있지 않다.

⑤ 인성에 대한 두 견해를 제시하며 이를 절충한 이론을 소개하고 있다.

　▶ 인성에 대한 세 견해인 성선설, 성악설, 성무선악설을 제시하고 있으며, 견해들을 절충한 이론은 소개되어 있지 않다.

핵심 개념 이해

2 [A]를 통해 '인성론'에 대해 이해한 내용으로 가장 적절한 것은? 답 ③

① 사회의 발전을 위한 갈등 유지의 당위성을 인정하였다.

　▶ 인성론이 사회의 발전을 위한 갈등 유지의 당위성을 인정하였다는 내용은 [A]에 언급되어 있지 않다.

② 권력자의 윤리 의식과 통치력이 상반된다고 판단하였다.

　근거 **2**-2 성선설과 성악설에서 선악이란 윤리적 개념이 정치적 개념과 불가분의 관계에 놓여 있다고 했으나 권력자의 윤리 의식과 통치력의 상관관계는 언급되어 있지 않다.

✓③ 정치적 입장을 정당화하는 이념적인 수단으로 사용되었다.

　근거 **2**-1 성선설은 호족들 및 지주들이 국가 공권력에 저항하기 위한 논거로 사용되었고, 성악설은 군주가 국가 공권력을 정당화하기 위한 논거로 사용되었다. → 적절하므로 정답

④ 초자연적 존재와 대비되는 인간 본성의 우위를 추구하였다.

　▶ 초자연적 존재와 인간 본성의 관계는 [A]에 언급되어 있지 않다.

⑤ 인간의 타고난 본성을 거스르는 인위적 노력을 배격하였다.

　근거 **2**-3 성악설에서는 외부의 간섭이 없을 경우 개체는 '정치적 무질서'를 초래할 뿐인 존재라고 보았다. 따라서 이를 바로잡을 수 있는 인위적 노력이 필요하다고 볼 것이다.

구체적 상황에 적용

3 ⊙~ⓒ의 관점에서 〈보기〉를 이해한 것으로 적절하지 않은 것은?

　　　　　　　　　　　　　　　　　　　답 ②

▶ ⊙은 성무선악설, ⓒ은 성선설, ⓒ은 성악설을 주장한다. 각 견해에서 인간의 본성을 바라보는 관점, 외적 강제력의 필요성에 대한 관점을 비교해야 한다.

┌─ 보기 ─────────────────────────
　　가난과 배고픔 때문에 빵을 훔친 장발장은 체포되어 19년 동안
　　　　　　　　　　인간의 자연적 욕구　　　악(惡)한 행동　　외적인 강제력으로 규제됨.
감옥 생활을 한다. 출소한 장발장은 신분증에 전과가 적혀 있어 잠
잘 곳도, 일자리도 구할 수 없게 된다. 오직 미리엘 주교만은 이런
그를 따뜻하게 맞아 주었으나, 장발장은 은촛대를 훔치다가 경관에
　　측은하게 여김.　　　　　　　　　　　　　악한 행동
게 붙잡힌다. 하지만 미리엘 주교는 은촛대는 장발장이 훔친 것이
아니라 선물로 준 것이라고 말하며 사랑을 베풀어 주었고, 이에 감
　　　　　　　　　　　　　측은하게 여김.
동받은 장발장은 정체를 숨기고 선행을 베풀며 살아간다.
　　　　　　　　　　자신의 노력에 의해 선한 본성이 실현됨.
└──────────────────────────────

① ⊙: 장발장이 배가 고파 빵을 먹고 싶은 것은 인간의 자연스러운 욕구에서 비롯된 것으로 이해할 수 있다.

　근거 **3**-1 고자는 식욕과 같은 자연적인 욕구가 본성이라고 보았다.

✓② ⊙: 미리엘 주교가 은촛대를 장발장에게 준 선물이라고 말한 것은 역동적 삶의 의지를 규격화하려는 행위로 볼 수 있다.

　근거 **3**-2 역동적인 삶의 의지를 규격화하는 것은 역동적인 인간의 본성을 마비시키려는 일체의 외적 간섭을 뜻한다. 미리엘 주교가 은촛대를 장발장에게 선물로 준 것이라고 거짓말한 것은 배가 고파 빵을 먹고 싶어 하는 장발장의 본성에 영향을 주려는 외적 간섭이 아니므로 역동적 삶의 의지를 규격화하려는 행위로 볼 수 없다. → 적절하지 않으므로 정답

③ ⓒ: 미리엘 주교가 장발장에게 편히 쉴 곳을 마련해 준 것은 불쌍한 사람을 측은히 여기는 마음에 따른 것으로 이해할 수 있다.

　근거 **4**-4 맹자는 고통에 빠진 타인을 측은히 여기는 마음은 인간이라면 누구나 갖고 있고 불쌍한 타인을 목격하면 이것이 저절로 흘러나온다고 보았다.

④ ⓒ: 장발장이 선행을 베풀며 살아가는 모습은 스스로의 노력으로 선한 본성을 실현하는 것으로 볼 수 있다.

　근거 **5**-1 맹자는 주체 자신의 노력에 의해 인간의 선한 본성을 실현할 수 있다고 보았다.

⑤ ⓒ: 장발장이 체포되어 수감된 것은 본성을 바로잡기 위한 사회 규범에 의거한 것으로 볼 수 있다.

　근거 **5**-3~4 순자는 사회 규범과 같은 외적인 강제력이 인간의 악한 본성을 교정하고 순치할 수 있다고 보았다.

━━━━━━━━━━━━━━━━━━━━━━━━

▶ **지문 분석**　　　　　　　　　　본책 28~29쪽

1　인성론

2　❶ 정치적　　　　❷ 성선설
　　　❸ 간섭　　　　　❹ 역동적
　　　❺ 저항　　　　　❻ 자력
　　　❼ 국가 권력　　 ❽ 무질서 상태

3　❶ 구분(분류)　　 ❷ 비판

▶ **선지 판단 연습**

❶　✕　해설 인성론은 혼란한 시대 상황을 해결하기 위한 대안을 마련하는 과정에서 이론을 뒷받침할 형이상학적 체계로 대두되었다.

❷　✕　해설 성선설은 국가 공권력에 저항하는 호족들 및 지주들의 이념적 논거로 사용되었다.

❸　○

❹　무한, 유한

지문 이해

2019-11월 고2 학력평가

[인문_철학] 공리주의의 논의

• 이 글의 중심 화제는 '최선의 결과에 대한 관점에 따라 나누어지는 공리주의'이다. 1문단에서 공리주의에 대해 설명한 후 공리주의가 쾌락주의적 공리주의, 선호 공리주의, 이상 공리주의로 나누어진다고 한 것을 통해 각 이론에 대한 설명이 전개될 것임을 예측해야 한다.

• 쾌락주의적 공리주의, 선호 공리주의, 이상 공리주의는 최선의 결과를 무엇으로 보느냐에 따라 나눈 것이다. 따라서 각 이론이 최선의 결과를 무엇으로 보는지 파악하고, 각 이론의 공통점과 차이점에 주목해야 한다.

• 쾌락주의적 공리주의의 한계를 극복하기 위해 선호 공리주의가 등장하고, 두 이론에 대한 대안으로 이상 공리주의가 등장했다. 각 이론의 한계를 바탕으로 이러한 관계를 파악하며 독해해야 한다.

1 ¹공리주의는 일반적으로 어떤 행위의 옳고 그름이 공리에 따라, 즉 그 행위가 인간의 이익과 행복을 늘리는 데 결과적으로 얼마나 기여하는가에 따라 결정된다고 보는 이론이다. ²이러한 공리주의는 인간이 자신과 더불어 다른 존재들의 이익과 행복을 공평하게 고려해야 한다는 것을 전제로 한다. ³그리고 인간은 자신의 이익과 행복을 증진하려 하는데, 그러한 인간이 할 수 있는 행위들 중에서 인간의 최대 이익과 행복이라는 최선의 결과를 가져오는 행위를 옳은 행위로 본다. ⁴공리주의는 이러한 최선의 결과를 본래적 가치로 여긴다. ⁵이때 본래적 가치란 그 자체로서 지니는 가치를 의미하는데, 이는 다른 어떤 것을 위한 수단으로서의 가치인 도구적 가치와는 상대되는 개념이다. ⁶그런데 최선의 결과를 무엇으로 보느냐에 따라 공리주의는 크게 쾌락주의적 공리주의, 선호 공리주의, 이상 공리주의 등으로 나누어 볼 수 있다. **1** 최선의 결과를 가져오는 행위를 옳은 행위로 보는 공리주의

2 ¹㉠쾌락주의적 공리주의는 최선의 결과를 쾌락의 증진으로 보는 이론이다. ²다시 말해 인간의 심리적 경험인 쾌락을 본래적 가치로 여기고 있는 것이다. ³이 이론에 따르면 도덕적으로 옳은 행위는 자신뿐 아니라, 그 행위가 영향을 미치는 모든 인간들의 쾌락을 가장 많이 증진하는 행위이다. ⁴그러나 쾌락주의적 공리주의는 인간이 어떤 행위를 선택할 때 쾌락만을 추구하는 것이 아니라 다른 것을 추구하기도 한다는 것을 설명하기 어렵다는 한계를 지닌다. **2** 최선의 결과를 쾌락의 증진으로 보는 쾌락주의적 공리주의

3 ¹쾌락주의적 공리주의의 이런 한계를 극복하기 위해 등장한 이론이 ㉡선호 공리주의이다. ²이 이론은 최선의 결과를 선호의 실현으로 본다. ³여기에서 선호란 사람마다 원하는 것 혹은 실현하고자 하는 것을 말한다. ⁴선호 공리주의에 따르면 도덕적으로 옳은 행위는 자신뿐 아니라, 그 행위가 영향을 미치는 모든 사람들 각자가 지닌 선호를 가장 많이 실현시키는 행위이다. ⁵선호 공리주의는 쾌락뿐만 아니라 쾌락이 아닌 다른 것을 추구하기도 하는 인간의 행위가 개인의 선호를 반영한 것이고, 이런 선호의 실현이 곧 최선의 결과라고 설명함으로써 쾌락주의적 공리주의의 한계를 극복했다. ⁶그러나 선호 공리주의는 보편적인 관점에서 볼 때 비정상적인 욕구에 기반을

둔 선호의 실현과 정상적인 욕구에 기반을 둔 선호의 실현이 동일한 비중을 갖지 않는다는 점을 설명하기 어렵다는 한계를 지닌다. **3** 최선의 결과를 선호의 실현으로 보는 선호 공리주의

4 ¹쾌락주의적 공리주의와 선호 공리주의에 대한 대안으로 등장한 것이 ㉢이상 공리주의이다. ²이 이론은 앞의 두 이론과 마찬가지로 인간의 최대 이익과 행복을 가져오는 인간의 행위를 옳은 행위로 여긴다. ³그러나 이상 공리주의는 쾌락주의적 공리주의와 달리 쾌락을 유일한 본래적 가치라고 생각하지 않는다. ⁴이 이론은 진실, 아름다움, 정의, 평등, 자유, 생명, 배려 등의 이상들도 본래적 가치에 해당한다고 본다. ⁵또 선호 공리주의와 달리 이상 공리주의는 이런 이상들이 인간의 선호와 무관하게 실현되어야 할 본래적 가치라고 주장한다. ⁶결국 이 이론은 이상의 실현을 최선의 결과로 본다. ⁷이상 공리주의에 따르면 본래적 가치에 해당하는 이상들은 인간의 이익과 행복을 구성한다. ⁸그렇기 때문에 이상 공리주의는 인간들의 서로 다른 관심과는 무관하게 실현되어야 할 이상들을 인간이 더 많이 실현하는 것이 곧 최대의 이익과 행복이라고 본다. ⁹그러나 이상 공리주의는 본래적 가치에 해당하는 이상들이 갈등하는 경우 어떤 이상의 실현이 최선의 결과일지에 대해 설명하기 어렵다는 한계를 지니고 있다. **4** 최선의 결과를 이상의 실현으로 보는 이상 공리주의

5 ¹공리주의에서 말하는 최선의 결과에 대한 논의는 지금도 계속되고 있다. ²인간이 이익과 행복을 증진하려는 노력을 계속하는 한 공리주의 담론에서 최선의 결과에 대한 논의는 계속될 것이다. **5** 계속되고 있는 최선의 결과에 대한 논의

주제 **최선의 결과에 대한 세 공리주의의 관점 및 한계**

내용 전개 방식 파악

1 윗글의 내용 전개 방식으로 가장 적절한 것은? 답 ③

① '최선의 결과'에 대한 역사적인 사건을 제시하고 최선의 결과를 다루고 있는 세 이론의 한계를 지적하고 있다.
  ▶ '최선의 결과'를 다루고 있는 세 이론의 한계는 제시되어 있지만 '최선의 결과'에 대한 역사적인 사건은 제시되어 있지 않다.

② '최선의 결과'를 강조하는 세 이론을 제시하고 각각의 입장을 뒷받침하는 예시들을 활용하여 구체화하고 있다.
  ▶ '최선의 결과'를 가져오는 행위를 옳은 행위로 보는 세 이론이 제시되어 있지만 각각의 입장을 뒷받침하는 예시들은 제시되어 있지 않다.

✓③ '최선의 결과'에 대해 서로 다른 관점을 지닌 세 이론을 제시하고 각각의 주장과 한계를 중심으로 설명하고 있다.
  ▶ '최선의 결과'를 쾌락의 증진으로 보는 쾌락주의적 공리주의, 선호의 실현으로 보는 선호 공리주의, 이상의 실현으로 보는 이상 공리주의를 제시하고 각각의 주장과 한계를 설명하고 있다. → 적절하므로 정답

④ '최선의 결과'를 중심으로 세 이론을 소개하고 이론들이 제기한 문제점이 해결된 사회적 상황을 부각하고 있다.
  ▶ '최선의 결과'를 중심으로 세 이론이 소개되어 있지만 세 이론이 제기한 문제점이나 그것이 해결된 사회적 상황은 나타나 있지 않다.

⑤ '최선의 결과'에 대한 문제점을 제기하는 세 이론을 소개하고 그 문제점을 보완하는 새로운 이론을 제안하고 있다.

▶ 세 이론이 '최선의 결과'에 대한 문제점을 제기하고 있지 않으며 그 문제점을 보완하는 새로운 이론도 제시되어 있지 않다.

_{세부 내용 파악}

2 윗글의 내용과 일치하지 않는 것은? 답 ③

① 쾌락주의적 공리주의와 선호 공리주의에 대한 대안으로 이상 공리주의가 등장하였다.

근거 **4**-1 쾌락주의적 공리주의와 선호 공리주의에 대한 대안으로 등장한 것이 이상 공리주의이다.

② 선호 공리주의는 쾌락을 추구하는 인간의 행위에 개인의 선호가 반영되어 있다고 본다.

근거 **3**-5 선호 공리주의는 쾌락뿐만 아니라 쾌락이 아닌 다른 것을 추구하기도 하는 인간의 행위가 개인의 선호를 반영한 것으로 본다.

✓③ 공리주의는 인간의 이익과 행복의 증진과는 무관하게 행위의 옳고 그름이 정해진다고 주장한다.

근거 **1**-1 공리주의는 어떤 행위가 인간의 이익과 행복을 늘리는 데 결과적으로 얼마나 기여하는가에 따라 그 행위의 옳고 그름이 정해진다고 주장한다. → 일치하지 않으므로 정답

④ 쾌락주의적 공리주의는 인간이 쾌락이 아닌·다른 것을 추구하기도 한다는 것을 설명하기 어렵다.

근거 **2**-4 쾌락주의적 공리주의는 인간이 쾌락만을 추구하는 것이 아니라 다른 것을 추구하기도 한다는 것을 설명하기 어렵다는 한계를 지닌다.

⑤ 공리주의는 인간이 자신뿐 아니라 다른 존재들의 이익과 행복을 공평하게 고려해야 한다는 것을 전제로 한다.

근거 **1**-2 공리주의는 인간이 자신과 더불어 다른 존재들의 이익과 행복을 공평하게 고려해야 한다는 것을 전제로 한다.

_{구체적 사례에 적용}

3 ⊙~ⓒ의 관점에서 〈보기〉에 대해 보인 반응으로 적절하지 않은 것은? 답 ⑤

▶ 세 이론은 모두 최선의 결과를 가져오는 행위를 옳은 행위로 보지만 최선의 결과에 대한 관점은 서로 다르다는 점을 파악해야 한다.

근거 **2**-1~2 쾌락주의적 공리주의는 인간의 심리적 경험인 쾌락의 증진을 최선의 결과로 본다.

근거 **3**-2~3 선호 공리주의는 사람마다 원하는 것 혹은 실현하고자 하는 선호의 실현을 최선의 결과로 본다.

근거 **4**-6, 8 이상 공리주의는 인간들의 서로 다른 관심과는 무관하게 실현되어야 할 이상의 실현을 최선의 결과로 본다.

> 보기
>
> 인문학 서적을 읽는 것을 가장 좋아하는 A는 인문학 서적을 더
> _{쾌락을 느끼는, 선호하는}
> 많이 읽기 위해 같은 성향을 가진 친구들을 모아 동아리를 만들었
> _{쾌락을 증진하기 위해, 선호를 실현하기 위해}
> 다. 배려와 관련된 인문학 서적을 읽고 즐거움을 느낀 A는 동아리
> _{본래적 가치에 해당하는 이상}   _{쾌락이 증진된, 선호가 실현된}
> 첫 시간에 그 서적을 동아리 친구들과 함께 읽었다. 그 인문학 서적
> 을 읽고 A와 동아리 친구들은 모두 큰 즐거움을 느꼈고, 동아리 내
> _{쾌락이 증진되었고, 선호가 실현되었고}
> 에서 서로에 대한 배려를 실현하였다.
> _{이상의 실현}

---

① ⊙: A가 인문학 서적을 읽는 것에 대해 동일한 성향을 가진 친구들을 모아 동아리를 만든 행위는 쾌락이라는 심리적 경험을 증진하기 위한 것이라고 볼 수 있겠군.

근거 **1**-3, **2**-1~2 쾌락주의적 공리주의는 인간의 최대 이익과 행복이라는 '최선의 결과'를 인간의 심리적 경험인 쾌락의 증진으로 본다. 따라서 쾌락주의적 공리주의의 관점에서 A의 행위는 쾌락이라는 심리적 경험을 증진하기 위한 것으로 볼 수 있다.

② ⊙: A가 배려와 관련된 인문학 서적을 동아리 친구들과 함께 읽은 행위는 자신을 포함한 동아리 친구들의 쾌락을 증진하였으므로 동아리 내에서 도덕적으로 옳은 행위라고 볼 수 있겠군.

근거 **2**-3 쾌락주의적 공리주의는 자신뿐 아니라 모든 인간들의 쾌락을 가장 많이 증진하는 행위를 도덕적으로 옳은 행위로 본다.

③ ⓛ: A와 동아리 친구들이 인문학 서적을 읽은 것은 A와 동아리 친구들의 선호 실현이라는 인간의 최대 이익과 행복을 가져오는 행위라고 볼 수 있겠군.

근거 **3**-3 인문학 서적 읽기를 좋아하는 A와 동아리 친구들이 인문학 서적을 읽은 것은 원하는 것 혹은 실현하고자 하는 선호가 실현된 것이다.

근거 **1**-3, **3**-2 선호 공리주의는 인간의 최대 이익과 행복이라는 '최선의 결과'를 선호의 실현으로 본다.

④ ⓛ: A가 배려와 관련된 인문학 서적을 동아리 친구들과 함께 읽은 행위는 자신과 더불어 동아리 친구들의 선호를 실현시켰으므로 동아리 내에서 도덕적으로 옳은 행위라고 볼 수 있겠군.

근거 **3**-4 선호 공리주의는 자신뿐 아니라 모든 사람들 각자가 지닌 선호를 가장 많이 실현시키는 행위를 도덕적으로 옳은 행위로 본다.

✓⑤ ⓒ: A와 동아리 친구들이 배려와 관련된 인문학 서적을 읽고 동아리 내에서 실현한 배려라는 것은 배려에 대한 그들의 관심에 따라 실현되어야 하는 이상이라고 볼 수 있겠군.

근거 **4**-4, 8 이상 공리주의는 배려와 같은 이상이 인간들의 서로 다른 관심과는 무관하게 실현되어야 한다고 본다. → 적절하지 않으므로 정답

▶ 지문 분석   본책 32~33쪽

1 공리주의

2 ❶ 공리   ❷ 최선의 결과
     ❸ 쾌락   ❹ 선호
     ❺ 비정상적인 욕구   ❻ 이상
     ❼ 갈등   ❽ 증진

3 ❶ 공통점   ❷ 차이점

▶ 선지 판단 연습

❶ 본래적

❷ ✕   해설 쾌락주의적 공리주의는 자신을 비롯한 모든 인간들의 쾌락을 중요하게 생각한다.

❸ ✕   해설 선호 공리주의는 자신뿐 아니라 모든 사람들 각자가 지닌 선호를 가장 많이 실현시키는 행위가 도덕적으로 옳다고 본다.

❹ ○

본책 34~35쪽

1 ⑤   2 ②   3 ⑤

지문 이해
2018 - 3월 고2 학력평가

[예술_미술] 조각과 장소의 관련성

• 이 글의 중심 화제는 '조각과 장소의 관련성'이다. 1문단에서 근대 이전의 조각은 장소의 일부로 존재했음을 말하고, 2문단에서 조각이 장소와 긴밀한 관련성을 지니고 있었다고 언급한 것을 통해 중심 화제를 파악해야 한다.

• '근대 이전, 근대, 19세기 이후, 1960년대' 등 시기를 나타내는 표현이 제시되므로 시간의 흐름에 따라 글이 전개되고 있음을 파악해야 한다. 각 시기별 특징이 드러나는 부분에 주목하여 시기별 특징을 비교·대조하고, 조각과 장소의 관련성이 시기에 따라 어떻게 변화했는지를 중심으로 독해해야 한다.

1 ¹근대 이전의 조각은 고유한 미술 영역의 독립적인 작품으로서가 아니라 신전이나 사원, 왕궁과 같은 장소의 일부로서 존재했다. ²중세 유럽의 성당 곳곳에 성서와 관련 있는 각종 인물이 새겨지거나 조각상으로 놓였던 것, 왕궁 안에 왕이나 귀족의 인물상들이 놓였던 것이 그 예이다. ³이러한 조각은 그것이 놓여 있는 장소의 성격에 따라 종교적인 분위기를 조성하거나 왕의 권력을 상징함으로써 사람들을 감화시키는 기능을 수행하였다.
　　　　　　　　　　　　　　　1 근대 이전의 조각

2 ¹조각이 장소와 긴밀한 관련성을 지니고 그 장소의 맥락과 의미를 강조하는 수단으로 활용되는 경향은 근대에 들어서면서 큰 변화를 맞이했다. ²종교의 영향력 및 왕권이 약화되면서 관련 장소가 지녔던 권위도 퇴색하여, 그 장소에 놓인 조각에 부여되었던 종교적, 정치적 의미도 약해진 것이다. ³또 특정 장소의 상징으로서의 조각이 원래의 장소에서 물리적으로 분리되어 기존의 맥락을 상실하는 경우도 생겨났다. ⁴이러한 상황이 전시 및 교육을 목적으로 하는 박물관, 미술관 등 근대적 장소가 출현하는 상황과 맞물리면서 조각에 대한 새로운 관점이 부각되기 시작했다. ⁵조각이 박물관이나 미술관에 놓이면서 미적 감상의 대상인 '작품'으로서의 성격이 강조된 것이다. ⁶사람들은 조각을 예술적인 기법이나 양식 등 순수한 미적 현상이 구현된 독립적인 작품으로 감상하게 되었다.
　　　　　　　　　　　　　　　2 근대에 들어서면서의 변화

3 ¹이러한 경향은 19세기 이후 미술의 흐름 속에서 더욱 두드러졌고, 작품 외적 맥락에 구속되기보다는 작품 자체에서 의미의 완결을 추구하는 경우가 많아졌다. ²그래서 작품 바깥의 대상을 지시하거나 재현하기보다는 감상자의 시선을 작품에만 집중시키는 단순하고 추상화된 작품들이 이 시기부터 많이 등장하였다. ³이러한 작품들은 대개 미술 전시장의 전형적인 화이트 큐브, 즉 출입구 이외에는 사방이 막힌 실내 공간 안에서 받침대 위에 놓여 실제적인 장소나 현실로부터 분리된 느낌을 주었다.
　　　　　　　　　　　　　　　3 19세기 이후 미술의 흐름

4 ¹이렇게 조각이 특정 장소로부터 독립해 가는 경향 속에서 미니멀리즘이 등장하였다. ²미니멀리즘은 1960년대에 미국을 중심으로 발달한 예술 사조로, 작품의 의미가 예술가의 의도에 의해 결정되는 것을 최소화하고 꾸밈과 표현도 최소화하여 극단적으로 단순화된

기하학적 형태를 추구했다. ³미니멀리즘 작가들은 가공하지 않은 있는 그대로의 산업 재료들을 사용하는 등의 방법으로 무의도성과 단순성을 구현했기 때문에, 그 결과물은 작품이라기보다는 사물로 인식되기도 하였다. ⁴또한 미니멀리즘 조각은 감상자들이 걸어 다니는 바닥이나 전시실 벽면과 같은 곳에 받침대 없이 놓임으로써 감상자와 작품 간의 거리를 축소하고, 동선에 따라 개별적이고 다양한 경험과 의미 형성이 가능하도록 하였다. ⁵그 결과 미니멀리즘 조각은 단순성과 추상성을 특징으로 한다는 점에서 이전 시기의 추상 조각과 공통점을 지니면서도, 전시장이라는 실제 장소의 물리적 특성을 작품에 의도적으로 결부하여 활용했다는 점에서 차별성을 띠게 되었다. ⁶이런 특징은 근대 이전의 조각이 장소의 특성에 종속되어 있었던 것과도 차별화된다.
　　　　　　　　　　　　　　　4 1960년대에 등장한 미니멀리즘

5 ¹이후 미술에서는 미니멀리즘을 통해 부각된 작품과 장소 간의 관련성을 새롭게 실현하려는 시도들이 이어져 왔다. ²미니멀리즘 작품이 장소와의 관련성을 모색하고 구현한 것이기는 해도 미술관이라는 공간 내부에 제한된다는 점을 간파한 일부 예술가들은, 미술관 바깥의 도시나 자연을 작업의 장소이자 대상으로 삼아 장소와의 관련성을 다양한 방식으로 실현하려 하였다. ³대지 미술은 이러한 시도 중 하나로, 대지의 표면에 형상을 디자인하고 자연 경관 속에 작품을 만들어 냄으로써 지역이나 환경 자체를 작품화하였다. ⁴구체적인 장소의 특성을 작품 의미의 근원으로 삼는 이러한 작품들에서는 작품과 장소, 감상자 간의 상호 작용을 통해 의미가 형성된다는 특징이 드러났다.
　　　　　　　　　　　　　　　5 1960년대 이후 등장한 대지 미술

주제 조각과 장소의 관련성이 변화한 양상

글 전체의 흐름 파악

1 윗글의 논지 전개 방식으로 가장 적절한 것은?
답 ⑤

① 논쟁이 벌어지게 된 배경을 다각도로 분석하고 있다.
　▶ 조각과 장소의 관련성에 대한 서로 다른 의견으로 다투고 있지 않으며 그 배경을 분석하고 있지도 않다.

② 통념에 대한 비판을 통해 특정 이론을 도출하고 있다.
　▶ 조각과 장소의 관련성에 대한 사람들의 일반적인 생각이나 그에 대한 비판은 드러나 있지 않다.

③ 하나의 현상을 해석하는 대립적인 관점을 절충하고 있다.
　▶ 조각과 장소의 관련성이 긴밀했던 시기와 그렇지 않았던 시기가 나타나지만 이것이 하나의 현상을 대립적인 관점에서 해석한 것은 아니다. 또한 관점을 절충하고 있지도 않다.

④ 역사적 사건에 영향을 미친 요소를 구체적으로 나열하고 있다.
　▶ 특정한 역사적 사건이나 그에 영향을 미친 요소를 나열하고 있지 않다.

✔⑤ 논의의 대상이 변모해 온 양상을 시간적 순서로 설명하고 있다.
　▶ 조각과 장소의 관련성이 변모해 온 양상을 근대 이전, 근대, 19세기 이후, 1960년대, 그 이후에 따라 시간적 순서로 설명하고 있다. → 적절하므로 정답

세부 내용 파악

2 윗글의 내용과 일치하지 <u>않는</u> 것은? 답 ②

① 대지 미술가들은 자연을 창작 작업의 장소이자 대상으로 삼았다.

근거 **5**-2~3 일부 예술가들은 미술관 바깥의 도시나 자연을 작업의 장소이자 대상으로 삼았는데 대지 미술도 이 중 하나였다.

✓② 화이트 큐브는 현실로부터 작품이 <u>분리된 느낌을 완화해 주는</u> 역할을 하였다.

근거 **3**-3 출입구 외에 사방이 막힌 실내 공간인 화이트 큐브 안에서 받침대 위에 놓인 작품들은 현실로부터 <u>분리된 느낌</u>을 주었다. → 일치하지 않으므로 정답

③ 왕권이 약해짐에 따라 왕의 모습을 담은 인물상에 부여되는 상징적 의미가 변화되었다.

근거 **1**-2~3, **2**-2 근대 이전에는 왕궁에 왕이나 귀족의 인물상들이 놓여 왕의 권력을 상징했는데 근대에 들어서면서 왕권이 약화되자 이러한 인물상에 부여되었던 정치적 의미도 약해졌다.

④ 19세기 이후의 추상 조각은 감상자의 시선을 작품 외적 맥락보다 작품 자체에 집중시키는 경향이 있었다.

근거 **3**-1~2 19세기 이후에는 작품 외적 맥락에 구속되기보다 작품 자체에서 의미의 완결을 추구하는 경우가 많아졌다. 이에 따라 감상자의 시선을 작품에만 집중시키는 단순하고 추상화된 작품들이 많이 등장하였다.

⑤ 미니멀리즘 작가들은 가공하지 않은 산업 재료들을 사용하여 무의도성과 단순성을 구현하기도 하였다.

근거 **4**-3 미니멀리즘 작가들은 가공하지 않은 있는 그대로의 산업 재료들을 사용하여 무의도성과 단순성을 구현하였다.

---

① ㉠은 미술관 내부라는 제한된 공간에 위치하고 있다는 점에서 ㉡과 구별된다.

▶ ㉠은 미술관 안에 설치되었고, ㉡은 그레이트 솔트 호수에 설치되었다.

② ㉠을 감상하는 동선에 따른 A와 B의 상이한 경험은 작품에 대한 각자의 의미 형성에 기여했을 것이다.

근거 **4**-4 미니멀리즘 조각인 ㉠을 서로 다른 동선으로 감상한 A와 B는 서로 다른 경험을 하여 개별적이고 다양한 의미를 형성했을 것이다.

③ ㉡은 호수라는 자연에 돌과 흙으로 형상을 만들어 자연환경을 작품화한 것으로 볼 수 있다.

근거 **5**-3 ㉡은 호수라는 자연 경관 속에 돌과 흙으로 나선형 방파제를 만들어 환경 자체를 작품화한 대지 미술이다.

④ ㉡은 그 위나 주변을 걸으면서 감상하게 되므로, 작품의 의미는 작품, 감상자 및 장소 간의 상호 작용으로 형성된다고 할 수 있다.

근거 **5**-4 대지 미술은 작품과 장소, 감상자 간의 상호 작용을 통해 의미가 형성된다. C는 실제로 ㉡의 위와 주변을 걸으면서 방파제를 감상했는데 이때 방파제가 놓인 호수, 방파제가 호수의 물 때문에 변화를 보여 주는 것까지를 함께 감상하며 색다른 느낌을 받았다.

✓⑤ ㉠과 ㉡은 감상자가 한눈에 조망할 수 있는 위치에 있을 때 작가의 의도가 드러난다는 점에서 장소와 긴밀한 연관성을 가진 작품으로 볼 수 있다.

근거 **4**-3 미니멀리즘 작가들은 무의도성을 구현했으므로 미니멀리즘 조각인 ㉠에는 작가의 의도가 드러나지 않는다.

근거 **4**-4, **5**-4 조형물들 사이를 걸으며 ㉠을 감상했고, 방파제 위를 걷거나 육지 쪽에서 방파제를 바라보며 ㉡을 감상했다. 즉 ㉠과 ㉡은 감상자가 서 있는 위치에 따라 개별적으로 의미를 형성했다는 점에서 장소와 연관성을 가진 작품으로 볼 수 있다. → 적절하지 않으므로 정답

구체적 사례에 적용

3 〈보기〉는 미술 작품을 감상한 사례이다. 윗글을 읽고 〈보기〉를 이해한 내용으로 적절하지 <u>않은</u> 것은? 답 ⑤

보기

작품	감상 내용
 ㉠: 「L 자 빔」 미술관에 설치한 미니멀리즘 조각	A는 <u>미술관 안</u>에서 동일한 크기의 'L'자 모양 조형물들을 곳곳에 배치한 ㉠을 보았다. 조형물들 사이를 걸으며 감상해 보니, 보는 위치에 따라 조형물들의 형태와 구도가 다르게 보였다. 서로 다른 동선으로 ㉠을 감상한 B와 그 느낌을 비교해 볼 수도 있었다. _{동선에 따라 개별적이고 다양한 경험과 의미 형성이 가능함.}
 ㉡: 「나선형 방파제」 자연에 설치한 대지 미술	㉡은 그레이트 솔트 호수에 설치된 작품으로, <u>미술관 바깥의 자연</u> 돌과 흙으로 만든 나선형의 방파제이다. C는 실제로 방파제 위를 걸어 보았는데, 가장자리의 일부가 물에 잠겼다가 다시 나타나기도 했다. 육지 쪽으로 나와서 바라보니 방파제 위에 하얀 소금 결정들이 덮여 있는 부분도 보여 색다른 느낌을 받았다. _{작품과 장소, 감상자 간의 상호 작용으로 의미가 형성됨.}

지문 분석 본책 36~37쪽

1 조각

2 ❶ 장소 ❷ 감화 ❸ 미적 현상
  ❹ 완결 ❺ 단순화 ❻ 거리
  ❼ 추상성 ❽ 대지 미술

3 ❶ 통시적 ❷ 차이점 ❸ 공통점

선지 판단 연습

❶ ✕ **해설** 근대 이전의 조각은 놓인 장소에 따라 왕의 권력을 상징하기도 하고 종교적인 분위기를 조성하기도 하였다.

❷ ○

❸ ✕ **해설** 미니멀리즘 조각은 감상자와 작품 사이의 거리를 축소하였고, 동선에 따라 다양한 의미를 형성하게 하였다.

❹ 바깥

1 ⑤　**2** ②　**3** ⑤

지문 이해
2020 – 9월 고2 학력평가

[인문_철학] 철학자들의 노동관

• 이 글의 중심 화제는 '노동의 철학적 의미'이다. 1문단의 마지막 문장에 제시된 "철학자들은 이러한 인간의 노동에 어떤 철학적 의미를 부여했을까?"를 통해 노동에 대한 철학자들의 견해를 설명할 것임을 예측하고 대답을 찾으며 읽어야 한다.

• 헤겔은 로크의 노동관을 확장했고, 마르크스는 헤겔의 노동관을 수용하기도 하고 반박하기도 했다. 이러한 관계에 주목하여 각 철학자가 제시한 노동에 대한 견해를 비교하며 독해해야 한다.

1 ¹누구나 한번쯤은 경치 좋은 곳에 누워 아무 일도 하지 않는 자신의 삶을 꿈꿔 본 적이 있을 것이다. ²이러한 상상에는 '일', 즉 '노동'에 대한 우리의 부정적 생각이 깔려 있다. ³하지만 역사 속에서 인간은 노동을 통해 개인과 사회를 발전시켜 왔고, 이러한 점에서 노동은 나름의 가치를 지닌다고 볼 수 있다. ⁴그렇다면 철학자들은 이러한 인간의 노동에 어떤 철학적 의미를 부여했을까?
1 개인과 사회의 발전 면에서 나름의 가치를 지닌 노동

2 ¹로크는 노동을 ㉠소유의 권리와 관련하여 설명했다. ²로크는 신이 인류의 생존을 위해 인간에게 자연을 공유물로 주면서, 동시에 인간이 신의 목적대로 자연을 이용할 수 있도록 이성도 주었다고 주장한다. ³그런데 그는 신이 인간에게 공유물로 주지 않은 유일한 것이 신체이기 때문에 각자의 신체에 대해서는 본인만이 배타적 권리를 가진다고 본다. ⁴이렇게 신체가 한 개인의 소유라면 그 신체의 활동인 노동 역시 그 개인의 소유가 되는 것이다. ⁵그리하여 인간이 공유 상태인 어떤 사물에 노동을 부여하는 것은 공유물에 배타적 소유권을 첨가하는 것이 된다. ⁶따라서 모든 개인은 노동을 통해 소유권의 주체가 될 수 있다. ⁷다만 로크는 모든 노동이 공유물에 대한 소유권의 근거가 되는 것은 아니라고 보았다. ⁸로크에게 노동은 단순히 신체를 사용하는 것이 아니라 삶과 편의에 최대한 도움이 되도록 자연을 이용하는 것을 의미하기 때문이다. ⁹이에 따라 로크는 만약 어떤 개인이 신체를 사용하여 공유물을 인류의 삶에 손해가 되도록 만든 경우, 그것은 노동에 해당하지 않기 때문에 소유권을 인정받을 수 없다고 주장했다.
2 로크가 주장한 노동의 의미

3 ¹한편 헤겔은 노동을 사적 소유권의 근거를 넘어 주체와 객체가 통일되는 과정이며, 인간이 자기의식과 자기 정체성을 확보하는 계기라고 주장했다. ²또한 인간은 동물과 달리 자연을 그대로 받아들이지 않고 노동을 통해 자신에게 맞게 바꾸어 필요한 물품과 적절한 생활 환경을 마련하며 생명을 보전한다고 보았다. ³이때 자립성을 지닌 객체는 주체의 노동에 저항하기 마련인데, 객체의 자립성은 인간의 노동에 의해 일정하게 제거되고 약화되어 주체에 알맞게 변화된다. ⁴한편 주체는 노동 과정에서 객체에 내재된 질서나 법칙을 일정 정도 받아들이면서 자신의 욕구나 목적을 객체 속에 실현한다. ⁵그 결과 객체는 주체의 노동으로 사라지거나 파괴되는 것이 아니라 인간과 무관한 것에서 인간을 위한 노동 산물로 변화하는 것이다. ⁶이렇게 하여 주체는 객체 안으로 들어가고 객체는 주체의 고유한 형식을

받아들이게 된다. ⁷헤겔은 이처럼 노동을 통해 주체가 자신을 객체 속에 나타내는 것을 자기 대상화라 하였다. ⁸결국 주체와 객체는 서로 분리·고립되어 있다가 노동을 통해 노동 산물 속에서 통일되어 가며, 주체는 그 속에 실현된 자기 대상화의 정도만큼 자기의식을 확보한다는 것이다. ⁹그런데 헤겔은 노동 산물이 주체의 ㉡소유지만, 여전히 주체와 분리되어 있고, 주체를 완전히 표현하지도 못하기에 노동을 통한 주객 통일에 한계가 있다고 지적했다.
3 헤겔이 주장한 노동의 의미와 한계

4 ¹이에 비해 마르크스는 헤겔의 노동관을 수용하면서도 노동 자체가 한계를 지닌다는 주장에는 동의하지 않았다. ²마르크스는 인간은 노동을 통해 외부 대상인 자연을 가공하여 인간의 욕구와 자기실현에 알맞은 인간화된 자연으로 만든다고 보았다. ³결국 그에게 노동은 객체에 인간적 형식을 부여하기 위해 자연적 소재의 형식을 부정함으로써 주체의 주관적 욕구나 목적을 대상으로 객관화하는 것이다. ⁴그리하여 가공된 대상에는 주체의 형식이 부여되고, 주체의 욕구나 목적 등은 물질화되어 구체적 노동 산물이 된다. ⁵그 결과 인간은 노동을 통해 만들어 낸 노동 산물에서 자신의 능력을 확인하고 자기의식과 정체성을 확보하게 된다. ⁶더 나아가 자신의 능력을 더욱 개발하여 자연의 구속으로부터 벗어나 자유를 획득하면서 자아를 실현하게 되는 것이다. ⁷이러한 관점에서 그는 노동이 가장 현실적인 주객 통일의 방법이자 인간의 자아실현 과정이라 주장한 것이다. ⁸다만 그는 노동을 통한 주객 통일의 한계가 사회적 구조의 한계에서 비롯된다고 분석하며, 노동을 통한 인간의 자아실현을 완성하기 위해서는 사회 구조를 변혁해야 한다고 역설했다.
4 마르크스가 주장한 노동의 의미

주제 노동에 대한 로크, 헤겔, 마르크스의 견해

내용 이해

1 윗글에서 답을 찾을 수 있는 질문에 해당하지 않는 것은?　답 ⑤

① 로크는 인간에게 이성을 부여한 신의 의도를 무엇이라 생각하는가?

근거 **2**-2 로크는 신이 인간에게 자연을 공유물로 주면서, 인간이 신의 목적대로 자연을 이용할 수 있도록 이성을 주었다고 생각한다.

② 헤겔은 인간이 동물과 달리 자연을 자신에게 맞게 바꾸는 목적을 무엇이라 생각하는가?

근거 **3**-2 헤겔은 인간이 필요한 물품과 적절한 생활 환경을 마련하며 생명을 보전하기 위해 노동을 통해 자연을 자신에게 맞게 바꾼다고 생각한다.

③ 헤겔은 인간이 노동을 통해 자신을 객체 속에 나타내어 얻게 되는 결과를 무엇이라 생각하는가?

근거 **3**-7~8 인간이 노동을 통해 자신을 객체 속에 나타내는 것이 '자기 대상화'이다. 헤겔은 주체와 객체는 서로 분리·고립되어 있다가 노동을 통해 노동 산물 속에서 통일되어 가며, 주체는 그 속에 실현된 자기 대상화의 정도만큼 자기의식을 확보한다고 생각한다.

④ 마르크스는 노동이 인간의 자아를 실현하는 과정이 될 수 있는 이유를 무엇이라 생각하는가?

근거 **4**-2, 4~6 마르크스에 따르면 인간은 노동을 통해 자연을 가공하는데, 가공된 대상에는 주체의 형식이 부여되고, 주체의 욕구나 목적은 물질화되어 구체적 노동 산물이 된다. 이 노동 산물에서 인간은 자기의식과 정체성을 확보하고 더 나아가 자유를 획득하면서 자아를 실현하기 때문이다.

⑤ 마르크스는 노동이 주객 통일을 완성하는 것을 방해하는 사회적 구조의 한계를 무엇이라 생각하는가?

[근거] **4**-8 마르크스는 노동을 통한 주객 통일의 한계가 사회적 구조의 한계에서 비롯된다고 분석하며, 노동을 통한 인간의 자아실현을 완성하기 위해서는 사회 구조를 변혁해야 한다고 주장한다. 하지만 사회적 구조의 한계가 무엇인지는 제시되어 있지 않다. → 답을 찾을 수 있는 질문에 해당하지 않으므로 정답

(세부 내용 파악)

2 ㉠과 ㉡에 대한 이해로 가장 적절한 것은?　　　　답 ②

① ㉠과 ㉡은 모두 인간을 신으로부터 자유롭게 한다.

[근거] **2**-2, 6, 8 신이 인간에게 자연을 공유물로 주면서, 인간이 신의 목적대로 자연을 이용할 수 있도록 이성도 주었다. 따라서 인간은 삶과 편의에 도움이 되도록 자연을 이용하는 노동을 통해 자연에 대한 소유권을 가질 수 있다. 즉 신이 준 공유물과 이성을 이용한 노동을 통해 소유(㉠)가 성립하므로 노동의 주체인 인간이 신으로부터 자유로울 수 없다.
▶ 헤겔이 소유(㉡)와 관련하여 인간과 신의 관계를 어떻게 생각했는지에 대한 내용은 제시되어 있지 않다.

✓ ② ㉠과 ㉡은 모두 인간의 노동을 성립 기반으로 하고 있다.

[근거] **2**-5~6 인간은 공유 상태인 어떤 사물에 노동을 부여하는 것을 통해 소유(㉠)권의 주체가 된다.
[근거] **3**-5, 9 객체는 주체의 노동을 통해 노동 산물로 변화하는데 이 노동 산물은 주체의 소유(㉡)이다. 즉 ㉠과 ㉡은 모두 인간의 노동을 통해 성립한다. → 적절하므로 정답

③ ㉠은 이타심의 실현을 목적으로 하는 반면, ㉡은 이기심의 실현을 목적으로 한다.

[근거] **2**-5 인간이 공유 상태인 사물에 노동을 부여하는 것은 공유물에 배타적 소유권을 첨가하는 것이다. 즉 소유(㉠)는 배타적 권리이므로 이타심의 실현을 목적으로 한다고 보기 어렵다.
▶ 헤겔이 생각한 소유(㉡)의 목적은 제시되어 있지 않다.

④ ㉠은 인간과 자연의 합일을 강화하는 반면, ㉡은 인간과 자연의 분리를 강화한다.

[근거] **2**-6, 8 인간이 삶과 편의에 도움이 되도록 자연을 이용함으로써 소유(㉠)권의 주체가 되므로 인간과 자연의 합일을 강화한다고 보기 어렵다.
[근거] **3**-1, 5, 9 노동은 주체와 객체가 통일되는 과정이고 이를 통해 만들어진 노동 산물은 주체의 소유이다. 즉 주체와 객체가 통일되는 과정을 통해 소유(㉡)가 성립하므로 인간과 자연의 분리를 강화한다고 볼 수 없다.

⑤ ㉠은 공유물의 존재에 의해 보장되는 반면, ㉡은 주객 통일의 완성에 의해 보장된다.

[근거] **2**-5~6 인간이 공유 상태인 사물에 노동을 부여함으로써 소유권의 주체가 되므로 공유물의 존재에 의해 소유(㉠)가 보장된다고 볼 수 있다.
[근거] **3**-4~5, 9 헤겔은 노동을 통해 만들어진 노동 산물이 주체의 소유지만, 노동을 통한 주객 통일에 한계가 있다고 하였다. 따라서 주객 통일이 완성되어야만 소유(㉡)가 보장되는 것은 아니다.

(구체적 사례에 적용)

3 윗글의 마르크스의 관점에서 〈보기〉를 이해한 내용으로 적절하지 않은 것은?　　　　답 ⑤

▶ 노동에 대한 마르크스의 견해를 파악하고, 〈보기〉에 나타난 A 씨의 상황에 적용하여 이해해야 한다.
[근거] **4**-2 마르크스는 인간은 노동을 통해 외부 대상인 자연을 가공하여 인간의 욕구와 자기실현에 알맞은 인간화된 자연으로 만든다고 보았다.

보기

　　캐릭터 아티스트를 꿈꾸는 A 씨는 관련 공부를 위해 미국으로 건너가 예술 학교에서 공부를 마치고 B사에 입사했다. 그런데 그곳에서 그는 유명한 몇몇 캐릭터만 반복적으로 그려야 하는 현실에 염증을 느끼고 〔자기의식을 확보할 수 없는 상황〕 캐릭터 아티스트로서 더 이상 성장할 수 없겠다는 생각이 들어 C사로 직장을 옮겼다. 이후 그는 다양한 종류의 캐릭터를 마음껏 변용해 그리는 동시에 여러 동물들의 모습을 관찰하여 자신만의 독창적인 캐릭터를 창작하게 되었다. 〔노동 산물〕

---

① A 씨는 노동을 통해 자신의 욕구를 객체 속에 실현하려고 노력해 왔겠군.

[근거] **4**-4 A 씨는 노동을 통해 자신의 욕구나 목적 등이 물질화된 구체적 노동 산물, 즉 독창적인 캐릭터를 창작하기 위해 노력했다.

② A 씨는 노동을 통해 자신의 형식을 부여한 노동 산물을 만드는 데 관심을 가지고 있겠군.

[근거] **4**-4 A 씨는 자신의 형식이 부여된 구체적 노동 산물, 즉 독창적인 캐릭터를 창작하는 데 관심을 가지고 있었다.

③ A 씨가 제한된 캐릭터를 그리는 노동에 염증을 느꼈던 이유는 자기의식 확보에 대한 갈증 때문이겠군.

[근거] **4**-5 A 씨는 유명한 몇몇 캐릭터만 반복적으로 그리는 노동을 통해 만들어 낸 노동 산물에서 자기의식을 확보하지 못해 노동에 염증을 느꼈다.

④ A 씨가 직장을 옮긴 것은 노동을 자신의 재능을 개발하고 자유를 확장하는 계기로 삼기 위한 것이겠군.

[근거] **4**-5~6 A 씨는 노동을 통해 자신의 능력을 개발하여 자유를 획득하면서 자아를 실현하기 위해 직장을 옮긴 것이다.

✓ ⑤ A 씨가 예술 학교에서 공부한 기간은 외부 대상인 자연의 형식에 맞게 자신의 목적을 객관화시킨 시기였겠군.

[근거] **4**-3 A 씨가 예술 학교에서 공부한 기간은 객체에 인간적 형식을 부여하기 위해 자연적 소재의 형식을 부정함으로써 자신의 주관적 욕구나 목적을 대상으로 객관화한 시기로 볼 수 있다. → 적절하지 않으므로 정답

▶ 지문 분석　　　　본책 40~41쪽

1　노동

2　❶ 가치　　❷ 소유권　　❸ 도움
　　❹ 통일　　❺ 노동 산물　　❻ 자기의식
　　❼ 자아실현　　❽ 사회 구조

3　수용

▶ 선지 판단 연습

❶　○

❷　✕　[해설] 로크는 단순히 신체를 사용하는 것이 아니라 삶과 편의에 도움이 되도록 자연을 이용하는 것을 통해 인간이 소유권의 주체가 될 수 있다고 보았다.

❸　✕　[해설] 헤겔이 말한 자기 대상화란 노동을 통해 주체가 자신을 객체 속에 나타내는 것이다.

❹　사회 구조

지문 이해

2017-6월 고2 학력평가

[인문_철학]   '이'와 '기'에 대한 성리학자들의 관점

• 이 글의 중심 화제는 "'이'와 '기'에 대한 관점에 따른 성리학자들의 현실 인식'이다. 1문단의 마지막 문장에서 이를 파악하고, '이'와 '기'에 대한 성리학자들의 관점, 이에 따른 현실 인식에 주목하여 글을 읽어야 한다.

• 서경덕의 견해를 이황이 비판했고, 이이는 이 둘을 모두 비판했다는 점에 주목하여 세 사람이 '이'와 '기'를 바라보는 관점이 어떻게 다른지를 중심으로 독해해야 한다.

1 ¹조선 시대 유학자들은 도덕적이고 규범적이며 사람다운 삶을 강조하는 성리학을 받아들였다. ²성리학은 우주의 근원과 질서, 그리고 인간의 심성과 질서를 '이(理)'와 '기(氣)' 두 가지를 통해 설명하고, 이를 바탕으로 인간과 세계를 연구하는 학문이다. ³그래서 성리학을 '이기론' 또는 '이기 철학'이라고도 부른다. ⁴성리학에서 일반적으로 '이'는 만물에 내재하는 원리이고, '기'는 그 원리를 현실에 드러내 주는 방식과 구체적인 현실의 모습이라 할 수 있다. ⁵'이'는 '기'를 통해서 드러난다. ⁶'이'는 언제나 한결같지만 '기'는 여러 가지 모습으로 존재하므로, 우주 만물의 원리는 그대로지만 형체는 다양하다. ⁷이러한 '이'와 '기'를 어떻게 보는가에 따라 성리학자들이 현실을 해석하고 인식하는 자세가 달라진다.

1 성리학에서의 '이'와 '기'

2 ¹'기'를 중시했던 대표적인 성리학자로 서경덕을 들 수 있다. ²그는 '기'를 우주 만물의 근원이라고 보았다. ³서경덕에 의하면, 태초에 '기'가 음기와 양기가 되고, 음기와 양기가 모이고 흩어지고를 반복하면서 하늘과 땅, 해와 달과 별, 불과 물 등의 만물이 만들어졌다. ⁴'기'는 어떤 외부의 원리나 힘에 의해 움직이는 것이 아니라 스스로 움직여 만물을 생성하고 변하게 한다. ⁵하지만 '이'는 '기' 속에 있으면서 '기'가 작용하는 원리로 존재할 뿐 독립적으로 드러나거나 작용하지 않는다. ⁶즉, '이'와 '기'는 하나이며, 세계에 드러나는 것은 '기'뿐이라는 것이다. ⁷이와 같은 입장을 '기일원론(氣一元論)'이라 한다. ⁸기일원론의 바탕에는, 현실 세계의 모습은 '기'의 움직임에 의한 것이므로, '기'가 다시 움직이면 현실도 변할 수 있을 것이라는 사고가 깔려 있다.

2 '이'와 '기'는 하나이며, 세계에 드러나는 것은 '기'라고 본 서경덕

3 ¹'이'를 중시했던 대표적인 성리학자는 이황이다. ²이황은 서경덕의 논의를 단호하게 비판하며 '이'와 '기'는 하나가 아니라는 주장을 펼쳤다. ³그는 '이'를 우주 만물의 근원이자 변하지 않는 절대적 가치이며 도덕 법칙이라고 보았다. ⁴'이'는 하늘의 뜻, 즉 천도(天道)이며, 만물이 선천적으로 지니고 태어나는 본성이라고 여겼다. ⁵따라서 인간이 '이'를 깨우치고 실행하면 하늘이 부여한 본성을 회복하고, 인간 사회는 천도에 맞는 이상적이고 도덕적인 질서를 확립한다고 보았다. ⁶현실 사회가 비도덕적이고 타락한 모습을 보이는 이유는 인간이 본성을 잃어버리고 사악한 마음을 따르기 때문인데, 이러한 사악한 마음은 인간의 생체적 욕구, 욕망 등인 '기'에서 나오는 것이다. ⁷따라서 '이'와 '기'가 하나일 수는 없으며, 둘은 철저히 구분되어야

한다는 것이 이황의 주장이다. ⁸이러한 입장을 '이기 이원론(理氣二元論)'이라 한다. ⁹이황은 '이'가 원리로서만 존재하는 것이 아니라 *발동한다고 보았다. ¹⁰'이'가 발동하면 그에 따라 '기'도 작용하여 인간이나 사회는 도덕적인 모습이 되지만, '이'가 발동하지 않고 '기'만 작용하면 인간이나 사회는 비도덕적 모습이 될 수 있다. ¹¹이황은 인간이 '이'를 깨우치고 실행하기 위해서는 학문과 수양에 힘써야 한다고 생각하였다. ¹²그는 현실의 문제 상황은 학문과 수양을 통해 '이'를 회복함으로써 해결될 수 있다는 점을 강조하였다.

3 '이'와 '기'가 하나일 수는 없으며, 둘은 철저히 구분되어야 한다고 본 이황

4 ¹한편, 이이는 서경덕과 이황의 논의가 양극단을 달리는 오류를 범하고 있다고 비판하면서, '이'와 '기'의 관계를 새롭게 규정하였다. ²이이는 '이'를 모든 사물의 근원적 원리로, '기'를 그 원리를 담는 그릇으로 보았다. ³둥근 그릇에 물을 담으면 물의 모양이 둥글고 모난 그릇에 물을 담으면 물의 모양이 모나 보이지만, 그 속에 담긴 물의 속성은 달라지지 않는다. ⁴이처럼 '기'는 현실에서 다양한 모습으로 존재하지만 그 속에 담겨 있는 '이'는 달라지지 않는다. ⁵물이 그릇에 담겨 있지만 물과 그릇이 다른 존재이듯이, '이'와 '기'도 한 몸처럼 붙어 있지만 '이'와 '기'로 각각 존재한다는 것이다. ⁶이이에 따르면, '이'는 현실에 아무 작용을 하지 않고 '기'만 작용한다. ⁷현실의 모습이 문제를 드러내고 있다면, 이는 '이'가 잘못된 것이 아니라 '기'가 잘못된 것이다. ⁸그러므로 '이'를 회복하기보다는 '기'로 나타난 현실의 모습 자체를 바꾸기 위해 싸워야 한다는 것이 이이의 주장이다. ⁹이이가 조선 사회의 변화를 위한 여러 가지 개혁론을 펼칠 수 있었던 것은 이러한 사고가 바탕을 이루고 있었기 때문이다.

4 '이'와 '기'가 한 몸처럼 붙어 있지만 각각 존재한다고 본 이이

*발동(發動) 일어나 움직임.

주제 '이'와 '기'에 대한 성리학자들의 관점과 그에 따른 현실 인식

서술 방식 파악

1 윗글에 대한 설명으로 가장 적절한 것은?   답 ⑤

① 철학적 용어의 현대적 의미를 재조명하고 있다.
▶ '이', '기'와 같은 철학적 용어를 설명하고 있지만 그것의 현대적 의미를 재조명하고 있지는 않다.

② 철학적 용어에 대한 사회적 통념을 비판하고 있다.
▶ 철학적 용어 '이'와 '기'에 대한 사회적 통념이나 그에 대한 비판은 드러나 있지 않다.

③ 문답의 형식을 통해 철학적 용어의 개념을 드러내고 있다.
▶ 철학적 용어 '이'와 '기'의 개념은 드러나 있지만 묻고 답하는 형식은 나타나 있지 않다.

④ 현실을 해석하는 철학적 용어가 등장한 배경을 소개하고 있다.
▶ '이', '기'와 같은 현실을 해석하는 철학적 용어를 설명하고 있지만 그것이 등장한 배경은 소개하고 있지 않다.

✔ ⑤ 철학적 용어의 관계를 바라보는 다양한 관점을 나열하고 있다.
▶ '이'와 '기'가 하나라고 본 서경덕의 관점, '이'와 '기'는 하나가 아니며 둘은 철저히 구분되어야 한다고 본 이황의 관점, '이'와 '기'는 한 몸처럼 붙어 있지만 각각 존재한다고 본 이이의 관점을 나열하고 있다. → 적절하므로 정답

2 윗글을 참고할 때, 〈보기〉의 'ㄱ'과 'ㄴ'에 들어갈 내용으로 가장 적절한 것은? 답 ①

보기

	서경덕	이황
'이'와 '기'란 무엇인가?		'이'란 만물에 내재하는 원리이고, '기'란 '이'를 현실에 드러내 주는 방식과 구체적인 현실의 모습이다.
'이'와 '기'의 성격은 어떠한가?	ㄱ	ㄴ

✓① ㄱ: '이'와 '기'는 하나이다.
　ㄴ: '이'와 '기'는 철저히 구분된다.
　(근거) **2**-6 서경덕은 '이'와 '기'가 하나라고 보았다.
　(근거) **3**-7 이황은 '이'와 '기'가 철저히 구분되어야 한다고 보았다. → 적절하므로 정답

② ㄱ: '이'는 '기'와 별도로 작용한다.
　ㄴ: '이'는 '기'와 동시에 작용한다.
　(근거) **2**-5 서경덕은 '이'는 '기' 속에 있으면서 '기'의 작용 원리로 존재할 뿐 독립적으로 작용하지 않는다고 보았다.
　(근거) **3**-10 이황은 '이'의 발동에 따라 '기'가 작용하거나 '이'가 발동하지 않고 '기'만 작용한다고 하여 '이'가 '기'와 동시에 작용한다고 보지 않았다.

③ ㄱ: 현실로 나타나는 것은 '이'이다.
　ㄴ: 현실로 나타나는 것은 '기'이다.
　(근거) **2**-6 서경덕은 세계에 드러나는 것은 '기'라고 보았다.
　(근거) **3**-9~10 이황은 '이'가 원리로서만 존재하는 것이 아니라 발동한다고 보아 '이'의 발동과 '기'의 작용에 따라 도덕적이거나 비도덕적인 현실의 모습이 나타난다고 보았다.

④ ㄱ: '기'는 '이' 속에 포함되어 있다.
　ㄴ: '이'는 '기' 속에 포함되어 있다.
　(근거) **2**-5 서경덕은 '이'는 '기' 속에 포함되어 있다고 보았다.
　(근거) **3**-7 이황은 '이'와 '기'는 하나가 아니며 구분되어야 한다고 보았다.

⑤ ㄱ: 생체적 욕구와 욕망을 '기'라고 본다.
　ㄴ: 생체적 욕구와 욕망을 '이'라고 본다.
　(근거) **2**-2 서경덕은 우주 만물의 근원을 '기'라고 보았다.
　(근거) **3**-6 이황은 생체적 욕구와 욕망을 '기'라고 보았다.

3 윗글을 바탕으로 〈보기〉에 대해 '이이'가 할 수 있는 말로 가장 적절한 것은? 답 ②

▶ 〈보기〉에는 현실의 문제가 드러나 있으므로 이이가 제시한 문제 해결 방법을 파악해야 한다.
(근거) **4**-7~8 이이는 현실의 모습이 문제를 드러내고 있다면 '기'가 잘못된 것이므로 '기'로 나타난 현실의 모습 자체를 바꾸기 위해 싸워야 한다고 주장했다.

보기

　양반이 되어야 군포를 면제받을 수 있기 때문에 백성들은 밤낮으로 양반이 되는 길을 모색한다. 고을 호적부에 기록되면 양반이 되고, 거짓 족보를 만들면 양반이 되고, 고향을 떠나 먼 곳으로 이사하면 양반이 되고, 두건을 쓰고 과거 시험장에 드나들면 양반이 된다.
　　문제를 드러내는 현실의 모습: 편법으로 쉽게 양반이 될 수 있음.

몰래 불어나고, 암암리에 늘어나고, 해마다 증가하고, 달마다 불어나 장차 온 나라 사람들이 모두 양반이 되고 말 것이다.

　　　　　　　　　　　　　　　　　　　　　 – 정약용, 「신포의(身布議)」

① 양반이 되려는 백성들의 문제는 본성을 잃어버려서 생긴 문제이므로, 학문과 수양을 통해 본성을 회복해야 합니다.
　(근거) **3**-4, 12 학문과 수양을 통해 본성인 '이'를 회복함으로써 현실의 문제 상황을 해결할 수 있다고 본 사람은 이황이다.

✓② 편법으로 쉽게 양반이 될 수 있는 현실이 백성을 이렇게 만든 것이므로, 이러한 현실의 모습을 우선적으로 개선해야 합니다.
　(근거) **4**-7~8 이이는 현실의 모습이 문제를 드러내고 있다면 현실의 모습 자체를 바꾸어야 한다고 주장했다. → 적절하므로 정답

③ 백성들의 행동은 현실에 내재하는 원리가 잘못되어 나타난 현상이므로, 현실의 문제를 근본부터 해결하기 위해서는 이 원리부터 바꾸어야 합니다.
　(근거) **1**-4, **4**-7~8 이이는 현실의 모습이 문제를 드러내고 있다면 현실에 내재하는 원리인 '이'가 잘못된 것이 아니라 '기'가 잘못된 것이므로 '기'로 나타난 현실의 모습을 바꾸어야 한다고 하였다.

④ 양반이 되려는 백성들의 모습은 음양의 작용에 의해 생겨난 것이므로, 인위적인 노력보다는 음양의 또 다른 작용을 통해 해결되기를 기다려야 합니다.
　(근거) **2**-3, 8 '기'가 음기와 양기가 되어 음양의 작용을 통해 만물이 만들어졌고, '기'가 다시 움직이면 현실도 변할 수 있다고 본 사람은 서경덕이다.

⑤ 백성들이 양반이 되고자 하는 것은 군포를 면제받고자 하는 잘못된 욕구에서 나온 것이므로, 이러한 욕구를 따르지 않도록 천도에 맞는 질서를 확립해야 합니다.
　(근거) **3**-5~6 현실 사회의 문제는 인간의 욕구와 같은 '기' 때문에 나타나므로, 이를 따르지 않고 '이'를 깨우치고 실행하면 천도에 맞는 질서를 확립한다고 본 사람은 이황이다.

▶ **지문 분석**　　　　　　　　　　　본책 44~45쪽

1 이, 기

2 ❶ 내재　　❷ 독립적　　❸ 하나
　　❹ 절대적　　❺ 비도덕적　　❻ 수양
　　❼ 그릇　　❽ 현실의 모습

3 ❶ 상반　　❷ 비판

▶ **선지 판단 연습**

❶ ○

❷ ×　(해설) '기일원론'은 '이'가 독립적으로 드러나거나 작용하지 않는다고 볼 뿐 '이'의 존재를 부정하는 것은 아니다.

❸ 이

❹ ×　(해설) 이이는 '이'와 '기'가 한 몸처럼 붙어 있지만 각각 존재하고 '기'만 현실에 작용한다고 보았다.

1 ③ **2** ③ **3** ③

지문 이해

2020-11월 고2 학력평가

[인문_철학] 고유 이름의 의미에 대한 프레게의 이론

• 이 글의 중심 화제는 '고유 이름이 의미하는 바를 새롭게 설명하는 프레게의 이론'이다. 1문단에서 고유 이름의 의미에 대한 논의가 언어 철학자들의 중요한 관심사였다고 말한 다음 의미 지칭 이론의 견해를 제시한다. 그 후 프레게가 의미 지칭 이론의 문제를 지적하고 새로운 이론을 제시했음을 밝힌다. 이 마지막 문장을 통해 프레게의 새로운 이론에 대한 설명이 이어질 것임을 예측해야 한다.

• 프레게가 지적한 의미 지칭 이론의 문제점과 프레게의 이론이 이를 보완한 방법에 주목하여 프레게 이론의 특징을 파악하며 독해해야 한다.

• 의미 지칭 이론의 문제점과 한정 기술구의 의미는 구체적인 예시를 통해 설명되므로 예시를 통해 내용을 명확하게 이해해야 한다.

1 ¹언어 철학에서 특정 인물이나 사물 등을 나타내는 '고유 이름'은 언어와 대상의 관계를 밝히는 데 중요한 역할을 하는 언어 표현이다. ²그래서 고유 이름이 의미하는 바가 무엇인지에 대한 논의는 언어 철학자들의 중요한 관심사였다. ³그중 의미 지칭 이론에 따르면 고유 이름이 의미하는 바는 그 표현이 지칭하는 것, 즉 지시체 자체이다. ⁴이들에 따르면 '금성'이라는 고유 이름이 의미하는 바는 금성 자체인 것이다. ⁵하지만 프레게는 이러한 의미 지칭 이론의 입장을 그대로 받아들일 경우 발생하는 문제를 지적하며, 이를 해결하기 위해 지시체와 '뜻'을 구분하여 고유 이름이 의미하는 바를 새롭게 설명하는 이론을 제시한다.

> **1** 의미 지칭 이론의 문제를 지적하며 새로운 이론을 제시한 프레게

2 ¹먼저 프레게는 고유 이름이 의미하는 바가 지시체라는 의미 지칭 이론의 입장을 따를 경우에 발생하는 문제를 밝힌다. ²다음의 두 문장을 보자.

1) 샛별은 샛별이다.

2) 샛별은 개밥바라기이다.

3 ¹프레게에 의하면 의미 지칭 이론의 입장에서 1)과 2)는 완전히 동일한 의미를 지녀야 한다. ²왜냐하면 의미 지칭 이론에 따르면 밑줄 친 '샛별'과 '개밥바라기'라는 두 고유 이름이 의미하는 바는 금성이라는 지시체로 동일하기 때문이다. ³하지만 프레게는 1)은 동어의 반복이기에 정보를 제공하지 않고, 2)는 정보를 제공하기 때문에 사람들은 두 문장을 다르게 인식하게 된다고 말한다. ⁴그리고 이러한 인식적 차이가 발생하는 이유가 고유 이름이 지시체 그 자체가 아닌 '뜻'을 의미하기 때문이라고 주장한다. ⁵즉 프레게는 '샛별'은 아침에 뜨는 별이라는 뜻을, '개밥바라기'는 저녁에 뜨는 별이라는 뜻을 의미하며, '샛별'과 '개밥바라기'는 동일한 지시체인 금성을 서로 다른 제시 방식으로 제시한 것이라고 말한다. ⁶프레게는 이처럼 동일한 지시체의 서로 다른 제시 방식인 '샛별'과 '개밥바라기'는 다른 뜻을 가진다고 말한다. ⁷따라서 프레게는 고유 이름이 의미하는 바는 지시체가 아니기에 지시체와 뜻을 구분해야 하고, 뜻의 차이로 인해 1)과 2)가 인식적 차이가 있음을 설명하려고 한 것이다.

> **2, 3** 의미 지칭 이론의 문제를 설명한 프레게

4 ¹프레게는 고유 이름에 한정 기술구도 포함되어야 한다고 주장한다. ²한정 기술구란 오직 하나의 대상만이 만족하는 조건을 몇 개의 단어나 이런저런 기호로 구성한 언어 표현이다. ³예를 들어 프레게는 '플라톤의 가장 유명한 제자'나 『니코마코스 윤리학』의 저자'와 같은 한정 기술구도 '아리스토텔레스'와 같은 고유 이름으로 간주한다. ⁴그래서 프레게에 따르면 '플라톤의 가장 유명한 제자'와 『니코마코스 윤리학』의 저자'는 고유 이름들이며, 아리스토텔레스라는 사람에 대한 서로 다른 제시 방식으로 각각은 다른 뜻을 가진다.

> **4** 고유 이름에 한정 기술구도 포함되어야 한다고 주장한 프레게

5 ¹한편 프레게는 특정 지시체에 대해 개인이 갖고 있는 관념을 뜻과 혼동해서는 안 된다고 말한다. ²관념은 지시체에서 개인이 감각적 경험을 통해 얻게 된 주관적인 내적 이미지이다. ³반면 뜻은 우리가 의사소통을 통해 전달하고 이해할 수 있어야 하기에, 언어 공동체가 공유할 수 있는 객관적으로 합의된 재산인 것이다. ⁴다시 말해 우리가 성공적으로 의사소통할 수 있는 이유는 뜻이 공적인 것이기 때문이다. ⁵만약 뜻이 개인의 관념과 같다고 한다면 뜻은 사람마다 다르게 되고, 의사소통은 성공적으로 이루어지기 어렵게 된다. ⁶따라서 프레게는 언어 표현의 뜻은 개인이 지시체에 대해 갖는 관념과는 다르다는 것을 분명히 한다.

[A]

> **5** 관념과 뜻이 다르다고 주장한 프레게

6 ¹결국 프레게는 지시체와 뜻을 구분함으로써 고유 이름이 의미하는 바를 명확히 하였다. ²또한 이를 통해 의미 지칭 이론에서 설명하지 못하는 ㉠'유니콘'과 같이 지시체가 존재하지 않는 허구적인 대상의 고유 이름이 의미하는 바를 설명할 수 있게 되었다.

> **6** 지시체와 뜻을 구분한 프레게

주제 고유 이름의 의미에 대한 프레게의 이론과 그 의의

세부 내용 파악

1 〈보기〉는 프레게의 이론을 비유적으로 설명하기 위한 예시이다. 윗글의 [A]를 참고하여 프레게의 입장에서 〈보기〉의 ⓐ~ⓒ를 설명할 수 있는 말로 적절한 것을 고른 것은? 답 ③

▶ 프레게가 설명한 지시체, 관념, 뜻의 관계를 파악해야 한다.

근거 **1**-3 지시체는 표현이 지칭하는 것이다.

근거 **5**-2 관념은 지시체에서 개인이 감각적 경험을 통해 얻게 된 주관적인 내적 이미지이다.

근거 **5**-3~4 뜻은 언어 공동체가 공유할 수 있는 객관적으로 합의된 공적인 것이다.

보기

우리 가족들은 천문대에 가서 ⓐ밤하늘의 달을 보았다. 그날 우리는 하나의 망원경을 통해 달을 보고 이야기를 나눌 수 있었다. ⓑ우리 가족이 나눈 대화 속 망원경 렌즈에 맺힌 달의 형상은 모두 같았지만, 그날 망원경의 렌즈를 거쳐 ⓒ망막에 맺힌 달은 우리 가족에게 서로 다른 추억으로 기억되고 있다.

① ⓐ: 지시체   ⓑ: 관념   ⓒ: 뜻

근거 **5**-3 하나의 망원경 렌즈에 맺힌, 같은 형상의 달을 보고 가족이 대화를 나누었으므로 ⓑ는 '뜻'으로 설명할 수 있다.

근거 **5**-2 망막에 맺힌 달을 통해 가족이 서로 다른 추억을 기억하게 되었으므로 ⓒ는 '관념'으로 설명할 수 있다.

② ⓐ: 내적 이미지　　ⓑ: 뜻　　　　ⓒ: 관념

근거 5-2 지시체에서 개인이 감각적 경험을 통해 얻게 된 주관적인 내적 이미지는 '관념'이다.

근거 1-3, 5-2 ⓐ는 가족들이 본 대상으로, '밤하늘의 달'이라는 표현이 지칭하는 대상이므로 '지시체'로 설명할 수 있다.

✓③ ⓐ: 지시체　　ⓑ: 뜻　　　　ⓒ: 관념

근거 1-3, 5-2 ⓐ는 가족들이 본 대상으로, '밤하늘의 달'이라는 표현이 지칭하는 대상이므로 '지시체'로 설명할 수 있다.

근거 5-3 하나의 망원경 렌즈에 맺힌, 같은 형상의 달을 보고 가족이 대화를 나누었으므로 ⓑ는 '뜻'으로 설명할 수 있다.

근거 5-2 망막에 맺힌 달을 통해 가족이 서로 다른 추억을 기억하게 되었으므로 ⓒ는 '관념'으로 설명할 수 있다. → 적절하므로 정답

④ ⓐ: 내적 이미지　　ⓑ: 관념　　　ⓒ: 뜻

근거 1-3, 5-2 ⓐ는 가족들이 본 대상으로, '밤하늘의 달'이라는 표현이 지칭하는 대상이므로 '지시체'로 설명할 수 있다.

근거 5-3 하나의 망원경 렌즈에 맺힌, 같은 형상의 달을 보고 가족이 대화를 나누었으므로 ⓑ는 '뜻'으로 설명할 수 있다.

근거 5-2 망막에 맺힌 달을 통해 가족이 서로 다른 추억을 기억하게 되었으므로 ⓒ는 '관념'으로 설명할 수 있다.

⑤ ⓐ: 지시체　　ⓑ: 내적 이미지　　ⓒ: 뜻

근거 5-3 하나의 망원경 렌즈에 맺힌, 같은 형상의 달을 보고 가족이 대화를 나누었으므로 ⓑ는 '뜻'으로 설명할 수 있다.

근거 5-2 망막에 맺힌 달을 통해 가족이 서로 다른 추억을 기억하게 되었으므로 ⓒ는 '관념'으로 설명할 수 있다.

중심 개념 이해

2 윗글을 읽은 학생이 프레게의 입장에서 〈보기〉에 대해 보일 수 있는 반응으로 적절하지 <u>않은</u> 것은?　　답 ③

보기

왼쪽에 있는 삼각형의 각 꼭짓점에서 그 대변의 중점으로 이어지는 선을 a, b, c라고 할 때, ㉮'a와 b의 교점'과 ㉯'b와 c의 교점'의 지시체는 ㉰o이다. 따라서 ㉱'o는 a와 b의 교점이다.'와 같은 문장으로 표현할 수 있다.

① ㉮와 ㉯는 동일한 지시체를 지칭하지만 뜻은 서로 다르다고 볼 수 있겠군.

근거 4-4 ㉮와 ㉯는 o라는 동일한 지시체에 대한 서로 다른 제시 방식으로 각각은 다른 뜻을 가진다.

② ㉮와 ㉯는 몇 개의 단어와 기호로 구성되어 있지만 고유 이름으로 볼 수 있겠군.

근거 4-2~3 ㉮와 ㉯는 몇 개의 단어와 기호로 구성된 한정 기술구로, 프레게는 한정 기술구도 고유 이름으로 간주한다.

✓③ ㉮와 ㉯로 의사소통이 가능한 이유는 ㉰에 대한 개인의 내적 이미지가 일치하기 때문이겠군.

근거 5-2~5 ㉮와 ㉯로 의사소통이 가능한 이유는 ㉮와 ㉯가 객관적이고 공적인 뜻을 가지고 있기 때문이다. 지시체에 대한 개인의 내적 이미지는 '관념'으로, 관념은 주관적이기 때문에 일치하기 어렵고 따라서 관념을 통한 의사소통은 성공적으로 이루어지기 어렵다. → 적절하지 않으므로 정답

④ ㉰에 대한 제시 방식에는 ㉮와 ㉯뿐만 아니라 'a와 c의 교점'도 포함할 수 있겠군.

근거 4-2, 4 'a와 c의 교점'은 몇 개의 단어와 기호로 구성된 한정 기술구로, ㉰에 대한 또 다른 제시 방식이다.

⑤ ㉱는 'o는 o이다.'라는 문장과 인식적 차이가 발생한다고 할 수 있겠군.

근거 3-6~7 ㉱의 'a와 b의 교점'과 'o는 o이다.'의 'o'는 동일한 지시체의 서로 다른 제시 방식으로 다른 뜻을 가진다. 이러한 뜻의 차이로 인해 두 문장은 인식적 차이가 발생한다.

내용 추론

3 윗글을 참고할 때, 의미 지칭 이론에서 ㉠을 설명하지 못하는 이유를 추론한 내용으로 가장 적절한 것은?　　답 ③

① 고유 이름은 다수의 지시체를 의미한다고 보기 때문이겠군.

근거 1-3 의미 지칭 이론은 고유 이름이 의미하는 바는 지시체 자체라고 본다. 고유 이름이 다수의 지시체를 의미한다고 본다는 내용은 없다.

② 고유 이름과 지시체는 서로 관련이 없다고 보기 때문이겠군.

근거 1-3 의미 지칭 이론은 고유 이름이 의미하는 바는 지시체 자체라고 본다. 따라서 고유 이름과 지시체가 서로 관련이 없다고 보지 않는다.

✓③ 고유 이름이 의미하는 바를 지시체 그 자체로 보기 때문이겠군.

근거 1-3 의미 지칭 이론은 고유 이름이 의미하는 바를 지시체 자체로 본다. 이 때문에 지시체가 존재하지 않는 허구적인 대상의 고유 이름이 의미하는 바를 설명하지 못한다. → 적절하므로 정답

④ 고유 이름과 지시체가 서로 다른 정보를 제공한다고 보기 때문이겠군.

근거 1-3 의미 지칭 이론은 고유 이름이 의미하는 바는 지시체 자체라고 본다. 따라서 고유 이름과 지시체가 서로 다른 정보를 제공한다고 보지 않는다.

⑤ 고유 이름으로는 언어와 대상의 관계를 밝힐 수 없다고 보기 때문이겠군.

근거 1-1~3 언어 철학에서 고유 이름은 언어와 대상의 관계를 밝히는 데 중요한 역할을 하고, 의미 지칭 이론은 언어 철학자들의 논의이다. 따라서 고유 이름으로 언어와 대상의 관계를 밝힐 수 없다고 보지 않는다.

▶ **지문 분석**　　　　　　　　　　　　본책 48~49쪽

1　고유 이름

2　❶ 지시체　　❷ 프레게　　❸ 고유 이름
　　❹ 뜻　　　　❺ 한정 기술구　❻ 주관적
　　❼ 합의　　　❽ 허구적

3　문제점

▶ **선지 판단 연습**

❶　○

❷　뜻

❸　✕　해설 '아리스토텔레스'는 한정 기술구에 해당하지 않는다.

❹　✕　해설 뜻을 개인의 관념에 따라 파악하면 뜻이 사람마다 다르게 되고, 의사소통은 성공적으로 이루어지기 어렵게 된다.

1 ④　**2** ⑤　**3** ⑤

지문 이해

2019-9월 고2 학력평가

[예술_사진] 브레송의 '결정적 순간'

• 이 글의 중심 화제는 '브레송의 '결정적 순간''이다. 1문단의 첫 번째 문장을 바탕으로 중심 화제를 파악하고, 브레송의 '결정적 순간'의 특성·정의·영향·평가 등 중심 화제와 관련된 정보를 중심으로 글을 읽어 나가야 한다.

• 브레송이 결정적 순간을 탄생시켰고 마크 코헨이 이에 영향을 받았지만 두 사람이 결정적 순간을 포착하기 위해 사용한 기법에는 차이가 있다. 인물별 촬영 방식의 특징을 파악하고 차이점에 주목하여 독해해야 한다.

1 ¹브레송은 일상의 순간에 예술적 생명감을 불어넣은 '결정적 순간'의 미학을 탄생시킨 사진작가이다. ²그는 피사체가 의식하지 못한 상태에서 피사체의 자연스러운 동작이나 표정을 찍는 사진 기법을 활용하여 자신의 예술성을 드러내었다.　**1** '결정적 순간'의 미학을 탄생시킨 브레송

2 ¹ⓐ브레송은 자신의 예술성을 드러내기 위해 안정된 구도와 유동성을 기반으로 하여 움직임 가운데 균형을 잡아낸 사진을 촬영하였다. ²안정된 구도란 회화에 기초한 구도를 통해 사진에서 안정감을 느낄 수 있도록 하는 것을 의미한다. ³그가 사용한 회화의 구도는 황금 분할 구도, 기하학적 구도, 주요 요소들을 대비시킨 구도였다. ⁴황금 분할 구도는 3:2의 비율로 화면을 분할한 것이고, 기하학적 구도는 여러 종류의 도형이 채워져 있는 것이다. ⁵주요 요소들 간의 대비로는 동(動)과 정(靜)의 대비, 상하 대비, 좌우 대비, 좌우 대각선 대비 등을 사용하였다. ⁶그는 이와 같은 안정된 구도의 기반이 되는 공간을 미리 계획하였다. ⁷그리고 유동성은 움직이는 대상에 집중하는 것으로, 그는 자신이 미리 계획했던 구도에 움직이는 대상이 들어와 원하는 형태적 구성을 완성한 순간이 포착될 때까지 끈질기게 기다렸다. ⁸한편 카메라를 눈의 연장으로 생각했던 그는, 화각이 인간의 시야와 가장 비슷한 표준 렌즈를 주로 사용해 사람의 눈높이에서 촬영했다. ⁹이때 화각은 카메라 렌즈를 통해 이미지를 담을 수 있는 범위를 뜻한다. ¹⁰그는 표준 렌즈에 비해 화각이 넓은 광각 렌즈나 플래시의 사용을 가급적 피했다. ¹¹이런 장치를 사용하면 눈으로 보는 실제 모습과 달라지기 때문이었다.　**2** 브레송의 사진 촬영

3 ¹그는 『순간 이미지』라는 자신의 사진집에서 결정적 순간이란 어떤 하나의 사실과 관련해 시각적으로 포착된 다양한 모습들이 하나의 긴밀한 구성을 이루고, 그 구성 안에 의미가 실리는 것을 순간적으로 동시에 인식하는 것이라 정의 내렸다. ²그는 내용과 구성이 조화를 이룬 '결정적 순간'을 발견하고 타이밍에 맞추어 촬영하였던 것이다.　**3** '결정적 순간'에 대한 브레송의 정의

4 ¹이후 사진작가들에게 브레송의 미학은 큰 영향을 주었다. ²1960년 대부터 활동한 ⓑ마크 코헨은 브레송의 '결정적 순간'에 영향을 받아 자신만의 결정적 순간을 포착하고자 했다. ³그는 돌발성을 기반으로 한 근접 촬영 방식을 택해 독특하면서도 기발한 결정적 순간을

포착했다. ⁴그는 광각 렌즈를 부착한 카메라를 들고 길거리에서 마주치는 사람들에게 돌발적으로 접근해 카메라를 허리 밑에 위치한 상태에서 자유로운 각도로 촬영하였다. ⁵그리고 그는 대상의 일부만을 잘라 낸 구도를 사용하기도 하였으며 플래시를 사용해 그림자의 모양을 자신의 의도대로 변화시키기도 하였다. ⁶즉 그는 자신이 원한 형태의 사진을 촬영하기에 적합한 방식으로 눈으로 보는 세상과는 다르게 보이도록 인공적으로 만든 자신만의 결정적 순간을 포착한 것이다.　**4** 브레송의 미학에 영향을 받은 마크 코헨의 결정적 순간

5 ¹이처럼 예술가가 자신이 원하는 순간을 포착하는 것의 중요성을 보여 준 브레송의 '결정적 순간'은 사진작가 각자의 개성이 담긴 결정적 순간으로 확대되면서 예술의 지평을 넓혔다는 평가를 받았다.　**5** 브레송의 '결정적 순간'에 대한 평가

주제 브레송의 '결정적 순간'의 특징과 의의

세부 내용 파악

1 다음은 윗글을 읽은 후 정리한 독서 노트이다. 그 내용이 **적절하지 않은** 것은?　**답** ④

① 알게 된 점: 브레송의 사진에 회화가 미친 영향

　근거 **2**-2 브레송은 회화에 기초한 구도를 사용했음을 알 수 있다.

② 알게 된 점: 브레송의 사진에 주로 사용된 구도

　근거 **2**-2~3 브레송은 황금 분할 구도, 기하학적 구도, 주요 요소들을 대비시킨 구도 등을 통해 안정된 구도를 사용했음을 알 수 있다.

③ 알게 된 점: 브레송의 '결정적 순간'이 갖는 예술사적 의의

　근거 **5**-1 예술가가 자신이 원하는 순간을 포착하는 것의 중요성을 보여 준 브레송의 '결정적 순간'은 사진작가 각자의 개성이 담긴 결정적 순간으로 확대되면서 예술의 지평을 넓혔음을 알 수 있다.

✓④ 더 알고 싶은 내용: 마크 코헨이 결정적 순간을 포착하기 위해 주로 사용한 렌즈

　근거 **4**-4 마크 코헨이 광각 렌즈를 사용했다는 내용이 언급되어 있으므로 더 알고 싶은 내용으로 적절하지 않다. → 적절하지 않으므로 정답

⑤ 더 알고 싶은 내용: 마크 코헨의 결정적 순간이 잘 드러난 대표 작품

　▶ 마크 코헨의 결정적 순간이 잘 드러난 작품명은 글에 제시되어 있지 않으므로 더 알고 싶은 내용으로 적절하다.

세부 내용 파악

2 ⓐ과 ⓑ에 대한 설명으로 **적절하지 않은** 것은?　**답** ⑤

　▶ 브레송과 마크 코헨이 결정적 순간을 포착하기 위해 사용한 기법을 파악해야 한다.

　근거 **2**-1, 8~11 브레송은 안정된 구도와 유동성을 기반으로 눈으로 보는 실제 모습과 비슷하게 촬영했다.

　근거 **4**-3~6 마크 코헨은 돌발성을 기반으로 눈으로 보는 세상과는 다르게 보이도록 촬영했다.

① ㉠은 내용과 구성이 조화를 이루는 순간을 촬영하였다.

근거 **3**-2 브레송(㉠)은 내용과 구성이 조화를 이룬 순간을 발견하고 타이밍에 맞추어 촬영하였다.

② ㉠은 카메라의 위치나 렌즈 선택 시 사람 눈과의 유사성을 중시하였다.

근거 **2**-8 브레송(㉠)은 카메라를 눈의 연장으로 생각하여 화각이 인간의 시야와 가장 비슷한 표준 렌즈를 주로 사용해 사람의 눈높이에서 촬영하였다.

③ ㉡은 근접 촬영을 통해 독특하고 기발한 이미지를 담았다.

근거 **4**-3 마크 코헨(㉡)은 돌발성을 기반으로 한 근접 촬영 방식을 택해 독특하면서도 기발한 결정적 순간을 포착하였다.

④ ㉡은 인공의 빛을 이용해 눈으로 보는 세상과는 다른 순간을 포착하였다.

근거 **4**-5~6 마크 코헨(㉡)은 플래시를 사용해 그림자의 모양을 자신의 의도대로 변화시켜 눈으로 보는 세상과는 다르게 보이도록 만든 순간을 포착하였다.

✓⑤ ㉠과 ㉡은 모두 돌발성을 기반으로 하여 사진작가의 의도대로 촬영하였다.

근거 **2**-1 브레송(㉠)은 유동성을 기반으로 결정적 순간을 촬영하였다.

근거 **4**-3 마크 코헨(㉡)은 돌발성을 기반으로 결정적 순간을 촬영하였다. 따라서 브레송(㉠)과 달리 마크 코헨(㉡)은 돌발성을 기반으로 하여 사진작가의 의도대로 촬영하였다. → 적절하지 않으므로 정답

① 움직이는 남자와 고요한 물에서 동과 정의 대비를 확인할 수 있군.

근거 **2**-5 브레송은 동(動)과 정(靜)의 대비를 사용하였다. 동적인 남자(ⓓ)와 정적인 물의 대비가 드러난다.

② 남자와 그림자, 포스터와 그림자의 위치에서 상하 대비를 보이는 안정된 구도를 확인할 수 있군.

근거 **2**-2~3, 5 브레송은 상하 대비와 같은 회화에 기초한 구도를 통해 사진에서 안정감을 느낄 수 있도록 하였다. 남자(ⓓ)와 그림자, 포스터(ⓐ)와 그림자는 각각 상하 대비를 이룬다.

③ 건물, 지붕, 사다리, 고리의 모습에서 여러 종류의 도형이 이루는 기하학적 구도를 찾아볼 수 있군.

근거 **2**-4 브레송은 여러 종류의 도형이 채워져 있는 기하학적 구도를 사용하였다. 건물과 지붕(ⓑ)에서 오각형과 삼각형, 사다리에서 사각형, 고리(ⓒ)에서 원이 드러난다.

④ 남자와 그림자가 일정한 비율로 분할된 곳에 위치한 것에서 황금 분할에 기초한 구도를 찾아볼 수 있군.

근거 **2**-4 브레송은 3 : 2의 비율로 화면을 분할한 황금 분할 구도를 사용하였다. 오른쪽 그림을 보면 남자(ⓓ)와 그림자가 3 : 2의 비율로 분할된 곳에 위치하고 있다.

✓⑤ 남자와 포스터 속 댄서를 좌우 대각선에 배치한 것에서 미리 계획한 구도에 변화를 주었음을 알 수 있군.

근거 **2**-5 브레송은 좌우 대각선의 대비를 사용하였다.

근거 **2**-6~7 그러나 브레송은 안정된 구도의 기반이 되는 공간을 미리 계획하고, 계획했던 구도에 움직이는 대상이 들어와 원하는 형태적 구성을 완성한 순간이 포착될 때까지 끈질기게 기다렸다. 따라서 계획한 구도에 변화를 준 것이 아니다. → 적절하지 않으므로 정답

구체적 사례에 적용

〈보기〉는 브레송의 「생 라자르 역」(1932)을 분석하기 위한 그림이다.

3 윗글을 바탕으로 할 때 〈보기〉에 대해 이해한 것으로 적절하지 않은 것은?   답 ⑤

▶ 〈보기〉는 브레송의 사진을 그림으로 나타낸 것이므로 브레송이 사용한 구도를 이해하여 그림에 적용해야 한다.

근거 **2**-3~5 브레송은 황금 분할 구도, 기하학적 구도, 주요 요소들을 대비시킨 구도를 사용하였다.

보기

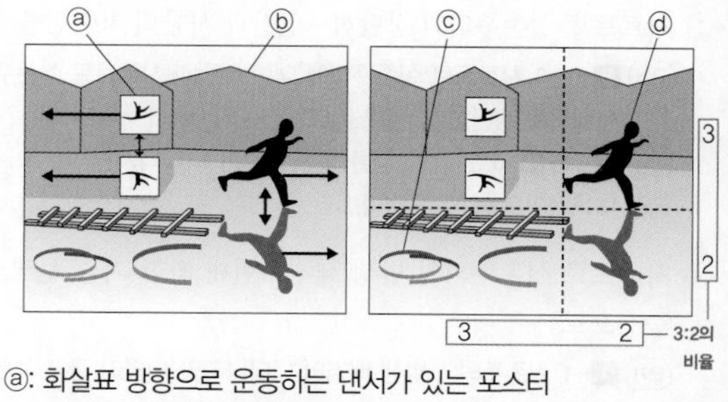

ⓐ: 화살표 방향으로 운동하는 댄서가 있는 포스터

ⓑ: 연속된 삼각형 모양의 지붕과 오각형 건물 ─┐
　　　　도형　　　　　　　도형　　　　　　　여러 종류의 도형이
ⓒ: 물 위에 흩어져 있는 둥근 모양의 철제 고리 ─ 채워져 있는 구도
　　　　　　　　　　　　　도형
ⓓ: 사다리를 밟고 고요한 물 위를 건너뛰는 남자
　　　　　　　　　정(靜)　　　　동(動)

지문 분석   본책 52~53쪽

1 결정적 순간

2 ❶ 예술적　　　　❷ 안정감
　　❸ 유동성　　　　❹ 표준 렌즈
　　❺ 의미　　　　　❻ 돌발성
　　❼ 광각 렌즈　　　❽ 순간

3 ❶ 영향　　　　　❷ 대조

선지 판단 연습

❶ ○

❷ ×　　해설 광각 렌즈를 사용하면 눈으로 보는 실제 모습과 달라질 수 있다.

❸ 인공적으로

❹ ×　　해설 브레송의 '결정적 순간'은 사진작가들에게 영향을 주어 예술 지평을 넓혔다.

1 ④   2 ⑤   3 ②

지문 이해

2020-6월 고2 학력평가

[인문_철학] 사르트르의 실존주의

- 이 글의 중심 화제는 '사르트르의 실존주의'이다. 1문단에서 실존주의의 등장 배경과 특징을 설명한 후 실존주의를 대표하는 철학자인 사르트르의 사상을 이전 철학자들과의 대조를 통해 언급한 부분에서 중심 화제를 파악해야 한다.
- '실존', '본질' 등의 개념과 '실존은 본질에 선행한다.', '타자는 지옥이다.'와 같은 말의 의미를 명확하게 파악하며 사르트르의 견해에 주목하여 독해해야 한다.
- 사물과 인간의 차이, '나'와 타자의 관계를 바탕으로 사르트르가 명명한 '즉자 존재', '대자 존재', '대타 존재'를 이해해야 한다. '즉자 존재'와 '대자 존재'를 구분한 기준에 주목하여 두 대상의 차이점을 파악하고, 예시를 참고해 '대타 존재'를 이해해야 한다.

1 ¹실존주의는 현대 과학 기술 문명과 전쟁 속에서 비인간화되어 가는 현실을 고발하는 과정에서 등장한 철학 사조로, 개인으로서의 인간의 주체적 존재성을 강조한다. ²사르트르(J. P. Sartre)는 실존주의를 대표하는 철학자로, 이전의 철학자들이 인간의 본질이 무엇이냐는 근원적 물음을 탐구했다면, 사르트르는 개개인의 실존을 문제 삼았다. ³그의 사상은 '실존은 본질에 선행한다.'로 집약할 수 있는데, 여기서 본질은 어떤 존재에 관해 '그 무엇'이라고 정의될 수 있는 성질을 뜻하고, 실존은 자기의 존재를 자각하면서 존재하는 주체적인 상태를 뜻한다. **1** 실존주의를 대표하는 사르트르

2 ¹무신론자였던 사르트르는 인간은 사물과 달리 그 본질이나 목적을 가지고 판단할 수 없다고 보았다. ²예를 들어, 연필은 처음부터 '쓴다.'라는 목적으로 만들어진다. ³무엇인가를 쓴다는 것은 연필의 본질이므로, 연필의 존재는 그 본질로부터 나온다. ⁴즉 사물은 본질이 그 존재에 선행하는 것이다. ⁵그러나 인간은 사물과 다르다. ⁶사르트르는 인간이 신의 뜻에 따라 만들어진 존재라는 기존의 통념을 거부하면서, 인간은 우연히 이 세계에 내던져진 채 스스로를 만들어 가는 존재라고 보았다. **2** 사르트르가 본 인간

3 ¹사르트르는 이 세계의 모든 존재를 '의식'의 유무를 기준으로 의식이 없는 사물 존재와 의식이 있는 인간 존재로 구분하였다. ²그리고 사물 존재를 즉자 존재(Being in itself)로, 인간 존재를 대자 존재(Being for itself)로 각각 명명하였다. ³여기서 즉자 존재는 일상의 사물들처럼 자기의식이 없기 때문에, 그 자리에 계속 그것인 상태로 남아 있다. ⁴반면에 대자 존재는 자기의식을 가진 존재이다. ⁵따라서 자기 자신을 *대상화하여 스스로를 바라볼 수도 있고, 매 순간 자유로운 선택을 통해 자신을 만들어 갈 수도 있다. ⁶그런데 모든 것이 인간의 선택으로 결정이 된다면, 그 선택에 따른 책임도 자기 스스로 져야 한다. ⁷그래서 사르트르는 진실한 인간이라면 책임감이라는 부담 때문에 번민하고, 그 번민의 원인이 되는 자유로부터 도피하고 싶은 욕망이 생길 수 있다고 보았다. **3** 사르트르가 '의식'의 유무를 기준으로 구분하여 명명한 즉자 존재와 대자 존재

4 ¹또한 사르트르는 인간의 자유로운 선택이 타자와 연관된다고 여겼다. ²왜냐하면 내가 주체적 의식을 지니고 살아가듯이 타자도 주체적 의식을 지니고 있어서, 내가 아무리 주체성을 지닌 존재라 하더라도 나를 바라보는 다른 사람은 나를 즉자 존재처럼 객체화하여 파악할 수 있기 때문이다. ³그래서 사르트르는 타인의 시선으로 규정되는 인간의 모습을 일컬어 '대타 존재(Being for others)'라고 명명하였다. ⁴예를 들어, 길을 걷다가 친구의 장난스러운 표정이 떠올라 웃었다고 가정해 보자. ⁵그런데 그런 상황을 모르는 타자는 '저 사람 참 실없는 사람이네.'라는 시선을 보낼 수 있다. 이때 타자에 의해 '실없다.'라고 규정되는 존재가 대타 존재인 것이다. **4** 사르트르가 명명한 대타 존재

5 ¹그런데 이런 시선은 타자만 나에게 보내는 것이 아니라 나도 타자에게 보낼 수 있다. ²왜냐하면 [㉠   ] ³그래서 사르트르는 나와 타자가 맺는 관계는 공존이 아니라 갈등과 투쟁으로 여겨서, '타자는 지옥이다.'라는 극단적인 표현까지 동원하기도 하였다. ⁴그러나 그는 이렇게 자신이 타자의 시선에 노출되더라도 자신의 행위를 계속해 나가야 한다고 말한다. ⁵자신의 선택에 따라 행동하며 그것을 타자가 받아들이도록 함으로써 타자를 자신의 선택 속에 끌어들일 수 있는 것이다. ⁶그러니까 인간은 참된 자아를 찾기 위해 타자의 시선을 두려워하거나 피할 것이 아니라 이를 극복하고 계속 자신의 행위를 선택하며 살아가야 한다. **5** 사르트르가 본 나와 타자의 관계

6 ¹사르트르의 실존주의는 개인이 사회적 관습에 의해 제약을 받는다는 사실을 간과하였다는 점, 나와 타자가 맺어 가는 인간관계를 지나치게 비관적으로 설정하였다는 점 등에서 비판을 받기도 하였다. ²하지만 그의 실존주의는 주체성을 상실한 채 획일화되어 가는 우리의 삶을 반성하게 하고, 주체적이고 개성적인 삶을 살아가도록 도움을 준다는 점에서 오늘날까지 그 가치가 높이 평가되고 있다. **6** 사르트르의 실존주의에 대한 평가

*대상화 자기의 주관 안에 있는 것을 객관적인 대상으로 구체화하여 밖에 있는 것처럼 다룸.

주제 사르트르 실존주의의 특성과 의의

핵심 정보 파악

1 윗글의 표제와 부제로 가장 적절한 것은?

답 ④

① 사르트르 실존주의의 장단점 – 인간과 사물의 차이점을 중심으로

근거 **6**-1~2 사르트르 실존주의에 대한 비판과 사르트르 실존주의의 의의가 나타나므로 장단점이 나타난다고 볼 수도 있다.

근거 **2**-1~**3**-5 인간과 사물의 차이점이 나타나지만 이것이 글 전체의 핵심 내용이라고 볼 수는 없다.

② 사르트르 실존주의의 발생 배경 – 현대 과학 기술 문명의 발전을 중심으로

근거 **1**-1 실존주의의 발생 배경이 나타나지만 이것이 글 전체를 아우르는 내용이라고 볼 수는 없다.

③ 사르트르 실존주의의 변천 과정 – 본질과 실존의 우선순위 변화를 중심으로

▶ 사르트르 실존주의의 변천 과정은 제시되어 있지 않다.

④ 사르트르 실존주의의 특성과 의의 – 사물, 나, 타자에 대한 이해를 중심으로

근거 1~6 1~5문단에서 사르트르 실존주의의 특성이 나타나는데 2~3문단에서는 인간과 사물의 차이를 중심으로, 4~5문단에서는 나와 타자의 관계를 중심으로 설명하고 있다. 그리고 6문단에서 사르트르 실존주의의 의의가 나타난다. → 적절하므로 정답

⑤ 사르트르 실존주의의 주요 개념과 한계 – 자유와 책임의 상호 관계를 중심으로

근거 1-3, 6-1 사르트르 실존주의의 주요 개념과 한계가 나타난다.

근거 3-4~7 또한 자유와 책임의 상호 관계가 나타난다. 하지만 자유와 책임의 상호 관계를 중심으로 사르트르 실존주의의 주요 개념과 한계를 설명하고 있지는 않다.

세부 내용 추론

2 ㉠에 들어갈 말로 가장 적절한 것은?   답 ⑤

▶ 타인을 규정하는 시선을 타자가 나에게 보낼 수도 있고 나도 타자에게 보낼 수 있는 이유를 파악해야 한다.

근거 4-2 모든 인간은 주체적 의식을 지니고 있어서 다른 사람을 즉자 존재처럼 객체화하여 파악할 수 있다. 따라서 서로가 서로를 규정할 수 있다.

① 서로가 서로의 자유로운 선택을 인정하기 때문이다.

근거 3-4~5 서로가 서로의 자유로운 선택을 인정하는 것은 서로를 대자 존재로 인정하는 것이므로 서로를 즉자 존재처럼 객체화하여 규정하는 이유로 볼 수 없다.

② 나와 타자가 각각의 방식으로 자신을 돌아보기 때문이다.

근거 3-4~5 나와 타자가 각각의 방식으로 자기 자신을 대상화하여 스스로를 돌아보는 것은 대자 존재의 모습이므로 서로를 즉자 존재처럼 객체화하여 규정하는 이유로 볼 수 없다.

③ 서로가 서로를 주체성을 지닌 존재로 파악하기 때문이다.

근거 3-4~5 서로가 서로를 주체성을 지닌 존재로 파악하는 것은 서로를 대자 존재로 인정하는 것이므로 서로를 즉자 존재처럼 객체화하여 규정하는 이유로 볼 수 없다.

④ 나와 타자가 서로의 시선에서 벗어나기를 원하기 때문이다.

근거 5-1 나와 타자가 서로를 규정하는 시선을 보낼 수 있다는 언급이 있을 뿐 서로의 시선에서 벗어나기를 원한다는 내용은 없다. 또한 이것이 서로를 즉자 존재처럼 객체화하여 규정하는 이유라고 볼 수도 없다.

✓ ⑤ 서로가 서로를 대상으로 삼아 객체화하려고 하기 때문이다.

근거 4-2 주체적 의식을 지니고 있는 나와 타자가 서로를 대상으로 삼아 즉자 존재처럼 객체화하려고 하기 때문에 타자가 나를 규정할 수도 있고 내가 타자를 규정할 수도 있다. → 적절하므로 정답

구체적 상황에 적용

3 윗글을 바탕으로 〈보기〉를 이해한 내용으로 적절하지 않은 것은? 답 ②

▶ 〈보기〉의 사례가 대자 존재, 대타 존재 중 어느 것과 관련 있는지 파악해야 한다.
근거 3-1~2 대자 존재는 의식이 있는 인간 존재이다.
근거 4-3 대타 존재는 타자의 시선으로 규정되는 인간의 모습이다.

보기

(학생이 선생님과 상담하는 상황)

학생: 선생님, 저는 어렸을 때부터 누가 장래 희망을 물어보면 늘 의사라고 대답하곤 했는데, 고 2가 되면서 제가 정말 의사가
                                                              자신을 대상화함. – 대자 존재
되고 싶은지 의문이 들었어요.

선생님: 왜 그런 생각을 하게 된 거야?

학생: 의사라는 꿈이 제 꿈이 아니라 부모님의 꿈이라는 생각이 들었거든요. 저는 어렸을 때부터 '너는 의사가 될 거야.'라는 말
                                        부모님에 의해 규정되는 학생의 모습 – 대타 존재
을 들으며 자랐어요. 그래서 당연히 의사가 되어야 한다고 생각했어요.

선생님: 그렇구나. 그런데 처음부터 해야 할 일이 정해진 사람은 없어. 네 꿈은 네가 고민해서 선택하는 것이 맞지 않을까?

학생: 그렇기는 하지만…… 부모님께서 반대하시면요?

선생님: 어떤 선택을 하든 네가 선택한 것에 책임감 있게 행동하면, 부모님도 너의 선택을 인정해 주시지 않을까? 선생님은 네가 하고 싶은 일을 스스로 찾았으면 좋겠어.

① '학생'은 장래 희망과 관련하여 스스로를 대상화하고 있군.

근거 3-1~2, 5 인간 존재, 즉 대자 존재인 '학생'은 자기 자신을 대상화하여 스스로를 바라보고 있다.

✓ ② 부모님의 기대를 의식하는 '학생'은 대타 존재에 해당하겠군.

근거 3-1~2 의식이 있는 인간 존재인 '학생'은 대자 존재에 해당한다.

근거 4-3 타인인 부모님에 의해 '의사가 될 거야.'라고 규정되는 학생의 모습이 대타 존재에 해당한다. → 적절하지 않으므로 정답

③ '선생님'은 선천적으로 주어진 본질이란 없다고 생각하고 있군.

근거 1-3 '선생님'은 처음부터 해야 할 일이 정해진 사람은 없다고 했으므로 어떤 존재를 정의하는 성질인 본질은 없다고 생각할 것이다.

④ 학생이 의사가 되기를 바라는 '부모님'은 대자 존재에 해당하겠군.

근거 3-1~2 의식이 있는 인간 존재인 '부모님'은 대자 존재에 해당한다.

⑤ '학생'은 장래 희망과 관련된 선택에서 타자의 시선을 고려하고 있군.

근거 4-5 '학생'은 장래 희망과 관련된 선택에서 타자인 부모님이 보내는 '너는 의사가 될 거야.'라는 시선을 고려하고 있다.

▶ **지문 분석**   본책 56~57쪽

1 실존주의

2 ❶ 주체적   ❷ 의식   ❸ 대상화
   ❹ 타자   ❺ 대타 존재   ❻ 갈등
   ❼ 시선   ❽ 사회적 관습

3 ❶ 구분   ❷ 대조

▶ **선지 판단 연습**

❶ ✕ 해설 사르트르는 인간의 본질이 무엇이냐는 근원적 물음을 탐구했던 이전의 철학자들과 달리 개인의 실존을 문제 삼았다.

❷ ○

❸ ✕ 해설 사르트르는 타자에 의해 '실없다.'라고 규정되는 존재가 대타 존재라고 하였다.

❹ 비관적

1 ② **2** ② **3** ⑤

지문 이해

2018-9월 고1 학력평가

[인문_윤리] 스피노자의 코나투스

• 이 글의 중심 화제는 '스피노자 윤리학의 코나투스'이다. 1문단의 첫 번째 문장을 통해 글에서 코나투스의 개념을 설명하고 이를 바탕으로 스피노자의 윤리학에 대해 말할 것임을 파악해야 한다.

• 코나투스의 개념을 명확하게 이해하고, 코나투스와 신체적 활동 능력·감정의 관계, 코나투스와 선악의 관계를 파악해야 한다.

• 인간은 타자와 관계를 맺으며 살아가고, 기쁨을 지향하는 것이 선의 추구이자 코나투스를 증가시키는 것이므로 공동체 안에서 타자와 함께 기쁨의 관계를 형성하라는 것이 스피노자 윤리학의 당부이다. 이것을 말하기 위해 글 전체에 걸쳐 스피노자의 견해가 제시되므로 이에 주목하여 글을 읽어야 한다.

1 ¹스피노자의 윤리학을 이해하기 위해서는 코나투스(Conatus)라는 개념이 필요하다. ²스피노자에 따르면 실존하는 모든 사물은 자신의 존재를 유지하기 위해 노력하는데, 이것이 바로 그 사물의 본질인 코나투스라는 것이다. ³정신과 신체를 서로 다른 것이 아니라 하나로 보았던 그는 정신과 신체에 관계되는 코나투스를 충동이라 부르고, 다른 사물들과 같이 인간도 자신을 보존하고자 하는 충동을 갖고 있다고 보았다. ⁴특히 인간은 자신의 충동을 의식할 수 있다는 점에서 동물과 차이가 있다며 인간의 충동을 욕망이라고 하였다. ⁵즉 인간에게 코나투스란 삶을 지속하고자 하는 욕망을 의미한다. **■ 코나투스의 개념**

2 ¹스피노자에 따르면 코나투스를 본질로 지닌 인간은 한번 태어난 이상 삶을 지속하기 위해 힘쓴다. ²하지만 인간은 자신의 힘만으로 삶을 지속하기 어렵다. ³인간은 다른 것들과의 관계 속에서만 삶을 유지할 수 있으므로 언제나 타자와 관계를 맺는다. ⁴이때 타자로부터 받은 자극에 의해 신체적 활동 능력이 증가하거나 감소하는 변화가 일어난다. ⁵감정을 신체의 변화에 대한 표현으로 보았던 스피노자는 신체적 활동 능력이 증가하면 기쁨의 감정을 느끼고, 신체적 활동 능력이 감소하면 슬픔의 감정을 느낀다고 생각했다. ⁶또한 신체적 활동 능력이 감소하는 것과 슬픔의 감정을 느끼는 것은 코나투스가 감소하고 있음을 보여 주는 것, 다시 말해 삶을 지속하고자 하는 욕망이 줄어드는 것이라고 여겼다. ⁷그래서 인간은 코나투스의 증가를 위해 자신의 신체적 활동 능력을 증가시키고 기쁨의 감정을 유지하려고 노력한다는 것이다. **② 신체적 활동 능력·감정과 코나투스**

3 ¹한편 스피노자는 선악의 개념도 코나투스와 연결 짓는다. ²그는 사물이 다른 사물과 어떤 관계를 맺느냐에 따라 선이 되기도 하고 악이 되기도 한다고 말한다. ³코나투스의 관점에서 보면 선이란 자신의 신체적 활동 능력을 증가시키는 것이며, 악은 자신의 신체적 활동 능력을 감소시키는 것이다. ⁴이를 정서의 차원에서 설명하면 선은 자신에게 기쁨을 주는 모든 것이며, 악은 자신에게 슬픔을 주는 모든 것이다. ⁵한마디로 인간의 선악에 대한 판단은 자신의 감정에 따라 결정된다는 것을 의미한다. **③ 선악의 개념과 코나투스**

4 ¹이러한 생각을 토대로 스피노자는 코나투스인 욕망을 긍정하고 욕망에 따라 행동하라고 이야기한다. ²슬픔은 거부하고 기쁨을 지향하라는 것, 그것이 곧 선의 추구라는 것이다. ³그리고 코나투스는 타자와의 관계에 영향을 받으므로 인간에게는 타자와 함께 자신의 기쁨을 증가시킬 수 있는 공동체가 필요하다고 말한다. ⁴그 안에서 자신과 타자 모두의 코나투스를 증가시킬 수 있는 기쁨의 관계를 형성하라는 것이 스피노자의 윤리학이 우리에게 하는 당부이다. **④ 스피노자 윤리학의 당부**

주제 공동체 안에서 기쁨의 관계를 형성하라는 스피노자 윤리학의 당부

중심 화제 파악

1 윗글에서 다룬 내용으로 적절하지 <u>않은</u> 것은? **답 ②**

① 코나투스의 의미

근거 **■**-2 실존하는 모든 사물은 자신의 존재를 유지하기 위해 노력하는데, 이것이 바로 그 사물의 본질인 코나투스이다.

✓ ② 정신과 신체의 유래

근거 **■**-3 스피노자가 정신과 신체를 서로 다른 것이 아니라 하나로 보았다고 한 것에서 정신과 신체의 관계는 확인할 수 있지만, 이 둘의 유래를 언급한 내용은 없다. → 적절하지 않으므로 정답

③ 감정과 신체의 관계

근거 **②**-5 스피노자는 신체의 변화에 대한 표현이 감정이라고 보았다. 신체적 활동 능력이 증가하면 기쁨의 감정을 느끼고, 신체적 활동 능력이 감소하면 슬픔의 감정을 느낀다.

④ 감정과 코나투스의 관계

근거 **②**-6~7 슬픔의 감정을 느끼면 코나투스가 감소하고, 기쁨의 감정을 느끼면 코나투스가 증가한다.

⑤ 코나투스와 관련한 인간과 동물의 차이

근거 **■**-3~4 인간은 정신과 신체에 관계되는 코나투스인 충동을 의식할 수 있다는 점에서 동물과 차이가 있다.

세부 내용 이해

2 윗글에 나타난 선악에 대한 스피노자의 입장으로 적절하지 <u>않은</u> 것은? **답 ②**

근거 **③**-3~4 스피노자는 선이란 신체적 활동 능력을 증가시키는 것, 기쁨을 주는 모든 것으로 보았다. 또한 악이란 신체적 활동 능력을 감소시키는 것, 슬픔을 주는 모든 것으로 보았다.

① 자신에게 기쁨을 주는 것은 선이다.

　　근거 3-4 스피노자는 자신에게 기쁨을 주는 모든 것을 선으로 보았다.

✓② 선악은 사물 자체가 가지고 있는 성질이다.

　　근거 3-2 스피노자는 사물이 다른 사물과 어떤 관계를 맺느냐에 따라 선이 되기도 하고 악이 되기도 한다고 하였다.

　　근거 3-5 또한 인간의 선악에 대한 판단은 자신의 감정에 따라 결정된다고 보았다. 따라서 스피노자는 선악을 사물 자체가 가지고 있는 성질이라고 생각하지 않는다. → 적절하지 않으므로 정답

③ 선악에 대한 판단은 타자와의 관계에 따라 달라진다.

　　근거 3-2 스피노자는 사물이 다른 사물(타자)과 어떤 관계를 맺느냐에 따라 선이 되기도 하고 악이 되기도 한다고 하였다.

④ 자신의 신체적 활동 능력을 감소시키는 것은 악이다.

　　근거 3-3 스피노자는 자신의 신체적 활동 능력을 감소시키는 것을 악으로 보았다.

⑤ 기쁨의 관계 형성이 가능한 공동체는 선의 추구를 위해 필요하다.

　　근거 4-2~4 스피노자는 슬픔을 거부하고 기쁨을 지향하는 것이 선의 추구라고 하면서 자신과 타자가 기쁨의 관계를 형성할 수 있는, 즉 선을 추구하기 위한 공동체가 필요하다고 하였다.

③ 쇼펜하우어는 스피노자처럼, 삶을 욕망의 결핍이 주는 고통의 시간이라고 여겼군.

　　근거 1-5, 4-1 스피노자는 삶을 지속하고자 하는 욕망을 긍정한다. 그러나 쇼펜하우어는 삶을 욕망의 결핍이 주는 고통의 시간이라고 말하며 욕망을 부정한다. 따라서 쇼펜하우어는 스피노자와 달리 삶을 욕망의 결핍이 주는 고통의 시간이라고 여겼다.

④ 쇼펜하우어는 스피노자와 달리, 욕망을 인간의 본질로 보고 있군.

　　근거 1-2, 5 스피노자는 삶을 지속하고자 하는 욕망이 인간의 코나투스(본질)라고 보았다. 쇼펜하우어 역시 욕망을 인간의 본질로 생각했다. 따라서 쇼펜하우어는 스피노자처럼 욕망을 인간의 본질로 보고 있다.

✓⑤ 쇼펜하우어는 스피노자와 달리, 인간이 욕망에서 벗어나야 한다고 보고 있군.

　　근거 4-1 스피노자는 욕망을 긍정하고 욕망에 따라 행동하라고 이야기한다. 이와 달리 쇼펜하우어는 욕망은 완전히 충족될 수 없으므로 욕망의 결핍이 주는 고통으로부터 벗어나기 위해 욕망을 부정하면서 욕망을 절제해야 한다고 주장한다. 따라서 쇼펜하우어는 스피노자와 달리 인간이 욕망에서 벗어나야 한다고 보고 있다. → 적절하므로 정답

내용 추론

3 윗글을 바탕으로 〈보기〉를 이해한 내용으로 가장 적절한 것은?　답 ⑤

▶ 〈보기〉에는 '욕망'에 대한 쇼펜하우어의 관점이 나타난다. '욕망'에 대한 스피노자의 관점을 파악하고, 쇼펜하우어의 관점과 비교해야 한다.

근거 4-1 스피노자는 욕망을 긍정하고 욕망에 따라 행동하라고 이야기한다.

보기
　　쇼펜하우어는 욕망을 인간과 세계의 본질로 생각했다. 그의 관점에서 보면 인간을 포함한 모든 사물은 욕망을 충족하기 위해 노력하지만, 채우고 채워도 욕망은 완전히 충족될 수 없다. 그래서 그는 삶을 욕망의 결핍이 주는 고통의 시간이라고 말했고, 이러한 고통으로부터 벗어나기 위해 욕망을 부정하면서 욕망을 절제해야 한다는 금욕주의를 주장했다.

　　　　　　　　　　　　욕망을 부정적으로 생각함.

① 쇼펜하우어는 스피노자처럼, 욕망을 부정적으로 판단하고 있군.

　　근거 4-1 스피노자는 욕망을 긍정한다. 그러나 쇼펜하우어는 욕망을 부정한다. 따라서 쇼펜하우어는 스피노자와 달리 욕망을 부정적으로 판단하고 있다.

② 쇼펜하우어는 스피노자처럼, 인간은 욕망에 따라 행동해야 한다고 보고 있군.

　　근거 4-1 스피노자는 욕망에 따라 행동하라고 이야기한다. 그러나 쇼펜하우어는 욕망을 절제해야 한다고 주장한다. 따라서 스피노자는 쇼펜하우어와 달리 인간은 욕망에 따라 행동해야 한다고 보고 있다.

▶ **지문 분석**　　　　　　　　　　본책 60~61쪽

1 코나투스

2 ❶ 욕망　　　　　　　　❷ 관계
　❸ 신체적 활동 능력　　❹ 감소
　❺ 선　　　　　　　　　❻ 감정
　❼ 긍정　　　　　　　　❽ 기쁨의 관계

3 원인

▶ **선지 판단 연습**

❶ ✕　해설 스피노자는 실존하는 모든 사물이 코나투스를 본질로 지니고 있다고 본다.

❷ ○

❸ 선

❹ ✕　해설 스피노자의 윤리학에서는 기쁨의 관계 형성을 통해 나와 타자 모두의 코나투스를 증가시킬 수 있다고 본다.

지문 이해

2021-3월 고1 학력평가

[사회_법] 손실 보상 청구권

• 이 글의 중심 화제는 '손실 보상 청구권'이다. 1문단에서 손실 보상 청구권의 개념을 제시하고, 손실 보상 청구권의 성립 요건인 '특별한 희생'에 대해 설명하고 있다. 이를 통해 손실 보상 청구권과 관련된 내용이 이어질 것임을 예측해야 한다.

• 4~5문단에서 재산권의 사회적 제약과 특별한 희생의 구별에 대해 서로 다른 입장을 취하는 경계 이론과 분리 이론이 소개된다. 두 이론의 차이점을 확인하면서 글을 읽어야 한다.

1 [1]공익을 위한 적법한 행정 작용으로 개인의 *재산권에 특별한 희생이 발생한 경우, 개인은 자신이 입은 재산상 손실을 보상하도록 요구할 수 있는 권리인 '손실 보상 청구권'을 갖는다. [2]여기서 특별한 희생이란 보호할 필요가 있는 재산권에 대한 침해를 이르는 말로, 이로 인한 손실은 국가가 보상해야 한다. [3]가령 감염병 예방법에 따르면, 행정 기관이 감염병 예방을 위해 의료 기관의 병상이나 연수원, 숙박 시설 등을 동원한 경우 이로 인한 손실을 개인에게 보상하여야 하는데, 이때의 재산권 침해가 특별한 희생에 해당하는 것이다.
[1] 손실 보상 청구권과 특별한 희생

2 [1]손실 보상 청구권은 공적 부담의 평등을 위해 인정되는 헌법상 권리이다. [2]행정 작용으로 누군가에게 특별한 희생이 발생하면, 그로 인한 부담을 공공이 분담하는 것이 평등 원칙에 부합하기 때문이다. [3]또한 헌법 제23조 제3항은 "공공 필요에 의한 재산권의 수용·사용 또는 제한 및 그에 대한 보상은 법률로써 하되, 정당한 보상을 지급하여야 한다."라고 하여, '공공 필요에 의한 재산권의 수용·사용 또는 제한', 즉 공용 침해와 이에 대한 보상이 법률에 규정되어야 함을 명시하고 있다. [4]공용 침해 중 수용이란 개인의 재산권을 국가로 이전하는 것, 사용이란 행정 기관이 개인의 재산권을 일시적으로 사용하는 것, 제한이란 개인의 재산권 사용 또는 그로 인한 수익을 한정하는 것을 의미한다. [5]한편 제23조 제3항은 내용상 분리될 수 없는 사항은 함께 규정되어야 한다는 의미의 '불가분 조항'이다. [6]따라서 공용 침해 규정과 보상 규정은 하나의 법률에서 규정되어야 한다.
[2] 헌법상 권리인 손실 보상 청구권

3 [1]그러나 헌법은 제23조 제1항에서 "모든 국민의 재산권은 보장된다. 그 내용과 한계는 법률로 정한다."라고 규정하여, 재산권은 법률에 의해 구체화된다고 밝히고 있다. [2]또한 제2항에서 "재산권의 행사는 공공복리에 적합하도록 하여야 한다."라고 하여, 개인의 재산권 행사가 공익에 적합하여야 한다는 재산권의 사회적 제약을 규정하고 있다. [3]특히 토지처럼 공공성이 강한 사유 재산은 재산권 행사에 더욱 강한 사회적 제약을 받을 수 있다. [4]만약 재산권 침해가 사회적 제약의 범위 내에 있다면 이로 인한 손실은 보상의 대상이 되지 않는다. [5]즉 재산권 침해가 특별한 희생에 해당할 때만 보상이 가능한 것이다.
[3] 재산권의 사회적 제약과 손실 보상

4 [1]재산권의 사회적 제약과 특별한 희생의 구별에 대해 ⓐ경계 이론과 ⓑ분리 이론은 서로 다른 입장을 취한다. [2]경계 이론에 따르면 양자는

별개가 아니라 단지 침해의 정도에 있어서만 차이가 있을 뿐이다. [3]재산권 침해는 그 정도가 사회적 제약의 범위를 넘어서면 특별한 희생으로 바뀐다는 것이다. [4]따라서 경계 이론은 사회적 제약을 벗어나는 재산권 침해는 보상 규정이 없어도 보상이 이루어져야 한다고 본다. [5]보상을 규정하지 않은 채 공용 침해를 규정하고 있는 법률은, 불가분 조항인 헌법 제23조 제3항에 위반되어 위헌이고, 위헌임이 밝혀진 법률에 근거한 공용 침해 행위는 위법한 행정 작용이 된다는 것이다. [6]경계 이론은 적법한 공용 침해 행위의 경우에 보상이 인정된다면, 위법한 공용 침해 행위의 경우에도 헌법 제23조 제3항을 근거로 보상을 인정해야 한다는 입장이다.
[4] 재산권의 사회적 제약과 특별한 희생은 침해의 정도에 있어서만 차이가 있다고 보는 경계 이론

5 [1]이에 반해 분리 이론은 재산권의 사회적 제약에 대한 헌법 제23조 제2항의 규정과 특별한 희생에 대한 제3항의 규정은 입법자의 의사에 따라 완전히 분리된다고 주장한다. [2]따라서 재산권 침해를 규정한 법률에 보상 규정이 없는 경우 입법자가 이러한 재산권 침해를 특별한 희생이 아닌 사회적 제약으로 규정한 것으로 본다. [3]재산권 침해가 사회적 제약 또는 특별한 희생 중 무엇에 해당하는지 결정하는 것은 법률을 제정하는 입법자의 권한이라는 것이다. [4]만약 해당 법률에 규정된 재산권 침해가 헌법 제23조 제2항에서 규정한 재산권의 공익 적합성을 넘어서서 개인의 재산권을 과도하게 침해한다면, 이러한 법률은 헌법 제23조 제2항을 위반하여 위헌이고, 위헌임이 밝혀진 법률에 근거한 행정 작용은 위법하게 된다. [5]분리 이론은 이러한 경우 ⓒ손실을 보상하는 것이 아니라, 위법한 행정 작용 자체를 제거해야 한다고 본다. [6]재산권을 존속시키는 것이 재산권을 침해하면서 그 손실을 보상하는 것보다 우선한다고 보기 때문이다.
[5] 재산권의 사회적 제약과 특별한 희생은 입법자의 의사에 따라 분리된다고 보는 분리 이론

*재산권 재산의 소유권, 사용·수익권, 처분권 등 일체의 재산적 가치가 있는 권리.

주제 손실 보상 청구권의 내용과 이에 대한 두 가지 이론

핵심 정보 비교

1 ⓐ과 ⓑ에 대한 이해로 적절하지 않은 것은? 답 ③

① ⓐ은 법률에 보상 규정이 없는 경우에도 헌법 제23조 제3항을 근거로 하여, 행정 작용으로 인한 재산상 손실을 보상할 수 있다고 본다.
근거 [4]-4~6 경계 이론(ⓐ)은 보상 규정 없이 공용 침해를 규정하는 법률은 위헌이고, 이에 근거한 공용 침해 행위는 위법한 행정 작용이 되지만 이러한 경우에도 헌법 제23조 제3항을 근거로 보상을 인정해야 한다고 본다.

② ⓑ은 헌법 제23조 제2항과 제3항의 규정은 전혀 다른 내용을 규정하고 있다고 본다.
근거 [5]-1 분리 이론(ⓑ)은 헌법 제23조 제2항의 규정과 제3항의 규정은 입법자의 의사에 따라 완전히 분리된다고 본다.

✓③ ⓐ은 행정 작용으로 인한 재산상 손실을 항상 보상해야 한다고 보는 반면, ⓑ은 보상하지 않을 수 있다고 본다.
근거 [3]-5, [4]-3 재산권 침해가 특별한 희생에 해당할 때만 보상이 가능한데, 경계 이론(ⓐ)은 재산권 침해 정도가 사회적 제약의 범위를 넘어서면 특별한 희생으로 바뀐다고 본다. 따라서 재산권 침해 정도가 특별한 희생에까지 이르지 않는다면 손실을 보상하지 않아도 된다고 본다. → 적절하지 않으므로 정답

④ ㉠은 재산권 침해의 정도를, ㉡은 입법자의 의사를 기준으로 손실 보상 청구권의 성립 여부를 판단해야 한다고 본다.

근거 **1**-1 손실 보상 청구권의 성립 요건 중 하나는 특별한 희생이다.

근거 **4**-2~3 경계 이론(㉠)은 재산권의 침해 정도에 따라 특별한 희생이 된다고 본다.

근거 **5**-1, 3 분리 이론(㉡)은 법률을 제정하는 입법자의 의사에 따라 특별한 희생이 결정된다고 본다.

⑤ ㉠과 ㉡은 모두 보상 규정 없이 사회적 제약의 범위를 벗어나는 재산권 침해를 규정한 법률은 위헌이라고 본다.

근거 **4**-5 경계 이론(㉠)은 보상을 규정하지 않은 채 공용 침해를 규정하고 있는 법률에 대해 헌법 제23조 제3항에 위반되어 위헌이라고 본다.

근거 **5**-4 분리 이론(㉡)은 재산권의 공익 적합성을 넘어서서 재산권의 과도한 침해를 규정한 법률은 헌법 제23조 제2항에 위반되어 위헌이라고 본다.

생략된 내용 파악

2 ㉡의 전제로 가장 적절한 것은?   답 ⑤

① 재산권은 입법자의 의사에 따라 보상 없이 제한해야 하는 권리이다.

근거 **3**-4, **5**-2 분리 이론은 재산권 침해를 규정한 법률에 보상 규정이 없는 경우 입법자가 재산권 침해를 사회적 제약으로 규정한 것으로 보아 보상하지 않는 것이지, 항상 보상이 없는 것은 아니다.

근거 **5**-4 분리 이론은 개인의 재산권을 과도하게 제한하면 안 된다고 본다.

② 공용 침해 규정과 손실 보상 규정이 동일한 법률에서 규정될 필요는 없다.

근거 **2**-5~6 불가분 조항인 헌법 제23조 제3항에 따라 공용 침해 규정과 보상 규정은 하나의 법률에서 규정되어야 한다.

③ 재산권의 사회적 제약은 입법자의 의사에 따라 제한 없이 규정될 수 있다.

근거 **5**-4 분리 이론은 재산권의 공익 적합성, 즉 사회적 제약을 넘어선 과도한 재산권의 침해를 규정한 법률은 헌법 제23조 제2항에 위반된다고 본다.

④ 행정 작용이 공익을 목적으로 한다면 이로 인한 손실은 보상할 필요가 없다.

근거 **3**-5 분리 이론은 행정 작용으로 인한 재산권 침해가 특별한 희생에 해당할 때는 손실을 보상해야 한다고 본다.

✓⑤ 입법자가 별도로 규정하지 않는 한, 재산권은 그대로 보존되어야 하는 권리이다.

근거 **5**-2, 6 분리 이론은 법률에 보상 규정이 없는 경우 재산권을 존속시키는 것이 재산권을 침해하면서 손실을 보상하는 것보다 우선한다고 보기 때문에 재산권을 과도하게 침해하는 위법한 행정 작용이 있을 경우 손실 보상이 아니라 그 행정 작용 자체를 제거해야 한다고 본다. → 적절하므로 정답

구체적 사례에 적용하여 이해

3 윗글을 참고하여 〈보기〉의 '헌법 재판소'의 판단에 대해 추론한 내용으로 적절하지 않은 것은?   답 ⑤

보기

A 법률에 따르면, 국가는 도시 환경을 보전하기 위해 개발 제한 구역을 지정할 수 있고, 개발 제한 구역으로 지정된 토지에서는 건축 등 토지 사용이 제한된다. 하지만 A 법률은 개발 제한 구역 지정으로 인한 손실을 보상하는 규정은 포함하고 있지 않았다. 이러한 상황에서 A 법률에 대한 헌법 소원이 제기되었다.

<small>재산권의 제한</small>

<small>불가분 조항인 헌법 제23조 제3항에 위반</small>

헌법 재판소는 분리 이론의 입장을 취하면서, 토지 재산권의 공공성을 고려하면 A 법률은 원칙적으로 합헌이라고 판단하였다. 하지만 개발 제한 구역으로 지정되어 토지를 사용할 방법이 전혀 없는 등 개인에게 가혹한 부담이 발생하는 예외적인 경우에는 사회적 제약을 벗어나서 토지 소유자의 재산권을 과도하게 침해한다고 판단하였다. 따라서 이러한 예외적인 경우까지 고려하지 않은 A 법률은 헌법에 위반된다고 판단하였다.

<small>개인의 재산권에 대한 과도한 침해</small>

① 헌법 재판소는 개발 제한 구역을 지정하는 행위가 헌법 제23조 제2항에 위반되는지를 판단하였겠군.

근거 **3**-2, **5**-4 재산권의 사회적 제약을 규정하는 헌법 제23조 제2항에 위반되는지 판단한 결과 재산권을 과도하게 침해하여 위반된다고 판단하였다.

② 헌법 재판소는 개발 제한 구역을 지정하는 행위가 헌법 제23조 제3항과는 관련이 없다고 판단하였겠군.

근거 **2**-3, **3**-2~3 토지 재산권의 공공성을 고려해 사회적 제약을 받을 수 있다고 보았다. 특별한 희생을 규정하는 헌법 제23조 제3항은 고려하지 않았다.

③ 헌법 재판소는 개발 제한 구역을 지정하는 행위가 헌법에 위반되었는지 여부를 토지의 공공성을 근거로 판단하였겠군.

근거 **3**-3 토지처럼 공공성이 강한 사유 재산은 강한 사회적 제약을 받으므로 A 법률은 원칙적으로 합헌이라고 판단하였다.

④ 헌법 재판소는 개발 제한 구역 지정으로 인한 재산권 침해는 개인에게 가혹한 부담이 발생하지 않는 범위 내에서만 가능하다고 판단하였겠군.

근거 **5**-4 개인에게 가혹한 부담이 발생하는 경우는 개인의 재산권을 과도하게 침해하므로 헌법에 위반된다고 판단하였다.

✓⑤ 헌법 재판소는 개발 제한 구역을 지정하는 행위가 개인에게 가혹한 부담을 초래한 경우, 이때의 재산권 침해는 특별한 희생에 해당한다고 판단하였겠군.

근거 **5**-2 헌법 재판소가 분리 이론의 입장을 취하였으므로, 법률에 보상 규정이 없는 경우의 재산권 침해는 사회적 제약에 해당한다고 판단하였을 것이다. → 적절하지 않으므로 정답

▶ **지문 분석**   본책 66~67쪽

1 손실 보상

2 ❶ 재산권   ❷ 헌법   ❸ 불가분
  ❹ 제약   ❺ 희생   ❻ 보상
  ❼ 분리   ❽ 위헌

3 대조

▶ **선지 판단 연습**

❶ ○

❷ ✕   해설 '수용'은 개인의 재산권을 국가로 이전하는 것이므로 국가가 개인의 재산권을 가지는 것으로 볼 수 있다.

❸ ✕   해설 토지가 재산권 행사에 더욱 강한 사회적 제약을 받는 것은 공공성이 강한 사유 재산이기 때문이다.

❹ 법률

지문 이해

2020-6월 고1 학력평가

[사회_경제] 공급 사슬망의 채찍 효과

• 이 글의 중심 화제는 '공급 사슬망의 채찍 효과'이다. 1문단에서 "도대체 왜 이런 상황이 벌어졌을까?"라고 질문한 후 3문단에서 이것의 원인을 설명하기 위해서는 공급 사슬망의 '채찍 효과'를 이해해야 한다고 말하고 있다. 이를 통해 공급 사슬망의 '채찍 효과'에 대해 설명할 것임을 예측해야 한다.

• 구체적인 예를 들어 채찍 효과가 생기는 이유를 설명하고 있으므로 이를 바탕으로 채찍 효과를 이해한다. 1문단에 제시된 사례를 채찍 효과로 설명하고 있으므로 채찍 효과의 개념과 채찍 효과가 생기는 이유를 참고로 1문단의 사례를 이해해야 한다.

1 ¹2002년 월드컵 조별 예선에서 우리나라가 폴란드를 이기고 사상 처음 1승을 거두자 'Be the Reds'라고 새겨진 티셔츠 수요가 폭발했다. ²하지만 실제 월드컵 기간 동안 불티나게 팔린 티셔츠로 수익을 본 업체는 모조품을 판매하는 업체와 이를 제조하는 업체였다. ³오히려 정품을 생산해 대리점에서 판매하는 ㉠스포츠 브랜드 업체는 수익을 내지 못했다. ⁴실제로 많은 브랜드 업체들은 월드컵 이후 수요가 폭락해 팔지 못한 재고로 난처했다. ⁵도대체 왜 이런 상황이 벌어졌을까?

2 ¹간단한 문제 같지만 이 현상은 요즘 경영에서 유행처럼 번지는 공급 사슬망 관리(Supply Chain Management, SCM)의 핵심을 설명해 줄 수 있는 사례이다. ²공급 사슬망이란 상품의 흐름이 고리처럼 연결되어 있고, 이들의 상관관계 또한 서로 긴밀하게 연결되어 있는 것을 말한다.

1. 2 공급 사슬망 관리의 핵심을 설명하는 2002년 월드컵 티셔츠의 사례

3 ¹이 현상의 원인을 설명하기 위해서는 공급 사슬망의 채찍 효과(Bullwhip effect)를 우선 이해해야 한다. ²아기 기저귀라는 상품을 예로 들어 보면, 상품 특성상 소비자 수요는 일정한데 소매점 및 도매점 주문 수요는 들쑥날쑥했다. ³그리고 이러한 주문 변동 폭은 '최종 소비자-소매점-도매점-제조업체-원자재 공급업체'로 이어지는 공급 사슬망에서 최종 소비자로부터 멀어질수록 더 증가하였다. ⁴공급 사슬망에서 이와 같이 수요 변동 폭이 확대되는 현상을 공급 사슬망의 '채찍 효과'라 한다. ⁵이는 채찍을 휘두를 때 손잡이 부분을 작게 흔들어도 이 파동이 끝 쪽으로 갈수록 더 커지는 현상과 유사하기 때문에 붙여진 이름이다. ⁶이런 변동 폭은 유통업체나 제조업체 모두 반길 만한 사항이 아니다. ⁷왜냐하면 늘 수요가 일정하면 이를 기준으로 생산이나 마케팅의 자원을 적절히 분배하여 계획하고 효율적으로 운영할 수 있지만, 변동 폭이 크면 계획이나 운영을 원활하게 수행하기 어렵기 때문이다.

3 공급 사슬망에서 최종 소비자로부터 멀어질수록 수요 변동 폭이 확대되는 현상인 채찍 효과

4 ¹그렇다면 이런 채찍 효과가 생기는 이유는 무엇일까? ²여러 가지 이유가 있지만 첫 번째는 수요의 왜곡이다. ³소비자의 수요가 갑자기 늘면 소매점은 앞으로 수요 증가를 기대하는 심리로 기존 주문량보다 더 많은 양을 도매점에 주문하게 된다. ⁴그리고 도매점도 같은 이유로 소매점 주문량보다 더 많은 양을 제조업체에 주문한다. ⁵즉 공급

사슬망에서 최종 소비자로부터 멀어질수록 점점 더 심하게 왜곡되는 현상이 발생하는 것이다. ⁶이러한 왜곡 현상은 공급자가 시장에서 제한적일 때 더 크게 발생한다. ⁷즉 공급자가 한정된 상황에서는 더 많은 양을 주문해야 제품을 공급받기가 수월하기 때문이다. ⁸티셔츠를 공급하는 제조업체에서 물량이 한정돼 있으면 한꺼번에 많은 양을 주문하는 도매업체에게 우선권을 주는 것은 당연하다. ⁹결국 물건을 공급받기 위해서 업체들은 경쟁적으로 더 많은 주문을 해 공급을 보장받으려 한다. ¹⁰결국 '수요의 왜곡'이 발생한다.

4 채찍 효과가 생기는 이유 1: 수요의 왜곡

5 ¹채찍 효과가 일어나는 두 번째 이유는 공급 사슬망에서 최종 소비자로부터 멀어질수록 대량 주문 방식을 요하기 때문이다. ²예를 들면 소비자는 소매점에서 물건을 한두 개 단위로 구입하지만 소매점은 도매상에서 물건을 박스 단위로 주문한다. ³그리고 다시 도매점은 제조업체에 트럭 단위로 주문을 한다. ⁴이처럼 최종 소비자로부터 멀어질수록 기본 주문 단위가 커진다. ⁵그런데 이렇게 주문 단위가 커질수록 재고량이 증가하게 되고, 재고량 증가는 변화에 민첩하게 대응하지 못하게 하는 원인이 된다.

5 채찍 효과가 생기는 이유 2: 대량 주문 방식

6 ¹채찍 효과의 세 번째 원인은 주문 발주에서 도착까지의 발주 실행 시간에 의한 시차 때문이다. ²물건을 주문했다고 바로 물건이 도착하지 않는다. ³주문을 처리하고 물류가 이동하는 시간이 있기 때문이다. ⁴그런데 문제는 각 공급 사슬망 주체의 발주 실행 시간이 저마다 다르다는 데에 있다. ⁵예를 들어 소매점이 도매점으로 주문을 했을 때 물건을 받기까지 걸리는 시간이 3~4일 정도라면, 도매점이 제조업체에 주문을 했을 때 물건을 받기까지는 몇 주 정도가 걸릴 수도 있다. ⁶즉 최종 소비자로부터 멀어질수록 이런 물류 이동 시간이 증가하게 된다. ⁷그리고 이처럼 발주 실행 시간이 길어지면 주문량이 많아지고, 이는 재고량 증가로 이어질 수 있다.

6 채찍 효과가 생기는 이유 3: 발주 실행 시간에 의한 시차

7 ¹공급 사슬망에서 채찍 효과로 인해 발생하는 재고는 기업 입장에서는 큰 부담이 될 수 있다. ²왜냐하면 재고를 쌓아 둘 공간을 마련하거나 재고를 손상 없이 관리하는 데 큰 비용이 들기 때문이다. ³그러므로 공급 사슬망에서 각 주체들 간에 수요와 공급 정보를 공유함으로써 불필요한 재고를 줄여야 한다.

7 공급 사슬망 주체들 간 정보 공유의 필요성

주제 공급 사슬망에서 채찍 효과가 일어나는 이유

세부 내용 파악

1 윗글에 대한 이해로 적절하지 않은 것은?

답 ②

① 주문 변동 폭은 원자재 공급업체에 가까워질수록 커진다.

근거 **3**-3 주문 변동 폭은 '최종 소비자-소매점-도매점-제조업체-원자재 공급업체'로 이어지는 공급 사슬망에서 최종 소비자로부터 멀어질수록, 즉 원자재 공급업체에 가까워질수록 더 커진다.

✓② 소비자의 수요가 일정한 상품에서는 채찍 효과가 나타나지 않는다.

근거 **3**-2~4 아기 기저귀와 같이 소비자의 수요가 일정한 상품에서도 소매점 및 도매점 주문 수요는 들쑥날쑥하고, 주문 변동 폭이 최종 소비자로부터 멀어질수록 더 증가했으므로 채찍 효과가 나타난다. → 적절하지 않으므로 정답

③ 주문 변동 폭이 클수록 유통업체와 제조업체의 계획이나 운영에 어려움이 생긴다.

근거 ❸-6~7 주문 변동 폭이 크면 유통업체와 제조업체 모두 생산이나 마케팅 자원의 계획이나 운영을 원활하게 수행하기 어렵다.

④ 물건의 기본 주문 단위가 커질수록 재고량이 증가하고 변화에 민첩하게 대처하지 못한다.

근거 ❺-5 물건의 주문 단위가 커질수록 재고량이 증가하고 이로 인해 변화에 민첩하게 대응하지 못하게 된다.

⑤ 주문하고 바로 물건을 받을 수 없는 이유는 주문 처리 시간과 물류 이동 시간이 있기 때문이다.

근거 ❻-2~3 물건을 주문했다고 바로 물건이 도착하지 않는데 이것은 주문을 처리하고 물류가 이동하는 시간이 있기 때문이다.

내용 추론

2 윗글을 바탕으로 ㉠의 원인을 추론한 것으로 가장 적절한 것은? 답 ③

근거 ❸-1 ㉠과 같은 현상이 일어난 원인을 파악하기 위해서는 공급 사슬망의 채찍 효과를 이해해야 한다.

근거 ❹~❻ 채찍 효과는 수요의 왜곡, 대량 주문 방식, 발주 실행 시간에 의한 시차 때문에 발생한다.

근거 ❼-1~2 채찍 효과에 따라 재고량이 증가하면 재고를 쌓아 둘 공간을 마련하거나 재고를 관리하는 데 큰 비용이 들어 기업은 수익을 내기 어렵다.

① 적정 재고량을 유지했기 때문이겠군.

근거 ❺-5, ❻-7 채찍 효과가 일어나면 재고량이 증가한다.

근거 ❶-4 실제로 스포츠 브랜드 업체들은 수요가 폭락해 팔지 못한 재고 때문에 난처해했으므로 적정 재고량을 유지하지 못했다고 볼 수 있다.

② 공급 사슬망에서 벗어났기 때문이겠군.

근거 ❷-1 ㉠과 같은 현상은 공급 사슬망 관리의 핵심을 설명해 줄 수 있는 사례라고 했으므로 공급 사슬망에서 벗어났다고 볼 수 없다.

✓③ 시장에서 공급자가 제한적이기 때문이겠군.

근거 ❹-6~7 시장에서 공급자가 제한적이면 제품을 수월하게 공급받기 위해 더 많은 양을 주문하므로 수요의 왜곡 현상이 더 크게 발생하여 채찍 효과가 더 크게 일어난다. → 적절하므로 정답

④ 수익보다 재고 관리 비용이 적었기 때문이겠군.

근거 ❼-2~3 재고 관리에는 큰 비용이 들기 때문에 수익을 내려면 불필요한 재고를 줄여야 한다. 스포츠 브랜드 업체가 수익을 내지 못한 것은 수익보다 재고 관리 비용이 더 컸기 때문이다.

⑤ 발주 실행 시간이 물건을 공급받기에 짧았기 때문이군.

근거 ❻-7 발주 실행 시간이 길어지면 채찍 효과가 나타나 재고량이 증가한다.

근거 ❶-4 스포츠 브랜드 업체는 채찍 효과로 인한 재고 때문에 난처해했으므로 발주 실행 시간이 길었다고 볼 수 있다.

구체적 사례에 적용

3 윗글을 바탕으로 〈보기〉에 대해 이해한 것으로 가장 적절한 것은?

답 ③

근거 ❼-3 공급 사슬망에서 각 주체들 간에 수요와 공급 정보를 공유하면 채찍 효과로 인해 발생하는 재고를 줄일 수 있다. 〈보기〉의 CPFR은 이를 위한 프로그램이다.

보기

'협력 공급 기획 예측(CPFR) 프로그램'이란 제조사와 이동 통신 사업자 간 협력을 통해 물량 수요 예측을 조정해 나가는 프로세스다. 국내 이동 통신 시장은 돌발적인 수요 변화가 많다. 이런 환경에서 A 전자와 B 통신은 CPFR 프로그램을 이용하여 판매, 재고, 생산 계획의 정보를 실시간으로 공유하며 적기에 필요한 물량을 공급하고 재고를 최소화하기로 하였다. (단, 여기에서는 A 전자와 B 통신 외에 다른 요인이 작용하지 않는다.)

〔채찍 효과가 일어나 재고가 증가할 수 있음.〕

① B 통신은 A 전자 휴대폰을 항상 대량 주문할 것이다.

▶ CPFR 프로그램은 적기에 필요한 물량을 공급하려는 것이므로 수요에 따라 소량 주문하거나 대량 주문할 것이다.

② A 전자와 B 통신의 휴대폰 재고량이 늘어나게 될 것이다.

▶ CPFR 프로그램은 재고를 최소화하기 위한 것이므로 재고량은 늘어나지 않을 것이다.

✓③ A 전자와 B 통신이 서로 정보를 공유함으로써 과잉 주문이 줄어들 것이다.

▶ 판매, 재고, 생산 계획의 정보를 실시간으로 공유하여 적기에 필요한 물량만큼만 주문하게 되므로 과잉 주문이 줄어들 것이다. → 적절하므로 정답

④ B 통신이 A 전자 휴대폰 공장 근처로 이전하게 되어 주문량에 상관없이 물건을 받는 시간은 일정하게 유지될 것이다.

▶ CPFR 프로그램으로 인해 공장이 이전하게 된다는 내용은 언급되어 있지 않다.

⑤ A 전자가 휴대폰을 B 통신에 안정적으로 공급함으로써 국내 이동 통신 시장에서 돌발적인 수요 변화가 줄어들 것이다.

▶ CPFR 프로그램은 돌발적인 수요 변화가 많은 국내 이동 통신 시장에서 물량 수요 예측을 조정하여 돌발적인 수요 변화에 대응하기 위한 프로그램으로, 수요 변화에 영향을 주는 것은 아니다.

▶ **지문 분석**　　　　　　　　　　본책 70~71쪽

1　공급 사슬망, 채찍

2　❶ 수익　　　　　　　❷ 공급 사슬망
　　❸ 수요　　　　　　　❹ 한정
　　❺ 주문 단위　　　　　❻ 최종 소비자
　　❼ 재고량　　　　　　❽ 공유

3　❶ 원인　　　　　　　❷ 병렬

▶ **선지 판단 연습**

❶ ○

❷ ×　　**해설** 도매점은 수요 증가를 기대하며 소매점 주문량보다 더 많은 양을 제조업체에 주문한다.

❸ ×　　**해설** 발주 실행 시간이 길어지면 주문량이 많아지고, 이 때문에 재고량이 증가할 수 있다.

❹ 관리 비용

본책 72~73쪽

1 ⑤　**2** ⑤　**3** ②

지문 이해

2017-6월 고1 학력평가

[사회_경제]　**경매를 통한 가격 결정**

- 이 글의 중심 화제는 '경매를 통한 가격 결정 방식'이다. 1문단에서 "최고급 커피의 생두 가격은 어떻게 결정될까?"라고 질문한 후 경매를 통해 결정된다고 대답하면서 경매를 통한 가격 결정 방식이 사용되는 상황을 제시한다. 이러한 상황에서 가치를 결정하는 가장 수월한 방법이 경매라고 하여 경매를 통한 가격 결정 방식을 사용하는 이유를 설명하고 있다. 이를 통해 중심 화제를 파악해야 한다.

- 1~2문단에서는 경매를 통한 가격 결정 방식을 사용하는 이유를, 3~5문단에서는 경매의 종류를 설명하고 있다. 관련된 정보가 여러 문단에 걸쳐 나타나므로 정보를 연결하며 읽어야 한다.

- 경매를 공개 구두 경매와 밀봉 입찰 경매로 나눈 후 각각을 다시 두 종류로 구분하고 있으므로 상위 개념과 하위 개념을 분명히 파악해야 한다. 또한 경매를 구분한 기준에 주목하여 종류별 특징을 파악하고, 차이점에 주목하여 독해해야 한다.

1 ¹희소성 높은 최고급 커피의 생두 가격은 어떻게 결정될까? ²그것은 바로 경매이다. ³경매를 통한 가격 결정 방식은 수요자들이 해당 재화의 가치를 서로 다르게 평가하고 있거나, 해당 재화의 가치를 정확히 가늠할 수 없을 때 주로 사용된다. ⁴커피나무는 환경에 민감한 식물로, 일조량과 온도와 토질에 따라서 생두의 맛과 품질이 천차만별이다. ⁵그래서 같은 지역이라 하더라도 매년 커피 생두의 품질이 달라지는 것이다. ⁶이처럼 생두의 품질이 매년 다양한 이유로 달라지는 상황에서 해당 커피 생두의 가치를 결정하는 가장 수월한 방법은 단연 경매라 할 수 있다. **1** 경매를 통한 가격 결정 방식이 사용되는 상황과 이유

2 ¹경매를 통한 가격 결정 방식을 사용하는 또 다른 이유는 구매자와 판매자의 숫자가 극단적으로 불일치할 때 가격을 결정하는 유용한 방법이기 때문이다. ²특정 재화의 판매자가 한 명인데, 이를 구매하고자 하는 사람이 여러 명이라면 경매를 통해 가장 높은 가격을 지불하고자 하는 사람에게 판매할 수 있다. ³최고급 커피 생두 역시 이러한 이유에서 경매로 가격을 결정한다. ⁴이 밖에도 골동품, 미술품 등은 현재 동일한 이유로 경매를 통해 가격을 결정하고 있다. ⁵이와는 반대로 특정 재화의 구매자는 한 명인데, 이를 판매하고자 하는 사람이 여러 명일 경우에도 경매는 유용한 방식이다. ⁶가장 저렴한 가격을 제시한 사람에게서 구매하면 되기 때문이다. ⁷현재 전투기와 같이 정부만이 유일한 구매자라 할 수 있는 국방 관련 물품이 일종의 경매인 경쟁 입찰로 결정된다. **2** 경매를 통한 가격 결정 방식을 사용하는 또 다른 이유

3 ¹경매는 *입찰 방식의 공개 여부에 따라 공개 구두 경매와 밀봉 입찰 경매로 구분할 수 있다. ²먼저 공개 구두 경매는 경매에 참여하는 사람들을 모두 한자리에 모아 놓고 누가 어떠한 조건으로 경매에 응하는지를 공개적으로 진행하는 방식을 말한다. ³이러한 공개 구두 경매는 다시 영국식 경매와 네덜란드식 경매로 구분할 수 있다. ⁴ㄱ영국식 경매는 오름 경매 방식으로, 우리가 가장 흔히 접하는 낮은

가격부터 시작해서 가장 높은 가격을 제시한 사람이 *낙찰자가 되는 방식을 말한다. ⁵이러한 영국식 경매를 통해 가격을 결정하고 있는 대표적인 품목으로는 와인과 앞서 소개한 최고급 생두가 여기에 해당한다. **3** 공개 구두 경매 중 영국식 경매

4 ¹이와는 반대로 판매자가 높은 가격부터 제시해 가격을 점점 낮추면서 가장 먼저 *응찰한 사람을 낙찰자로 정하는 방식이 ㄴ네덜란드식 경매다. ²이것이 내림 경매 방식이다. ³내림 경매 방식은 튤립 재배로 유명한 네덜란드에서 오래전부터 이용해 오던 방식이며, 국내에서도 수산물 도매 시장에서 생선 가격을 결정할 때 이 방식을 통해 가격을 결정한다. **4** 공개 구두 경매 중 네덜란드식 경매

5 ¹공개적으로 진행되는 경매와는 달리 경매 참여자들이 서로 어떠한 가격에 응찰했는지를 확인할 수 없는 밀봉 입찰 경매가 있다. ²밀봉 입찰 경매는 낙찰자가 지불하는 금액을 어떻게 결정하느냐에 따라 최고가 밀봉 경매와 차가 밀봉 경매로 구분된다. ³최고가 밀봉 경매는 응찰자 중 가장 높은 가격을 적어 냈을 때 낙찰이 되는 것으로 낙찰자는 자신이 적어 낸 금액을 지불한다. ⁴차가 밀봉 경매의 낙찰자 결정 방식은 최고가 밀봉 경매와 동일하다. ⁵그러나 낙찰자가 지불하는 금액은 자신이 적어 낸 금액이 아니라 응찰자가 적어 낸 금액 중 두 번째로 높은 금액이다. **5** 밀봉 입찰 경매인 최고가 밀봉 경매와 차가 밀봉 경매

*입찰 경매 참가자에게 각자의 희망 가격을 제시하게 하는 일.
*낙찰자 경매나 경쟁 입찰 따위에서 물건이나 일을 받기로 결정된 사람.
*응찰 입찰에 참가함.

주제 경매를 통한 가격 결정 방식을 사용하는 이유와 경매의 종류

세부 정보 파악

1 윗글의 '경매'에 대한 설명으로 적절하지 않은 것은?　　답 ⑤

① 재화의 가치를 정확하게 평가할 수 없을 때 주로 쓴다.

　근거 **1**-3 경매는 해당 재화의 가치를 정확히 가늠할 수 없을 때 주로 사용한다.

② 오름 경매 방식에서는 최고가를 제시한 사람에게 낙찰된다.

　근거 **3**-4 오름 경매 방식은 낮은 가격부터 시작해서 가장 높은 가격을 제시한 사람이 낙찰자가 되는 방식이다.

③ 수요자가 재화의 가치를 서로 다르게 평가할 때 주로 쓴다.

　근거 **1**-3 경매는 수요자들이 해당 재화의 가치를 서로 다르게 평가하고 있을 때 주로 사용한다.

④ 구매자와 판매자의 수가 극단적으로 불일치할 때 유용하다.

　근거 **2**-1 경매는 구매자와 판매자의 숫자가 극단적으로 불일치할 때 가격을 결정하는 유용한 방법이다.

✓⑤ 내림 경매 방식은 구매자가 입찰 금액을 제시해 경매가 시작된다.

　근거 **4**-1~2 내림 경매 방식은 판매자가 높은 가격부터 제시해 경매가 시작되고 가격을 점점 낮추면서 가장 먼저 응찰한 사람을 낙찰자로 정하는 방식이다. → 적절하지 않으므로 정답

2 ⓖ과 ⓛ에 대한 이해로 적절하지 <u>않은</u> 것은?　답 ⑤

▶ 영국식 경매와 네덜란드식 경매의 공통점과 차이점을 파악해야 한다.

근거 **3**-3 영국식 경매와 네덜란드식 경매는 공개 구두 경매라는 공통점이 있다.

근거 **3**-4 영국식 경매는 낮은 가격부터 시작해서 가장 높은 가격을 제시한 사람이 낙찰자가 되는 방식이다.

근거 **4**-1 이와는 반대로 네덜란드식 경매는 판매자가 높은 가격부터 제시해 가격을 점점 낮추면서 가장 먼저 응찰한 사람을 낙찰자로 정하는 방식이다.

① ⓖ은 경매에 참여한 사람이 경쟁자가 제시한 입찰 금액을 알 수 있다.

근거 **3**-2~3 영국식 경매(ⓖ)는 공개 구두 경매의 한 종류이므로 경매에 참여한 사람들이 어떠한 조건으로 경매에 응하는지를 공개적으로 진행한다.

② 희소성이 있는 최고급 생두는 ⓖ의 방식을 통해 가격을 결정하는 대표적 품목이다.

근거 **3**-5 영국식 경매(ⓖ)를 통해 가격을 결정하고 있는 대표적인 품목으로는 와인과 최고급 생두가 있다.

③ ⓛ 방식에서 낙찰 가격은 경매에서 최초로 제시된 금액보다 높아질 수 없다.

근거 **4**-1 네덜란드식 경매(ⓛ)는 판매자가 높은 가격부터 제시해 가격을 점점 낮추면서 가장 먼저 응찰한 사람이 낙찰자가 되는 방식이므로 최초로 제시된 금액이 가장 높고 낙찰 가격은 그보다 높아질 수 없다.

④ ⓖ과 ⓛ 모두 경매에 나온 재화의 낙찰 가격을 알 수 있다.

근거 **3**-2~3 영국식 경매(ⓖ)와 네덜란드식 경매(ⓛ)는 모두 공개 구두 경매이므로 경매에 참여한 사람들이 경매에 응한 가격이 공개된다.

근거 **3**-4, **4**-1 영국식 경매(ⓖ)는 가격을 점점 높이면서 가장 높게 부른 가격이 낙찰 가격이 되고, 네덜란드식 경매(ⓛ)는 가격을 점점 낮추면서 가장 먼저 응찰한 가격이 낙찰 가격이 된다.

✓⑤ 경매에 참가한 사람이 다수일 경우 ⓖ과 ⓛ 모두 가장 먼저 응찰한 사람이 낙찰자가 된다.

근거 **3**-4 영국식 경매(ⓖ)는 낮은 가격부터 시작해서 가격을 점점 높이면서 가장 높은 가격을 제시한 사람이 낙찰자가 된다. 따라서 가장 먼저 응찰한 사람은 가장 낮은 가격을 제시한 사람이므로 낙찰자가 될 수 없다.

근거 **4**-1 영국식 경매(ⓖ)와 달리 네덜란드식 경매(ⓛ)는 가장 먼저 응찰한 사람이 낙찰자가 된다. → 적절하지 않으므로 정답

3 윗글을 바탕으로 할 때, 〈보기〉의 ⓖ~ⓔ에 들어갈 내용으로 적절한 것은?　답 ②

▶ 최고가 밀봉 경매와 차가 밀봉 경매에서 낙찰자를 결정하는 방식과 낙찰자가 지불하는 금액을 결정하는 방식을 파악해야 한다.

근거 **5**-3 최고가 밀봉 경매는 가장 높은 가격을 적어 낸 응찰자가 낙찰자가 된다. 낙찰자는 자신이 적어 낸 금액을 지불한다.

근거 **5**-4~5 차가 밀봉 경매 역시 가장 높은 가격을 적어 낸 응찰자가 낙찰자가 된다. 낙찰자는 응찰자가 적어 낸 금액 중 두 번째로 높은 금액을 지불한다.

보기

　'밀봉 입찰 경매'로 진행되는 경매에 A, B, C 세 사람이 각각 10만 원, 8만 원, 6만 원으로 입찰에 참가하였다. 이 경매가 '최고가 밀봉 경매'라면 낙찰자는 (ⓖ)이며 낙찰자가 지불할 금액은 (ⓛ)
_{최고 가격을 적어 낸 응찰자}　　　　　_{낙찰자가 적어 낸 금액}
이다. '차가 밀봉 경매'라면 낙찰자는 (ⓒ)이며 낙찰자가 지불
_{최고 가격을 적어 낸 응찰자}
할 금액은 (ⓔ)이다.
_{응찰자가 적어 낸 금액 중 두 번째로 높은 금액}

① ⓖ: A　　ⓛ: 10만 원　　ⓒ: A　　ⓔ: 10만 원

근거 **5**-5 차가 밀봉 경매에서 낙찰자가 지불할 금액은 응찰자가 적어 낸 금액 중 두 번째로 높은 8만 원이다.

✓② ⓖ: A　　ⓛ: 10만 원　　ⓒ: A　　ⓔ: 8만 원

근거 **5**-3 최고가 밀봉 경매에서 낙찰자는 최고 가격을 적어 낸 A이다. 낙찰자가 지불할 금액은 자신이 적어 낸 10만 원이다.

근거 **5**-4~5 차가 밀봉 경매 역시 낙찰자는 최고 가격을 적어 낸 A이다. 낙찰자가 지불할 금액은 응찰자가 적어 낸 금액 중 두 번째로 높은 8만 원이다. → 적절하므로 정답

③ ⓖ: A　　ⓛ: 8만 원　　ⓒ: B　　ⓔ: 10만 원

근거 **5**-3 최고가 밀봉 경매에서 낙찰자가 지불할 금액은 자신이 적어 낸 10만 원이다.

근거 **5**-4~5 차가 밀봉 경매에서 낙찰자는 최고 가격을 적어 낸 A이고, 지불할 금액은 응찰자가 적어 낸 금액 중 두 번째로 높은 8만 원이다.

④ ⓖ: B　　ⓛ: 8만 원　　ⓒ: B　　ⓔ: 6만 원

근거 **5**-3 최고가 밀봉 경매에서 낙찰자는 최고 가격을 적어 낸 A이고, 지불할 금액은 자신이 적어 낸 10만 원이다.

근거 **5**-4~5 차가 밀봉 경매 역시 낙찰자는 최고 가격을 적어 낸 A이고, 지불할 금액은 응찰자가 적어 낸 금액 중 두 번째로 높은 8만 원이다.

⑤ ⓖ: B　　ⓛ: 8만 원　　ⓒ: C　　ⓔ: 6만 원

근거 **5**-3 최고가 밀봉 경매에서 낙찰자는 최고 가격을 적어 낸 A이고, 지불할 금액은 자신이 적어 낸 10만 원이다.

근거 **5**-4~5 차가 밀봉 경매 역시 낙찰자는 최고 가격을 적어 낸 A이고, 지불할 금액은 응찰자가 적어 낸 금액 중 두 번째로 높은 8만 원이다.

▶ **지문 분석**　　　　　　　　　　　　　　　본책 74~75쪽

1 경매

2 ❶ 다르게　　　　　❷ 불일치
　❸ 조건　　　　　　❹ 높은
　❺ 판매자　　　　　❻ 가격
　❼ 자신　　　　　　❽ 두 번째

3 ❶ 구분　　　　　　❷ 대조

▶ **선지 판단 연습**

❶ ○

❷ ✕　해설 전투기는 정부만이 유일한 구매자이기 때문에 경매로 가격을 결정한다.

❸ ○

❹ 다르다　해설 가장 높은 가격을 적어 내 낙찰이 되었을 때 최고가 밀봉 경매는 적어 낸 최고 금액을 지불하지만 차가 밀봉 경매는 두 번째로 높은 응찰 금액을 지불하므로 지불 금액은 다르다.

1 ⑤　　2 ④　　3 ④

지문 이해　　　　　　　　　　2021–6월 고2 학력평가

[사회_법]　내용 증명

• 이 글의 중심 화제는 '내용 증명'이다. 1문단에서 내용 증명의 개념을 언급하고 있으므로 이후 내용 증명에 대한 구체적인 설명이 제시될 것임을 예측해야 한다.

• 2문단은 내용 증명을 이용하는 경우, 3문단은 내용 증명의 제출 조건과 증명 대상, 4~5문단은 내용 증명의 기능, 6문단은 내용 증명의 작성 방법, 7문단은 내용 증명의 효력 발생 시기와 보관 기간을 설명하고 있다. 중심 화제에 대해 병렬적으로 제시되는 정보를 연결하며 독해해야 한다.

• 1~3문단, 6~7문단은 내용 증명의 특징을, 4~5문단은 내용 증명의 기능을 제시하고 있다. 내용 증명의 특징을 바탕으로 내용 증명의 기능이 제대로 이행되기 위해 필요한 조건을 파악해야 한다.

1 ¹분쟁이 예견되거나 진행 중인 상황에서 후일 상대방이 사실을 번복하거나 그런 내용을 고지받지 못했다고 주장하는 것을 막기 위해 '내용 증명'을 활용할 수 있다. ²내용 증명이란 누가, 언제, 누구에게, 어떤 내용의 문서를 보냈다는 사실을 우체국에서 공적으로 증명해 주는 특수한 우편 제도로, 이를 활용하면 ㉠향후 법적 분쟁의 소지를 줄일 수 있다.
　　　　　　　1 특수한 우편 제도인 내용 증명

2 ¹내용 증명은 개인 간 채권·채무 관계나 권리·의무를 더욱 명확하게 할 필요가 있을 때 주로 이용된다. ²예를 들어 방문 판매를 통해 충동적으로 구입한 화장품, 건강식품 등의 구매 계약을 철회 기간 내에 취소하고 싶을 때 사용할 수 있다. ³특히 판매자와 연락이 되지 않는 등의 사유로 계약을 철회할 수 있는 기간 내에 철회가 불가능한 경우에도 사용한다.
　　　　　　2 개인 간 채권·채무 관계, 권리·의무를 더욱 명확하게 할 필요가 있을 때 주로 이용되는 내용 증명

3 ¹내용 증명은 다른 우편물과는 달리 우체국에 같은 내용의 문서 3부를 제출해야 한다. ²이는 발신인, 수신인, 우체국 3자가 각각 동일한 내용의 문서를 소지하기 위함이다. ³그 결과 발신인이 작성한 어떤 내용의 문서가 언제 누구에게 발송되었는지를 우체국장이 증명할 수 있게 되는 것이다. ⁴그러나 이것이 문서의 내용이 맞다는 것까지 증명하는 것은 아니라는 점에 유의해야 한다. ⁵내용 증명 우편이 발송되었다는 사실은 입증하지만 문서 내용의 진위까지 입증하는 것은 아니므로 그 자체로 문제가 해결되는 것은 아니다.
　　　　　　3 우편 발송 사실은 입증하지만 문서 내용의 진위를 입증하지 않는 내용 증명

4 ¹그렇다면 내용 증명은 어떠한 기능을 하는 것일까? ²우선, 내용 증명은 문서를 발송하였다는 것을 공적으로 증명하는 증거 효력을 갖는다. ³만약 법적 대응 과정에서 내용 증명을 제출한다면 상대방은 그와 같은 내용의 문서를 언제 받았다는 사실만큼은 문제 삼을 수 없다. ⁴다음으로, 내용 증명은 상대방에게 심리적 부담을 주어 그 내용의 이행을 실현하게 하기도 한다. ⁵왜냐하면 내용 증명을 보내는 사람이 추후 강력한 법적 대응을 이어 갈 의지가 있음을 알리기 때문이다. ⁶예를 들어 A에게 돈을 빌린 B가 채무 이행을 독촉하는 내용 증명을 받으면 B는 A가 이후 법적 대응을 할 수도 있다는 심리적 부담을 느껴 자발적으로 돈을 갚을 가능성이 있다는 것이다.
　　　　　　4 증거 효력과 내용 이행 실현의 기능이 있는 내용 증명

5 ¹또한 내용 증명은 그 자체만으로는 단순히 *최고하는 것에 불과하지만, 소멸 시효를 중단시키는 데 중요한 역할을 한다. ²채권에는 소멸 시효가 있기 때문에 제때 권리 행사를 하지 않으면 소멸 시효가 만료되어 그 권리가 소멸된다. ³따라서 소멸 시효가 만료될 무렵까지 채무 이행이 이루어지지 않고 있다면 채권자는 소멸 시효가 더 이상 진행되지 못하도록 중단시켜야 한다. ⁴그러나 내용 증명을 발송하였다고 하여 바로 소멸 시효가 중단되는 것은 아니다. ⁵내용 증명을 보낸 날짜로부터 6개월 이내에 청구나 압류, 가압류, 가처분 등을 해야만 소멸 시효가 중단되는 효력이 발생한다. ⁶이러한 법적 대응을 하게 되면 해당 사안의 소멸 시효가 내용 증명을 보낸 시점에 중단되는 효력이 발생한다. ⁷이렇게 소멸 시효가 중단되면 그때까지 경과한 소멸 시효의 기간은 무효가 되고 중단 사유가 종료된 때로부터 소멸 시효가 새로이 시작된다.
　　　　　　5 소멸 시효 중단의 기능이 있는 내용 증명

6 ¹내용 증명을 작성할 때 정해진 양식이 있는 것은 아니지만 특정일에 특정 내용을 전달했다는 증거가 되므로 발신인, 수신인, 제목, 본문, 날짜 등이 순서대로 포함되어야 한다. ²기재된 발신인 및 수신인의 주소와 이름은 반드시 봉투 겉면에 작성하는 주소, 이름과 일치하도록 해야 하고, 제목에는 손해 배상 청구 등과 같이 내용 증명의 구체적 목적이 담겨야 한다. ³본문에는 계약 경위와 같은 객관적 사실 관계와 요구 사항 등을 분명히 제시해야 한다. ⁴날짜에는 발송 날짜를 쓰고 발신인의 도장을 찍거나 서명을 하도록 한다. ⁵작성하면서 글자나 기호를 정정, 삽입 또는 삭제할 때에는 반드시 '정정', '삽입' 또는 '삭제'라는 문자 및 수정한 글자 수를 여백에 기재하고 그곳에 발송인의 도장 또는 지장을 찍거나 서명을 하여야 한다.
　　　　　　6 발신인, 수신인, 제목, 본문, 날짜 등을 포함하여 작성하는 내용 증명

7 ¹민법의 규정에 따라 문서의 우편 발송은 수신인에게 도달된 때로부터 효력이 발생한다. ²그러나 방문 판매 등의 청약 철회를 요청하는 내용 증명의 경우에는 수신인의 수취 여부와 상관없이 서면을 발송한 날부터 발생한다. ³내용 증명으로 발송한 우편물은 3년간 우체국에서 보관한다. ⁴발신인이나 수신인이 이를 분실할 경우 발송 우체국에 특수 우편물 수령증, 주민 등록증 등을 제시해 본인임을 입증하면 보관 중인 내용 증명의 열람을 청구할 수 있으며 필요시에는 복사를 요청할 수도 있다.
　　　　　　7 서면을 발송한 날부터 효력이 발행하고, 3년간 우체국에서 보관하는 내용 증명

*최고 다른 사람에게 일정한 행위를 할 것을 요구하는 통지를 냄.

주제 내용 증명의 특징과 기능

세부 정보 이해

1 윗글의 내용과 일치하지 않는 것은?　　　　　답 ⑤

① 내용 증명을 받은 수신인은 심리적 부담감을 느끼고 문제 해결을 시도할 수 있다.

　근거 **4**-4 내용 증명은 상대방에게 심리적 부담을 주어 그 내용의 이행을 실현하게 하기도 한다.

② 방문 판매의 청약 철회를 요청하는 내용 증명의 효력은 서면을 발송한 날부터 발생한다.

　근거 **7**-2 방문 판매 등의 청약 철회를 요청하는 내용 증명의 경우에는 수신인의 수취 여부와 상관없이 서면을 발송한 날부터 효력이 발생한다.

③ 내용 증명 발송 직후 발신인이 이를 분실한 경우 발송 우체국에서 복사를 요청할 수 있다.

　근거 **7**-3~4 내용 증명으로 발송한 우편물은 3년간 우체국에서 보관한다. 이 기간 안에 발신인이나 수신인이 이를 분실한 경우 본인임을 입증하면 복사를 요청할 수 있다.

④ 내용 증명을 위해 우체국에 같은 내용의 문서를 3부 제출하여 발신인도 그중 하나를 갖는다.

　근거 **3**-1~2 내용 증명은 우체국에 같은 내용의 문서 3부를 제출해야 한다. 이는 발신인, 수신인, 우체국이 각각 한 부씩 소지하기 위함이다.

✓ ⑤ 계약을 철회할 수 있는 기간이 지난 후 발송한 내용 증명도 법적 대응 과정에서 효력을 가질 수 있다.

　근거 **2**-2~3 내용 증명은 구매 계약을 철회 기간 내에 취소하거나, 철회 기간 내에 철회가 불가능한 경우에 사용한다. 그러나 '계약을 철회할 수 있는 기간이 지난 후'에 발송한 내용 증명이 법적 대응 과정에서 효력을 가질 수 있는지의 정보는 확인할 수 없다. → 일치하지 않으므로 정답

（세부 정보 추론）

2 ⑦의 이유로 가장 적절한 것은?　　　　　　　　답 ④

① 수신인에게 분쟁을 철회할 것을 요청하기 때문에

　근거 **1**-1, **2**-1 내용 증명은 분쟁이 예견되거나 진행 중인 상황에서 채권·채무 관계나 권리·의무 관계를 명확하게 하고자 이용된다. 내용 증명이 분쟁 철회를 요청하는 것은 아니다.

② 수신인에게 의사 표시를 할 것을 주장하기 때문에

　근거 **3**-3, **6**-3 내용 증명은 발신인이 작성한 어떤 내용의 문서가 언제 누구에게 발송되었는지를 우체국장이 증명하는 것으로, 내용 증명의 본문에는 발신인의 요구 사항을 제시해야 한다. 내용 증명이 수신인에게 의사 표시를 할 것을 주장하는 것은 아니다.

③ 발신인이 충동적으로 계약을 맺는 것을 막아 주기 때문에

　근거 **2**-2 충동적으로 구입한 물건의 구매 계약을 취소하고 싶을 때 내용 증명을 사용할 수 있다. 하지만 내용 증명이 충동적으로 계약을 맺는 것을 막아 주는 것은 아니다.

✓ ④ 발신인이 의사 표시를 했음을 객관적으로 드러내기 때문에

　근거 **4**-2~3 내용 증명은 발신인이 의사를 표시한 문서를 발송하였다는 것을 공적으로 증명한다. 따라서 상대방이 문서를 언제 받았다는 사실만큼은 문제 삼을 수 없으므로 법적 분쟁의 소지를 줄일 수 있다. → 적절하므로 정답

⑤ 발신인이 주장하는 내용의 진위를 법적으로 입증하기 때문에

　근거 **3**-4~5 내용 증명은 문서가 발송되었다는 사실을 입증하지만 문서 내용의 진위까지 입증하는 것은 아니다.

（구체적 사례에 적용）

3 윗글을 바탕으로 〈보기〉의 상황을 이해한 내용으로 가장 적절한 것은?
　　　　　　　　답 ④

▶ 내용 증명의 기능 중 **5**에 제시된 소멸 시효 중단 기능을 이해하고, 〈보기〉에서 채무 관계를 맺고 있는 갑과 을의 상황을 파악해야 한다.

（보기）

　을은 갑에게 돈을 빌려주었으며, 해당 채무 관계의 소멸 시효는 3년으로 2020년 12월 31일에 만료된다. 그런데 갑은 만료일이 다가오도록 을에게 채무를 이행하지 않고 있다.（권리 소멸） 이에 을은 주변의 조언을 받아 2020년 10월 31일에 채무 이행을 요구하는 내용 증명을 보내어 갑에게 도달하였음을 확인하였다.（소멸 시효 만료 전 내용 증명 발송）

① 을이 갑에게 내용 증명을 보낸 궁극적인 목적은 소멸 시효 만료를 알리기 위함이다.

　근거 **2**-1 내용 증명은 채권·채무 관계를 명확하게 하기 위해 이용된다. 을은 갑에게 채무 이행을 요구하는 내용 증명을 보냈다.

② 을이 보낸 내용 증명으로 인해 소멸 시효 만료일인 2020년 12월 31일로부터 중단 효력이 발생한다.

　근거 **5**-5~6 을이 내용 증명을 보낸 날짜로부터 6개월 이내에 법적 대응을 하게 되면 내용 증명을 보낸 시점인 2020년 10월 31일부터 소멸 시효 중단 효력이 발생한다.

③ 을이 내용 증명을 소멸 시효 만료 2개월 전에 보냈으므로 중단 사유 종료 후 소멸 시효가 2개월 연장된다.

　근거 **5**-7 소멸 시효가 중단되면 그때까지 경과한 소멸 시효의 기간은 무효가 되고, 중단 사유가 종료된 때부터 소멸 시효가 새로이 시작된다.

✓ ④ 을이 이후 법적 대응을 할 뜻이 없다면 을이 돈을 받을 수 있는 권리는 2020년 12월 31일까지만 유지된다.

　근거 **5**-2, 5 채권의 소멸 시효가 만료되면 권리는 소멸된다. 내용 증명을 보낸 날짜로부터 6개월 이내에 법적 대응을 하지 않으면 소멸 시효가 중단되는 효력이 발생하지 않으므로 을의 권리는 소멸 시효가 만료되는 2020년 12월 31일까지만 유지되고 그 후에는 소멸된다. → 적절하므로 정답

⑤ 을이 2021년 6월 30일까지 가압류, 가처분 등의 조치를 하면 소멸 시효는 2020년 10월 31일에 중단된 것으로 본다.

　근거 **5**-5~6 내용 증명을 보낸 날짜로부터 6개월 이내인 2021년 4월 30일까지 청구나 압류, 가압류, 가처분 등의 법적 대응을 하면 소멸 시효는 내용 증명을 보낸 시점인 2020년 10월 31일에 중단된다.

▶ **지문 분석**　　　　　　　本책 78~79쪽

1　내용 증명

2　❶ 우체국　　❷ 개인　　❸ 발송
　　❹ 내용　　❺ 증명　　❻ 소멸 시효
　　❼ 발신인　　❽ 3년간

3　병렬

▶ **선지 판단 연습**

❶　✕　（해설）내용 증명은 문서를 보냈다는 사실을 우체국에서 공적으로 증명해 주는 우편 제도이다.

❷　스스로

❸　✕　（해설）내용 증명을 작성할 때 정해진 양식이 있는 것은 아니다.

❹　○

지문 이해

2018–6월 고2 학력평가

[사회_법] 근로자의 법적 권리

• 이 글의 중심 화제는 '근로자의 법적인 보호'이다. 1문단에서 근로자의 개념과 범위를 제시한 후 마지막 문장에서 법적인 보호에서 벗어나 있는 근로자가 있다고 한 것을 통해 중심 화제를 파악해야 한다.

• 법적으로 보호되는 근로자의 권리를 병렬식으로 제시하고 있으므로 각 문단에 제시된 근로자의 법적 권리를 파악하며 읽어야 한다. 이때 예외 적인 사항에 특히 주목해야 한다.

1 ¹근로자란 직업의 종류를 불문하고 사업장에서 임금을 받을 목적 으로 일하는 사람을 의미한다. ²정규직 근로자에서부터 단시간 근로 자 즉 아르바이트까지 근로자에 포함된다. ³그런데 단시간 근로자의 경우 법적으로는 엄연한 근로자이면서도 여러 가지 이유에서 법적인 보호에서 벗어나 있는 경우가 많다.   **1** 근로자의 의미와 포함 범위

2 ¹사업주가 근로자를 채용할 경우에는 근로 조건을 명시(明示)한 근로 계약서를 작성해야 한다. ²근로 계약이란 근로자가 근로 조건에 대 해서 사업주와 약속하는 것을 말한다. ³이러한 약속은 구두로 하기보다 는 나중에 문제가 생겼을 때를 대비하여 반드시 문서로 작성해야 한다. ⁴근로 계약서에는 일을 하기로 한 기간, 일할 장소, 해야 할 일, 하루 에 일해야 하는 시간과 쉬는 시간, 쉬는 날, 임금과 임금을 받는 날 등 중요한 내용이 반드시 나타나 있어야 한다. ⁵근로 계약서는 사업주와 근로자 본인이 작성해야 하며, 다른 사람이 대신할 수는 없다. ⁶또 1일 근로 시간이 4시간인 경우에는 30분 이상, 8시간인 경우에는 1시간 이상의 쉬는 시간이 주어져야 하고, 1주간의 정해진 근로 일수대로 일 한 근로자에게는 1주에 1일의 *유급 주휴일이 보장되어야 한다. ⁷4인 이하의 사업장을 제외하고는 휴일에 근무할 경우 임금의 50%를 가산 (加算)하여 받을 수 있으며, 1년간 정해진 근로 일수에 따라 성실히 근 무한 경우에는 *연차 유급 휴가를 보장받을 수 있다. ⁸다만 1주간의 정 해진 근로 시간이 15시간 미만일 경우에는 퇴직금, 유급 주휴일, 연차 휴가 규정이 적용되지 않는다. ⁹만약 사업주가 근로 계약서 작성을 거 부할 경우 신고할 수 있으며, 이 경우 사업주는 500만 원 이하의 벌금 형을 받을 수 있다. ¹⁰사업주가 근로 계약서를 작성하고 근로자에게 이 를 교부(交附)하지 않았을 경우에도 처벌 대상이 된다. **2** 근로 계약서의 내용

3 ¹모든 근로자는 최저 임금법에서 정한 최저 임금 이상의 임금을 받을 권리가 있다. ²보호자의 동의를 얻어 일을 하는 만 18세 미만의 연소 근로자도 동일한 적용을 받는다. ³근로자로 채용된 이후에 기업 의 필요에 따라 교육이나 연수를 받고 있는 수습 근로자의 경우, 일 하기 시작한 날부터 3개월 이내에는 최저 임금의 90%를, 3개월이 지나면 최저 임금 전액을 지급받아야 한다. ⁴하지만 단순 노무직 근 로자이거나 계약 기간이 1년 미만인 근로자의 경우에는 수습 기간에 도 100% 임금을 지급받아야 한다. ⁵만약 사업주가 최저 임금 미만의 임금을 지급할 경우에는 최저 임금법 제28조에 의해 3년 이하의 징역

또는 2,000만 원 이하의 벌금형에 처해질 수 있다. **3** 최저 임금 관련 법

4 ¹임금은 '정기적으로', '해당 근로자에게 직접', '전액을', '현금으로' 지급해야 한다. ²임금은 일, 주, 월 단위로 지급할 수 있고, 현물이나 상품권은 안 되며, 통장으로 지급하는 것은 가능하다. ³이 기준을 지 키지 못하면 임금 체불이 된다. ⁴대표적인 임금 체불 사례를 보면, 정 기적으로 지급하기로 한 날에 지급하지 않는 경우, 임금 중 일부만 지급하는 경우, 퇴사 후 14일 이내에 당사자 간 약속 없이 임금을 지 급하지 않는 경우 등이다. ⁵그리고 일을 하기 위해 출근하였으나 갑 자기 일이 없어 집으로 되돌아가야 하는 경우, 그 이유가 사업주에게 있다면 4인 이하의 사업장을 제외하고는 평균 임금의 70%에 해당하 는 휴업 수당을 받아야 한다. ⁶만약 임금을 받지 못하면 독촉장을 발 송하거나 고용 노동부에 진정서를 제출하여 문제를 해결할 수 있다.
    4 임금 지급 기준과 임금 체불

5 ¹사업주는 근로 계약 기간이 끝나기 전에 정당한 이유 없이 근로 자를 해고할 수 없다. ²아르바이트로 일하는 경우에도 근로 기준법에 서 정한 해고 관련 내용 등이 동일하게 적용된다. ³만약 사업주에게 부당하게 해고를 당했을 경우 일정 금액의 해고 수당을 받을 수 있 다. ⁴다만 일용 근로자로서 3개월을 연속 근무하지 않은 경우, 2개월 이내의 기간을 정하여 근무하는 경우, 계절적 업무에 6개월 이내의 기간을 정하여 근무하는 경우, 3개월 이내의 수습 기간을 정하여 근 무 중인 경우에는 해고 수당을 청구(請求)할 수 없다. ⁵정당한 이유 없이 근로자를 해고한 경우에는 5년 이하의 징역 또는 3,000만 원 이하의 벌금형에 처해질 수 있다.   **5** 해고 관련 법

6 ¹일하다가 다쳤을 경우 사업주가 보험에 가입하지 않았거나 근로 자 본인의 과실(過失)을 이유로 치료비 지급을 거부하더라도 치료비 를 본인이 부담할 필요는 없다. ²산업 재해 보상 보험법(산재 보험) 에 따라 근로 복지 공단에서 치료 및 보상을 받을 수 있기 때문이 다. ³또한 근로 기준법 제7조, 제8조에 따르면 사업주 또는 관리자가 근로자에게 기분이 나쁠 정도의 폭언이나 지나친 성적 농담을 하는 경우 또는 신체적인 체벌을 하는 경우에는 위법이므로 고용 노동부나 경찰서 등 관련 기관에 신고할 수 있다. **6** 치료 및 보상, 위법 행위 관련 법

*유급 주휴일 1주간의 정해진 근로 일수대로 일하였을 때 임금을 받으면서 쉴 수 있는 날.
*연차 유급 휴가 해마다 종업원에게 주도록 정하여진 유급 휴가.

주제 법적으로 보호되는 근로자의 권리

세부 내용 파악

1 윗글의 내용과 일치하지 않는 것은?   답 ③

① 아르바이트는 근로자임에도 법적인 보호를 받지 못하는 경우가 많다.

근거 **1** –2~3 단시간 근로자인 아르바이트의 경우 법적으로는 엄연한 근로 자이면서도 법적인 보호에서 벗어나 있는 경우가 많다.

② 근로 계약이란 근로 조건에 대해서 근로자와 사업주가 약속하는 것을 말한다.

근거 **2** –2 근로 계약은 근로자가 근로 조건을 사업주와 약속하는 것이다.

③ 1주일의 근로 시간이 15시간 미만일 경우에도 <u>연차 휴가를 보장 받을 수 있다.</u>

[근거] **2-8** 1주간의 정해진 근로 시간이 15시간 미만일 경우에는 연차 휴가 규정이 적용되지 않는다. → 일치하지 않으므로 정답

④ 아르바이트의 경우에도 근로 기준법에서 정한 해고 관련 내용이 동일하게 적용된다.

[근거] **5-2** 아르바이트로 일하는 경우에도 근로 기준법에서 정한 해고 관련 내용이 동일하게 적용된다.

⑤ 근로 기준법에 의하면 사업주 또는 관리자가 근로자에게 폭언이나 지나친 성적 농담을 하는 것은 위법이다.

[근거] **6-3** 근로 기준법 제7조, 제8조에 따르면 사업주 또는 관리자가 근로자에게 폭언이나 지나친 성적 농담을 하는 것은 위법이다.

(내용 추론)

2 윗글을 읽은 후 추가할 수 있는 질문으로 적절하지 <u>않은</u> 것은?　　답 ③

① 사업주가 근로 계약서 작성을 거부할 경우 어디에 신고하면 되나요?

[근거] **2-9** 사업주가 근로 계약서 작성을 거부할 경우 신고할 수 있다는 내용은 있지만 어디에 신고해야 하는지는 언급하고 있지 않다.

② 사업주가 근로자를 해고할 수 있는 정당한 이유에는 어떤 것들이 있나요?

[근거] **5-1** 사업주는 근로 계약이 끝나기 전에 정당한 이유 없이 근로자를 해고할 수 없다는 내용은 있지만 정당한 이유는 제시하고 있지 않다.

③ 아르바이트를 하다가 사업주에게 체벌을 받았을 경우에는 어떻게 해야 하나요?

[근거] **6-3** 사업주가 근로자에게 체벌을 하는 경우 고용 노동부나 경찰서 등 관련 기관에 신고할 수 있다는 내용이 제시되어 있으므로 추가로 질문할 필요가 없다. → 적절하지 않으므로 정답

④ 수습 기간에도 최저 임금 전액을 받을 수 있는 단순 노무직에는 어떤 것들이 있나요?

[근거] **3-4** 단순 노무직 근로자는 수습 기간에도 100% 임금을 지급받아야 한다는 내용은 있지만 단순 노무직의 종류는 언급하고 있지 않다.

⑤ 임금이 체불된 경우 독촉장을 발송하거나 진정서를 제출하는 것 말고는 다른 방법이 없나요?

[근거] **4-6** 임금을 받지 못하면 독촉장을 발송하거나 고용 노동부에 진정서를 제출할 수 있다는 내용은 있지만 다른 방법은 제시하고 있지 않다.

(구체적 사례에 적용)

3 〈보기 1〉은 직원이 10여 명인 ◇◇ 식당에 근무하게 된 '박○○' 군의 근로 계약서이다. 〈보기 2〉의 '박○○' 군에게 해 줄 수 있는 말로 가장 적절한 것은?　　답 ①

보기 1

연소 근로자 근로 계약서

1. 근로 계약 기간: <u>2018년 5월 1일부터 2018년 6월 20일까지</u>
   근무 기간이 2개월 이내임.
2. 근무 장소: ◇◇ 식당 홀　　3. 업무의 내용: 홀 서빙 및 청소
4. 근로 시간/휴게 시간: 16시 30분부터 21시 30분까지
5. 근무일/휴일: 매주 5일 근무/매주 토, 일요일
   ⋮
8. 사회 보험 가입 여부(해당란에 체크): ☑고용 보험 ☐산재 보험
   　　　☐국민연금 ☑건강 보험

보기 2

박○○ 군은 5월 둘째 주 월요일에 사업주의 사정으로 일을 하
　　　일을 하지 못한 이유가 사업주에게 있고 4인 이하의 사업장이 아니므로 휴업 수당을 받을 수 있음.
지 못하고 그냥 돌아왔다. 그 주 토요일에는 일손이 모자라 근무하
　　　4인 이하의 사업장이 아니고 휴일 근무이므로 임금을 가산하여 받을 수 있음.
였다. 그 후 서빙 중 본인의 실수로 화상을 입었는데, 본인의 잘못
　　　일하다가 다침.
으로 다쳤다는 이유로 사업주는 치료비 지급을 거부하였다. 그뿐만
　　　본인의 과실이라도 산재 보험에 따라 치료 및 보상을 받을 수 있음.
아니라 다친 상태로 일을 할 수 없다는 이유로 박○○ 군에게 해고
를 통보하였다.
---

① 휴일인 토요일에 근무하였으므로 가산된 임금을 적용받을 수 있습니다.

[근거] **2-7** 박○○ 군이 근무한 식당은 직원이 10여 명으로 4인 이하의 사업장이 아니고 휴무일인 토요일에 근무하였으므로 임금의 50%를 가산하여 받을 수 있다. → 적절하므로 정답

② 근로 기간 중에 해고당한 근로자이므로 해고 수당을 받을 수 있습니다.

[근거] **5-4** 박○○ 군은 2개월 이내의 기간을 정하여 근무하기로 근로 계약서를 작성했으므로 해고 수당을 받을 수 없다.

③ 업무 수행 중이지만 본인 과실로 다쳤으므로 치료비를 보상받을 수 없습니다.

[근거] **6-1~2** 사업주가 근로자 본인의 과실을 이유로 치료비 지급을 거부하더라도 산업 재해 보상 보험법에 따라 치료 및 보상을 받을 수 있다.

④ 사업주 사정으로 근무일에 일하지 못하고 돌아왔으므로 휴업 수당을 요구할 수 없습니다.

[근거] **4-5** 일하지 못하고 돌아온 이유가 사업주에게 있고 박○○ 군이 근무한 식당은 직원이 10여 명으로 4인 이하의 사업장이 아니므로 평균 임금의 70%에 해당하는 휴업 수당을 받을 수 있다.

⑤ 사업주가 산업 재해 보상 보험에 가입되어 있지 않으므로 치료비를 보상받을 수 없습니다.

[근거] **6-1~2** 사업주가 보험에 가입하지 않았더라도 산업 재해 보상 보험법에 따라 치료 및 보상을 받을 수 있다.

▶ **지문 분석**　　　　　　　　　　　　　　　본책 82~83쪽

1 근로자

2 ❶ 임금　　　　❷ 근로 조건　　　❸ 교부
　❹ 이상　　　　❺ 체불　　　　　❻ 이유
　❼ 근로 복지 공단　❽ 폭언

3 ❶ 병렬　　　　❷ 예외

▶ **선지 판단 연습**

❶ 쉬는 시간

❷ ○

❸ ✕　　[해설] 만 18세 미만의 근로자를 포함한 모든 근로자에게 최저 임금 이상의 임금을 지급해야 한다.

❹ ✕　　[해설] 사업주의 폭언은 근로 기준법에 따라 위법이므로 이를 들은 근로자는 관련 기관에 신고할 수 있다.

1 ⑤　　**2** ①　　**3** ⑤

지문 이해

[사회_경제] 기업의 규모와 거래 비용　　　　2019-11월 고1 학력평가

• 이 글의 중심 화제는 '거래 비용 이론'이다. 1문단의 마지막 문장에서 거래 비용 이론이 무엇인지 설명하는 것을 통해 중심 화제를 파악해야 한다.

• 거래 비용 이론에서는 기업은 시장 거래 비용을 줄이기 위해 기업의 규모를 변화시켜 거래를 내부화하고, 그 결과 조직 내 거래 비용이 증가하면 총 거래 비용을 고려하여 기업의 최적 규모를 결정한다고 설명한다. '시장 거래 비용', '조직 내 거래 비용', '총 거래 비용'의 개념과 관계를 파악하여 거래 비용 이론이 설명하는 기업의 규모 변화를 이해해야 한다.

• 5문단에서 "그렇다면 거래 비용이 발생하는 요인은 무엇일까?"라는 질문이 나타나므로 이에 대한 대답을 찾아야 한다. 인간적 요인과 환경적 요인임이 바로 제시되는데 이로 인해 거래 비용이 발생하는 것이므로 인과 관계를 파악하며 독해해야 한다.

1 ¹현대 사회의 기업들은 새로운 내부 조직을 만들거나 다른 기업과 합병하는 등의 방식을 통해 기업의 규모를 변화시키기도 한다. ²신제도 학파에서는 기업들의 이러한 규모 변화를 거래 비용이라는 개념으로 설명하는데, 이를 거래 비용 이론이라고 한다. **1** 기업의 규모 변화를 거래 비용으로 설명하는 거래 비용 이론

2 ¹거래 비용 이론에서 말하는 거래 비용이란 재화를 생산하는 데 드는 생산 비용을 제외한, 경제 주체들이 재화를 거래하는 과정에서 발생하는 모든 비용을 말한다. ²즉 경제 주체가 거래 의사와 능력을 가진 상대방을 탐색하는 과정, 가격이나 교환 조건을 상대방과 협상하여 계약을 하는 과정, 또 계약 후 계약 이행 여부를 확인하고 강제하는 과정 등에서 발생하는 비용을 거래 비용이라고 할 수 있다. **2** 재화를 거래하는 과정에서 발생하는 거래 비용

3 ¹거래 비용 이론에서는 기업은 시장에서 재화를 거래할 때 발생하는 거래 비용인 시장 거래 비용을 줄이기 위해, 재화를 자체적으로 생산하는 것에 대해 고려하게 된다고 보았다. ²이런 상황에서 기업이 새로운 내부 조직을 만들거나 다른 기업을 합병하여 내부 조직으로 흡수하는 등의 방법을 통해 거래를 내부화하면 기업의 조직 내에서도 거래가 일어나게 된다. ³그 결과 거래 비용이 발생하게 되고, 이를 조직 내 거래 비용이라고 한다. ⁴이때 시장 거래 비용과 조직 내 거래 비용을 합친 것을 총 거래 비용이라고 하며, 기업은 총 거래 비용을 고려하여 기업의 규모를 결정하게 된다. **3** 기업의 규모 결정 시 고려하는 총 거래 비용

4 ¹예를 들어 어떤 제품을 생산하는 기업을 가정해 보자. ²이 기업에서는 시장 거래를 통해 다른 기업으로부터 모든 부품을 조달하여 제품을 생산할 수도 있고, 반대로 기업 내부적으로 모든 부품을 제조하여 제품을 생산할 수도 있다. ³만약 이 기업이 다른 기업과의 시장 거래를 통해 모든 부품을 조달한다면 조직 내 거래 비용은 발생하지 않고, 시장 거래 비용만 발생하게 될 것이다. ⁴이런 상황에서 기업은 시장 거래 비용을 줄이기 위해 시장 거래에서 조달하던 부품의 일부를 기업 내에서 생산하려 할 것이다. ⁵이렇게 기업이 부품을 자체 생산하여 내부 거래를 증가시키면 시장 거래 비용은 감소하지만, 조직 내 거래 비용은 증가하게 된다. ⁶이때 기업은 총 거래 비용이 최소가

되는 지점까지 내부 조직의 규모를 확대하여 부품을 자체 생산할 수 있고, 이 지점이 바로 기업의 최적 규모라고 할 수 있다. **4** 총 거래 비용에 따른 기업의 최적 규모

5 ¹그렇다면 ㉠거래 비용이 발생하는 요인은 무엇일까? ²거래 비용 이론에서는 이를 인간적 요인과 환경적 요인으로 나누어 설명한다. ³인간적 요인에는 인간의 제한된 합리성과 기회주의적 속성이 있다. ⁴먼저, 인간은 거래 상황 속에서 정보를 수집하고 처리할 때 완벽하게 합리적인 선택을 할 수 있는 존재는 아니라는 것이다. ⁵다음으로 인간은 효용의 극대화를 위해 자신의 이익만을 추구하는 기회주의적 면모를 보일 가능성이 높다는 것이다. ⁶이와 같은 인간적 요인으로 인해 거래 상황 속에서 인간은 완벽한 선택을 할 수 없고, 거래 상대를 전적으로 신뢰할 수는 없으므로 거래의 과정 속에서 거래 비용이 발생하게 된다는 것이다. **5** 거래 비용이 발생하는 인간적 요인

6 ¹환경적 요인에는 자산 특수성과 정보의 불확실성 등이 있다. ²먼저 자산 특수성이란 다양한 거래 주체를 통해 일반적으로 구할 수 있는 자산이 아닌, 특정 거래 주체와의 거래에서만 높은 가치를 갖는 자산의 속성을 말한다. ³따라서 특정 주체와의 거래에서는 높은 가치를 갖던 것이 다른 주체와의 거래에서는 가치가 하락하는 경우, 자산 특수성이 높다고 할 수 있다. ⁴이때 자산 특수성이 높으면 경제 주체들은 기회주의적으로 행동할 가능성이 커질 수 있기 때문에 이를 보완하고자 다양한 안전장치를 마련하려 할 것이다. ⁵이로 인해 거래 비용은 더 높아질 수 있는 것이다. ⁶다음으로 거래 상대의 정보를 확인할 수 없는 상황에서 거래 주체는 자신의 이익을 위해 정보를 공유하지 않을 가능성이 높다. ⁷그렇기 때문에 일반적으로 정보가 불확실한 거래 상황일수록 거래 주체들은 상대의 정보를 알아내기 위한 노력을 할 것이고, 이로 인해 거래 비용은 높아지게 된다. **6** 거래 비용이 발생하는 환경적 요인

주제 거래 비용 이론이 설명하는 기업의 규모 변화와 거래 비용 발생 요인

사실적 정보 확인

1 윗글을 통해 알 수 있는 내용으로 적절하지 않은 것은?　　답 ⑤

① 거래 비용의 종류

근거 **3**-1, 3 거래 비용에는 시장 거래 비용과 조직 내 거래 비용이 있다.

② 총 거래 비용의 개념

근거 **3**-4 시장 거래 비용과 조직 내 거래 비용을 합친 것을 총 거래 비용이라고 한다.

③ 시장 거래 비용을 줄이는 방법

근거 **3**-1 기업이 재화를 자체적으로 생산하면 시장 거래 비용을 줄일 수 있다.

④ 기업의 규모가 변화하는 이유

근거 **3**-1~2, **1**-1 기업은 시장 거래 비용을 줄이기 위해 새로운 내부 조직을 만들거나 다른 기업을 합병하여 기업의 규모를 변화시킨다.

근거 **4**-5~6 이를 통해 내부 거래를 증가시키면 조직 내 거래 비용이 증가하는데 기업은 총 거래 비용이 최소가 되는 지점까지 조직 규모를 확대한다.

근거 **1**-2 즉 거래 비용에 따라 기업의 규모가 변화한다.

⑤ 기업 규모와 생산 비용의 관계

근거 **2**-1 생산 비용을 제외한, 경제 주체들이 재화를 거래하는 과정에서 발생하는 비용이 거래 비용이다. 이러한 거래 비용을 통해 기업의 규모 변화를 설명하고 있을 뿐 기업 규모와 생산 비용의 관계는 언급하고 있지 않다. → 적절하지 않으므로 정답

2 거래 비용 이 발생하는 상황으로 적절하지 않은 것은? 답 ①

▶ 거래 비용의 개념을 파악해야 한다.
근거 **2**-1 거래 비용이란 재화를 생산하는 데 드는 비용을 제외한, 경제 주체들이 재화를 거래하는 과정에서 발생하는 모든 비용을 말한다.

① 도자기 장인이 직접 흙을 채취하여 도자기를 빚을 때
근거 **2**-1 경제 주체들이 재화를 거래하는 과정 없이 혼자 흙을 채취하고 도자기를 빚었으므로 거래 비용이 발생하지 않는다. → 적절하지 않으므로 정답

② 집을 구매하려는 사람이 집을 판매하는 사람을 탐색할 때
근거 **2**-2 경제 주체가 거래 의사와 능력을 가진 상대방을 탐색하는 과정이므로 거래 비용이 발생할 수 있다.

③ 가구를 생산하는 사람이 원목 판매자와 재료값을 흥정할 때
근거 **2**-2 가격이나 교환 조건을 상대방과 협상하는 과정이므로 거래 비용이 발생할 수 있다.

④ 소비자가 인터넷을 설치하기 위해 통신사와 약정서를 작성할 때
근거 **2**-2 계약을 하는 과정이므로 거래 비용이 발생할 수 있다.

⑤ 제과업체가 계약대로 밀가루가 제대로 공급되고 있는지 확인할 때
근거 **2**-2 계약 후 계약 이행 여부를 확인하는 과정이므로 거래 비용이 발생할 수 있다.

① A 기업이 조달하는 볼트의 자산 특수성은 높지 않다고 할 수 있겠군.
근거 **6**-2~3 A 기업이 조달받는 볼트는 특정 기업이 아닌 다양한 기업을 통해 구할 수 있는 자산이므로 자산 특수성이 높지 않다.

② B 기업과 C 기업이 계약 조건으로 장기간의 계약 기간을 명시한 것은 거래에 있어 안전장치를 마련한 것으로 볼 수 있겠군.
근거 **6**-2~3 B 기업은 C 기업을 통해서만 부품을 조달받고 있으므로 이 부품은 자산 특수성이 높다.
근거 **6**-4 자산 특수성이 높으면 상대가 기회주의적으로 행동할 가능성이 있기 때문에 안전장치로 장기간의 계약 기간을 명시한 것이다.

③ B 기업과 C 기업은 거래하는 핵심 부품이 지닌 특성으로 인해 상대가 기회주의적으로 행동할 가능성을 염려했다고 볼 수 있겠군.
근거 **6**-2~3 B 기업이 C 기업을 통해서만 조달받는 핵심 부품은 자산 특수성이 높다.
근거 **6**-4 높은 자산 특수성으로 인해 상대가 기회주의적으로 행동할 가능성을 염려해 장기 계약을 한 것이다.

④ D 기업과 E 기업 간의 거래에서는 정보의 불확실성으로 인해 거래 비용이 높아질 가능성이 있겠군.
근거 **6**-7 E 기업이 D 기업에 원재료의 품질 정보를 세부적으로 제공하지 않아 정보가 불확실하므로, D 기업은 E 기업의 정보를 알아내기 위한 노력을 할 것이고 이로 인해 거래 비용은 높아질 수 있다.

✓⑤ E 기업이 원재료의 품질 정보를 세부적으로 제공하지 않은 것은 D 기업을 탐색하는 과정에서 완벽하게 합리적인 선택을 하였기 때문이겠군.
근거 **5**-4 인간은 거래 상황에서 정보를 수집하고 처리할 때 완벽하게 합리적인 선택을 할 수는 없다. → 적절하지 않으므로 정답

3 ㉮를 바탕으로 〈보기〉를 이해한 내용으로 적절하지 않은 것은? 답 ⑤

▶ 거래 비용 이론에서 제시한 거래 비용 발생 요인을 이해하고, 〈보기〉의 사례들이 어떤 요인과 관련되는지 파악해야 한다.
근거 **5**-3 거래 비용이 발생하는 인간적 요인에는 인간의 제한된 합리성과 기회주의적 속성이 있다.
근거 **6**-1 환경적 요인에는 자산 특수성과 정보의 불확실성 등이 있다.

보기
┌─
사례 1: 자동차를 조립하여 판매하는 A 기업은 자동차에 들어가는 부품 중 볼트를 특정 기업을 선정하지 않고 다양한 기업을 통해 조달하고 있다.
  (자산 특수성이 낮음.)
사례 2: 의료 기구 생산 업체인 B 기업은 핵심 부품을 C 기업을 통해서만 조달하고 있어, 안정적인 생산과 조달을 위해 두 기업은 계약을 할 때 장기간의 계약 기간을 계약 조건으로 명시하였다.
  (자산 특수성이 높음. / 기회주의적 행동을 보완하기 위해 안전장치를 마련함.)
사례 3: D 기업은 새로 개발한 제품의 원재료를 외국의 E 기업에서 조달하고자 하였으나, E 기업이 원재료의 품질 정보를 세부적으로 제공하지 않아 신제품 생산에 차질이 발생하게 되었다.
  (정보가 불확실함.)
└─

지문 분석 본책 86~87쪽

1 거래 비용

2 ❶ 규모 ❷ 생산 비용
  ❸ 조직 내 거래 비용 ❹ 시장 거래 비용
  ❺ 최소 ❻ 합리성
  ❼ 기회주의적 ❽ 불확실

3 부연

선지 판단 연습

❶ ✕ 해설 거래 비용 이론은 거래 비용의 개념을 통해 기업의 규모 변화를 설명한다.

❷ ✕ 해설 기업이 재화를 자체적으로 생산하면 거래 비용이 발생하고, 이를 조직 내 거래 비용이라고 한다.

❸ 감소

❹ ○

본책 88~89쪽

1 ③ **2** ② **3** ③

지문 이해

2017 – 3월 고1 학력평가

[사회_경제] 국제 무역의 이익

- 이 글의 중심 화제는 '무역을 통해 이익이 발생하는 이유와 무역에서 수출입 재화의 결정 방식'이다. 1문단에 제시된 질문을 통해 중심 화제를 파악하고 이에 대한 대답을 중심으로 글을 읽어 나가야 한다.
- 3~4문단에서 1문단의 질문에 대한 대답으로, 국가 간 비교 우위 산업의 차이로 무역 이익이 발생하고 수출입 재화가 결정됨을 제시하고 있다. '비교 우위', '기회비용' 등의 개념을 이해하고, 생산 가능 곡선을 통해 무역에서 이익이 발생하는 구조를 이해해야 한다.

1 ¹두 나라가 자발적으로 무역을 하기 위해서는 두 나라 모두 이익을 얻을 수 있어야 한다. ²만일 무역 당사국이 이익을 전혀 얻지 못하거나 손실을 본다면, 이 나라는 무역을 하지 않을 것이기 때문이다. ³그러면 무역을 통해 이익이 발생할 수 있는 이유는 무엇일까? ⁴또 무역에서 수출입 재화는 각각 어떻게 결정될까? **1** 두 나라 모두 이익을 얻을 수 있어야 이루어지는 무역

2 ¹A국과 B국에서 자동차와 신발을 생산하는 상황을 가정해 보자. ²아래 〈그림〉과 같이 A국은 이용 가능한*생산 요소를 모두 투입하여 최대 자동차 10대 혹은 신발 1,000켤레를 만들 수 있다. ³한편, B국에서는 동일한 조건하에 자동차 3대 또는 신발 600켤레를 생산할 수 있다. **2** A국과 B국의 생산 상황 가정

3 ¹이때 국가 간 비교 우위 산업의 차이에 의해서 무역의 이익이 발생할 수 있다. ²비교 우위란 어떤 재화 생산의 기회비용이 다른 나라보다 작은 경우를 의미하며, 이때 기회비용이란 그 재화 생산으로 인해 포기

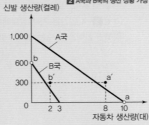

〈그림〉 A국과 B국의 *생산 가능 곡선

해야 하는 다른 재화의 가치를 말한다. ³위의 상황에서 A국이 자동차를 1대 더 생산하기 위해서는 신발 생산을 100켤레 줄여야 한다. ⁴즉, A국 입장에서 자동차 1대 생산의 기회비용은 신발 100켤레와 같다. ⁵한편, B국은 자동차 1대 생산의 기회비용이 신발 200켤레가 된다. ⁶이 경우 A국의 자동차 생산의 기회비용이 B국의 그것보다 작으므로, A국이 자동차 생산에 있어 비교 우위를 갖고 있다. ⁷반면, ㉠B국은 신발 생산에 있어 비교 우위를 갖게 된다. **3** A국과 B국의 비교 우위 산업

4 ¹따라서 A국이 자동차를 특화해 B국에 수출하고, B국은 신발을 특화해 A국에 수출하면 무역을 하지 않을 때에 비해 양국 모두 이익을 얻을 수 있다. ²위 〈그림〉에서 A국이 자동차만 10대 생산(a)하고 B국이 신발만 600켤레를 생산(b)해서 양국이 무역을 한다고 하자. ³이때 A국이 자동차 2대를 수출하고 그 대신 B국으로부터 신발 300켤레를 수입한다면, A국은 자동차 8대와 신발 300켤레의 조합(a′)을, B국은 자동차 2대와 신발 300켤레의 조합(b′)을 소비할 수 있다. ⁴즉 무역을 통해 양국은 무역 이전에는 생산할 수 없었던 재화량의 조합을 생산하는 것과 같은 효과를 갖게 되어 무역을 통한 이익을 얻을 수 있다. **4** 무역을 통한 A국과 B국의 이익

5 ¹이처럼 각국의 비교 우위 산업이 존재하는 이유에 대해 20세기 초의 경제학자 헥셔는 국가 간 *생산 요소 부존량의 상대적 차이가 비교 우위를 낳는다고 보았다. ²그에 따르면, 각국은 타국에 비해 상대적으로 풍부한 생산 요소를 집약적으로 사용하는 재화의 생산에 비교 우위를 갖는다. ³즉 재화마다 각 생산 요소들이 투입되는 비율이 다르기 마련인데, 어떤 재화 생산에 특정 생산 요소가 집약적으로 사용된다면 그 생산 요소를 다른 나라들에 비해 풍부하게 보유하고 있는 국가가 해당 재화의 생산에 비교 우위를 갖게 된다는 것이다. ⁴예를 들어, 어떤 국가가 자동차·선박 등 자본 집약재의 수출국이고 신발·의류 등 노동 집약재의 수입국이라면, 그 국가는 타국에 비해 자본은 상대적으로 풍부하고 노동은 그렇지 않다고 판단할 수 있다. **5** 비교 우위 산업이 존재하는 이유

6 ¹각국의 비교 우위 산업은 국가 간 생산 요소 부존량의 상대적 차이가 변화함에 따라 바뀔 수도 있다. ²우리나라도 과거 경공업 위주의 노동 집약적 산업에서 자본 집약적인 중화학 공업, 최근의 지식 집약적인 IT 산업까지 주요 산업 및 수출품이 변화해 왔다. ³이는 경제 성장에 따라 각 생산 요소들의 부존 비율이 변화함으로써 우리나라의 비교 우위 산업이 변화해 왔기 때문이다. **6** 비교 우위 산업의 변화

*생산 요소 재화를 생산하기 위해 필요한 노동, 자본 등의 투입 요소.
*생산 가능 곡선 한 경제의 이용 가능한 생산 요소들을 가장 효율적으로 투입하여 생산할 수 있는 각 재화 생산량의 조합을 나타낸 선.
*생산 요소 부존량 한 경제 내에 존재하고 있는 생산 요소의 양.

주제 국제 무역에서 이익을 발생하게 하는 비교 우위 산업

핵심 내용 이해

1 윗글을 통해 답할 수 없는 질문은? 답 ③

① 각국의 비교 우위 산업이 변할 수 있는 이유는 무엇인가?
　근거 **6**-1 각국의 비교 우위 산업은 국가 간 생산 요소 부존량의 상대적 차이가 변화함에 따라 바뀔 수 있다.

② 자발적인 무역이 한 나라의 각 재화 생산에 어떤 영향을 미칠 수 있는가?
　근거 **3**-6~7, **4**-1 각 나라가 비교 우위를 갖는 산업의 재화를 특화해 무역을 하면 양국 모두 이익을 얻을 수 있다. 이때 각국이 자국의 비교 우위 산업을 특화하면서 각 재화 생산량이 변화할 수 있다.

✓③ 어떤 재화 생산에 투입되는 각 생산 요소의 비율은 어떻게 결정되는가?
　근거 **5**-3 재화마다 각 생산 요소들이 투입되는 비율이 다르다고 언급하고 있지만 재화마다 투입되는 각 생산 요소의 비율이 어떻게 결정되는지는 나타나 있지 않다. → 답할 수 없으므로 정답

④ 자발적인 무역에서 어떤 재화가 수출품이 되고 어떤 재화가 수입품이 되는가?
　근거 **3**-6~7, **4**-1, 3 비교 우위를 갖는 산업의 재화가 수출품이 되고 그렇지 않은 재화는 수입품이 된다.

⑤ 국가 간 생산 요소 부존량의 상대적 차이가 자발적인 무역에 미치는 영향은 무엇인가?
　근거 **5**-1 국가 간 생산 요소 부존량의 상대적 차이로 비교 우위가 발생한다.
　근거 **3**-1 비교 우위 산업의 차이에 의해 무역의 이익이 발생할 수 있다.

2 ㉠의 이유로 가장 적절한 것은?   답 ②

① B국의 신발 생산의 기회비용이 자국의 자동차 생산의 기회비용보다 크기 때문이다.

> 근거 **3**-2 동일한 재화 생산의 기회비용을 다른 나라와 비교했을 때 더 작아야 비교 우위를 갖는다.

✓② B국의 신발 생산의 기회비용이 A국의 신발 생산의 기회비용보다 작기 때문이다.

> 근거 **2**-2~3 B국의 신발 1켤레 생산의 기회비용은 자동차 1/200(3/600)대로, A국의 신발 1켤레 생산의 기회비용인 자동차 1/100(10/1000)대보다 작다.
> 근거 **3**-2, 6 신발 생산의 기회비용을 비교했을 때 B국이 A국보다 작기 때문에 B국이 신발 생산에 있어 비교 우위를 갖게 된다. → 적절하므로 정답

③ B국의 신발 생산의 기회비용이 A국의 자동차 생산의 기회비용보다 작기 때문이다.

> 근거 **3**-2 비교 우위는 동일한 재화 생산의 기회비용을 비교해야 한다.

④ 이용 가능한 생산 요소를 모두 투입했을 때, B국이 A국보다 신발 생산량이 더 커지기 때문이다.

> 근거 **2**-2~3 이용 가능한 생산 요소를 모두 투입했을 때, A국은 신발 1,000켤레, B국은 신발 600켤레를 생산할 수 있으므로 B국의 생산량이 더 작다.
> 근거 **3**-2 그리고 비교 우위는 단순히 생산량을 비교하는 것이 아니라 재화 생산의 기회비용을 비교하는 것이다.

⑤ 이용 가능한 생산 요소를 모두 투입했을 때, B국의 자동차 생산량보다 신발 생산량이 더 커지기 때문이다.

> 근거 **3**-2 비교 우위는 동일한 재화 생산의 기회비용을 다른 나라와 비교하는 것이다.

3 윗글에 근거하여 〈보기〉의 상황을 이해한 것으로 적절하지 않은 것은?   답 ③

▶ 갑국과 을국의 생산 가능 곡선을 해석해야 한다.

구분		갑국	을국
〈그림 1〉 1970년	가발 생산의 기회비용	선박 4/50=0.08척	선박 20/100=0.2척
		→ 비교 우위: 갑국	
	선박 생산의 기회비용	가발 50/4=12.5개	가발 100/20=5개
			→ 비교 우위: 을국
〈그림 2〉 2017년	가발 생산의 기회비용	선박 30/100=0.3척	선박 25/150=약 0.16척
			→ 비교 우위: 을국
	선박 생산의 기회비용	가발 100/30=약 3.33개	가발 150/25=6개
		→ 비교 우위: 갑국	

보기

〈그림 1〉과 〈그림 2〉는 각각 갑국과 을국의 1970년과 2017년의 생산 가능 곡선을 나타낸 것이다. (단, 가발은 노동 집약적 재화, 선박은 자본 집약적 재화이다. 또한 생산 요소는 노동과 자본만 존재한다.)

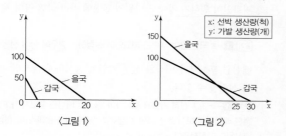

x: 선박 생산량(척)
y: 가발 생산량(개)

〈그림 1〉   〈그림 2〉

① 1970년, 갑국이 선박을 2척 더 생산하기 위해서는 가발 생산을 25개 줄여야 했을 것이다.

> ▶ 1970년 갑국의 선박 1척 생산의 기회비용은 가발 12.5개이므로 선박을 2척 더 생산하기 위해서는 가발 생산을 25개 줄여야 했을 것이다.

② 1970년, 갑국은 을국에 비해 자본보다는 노동이 상대적으로 풍부했을 것이다.

> 근거 **5**-3 노동을 다른 나라들에 비해 풍부하게 보유하고 있는 국가가 노동 집약적 재화의 생산에 비교 우위를 갖게 된다. 1970년 갑국은 노동 집약적 재화인 가발 생산에 있어 비교 우위를 갖고 있으므로 을국에 비해 노동이 상대적으로 풍부했을 것이다.

✓③ 2017년 선박 생산의 기회비용은 을국이 갑국에 비해 2배 이상 클 것이다.

> ▶ 2017년 을국의 선박 1척 생산의 기회비용은 가발 6개로, 갑국의 선박 1척 생산의 기회비용인 가발 약 3.33개의 2배가 되지 않는다. → 적절하지 않으므로 정답

④ 2017년, 을국은 갑국에 비해 노동의 부존 비율이 상대적으로 클 것이다.

> 근거 **5**-1~2 노동의 부존 비율이 상대적으로 크면 노동을 집약적으로 사용하는 재화의 생산에 비교 우위를 갖는다. 2017년 을국은 노동 집약적 재화인 가발 생산에 비교 우위를 갖고 있으므로 갑국에 비해 노동의 부존 비율이 상대적으로 클 것이다.

⑤ 2017년 갑국이 을국에 선박 1척을 수출하고 을국으로부터 가발 4개를 수입한다면, 무역 전에 비해 갑국이 소비할 수 있는 재화량의 조합이 늘어날 것이다.

> ▶ 2017년 갑국의 선박 1척 생산의 기회비용은 가발 약 3.33개인데 무역을 통해 선박 1척으로 가발 4개를 수입한다면 기회비용보다 많은 양을 얻게 된다. 따라서 무역 전에 비해 갑국이 소비할 수 있는 재화량의 조합이 늘어날 것이다.

▶ 지문 분석   본책 90~91쪽

1 무역, 수출입 재화

2 ❶ 자발적   ❷ 이익   ❸ 비교 우위
  ❹ 기회비용   ❺ 무역   ❻ 부존량
  ❼ 집약적   ❽ 상대적

3 ❶ 원인   ❷ 결과

▶ 선지 판단 연습

❶ ○
❷ ✕   해설 무역 이전에는 생산할 수 없었던 재화량의 조합을 생산하는 것과 같은 효과를 내므로 무역은 이익이 된다.
❸ ✕   해설 헥셔는 각국의 비교 우위 산업은 국가 간 생산 요소 부존량의 상대적 차이에 따라 결정된다고 보았다.
❹ 생산 요소 부존 비율

1 ③　**2** ③　**3** ④

지문 이해

2020 - 6월 고2 학력평가

[사회_법] 국민 참여 재판

- 이 글의 중심 화제는 '국민 참여 재판'이다. 1문단에서 국민 참여 재판의 개념을 설명하고, 국민 참여 재판이 진행되는 경우를 제시하는 것에서 중심 화제를 파악해야 한다.
- 국민 참여 재판의 진행 과정을 '배심원 선정, 증거 조사, 평의, 평결, 판결'의 절차에 따라 설명하고 있음을 파악하고 각 단계를 구분하여 재판부와 배심원의 역할을 이해해야 한다. 특히 배심원 선정 단계를 자세하게 설명하고 있으므로 배심원 선정 방법을 파악하며 독해해야 한다.

1 ¹국민 참여 재판이란, 일반 국민이 형사 재판에 배심원으로 참여하여 법정 공방을 지켜본 후 피고인의 유·무죄에 대한 판단을 내리고 적정한 형을 제시하면 재판부가 이를 참고하여 판결을 선고하는 제도이다. ²「국민의 형사 재판 참여에 관한 법률」에 규정된 범죄 중 피고인이 신청하는 경우에 한해 진행되며, 피고인이 원한다 하더라도 적절하지 않다고 판단되는 경우 법원은 국민 참여 재판으로 진행하지 않을 수 있다.
　　　　　　　　　　　1 국민 참여 재판이 진행되는 경우

2 ¹국민 참여 재판에서 ①배심원 선정은 매우 중요하다. ²배심원을 선정하기 전 법원은 먼저 필요한 배심원의 수와 예비 배심원의 수를 결정한다. ³법정형이 사형, 무기 징역 등에 해당하는 사건의 경우에는 9인의 배심원이, 그 외의 경우에는 7인의 배심원이 재판에 참여하게 된다. ⁴다만 피고인이 *공소 사실의 주요 내용을 인정했을 경우에는 5인의 배심원이 참여할 수 있다. ⁵또한 법원은 배심원의 결원 등에 대비하여 5인 이내의 예비 배심원을 둘 수 있는데, 이들은 *평의와 *평결만 참여할 수 없을 뿐 배심원과 동일한 역할을 수행한다. ⁶배심원과 예비 배심원을 합한 수만큼 인원을 선정한 후, 추첨을 통해 예비 배심원을 선정한다. ⁷누가 예비 배심원인지는 평의에 들어가기 직전에 공개한다.
　　　　　　　　2 배심원 선정 1: 배심원과 예비 배심원의 수 결정

3 ¹배심원 선정을 위해 해당 지방 법원은 사전에 작성한 배심원 후보 예정자 명부 중에서 필요한 수의 '배심원 후보자'를 무작위로 추출하여 그들에게 배심원 선정 기일을 통지한다. ²통지를 받은 배심원 후보자는 법률에 규정되어 있는, 배심원이 될 수 없는 사유에 해당되지 않는 한 배심원 선정 기일에 출석해야 하며, 정당한 사유 없이 출석하지 않을 경우 과태료가 부과된다. 　**3** 배심원 선정 2: 배심원 후보 추출 및 통지

4 ¹선정 기일에 '출석한 배심원 후보자'들 중에서 필요한 배심원과 예비 배심원을 합한 수만큼을 추첨한다. ²이렇게 선정된 '추첨된 배심원 후보자'를 대상으로 검사와 변호인은 배심원 선정을 위해 여러 가지 질문을 하게 된다. ³답변을 듣고 자신들에게 불리한 결정을 할 우려가 있다고 판단되는 경우 검사와 변호인은 재판부에 배심원 후보자에 대한 기피 신청을 할 수 있다. ⁴기피 신청에는 기피 이유를 제시하고 기피 여부를 재판부가 판단하는 '이유부 기피 신청'과 기피 이유를 제시하지 않아도 재판부에서 무조건 기피 신청을 받아들여야 하는 '무이유부 기피 신청'이 있다. ⁵일반적으로 '이유부 기피 신청'을 먼저 하고, 이것이 재판부에 의해 받아들여지지 않으면 '무이유부 기피 신청'을 한다. ⁶다만 '무이유부 기피 신청'은 '이유부 기피 신청'과

달리 검사와 변호인 모두에게 인원 제한이 있는데, 배심원이 9인인 경우에는 각 5인, 배심원이 7인인 경우에는 각 4인, 배심원이 5인인 경우에는 각 3인까지 가능하다. ⁷만약 기피 신청이 받아들여지면, 추첨되지 않은 배심원 후보자를 대상으로 그 인원만큼 다시 추첨하여 배심원 후보자를 뽑고 질문과 기피 신청을 반복하여 필요한 수만큼의 배심원과 예비 배심원을 확정한다.　**4** 배심원 선정 3: 배심원과 예비 배심원의
　　　　　　　　　　　　　　　　　　　추첨 및 확정

5 ¹배심원 및 예비 배심원 선정이 종결되면, 이들은 재판부와 함께 ②증거 조사를 지켜보게 된다. ²증거 조사가 끝나면 재판장은 사건의 쟁점과 적용할 법률, 판단 원칙 등을 설명하고, 배심원 중 누가 예비 배심원인지 알려 준 후 배심원들에게 평의실로 이동하여 ③평의를 시작하게 한다. ³평의가 시작되면 배심원은 법정에서 보고 들은 증거와 진술을 바탕으로 피고인의 유·무죄를 의논하게 된다. ⁴배심원 사이에 유·무죄에 관한 의견이 만장일치로 정해지면 그에 따라 평결서를 작성하여 재판부에 제출한다. ⁵만약 의견이 일치되지 않으면 반드시 재판부의 의견을 듣고 다시 평의를 진행한 후 다수결로 평결서를 작성하게 된다. ⁶그리고 평결이 유죄인 경우에는 재판부와 함께 피고인에게 부과할 적정한 형에 대해 토의한 후 *양형에 대한 최종 의견을 재판부에 알려 준다.
　　　　　　　　　　　　　5 증거 조사, 평의, 평결

6 ¹이후 재판장은 피고인에게 유·무죄 여부와 유죄인 경우 그 형에 대한 판결을 선고하게 된다. ²배심원의 평결과 양형 의견은 재판장이 판결을 할 때 권고적 효력만을 가진다. ³하지만 재판장은 판결 선고 시 피고인에게 배심원의 평결 결과를 알려 주어야 하며, 만약 배심원의 평결 결과와 다른 판결을 선고할 때에는 피고인에게 반드시 그 이유를 설명하고 판결서에도 그 이유를 기재해야 한다. ⁴재판장이 판결 종결을 알리면 배심원의 임무 역시 모두 끝나게 된다.
　　　　　　　　　　　　　　　　　　6 판결 선고

*공소 검사가 법원에 특정 형사 사건의 재판을 청구함.
*평의 피고인의 유·무죄를 판단하기 위한 배심원의 논의 절차.
*평결 유·무죄에 대한 배심원의 최종적인 판단.
*양형 형벌의 정도를 정하는 일.

주제 국민 참여 재판의 특징과 진행 과정

세부 정보 파악

1 윗글에 대한 이해로 가장 적절한 것은?　　　　답 ③

① 예비 배심원은 재판이 끝날 때까지 모든 과정을 배심원과 함께 수행한다.

　근거 **2**-5 예비 배심원은 평의와 평결을 제외한 과정을 배심원과 함께 수행한다.

② 피고인이 원하지 않아도 법원의 결정에 따라 국민 참여 재판이 열릴 수 있다.

　근거 **1**-2 국민 참여 재판은 피고인이 신청하는 경우에 한해 진행된다.

✓③ 배심원 후보자가 배심원 선정 기일에 출석하지 않으면 배심원으로 선정될 수 없다.

　근거 **4**-1~3, 7 선정 기일에 출석하여 '출석한 배심원 후보자'가 되어야, '추첨된 배심원 후보자'로 선정되고 검사와 변호인의 질문과 기피 신청을 거쳐 배심원으로 확정된다. → 적절하므로 정답

④ 국민 참여 재판은 일반 국민들이 배심원으로 참여하여 직접 판결까지 선고하는 제도이다.

근거 **1**-1 국민 참여 재판은 일반 국민이 배심원으로 참여하여 피고인의 유·무죄 판단과 적정한 형을 제시하면 재판부가 판결을 선고하는 제도이다.

⑤ 재판장은 배심원의 평결과 다르게 판결하더라도 판결서에 관련된 내용을 기재하지 않아도 된다.

근거 **6**-3 재판장은 배심원의 평결 결과와 다른 판결을 선고할 때에는 판결서에 그 이유를 기재해야 한다.

구체적 상황에 적용

2 윗글을 바탕으로 〈보기〉를 이해한 내용으로 적절하지 않은 것은? 답 ③

보기

다음의 표는 배심원 확정 과정을 나타낸 것으로, 배심원 선정 기일에 출석한 배심원 후보자는 모두 40명임.

	추첨된 배심원 후보자 수	이유부 기피 신청이 받아들여진 후보자 수	무이유부 기피 신청이 받아들여진 후보자 수	확정된 배심원 수
1차	14	3	3	8
2차	6	2	1	3
3차	3	×	×	3

① 3차에 걸쳐 필요한 수만큼의 배심원과 예비 배심원을 모두 확정하였군.

근거 **4**-1~2 '출석한 배심원 후보자' 40명 중 필요한 배심원과 예비 배심원의 수만큼을 1차에서 추첨하여 '추첨된 배심원 후보자' 14명을 선정하였다.

근거 **4**-7 이 중 기피 신청이 받아들여진 인원만큼 다시 추첨하여 3차에 걸쳐 8+3+3=14명을 확정하였다.

② 검사와 변호인 모두 자신들이 신청할 수 있는 최대 인원만큼 '무이유부 기피 신청'을 하지 않았군.

근거 **2**-3~5 배심원은 9인, 7인, 5인으로, 예비 배심원은 5인 이내로 둘 수 있다. 〈보기〉에서 배심원과 예비 배심원의 수가 14명이므로 배심원은 9인이다.

근거 **4**-6 배심원이 9인인 경우 검사와 변호인은 각 5인까지 무이유부 기피 신청을 할 수 있다.

근거 **4**-4 그런데 재판부에서 무조건 받아들여야 하는 무이유부 기피 신청이 받아들여진 후보자 수는 4명이므로 최대 인원만큼 신청하지 않았다.

✓③ 추첨된 배심원 후보자에게 제기된 기피 이유가 재판부에 의해 정당하다고 인정된 경우는 모두 9명이군.

근거 **4**-4 제기된 기피 이유가 정당한지를 재판부가 판단하는 이유부 기피 신청이 받아들여진 경우는 모두 5명이다. → 적절하지 않으므로 정답

④ 출석한 배심원 후보자 중 17명은 검사와 변호인에게 배심원 선정과 관련하여 어떠한 질문도 받지 못했겠군.

근거 **4**-1~2 '출석한 배심원 후보자' 40명 중 1~3차에 걸쳐 '추첨된 배심원 후보자'가 된 14+6+3=23명만 질문을 받고 나머지 17명은 질문을 받지 못했다.

⑤ 1차에 추첨된 배심원 후보자 수를 볼 때 법원은 이번 재판에 9명의 배심원과 5명의 예비 배심원을 두기로 결정했었군.

근거 **4**-1 '출석한 배심원 후보자'들 중 필요한 배심원과 예비 배심원을 합한 수만큼을 1차에서 추첨하는데 이때 추첨된 후보자 수가 14명이다.

근거 **2**-3~5 배심원은 9인, 7인, 5인이 가능하고 예비 배심원은 5인 이내이므로 배심원은 9인, 예비 배심원은 5인으로 결정했다고 볼 수 있다.

구체적 사례에 적용

3 윗글을 바탕으로 〈보기〉의 사례를 이해한 내용으로 적절하지 않은 것은? 답 ④

보기

6월의 어느 날 김한국 씨는 국민 참여 재판의 배심원으로 참석해 달라는 등기 우편을 받았다. 배심원 선정 기일 아침 △△ 지방 법원을 찾아간 김한국 씨는 검사·변호인과의 질의응답 후 배심원으로 선정되었다. 늦은 밤까지 증거 조사가 진행되었고, 배심원 교체 없이 진행된 평의에서는 유·무죄에 대한 의견이 만장일치가 되지 않았다. 치열한 재논의 끝에 유죄와 무죄에 대해 각 2:5의 의견으로 평결서를 작성하였고, 재판장은 최종적으로 피고인에게 무죄를 선고하였다.
<small>배심원 후보 예정자 명부에 포함되어 무작위로 추출됨.</small>
<small>재판부의 의견을 듣고 다시 평의를 진행한 후 다수결로 평결서를 작성해야 함.</small>
<small>배심원 수: 7인 → 법정형이 사형, 무기 징역에 해당하지 않는 사건임.</small>
<small>평의·평결에 참여했으므로 배심원임. 평결이 무죄이므로 양형 의견을 제출하지 않음.</small>

① 등기 우편을 받은 것으로 보아 김한국 씨는 △△ 지방 법원에서 사전에 작성한 배심원 후보 예정자 명부에 포함되어 있었군.

근거 **3**-1 지방 법원은 사전에 작성한 배심원 후보 예정자 명부 중에서 배심원 후보자를 무작위로 추출하여 배심원 선정 기일을 통지한다.

② 평의와 평결에 참여한 것으로 보아 김한국 씨는 예비 배심원이 아닌 배심원으로 선정되었군.

근거 **2**-5 예비 배심원은 평의와 평결에 참여할 수 없다.

③ 배심원 수를 감안하면 해당 사건은 법정형으로 사형이나 무기 징역을 선고할 수 있는 사건은 아니었겠군.

근거 **2**-3 법정형이 사형, 무기 징역에 해당하는 사건에는 9인, 그 외에는 7인의 배심원이 참여한다. 의견이 2:5이므로 참여한 배심원은 7인이다.

✓④ 작성된 평결서를 감안하면 평의 도중 재판부의 의견을 들어 보는 과정 없이 배심원 간에만 논의가 진행되었겠군.

근거 **5**-5 평의에서 의견이 만장일치가 되지 않아 다수결로 평결서를 작성했으므로 재판부의 의견을 듣는 과정을 거친다. → 적절하지 않으므로 정답

⑤ 평결서와 판결을 감안하면 재판부와 배심원 간에 피고인의 양형에 대한 논의는 이루어지지 않았겠군.

근거 **5**-6 평결이 유죄인 경우에 양형에 대한 논의가 이루어지는데, 평결이 무죄이므로 양형에 대한 논의는 이루어지지 않는다.

▶ **지문 분석** 본책 94~95쪽

1 국민 참여 재판

2 ❶ 형사 재판　　　❷ 피고인　　　❸ 평의
　 ❹ 배심원 선정 기일　❺ 기피 신청　❻ 재판부
　 ❼ 만장일치　　　❽ 판결서

3 과정

▶ **선지 판단 연습**

❶ ○
❷ × 　해설 법률에 규정되어 있는 정당한 사유가 있으면 출석하지 않을 수 있다.
❸ 빼고
❹ × 　해설 배심원만 평의에 참여하여 역할을 수행한다.

1 ③　　**2** ⑤　　**3** ②

지문 이해

[사회_법] 제조물 책임법

· 이 글의 중심 화제는 '제조물 책임법'이다. 1문단에서 제조물 책임법의 제정 배경과 목적을 설명하는 것에서 중심 화제를 파악하고, 이와 관련된 정보를 중심으로 글을 읽어 나가야 한다.

· 제조물 책임법의 개념을 제시한 후 제조물 책임법의 주요 내용인 적용 범위, 결함의 유형, 피해자의 입증 책임, 제조업자의 면책 사유·배상 의무 등을 설명하고 있다. 중심 화제와 관련된 정보가 병렬적으로 제시되는 글임을 이해하고 각 항목별 특징을 파악하되 예외적인 부분에 주목해 독해해야 한다.

1 ¹현대 산업 사회에서는 주로 대량 생산이 이루어지기 때문에 그 과정에서 결함 상품이 발생하고, 이에 따라 소비자의 피해도 발생한다. ²이런 경우 피해를 입은 소비자가 구제를 받기 위해서는 제조물의 제조 과정에서 제조자의 과실이 있었고 그 과실에 따른 결함으로 피해가 발생하였음을 입증하여야 하는데 그것은 상당히 어렵다. ³이에 소비자가 쉽게 피해 구제를 받을 수 있도록 하기 위해 제조물 책임법을 제정하여 시행하고 있다.
1 소비자가 쉽게 피해 구제를 받도록 하기 위해 제정된 제조물 책임법

2 ㉮제조물 책임법은 제조업자에게 고의나 과실이 없더라도 제조물의 결함으로 인해 생명·신체·재산상의 손해를 입은 사람에 대하여 제조업자가 손해 배상 책임을 지도록 하는 법률이다. ²이 법이 적용되는 ⓐ제조물과 ⓑ제조업자의 범위를 살펴보면, 제조물은 공산품, 가공식품 등의 제조 또는 가공된 물품을 의미하는 것으로, 일상생활에서 사용하고 있는 거의 모든 물품이 포함된다. ³또한 중고품, 폐기물, 부품, 원재료도 적용 대상이 된다. ⁴그러나 미가공 농수축산물 등은 원칙적으로 제조물의 범위에서 제외되는데, 농수축산물 등 일차 농산품에까지 확대할 경우 농업인 등이 쉽게 소송의 대상이 될 뿐만 아니라 연대 책임 조항에 의하여 유통업자와 가공업자의 과실에 대해서도 불공정하게 책임을 질 우려가 있기 때문이다. ⁵그리고 손해 배상의 책임 주체인 제조업자에는 부품 또는 완성품의 제조업자, 제조물 수입을 업(業)으로 하는 자, 자신을 제조자 혹은 수입업자로 표시한 자가 포함된다. ⁶제조업자를 알 수 없는 경우에는 제조물의 공급업자도 해당된다.
2 제조물 책임법이 적용되는 제조물과 제조업자의 범위

3 ¹제조물 책임은 제조물에 결함이 존재하는가 여부에 의해 결정되는데, 결함의 유형에는 제조상의 결함, 설계상의 결함, 표시상의 결함이 있다. ²제조상의 결함은 제조업자가 제조 또는 가공상의 주의 의무를 이행하였음에도 불구하고 제조물이 원래 의도한 설계와 다르게 제조 또는 가공됨으로써 안전하지 못하게 된 경우이며, 설계상의 결함은 제조업자가 소비자를 고려하여 합리적으로 설계했다면 피해나 위험을 줄이거나 피할 수 있었음에도 그렇게 하지 않아 제조물이 안전하지 못하게 된 경우를 말한다. ³표시상의 결함은 제조업자가 합리적인 설명·지시·경고 또는 그 밖의 표시를 하였더라면 해당 제조물에 의하여 발생할 수 있는 피해나 위험을 줄이거나 피할 수 있었음에도 이를 표시하지 않은 경우를 말한다.
3 제조물 결함의 유형

4 ¹그런데 피해자가 제조업자에게 손해 배상을 청구하려면 원칙적으로 제조물의 결함 사실과 손해 발생의 사실, 그리고 제조물의 결함과 손해 발생의 인과 관계를 입증해야 한다. ²하지만 소비자의 입장에서 이를 입증하는 것은 쉽지 않다. ³그래서 제조물 책임법은 소비자가 제조물을 통상적인 방법으로 사용하다가 사고가 발생했다는 사실만 입증하면 해당 제조물 자체에 결함이 있었고 그 결함으로 인하여 피해가 발생한 것으로 추정하도록 하고 있다.
4 손해 배상 청구 시 피해자의 입증 요소

5 ¹한편 제조물의 결함으로 손해가 발생한 경우에 제조업자는 다음 중 어느 하나를 입증하면 손해 배상 책임을 면할 수 있다. ²첫째, 제조업자가 해당 제조물을 공급하지 아니한 사실, 둘째, 제조업자가 해당 제조물을 공급한 때의 과학·기술 수준으로는 결함의 존재를 발견할 수 없었다는 사실, 셋째, 제조업자가 해당 제조물을 공급할 당시의 법령이 정하는 기준을 준수함으로써 제조물의 결함이 발생한 사실 등이다. ³그 밖에 원재료 또는 부품 제조업자의 경우에는 해당 원재료 또는 부품을 사용한 제조물 제조업자의 설계 또는 제작에 관한 지시로 인하여 결함이 발생하였다는 사실을 입증하면 책임을 지지 않아도 된다. ⁴그러나 면책 사유에 해당하더라도 제조업자가 제조물의 결함을 알면서도 적절한 피해 예방 조치를 하지 않은 경우, 또는 주의를 기울였다면 충분히 알 수 있었을 결함을 발견하지 못한 경우에는 책임을 피할 수 없다.
5 제조업자의 면책 사유

6 ¹제조물 책임법에 따른 제조업자의 배상 의무는 피해자의 생명·신체 또는 재산상의 손해에 대한 것으로 한정되고, 결함이 있는 제조물 자체는 민법에 따라 유통업자나 판매업자에게 구제받아야 한다. ²예컨대, 결함이 있는 녹즙기로 인하여 손을 다쳤을 경우, 치료비는 제조업자에게 배상받고 불량품인 녹즙기는 판매업자에게 환불받을 수 있다.
6 제조물 책임법에 따른 제조업자의 배상 의무

주제 제조물 책임법의 주요 내용

세부 정보 파악

1 ⓐ와 ⓑ에 대한 이해로 적절하지 **않은** 것은?　　답 ③

① 화장품, 건전지와 달리 고등어는 ⓐ에 포함되지 않는다.
　근거 **2**-2 화장품, 건전지는 공산품이므로 제조물(ⓐ)에 포함된다.
　근거 **2**-4 고등어는 미가공 농수축산물이므로 제조물(ⓐ)에 포함되지 않는다.

② 중고 자동차는 ⓐ에 포함되며, 이를 수입하는 자는 ⓑ에 해당된다.
　근거 **2**-3 중고 자동차는 중고품이므로 제조물(ⓐ)에 포함된다.
　근거 **2**-5 제조물인 중고 자동자를 수입한 자는 제조업자(ⓑ)에 해당된다.

✓③ 복숭아 통조림은 ⓐ에 포함되고, 이를 제조한 자와 복숭아를 생산한 자 모두 ⓑ에 해당된다.
　근거 **2**-2 복숭아 통조림은 가공식품이므로 제조물(ⓐ)에 포함된다.
　근거 **2**-5 복숭아 통조림을 제조한 자는 제조업자(ⓑ)에 해당된다.
　근거 **2**-4~5 미가공 농수축산물인 복숭아는 제조물에 포함되지 않으므로 복숭아를 생산한 자는 제조업자(ⓑ)에 해당되지 않는다. → 적절하지 않으므로 정답

④ 자동차 부품의 결함으로 자동차가 고장이 났다면 자동차 부품을 만든 자는 ⓑ에 해당되므로 손해 배상의 책임이 있다.
　근거 **2**-3, 5 자동차 부품은 제조물에 포함되므로 자동차 부품을 제조한 자는 제조업자(ⓑ)에 해당된다.
　근거 **2**-1 제조물 책임법에 따르면 제조업자는 손해 배상 책임이 있다.

⑤ 전자 제품에 결함이 발생했지만 제품을 공급했을 당시의 기술 수준으로는 발견할 수 없었던 결함이라면 ⓑ는 손해 배상에 대한 면책 요건을 갖추고 있다.

근거 **5**-1~2 제조물을 공급한 때의 기술 수준으로는 결함의 존재를 발견할 수 없었음을 입증하면 제조업자(ⓑ)는 손해 배상 책임을 면할 수 있다.

내용 추론
2 ㉮와 〈보기〉의 ㉯를 비교한 것으로 적절하지 <u>않은</u> 것은?　답 ⑤

보기
　　㉯리콜 제도는 소비자의 생명·신체 및 재산상에 위해를 끼치거나 끼칠 우려가 있는 제품 결함이 발견된 경우, 제조업자 스스로 또는 정부의 강제 명령에 의해 제품의 결함 내용을 소비자에게 알리고 제품 전체를 대상으로 수거·파기 및 수리·교환·환급 등의 적절한 시정 조치를 취함으로써 결함 제품으로 인한 위해 확산을 방지하고자 하는 소비자 보호 제도이다.
　　소비자의 입장에서 보면 결함 제품에 의한 피해의 확산을 방지하여 안전한 소비 생활을 영위할 수 있도록 하며, 기업의 입장에서 보면 안전사고를 미연에 방지함으로써 소비자 피해에 대한 손해 배상의 부담을 줄일 수 있다.

(밑줄 주석) 피해가 발생하지 않은 경우도 포함됨.
(밑줄 주석) 소비자의 입증이 없어도 됨.

① ㉮가 사후 피해 구제에 중점을 두고 있다면, ㉯는 결함 제품에 의한 피해 확산 방지에 중점을 두고 있다.

근거 **1**-3 제조물 책임법(㉮)은 소비자가 피해 구제를 받을 수 있도록 하지만, 리콜 제도(㉯)는 결함 제품에 의한 피해의 확산을 방지하고자 한다.

② ㉮는 결함 제품으로 인한 소비자 피해 사실에 대해, ㉯는 결함 제품에 대해 책임을 지는 제도이다.

근거 **2**-1 제조물 책임법(㉮)은 제조물의 결함으로 인한 소비자의 손해에 대해 제조업자가 배상 책임을 지도록 하는 제도이고, 리콜 제도(㉯)는 결함 제품에 대해 수거·파기 및 수리·교환·환급 등의 시정 조치를 취하는 제도이다.

③ ㉮와 달리 ㉯는 제품 결함이 발견된 경우 소비자에게 결함 내용을 알리는 제도이다.

▶ 리콜 제도(㉯)는 제품 결함이 발견된 경우 결함 내용을 소비자에게 알리지만, 제조물 책임법(㉮)은 이러한 규정이 제시되고 있지 않다.

④ ㉯와 달리 ㉮는 소비자의 요청이 있어야만 이행된다.

근거 **4**-1 제조물 책임법(㉮)은 피해를 입은 소비자가 제조업자에게 손해 배상을 청구해야 한다. 이와 달리 리콜 제도(㉯)는 제조업자 스스로 또는 정부의 강제 명령에 의해 시행된다.

✓⑤ ㉮와 ㉯는 모두 제조물의 결함으로 인한 <u>소비자의 손해 발생을 필수 조건</u>으로 하고 있다.

근거 **2**-1 제조물 책임법(㉮)은 제조물의 결함으로 인해 소비자의 손해가 발생했을 때 적용된다. 그러나 리콜 제도(㉯)는 제품 결함으로 소비자에게 위해를 끼칠 우려가 있을 때도 피해의 확산을 방지하기 위해 시행되므로 <u>소비자의 손해 발생이 필수 조건은 아니다.</u> → 적절하지 않으므로 정답

구체적 상황에 적용
3 윗글을 바탕으로 〈보기〉의 사례를 이해한 반응으로 적절하지 <u>않은</u> 것은?　답 ②

▶ **3**에 제시된 제조물 결함의 세 가지 유형 중 〈보기〉의 (가)와 (나)가 각각 어떤 유형에 해당하는지 파악해야 한다.

보기
　(가) A는 안심 버튼이 있어 사용 중 넘어져도 뜨거운 물이 쏟아지지 않는다는 광고를 보고 B사의 전기 주전자를 C 마트에서 구입하였다. 그러나 물을 끓이던 도중 B사의 전기 주전자가 넘어져 쏟아진 물에 생후 8개월 된 A의 딸이 양팔에 2~3도의 화상을 입었다. 한국 소비자원의 조사 결과 주전자의 개폐 버튼 부분이 잘못 결합되어 물이 새는 결함이 발견되었다. *(밑줄 주석)* 제품이 원래 의도한 설계와 다르게 제조됨. - 제조상의 결함
　(나) D가 E사의 승용차 탈취제를 구입하여 사용 설명서에 따라 에어컨 통풍구에 분사하던 중 승용차에 화재가 발생하였다. 제품 사용 설명서에는 탈취제가 LP 가스를 포함하고 있어 화재가 발생할 위험이 있다는 문구가 없었다. 조사 결과 탈취제의 LP 가스가 화재의 원인으로 밝혀졌다. *(밑줄 주석)* 제품에 의해 발생할 수 있는 위험을 표시하지 않음. - 표시상의 결함

① A가 B사에 책임을 물으려면 전기 주전자를 통상적으로 사용했음을 입증해야겠군.

근거 **4**-1, 3 A가 제조업자인 B사에 손해 배상을 청구하려면 제조물을 통상적인 방법으로 사용하다가 사고가 발생했다는 사실을 입증해야 한다.

✓② A는 B사로부터 전기 주전자에 대해 환불을 받을 수 있겠군.

근거 **6**-1 결함이 있는 전기 주전자 자체는 제조업자인 B사가 아니라 판매업자인 C 마트로부터 환불받을 수 있다. → 적절하지 않으므로 정답

③ B사는 제조상의 결함을 지닌 제품을 생산했군.

근거 **3**-2 B사의 전기 주전자는 안심 버튼이 설계되었으나 개폐 버튼 부분이 잘못 결합되어 결함이 생겼으므로 제조상의 결함을 지닌 제품이다.

④ D는 승용차 화재로 인해 발생한 피해에 대해 E사에 손해 배상을 청구할 수 있겠군.

근거 **3**-3 E사 승용차 탈취제는 위험을 표시하지 않은 표시상의 결함이 있다.
근거 **2**-1 제조물의 결함으로 인한 손해 배상을 E사에 청구할 수 있다.

⑤ E사가 제조한 승용차 탈취제는 표시상의 결함을 지녔군.

근거 **3**-3 E사의 승용차 탈취제에는 LP 가스를 포함하고 있어 화재가 발생할 위험이 있다는 문구가 표시되지 않았으므로 표시상의 결함이 있다.

▶ 지문 분석　본책 98~99쪽

1 제조물

2 ❶ 구제　　❷ 결함　　❸ 가공
　　❹ 제조업자　❺ 설계상　❻ 통상적인
　　❼ 입증　　❽ 재산

3 ❶ 원칙　　❷ 예외

▶ 선지 판단 연습

❶ 있다
❷ ○
❸ ✕　해설 부품 제조업자가 책임을 면하기 위해서는 해당 부품을 사용한 제조물 제조업자의 설계 또는 제작에 관한 지시로 인하여 결함이 발생했음을 입증해야 한다.
❹ ✕　해설 제조물 책임법은 결함이 있는 제조물로 인한 피해자의 손해에 대한 제조업자의 배상 의무를 다루고 있다.

지문 이해

2019 - 9월 고2 학력평가

[사회_경제] 경기 안정 정책

• 이 글의 중심 화제는 '확장적 정책에 대한 통화주의와 케인스주의의 입장 차이'이다. 1문단에서 경기 안정 정책인 확장적 정책과 긴축적 정책에 대해 설명하고 이것의 효과에 대한 이견이 있음을 말한다. 이 중 확장적 정책을 중심으로 입장 차이를 살펴보자고 하여 중심 화제를 명확하게 제시하고 있다.

• 통화주의와 케인스주의가 확장적 재정 정책과 확장적 통화 정책이 적용되는 과정을 각각 어떻게 설명했는지에 주목하여 확장적 정책에 대한 두 학파의 입장 차이를 파악해야 한다. 확장적 재정 정책의 효과에 대한 두 학파의 입장은 승수 효과, 구축 효과와 관련지어 이해해야 한다.

1 ¹국내외 사정으로 경기가 불안정할 때에 정부와 중앙은행은 경기 안정 정책을 펼친다. ²정부는 정부 지출과 조세 등을 조절하는 재정 정책을, 중앙은행은 통화량과 이자율을 조정하는 통화 정책을 활용한다. ³이 정책들은 경기 상황에 따라 달리 활용된다. ⁴경기가 좋지 않을 때에는 *총 수요를 증가시키기 위해 정부 지출을 늘리거나 조세를 감면하는 확장적 재정 정책이나 통화량을 늘리고 이자율을 낮추는 확장적 통화 정책이 활용된다. ⁵또 경기 과열이 우려될 때에는 정부 지출을 줄이거나 세금을 올리는 긴축적 재정 정책이나 통화량을 줄이고 이자율을 올리는 긴축적 통화 정책이 활용된다. ⁶이러한 정책들의 효과 여부에 대해서는 이견들이 존재하는데 대표적으로 '통화주의'와 '케인스주의'를 들 수 있다. ⁷두 학파의 입장 차이를 확장적 정책을 중심으로 살펴보자. **1** 경기가 불안정할 때 정부와 중앙은행이 펼치는 경기 안정 정책

2 ¹먼저 정부의 시장 개입을 최소화해야 한다고 보는 통화주의는 화폐 수요가 소득 증가에 민감하게 반응한다고 주장했다. ²여기서 화폐란 물건을 교환하기 위한 수단을 말하고, 화폐 수요는 특정한 시점에 사람들이 보유하고 싶어 하는 화폐의 총액을 의미한다. ³통화주의에서는 화폐 수요의 변화에 따라 이자율 변화가 크게 나타나고 이자율이 투자 수요에 미치는 영향도 크다고 보았다. ⁴따라서 불경기에 정부 지출을 증가시키는 재정 정책을 펼치면 국민 소득이 증가함에 따라 화폐 수요가 크게 증가하고 이에 영향을 받아 이자율이 매우 높게 상승한다고 보았다. ⁵더불어 이자율에 크게 영향을 받는 투자 수요는 높아진 이자율로 인해 예상된 투자 수요보다 급격히 감소하면서 경기를 호전시키지 못한다고 보았다. ⁶이 때문에 확장적 재정 정책의 효과가 기대보다 낮을 것이라 주장했다. ⁷결국 불황기에는 정부 주도의 재정 정책보다는 중앙은행의 통화 정책을 통해 통화량을 늘리고 이자율을 낮추는 방식을 택하면 재정 정책과 달리 투자 수요가 증가하여 경기를 부양시킬 수 있다고 본 것이다. **2** 중앙은행의 통화 정책을 통해 경기를 부양시킬 수 있다고 본 통화주의

3 ¹반면에 경기 안정을 위해 정부의 적극적인 개입이 필요하다고 보는 케인스주의는 화폐를 교환 수단으로만 보지 않고 이자율과 역의 관계를 가지는 투기적 화폐 수요가 존재한다고 보았다. ²투기적 화폐 수요는 통화량이 늘어나도 소비하지 않고 더 높은 이익을 얻기

위해 화폐를 소유하고자 하는 수요이다. ³따라서 통화 정책을 통해 통화량을 늘리고 이자율을 낮추면 투기적 화폐 수요가 늘어나 화폐가 시중에 돌지 않기 때문에 투자 수요가 거의 증가하지 않는다고 본 것이다. ⁴즉 케인스주의는 실제로 사람들이 화폐를 거래 등에 얼마나 자주 사용하였는지가 소득의 변화보다 화폐 수요에 크게 영향을 미친다고 본 것이다. ⁵그래서 케인스주의는 확장적 재정 정책을 시행하여 정부 지출이 증가하면 국민 소득은 증가하지만, 소득의 변화가 화폐 수요에 미치는 영향이 작기 때문에 화폐 수요도 작게 증가할 것이라 보았다. ⁶이에 따라 이자율도 낮게 상승하기 때문에 투자 수요가 예상된 것보다 작게 감소할 것이라 보았던 것이다. **3** 경기 안정을 위해 정부의 적극적인 개입이 필요하다고 본 케인스주의

4 ¹또한 확장적 재정 정책의 효과는 ㉠승수 효과와 ㉡구축 효과가 나타나는 정도에 따라 달리 볼 수 있다. ²승수 효과란 정부의 재정 지출이 그것의 몇 배나 되는 국민 소득의 증가로 이어지면서 소비와 투자가 촉진되는 것을 의미한다. ³케인스주의는 이러한 승수 효과를 통해 경기 부양이 가능하다고 보았다. ⁴한편 승수 효과가 발생하기 위해서는 케인스주의가 주장한 바와 같이 정부 지출을 늘렸을 때 이자율의 변화가 거의 없어 투자 수요가 예상 투자 수요보다 크게 감소하지 않아야 한다. ⁵그런데 정부가 재정 정책을 펼치기 위해 재정 적자를 감수하고 국가가 일종의 차용 증서인 국채를 발행해 시중의 돈을 빌리게 되는 경우가 많다. ⁶국채 발행으로 시중의 돈이 정부로 흘러 들어가면 이자율이 오르고 이에 대한 부담으로 가계나 기업들의 소비나 투자 수요가 감소되는 상황이 발생하게 된다. ⁷결국 세금으로 충당하기 어려운 재정 정책을 펼치기 위해 국채를 활용하는 과정에서 이자율이 올라가고 이로 인해 민간의 소비나 투자를 줄어들게 하는 구축 효과가 발생하게 된다는 것이다. ⁸통화주의에서는 구축 효과에 의해 승수 효과가 감쇄되어 확장적 재정 정책의 효과가 기대보다 줄어들 것이라고 본 것이다. **4** 승수 효과와 구축 효과에 따른 확장적 재정 정책의 효과

5 ¹이처럼 경기를 안정화시키기 위해 특정한 정책의 긍정적 효과만을 고려하여 정책을 시행하게 될 경우 예상치 못한 문제들이 발생하여 기대했던 경기 안정을 가져오지 못할 수 있다. ²경제학자들은 재정 정책과 통화 정책의 의의를 인정하면서, 이 정책들을 적절하게 활용한다면 경기 안정이라는 목적을 달성하는 데에 중요한 열쇠가 될 수 있을 것이라 보았다. **5** 재정 정책과 통화 정책의 적절한 활용

*총 수요 국내에서 생산된 재화와 서비스에 대해 모든 경제 주체들이 일정 기간 동안 구입하고자 하는 것.

주제 확장적 경기 안정 정책의 효과에 대한 통화주의와 케인스주의의 입장 차이

세부 내용 파악

1 윗글을 통해 해결할 수 있는 질문으로 적절하지 않은 것은? 　답 ①

✓ ① 정부의 재정 적자를 해소하는 방법은 무엇인가?

　근거 **4**-5 정부가 재정 정책을 펼치기 위해 재정 적자를 감수하고 국채를 발행하기도 한다는 언급은 있지만 정부의 재정 적자를 해소하는 방법은 드러나 있지 않다. → 적절하지 않으므로 정답

② 확장적 정책과 긴축적 정책의 시행 시기는 언제인가?

[근거] **1**-4~5 경기가 좋지 않을 때에는 확장적 정책을 시행하고, 경기 과열이 우려될 때에는 긴축적 정책을 시행한다.

③ 투기적 화폐 수요가 투자 수요에 미치는 영향은 무엇인가?

[근거] **3**-3 투기적 화폐 수요가 늘어나면 화폐가 시중에 돌지 않기 때문에 투자 수요가 거의 증가하지 않는다.

④ 정부의 지출 증가가 국민 소득에 미치는 영향은 무엇인가?

[근거] **2**-4, **3**-5 확장적 재정 정책을 시행하여 정부의 지출이 증가하면 국민 소득이 증가한다.

⑤ 정부와 중앙은행이 각각 활용하는 경기 안정 정책은 무엇인가?

[근거] **1**-2 정부는 정부 지출과 조세 등을 조절하는 재정 정책을, 중앙은행은 통화량과 이자율을 조정하는 통화 정책을 활용한다.

(세부 내용 파악)

2 ㉠과 ㉡에 대한 설명으로 적절하지 <u>않은</u> 것은?   답 ④

① ㉠은 정부의 재정 지출에 비해 더 큰 소득의 증가가 나타나는 현상에 대한 설명이다.

[근거] **4**-2 승수 효과(㉠)는 정부의 재정 지출이 그것의 몇 배나 되는 국민 소득의 증가로 이어지면서 소비와 투자가 촉진되는 현상에 대한 설명이다.

② ㉡은 세금으로 충당하기 어려운 정부 지출을 위해 시중의 돈이 줄어드는 상황에서 나타나는 것이다.

[근거] **4**-5~7 구축 효과(㉡)는 정부가 세금으로 충당하기 어려운 재정 정책을 펼치기 위해 국채를 발행하여 시중의 돈이 정부로 흘러 들어가면서 발생한다.

③ ㉠과 달리 ㉡은 정부 지출이 정부의 의도만큼 효과를 거두지 못할 것이라는 주장의 근거가 된다.

[근거] **4**-2~3 승수 효과(㉠)는 정부의 재정 지출로 소비와 투자가 촉진되는 것으로, 정부 지출을 통해 경기를 부양할 수 있다는 주장의 근거가 된다.

[근거] **4**-7~8 승수 효과(㉠)와 달리 구축 효과(㉡)는 정부가 재정 정책을 펼치기 위해 국채를 활용하면서 소비나 투자가 줄어드는 것으로, 정부 지출을 늘리는 정책의 경기 부양 효과가 기대만큼 나타나지 않을 것이라는 주장의 근거가 된다.

✓④ ㉡과 달리 ㉠은 정부가 재정 지출을 늘릴 경우 투자 수요가 줄어들 것이라는 주장의 근거가 된다.

[근거] **4**-7 구축 효과(㉡)는 정부가 재정 정책을 펼치기 위해 국채를 활용하는 과정에서 투자가 줄어들 것이라는 주장의 근거가 된다.

[근거] **4**-2 구축 효과(㉡)와 달리 승수 효과(㉠)는 정부가 재정 지출을 늘릴 경우 투자가 늘어날 것이라는 주장의 근거가 된다. → 적절하지 않으므로 정답

⑤ ㉠과 ㉡은 모두 정부 지출을 확대했을 때 발생할 수 있는 결과들에 대해 분석한 것이다.

[근거] **4**-2 승수 효과(㉠)는 정부가 재정 지출을 확대하면 소비와 투자가 촉진될 것이라고 분석한다.

[근거] **4**-7 구축 효과(㉡)는 정부가 재정 지출을 확대하기 위해 국채를 활용하면 소비와 투자가 줄어들 것이라고 분석한다.

(구체적 사례에 적용)

3 윗글을 바탕으로 할 때, 〈보기〉의 A~D에 들어갈 말을 바르게 짝 지은 것은?   답 ①

▶ 긴축적 경기 안정 정책의 활용 상황과 내용을 파악해야 한다.

[근거] **1**-5 경기 과열이 우려될 때 정부 지출을 줄이거나 세금을 올리는 긴축적 재정 정책이나 통화량을 줄이고 이자율을 올리는 긴축적 통화 정책이 활용된다.

보기

국내 사정으로 경기가 (A)되어 정부가 긴축적 재정 정책을 사용하면 시중 통화량이 (B)하고, 이에 따라 이자율이 변동한다. ▶ 국내 사정으로 경기 과열이 우려되는 상황임. 이러한 정책을 통해 경기가 안정되었지만 대외 경제 상황에 의해 경기 (C)이/가 우려된다면, 중앙은행의 경우 통화량을 줄이고 이자율을 (D) 경기 안정을 도모할 수 있다. ▶ 긴축적 통화 정책 → 대외 경제 상황에 의해 경기 과열이 우려되는 상황임.

✓① A: 과열   B: 감소   C: 과열   D: 올려

[근거] **1**-5 정부가 긴축적 재정 정책을 사용한 것으로 보아 경기 과열이 우려되는 상황임을 알 수 있다. 긴축적 재정 정책을 사용해 정부 지출을 줄이면 통화량이 감소할 것이다. 중앙은행이 통화량을 줄이는 긴축적 통화 정책을 사용한 것으로 보아 경기 과열이 우려되는 상황임을 알 수 있다. 긴축적 통화 정책은 이자율을 올려 경기 안정을 도모한다. → 바르게 짝 지었으므로 정답

② A: 과열   B: 증가   C: 침체   D: 내려

[근거] **1**-5 긴축적 재정 정책을 사용하면 통화량이 감소할 것이다. 중앙은행이 통화량을 줄이는 긴축적 통화 정책을 사용한 것으로 보아 경기 과열이 우려되는 상황임을 알 수 있다. 긴축적 통화 정책에서는 이자율을 올린다.

③ A: 과열   B: 감소   C: 침체   D: 올려

[근거] **1**-5 중앙은행이 통화량을 줄이는 긴축적 통화 정책을 사용한 것으로 보아 경기 과열이 우려되는 상황임을 알 수 있다.

④ A: 침체   B: 감소   C: 침체   D: 올려

[근거] **1**-5 정부가 긴축적 재정 정책을 사용한 것으로 보아 경기 과열이 우려되는 상황임을, 중앙은행이 통화량을 줄이는 긴축적 통화 정책을 사용한 것으로 보아 경기 과열이 우려되는 상황임을 알 수 있다.

⑤ A: 침체   B: 증가   C: 과열   D: 내려

[근거] **1**-5 정부가 긴축적 재정 정책을 사용한 것으로 보아 경기 과열이 우려되는 상황임을 알 수 있다. 긴축적 재정 정책을 사용하면 통화량이 감소할 것이다. 통화량을 줄이는 긴축적 통화 정책에서는 이자율을 올린다.

▶ **지문 분석**   본책 102~103쪽

1 통화주의, 케인스주의

2 ❶ 확장적   ❷ 과열   ❸ 국민 소득
　　 ❹ 이자율   ❺ 정부   ❻ 투기적 화폐 수요
　　 ❼ 소비   ❽ 국채

3 대조

▶ **선지 판단 연습**

❶ ✕   [해설] 경기 과열이 우려될 때 활용되는 긴축적 재정 정책이나 긴축적 통화 정책은 모두 시장에 개입하는 정책이다.

❷ 비례

❸ ✕   [해설] 케인스주의는 확장적 재정 정책을 시행하면 국민 소득이 증가한다고 보았다.

❹ ◯

1 ① **2** ⑤ **3** ③

지문 이해

2018-9월 고2 학력평가

[사회_정치] 국가 간 동맹

- 이 글의 중심 화제는 '다른 나라와의 동맹'이다. 1문단에서 '동맹'이라는 용어가 반복되는 것에 주목하여 중심 화제를 파악하고, 동맹 결성 이유, 동맹의 종류, 동맹 관계가 변하는 이유 등 동맹에 대한 정보를 중심으로 글을 읽어야 한다.

- 동맹의 종류를 형태에 따라 방위 조약, 중립 조약, 협상으로 나누고 있으므로 종류별 특징과 차이점에 주목하여 독해해야 한다.

- 동맹 관계가 변하는 이유에 대한 현실주의자들과 구성주의자들의 서로 다른 견해가 나타나므로 견해가 대조되는 지점을 파악해 차이점을 이해해야 한다.

1 ¹국가는 자국의 힘이 외부의 군사적 위협을 견제하기에 충분치 않다고 판단할 때나, 역사와 전통 등의 가치가 위협받는다고 느낄 때 다른 나라와 동맹을 맺는다. ²동맹 결성의 핵심적인 이유는 동맹을 통해서 확보되는 이익이며 이는 동맹 관계 유지의 근간이 된다. **1 동맹 결성의 이유**

2 ¹동맹의 종류는 그 형태에 따라 방위 조약, 중립 조약, 협상으로 나눌 수 있다. ²먼저 방위 조약은 조약에 서명한 국가들 중 어느 한 국가가 침략을 당했을 경우, 다른 모든 서명국들이 공동 방어를 위해서 참전하기를 약속하는 것이다. ³다음으로 중립 조약은 서명국들 중 한 국가가 제3국으로부터 침략을 받더라도, 서명국들 간에 전쟁을 선포하지 않고 중립을 지킬 것을 약속하는 것이다. ⁴마지막으로 협상은 서명국들 중 한 국가가 제3국으로부터 침략을 당했을 경우, 서명국들 간에 공조 체제를 유지할 것인지에 대해 차후에 협의할 것을 약속하는 것이다. ⁵정리하면 세 가지 유형 중 방위 조약의 경우는 동맹국의 전쟁에 개입해야 한다는 강제성이 있기에 동맹국 간의 정치·외교적 관계의 정도가 매우 가깝다. ⁶또한 조약의 강제성으로 인해 전쟁 발발 시 동맹 관계 속에서 국가가 펼칠 수 있는 정치·외교적 자율성은 매우 낮다. ⁷즉 방위 조약이 동맹국 간의 자율성이 가장 낮고, 다음으로 중립 조약, 협상 순으로 자율성이 높아진다. ⁸한 연구에 따르면, 1816년부터 1965년까지 약 150년간 맺어진 148개의 군사 동맹 중에서 73개는 방위 조약, 39개는 중립 조약, 36개는 협상의 형태인데, 평균 수명은 방위 조약이 115개월, 중립 조약이 94개월, 협상은 68개월 정도였다. ⁹따라서 ___⑦___ **2 동맹의 종류**

3 ¹위와 같이 동맹 관계는 고정되어 있지 않다. ²그 이유에 대해 ⑦현실주의자들과 ⓒ구성주의자들은 서로 다른 견해를 보이는데, 이는 국제 사회를 바라보는 시각의 차이에서 기인한다. ³우선 현실주의자들은 국가는 이기적 존재이며 국제 사회의 유일하고 중요한 행위 주체라고 생각한다. ⁴국제 사회는 국가 이상의 단위에서 작동하는 중앙 정부와 같은 존재가 부재하는 일종의 무정부 상태이므로 개별 국가는 힘의 논리로부터 스스로를 지켜야 한다고 본다. ⁵따라서 각 나라는 군사적 동맹을 통해 세력 균형을 이루어 패권 안정을 취하려 한다. ⁶특정한 패권 국가가 출현하면 그 힘을 견제하기 위한 국가들

간의 동맹이 형성되기도 하고, 그 힘에 편승하는 동맹이 형성되기도 한다. ⁷이렇듯 힘의 균형점이 이동함에 따라 세력의 균형을 끊임없이 찾는 과정에서 동맹 관계는 변할 수 있다고 보는 것이다. **3 세력의 균형을 찾는 과정에서 동맹 관계가 변한다고 본 현실주의자들**

4 ¹구성주의자들 역시 현실주의자들처럼 동맹 관계가 고정된 약속이 아니라, 상황에 따라 변할 수 있는 약속이라고 본다. ²구성주의자들은 무정부적 국제 사회를 힘의 분배와 균형 등의 요소로 분석할 수 없다고 비판하며, 관계에 주목한다. ³구성주의자들은 국제 사회의 구성원들이 상호 작용을 하여 상호 간 역할과 가치를 형성하면서 국제 사회 환경의 변화를 만들어 낸다고 본다. ⁴상호 작용의 변화에 따라 동맹은 달라질 수 있는데, 타국이나 국제 사회에 대한 인식이 긍정적이고 국제 사회에서의 구성원들의 역할이 가치가 있다고 판단될 때, 긍정적인 동맹 관계를 맺고 평화로울 수 있지만, 그렇지 않으면 동맹은 파기될 수 있다고 본 것이다. **4 구성원들의 상호 작용의 변화에 따라 동맹 관계가 달라진다고 본 구성주의자들**

주제 동맹의 종류와 동맹 관계가 변하는 이유

세부 정보 비교

1 ⑦과 ⓒ에 대한 설명으로 적절한 것은? 답 ①

✓① 국제 사회의 문제를 ⑦은 힘의 관계에, ⓒ은 상호 인식 관계에 주목하여 설명하였다.

근거 3-7 현실주의자들(⑦)은 힘의 균형점이 이동함에 따라 세력의 균형을 찾는 과정에서 동맹 관계가 변할 수 있다고 보았다.

근거 4-3~4 구성주의자들(ⓒ)은 사회 구성원들이 상호 작용을 통해 상호 간 역할과 가치를 어떻게 인식하는지에 따라 동맹 관계가 변할 수 있다고 보았다. → 적절하므로 정답

② 국제 사회 혼란의 원인을 ⑦은 국가적 이기심, ⓒ은 세력의 불균형 때문이라고 보았다.

근거 3-3 현실주의자들(⑦)은 국가가 이기적 존재이며 국제 사회의 유일하고 중요한 행위 주체라고 생각한다. 따라서 국가적 이기심으로 인해 국제 사회가 혼란해진다고 볼 수 있다.

근거 4-2 구성주의자들(ⓒ)은 무정부적 국제 사회를 힘의 분배와 균형 등의 요소로 분석할 수 없다고 비판하며 관계에 주목한다.

③ 국제 사회의 안정을 유지하기 위해 ⑦은 상호 협력이, ⓒ은 상호 견제가 필요하다고 보았다.

근거 3-5, 7 현실주의자들(⑦)은 세력 균형을 이루면 패권 안정을 취할 수 있고 동맹 관계가 유지될 수 있다고 보았다.

근거 4-4 구성주의자들(ⓒ)은 사회 구성원들이 상호 작용을 하여 타국이나 국제 사회에 대한 인식이 긍정적이고 구성원들의 역할이 가치가 있다고 판단될 때 긍정적인 동맹 관계를 맺고 평화로울 수 있다고 보았다.

④ 동맹이 변화하는 이유를 ⑦은 패권 국가의 출현으로 인한 전쟁으로, ⓒ은 구성원의 자국에 대한 인식의 부재로 보았다.

근거 3-6 현실주의자들(⑦)은 패권 국가가 출현하면 동맹이 형성되기도 한다고 했지만 패권 국가의 출현으로 전쟁이 일어난다고 하지는 않았다.

근거 4-4 구성주의자들(ⓒ)은 타국에 대한 인식의 변화로 동맹이 변할 수 있다고 보았다.

⑤ 국제 사회의 질서 유지를 위해 ㉠은 중앙 정부와 같은 존재가, ㉡은 구성원 간의 고른 역할 분배가 필요하다고 보았다.

근거 **3**-4 현실주의자들(㉠)은 국제 사회는 중앙 정부와 같은 존재가 부재하므로 개별 국가가 <u>스스로를 지켜야 한다</u>고 보았다.

근거 **4**-3~4 구성주의자들(㉡)은 구성원들의 역할에 대한 가치 판단에 따라 동맹이 달라질 수 있다고 했지만 <u>구성원 간의 고른 역할 분배가 필요하다고 언급하고 있지는 않</u>다.

---

2 ㉮에 들어갈 내용으로 적절한 것은?   답 ⑤

▶ 동맹의 종류에 따른 관계의 밀접성, 자율성, 수명을 찾아 이것의 관계를 파악해야 한다.

근거 **2**-5 동맹국 간의 정치·외교적 관계의 정도는 방위 조약이 매우 가깝다.
근거 **2**-7 동맹국 간의 자율성은 방위 조약, 중립 조약, 협상 순으로 높아진다.
근거 **2**-8 동맹의 평균 수명은 방위 조약, 중립 조약, 협상 순으로 단축된다. 따라서 동맹 관계가 가깝고 자율성이 낮을수록 동맹 관계의 수명이 연장된다.

① 동맹 관계가 멀고 자율성이 높을수록 그 수명이 <u>연장</u>되었음을 알 수 있다.
근거 **2**-5~6 동맹 관계가 가까우면 자율성이 낮으므로 동맹 관계가 멀면 자율성이 높을 것이다.
근거 **2**-7~8 자율성이 높을수록 동맹 관계의 수명이 단축된다.

② 동맹 관계가 멀고 자율성이 <u>낮을수록</u> 그 수명이 단축되었음을 알 수 있다.
근거 **2**-5~6 동맹 관계가 가까우면 자율성이 낮으므로 동맹 관계가 멀면 자율성이 <u>높을</u> 것이다.

③ 동맹 관계가 가깝고 자율성이 <u>높을수록</u> 그 수명이 연장되었음을 알 수 있다.
근거 **2**-5~6 동맹 관계가 가까우면 자율성이 <u>낮</u>다.

④ 동맹 관계가 가깝고 자율성이 낮을수록 그 수명이 <u>단축</u>되었음을 알 수 있다.
근거 **2**-5, 7~8 동맹 관계가 가깝고 자율성이 낮을수록 동맹 관계의 수명이 <u>연장</u>된다.

✓⑤ 동맹 관계가 가깝고 자율성이 낮을수록 그 수명이 연장되었음을 알 수 있다.
근거 **2**-5, 7~8 방위 조약과 같이 동맹 관계가 가깝고 자율성이 낮을수록 동맹 관계의 수명이 연장된다. → 적절하므로 정답

---

3 윗글을 바탕으로 〈보기〉를 이해한 내용으로 적절하지 <u>않은</u> 것은? 답 ③

▶ 〈보기〉에는 동맹 관계의 변화가 나타난다. 이에 대한 현실주의자들과 구성주의자들의 견해를 파악해야 한다.

근거 **3**-7 현실주의자들은 힘의 균형점이 이동함에 따라 세력의 균형을 찾는 과정에서 동맹 관계가 변할 수 있다고 본다.

근거 **4**-4 구성주의자들은 상호 작용을 통한 인식의 변화에 따라 동맹이 달라질 수 있다고 본다.

> **보기**
> A국은 B국과 방위 조약을 맺고 동맹 관계를 유지해 왔다. 그런
> _{동맹 국가가 침략을 당했을 때 참전하기를 약속}
> 데 국제 정세의 변화에 따라 A국은 B국과의 동맹을 파기하고 C국
> 과 중립 조약을 새로 체결했다. 그런데 A국의 여론은 이러한 변화
> _{동맹 국가가 침략을 받을 때 중립을 지킬 것을 약속}   _{동맹 관계의 변화}
> 에 반대한다.

① A국이 B국과 동맹을 파기하기 전에는, A국은 B국의 전쟁에 참전해야 할 의무가 있었겠군.
근거 **2**-2 A국과 B국이 동맹을 파기하기 전, 즉 방위 조약을 맺은 상태에서는 B국이 침략을 당했을 경우 A국은 이 전쟁에 참전해야 한다.

② A국이 C국과 동맹을 맺은 후에는, B국과 C국 사이에 전쟁이 발발하더라도 A국은 참전하지 않아야 하겠군.
근거 **2**-3 A국과 C국은 중립 조약을 맺었으므로 C국에 전쟁이 발발하더라도 A국은 중립을 지켜야 한다.

✓③ 현실주의자들은 A국과 B국의 동맹이 파기된 이유를, B국에 대한 A국 구성원들의 신뢰가 약화되었기 때문이라고 설명하겠군.
근거 **3**-7 현실주의자들은 A국과 B국의 동맹이 파기된 이유를, 힘의 균형점이 이동함에 따라 세력의 균형을 찾는 과정에서 발생한 일이라고 설명할 것이다. → 적절하지 않으므로 정답

④ 구성주의자들은 A국 구성원들이 C국에 부정적 인식을 가지게 된다면, C국과의 동맹 관계는 유지되기 힘들 것이라고 설명하겠군.
근거 **4**-4 구성주의자들은 타국에 대한 인식이 부정적으로 변하면 동맹은 파기될 수 있다고 본다.

⑤ 구성주의자들은 A국에서 변화에 반대하는 여론이 형성된 이유를, C국보다 B국에 대한 긍정적 인식이 작용했기 때문이라고 설명하겠군.
근거 **4**-4 구성주의자들은 타국에 대한 긍정적인 인식이 동맹 관계를 맺는 데 중요한 요소로 작용한다고 본다. 따라서 B국과의 동맹을 파기하고 C국과 동맹을 맺은 것을 반대하는 여론이 형성된 이유는 C국보다 B국에 대한 긍정적 인식이 작용했기 때문이라고 볼 수 있다.

▶ **지문 분석**   본책 106~107쪽

1 동맹

2 ❶ 이익   ❷ 참전
　　❸ 낮음   ❹ 중립
　　❺ 협의   ❻ 무정부 상태
　　❼ 균형   ❽ 상호 작용

3 ❶ 구분   ❷ 대조

▶ **선지 판단 연습**

❶ ○
❷ 협상
❸ ✕   **해설** 국가 이상의 단위에서 작동하는 중앙 정부와 같은 존재가 부재하는 상태를 무정부 상태라고 한다.
❹ ✕   **해설** 현실주의자들은 동맹 관계가 상황에 따라 변할 수 있는 약속이라고 본다.

정답과 해설 · **47**

1 ③　**2** ⑤　**3** ④

지문 이해

2022-3월 고2 학력평가

[사회_법] 개인 정보 보호법

- 이 글의 중심 화제는 '개인 정보 보호법'이다. 1문단에서 개인 정보 자기 결정권의 개념을 설명한 후 2문단에서 이를 보호하기 위해 제정된 법률이 개인 정보 보호법이라고 한 것을 통해 중심 화제를 파악해야 한다.
- 개인 정보 보호법과 관련하여 2문단에서 개인 정보의 범위, 3~4문단에서 개인 정보의 수집·이용 시 규정, 5~6문단에서 개인 정보의 보존·활용 시 규정을 밝히고 있다. 병렬적으로 제시되는 정보를 연결하며 읽어야 한다.
- 5~6문단에 개인 정보를 가공한 익명 정보와 가명 정보가 제시되는데 두 정보의 차이점을 파악하며 독해해야 한다.

1 ¹정보 통신 기술의 발달로 개인에 대한 정보가 데이터베이스화되면서 개인 정보 유출로 인한 피해가 증가하고 있다. ²이에 따라 최근 개인 정보를 보호해야 한다는 사회적 인식이 커지고 있다. ³개인은 자신에 관한 정보가 언제, 누구에게, 어느 범위까지 알려지고 이용될 것인지를 스스로 결정할 수 있는 권리를 가 [A] 지는데, 이러한 권리를 개인 정보 자기 결정권이라고 한다. ⁴이는 타인에 의해 개인 정보가 함부로 공개되지 않도록 보장받을 권리와 개인 정보에 대해 열람, 삭제, 정정 등의 행위를 요구할 수 있는 권리 등을 포함한다. ⁵우리나라는 헌법 제17조에 명시된 사생활의 비밀과 자유가 보장되어야 한다는 내용을 주된 근거로 개인 정보 자기 결정권이 기본권 중 하나임을 인정하고 있다.
▶ 1 자신에 관한 정보를 스스로 결정할 수 있는 권리인 개인 정보 자기 결정권

2 ¹이러한 개인 정보 자기 결정권을 보호하기 위해 제정된 법률이 개인 정보 보호법이다. ²개인 정보 보호법에서 규정하는 개인 정보는 살아 있는 개인에 관한 정보이다. ³사망자에 관한 정보나 단체 혹은 법인에 관한 정보는 개인 정보에 포함되지 않는다. ⁴또한 성명, 주민 등록 번호, 사진이나 동영상 등과 같이 개인을 알아볼 수 있는 정보여야 한다. ⁵그리고 주어진 정보만으로 특정 개인을 알아볼 수 없더라도 다른 정보와 쉽게 결합하여 알아볼 수 있다면 이 역시 법적 보호 대상으로서의 개인 정보에 포함된다. ⁶가령 휴대 전화 번호의 뒷자리 숫자를 집 전화번호와 같은 다른 정보와 결합하여 사용자를 식별할 수 있다면 개인 정보에 해당한다.
▶ 2 개인 정보 보호법에서 규정하는 개인 정보

3 ¹개인 정보 보호법에 따른 사전 동의 제도는 정보 주체인 개인이 개인 정보에 대한 자기 결정을 표현할 수 있다는 점에서 개인 정보 자기 결정권을 보호하는 중요한 수단이다. ²개인 정보를 처리하는 개인이나 단체를 의미하는 개인 정보 처리자는, 정보 주체의 동의를 구할 때 정보 수집·이용의 목적, 수집 항목, 보유 및 이용 기간 등을 고지해야 한다. ³또한 동의를 거부할 권리가 있다는 사실과, 동의 거부에 따른 불이익이 있는 경우 그 불이익의 내용 역시 알려야 한다.
▶ 3 개인 정보 보호법에 따른 사전 동의 제도

4 ¹수집·이용하려는 개인 정보 중 고유 식별 정보와 민감 정보는 별도로 동의를 받아야 한다. ²고유 식별 정보는 여권 번호와 같이 개인을 고유하게 구별하기 위해 부여된 정보이며, 민감 정보는 건강 정보나 정치적 견해와 같이 주체의 사생활을 현저히 침해할 우려가 있는 정보이다. ³이때 정보 주체가 알아보기 쉽도록 수집하려는 고유 식별 정보와 민감 정보의 항목을 밑줄이나 큰 글씨로 강조해야 한다.

5 ¹개인 정보 보호법에서는 개인이 수집·이용에 동의했더라도 개인 정보가 무분별하게 이용되어 개인의 권리가 침해되는 것을 막기 위해 수집 목적을 달성할 수 있는 한에서 개인 정보를 ㉠익명 정보로 처리하여 보존하거나 이용하도록 하고 있다. ²익명 정보란 다른 정보를 사용하더라도 더 이상 개인을 알아볼 수 없는 정보를 의미한다. ³익명 정보는 시간이나 비용, 현재의 기술 수준이나 충분히 예견될 수 있는 기술의 발전 등을 고려했을 때 원래의 개인 정보로 복원되는 것이 불가능하다고 판단되는 정보로, 익명 처리를 마친 정보는 수집 목적 이외의 분야에서 활용하기 어렵다는 제약이 있다.
▶ 5 개인 정보의 보존·이용 -익명 정보로 처리

6 ¹최근 정보 활용의 중요성이 커지면서 개인 정보 활용의 유연성을 높여야 한다는 주장이 대두되었다. ²이에 개인 정보 보호법에서는 개인 정보를 익명 정보가 아닌 가명 정보로 가공하여 활용할 수 있도록 하는 방안을 마련하였다. ³㉡가명 정보는 개인 정보의 일부를 삭제 혹은 대체한 것으로, 추가 정보와 비교적 쉽게 결합하여 개인을 식별할 수 있으므로 개인 정보 보호법의 보호 대상이 된다. ⁴이러한 가명 정보는 통계 작성, 과학적 연구, 공익적 기록 보존 등을 위해 정보 주체의 동의 없이 이용·제공될 수 있다. ⁵단, 가명 정보는 익명 정보와 달리 개인 정보와 일대일 대응이 가능하기 때문에 가명 정보를 제3자에게 제공하는 경우 특정 개인을 알아보는 데 사용될 수 있는 정보를 포함해서는 안 된다.
▶ 6 개인 정보의 활용-가명 정보로 가공

주제 개인 정보 보호법의 제정 배경과 특징

세부 내용 이해

1 ㉠과 ㉡에 대한 설명으로 적절한 것은?　　답 ③

① ㉠은 익명 처리되기 전의 개인 정보와 일대일로 대응한다.
　근거 **6-5** 익명 정보(㉠)는 가명 정보와 달리 익명 처리되기 전의 개인 정보와 일대일 대응이 가능하지 않다.

② ㉡은 이용 목적에 상관없이 정보 주체의 동의가 필수적이다.
　근거 **6-4** 가명 정보(㉡)는 통계 작성, 과학적 연구, 공익적 기록 보존 등을 위해 정보 주체의 동의 없이 이용·제공될 수 있다.

✓③ ㉠은 ㉡과 달리 개인 정보 보호법의 보호 대상이 아니다.
　근거 **2-5**, **5-2** 다른 정보와 쉽게 결합하여 특정 개인을 알아볼 수 있다면 법적 보호 대상으로서의 개인 정보에 포함된다. 하지만 익명 정보(㉠)는 다른 정보를 사용하더라도 더 이상 개인을 알아볼 수 없는 정보이다. 따라서 개인 정보 보호법의 보호 대상이 아니다.
　근거 **6-3** 이와 달리 가명 정보(㉡)는 추가 정보와 비교적 쉽게 결합하여 개인을 식별할 수 있으므로 개인 정보 보호법의 보호 대상이다. → 적절하므로 정답

④ ㉡은 ㉠과 달리 수집 목적 이외의 분야에서 활용되기 어렵다.
　근거 **6-1~2** 개인 정보 활용의 유연성을 높여야 한다는 주장이 대두됨에 따라 개인 정보를 가명 정보로 가공하여 활용할 수 있도록 하는 방안이 마련되었다. 따라서 가명 정보(㉡)는 개인 정보 활용의 유연성이 높다.
　근거 **5-3** 익명 정보(㉠)는 가명 정보(㉡)와 달리 수집 목적 이외의 분야에서 활용하기 어렵다.

⑤ ㉠과 ㉡은 모두 개인 정보 처리자가 제3자에게 제공할 수 없다.

근거 **2**-5, **5**-2 익명 정보(㉠)는 더 이상 개인 정보 보호법의 보호 대상이 아니므로 제3자에게 제공될 수 없다고 보기 어렵다.

근거 **6**-4~5 가명 정보(㉡)는 통계 작성, 과학적 연구, 공익적 기록 보존 등을 위해 제3자에게 제공될 수 있다.

내용 추론

2 [A]를 참고할 때, 〈보기〉의 빈칸에 들어갈 내용으로 가장 적절한 것은?

답 ⑤

보기

헌법 제17조에서는 타인에 의해 자유를 제한받지 않을 권리를 보
장하는데, 이러한 권리는 일반적으로 소극적 성격의 권리로 해석된
`타인에 의해 개인 정보가 함부로 공개되지 않도록 보장받을 권리와 연계`
다. 이는 적극적으로 타인에게 일정한 행위를 요구할 수 있는 청구
권적 성격을 포괄하기 어려워, 헌법 제17조만으로는 개인 정보 자
`개인 정보에 대해 열람, 삭제, 정정 등의 행위를 요구할 수 있는 권리와 연계`
기 결정권을 보장하는 근거가 불충분하다는 견해가 있다. 그것은
개인 정보 자기 결정권이 (   )하기 때문이다.

① 공익을 목적으로 타인의 개인 정보를 자유롭게 이용할 수 있는 권
리에 해당

근거 **1**-4 개인 정보 자기 결정권은 타인에 의해 개인 정보가 함부로 공개
되지 않도록 보장받을 권리에 해당한다.

② 특정 대상에 대한 개인적 견해와 같은 사적인 정보를 보호받을 권
리를 포함

▶ 사적인 정보를 보호받을 권리는 소극적 성격의 권리로, 개인 정보 자기
결정권의 청구권적 성격과 관련이 없다.

③ 개인 정보가 정보 주체의 동의가 없더라도 개인 정보 처리자에게
제공되도록 허용

근거 **1**-3 개인 정보 자기 결정권은 정보 주체가 자신의 개인 정보에 대해
결정할 수 있는 권리이다. 개인 정보가 정보 주체의 동의 없이 개인 정보 처
리자에게 제공되도록 허용하지 않는다.

④ 정보 주체의 이익보다 개인 정보의 활용으로 인한 사회적 이익을
우선하여 보장

근거 **1**-3 개인 정보 자기 결정권은 개인 정보에 대한 정보 주체의 권리이
다. 정보 주체의 이익보다 사회적 이익을 우선하여 보장한다고 보기 어렵다.

✓⑤ 개인 정보에 대한 열람, 삭제, 정정 등을 적극적으로 요구할 수 있
는 권리를 포함

근거 **1**-4 헌법 제17조는 소극적 성격의 권리로 해석되고 청구권적 성격을
포괄하기 어렵다. 그런데 개인 정보 자기 결정권은 타인에 의해 개인 정보
가 함부로 공개되지 않도록 보장받을 권리, 즉 소극적 성격의 권리뿐만 아
니라 개인 정보에 대해 열람, 삭제, 정정 등의 행위를 요구할 수 있는 권리,
즉 청구권적 성격의 권리를 포함한다. 이 때문에 헌법 제17조만으로는 개인
정보 자기 결정권을 보장하는 근거가 불충분하다고 본다. → 적절하므로 정답

자료 이해

3 윗글을 바탕으로 인터넷 사이트에서 회원 가입 시 제시하는 다음 동의
서를 이해한 내용으로 적절하지 않은 것은?

답 ④

가. 개인 정보 수집 및 이용 동의

주식회사 ○○(이하 '회사')는 ○○ 서비스 회원(이하 '회원')의 권
리를 적극적으로 보장합니다.

1. 수집 항목: 아이디, 비밀번호
⋮
4. 개인 정보 수집 및 이용 동의를 거부할 권리
    4-1. 회원은 개인 정보의 수집 및 이용 동의를 거부할 권리가 있
        습니다.
    4-2. 수집 및 이용 동의를 거부할 경우, 서비스 이용이 제한됩니다.
☐ 개인 정보를 수집하고 이용하는 것에 동의합니다.

나. 건강 정보 수집 및 이용 동의

1. 수집 항목: **건강 정보**
    ⋮
☐ 건강 정보를 수집하고 이용하는 것에 동의합니다.

① '가'에서 '회사'는 개인 정보 처리자, '회원'은 개인 정보의 주체에
해당하겠군.

근거 **3**-1~2 개인 정보를 처리하는 단체인 '회사'는 개인 정보 처리자, 개
인 정보에 대한 자기 결정을 표현하는 '회원'은 개인 정보의 주체이다.

② '가'의 4-2는 정보 제공 동의를 거부할 경우 정보 주체가 받을 수
있는 불이익에 해당하겠군.

근거 **3**-3 사전 동의 제도에서 개인 정보 처리자는 정보 제공 동의 거부에
따른 불이익이 있는 경우 그 불이익의 내용을 알려야 한다.

③ '가'에서 '회원'의 동의 여부를 확인하는 것은 '회원'의 개인 정보
자기 결정권을 보호하기 위한 수단이겠군.

근거 **3**-1 사전 동의 제도는 정보 주체가 개인 정보에 대한 자기 결정을 표
현할 수 있다는 점에서 개인 정보 자기 결정권을 보호하는 중요한 수단이다.

✓④ '나'의 1은 개인의 건강 정보가 고유 식별 정보에 해당하기 때문에
수집 항목을 강조하여 표시한 것이겠군.

근거 **4**-2~3 건강 정보는 민감 정보에 해당한다. 민감 정보의 항목은 밑줄
이나 큰 글씨로 강조해야 한다. → 적절하지 않으므로 정답

⑤ '나'는 정보 주체의 사생활이 현저히 침해되는 것을 방지하는 차
원에서 '가'와 별도로 동의를 받는 것이겠군.

근거 **4**-1~2 건강 정보와 같은 민감 정보는 주체의 사생활을 현저히 침해
할 우려가 있는 정보이다. 따라서 별도로 동의를 받아야 한다.

▶ 지문 분석   본책 110~111쪽

1 개인 정보

2 ❶ 정보   ❷ 결정권   ❸ 결합
   ❹ 거부   ❺ 고유   ❻ 침해
   ❼ 복원   ❽ 삭제

3 대조

▶ 선지 판단 연습

❶ ○
❷ ×   해설 사진은 개인을 알아볼 수 있는 정보이므로 법적 보호
            대상이다.
❸ ×   해설 민감 정보는 개인의 사생활을 현저히 침해할 우려가
            있는 정보이다.
❹ 익명

지문 이해

2022 – 3월 고2 학력평가

[기술_정보 통신] 자연어 처리 기술

• 이 글의 중심 화제는 '자연어 처리 기술인 철자 오류 보정 방식과 띄어쓰기 오류 보정 방식'이다. 1문단에서 인공 지능 음성 언어 비서 시스템의 자연어 처리 기술을 언급한 후, 이 기술에는 철자 오류 보정 방식과 띄어쓰기 오류 보정 방식이 있다고 하였다. 이를 통해 각 오류 보정 방식에 대해 설명할 것임을 예측해야 한다.

• 2~3문단에서는 철자 오류 보정 방식을, 4문단에서는 띄어쓰기 오류 보정 방식을 설명하고 있다. 철자와 띄어쓰기의 오류 보정이 이루어지는 과정이 예시와 함께 제시되므로 이를 이해하며 독해해야 한다.

1 ¹최근 스마트폰이나 자동차 등에서 인공 지능 음성 언어 비서 시스템이 사용되고 있다. ²이 시스템이 제대로 작동하기 위해서는 사용자의 음성이 올바르게 인식되어야 한다. ³그런데 불분명하게 발음하거나 여러 단어를 쉼 없이 발음하는 경우 시스템이 어떻게 이를 올바른 문장으로 인식할 수 있을까? ⁴이럴 때는 입력된 음성 언어를 문자 언어로 변환한 다음, 통계 데이터를 활용하여 단어나 문장의 오류를 보정하는 자연어 처리 기술이 사용된다. ⁵이러한 기술에는 철자 오류 보정 방식과 띄어쓰기 오류 보정 방식이 있다.

1 인공 지능 음성 언어 비서 시스템의 자연어 처리 기술

2 ¹철자 오류 보정 방식은 교정 사전과 어휘별 통계 데이터를 기반으로 잘못된 *문자열을 올바른 문자열로 바꿔 주는 방식이다. ²철자 오류 보정은 '전처리, 오류 문자열 판단, 교정 후보 집합 생성, 최종 교정 문자열 탐색' 과정을 거친다. ³먼저 '전처리①'는 입력 문장에서 사용자의 발음이 불분명하게 입력되어 시스템에서 처리가 불가능한 문자열을 처리가 가능한 문자열로 바꿔 주는 과정이다. ⁴가령, '실크'가 '싫'으로 인식될 경우, '싫'이라는 음절이 국어에 쓰이지 않으므로 '실크'로 바꿔 준다. ⁵이렇게 전처리가 끝나면 다음 단계인 '오류 문자열 판단②' 단계로 넘어간다. ⁶이 단계에서는 입력된 문장을 어절 단위의 문자열로 구분하여, 각 문자열이 교정 사전의 오류 문자열에 존재하는지 여부를 확인한다. ⁷교정 사전이란 오류 문자열과 이를 수정한 교정 문자열이 쌍을 이루어 구축되어 있는 사전이다. ⁸예를 들어 사람들이 자주 틀리는 어휘인 '할려고'의 경우, 교정 사전의 오류 문자열에 '할려고', 이를 수정한 교정 문자열에 '하려고'가 들어가 있다.

[A]

3 ¹처리된 문자열이 교정 사전의 오류 문자열에 존재하지 않을 경우 바로 결과 문장으로 도출되지만, 존재할 경우 '교정 후보 집합 생성③' 단계로 넘어간다. ²이 단계에서는 오류 문자열과 교정 문자열 모두를 교정 후보로 하는 교정 후보 집합을 생성한다. ³예컨대 처리된 문자열이 '할려고'일 경우, '할려고'와 '하려고' 모두를 교정 후보로 하는 교정 후보 집합을 생성한다. ⁴그런 다음 '최종 교정 문자열 탐색④' 단계로 넘어간다. ⁵여기서는 철자 오류가 거의 없는 교과서나 신문 기사와 같은 자료에서 어휘들의 사용 빈도를 추출한 어휘별 통계 데이터를 활용하여,

교정 후보 중 사용 빈도가 높은 문자열을 최종 교정 문자열로 선택하여 결과 문장을 도출한다. ⁶만일 통계 데이터에서 '할려고'의 사용 빈도가 1회, '하려고'의 사용 빈도가 100회라면 '하려고'를 최종 교정 문자열로 선택하는 것이다.

2, 3 철자 오류 보정 방식의 오류 보정 과정

4 ¹띄어쓰기 오류 보정 방식은 잘못된 띄어쓰기를 통계 데이터와 비교하여 올바른 띄어쓰기로 바꿔 주는 방식이다. ²이를 위해서는 입력된 문장의 띄어쓰기를 시스템에서 처리할 수 있도록 이진법으로 변환하는 과정이 요구된다. ³이 과정에서 음절의 좌나 우, 혹은 음절의 사이에 공백이 있을 때 1, 공백이 없을 때 0으로 표기한다. ⁴가령 '동생이 밥 을 먹었다'라는 문장에서 '밥'은 음절의 좌, 우에 모두 공백이 있으므로 이를 이진법으로 나타내 '1밥1'이 되는데, 이를 편의상 '밥(11)'로 나타낸다. ⁵같은 방법으로 '밥 을'은 두 음절의 좌, 사이, 우에 모두 공백이 있으므로 '밥을(111)'이 되고, '밥 을 먹'은 '밥을먹(1110)'이 된다. ⁶이때 문장의 처음과 끝은 공백이 있는 것으로 처리한다. ⁷이렇게 띄어쓰기를 이진법으로 변환한 다음, 올바르게 띄어쓰기가 구현된 문장에서 추출한 통계 데이터와 비교한다. ⁸그 결과 빈도수가 높은 띄어쓰기 결과에 맞춰 띄어쓰기 오류를 보정한다. ⁹만약 통계 데이터에서 '밥을(111)'의 빈도수가 낮고 '밥을(101)'의 빈도수가 높을 경우, 이에 따라 '밥 을'은 '밥을'로 띄어쓰기가 보정된다.

4 띄어쓰기 오류 보정 방식의 오류 보정 과정

5 ¹이러한 방법들은 모두 올바른 단어나 문장에서 추출된 통계 데이터를 기반으로 보정이 이루어진다는 공통점이 있다. ²보정의 정확도를 향상시키기 위해서는 통계 데이터의 양을 늘리는 것이 요구되지만, 이 경우 데이터 처리 속도가 감소하게 된다는 단점이 있다. ³이러한 문제점을 해결하기 위해 최근 보정의 정확도와 데이터의 처리 속도를 모두 향상시키기 위한 방안이 지속적으로 연구되고 있다.

5 두 오류 보정 방식의 단점과 해결 방안

*문자열 데이터로 다루는 일련의 문자.

주제 철자 오류 보정 방식과 띄어쓰기 오류 보정 방식의 오류 보정 과정

사실적 이해

1 윗글에서 알 수 있는 내용으로 적절하지 않은 것은? 답 ③

① 잘못 입력된 문장이 보정되지 않으면 음성 언어 비서 시스템이 제 기능을 발휘하지 못한다.

근거 **1**-2 음성 언어 비서 시스템이 제대로 작동하기 위해서는 사용자의 음성이 올바르게 인식되어야 한다.

② 음성 인식 오류를 보정할 때는 사용자의 음성 언어를 문자 언어로 변환하는 과정이 선행된다.

근거 **1**-4 자연어 처리 기술은 입력된 음성 언어를 문자 언어로 변환한 다음 오류를 보정한다.

✓③ 철자 오류 보정 방식은 각 단계마다 입력된 문장을 음절 단위로 구분하여 데이터를 처리한다.

근거 **2**-3~6 철자 오류 보정 방식의 첫 단계인 '전처리'에서는 문자열을 국어에 쓰이는 음절인지에 따라 판단하고, 다음 단계인 '오류 문자열 판단' 단계에서 문자열을 어절 단위로 구분한다. 즉 '오류 문자열 판단' 단계부터 입력된 문장을 어절 단위로 구분하여 데이터를 처리한다. → 적절하지 않으므로 정답

④ 띄어쓰기 오류 보정 방식에서 입력된 문장의 처음과 끝은 공백이 있는 것으로 처리된다.

근거 **4**-2, 6 띄어쓰기 오류 보정 방식에서 입력된 문장의 띄어쓰기를 이진법으로 변환할 때 문장의 처음과 끝은 공백이 있는 것으로 처리한다.

⑤ 통계 데이터에 포함된 데이터의 양을 늘리면 보정의 정확도는 증가하지만 처리 속도는 감소한다.

근거 **5**-2 보정의 정확도를 향상시키기 위해서는 통계 데이터의 양을 늘리는 것이 요구되지만, 이 경우 데이터 처리 속도가 감소하게 된다.

구체적 상황에 적용

2 [A]를 참고로 하여 〈보기〉의 ㉮~㉭를 설명한 내용으로 적절하지 않은 것은? 답 ④

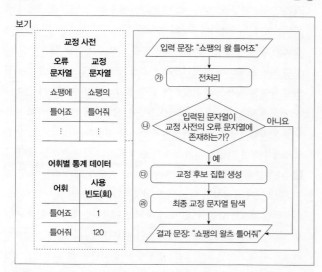

보기

교정 사전	
오류 문자열	교정 문자열
쇼팽에	쇼팽의
틀어죠	틀어줘
⋮	⋮

어휘별 통계 데이터	
어휘	사용 빈도(회)
틀어죠	1
틀어줘	120

입력 문장: "쇼팽의 왎 틀어죠"
↓
㉮ 전처리
↓
㉯ 입력된 문자열이 교정 사전의 오류 문자열에 존재하는가? → 아니요
↓ 예
㉰ 교정 후보 집합 생성
↓
㉱ 최종 교정 문자열 탐색
↓
결과 문장: "쇼팽의 왈츠 틀어줘"

① ㉮: '왎'를 '왈츠'로 교정하여 처리가 가능한 문자열로 바꿔 준다.

근거 **2**-3~4 '전처리' 단계에서는 '왎'라는 음절이 국어에 쓰이지 않아 시스템에서 처리가 불가능하므로 처리가 가능한 문자열인 '왈츠'로 바꿔 준다.

② ㉯: '쇼팽의'를 교정 사전에서 확인한 결과 오류 문자열에 해당하지 않으므로 결과 문장으로 바로 보낸다.

근거 **2**-6, **3**-1 '쇼팽의'는 교정 사전의 오류 문자열에 존재하지 않으므로 바로 결과 문장으로 도출된다.

③ ㉯: '틀어죠'를 교정 사전에서 확인한 결과 오류 문자열에 해당하므로 '교정 후보 집합 생성' 단계로 보낸다.

근거 **2**-6, **3**-1 '틀어죠'는 교정 사전의 오류 문자열에 존재하므로 '교정 후보 집합 생성' 단계로 넘어간다.

✓④ ㉰: '틀어죠'가 교정 사전의 오류 문자열에 있으므로 '틀어줘'만을 교정 후보로 하는 교정 후보 집합을 생성한다.

근거 **3**-2 '교정 후보 집합 생성' 단계에서는 오류 문자열에 있는 '틀어죠'와 교정 문자열에 있는 '틀어줘' 모두를 교정 후보로 하는 교정 후보 집합을 생성한다. → 적절하지 않으므로 정답

⑤ ㉱: 어휘별 통계 데이터를 적용하여 사용 빈도가 높은 '틀어줘'를 최종 교정 문자열로 선택한다.

근거 **3**-5 '최종 교정 문자열 탐색' 단계에서는 어휘별 통계 데이터를 활용하여 사용 빈도가 높은 '틀어줘'를 최종 교정 문자열로 선택한다.

세부 내용 이해

3 윗글을 바탕으로 할 때, ㄱ~ㅁ에서 〈보기〉의 띄어쓰기 오류 보정이 일어난 이유로 가장 적절한 것은? 답 ⑤

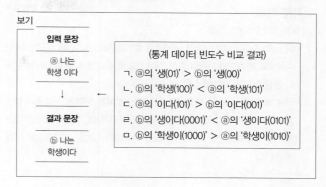

보기

입력 문장	(통계 데이터 빈도수 비교 결과)
ⓐ 나는 학생 이다	ㄱ. ⓐ의 '생(01)' > ⓑ의 '생(00)'
↓	ㄴ. ⓑ의 '학생(100)' < ⓐ의 '학생(101)'
결과 문장	ㄷ. ⓐ의 '이다(101)' > ⓑ의 '이다(001)'
ⓑ 나는 학생이다	ㄹ. ⓑ의 '생이다(0001)' < ⓐ의 '생이다(0101)'
	ㅁ. ⓑ의 '학생이(1000)' > ⓐ의 '학생이(1010)'

① ㄱ

근거 **4**-7~8 ⓐ의 '생(01)'이 ⓑ의 '생(00)'보다 빈도수가 높으면 ⓐ의 '생(01)'에 맞추므로 띄어쓰기 오류 보정이 일어나지 않는다.

② ㄴ

근거 **4**-7~8 ⓑ의 '학생(100)'이 ⓐ의 '학생(101)'보다 빈도수가 낮으면 ⓐ의 '학생(101)'에 맞추므로 띄어쓰기 오류 보정이 일어나지 않는다.

③ ㄷ

근거 **4**-7~8 ⓐ의 '이다(101)'이 ⓑ의 '이다(001)'보다 빈도수가 높으면 ⓐ의 '이다(101)'에 맞추므로 띄어쓰기 오류 보정이 일어나지 않는다.

④ ㄹ

근거 **4**-7~8 ⓑ의 '생이다(0001)'이 ⓐ의 '생이다(0101)'보다 빈도수가 낮으면 ⓐ의 '생이다(0101)'에 맞추므로 띄어쓰기 오류 보정이 일어나지 않는다.

✓⑤ ㅁ

근거 **4**-7~8 ⓑ의 '학생이(1000)'이 ⓐ의 '학생이(1010)'보다 빈도수가 높으면 ⓑ의 '학생이(1000)'에 맞춰 띄어쓰기 오류 보정이 일어난다. → 적절하므로 정답

▶ 지문 분석 본책 116~117쪽

1 자연어

2 ❶ 언어 ❷ 단어 ❸ 통계
❹ 오류 ❺ 교정 ❻ 띄어쓰기
❼ 이진법 ❽ 속도

3 과정

▶ 선지 판단 연습

❶ ○

❷ × **해설** 교정 사전은 오류 문자열과 교정 문자열이 쌍을 이루어 구축되어 있으므로 '할려고'와 '하려고'가 모두 있다.

❸ 높은

❹ × **해설** '밥(11)'은, 문장에서 '밥'의 좌, 우에 모두 공백이 있음을 나타낸다.

1 ③　　**2** ⑤　　**3** ②

지문 이해

[과학_의학] 약의 작용　　　2020 – 3월 고2 학력평가

- 이 글의 중심 화제는 '약이 생체에서 효과를 내는 방식'이다. 1문단에서 수용체와 리간드의 작용을 통해 약이 효과를 내는 방식을 설명하는 것에서 중심 화제를 파악해야 한다.
- 약이 작용하는 방식을 병원체에 작용하는 방식과 생체에 직접 작용하는 방식으로 구분하고, 각각에 해당하는 약을 제시하여 그것이 효과를 내는 원리를 설명하고 있다. 이러한 구조를 파악하여 정보를 체계적으로 이해해야 한다.

1 ¹약은 생체의 작용에 영향을 미쳐 생물학적 효과를 내기 위한 목적으로 이용하는 의약품을 말한다. ²약은 생체에서 수용체와 결합하여 유익 작용 및 유해 작용을 나타내는 방식을 취하기도 한다. ³이 경우 약은 생체의 리간드와 유사한 화학적 분자 구조를 가진 성분을 포함하는데, 이러한 성분으로 인해 약은 생체 내에서 리간드로 기능한다. ⁴여기서 리간드란 수용체와 결합하여 신경 자극이나 화학 반응과 같은 생물학적 반응을 촉발할 수 있는 물질이다. ⁵생체 내에서 수용체와 친화성이 높은 리간드가 결합하면, 리간드와 결합한 수용체의 작용에 의해 생체의 변화가 일어나기도 하고, 수용체에 의해 리간드의 구조 변화가 일어남으로써 이후의 생물학적 반응이 유도되기도 한다. ⁶이러한 점에서 약은 특정 수용체와 결합할 수 있는 리간드를 인위적으로 생체에 증가시킴으로써 리간드와 결합한 수용체의 수가 일정 시간 동안 일정 수준 이상이 되게 하여 효과를 낸다고 할 수 있다. **1** 약이 효과를 내는 방식

2 ¹대체로 약은 병원체에 작용하거나 생체에 직접 작용하는 방식으로 생물학적 효과를 낸다. ²박테리아나 바이러스에 의한 질병의 치료에 활용되는 항생제나 항바이러스제 등은 전자의 방식에 해당하는 경우가 많다. ³가령 박테리아에 의한 질병 치료에 사용되는 ㉠설파제는, 인간과 박테리아가 모두 대사 과정에서 엽산이라는 물질을 필요로 하는데 엽산을 섭취하여 사용할 수 있는 인간과 달리 박테리아는 엽산을 스스로 만들어야만 한다는 점을 이용한다. ⁴박테리아는 엽산을 만들기 위한 수용체를 가지고 있는데, 파라아미노벤조산(PABA)이 그 수용체와 결합하여 최종적으로 엽산이 된다. ⁵박테리아에 감염된 환자가 설파제를 복용하면 설파제는 체내에서 화학적 변화를 거쳐 PABA와 분자 구조가 매우 유사한 설파닐아마이드가 되어 PABA가 결합할 수용체와 먼저 결합한다. ⁶이로 인해 박테리아는 엽산을 만들지 못하고 결국 죽게 된다. **2** 설파제가 박테리아를 죽게 하는 방식

3 ¹항바이러스제는, 스스로는 증식하지 못하고 다른 세포에 기생하여 DNA 복제 과정을 거치며 증식하는 바이러스의 특성을 활용하여, 바이러스에 감염된 세포의 증식을 막는 방식으로 바이러스 확산을 억제하기도 한다. ²㉡뉴클레오사이드 유도체를 포함한 항바이러스제가 이러한 방식의 약에 해당한다. ³뉴클레오사이드 유도체는 뉴클레오타이드와 유사하지만, 뉴클레오사이드 유도체가 세포의 DNA나 RNA의 수용체와

결합하면 결과적으로 DNA 복제 과정이 이루어지지 않는다. ⁴또한 뉴클레오사이드 유도체는 바이러스에 감염된 세포와는 쉽게 결합하지만 감염되지 않은 세포와는 잘 결합하지 않는 특성이 있다. ⁵이 때문에 뉴클레오사이드 유도체는 바이러스에 감염된 세포들이 더 이상 증식하지 못하게 할 수 있으며, 이를 통해 바이러스 확산을 억제한다. **3** 뉴클레오사이드 유도체를 포함한 항바이러스제가 바이러스 확산을 억제하는 방식

4 ¹한편 신경 작용제는 신경 전달 물질의 작용에 관여하는 방식으로 사람의 정신이나 행동에 영향을 주는 생물학적 효과를 내는 약이다. ²하나의 뉴런에서 발생한 전기 신호는 뉴런 말단에 도달하여 신경 전달 물질을 분비하게 하고, 이러한 신경 전달 물질은 연접한 다른 뉴런에 존재하는 수용체에 화학 신호를 전달함으로써 연접한 뉴런 간에 신호를 전달하는 매개체의 역할을 한다. ³우울증과 관련된 것으로 알려진 신경 전달 물질인 세로토닌이나 노르에피네프린은, 보통 후(後)연접 뉴런 수용체에서 기능을 다하고 전(前)연접 뉴런에 재흡수되는 과정을 거치는데, 이 과정에서 뉴런 간 연접 틈새에서 세로토닌이나 노르에피네프린의 농도가 낮아지면 우울증이 나타나는 것으로 알려져 있다. ⁴항우울제는 연접 틈새에서 이들 신경 전달 물질의 부족을 해소하는 방식으로 약효를 낸다. ⁵TCA 항우울제는 전연접 뉴런의 수용체와 결합하여 신경 전달 물질의 재흡수가 일어나지 않도록 하는 방식으로, SNRI 항우울제는 신경 전달 물질의 재흡수를 억제하거나 후연접 뉴런의 수용체와 결합하는 방식으로, 연접 틈새에서 신경 전달 물질의 농도가 높아진 것과 같은 효과를 낸다. **4** 항우울제가 신경 전달 물질의 작용에 관여하는 방식

5 ¹대부분의 약들은 약효가 여러 가지인 경우가 많기 때문에 두 가지 약을 함께 복용하면 이들 약의 일차적인 약효는 서로 다를지라도 이차적인 약효는 같을 수 있어, 공통되는 이차적인 약효가 한층 커질 수 있다. ²이와 같이 약들이 서로 도와 약효를 높이는 효과를 상승효과라고 한다. ³한편 약을 장기간 남용하게 되면 수용체의 민감도가 떨어지게 되어, 결과적으로 기존과 동일한 효과를 내기 위해서 더 많은 약을 필요로 하게 되는 내성이 생길 수 있다. **5** 약의 상승효과와 내성

주제 약이 생체 내에서 작용하는 방식과 생물학적 효과를 내는 원리

세부 정보 간의 관계 파악

1 [A]를 이해한 내용으로 가장 적절한 것은?　　답 ③

① 생체에서 리간드에 의해 수용체의 구조에 변화가 일어나면 세포의 기능에 변화가 일어난다.

　근거 **1**-5 생체 내에서 수용체와 리간드가 결합하면, 수용체에 의해 리간드의 구조 변화가 일어나 생물학적 반응이 유도되기도 한다.

② 생체에서 생물학적 반응이 일어나면 수용체와 리간드는 동일한 화학적 분자 구조로 변화된다.

　근거 **1**-5 생체 내에서 수용체와 리간드가 결합하면 생물학적 반응이 유도되기도 하는데 이 경우 수용체에 의해 리간드의 구조가 변화한다.

③ 약을 복용하면 리간드와 결합된 수용체의 수가 일정 시간 동안 복용 전보다 많은 정도가 유지된다.

　근거 **1**-6 약은 리간드를 인위적으로 생체에 증가시켜 리간드와 결합한 수용체의 수가 일정 시간 동안 일정 수준 이상이 되게 한다. → 적절하므로 정답

④ 약의 효과를 높이기 위해서는 약이 생체의 <u>리간드</u>와 친화성이 높은 리간드를 많이 포함하고 있어야 한다.

[근거] **1**-5~6 약은 수용체와 친화성이 높은 리간드를 생체에 증가시켜 리간드와 결합한 수용체에 의해 효과를 내므로 약의 효과를 높이기 위해서는 약이 생체의 <u>수용체</u>와 친화성이 높은 리간드를 많이 포함하고 있어야 한다.

⑤ <u>수용체와 동일한 화학적 분자 구조를 가진 물질을 포함한 약</u>은 생체에서 생물학적 효과를 더 크게 일으킨다.

[근거] **1**-3~4 생체의 <u>리간드</u>와 유사한 화학적 분자 구조를 가진 성분을 포함한 약은 생체에서 리간드로 기능하며 생물학적 반응을 촉발한다.

핵심 정보 파악

2 ⑦, ⓛ에 대한 설명으로 적절하지 않은 것은? 답 ⑤

① ⑦은 생체 내에서 화학적 변화를 거친 후 약효를 발휘한다.

[근거] **2**-5~6 설파제(⑦)는 체내에서 화학적 변화를 거쳐 설파닐아마이드가 되어 박테리아가 엽산을 만들지 못하게 해 박테리아를 죽게 한다.

② ⑦은 병원체가 대사 과정에서 필요로 하는 물질의 생성을 방해하여 병원체의 사멸을 유도한다.

[근거] **2**-3~6 박테리아는 대사 과정에서 엽산을 필요로 한다. 설파제(⑦)는 설파닐아마이드가 되어 엽산을 만들기 위한 박테리아의 수용체와 결합해 박테리아가 엽산을 만들지 못하고 죽게 한다.

③ ⓛ은 바이러스에 감염된 세포의 DNA 복제 과정에 개입하여 바이러스의 확산을 억제한다.

[근거] **3**-3, 5 뉴클레오사이드 유도체를 포함한 항바이러스제(ⓛ)는 뉴클레오사이드 유도체가 바이러스에 감염된 세포들의 DNA 복제 과정이 이루어지지 않도록 하여 바이러스 확산을 억제한다.

④ ⑦과 ⓛ 모두 병원체와 병원체에 감염될 수 있는 생체의 차이를 활용하여 생물학적 효과를 낸다.

[근거] **2**-3, 6 설파제(⑦)는 엽산을 섭취하여 사용할 수 있는 인간과 달리 엽산을 스스로 만들어야만 하는 박테리아의 특성을 활용하여 생물학적 효과를 낸다.

[근거] **3**-1~2 뉴클레오사이드 유도체를 포함한 항바이러스제(ⓛ)는 <u>스스로 증식하는 생체 세포와 달리</u> 다른 세포에 기생하여 증식하는 바이러스의 특성을 활용하여 생물학적 효과를 낸다.

✓⑤ ⑦과 ⓛ 모두 병원체와 생체가 공통적으로 필요로 하는 물질을 사용하여 병원체의 확산을 억제한다.

[근거] **2**-3~6 설파제(⑦)는 박테리아가 인간과 마찬가지로 엽산을 필요로 한다는 점을 이용하지만 엽산을 사용하여 박테리아를 죽이는 것은 아니다.

[근거] **3**-2~5 뉴클레오사이드 유도체를 포함한 항바이러스제(ⓛ)가 바이러스 확산을 억제하는 데 사용하는 <u>뉴클레오사이드 유도체는 바이러스와 생체가 공통적으로 필요로 하는 물질이 아니다.</u> → 적절하지 않으므로 정답

세부 정보 파악

3 〈보기〉는 항우울제의 작용을 이해하기 위한 그림이다. 〈보기〉를 이해한 내용으로 적절하지 않은 것은? 답 ②

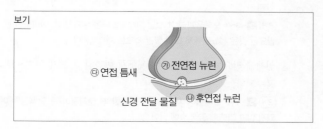

보기

⊕ 연접 틈새　㉠ 전연접 뉴런

신경 전달 물질

㉡ 후연접 뉴런

① 보통 ㉠에서 분비된 세로토닌이나 노르에피네프린은 ⊕에 작용한 후 다시 ㉠로 재흡수된다.

[근거] **4**-3 세로토닌이나 노르에피네프린은 후연접 뉴런 수용체에서 기능을 다하고 전연접 뉴런에 '재흡수'된다. 따라서 전연접 뉴런(㉠)에서 분비되고 후연접 뉴런(⊕)에서 작용한 후 전연접 뉴런(㉠)에 재흡수된다고 볼 수 있다.

✓② SNRI 항우울제는 ⊕에 지속적으로 흡수됨으로써 ⊕에서 신경 전달 물질의 농도가 높아지는 효과를 낸다.

[근거] **4**-5 SNRI 항우울제는 신경 전달 물질의 재흡수를 억제하거나 후연접 뉴런(⊕)의 수용체와 결합함으로써 연접 틈새(⊕)에서 신경 전달 물질의 농도가 높아진 것과 같은 효과를 낸다. → 적절하지 않으므로 정답

③ 우울증의 치료를 위해 ⊕에서 세로토닌이나 노르에피네프린의 농도가 높아지도록 하는 방식을 활용한다.

[근거] **4**-4~5 항우울제는 연접 틈새(⊕)에서 세로토닌이나 노르에피네프린의 부족을 해소하는 방식으로, 즉 이들의 농도가 높아진 것과 같은 효과를 내는 방식으로 약효를 낸다.

④ ⊕에서 신경 전달 물질의 농도가 높은 상태로 장기간 유지되면 수용체의 민감도가 떨어지게 된다.

[근거] **4**-5 항우울제는 연접 틈새(⊕)에서 신경 전달 물질의 농도가 높아진 것과 같은 효과를 낸다.

[근거] **5**-3 약을 장기간 남용하여 이러한 상태가 장기간 유지되면 수용체의 민감도가 떨어지게 된다.

⑤ 항우울제는 ㉠나 ⊕의 수용체와 결합하여 우울증이 발현되는 원인을 완화하는 효과를 낸다.

[근거] **4**-3 뉴런 간 연접 틈새에서 세로토닌이나 노르에피네프린의 농도가 낮아지면 우울증이 나타난다.

[근거] **4**-5 TCA 항우울제는 전연접 뉴런(㉠)의 수용체와 결합하여 세로토닌이나 노르에피네프린의 재흡수가 일어나지 않도록 하는 방식으로, SNRI 항우울제는 이들 물질의 재흡수를 억제하거나 후연접 뉴런(⊕)의 수용체와 결합하는 방식으로, 연접 틈새에서 세로토닌이나 노르에피네프린의 농도가 높아진 것과 같은 효과를 낸다.

▶ **지문 분석**　　　　　　　　　　본책 120~121쪽

1 약

2 ❶ 생체　　　　　❷ 리간드
　　❸ 병원체　　　　❹ 설파닐아마이드
　　❺ 복제　　　　　❻ 연접 틈새
　　❼ 상승효과　　　❽ 남용

3 원리

▶ **선지 판단 연습**

❶ ✕　[해설] 약은 생체 내에서 리간드로 기능하며, 수용체와 결합하여 유익 작용 및 유해 작용을 나타낸다.

❷ ✕　[해설] 항바이러스제는 병원체에 작용하는 방식으로 생물학적 효과를 내는 경우가 많다.

❸ ○

❹ 높이는

1 ⑤　　**2** ③　　**3** ①

지문 이해

2017 - 6월 고1 학력평가

[과학_의학] 신장과 인공 신장

- 이 글은 두 개의 중심 화제가 나타난다. 따라서 화제를 중심으로 크게 두 부분으로 나누어 화제에 대한 정보를 파악해야 한다.

- 1~4문단의 중심 화제는 '신장의 역할'이다. 1문단에서 노폐물을 인체 밖으로 내보내는 역할을 하는 신장에 대해 소개하고 있는 것에서 중심 화제를 파악하고, 신장의 역할·기능과 관련된 정보에 주목해야 한다. 신장의 여과 기능을 설명하면서 신장이 노폐물을 내보내는 원리와 과정이 드러나므로 이를 이해해야 한다.

- 5~7문단의 중심 화제는 '인공 신장의 기능과 노폐물 제거 원리'이다. 5문단에서 신장의 노폐물 여과 기능을 체외에서 대신하는 인공 신장을 소개하고 있는 것에서 중심 화제를 파악하고, 인공 신장이 노폐물을 제거하는 원리에 주목해 독해해야 한다.

1 ¹인체는 70%가 수분이다. ²수분은 인체의 세포를 유지하고 세포가 일을 하면서 생성하는 여러 가지 노폐물을 배출하는 데 관여한다. ³인체의 세포는 일종의 화력 발전소이다. ⁴연기가 나지 않을 뿐이지 들어오는 음식을 잘 분해하고 연소시켜서 에너지를 만든다. ⁵몸은 이 에너지를 이용하여 축구도 하고 달리기도 한다. ⁶이때 여러 가지 노폐물이 발생하는데, 이 노폐물들을 인체 밖으로 내보내야 한다. ⁷그래야만 몸이 늘 일정한 상태, 즉 항상성을 유지하게 된다. ⁸노폐물을 몸 밖으로 내보내는 역할은 주로 신장이 한다. ▸**1** 신장의 역할

2 ¹㉠신장의 주 역할은 노폐물을 걸러 내어 오줌으로 내보내는 것이다. ²이 일이 진행되는 곳은 네프론이라는 장치인데, 신장 하나에 100만 개 정도가 있다. ³네프론은 사구체, 보먼주머니, 세뇨관으로 이루어지는데 이곳에서 노폐물이 여과되고 필요한 영양분, 즉 포도당, 수분 등이 재흡수되기도 한다. ⁴포도당은 100% 재흡수되는데, 당이 재흡수되지 않고 소변에 섞여 나오면 당뇨병을 의심해 볼 수 있다. ⁵몸 안의 수분량에 따라 수분을 재흡수하는 양이 결정되므로 몸 안의 수분이 적으면 배출하는 수분의 양을 줄인다. ⁶이 때문에 소변이 노랗게 되는데 이것은 몸의 수분이 적다는 신호이다. ▸**2** 신장의 네프론에서 진행되는 일

3 ¹노폐물은 혈액의 압력 차이에 의해 모세 혈관 덩어리인 사구체를 통해 보먼주머니에 모이고 이것이 세뇨관을 거쳐 방광에 모아져 오줌으로 배설된다. ²물론 분자량이 큰 세포나 단백질 등은 그대로 혈액 속에 남아 있다. ³이때 노폐물뿐만 아니라 인체에 필요한 무기 염류, 아미노산, 물 등도 혈액의 압력에 의해 보먼주머니로 나온다. ⁴보먼주머니에 모인 물질 중 필요한 것은 세뇨관에서 다시 모세 혈관 속으로 재흡수된다. ⁵이와 같이 신장은 신체 내의 노폐물을 몸 밖으로 내보내는 여과와 필요한 것은 계속 사용할 수 있게 하는 재흡수의 기능으로 우리 몸을 항상 일정 상태로 유지한다. ⁶이러한 중요한 역할을 하는 신장에 이상이 생기면 우리 몸은 중대 위기에 봉착한다. ▸**3** 신장의 여과와 재흡수 기능

4 ¹신장 기능에 이상이 생기면 인체에 여러 가지 문제가 생긴다. ²우선 노폐물이 걸러지지 않고 농도가 높아짐으로써 세포가 제대로

작용을 하지 못하게 되고, 얼굴이 붓는 증상에서부터 신장이 제 기능을 못하는 신부전증의 단계에까지 이른다. ³이러한 경우 생명이 위험해진다. ⁴물론 신장 이식 등의 방법도 있지만, 기증자가 나타나지 않으면 인공 신장에 의지해야 한다. ⁵신부전 환자는 한 번에 4~5시간은 소요되는 괴로운 혈액 투석을 일주일에 서너 번씩 해야 한다. ▸**4** 신장 기능에 이상이 생기면 발생하는 문제

5 ¹사실 ㉡인공 신장은 정확한 말이 아니다. ²인공 신장이라면 신장을 대신하여 몸 안에 장착하여 계속 쓸 수 있어야 하는데, 여기서 말하는 인공 신장이란 일종의 혈액 투석기이다. ³즉 체외에서 신장의 기능인 노폐물의 여과 기능을 대신하는 수단이다. ▸**5** 인공 신장의 기능

6 ¹인공 신장에서는 노폐물인 요소 등을 제거해야 하는데 요소가 제거되는 근본 원리는 물질의 농도 차이이다. ²물이 담긴 컵에 잉크 한 방울을 떨어뜨렸을 때, 잉크가 퍼져 나가는 것은 컵 속의 잉크 농도를 균일하게 하려는 성질 때문이다. ³노폐물인 요소도 농도가 높은 곳에서 낮은 곳으로 이동한다. ⁴인공 신장에서도 같은 원리로 노폐물이 제거된다. ⁵즉 반투막을 사이에 두고 한쪽에는 노폐물이 있는 혈액을 통과시키고 다른 한쪽에는 노폐물이 없는 투석액을 통과시키면 노폐물은 농도 차이에 의해 농도가 높은 혈액에서 낮은 투석액으로 이동한다. ⁶물론 혈액 속의 세포들과 분자량이 큰 단백질 등은 반투막을 통과하지 못하므로 다시 몸속으로 들어간다. ⁷또한 무기 염류, 포도당 등이 빠져나가지 않게 하려면, 반투막을 중심으로 양쪽이 같은 농도가 되도록 하면 된다. ▸**6** 인공 신장에서 노폐물을 제거하는 원리

7 ¹실제 병원에서 쓰이는 혈액 투석기는 가는 여과관이 여러 개 모여 있는 구조의 *중공사막을 사용한다. ²가는 여과관이 수백 개 다발로 있기 때문에 빠른 속도로 투석을 진행할 수 있다. ³혈액이 흐르는 방향과 투석액이 흐르는 방향이 같으면 처음에는 노폐물 농도 차이가 있어서 노폐물이 이동하지만 농도가 비슷해지면 노폐물의 이동이 줄어든다. ⁴따라서 혈액과 투석액이 서로 반대 방향으로 흐르도록 해 노폐물의 농도 차이가 일정하게 유지되도록 한다. ▸**7** 혈액 투석기의 구조

*중공사막 사람의 혈액을 걸러 주는 인공 신장 투석기의 필터.

주제 신장과 인공 신장이 인체에서 발생하는 노폐물을 제거하는 원리

개괄적 정보 파악

1 윗글을 통해 알 수 있는 내용으로 가장 적절한 것은?　　답 ⑤

① 소변에 당이 섞여 배출되면 소변 색이 노랗게 된다.

　근거 **2**-5~6 몸 안의 수분이 적어 배출되는 수분의 양이 줄면 소변 색이 노랗게 된다.

② 신장은 무기 염류, 아미노산 등을 노폐물과 함께 몸 밖으로 배출한다.

　근거 **3**-3~4 노폐물과 함께 보먼주머니로 나온 무기 염류, 아미노산 등 중 필요한 것은 세뇨관에서 모세 혈관 속으로 재흡수된다.

③ 인체에 필요한 단백질은 사구체에서 여과된 후 모세 혈관으로 재흡수된다.

　근거 **3**-1~2 노폐물이 사구체에서 여과될 때 분자량이 큰 단백질은 여과되지 않고 그대로 혈액 속에 남아 있다.

④ 걸러진 노폐물은 세뇨관을 통해 보먼주머니에 모아져 오줌으로 배설된다.

근거 3-1 사구체에서 걸러진 노폐물은 보먼주머니에 모이고 이것이 세뇨관을 거쳐 방광에 모아져 오줌으로 배설된다.

✓⑤ 세포가 생성하는 여러 가지 노폐물을 제거해야 인체의 항상성을 유지할 수 있다.

근거 1-2 세포는 일을 하면서 여러 가지 노폐물을 생성한다.

근거 1-6~7 이러한 노폐물들을 인체 밖으로 내보내야 몸이 항상성을 유지하게 된다. → 적절하므로 정답

세부 정보 비교

2 ㉠과 ㉡에 대한 설명으로 적절한 것은?　답 ③

▶ 신장은 여과와 재흡수의 기능을 한다. 이 중 여과의 기능을 대신하는 수단이 인공 신장이라는 것을 이해해야 한다.

① ㉠과 ㉡ 모두 인체의 수분을 늘리는 기능이 있다.

근거 2-3, 5 신장(㉠)은 필요한 수분을 재흡수하고 몸 안의 수분이 적으면 배출하는 수분의 양을 줄이므로 인체의 수분을 늘리는 기능이 있다.

근거 5-3 재흡수의 기능을 하지 않고 여과 기능만을 하는 인공 신장(㉡)은 인체의 수분을 늘리는 기능이 없다.

② ㉠과 ㉡ 모두 여과한 물질을 다시 흡수하는 기능이 있다.

근거 3-1, 3~4 신장(㉠)은 사구체에서 여과되어 보먼주머니에 모인 물질 중 필요한 것은 재흡수하는 기능이 있다.

근거 5-3 여과 기능만을 하는 인공 신장(㉡)은 재흡수의 기능이 없다.

✓③ ㉠과 ㉡ 모두 혈액 속의 요소 성분을 제거하는 기능을 한다.

근거 6-1 요소는 노폐물에 해당한다.

근거 2-1 신장(㉠)은 노폐물을 걸러 내어 오줌으로 내보내는 기능을 한다.

근거 5-3, 6-1 인공 신장(㉡)은 노폐물을 여과하는 신장의 기능을 체외에서 대신하여 요소를 제거한다. → 적절하므로 정답

④ ㉠은 농도의 차이로, ㉡은 압력의 차이로 노폐물을 걸러 낸다.

근거 3-1 신장(㉠)은 혈액의 압력 차이로 노폐물을 걸러 낸다.

근거 6-1 인공 신장(㉡)은 물질의 농도 차이로 노폐물을 걸러 낸다.

⑤ ㉠의 기능에 이상이 생겼을 때, ㉡을 환자의 체내에 이식한다.

근거 4-1, 4 신장(㉠) 기능에 이상이 생기면 신장 이식을 하거나 인공 신장에 의지해야 한다.

근거 5-3 인공 신장(㉡)은 체외에서 신장의 여과 기능을 대신하는 수단이다.

세부 정보 파악

3 윗글을 바탕으로 〈보기〉의 '혈액 투석기'를 이해한 내용으로 적절하지 않은 것은?　답 ①

▶ 6에 제시된, 인공 신장이 노폐물을 제거하는 원리를 이해해야 한다.

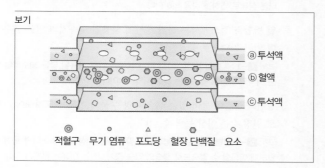

보기

ⓐ 투석액
ⓑ 혈액
ⓒ 투석액

◎ 적혈구　● 무기 염류　△ 포도당　● 혈장 단백질　◇ 요소

✓① ⓐ와 ⓒ의 요소 농도는 ⓑ보다 높다.

근거 6-5 한쪽에는 노폐물인 요소가 있는 혈액을, 다른 한쪽에는 요소가 없는 투석액을 통과시키면 농도 차이에 의해 요소 농도가 높은 혈액에서 요소 농도가 낮은 투석액으로 요소가 이동한다. 즉 투석액(ⓐ, ⓒ)의 요소 농도는 혈액(ⓑ)보다 낮다. → 적절하지 않으므로 정답

② ⓐ와 ⓑ, ⓑ와 ⓒ 사이의 막은 반투막이다.

근거 6-5 반투막을 사이에 두고 한쪽에는 혈액(ⓑ)을, 다른 한쪽에는 투석액(ⓐ, ⓒ)을 통과시킨다.

③ ⓐ, ⓑ, ⓒ의 무기 염류, 포도당 농도는 같다.

근거 6-7 무기 염류, 포도당 등이 빠져나가지 않게 하기 위해 반투막을 중심으로 투석액(ⓐ, ⓒ)과 혈액(ⓑ)이 같은 농도가 되도록 한다.

④ ⓐ와 ⓒ는 ⓑ와 반대 방향으로 흐른다.

근거 7-3~4 혈액과 투석액의 노폐물 농도가 비슷해지면 노폐물의 이동이 줄어들기 때문에 혈액(ⓑ)과 투석액(ⓐ, ⓒ)이 서로 반대 방향으로 흐르도록 해 노폐물의 농도 차이가 일정하게 유지되도록 한다.

⑤ ⓐ와 ⓑ, ⓑ와 ⓒ 사이에서 세포와 단백질은 이동하지 않는다.

근거 6-6 혈액 속의 세포들과 분자량이 큰 단백질 등은 반투막을 통과하지 못한다. 따라서 투석액(ⓐ, ⓒ)과 혈액(ⓑ) 사이에서 이동하지 않는다.

▶ **선지 판단 연습**

❶ ○
❷ ×　해설 신장에 있는 네프론에서 포도당이 재흡수되지 않고 소변에 섞여 나오면 당뇨병을 의심해 볼 수 있다.
❸ ×　해설 신장은 노폐물을 여과하고 필요한 것은 재흡수하여 우리 몸의 항상성을 유지한다.
❹ 높을

1 ⑤ **2** ③ **3** ①

지문 이해

2019-11월 고1 학력평가

[기술_산업 공학] 상변화 물질을 활용한 지역난방

• 이 글의 중심 화제는 '상변화 물질을 활용한 지역난방'이다. 1문단에서 지역난방의 개념을 정의하고, 기존의 방식을 설명한 후 새롭게 개발하고 있는 방식을 언급하고 있는데 이 새로운 방식에 주목해야 한다.

• 2문단에서 상변화 물질의 개념을 설명한 후 열 수송 과정에서 상변화 물질이 활용되는 방식을 3~4문단에서 설명하고 있다. 이때 상변화, 현열, 잠열이 나타나는 양상이 제시되는데 이를 이해하기 위해서는 2문단에 제시된 상변화, 현열, 잠열의 개념을 명확히 파악해야 한다.

• 3~4문단에서 상변화 물질을 활용한 열 수송 과정을 설명한 것은 "상변화 물질의 특성을 이용하여 열 수송을 하면 어떤 장점이 있는 것일까?"에 대한 대답을 제시하기 위해서이다. 질문에 대한 대답은 5문단에 나타나므로 질문에 대한 대답을 정리하며 읽어야 한다.

1 ¹지역난방은 열 병합 발전소에서 전기 생산을 위해 사용된 열을 회수하여 인근 지역의 난방에 활용하는 것이다. ²지역난방에서는 회수된 열로 데워진 물을 배관을 통해 인근 지역으로 공급함으로써 열을 수송하는 방식을 주로 사용하는데, 근래에는 열 수송의 효율성을 높이기 위해 상변화 물질을 활용하는 방식을 개발하고 있다.

2 ¹열 수송에 사용되는 상변화 물질이란, 상변화를 할 때 수반되는 잠열을 효율적으로 사용하기 위해 활용되는 물질을 말한다. ²상변화란, 물질의 상태를 고체, 액체, 기체로 분류할 때, 주변의 온도나 압력 변화에 의해 어떤 물질이 이전과 다른 상태로 변하는 것을 의미하는데, 얼음이 물이 되거나 물이 수증기가 되는 것 등이 이에 해당한다. ³이러한 변화에는 열이 수반되는데, 이를 잠열이라고 한다. ⁴예를 들어 비커에 일정량의 얼음을 넣고 가열하면 얼음의 온도가 올라가게 되고, 0℃에 도달하면 얼음이 물로 변하기 시작하여 비커 속에는 얼음과 물이 공존하게 된다. ⁵그런데 비커 속 얼음이 모두 물로 변할 때까지는 온도가 올라가지 않고 계속 0℃를 유지하는데, 이는 비커에 가해진 열이 물질의 온도 변화가 아닌 상변화에 사용되었기 때문이다. ⁶이렇게 상변화에 사용된 열이 잠열인데, 이는 물질의 온도 변화로 나타나지 않는 숨어 있는 열이라는 뜻이다. ⁷잠열은 물질마다 그 크기가 다르며, 일반적으로 물질이 고체에서 액체가 되거나 액체에서 기체가 될 때, 또는 고체에서 바로 기체가 될 때에는 잠열을 흡수하고 그 반대의 경우에는 잠열을 방출한다. ⁸한편 비커를 계속 가열하여 얼음이 모두 녹아 물이 된 후에는 다시 온도가 올라가기 시작한다. ⁹이렇게 얼음의 온도가 올라가거나 물의 온도가 올라가는 것처럼 온도 변화로 나타나는 열을 현열이라고 한다.

3 ¹그렇다면 상변화 물질의 특성을 이용하여 열 수송을 하면 어떤 장점이 있는 것일까? ²상변화 물질을 활용하여 열 병합 발전소에서 인근 지역 공동 주택으로 열을 수송하는 과정을 통해 이를 살펴보자. ³열 병합 발전소에서는 발전에 사용된 수증기를 열 교환기로 보낸다. ⁴열 교환기로 이동한 수증기는 열 수송에 사용되는 물에 열을 전달하여 물을 데운다. ⁵이 물속에는 고체 상태의 상변화 물질이 담겨 있는 마이크로 단위의 캡슐이 섞여 있다. ⁶이 상변화 물질의 녹는점은 물의 어는점과 끓는점 사이에 있기 때문에, 물이 데워져 물의 온도가 상변화 물질의 녹는점 이상이 되면 상변화 물질은 액체로 상변화하게 된다. ⁷액체가 된 상변화 물질이 섞인 물은 열 교환기에서 나와 온수 공급관을 통해 인근 지역 공동 주택 기계실의 열 교환기로 이동한다. ⁸이 과정에서 상변화 물질이 고체로 상변화되지 않아야 하므로 이동하는 물의 온도는 상변화 물질의 녹는점 이상으로 유지되어야 한다.

4 ¹공동 주택 기계실의 열 교환기로 이동한 물과 캡슐 속 상변화 물질은 공동 주택의 찬물에 열을 전달하면서 온도가 내려간다. ²이렇게 공동 주택의 찬물을 데우는 과정에서 상변화 물질의 온도가 상변화 물질의 녹는점 이하로 내려가면 캡슐 속 상변화 물질은 액체에서 고체로 상변화하면서 잠열을 방출하게 되는데, 이 역시 찬물을 데우는 데 사용된다. ³즉 온수 공급관을 통해 이동해 온 물의 현열과 캡슐 속 상변화 물질의 현열, 그리고 상변화 물질의 잠열이 공동 주택의 찬물을 데우는 데 모두 사용되는 것이다. ⁴이렇게 데워진 공동 주택의 물은 각 세대의 난방기로 공급되어 세대 난방을 하게 되고, 상변화 물질 캡슐이 든 물은 온수 회수관을 통해 다시 발전소로 회수되어 재사용된다.

5 ¹이와 같이 상변화 물질을 활용한 열 수송 방식을 사용하면 현열만 사용하던 기존의 열 수송 방식과 달리 현열과 잠열을 모두 사용할 수 있으므로 온수 공급관을 통해 보내는 물의 온도를 현저히 낮출 수 있어 열 수송의 효율성이 개선된다. ²이때 상변화 물질 캡슐의 양을 늘릴수록 열 수송에 활용할 수 있는 잠열의 양은 증가하겠지만 캡슐의 양이 일정 수준 이상으로 늘어나면 물이 원활하게 이동할 수 없으므로 캡슐의 양을 증가시키는 데에는 한계가 있다.

주제 상변화 물질을 활용한 열 수송 방식의 특징

세부 내용 파악

1 윗글의 내용과 일치하지 않는 것은? 답 ⑤

① 상변화는 주변의 온도나 압력 변화에 의해 물질의 상태가 변하는 것을 의미한다.

근거 **2**-2 상변화란 주변의 온도나 압력 변화에 의해 어떤 물질이 이전과 다른 상태로 변하는 것을 의미한다.

② 열 병합 발전소에서는 전기 생산에 사용된 수증기의 열을 회수하여 인근 지역으로 공급한다.

근거 **1**-1 열 병합 발전소에서 전기 생산을 위해 사용된 열을 회수하여 인근 지역의 난방에 활용하는 것이 지역난방이다.

③ 상변화 물질이 들어 있는 캡슐의 양은 물의 이동을 고려해야 하므로 일정 수준 이상 늘릴 수 없다.

근거 **5**-2 상변화 물질 캡슐의 양이 일정 수준 이상으로 늘어나면 물이 원활하게 이동할 수 없으므로 캡슐의 양을 증가시키는 데에는 한계가 있다.

④ 상변화 물질을 활용하여 열을 수송하는 방식을 사용하는 것은 열 수송의 효율성을 높이기 위해서이다.

근거 **1**-2, **5**-1 열 수송의 효율성을 높이기 위해 상변화 물질을 활용하는 방식을 개발하였고, 상변화 물질을 활용한 열 수송 방식을 사용하면 열 수송의 효율성이 개선된다.

✓⑤ 상변화 물질을 활용한 열 수송 방식에서는 온수 공급관으로 보내는 물의 온도를 기존 방식보다 높여야 한다.

근거 **5**-1 상변화 물질을 활용한 열 수송 방식은 현열과 잠열을 모두 사용할 수 있어 현열만 사용하던 기존의 열 수송 방식과 달리 온수 공급관을 통해 보내는 물의 온도를 현저히 낮출 수 있다. → 일치하지 않으므로 정답

_{내용 파악}
2 〈보기〉는 상변화 물질을 활용한 열 수송 과정을 도식화한 것이다. 윗글을 바탕으로 〈보기〉에 대해 이해한 내용으로 적절하지 <u>않은</u> 것은?

답 ③

보기

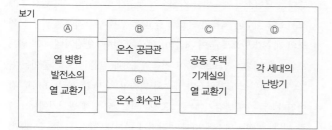

① ⓐ에서 캡슐 속 상변화 물질의 온도는 상변화 물질의 녹는점 이상으로 올라가겠군.

근거 **3**-4~6 열 병합 발전소의 열 교환기(ⓐ)에서 수증기가 고체 상태의 상변화 물질 캡슐이 섞여 있는 물에 열을 전달한다. 물이 데워져 물의 온도가 상변화 물질의 녹는점 이상이 되면 상변화 물질이 액체로 상변화한다.

② ⓑ에서는 물에 있는 캡슐 속 상변화 물질의 상변화가 일어나지 않겠군.

근거 **3**-7~8 액체가 된 상변화 물질이 섞인 물이 온수 공급관(ⓑ)을 통해 이동하는 과정에서 상변화 물질이 고체로 상변화되지 않도록 물의 온도는 상변화 물질의 녹는점 이상으로 유지되어야 한다.

✓③ ⓑ와 ⓔ를 통해 이동하는 물에 있는 상변화 물질의 상태는 서로 같겠군.

근거 **3**-7 온수 공급관(ⓑ)을 통해 이동하는 물에 있는 상변화 물질은 액체 상태이다.

근거 **4**-1~4 액체 상태의 상변화 물질은 공동 주택 기계실의 열 교환기로 이동한 후에 고체로 상변화하므로 온수 회수관(ⓔ)을 통해 회수되는 물에 있는 상변화 물질은 고체 상태이다. 따라서 상변화 물질의 상태가 서로 같지 않다. → 적절하지 않으므로 정답

④ ⓒ에서 공동 주택의 찬물은 현열과 잠열에 의해 데워져 ⓓ에 공급되겠군.

근거 **4**-3~4 공동 주택 기계실의 열 교환기(ⓒ)에서는 온수 공급관을 통해 이동해 온 물의 현열과 캡슐 속 상변화 물질의 현열, 상변화 물질의 잠열이 공동 주택의 찬물을 데우고 그 물이 각 세대의 난방기(ⓓ)로 공급된다.

⑤ ⓔ를 통해 회수된 물에 있는 상변화 물질은 ⓐ에서 다시 상변화 과정을 거쳐 재사용되겠군.

근거 **4**-4 상변화 물질 캡슐이 든 물은 온수 회수관(ⓔ)을 통해 다시 발전소(ⓐ)로 회수되어 재사용된다.

_{구체적 상황에 적용}
3 윗글을 읽은 학생이 〈보기 1〉을 보고 〈보기 2〉와 같이 메모했을 때, ㉮~㉰에 들어갈 말로 적절한 것은?

답 ①

보기
1 A 기업에서는 녹는점이 15℃인 상변화 물질을 벽에 넣어 밤과
_{15℃보다 높아지면 액체로 변하는 물질}
낮의 온도 차가 크더라도 벽의 온도를 일정하게 만들 수 있는 기술
_{상변화가 일어나는 중에는 온도가 변하지 않음.(잠열)}
을 연구하고 있다.

보기
2 벽의 온도가 15℃보다 높아지면 이 상변화 물질은 (㉮)로 상변화할 것이고, 이때 잠열을 (㉯)할 것이다. 이렇게 상변화가 일어나는 중에는 상변화 물질의 온도가 (㉰) 것이다.

✓① ㉮: 액체   ㉯: 흡수   ㉰: 유지될

근거 **3**-6 온도가 상변화 물질의 녹는점 15℃ 이상이 되면 상변화 물질은 액체로 상변화한다.
근거 **2**-7 물질이 고체에서 액체가 될 경우에는 잠열을 흡수한다.
근거 **2**-5 고체가 모두 액체로 변할 때까지는 온도가 올라가지 않고 계속 유지된다. → 적절하므로 정답

② ㉮: 액체   ㉯: 흡수   ㉰: 상승할

근거 **2**-5 고체가 모두 액체로 변할 때까지는 온도가 유지된다.

③ ㉮: 액체   ㉯: 방출   ㉰: 유지될

근거 **2**-7 물질이 고체에서 액체가 될 경우에는 잠열을 흡수한다.

④ ㉮: 고체   ㉯: 흡수   ㉰: 유지될

근거 **3**-6 온도가 상변화 물질의 녹는점인 15℃ 이상이 되면 상변화 물질은 액체로 상변화한다.

⑤ ㉮: 고체   ㉯: 방출   ㉰: 상승할

근거 **3**-6 온도가 상변화 물질의 녹는점인 15℃ 이상이 되면 상변화 물질은 액체로 상변화한다.
근거 **2**-7 물질이 고체에서 액체가 될 경우에는 잠열을 흡수한다.
근거 **2**-5 고체가 모두 액체로 변할 때까지는 온도가 유지된다.

▶ **지문 분석**   본책 128~129쪽

1 상변화

2 ❶ 열   ❷ 잠열   ❸ 온도
   ❹ 액체   ❺ 온수 공급관   ❻ 세대 난방
   ❼ 온수 회수관   ❽ 현열

3 ❶ 과정   ❷ 대답

▶ **선지 판단 연습**

❶ ✕   _{해설} 상변화 물질이 열 수송에 사용되는 이유는 상변화에 수반되는 잠열을 효율적으로 사용하기 위해서이다.

❷ ✕   _{해설} 잠열의 크기는 물질의 상태에 따라 다른 것이 아니라 물질마다 다르다.

❸ ○

❹ 현열

1 ①　　**2** ③　　**3** ⑤

지문 이해

2020-6월 고1 학력평가

[과학_물리] 방사성 동위 원소를 이용한 암석 연대 측정

• 이 글의 중심 화제는 '방사성 동위 원소를 이용한 지층 연대 측정'이다. 1문단에서 19세기 지질학적 시간 척도의 한계를 밝힌 후, 2문단에서 이를 극복하기 위해 방사성 동위 원소를 이용한 지층 연대 측정법이 시작되었다고 설명하고 있다. 이를 통해 중심 화제를 파악해야 한다.

• 3문단에서 "지질학자들은 방사성 동위 원소의 어떤 특성을 활용하여 암석의 연령을 측정하였을까?"라는 질문이 나타나므로 이에 대한 대답을 찾으며 읽어야 한다. 5문단에서 대답이 제시되는데 질문과 대답을 연결하여 방사성 동위 원소의 특성은 무엇인지, 이를 활용하여 암석 연령을 어떻게 측정했는지를 파악해야 한다.

• 낯선 용어가 많이 등장하지만, 개념이 제시되고 예를 들어 설명하고 있으므로 예시를 통해 개념을 명확하게 이해하며 독해해야 한다.

1 ¹19세기 초 지질학자들은 스테노와 스미스의 층서 원리를 적용하여 전 세계의 지질학적 연구 성과를 종합했다. ²우리가 흔히 쓰는 '중생대 쥐라기'와 같은 '대', '기' 등으로 나타내는 지질학적 시간 척도는 이때 확립되었다. ³그러나 이러한 지질학적 시간 척도는 상대적인 척도로 한 지층이 다른 지층보다 오래되었는지 아닌지를 말해 줄 수는 있어도 실질적으로 얼마나 오래되었느냐는 말해 줄 수 없었다.

▶ 19세기 초에 확립된 지질학적 시간 척도

2 ¹이후 많은 사람들이 지층의 정확한 연대 측정을 시도한 끝에 1905년 러더포드가 방사성 동위 원소를 이용하여 지층 연대의 측정에 성공했다. ²그는 암석 내 우라늄의 양을 측정하여 한 암석의 연대를 계산해 냈다. ³이것이 동위 원소 연대 측정법의 시작이었다. ⁴자연적으로 발생하는 방사성 동위 원소를 사용해 암석의 연대를 결정하는 연대 측정 방법들은 그 후 수년간 더욱 개선되어 갔으며, 더 많은 방사성 동위 원소들이 발견되고 방사성 붕괴 과정의 심층적인 이해가 이루어졌다.

▶ 1905년에 시작된 동위 원소 연대 측정법

3 ¹지질학자들은 방사성 동위 원소의 어떤 특성을 활용하여 암석의 연령을 측정하였을까? ²이 질문의 답을 얻기 위해서는 먼저 방사성 동위 원소가 무엇인지를 살펴볼 필요가 있다. ³물질의 기본 단위인 원자 중심에는 양성자와 중성자로 이루어진 원자핵이 있다. ⁴이 원자핵에 들어 있는 양성자 수에 따라 물질을 이루는 기본 성분인 원소의 종류가 결정된다. ⁵탄소 원자핵에 있는 양성자 수는 6개이고, 산소 원자핵에 있는 양성자 수는 8개이다. ⁶같은 원소라고 하더라도 원자핵에 있는 중성자 수가 다른 것들이 있는데 이를 동위 원소라 한다. ⁷예를 들면 탄소의 경우, '탄소-12'는 원자핵에 양성자 6개와 중성자 6개가 있는 원자이며, '탄소-14'는 양성자 6개와 중성자 8개가 있는 동위 원소이다.

▶ 같은 원소이지만 원자핵에 있는 중성자 수가 다른 동위 원소

4 ¹한편, 자연계의 모든 물질은 불안정한 상태에서 안정한 상태로 가려는 성질이 있다. ²동위 원소 중에는 양성자의 수가 중성자의 수에 비해 너무 많거나 또는 그 반대의 이유로 본래 원자핵의 상태가 불안정한 원소들이 있다. ³그래서 불안정한 원자핵이 스스로 방사선을 방출하고 이를 통해 에너지를 잃고 안정된 상태로 가는 과정을 거치는데 이를 방사성 붕괴 또는 핵붕괴라 한다. ⁴동위 원소 중 방사성 붕괴를 일으키는 동위 원소를 방사성 동위 원소라 한다. ⁵이들은 방사성 붕괴를 통해 불안정한 원자핵이 안정된 상태의 다른 종류의 원자핵으로 변한다. ⁶예를 들면 방사성 동위 원소인 '탄소-14'는 방사성 붕괴로 인해 중성자 1개가 붕괴되어 양성자로 바뀌고, 양성자 7개와 중성자 7개로 이루어진 원자핵을 가진 안정된 원소인 '질소-14'가 된다. ⁷붕괴 전의 방사성 동위 원소를 모원소, 모원소의 방사성 붕괴에 의해 생성된 안정된 원소를 자원소라 일컫는다. ⁸붕괴 전 방사성 동위 원소인 '탄소-14'는 모원소이고 방사성 붕괴에 의해 생성된 안정된 원소인 '질소-14'는 자원소이다.

▶ 방사성 붕괴를 일으키는 방사성 동위 원소

5 ¹방사성 동위 원소는 일정한 시간이 지나면 모원소의 개수가 원래 개수에서 절반으로 줄어드는 특성이 있다. ²모원소의 개수가 원래 개수의 절반으로 줄어드는 데에 걸리는 시간을 반감기라 한다. ³이때 줄어든 모원소의 개수만큼 자원소의 개수가 늘어난다. ⁴첫 반감기 때 모원소의 개수는 처음의 반으로 줄고 두 번째 반감기에는 남은 모원소의 개수가 반으로 줄어 처음의 1/4로, 세 번째 반감기에는 또 남은 모원소의 개수가 반으로 줄어 처음의 1/8과 같은 식으로 줄어든다. ⁵그래서 모원소와 자원소의 개수의 비율이 첫 반감기에는 1:1로 같아진다. 두 번째 반감기에는 1:3으로 되고, 세 번째 반감기에는 1:7로 된다. ⁶다만, 원소에 따라 반감기가 다른데 '탄소-14'는 5730년, '포타슘-40'은 13억 년, '우라늄-238'은 44억 년의 반감기를 갖는다. ⁷방사성 동위 원소의 반감기는 온도나 압력에 영향을 받지 않는다. ⁸따라서 어떤 암석에 포함된 모원소와 자원소의 비율을 알고, 그 결과와 방사성 동위 원소의 반감기를 이용하면 암석이 만들어진 연대를 추정할 수 있다. ⁹가령 어떤 암석이 생성될 때 '포타슘-40'을 함유하고 있고 이 원소가 외부 유입이나 유출, 암석의 변성 작용 등 다른 외부 요인에 의한 변화가 없다고 할 때 이 암석의 방사성 동위 원소 측정 결과 모원소와 자원소의 비율이 1:3이라면 반감기를 두 번 거쳤기 때문에 이 암석은 26억 년 전에 생성되었다고 볼 수 있다.

▶ 방사성 동위 원소의 특성을 활용한 암석 연대 추정

주제 방사선 동위 원소의 특성을 활용한 암석 연대 측정 방법

논지 전개 방식 파악

1 윗글의 진술 방식으로 가장 적절한 것은?　　답 ①

✓① 방사성 동위 원소의 개념을 예시를 통해 설명하고 있다.

근거 **4**-4~6 방사선 동위 원소의 개념을 제시한 후 '탄소-14'를 예로 들어 설명하고 있다. → 적절하므로 정답

② 원자핵의 구성 물질을 세부적 묘사를 통해 설명하고 있다.

근거 **3**-3 원자핵이 양성자와 중성자로 이루어짐을 언급하고 있지만 이 구성 물질을 세부적으로 묘사하고 있지는 않다.

③ 방사성 동위 원소의 붕괴 과정을 유추를 통해 설명하고 있다.

근거 **4**-6 방사성 동위 원소의 붕괴 과정을 예시를 통해 설명하고 있다.

④ 지층 연대 측정 방법의 발전 과정을 유형별로 분류하여 설명하고 있다.

　근거 **1**~**2** 지층 연대 측정 방법의 발전 과정이 나타나지만 분류를 통해 설명하고 있지는 않다.

⑤ 지질학적 시간 척도의 특징을 전문가의 의견을 인용하여 설명하고 있다.

　근거 **1**-**3** 지질학적 시간 척도는 상대적인 척도로 한 지층이 다른 지층보다 오래되었는지 아닌지를 말해 줄 수는 있어도 지층이 실질적으로 얼마나 오래되었는지는 말해 주지 못한다고 언급되어 있을 뿐 전문가의 의견은 인용되어 있지 않다.

2 윗글에서 알 수 있는 내용으로 적절하지 않은 것은?　　답 ③

① 방사성 동위 원소의 핵은 불안정하여 붕괴된다.

　근거 **4**-**3**~**5** 방사성 동위 원소는 불안정한 원자핵이 스스로 방사성 붕괴를 일으켜 안정된 상태의 다른 종류의 원자핵으로 변한다.

② 질소-14의 원자핵은 양성자와 중성자의 개수가 같다.

　근거 **4**-**6** 질소-14의 원자핵은 양성자 7개와 중성자 7개로 이루어진다.

✓③ 방사성 동위 원소의 반감기는 온도나 압력에 영향을 받는다.

　근거 **4**-**7** 방사성 동위 원소의 반감기는 온도나 압력에 영향을 받지 않는다. → 적절하지 않으므로 정답

④ 19세기 초 지질학자들은 지층이 형성된 연도를 정확히 알 수 없었다.

　근거 **1**-**1**~**3** 19세기 초 지질학자들이 확립한 지질학적 시간 척도는 상대적인 척도로, 지층이 실질적으로 얼마나 오래되었는지는 말해 줄 수 없었다.

⑤ 자연계의 모든 물질은 불안정한 상태에서 안정한 상태로 가려는 성질이 있다.

　근거 **4**-**1** 자연계의 모든 물질은 불안정한 상태에서 안정한 상태로 가려는 성질이 있다.

3 윗글을 바탕으로 〈보기〉를 이해한 내용으로 적절하지 않은 것은?

　　답 ⑤

▶ 그래프를 이해하기 위해서는 모원소와 자원소의 관계를 파악해야 한다.

　근거 **5**-**1** 방사성 동위 원소의 모원소는 일정한 시간이 지나면 개수가 원래 개수에서 절반으로 줄어든다.

　근거 **5**-**3** 줄어든 모원소의 개수만큼 자원소의 개수가 늘어난다.

보기

그림은 어떤 방사성 동위 원소 ㉮가 붕괴할 때, 시간에 따른 모원소와 자원소의 함량을 나타낸 것이다.

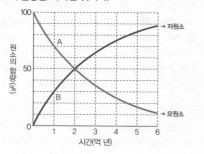

암석 S가 생성될 때 방사성 동위 원소 ㉮를 함유하고 있고 ㉮는 외부 유입이나 유출, 암석의 변성 작용 등 다른 요인에 의한 변화는 없었다. 이 암석의 방사성 동위 원소 ㉮를 측정한 결과 모원소와 자원소의 비율이 1:3이었다.
　　반감기를 두 번 거침.

① B는 자원소와 관련이 있다.

　근거 **5**-**3** 자원소는 줄어든 모원소의 개수만큼 개수가 늘어난다. 따라서 점점 늘어나는 B가 자원소의 함량을 나타내는 곡선이다.

② 암석 S의 생성 시기는 4억 년 전이다.

　근거 **5**-**5** 모원소와 자원소의 비율이 1:1로 같은 지점이 첫 번째 반감기이므로 ㉮의 반감기는 2억 년이다. 모원소와 자원소의 비율이 1:3이었으므로 ㉮는 반감기를 두 번 거쳤다.

　근거 **5**-**8** 따라서 암석 S는 4억 년 전에 생성되었다.

③ 4번의 반감기를 거치면 처음 A의 양은 1/16로 줄어든다.

　근거 **5**-**1** A는 2억 년이라는 일정한 시간이 지나면 함량이 원래의 절반으로 줄어들고 있으므로 모원소와 관련 있다.

　근거 **5**-**4** 모원소 A의 양은 세 번째 반감기에서 처음의 1/8로 줄고, 네 번째 반감기에서는 남은 A의 양이 또 반으로 줄어 처음의 1/16로 줄어든다.

④ 모원소와 자원소의 비율이 1:1로 같아지는 데 걸리는 시간은 2억 년이다.

　근거 **5**-**5** 모원소와 자원소의 비율이 1:1로 같아지는 것은 첫 반감기이다.

　근거 **5**-**2** ㉮의 반감기는 모원소 A의 함량이 원래의 절반으로 줄어드는 데 걸리는 2억 년이다.

✓⑤ 시간이 지날수록 자원소와 모원소의 개수를 더한 값은 감소한다.

　근거 **5**-**3** 모원소가 줄어든 개수만큼 자원소의 개수가 늘어난다. 따라서 시간이 지날수록 자원소와 모원소의 개수를 더한 값이 감소한다고 볼 수 없다. → 적절하지 않으므로 정답

▶ **지문 분석**　　　　　　　　본책 132~133쪽

1 방사성 동위 원소

2 ❶ 지질학적　　　❷ 동위 원소 연대 측정법
　　❸ 양성자　　　　❹ 중성자
　　❺ 방사성　　　　❻ 모원소
　　❼ 자원소　　　　❽ 반감기

3 ❶ 대답　　　　　❷ 예시

▶ **선지 판단 연습**

❶ ○

❷ 같고, 다른

❸ ✗　　해설 '탄소-14'는 방사성 붕괴를 통해 다른 종류이면서 안정된 원소인 '질소-14'가 된다.

❹ ✗　　해설 방사성 동위 원소의 모원소는 일정한 시간이 지나면 개수가 원래 개수에서 절반으로 줄어든다.

1 ② **2** ③ **3** ⑤

지문 이해

2020 – 11월 고2 학력평가

[과학_물리] 방사광과 방사광 가속기

- 이 글의 중심 화제는 '방사광과 방사광 가속기'이다. 1문단에서 방사광의 필요성과 개념이 제시된다. 이를 통해 방사광에 대한 내용이 이어질 것임을 예측하고, 2문단에서 방사광의 특징을 파악해야 한다.
- 3문단에서는 방사광을 인위적으로 만드는 장치인 방사광 가속기가 제시되어 또 다른 중심 화제가 나타난다. 따라서 방사광 가속기를 중심으로 글의 정보를 이해해야 한다.
- 3~5문단에서는 방사광 가속기의 구성 요소와 각 요소의 기능이 제시된다. 이를 명확하게 이해하여 방사광을 인위적으로 만드는 과정을 파악해야 한다.

1 ¹세상에는 너무 작아서 눈으로 볼 수 없는 세계가 많다. ²사람의 눈으로 볼 수 있는 가시광선 영역은 파장이 길기 때문에 단백질 분자 구조와 같은 물질의 내부 구조는 관찰할 수 없다. ³그래서 미세한 물질의 내부 구조를 파악하기 위해서는 보다 짧은 파장의 빛의 영역까지 활용할 수 있어야 하는데, 이때 활용 가능한 빛이 바로 방사광이다. ⁴방사광이란 빛의 속도에 가깝게 빠른 속도로 운동하는 전자가 방향을 바꿀 때, 바뀐 운동 궤도 곡선의 접선 방향으로 방출되는 좁은 퍼짐의 전자기파를 가리킨다.

> **1** 미세한 물질의 내부 구조를 파악할 때 활용할 수 있는 방사광

2 ¹방사광은 적외선, 가시광선, 자외선, X선에 이르는 다양한 파장을 가진 빛으로, 실험 목적에 따라 파장을 선택하여 사용할 수 있는 파장 가변성을 지닌다. ²그리고 방사광은 휘도가 높은 빛이다. ³휘도란 빛의 집중 정도를 나타내는 것으로, 빛의 세기가 크면 클수록, 그리고 빛의 퍼짐이 작으면 작을수록 높은 휘도 값을 갖는다. ⁴예를 들어 방사광에서 실험을 위해 선택된 X선은, 기존에 쓰던 X선보다 휘도가 수만 배 이상이라서 이를 활용하면 물질의 정보를 보다 자세하게 얻을 수 있다.

> **2** 파장 가변성을 지니고 휘도가 높은 방사광

3 ¹방사광은 자연에서는 별이 수명을 다해 폭발할 때 발생하기도 하지만, 이를 연구에 활용하는 것은 어려우므로 고성능 슈퍼 현미경이라고도 불리는 방사광 가속기를 사용해 인위적으로 만들어 사용한다. ²방사광 가속기는 일반적으로 크게 전자 입사 장치, 저장 링, 빔 라인 등으로 구성되어 있다. ³전자 입사 장치는 전자를 방출시킨 뒤 빛의 속도에 가깝게 가속시켜 저장 링으로 주입하는 장치로, 전자총과 선형 가속기로 구성된다. ⁴전자총은 고유한 파장을 가진 금속에 그 파장보다 짧은 파장의 빛을 가하면 전자가 방출되는 광전 효과를 활용하여 지속적으로 전자를 방출시킨다. ⁵이때 방출되는 전자는 상대적으로 속도가 느려 높은 에너지를 가지지 못하므로, 선형 가속기에서는 음(−)전하를 띤 전자가 양(+)전하를 띤 양극 쪽으로 움직이려는 전기적인 힘의 원리를 활용하여 전자를 가속시킨다. ⁶선형 가속기에서 빛의 속도에 근접하게 된 전자는 이후 저장 링으로 보내진다.

> **3** 방사광 가속기의 구성과 전자 입사 장치

4 ¹저장 링은 휨 전자석, 삽입 장치, 고주파 공동 장치 등으로 구성되어 있고, 일반적으로 n각형 모양으로 설계하여 n개의 직선 부분과 n개의 모서리 부분으로 이루어져 있다. ²저장 링의 모서리 부분에는 전자의 방향을 조절해 주는 휨 전자석을 설치하여 전자가 지속적으로 궤도를 따라 회전할 수 있도록 한다. ³전자는 휨 전자석을 지나면서 자석 주위의 자기장의 힘을 받아 휘게 되는데, 이때 전자의 운동 궤도 곡선의 접선 방향으로 방사광이 방출된다. ⁴저장 링의 직선 부분에는 N극과 S극을 번갈아 배열한 삽입 장치가 설치되어 있다. ⁵전자는 삽입 장치에서 자기장의 영향을 받아 N극과 S극의 사이에서 주기적으로 방향이 바뀌며 구불구불하게 움직이게 되는데, 방향이 주기적으로 바뀔 때마다 방사광이 방출된다. ⁶이렇게 방출된 방사광은, 위상이 동일한 방사광과 서로 중첩되면서 진폭이 커지는 간섭 현상이 나타난다. ⁷그래서 삽입 장치에서 중첩되어 진폭이 커진 방사광은, 휨 전자석에서 방출된 방사광보다 큰 에너지를 지닌 더 밝은 방사광이 된다. ⁸이때 휨 전자석과 삽입 장치를 통과하며 방사광을 방출한 전자는 에너지를 잃게 되고, 고주파 공동 장치는 이러한 전자에 에너지를 보충하여 전자가 계속 궤도를 돌게 한다.

> **4** 전자가 궤도를 돌며 방사광이 방출되는 저장 링

5 ¹마지막으로 빔 라인은 실험 목적에 맞도록 방사광에서 원하는 파장을 분리시켜 실험에 이용하는 장치로, 크게 진공 자외선 빔 라인과 X선 빔 라인으로 나눌 수 있다. ²진공 자외선 빔 라인에서는 주로 기체 상태의 물질의 구조나 고체 표면에서의 물질의 구조 등에 관한 실험들이 이루어지고, X선 빔 라인에서는 다른 빛보다 상대적으로 짧은 파장을 가진 X선의 특성을 이용하여 주로 물질의 내부 구조, 원자 배열 등에 대한 실험이 이루어진다. ³특히 X선 빔 라인들 중 하나인 ⊙X선 현미경은 최대 15나노미터 정도 되는 생체 조직 등과 같은 물질의 내부 구조까지도 확대하여 관찰할 수 있다. ⁴X선은 가시광선과 달리 유리 렌즈나 거울을 써서 굴절시키거나 반사시키기 어렵다. ⁵그래서 X선 현미경은, 강력한 전자기장으로 X선을 굴절시켜 빛을 모을 수 있는 특수 금속 렌즈를 이용해 X선을 실험에 활용한다.

> **5** 방사광에서 원하는 파장을 분리시켜 실험에 이용하는 빔 라인

주제 방사광의 특징 및 방사광 가속기의 구성과 기능

> 핵심 개념 파악

1 방사광에 대한 설명으로 적절하지 않은 것은?   답 ②

① 실험 목적에 따라 파장을 선택해 사용할 수 있는 빛이다.

> **근거** **2**-1 방사광은 실험 목적에 따라 파장을 선택하여 사용할 수 있는 파장 가변성을 지닌다.

✓ ② 방사광 가속기에서 연구 목적으로 가속시키는 전자기파이다.

> **근거** **1**-4, **3**-1, 3, **4**-2~4 방사광은 전자기파로, 연구에 활용하기 위해 방사광 가속기를 사용해 인위적으로 만든다. 방사광 가속기에서는 전자를 가속시켜 저장 링으로 보내고, 저장 링에서 전자가 계속 궤도를 돌게 해 방사광을 방출시킨다. 즉 방사광 가속기에서 가속시키는 대상은 전자이지 전자기파인 방사광이 아니다. → 적절하지 않으므로 정답

③ 자연적으로 발생하기도 하고 인위적으로 만들 수도 있는 빛이다.

> **근거** **3**-1 방사광은 자연에서 별이 수명을 다해 폭발할 때 발생하기도 하지만, 방사광 가속기를 사용해 인위적으로 만들어 사용하기도 한다.

④ 휘도가 높아 물질에 대한 자세한 정보를 얻을 수 있게 하는 빛이다.

(근거) **2**-2, 4 방사광은 휘도가 높아 방사광을 활용하면 물질의 정보를 보다 자세하게 얻을 수 있다.

⑤ 빛의 속도에 가깝게 운동하는 전자가 방향을 바꿀 때 방출되는 전자기파이다.

(근거) **1**-4 방사광은 빛의 속도에 가깝게 빠른 속도로 운동하는 전자가 방향을 바꿀 때, 바뀐 운동 궤도 곡선의 접선 방향으로 방출되는 좁은 퍼짐의 전자기파이다.

내용 파악

2 〈보기〉는 방사광 가속기의 주요 장치를 도식화한 것이다. 윗글을 바탕으로 〈보기〉를 이해한 내용으로 적절하지 않은 것은? 답 ③

▶ **3**~**5**에 제시된, 방사광 가속기의 구성 요소와 그 기능을 〈보기〉에 대응하여 이해해야 한다.

보기

전자 입사 장치		저장 링			진공 자외선 빔 라인
전자총	선형 가속기	휨 전자석	삽입 장치	고주파 공동 장치	⒡
⒜	⒝	⒞	⒟	⒠	X선 빔 라인

① ⒜에서 광전 효과를 활용하여 방출시킨 전자는 ⒝에서 빛의 속도에 가깝게 가속되어 높은 에너지를 갖게 되겠군.

(근거) **3**-4~6 전자총(⒜)에서 광전 효과를 활용하여 전자를 방출시키면 선형 가속기(⒝)에서 전기적인 힘의 원리를 활용하여 전자를 가속시켜 전자는 빛의 속도에 근접하게 된다. 상대적으로 속도가 느린 전자는 높은 에너지를 가지지 못하므로 가속된 전자는 높은 에너지를 갖게 된다.

② 전자는 ⒞를 지나면서 자석 주위의 자기장의 힘을 받아 방향이 바뀌면서 궤도를 따라 회전할 수 있게 되겠군.

(근거) **4**-2~3 전자는 휨 전자석(⒞)을 지나면서 자석 주위의 자기장의 힘을 받아 휘게 되어, 지속적으로 궤도를 따라 회전하게 된다.

✔③ ⒞에서 방출된 방사광이 ⒟에서 방출된 방사광보다 밝은 이유는 ⒟에서 방사광이 서로 중첩되어 진폭이 더 커졌기 때문이겠군.

(근거) **4**-6~7 삽입 장치(⒟)에서 방출된 방사광은, 위상이 동일한 방사광과 서로 중첩되면서 진폭이 커져 휨 전자석(⒞)에서 방출된 방사광보다 큰 에너지를 지닌 더 밝은 방사광이 된다. → 적절하지 않으므로 정답

④ ⒞와 ⒟를 통과하며 에너지가 손실된 전자는 ⒠로부터 에너지를 공급받아 궤도를 계속 돌게 되겠군.

(근거) **4**-8 휨 전자석(⒞)과 삽입 장치(⒟)를 통과하며 방사광을 방출한 전자는 에너지를 잃게 되고, 고주파 공동 장치(⒠)는 이러한 전자에 에너지를 보충하여 전자가 계속 궤도를 돌게 한다.

⑤ ⒡는 실험 목적에 맞게 방사광에서 원하는 파장을 분리시켜 실험에 이용하는 장치이겠군.

(근거) **5**-1 빔 라인은 실험 목적에 맞도록 방사광에서 원하는 파장을 분리시켜 실험에 이용하는 장치로, 진공 자외선 빔 라인(⒡)과 X선 빔 라인으로 나눌 수 있다.

다른 대상과 비교

3 윗글의 ㉠과 〈보기〉의 ㉡을 비교한 내용으로 가장 적절한 것은? 답 ⑤

보기

㉡광학 현미경은 가시광선을 굴절시켜 빛을 모을 수 있는 유리 렌즈를 이용해 물질의 표면을 확대하는 실험 장치이다. 일반적으로 광학 현미경의 렌즈 배율을 최대로 높이면 크기가 200나노미터 정도 되는 물질까지 관찰할 수 있다.

① ㉠과 달리 ㉡은 물질의 내부 구조를 관찰할 수 있는 장치이다.

(근거) **5**-3 X선 현미경(㉠)은 물질의 내부 구조를 확대하여 관찰할 수 있다. 광학 현미경(㉡)은 물질의 표면을 확대하는 실험 장치이다.

② ㉡과 달리 ㉠은 빛이 굴절하는 성질을 이용하여 실험하는 장치이다.

(근거) **5**-5 X선 현미경(㉠)은 강력한 전자기장으로 X선을 굴절시킨다. 광학 현미경(㉡)도 가시광선을 굴절시키므로 X선 현미경(㉠)과 광학 현미경(㉡) 모두 빛이 굴절하는 성질을 이용한다.

③ ㉡과 달리 ㉠은 유리 렌즈를 활용하여 빛을 모아 물질을 확대하는 장치이다.

(근거) **5**-5 X선 현미경(㉠)은 강력한 전자기장으로 X선을 굴절시켜 빛을 모을 수 있는 특수 금속 렌즈를 이용한다. 광학 현미경(㉡)은 가시광선을 굴절시켜 빛을 모을 수 있는 유리 렌즈를 이용하므로 X선 현미경(㉠)과 달리 광학 현미경(㉡)은 유리 렌즈를 활용한다.

④ ㉡은, ㉠에서 사용하는 빛의 영역이 아닌 인간의 눈으로 볼 수 없는 빛의 영역을 이용하는 장치이다.

(근거) **1**-2, **5**-2~4 광학 현미경(㉡)에서 이용하는 가시광선은 X선 현미경(㉠)에서 사용하는 X선과 달리 사람의 눈으로 볼 수 있는 빛의 영역이다.

✔⑤ ㉠은, ㉡에서 사용하는 빛보다 상대적으로 짧은 파장의 빛을 이용하여 물질을 관찰할 수 있는 장치이다.

(근거) **1**-2, **5**-2~3 광학 현미경(㉡)이 이용하는 가시광선은 파장이 길다. 이에 비해 X선 현미경(㉠)은 다른 빛보다 상대적으로 짧은 파장을 가진 X선을 이용한다. → 적절하므로 정답

▶ **지문 분석**   본책 136~137쪽

1 방사광, 가속기

2 ❶ 전자　　❷ 파장　　❸ 방사광
　❹ 방출　　❺ 가속　　❻ 회전
　❼ 궤도　　❽ 분리

3 ❶ 구성　　❷ 과정

▶ **선지 판단 연습**

❶ ✕ (해설) 빛의 퍼짐이 작으면 작을수록 높은 휘도 값을 가지므로 휘도가 높은 방사광은 빛의 퍼짐이 작다.

❷ ✕ (해설) 전자의 속도가 느리면 높은 에너지를 가지지 못하는데, 선형 가속기는 전자를 가속시키므로 에너지가 높아진다.

❸ ○

❹ 표면

1 ④　**2** ①　**3** ①

지문 이해

2020 – 6월 고2 학력평가

[과학_의학] 인체의 면역계와 외부 물질의 공존

- 이 글의 중심 화제는 '면역계와 외부 물질의 공존'이다. 1문단에서 면역 반응에 대한 통념을 제시하고, 2문단에서는 이에 반박하며 면역계의 과민 반응이 인체에 해를 끼치기도 한다고 말한다. 3문단에서는 깨끗한 환경이 면역계 과민 반응과 질병의 원인이 됨을 제시한다. 이를 통해 4문단부터 면역 반응이 외부 물질과의 공존 속에서 균형을 찾음을 말하고 그 방법을 설명한다. 1~3문단은 중심 화제를 이끌어 내기 위한 내용이고, 4문단부터 중심 화제에 대한 정보가 나타남을 파악해야 한다.

- 2, 4문단에서 질문 형식이 나타나므로 이에 대한 대답을 찾으며 읽어야 한다. 2문단의 질문은 인과 관계를 파악하며 대답을 찾아야 하고, 4문단의 질문은 '장내 미생물'과 관련하여 대답을 찾아야 한다.

- 5문단에는 면역 반응의 과정이, 6문단에는 면역 반응이 억제되는 과정이 나타난다. 면역 반응에 관여하는 세포들의 역할과, 면역 반응을 억제해 외부 물질이 면역계와 공존하는 데 관여하는 세포들의 역할을 명확하게 이해해야 한다.

1 ¹인체는 끊임없이 세균과 바이러스, 기생충과 같은 외부 물질의 공격을 받는다. ²이들은 주로 감염이나 질병의 원인이 되므로 인체는 이와 같은 외부 물질의 침입에 저항하고 방어하는 작용을 하게 되는데, 이를 면역 반응이라 한다. ³따라서 건강하다는 것은 면역 반응이 활발하여 외부 물질들을 완벽하게 제거하는 상태를 의미하는 것으로 이해하기 쉽다.
1 외부 물질의 침입에 저항하고 방어하는 작용인 면역 반응

2 ¹그러나 면역 반응이 과도해지면 오히려 인체에 해를 끼치기도 한다. ²최근 급증하는 알레르기나 천식, 자가 면역 질환은 불필요한 면역 반응으로 인해 발생한다. ³면역계가 일반적으로는 해가 되지 않는 물질들인 꽃가루나 먼지뿐만 아니라 자신의 조직까지 제거해야 할 대상으로 인식하여 공격하는 것이다. ⁴그런데 이와 같은 면역계 과민 반응으로 인한 질병들은 의료 환경이 발달한 선진국에서 점점 더 증가하는 추세이다. ⁵그렇다면 이와 같은 면역계 과민 반응이 나타나는 이유는 무엇일까?
2 인체에 해를 끼치기도 하는 면역계 과민 반응

3 ¹과학자들은 그 이유를 인체가 수백만 년 동안 진화해 온 환경에서 찾았다. ²인체는 무균 지대나 청정 지대가 아니라 세균과 바이러스, 기생충 등과 함께 진화해 왔다. ³즉 이들 침입자는 인체의 면역계로부터 자신을 보호하기 위해 면역 반응을 억제하도록 진화했고, 인체는 면역 반응을 억제하는 외부 물질의 침입에 대비하여 면역 반응을 일으키도록 진화했다. ⁴그런데 현대 의학의 발달과 환경 개선으로 바이러스 등이 줄어들게 되자 면역 반응이 지나치게 된 것이다. ⁵이를 위생 가설이라고 한다. ⁶위생 가설에 따르면 바이러스에 접할 기회가 줄어든 깨끗한 환경이 오히려 질병의 원인이 된다.
3 면역계 과민 반응이 나타나는 이유 – 위생 가설

4 ¹위생 가설은 인체가 외부 물질과의 공존 속에서 면역 반응의 균형을 찾는다는 시사점을 주었다. ²모든 외부 물질들이 배척되기만 한다면 면역 반응에 제동을 걸어 줄 존재가 사라지므로 균형이 깨지는 것이다. ³그렇다면 면역계는 어떻게 외부 물질과 공존할 수 있을까?

⁴장(腸)에 존재하는 미생물을 통해 이를 설명할 수 있다. ⁵우리 장 안에는 몸 전체의 세포 수보다 10여 배나 더 많은 장내 미생물이 살고 있는데, 이는 면역계가 이들의 존재를 인정하고 받아들였기 때문이다.
4 면역계가 장내 미생물과 공존할 수 있는 이유

5 ¹면역계를 구성하는 면역 세포들은 인체에 유입된 외부 물질을 인지하고 이를 제거하는 면역 반응을 일으킨다. ²중추적 역할을 하는 면역 세포는 수지상 세포와 T 세포이다. ³수지상 세포는 말 그대로 세포막이 나뭇가지처럼 기다랗게 뻗어 나와 있는 모양의 세포이다. ⁴수지상 세포는 인체에 침입한 외부 물질을 인지하고, 소장과 대장 주변에 분포한 림프절에서 미성숙 T 세포를 조력 T 세포와 세포 독성 T 세포로 분화시킨다. ⁵이 두 종류의 T 세포가 몸 안에 침입한 이물질을 없애는 역할을 한다.
5 면역 세포들의 역할

6 ¹그런데 장내 미생물은 조력 T 세포나 세포 독성 T 세포의 공격을 피하기 위해 수지상 세포에 영향을 미쳐 그 성격을 바꿔 놓는다. ²즉 수지상 세포가 면역 반응을 일으키지 못하게 만드는 것이다. ³이렇게 성격이 변한 수지상 세포를 조절 수지상 세포라고 부른다. ⁴조절 수지상 세포는 림프절에서 미성숙 T 세포를 조절 T 세포로 성숙시키는데, 조절 T 세포는 조력 T 세포나 세포 독성 T 세포와는 달리 면역 반응을 억제하는 역할을 한다. ⁵그 결과 장내 미생물은 외부 물질이면서도 면역계와 공존할 수 있게 된 것이다.
6 장내 미생물의 역할

7 ¹장내 미생물은 조절 T 세포를 통해 자신의 생존을 꾀하지만 그 결과 인체의 면역계는 면역 반응의 강약을 조절하게 된다. ²조절 T 세포가 면역계 과민 반응으로 인한 질병을 치료하는 역할을 담당하게 된 것이다. ³실제로 알레르기 환자의 몸에 조절 T 세포가 작용하면 과민 면역 반응으로 인해 발생한 염증이 억제되면서 증상이 완화된다. ⁴이처럼 조절 T 세포를 만들게 하는 데 외부 물질인 장내 미생물이 중요한 역할을 한다는 사실이 밝혀지면서 면역계와 공존하는 외부 물질에 대한 인식의 전환이 일어나게 되었다.
7 면역계와 공존하는 외부 물질에 대한 인식의 전환

주제 외부 물질과의 공존 속에서 면역 반응의 균형을 유지하는 인체

세부 정보 확인

1 윗글을 통해 답을 확인할 수 없는 질문은?　　　　답 ④

① 장내 미생물이 인체에서 어떻게 생존할 수 있을까?

근거 **6**-1~5 장내 미생물은 면역 반응을 일으키지 못하도록 수지상 세포의 성격을 바꾸어 조절 수지상 세포로 만들고, 조절 수지상 세포는 미성숙 T 세포를 면역 반응을 억제하는 조절 T 세포로 성숙시킨다. 그 결과 장내 미생물이 면역계와 공존하게 된다.

② 인체가 바이러스를 접할 기회가 줄어든 이유는 무엇일까?

근거 **3**-4 현대 의학이 발달하고 환경이 개선되어 바이러스가 줄어들었기 때문이다.

③ 면역계 과민 반응으로 인해 일어나는 질병에는 어떤 것이 있을까?

근거 **2**-2 알레르기, 천식, 자가 면역 질환 등이 있다.

④ 위생 가설에 따를 때 깨끗한 환경이 인체에 미치는 <u>긍정적 변화</u>는 무엇일까?

근거 **3**-6 위생 가설에 따르면 깨끗한 환경이 오히려 질병의 원인이 됨을 말하고 있을 뿐, 깨끗한 환경이 인체에 미치는 <u>긍정적 변화</u>는 제시하고 있지 않다. → 답을 확인할 수 없으므로 정답

⑤ 인체가 외부 물질을 제거하지 않고 공존할 때 어떤 이익을 얻을 수 있을까?

근거 **4**-1 인체는 외부 물질과의 공존 속에서 면역 반응의 균형을 찾는다.

세부 정보 추론

2 윗글을 이해한 내용으로 적절하지 <u>않은</u> 것은? 답 ①

① 인체의 면역계는 과도한 면역 반응을 <u>스스로 조절하는 능력</u>이 있다.

근거 **4**-1~2 인체는 외부 물질과 공존하며 외부 물질이 면역 반응에 제동을 걸어 면역 반응이 균형을 찾는다. 면역계가 과도한 면역 반응을 <u>스스로 조절</u>한다는 내용은 제시되어 있지 않다. → 적절하지 않으므로 정답

② 인체가 건강하다는 것은 면역 반응의 강약이 조절되는 것을 의미한다.

근거 **1**-3, **2**-1 건강하다는 것은 면역 반응이 활발한 상태를 의미하는 것으로 이해하기 쉽지만 면역 반응이 과도해지면 인체에 해를 끼치기도 한다.

근거 **4**-1, **7**-1 건강하다는 것은 인체가 외부 물질과의 공존 속에서 면역 반응의 강약을 조절하여 면역 반응이 균형을 이루는 것이다.

③ 외부 물질이 인체에 유해한 경우도 있지만 유해하지 않은 경우도 있다.

근거 **1**-1~2 세균, 바이러스, 기생충과 같은 외부 물질은 감염이나 질병의 원인이 된다.

근거 **7**-2, 4 외부 물질인 장내 미생물은 면역계 과민 반응으로 인한 질병을 치료하는 조절 T 세포를 만드는 데 중요한 역할을 한다.

④ 현대 의학의 발달과 환경 개선은 면역 반응이 지나치게 된 원인에 해당한다.

근거 **3**-4 현대 의학의 발달과 환경 개선으로 바이러스 등이 줄어들게 되자 면역 반응이 지나치게 되었다.

⑤ 장내 미생물은 자신을 공격 대상으로 인식하지 못하도록 면역계에 영향을 미친다.

근거 **6**-1 장내 미생물은 조력 T 세포나 세포 독성 T 세포의 공격을 피하기 위해 수지상 세포에 영향을 미친다.

근거 **5**-2 수지상 세포는 면역 반응의 중추적 역할을 하는 면역 세포이다.

구체적 사례에 적용

3 〈보기〉를 활용하여 윗글을 보충하고자 할 때, 그 구체적 방안으로 가장 적절한 것은? 답 ①

▶ 면역계 과민 반응과 연관된 질병이 치료되었다는 것은 면역 반응이 균형을 이루었음을 의미한다. 〈보기〉에서 이러한 역할을 한 외부 물질인 '기생충'은 윗글의 '장내 미생물'과 대응함을 파악해야 한다.

보기
┌─────────────────────────────────────
최근 기생충이 특정한 질병의 치료에 효과가 있는 것으로 밝혀졌다. 해당 질병을 가진 환자의 뇌 조직을 관찰한 결과, 그 질병 역시 면역계 과민 반응과 연관이 있다는 것이 알려지면서 기생충을 〈외부 물질〉 이용한 치료가 시도되었고, 이것이 성과를 거두고 있다. 〈면역계의 균형〉
└─────────────────────────────────────

① 외부 물질과 공존하여 면역 반응이 균형을 이루게 됨을 보여 주는 사례로 활용한다.

근거 **4**-1, **7**-1 외부 물질인 기생충을 이용해 면역계 과민 반응과 연관 있는 질병을 치료한 사례는 인체가 외부 물질과의 공존 속에서 면역 반응의 강약을 조절하여 면역 반응이 균형을 찾음을 보여 준다. → 적절하므로 정답

② 외부 물질이 면역 반응을 활발하게 하는 역할을 함을 뒷받침하는 사례로 활용한다.

근거 **6**-1~2 외부 물질은 면역 세포의 공격을 피하기 위해 <u>면역 반응이 일어나지 못하게</u> 한다.

③ 인체가 <u>무균 지대나 청정 지대</u>에서 진화를 거듭해 왔음을 드러내는 사례로 활용한다.

근거 **3**-2 위생 가설에서는 인체가 <u>무균 지대나 청정 지대</u>가 아니라 세균과 바이러스, 기생충 등과 함께 진화해 왔다고 본다.

④ 면역계가 환경의 발전에 따라 지속적으로 <u>적응</u>하며 변화하고 있음을 설명하는 사례로 활용한다.

근거 **3**-4 면역계는 환경 개선에 <u>적응하지 못해</u> 면역 반응이 지나치게 되었다. 또한 면역계가 지속적으로 환경의 발전에 적응하여 변화한다면 기생충과 같은 외부 물질의 도움을 받을 필요가 없다.

⑤ 인체에 침입한 유해한 외부 물질들을 제거하는 <u>면역계의 중요성</u>을 설명하는 사례로 활용한다.

근거 **7**-2, 4 기생충은 장내 미생물과 같이 면역계 과민 반응으로 인한 질병 치료에서 중요한 역할을 하는 <u>유익한 외부 물질</u>이다.

근거 **2**-4 면역계 과민 반응으로 질병이 발생했으므로 <u>면역계의 중요성을 설명하는 사례로 볼 수 없다.</u>

▶ **지문 분석** 본책 140~141쪽

1 공존

2 ❶ 외부 물질   ❷ 과도
   ❸ 바이러스   ❹ 균형
   ❺ 면역 반응   ❻ T 세포
   ❼ 조절 수지상 세포   ❽ 치료

3 반박

▶ **선지 판단 연습**

❶ × **해설** 의료 환경이 발달한 선진국에서 면역계 과민 반응으로 인한 질병이 점점 증가하고 있다.

❷ × **해설** 인체는 외부 물질의 침입에 대비하여 면역 반응을 일으키도록 진화했다.

❸ ○

❹ 면역 반응

지문 이해

[기술_전기] 전기 레인지의 가열 방식

• 이 글의 중심 화제는 '하이라이트 레인지와 인덕션 레인지의 용기 가열 방식'이다. 1문단에서 전기 레인지를 용기 가열 방식에 따라 두 종류로 구분하고 있는 것에서 각 종류별 용기 가열 방식에 대한 설명이 이어질 것임을 예측해야 한다.

• 2문단에서 하이라이트 레인지의 가열 원리와 장단점이, 3~5문단에서 인덕션 레인지의 가열 원리와 장단점이 제시된다. 분량상의 차이가 있지만 글의 구성이 반복됨을 이해하고, 하이라이트 레인지와 인덕션 레인지의 차이점을 파악해야 한다.

1 ¹전기 레인지는 용기를 가열하는 방식에 따라 하이라이트 레인지와 인덕션 레인지로 나눌 수 있다. ²하이라이트 레인지는 상판 자체를 가열해서 열을 발생시키는 ㉠직접 가열 방식이고, 인덕션 레인지는 상판을 가열하지 않고 전자기 유도 현상을 통해 용기에 자체적으로 열을 발생시키는 ㉡유도 가열 방식이다.

■ 용기 가열 방식에 따라 나누어지는 하이라이트 레인지와 인덕션 레인지

2 ¹하이라이트 레인지는 주로 니크롬으로 만들어진 열선을 원형으로 배치하고 열선의 열을 통해 그 위의 세라믹 글라스 판을 직접 가열한다. ²이렇게 발생한 열이 용기에 전달되어 음식을 조리할 수 있게 된다. ³하이라이트 레인지는 비교적 다양한 소재의 용기를 쓸 수 있지만 에너지 효율이 낮아 조리 속도가 느리고 상판의 잔열로 인한 화상의 우려가 있다.

■ 하이라이트 레인지의 가열 방식 및 장점과 우려

3 ¹인덕션 레인지는 표면이 세라믹 글라스 판으로 되어 있고 그 밑에 나선형 코일이 설치되어 있다. ²전원이 켜지면 코일에 2만Hz 이상의 고주파 교류 전류가 흐르면서 그 주변으로 1초에 2만 번 이상 방향이 바뀌는 교류 자기장이 발생하게 되고, 그 위에 도체인 냄비를 놓으면 교류 자기장에 의해 냄비 바닥에는 수많은 *폐회로가 생겨나며 그 회로 속에 소용돌이 형태의 유도 전류인 맴돌이 전류가 발생한다. ³이때 흐르는 맴돌이 전류가 냄비 소재의 저항에 *부딪혀 *줄열 효과가 나타나게 되고 이에 의해 냄비에 열이 발생하게 되는데, 이때 맴돌이 전류의 세기는 나선형 코일에 흐르는 전류의 세기에 비례한다.

■ 인덕션 레인지의 가열 방식

4 ¹인덕션 레인지의 가열 원리는 강자성체의 자기 이력 현상과도 관련이 있다. ²일반적으로 물체는 자기장의 영향을 받으면 자석의 성질을 갖게 되는데 이것을 자화라고 하며, 자화된 물체를 자성체라고 한다. ³자성체의 자화 세기는 물체에 가해 준 자기장의 세기에 비례하여 커지다가 일정값 이상으로는 더 이상 커지지 않는데, 이를 자기 포화 상태라고 한다. ⁴이때 물체에 가해 준 자기장의 세기를 줄이면 자화의 세기도 줄어들기 시작하며, 외부의 자기장이 사라지면 자석의 성질도 사라진다. ⁵그런데 강자성체의 경우에는 외부 자기장의 세기가 줄어들어도 자화의 세기가 상대적으로 천천히 줄어들게 되고 외부 자기장이 사라져도 어느 정도 자화된 상태를 유지하게 되는데, 이를 자기 이력 현상이라고 하며 자성체에 남아 있는 자화의 세기를 잔류 자기라고 한다. ⁶그리고 처음에 가해 준 외부 자기장의 역방향으로

일정 세기의 자기장을 가해 주면 자화의 세기가 0이 되고, 자기장을 더 세게 가해 주면 반대쪽으로 커져 자기 포화 상태가 된다. ⁷이러한 과정을 반복하면 자기장의 세기에 따른 자화의 세기는 일정한 곡선을 그리게 되는데 이를 자기 이력 곡선이라고 한다. ⁸이 과정에서 자기 에너지는 열에너지로 전환되어 자성체의 온도를 높이는데, 이때 발생하는 열에너지는 자기 이력 곡선의 내부 면적과 비례한다. ⁹만약 인덕션에 사용하는 냄비의 소재가 강자성체인 경우, 자기 이력 현상으로 인해 냄비에 추가로 열이 발생하게 된다.

■ 인덕션 레인지의 가열 원리

5 ¹이러한 가열 방식 때문에 인덕션 레인지는 음식 조리에 필요한 열을 낼 수 있도록 소재의 저항이 크면서 강자성체인 용기를 사용해야 한다는 제약이 있다. ²또한 고주파 전류를 사용하기 때문에 조리 시 전자파에 대한 우려도 있다. ³하지만 직접 가열 방식보다 에너지 효율이 높아 순식간에 용기가 가열되기 때문에 상대적으로 빠르게 음식을 조리할 수 있다. ⁴그리고 무엇보다 상판이 직접 가열되지 않기 때문에 발화에 의한 화재의 가능성이 매우 낮고, 뜨거운 상판에 의한 화상 등의 피해로부터 비교적 안전하다는 장점이 있다.

■ 인덕션 레인지의 제약과 우려 및 장점

*폐회로 전류가 흐를 수 있도록 구성된 회로.

*줄열 효과 도체에 전류를 흐르게 했을 때 도체의 저항 때문에 열에너지가 증가하는 현상.

주제 하이라이트 레인지와 인덕션 레인지의 가열 원리와 장단점

（정보 간의 관계 파악）

1 ㉠과 ㉡에 대한 설명으로 적절한 것은?　　답 ⑤

▶ ㉠은 하이라이트 레인지의 가열 방식, ㉡은 인덕션 레인지의 가열 방식임을 파악하고 하이라이트 레인지와 인덕션 레인지의 특징을 바탕으로 답을 찾아야 한다.

① ㉠은 유도 전류를 이용하여 용기를 가열한다.

근거 **1**-2, **3**-2 유도 가열 방식(㉡)은 전자기 유도 현상에 의한 유도 전류를 이용하여 용기를 가열한다.

② ㉡은 상판을 가열하여 그 열로 음식을 조리한다.

근거 **1**-2, **2**-1~2 직접 가열 방식(㉠)은 상판을 가열하여 발생한 열을 용기에 전달하여 음식을 조리한다.

③ ㉠은 ㉡에 비해 상대적으로 화상의 위험이 적다.

근거 **2**-3 직접 가열 방식(㉠)은 상판의 잔열로 인한 화상의 우려가 있다.

근거 **5**-4 유도 가열 방식(㉡)은 직접 가열 방식(㉠)보다 뜨거운 상판에 의한 화상 피해로부터 비교적 안전하다.

④ ㉠은 ㉡과 달리 빠른 시간 안에 용기를 가열할 수 있다.

근거 **2**-3 직접 가열 방식(㉠)은 에너지 효율이 낮아 조리 속도가 느리다.

근거 **5**-3 유도 가열 방식(㉡)은 직접 가열 방식(㉠)과 달리 에너지 효율이 높아 순식간에 용기가 가열된다.

✓ ⑤ ㉡은 ㉠보다 사용할 수 있는 용기 소재에 제약이 많다.

근거 **5**-1 유도 가열 방식(㉡)은 소재의 저항이 크면서 강자성체인 용기를 사용해야 한다.

근거 **2**-3 직접 가열 방식(㉠)은 비교적 다양한 소재의 용기를 쓸 수 있다. 따라서 유도 가열 방식(㉡)은 직접 가열 방식(㉠)보다 사용할 수 있는 용기 소재에 제약이 많다. → 적절하므로 정답

2 윗글을 바탕으로 〈보기〉의 '전기 레인지'를 이해한 내용으로 적절하지 않은 것은?

답 ③

▶ 〈보기〉의 전기 레인지는 인덕션 레인지임을 파악하고 인덕션 레인지의 가열 방식을 그림과 연결 지어야 한다.

보기

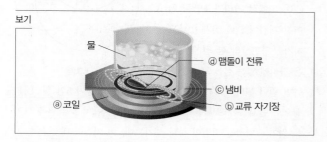

물
ⓓ 맴돌이 전류
ⓒ 냄비
ⓐ 코일
ⓑ 교류 자기장

① ⓐ에 고주파 교류 전류가 흐르면 ⓑ가 만들어지는군.

근거 3-2 전원이 켜지면 코일(ⓐ)에 고주파 교류 전류가 흐르면서 그 주변으로 교류 자기장(ⓑ)이 발생한다.

② ⓑ의 영향을 받으면 ⓒ의 바닥에 ⓓ가 발생하는군.

근거 3-2 교류 자기장(ⓑ)에 의해 냄비(ⓒ) 바닥에 수많은 폐회로가 생겨나며 그 회로 속에 맴돌이 전류(ⓓ)가 발생한다.

✓ ③ ⓒ 소재의 저항이 커지면 ⓑ의 세기도 커지겠군.

근거 3-2~3 교류 자기장에 의해 냄비 바닥에 폐회로가 생겨나며 회로 속에 발생한 맴돌이 전류가 냄비 소재의 저항에 부딪혀 줄열 효과가 나타난다. 즉 교류 자기장(ⓑ)이 냄비(ⓒ) 바닥에 폐회로가 생겨나게 하는 것이지 냄비(ⓒ) 소재의 저항이 교류 자기장(ⓑ)의 세기에 영향을 미치는 것은 아니다. → 적절하지 않으므로 정답

④ ⓓ의 세기는 ⓐ에 흐르는 전류의 세기에 비례하겠군.

근거 3-3 맴돌이 전류(ⓓ)의 세기는 코일(ⓐ)에 흐르는 전류의 세기에 비례한다.

⑤ ⓓ가 흐르면 ⓒ 소재의 저항에 의해 열이 발생하는군.

근거 3-3 흐르는 맴돌이 전류(ⓓ)가 냄비(ⓒ) 소재의 저항에 부딪히면 줄열 효과가 나타나 냄비에 열이 발생한다.

3 윗글을 바탕으로 〈보기〉를 이해한 내용으로 적절하지 않은 것은?

답 ②

보기

아래 그림은 두 물체 A, B의 자기장의 세기에 따른 자화 세기의 변화를 나타낸 자기 이력 곡선이다.

자화의 세기

O

자기장의 세기

— A
---- B

① 외부 자기장이 사라져도 자석의 성질을 지닌다는 점에서 A와 B는 모두 인덕션 레인지 용기의 소재로 적합하겠군.

근거 4-5 A, B 모두 외부 자기장이 사라져도 자화된 상태를 유지하는 자기 이력 현상이 나타나므로 강자성체로 볼 수 있다.

근거 5-1 인덕션 레인지는 강자성체인 용기를 사용해야 한다.

✓ ② A 소재의 용기 외부에 가해지는 자기장의 세기가 커질수록 발생하는 열에너지의 크기는 계속 증가하겠군.

근거 4-3 자성체의 자화 세기는 물체에 가해 준 자기장의 세기에 비례하여 커지다가 일정값 이상으로는 더 이상 커지지 않는다.

근거 4-8 자기 에너지가 전환되어 발생하는 열에너지의 크기도 계속 커지지는 않는다. → 적절하지 않으므로 정답

③ 인덕션 레인지의 전원을 차단했을 때 A 소재의 용기가 B 소재의 용기보다 잔류 자기의 세기가 더 크겠군.

근거 4-5 외부 자기장이 사라졌을 때 자성체에 남아 있는 자화의 세기가 잔류 자기이다. 인덕션 레인지의 전원을 차단하여 자기장의 세기가 0일 때 A에 남아 있는 자화의 세기가 B에 남아 있는 자화의 세기보다 더 크다.

④ 용기의 잔류 자기를 제거하기 위해서는 B 소재의 용기보다 A 소재의 용기에 더 큰 세기의 자기장을 가해 주어야겠군.

근거 4-6 처음 가해 준 외부 자기장의 역방향으로 일정 세기의 자기장을 가해 주면 잔류 자기가 0이 된다. A의 잔류 자기 세기가 B보다 더 크므로 B보다 A에 더 큰 세기의 자기장을 가해 주어야 잔류 자기를 제거할 수 있다.

⑤ B 소재의 용기는 A 소재의 용기보다 자기장의 변화에 따라 발생하는 열에너지가 적겠군.

근거 4-8 자기 에너지가 전환되어 발생하는 열에너지는 자기 이력 곡선의 내부 면적과 비례한다. B가 A보다 자기 이력 곡선의 내부 면적이 더 작으므로 자기장의 변화에 따라 발생하는 열에너지가 더 적다.

▶ 지문 분석

본책 144~145쪽

1 가열 방식

2 ❶ 하이라이트 레인지   ❷ 유도
     ❸ 직접   ❹ 폐회로
     ❺ 줄열   ❻ 강자성체
     ❼ 열에너지   ❽ 전자파

3 ❶ 구분   ❷ 대조   ❸ 비례

▶ 선지 판단 연습

❶ ×   해설 하이라이트 레인지는 열선의 열을 통해 그 위의 세라믹 글라스 판을 가열한다.

❷ ×   해설 코일에 흐르는 전류의 세기가 크고 냄비 소재의 저항성이 클수록 줄열 효과가 더 크게 나타난다.

❸ 자성체

❹ ○

1 ③　　2 ⑤　　3 ④

지문 이해
2019-3월 고1 학력평가

[기술_정보 통신]　GPS의 위치 파악

- 이 글의 중심 화제는 'GPS가 현재 위치를 파악하는 방법'이다. 1문단에서 질문 형식으로 중심 화제를 제시한 후 이에 대답하는 형식으로 글을 전개하고 있음을 파악하고 대답에 해당하는 내용을 정리하며 읽어야 한다.
- 2문단에서 GPS를 위성과 수신기라는 구성 요소로 나누어 각 부분의 기능을 제시하고 있는데 이것이 GPS가 현재 위치를 파악하는 방법과 연결됨을 파악해야 한다. 또한 위성과 수신기 사이의 거리를 구하는 방법이 공식으로 나타나므로 이에 주목해야 한다.
- '상대성 이론', '삼변 측량법' 등 낯선 용어가 제시된다. 이는 GPS가 현재 위치를 파악하는 원리와 밀접하게 관련되므로 개념을 명확하게 파악하여 원리를 이해해야 한다.

1 ¹우리는 내비게이션을 통해 목적지까지의 경로를 탐색하거나 스마트폰을 이용해 자신이 현재 있는 위치를 확인할 수 있다. ²이는 GPS(Global Positioning System)로 인해 가능한 것이다. ³그렇다면 GPS는 어떻게 현재 위치를 파악하는 것일까? **1** 현재 위치를 파악하게 하는 GPS

2 ¹GPS는 크게 GPS 위성과 GPS 수신기 등으로 구성된다. ²현재 지구를 도는 약 30개의 GPS 위성은 일정한 속력으로 정해진 궤도를 돌면서, 자신의 위치 정보 및 시각 정보를 담은 신호를 지구로 송신한다. ³이 신호를 받은 수신기는 위성에서 신호를 보낸 시각과 자신이 신호를 받은 시각의 차이를 근거로, 위성 신호가 수신기까지 이동하는 데 걸린 시간을 계산하여 위성과 수신기 사이의 거리를 구한다. ⁴위성이 보낸 신호는 빛의 속력으로 이동하므로, 신호가 이동하는 데 걸린 시간(t)에 빛의 속력(c)을 곱하면 위성과 수신기 사이의 거리(r)를 구할 수 있다. ⁵이를 식으로 표시하면 'r = t × c'이다. **2** GPS의 구성 및 위성과 수신기 사이의 거리 계산

3 ¹그런데 GPS가 현재 위치를 정확하게 파악하기 위해서는 상대성 이론을 고려해야 한다. ²상대성 이론에 따르면 대상이 빠르게 움직일수록 시간은 느리게 흐르고, 대상에 미치는 중력이 약해질수록 시간은 빠르게 흐른다. ³실제로 위성은 지구의 자전 속력보다 빠르게 지구 주변을 돌고 있기 때문에 지표면에 비해 시간이 느리게 흘러, 위성의 시간은 하루에 약 7.2μs*씩 느려지게 된다. ⁴또한 위성은 약 20,000km 이상의 상공에 있기 때문에 중력이 지표면보다 약하게 작용해 지표면에 비해 시간이 하루에 약 45.8μs씩 빨라지게 된다. ⁵그 결과 ㉠GPS 위성에 있는 원자시계의 시간은 지표면의 시간에 비해 매일 약 38.6μs씩 빨라진다. ⁶이러한 차이는 하루에 약 11km의 오차를 발생시킨다. ⁷이를 방지하기 위해 GPS는 위성에 탑재된 원자시계의 시간을 지표면의 시간과 일치하도록 조정하여 위성과 수신기 사이의 거리를 정확하게 구하게 된다. **3** 상대성 이론을 고려한 위성과 수신기 사이의 거리 파악

4 ¹이렇게 계산된 거리는 수신기가 자신의 위치를 파악하는 데 사용되는데, 이를 이해하기 위해서는 삼변 측량법을 알아야 한다. ²삼변 측량법은 세 기준점 A, B, C의 위치와, 각 기준점에서 대상 P까지의 거리를 이용하여 P의 위치를 측정하는 방법이다. **4** 수신기의 위치 파악에 사용되는 삼변 측량법

5 ¹가령, 〈그림〉과 같이 평면 상의 A(0, 0)에서 거리가 5만큼 떨어진 지점에, B(4, 0)에서 거리가 3만큼 떨어진 지점에, C(0, 3)에서 거리가 4만큼 떨어진 지점에 P(x, y)가 있다고 하자. ²평면상의 한 점에서 같은 거리에 있는 점을 모두 연결

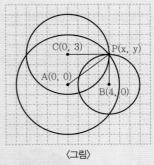
〈그림〉

하면 원이 된다. ³그러므로 A를 중심으로 반지름이 5인 원, B를 중심으로 반지름이 3인 원, C를 중심으로 반지름이 4인 원을 그리면 세 원이 교차하는 지점이 하나 생기는데, 이 지점이 바로 P(4, 3)의 위치가 된다. ⁴이때 세 개의 점 A, B, C를 GPS 위성으로 본다면 이들의 좌표값은 위성의 위치 정보이고, P의 좌표값은 GPS 수신기의 위치 정보에 해당한다고 할 수 있다. **5** 삼변 측량법을 이용한 GPS 수신기의 위치 파악

6 ¹그러나 실제 공간은 2차원 평면이 아닌 3차원 입체이기 때문에 GPS 위성으로부터 동일한 거리에 있는 점들은 원이 아니라 구(球)의 형태로 나타난다. ²그 결과 세 개의 GPS 위성을 중심으로 하는 세 개의 구가 겹치는 지점은 일반적으로 두 군데가 된다. ³하지만 이 중 한 지점은 지구 표면 가까이에 위치하게 되고, 나머지 한 지점은 우주 공간에 위치하게 된다. ⁴GPS 수신기는 이 두 교점 중 지구 표면 가까이에 있는 지점을 자신의 현재 위치로 파악하게 된다. **6** 실제 공간에서 GPS 수신기의 위치 파악

*μs(마이크로초) 1초의 100만분의 1.

주제 GPS가 현재 위치를 파악하는 방법과 원리

세부 정보 파악

1 윗글에서 알 수 있는 내용으로 적절하지 않은 것은?　　**답 ③**

① GPS 위성은 약 20,000km 이상의 상공에서 일정한 속력으로 정해진 궤도를 돈다.
　근거 **3**-4 GPS 위성은 약 20,000km 이상의 상공에 있다.
　근거 **2**-2 GPS 위성은 일정한 속력으로 정해진 궤도를 돈다.

② GPS를 이용하면 스마트폰이나 내비게이션으로 현재의 위치 정보를 확인할 수 있다.
　근거 **1**-1~2 내비게이션을 통해 목적지까지의 경로를 탐색하거나 스마트폰을 이용해 현재 위치를 확인할 수 있는 것은 GPS로 인해 가능하다.

✓③ GPS 수신기는 GPS 위성에 보낸 신호를 바탕으로 자신의 위치 정보를 계산한다.
　근거 **2**-2~3 GPS 수신기는 GPS 위성이 보낸 신호를 받아 위성과 수신기 사이의 거리를 구한다.
　근거 **4**-1 이를 바탕으로 자신의 위치를 파악한다. → 적절하지 않으므로 정답

④ GPS 위성과 GPS 수신기 간의 거리를 빛의 속력으로 나누면 위성의 신호가 수신기에 도달하는 데 걸린 시간이 된다.
　근거 **2**-4~5 위성이 보낸 신호가 이동하는 데 걸린 시간(t)×빛의 속력(c)=위성과 수신기 사이의 거리(r)이므로 위성과 수신기 사이의 거리(r)를 빛의 속력(c)으로 나누면 위성의 신호가 수신기에 도달하는 데 걸린 시간(t)을 구할 수 있다.

⑤ 삼변 측량법이란 기준점의 위치 및 대상과 기준점 사이의 거리를
이용하여 대상의 위치를 파악하는 방법이다.

근거 **4**-2 삼변 측량법은 세 기준점의 위치와 각 기준점에서 대상까지의
거리를 이용하여 대상의 위치를 측정하는 방법이다.

인과 관계 파악

2 문맥을 고려할 때, ㉠의 이유로 가장 적절한 것은?　답 ⑤

▶ 상대성 이론에 따른 속력과 시간, 중력과 시간의 관계를 파악해야 한다.

근거 **3**-3 위성은 빠르게 움직여 시간이 하루에 약 7.2μs씩 느려진다.

근거 **3**-4 위성은 중력이 약하게 작용해 시간이 하루에 약 45.8μs씩 빨라진다.
속력의 영향으로 느려지는 시간보다 중력의 영향으로 빨라지는 시간이 더 크기
때문에 GPS 위성에 있는 원자시계의 시간이 빨라지는 것이다.

① GPS 위성에는 지구의 중력이 지표면에 비해 강하게 작용하기 때
문이다.

근거 **3**-4 위성은 약 20,000km 이상의 상공에 있기 때문에 중력이 지표면
보다 약하게 작용한다.

② GPS 위성이 지구를 도는 속력이 지구가 자전하는 속력보다 느리
기 때문이다.

근거 **3**-3 위성은 지구의 자전 속력보다 빠르게 지구 주변을 돌고 있다.

③ GPS 위성이 지구를 도는 방향과 지구가 자전을 하는 방향이 동
일하기 때문이다.

근거 **3**-2 GPS 위성의 시간에 영향을 주는 요소는 속력과 중력이다. 지구
와 움직이는 방향이 동일해 위성 원자시계의 시간이 빨라지는 것은 아니다.

④ GPS 수신기가 GPS 위성의 신호를 받는 과정에서 시간의 차이가
생기기 때문이다.

근거 **2**-3 GPS 수신기가 GPS 위성의 신호를 받는 과정에서 생기는 시간
차이는 위성과 수신기 사이의 거리 때문에 발생하는 것이지, 위성 원자시계
의 시간이 빨라지는 이유로는 볼 수 없다.

✓⑤ GPS 위성의 이동 속력으로 인한 시간의 변화보다 중력으로 인한
시간의 변화가 더 크기 때문이다.

근거 **3**-3~5 이동 속력 때문에 느려지는 시간(7.2μs)보다 중력 때문에 빨
라지는 시간(45.8μs)이 더 크므로 그 차이(45.8μs−7.2μs=38.6μs)만큼씩 위
성 원자시계의 시간이 매일 빨라지는 것이다. → 적절하므로 정답

구체적 사례에 적용

3 윗글을 바탕으로 〈보기〉에 대해 이해한 내용으로 적절하지 않은 것
은?　답 ④

보기

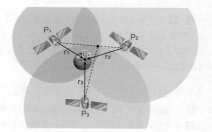

· P₁, P₂, P₃: GPS 위성.

· r₁, r₂, r₃: GPS 위성과 GPS 수신기 Pₓ와의 거리.

(단, 현재 r₁ < r₂, r₂ = r₃임. 시간과 속력에 영향을 미치는 다른
요소는 고려하지 않음.)

---

① P₁~P₃가 송신하는 신호에는 위성의 위치 정보와 위성이 신호를
보낸 시각 정보가 담겨 있다.

근거 **2**-2 GPS 위성인 P₁~P₃는 자신의 위치 정보 및 시각 정보를 담은 신
호를 지구로 송신한다.

② P₁~P₃의 위치 정보가 달라져도 r₁~r₃의 값이 변하지 않으면, 각
각의 위성이 보낸 신호가 Pₓ에 도달하는 데 걸리는 시간은 달라
지지 않는다.

근거 **2**-3 위성 신호가 수신기까지 이동하는 데 걸린 시간을 계산하여 위
성과 수신기 사이의 거리를 구한다. 위성과 수신기 사이의 거리인 r₁~r₃의
값이 변하지 않는다는 것은 위성과 수신기 사이의 거리가 달라지지 않는다
는 것이다. 따라서 위성이 보낸 신호가 수신기인 Pₓ에 도달하는 데 걸리는
시간은 달라지지 않는다.

③ P₁에서 보낸 신호가 Pₓ에 도달하는 데 걸린 시간이 실제보다 짧게
계산되면, r₁의 값은 실제보다 작게 계산된다.

근거 **2**-4~5 위성이 보낸 신호가 이동하는 데 걸린 시간(t) × 빛의 속력(c)
=위성과 수신기 사이의 거리(r)이다. 위성 P₁이 보낸 신호가 수신기 Pₓ에 도
달하는 데 걸린 시간(t)이 짧게 계산되면 위성과 수신기 사이의 거리(r)도 작
게 계산된다.

✓④ P₁이 송신한 신호가 Pₓ에 도달할 때까지 걸린 시간은 P₂가 송신한
신호가 Pₓ에 도달할 때까지 걸린 시간보다 길다.

근거 **2**-3 위성 신호가 수신기까지 이동하는 데 걸린 시간을 계산하여 위
성과 수신기 사이의 거리를 구한다. 위성 P₁과 수신기 Pₓ 사이의 거리인 r₁이
위성 P₂와 수신기 Pₓ 사이의 거리인 r₂보다 짧다고 했으므로 위성 P₁이 송신
한 신호가 Pₓ에 도달할 때까지 걸린 시간은 위성 P₂가 송신한 신호가
수신기 Pₓ에 도달할 때까지 걸린 시간보다 짧다. → 적절하지 않으므로 정답

⑤ r₁~r₃를 반지름으로 하는 구의 교점 중 지표면에 가까운 교점이
Pₓ의 현재 위치이다.

근거 **5**-3, **6**-2, 4 세 개의 GPS 위성 P₁~P₃를 중심으로 반지름이 위성과
수신기와의 거리 r₁~r₃인 구 세 개가 겹치는 지점은 일반적으로 두 군데인데
이 중 지구 표면 가까이에 있는 지점을 수신기 Pₓ의 현재 위치로 파악한다.

▶ 지문 분석　　　　　　　　　본책 148~149쪽

1　GPS

2　❶ 위치　　　　　❷ 신호
　　❸ 거리　　　　　❹ 중력
　　❺ 빠르게　　　　❻ 수신기
　　❼ 위성　　　　　❽ 지구 표면

3　방법

▶ 선지 판단 연습

❶ 비례　해설 't × c = r'이므로 t의 값이 커지면 r의 값도 커진다.

❷ ○

❸ ○

❹ ✕　해설 3차원 공간에서는 GPS 위성으로부터 동일한 거리에
　　　　있는 점들이 구의 형태로 나타난다.

1 ① **2** ① **3** ①

지문 이해
2018-6월 고2 학력평가

[기술_기계] 유형거의 구조와 특징

• 이 글의 중심 화제는 '유형거가 공학적으로 높은 평가를 받는 까닭'이다. 1문단에서는 역사적 기록을 소개하며 중심 화제의 긍정적인 면을 언급하고, 2문단에서 질문 형식을 통해 중심 화제를 구체화하고 있음을 파악해야 한다.

• 1문단의 첫 번째 문장과 2문단의 첫 번째 문장에서 질문 형식으로 화제를 제시하고 이에 대한 대답을 밝히며 글이 전개된다. 따라서 질문에 대한 대답을 중심으로 독해해야 한다.

• 2~4문단에서 유형거가 공학적으로 높은 평가를 받는 까닭을 설명하고 있는데 유형거의 구조적 특징과 연결하여 유형거의 우수성 세 가지가 제시된다. 대등한 정보가 나열되므로 각 정보의 핵심 어구에 주목하여 유형거의 공학적 우수성을 이해해야 한다.

1 ¹정조 임금이 애초 10년을 잡았던 수원 화성의 공사를 2년 7개월 만에 끝낼 수 있었던 까닭은 무엇일까? ²그것은 정약용이 발명한 '유형거(游衡車)'라는 특별한 수레 덕분이었다. ³『화성성역의궤』의 기록에 따르면 성을 쌓는 돌을 운반할 때 유형거를 이용함으로써 공사 기간을 단축하고 비용도 크게 절약할 수 있었다고 한다.

▸ **1** 수원 화성 공사의 기간을 단축하고 비용도 절약한 유형거

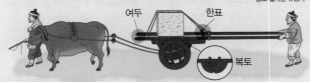

여두 / 한표 / 복토

2 ¹그렇다면 기존의 수레에 비해 유형거가 공학적으로 높은 평가를 받는 까닭은 무엇일까? ²첫째, 여느 수레는 짐을 나르는 기능에만 치우쳐 있는 것에 비해, 유형거는 짐을 쉽게 운반할 수 있을 뿐만 아니라 짐을 싣는 작업도 지렛대의 원리를 반영하여 쉽게 할 수 있도록 설계되었다. ³유형거는 무게를 견디고 분산시키는 바퀴와 복토, 짐을 싣는 곳인 차상, 수레 손잡이, 여두 등으로 이루어져 있다. ⁴돌부리에 찔러 넣어 돌을 들어 올리는 여두(舁頭)는 소 혀와 같은 모양으로 만들어 돌을 쉽게 올려놓을 수 있도록 하였고, 수레 손잡이는 끝 부분을 점점 가늘고 둥글게 하여 손으로 쉽게 조작하도록 하였다. ⁵이 손잡이 부분을 잡고 올리면 여두가 낮아져 돌을 쉽게 차상에 올려놓을 수 있고, 다시 손잡이를 내리면 돌이 손잡이 쪽으로 미끄러지게 된다.

▸ **2** 지렛대의 원리를 반영해 설계된 유형거

3 ¹둘째, 유형거는 소에서 얻는 주동력 외에 보조 동력을 더할 수 있었다. ²이는 수레가 흔들림에 따라 싣고 있는 돌이 차상 위에서 앞뒤로 움직이는 것을 이용한 것으로, 바퀴 축과 차상 사이에 설치한 '복토(伏兎)'라는 반원형의 장치 덕분이다. ³상식적으로는 복토로 인해 짐을 싣는 부분이 높아져 수레가 흔들리는 만큼 무게 중심도 계속 변화하여 수레를 안정적으로 운용하기 어렵다. ⁴그럼에도 복토를 설치함으로써 얻을 수 있는 보조 동력을 정약용은 놓치지 않았던 것이다. ⁵즉, 유형거가 움직일 때 수레 손잡이를 들어 올리면 돌은 정지

마찰력을 극복하고 견인 줄에 의해 멈출 때까지 수레의 진행 방향으로 여두 부근까지 미끄러지는데, 이때 생긴 에너지는 수레에 추진력을 더한다. ⁶그리고 수레 손잡이를 내리면 이번에는 돌이 다시 수레의 진행 방향 반대쪽으로 미끄러지다가 한표(限表)라고 하는 조그만 나무토막에 걸려 멈추게 되는데, 이때 발생하는 에너지는 수레가 나아가는 것을 방해한다. ⁷하지만 바퀴 축을 중심으로 보았을 때 여두까지의 거리가 길고 한표까지의 거리는 짧은 것을 생각하면, 추진력에 비해 나아가는 것을 방해하는 힘은 작으므로 결국 수레를 운전하는 입장에서는 그만큼 보조 동력을 얻는 셈이다. ⁸실제 『화성성역의궤』에서도 1치(약 3cm)쯤 물러섰다가 1자(약 30cm) 정도 앞으로 나아간다고 밝히고 있다.

▸ **3** 보조 동력을 더하는 유형거

4 ¹셋째, 유형거는 손잡이의 조작으로 수레에 가해지는 충격을 완화시킬 수 있었다. ²기존의 수레는 거친 길을 달리면서 받는 충격을 완화하기가 힘들었으나, 유형거는 수레를 운용하는 사람이 손에 익은 경험을 통해 유형거가 받는 충격을 감지하고 그 힘을 상쇄하기 위하여 손잡이를 조작하는 방식으로 완충 제어를 하였다. ³언덕을 오를 때는 손잡이를 올리고 내려갈 때는 손잡이를 내림으로써 수레가 앞뒤로 흔들거리며 진동하는 현상을 제어하는 것이다. ⁴마찬가지로 왼쪽으로 돌 때에는 왼쪽이 올라가므로 왼쪽 손잡이를 누른다. ⁵또 갑자기 출발할 때는 손잡이를 올리고, 갑자기 정지할 때는 손잡이를 내리는 등 사람의 능동적인 손잡이 조작에 의해 좀 더 안정적으로 수레를 운용할 수 있게 된 것이다.

▸ **4** 손잡이의 조작으로 충격을 완화시키는 유형거

5 ¹이상으로 볼 때 유형거는 단순한 수레라고 할 수 없다. ²유형거는 편리하게 짐을 실을 수 있는 지게차이자 운행 중 덤으로 얻을 수 있는 보조 동력까지 갖추고, 불안정한 수레의 움직임을 보다 안정적으로 제어할 수 있는 완충 장치까지 갖춘 위대한 발명품이었다.

▸ **5** 위대한 발명품인 유형거

주제 유형거의 구조적 특징으로 본 공학적 우수성

중심 내용 파악

1 윗글의 표제와 부제로 가장 적절한 것은?
답 ①

✓① 유형거의 우수성 – 구조적 특징 분석을 중심으로

　근거 **2**~**4** 여두와 손잡이의 구조로 돌을 쉽게 실을 수 있고, 복토 덕분에 보조 동력을 얻을 수 있으며, 손잡이 조작으로 수레가 받는 충격을 완화시킬 수 있다고 하여 유형거의 구조적 특징을 바탕으로 유형거의 우수성을 설명하고 있다. → 적절하므로 정답

② 유형거의 미학적 특성 – 복토의 운용상 장점을 중심으로

　근거 **2**-1 윗글은 유형거의 공학적 우수성을 설명하고 있다.
　근거 **3**-4 복토의 운용상 장점이 나타나지만 이것이 글 전체의 핵심 내용이라고 볼 수는 없다.

③ 효과적인 운반 수단이 된 유형거 – 실제 운용한 사람의 경험을 중심으로

　근거 **1**-3, **2**-2 유형거가 효과적인 운반 수단임을 언급하고 있지만 유형거를 실제 운용한 사람의 경험은 나타나 있지 않다.

④ 수레 발달의 역사 – 기존 수레와 유형거의 차이를 중심으로

근거 **2**-2, **4**-2 유형거가 기존 수레와 다른 점을 언급하고 있지만 수레 발달의 역사는 나타나 있지 않다.

⑤ 유형거의 변화 과정 – 유형거의 장단점과 작동 원리를 중심으로

근거 **2**~**4** 유형거의 장점과 작동 원리가 나타나 있지만 유형거의 변화 과정이나 단점은 언급되어 있지 않다.

세부 정보 추론

2 〈보기〉를 활용하여 '유형거'에 대해 이해한 내용으로 적절하지 <u>않은</u> 것은?   답 ①

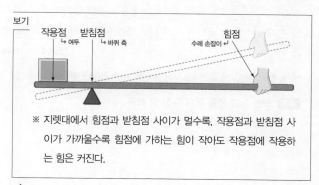

보기

작용점　　받침점　　　　　　　　　　힘점
↳ 여두　　↳ 바퀴 축　　　　　　　　수레 손잡이 ↵

※ 지렛대에서 힘점과 받침점 사이가 멀수록, 작용점과 받침점 사이가 가까울수록 힘점에 가하는 힘이 작아도 작용점에 작용하는 힘은 커진다.

✓① 수레 손잡이 쪽에 한표를 두어 힘점에 가해지는 힘을 늘리려 했겠군.

근거 **3**-6 한표는 미끄러지는 돌을 멈추게 하는 조그만 나무토막으로, 힘점에 가해지는 힘과는 연관이 없다. → 적절하지 않으므로 정답

② 손잡이는 되도록 길게 만들어 작용점에 더 큰 힘이 작용하도록 의도했겠군.

▶ 손잡이가 길어질수록 손잡이와 바퀴 사이의 거리가 멀어진다. 힘점인 손잡이와 받침점인 바퀴 축 사이가 멀어지면 작용점에 작용하는 힘이 커진다.

③ 여두와 바퀴 축의 거리를 가깝게 만들어 작은 힘으로도 무거운 돌을 싣도록 했겠군.

▶ 작용점인 여두와 받침점인 바퀴 축 사이가 가까울수록 힘점에 가하는 힘이 작아도 작용점에 작용하는 힘은 커진다.

④ 여두를 특수한 형태로 만들어 작용점에 작용하는 힘이 더 효과적으로 전달되도록 했겠군.

근거 **2**-4 작용점인 여두를 소의 혀 형태로 만들어 돌에 효과적으로 힘이 전달되도록 해 돌을 쉽게 올려놓을 수 있도록 했다.

⑤ 유형거의 여두는 작용점으로, 바퀴 축은 받침점으로, 손잡이는 힘점으로 기능하도록 설계했겠군.

근거 **2**-3~5 유형거의 구성 요소 중 여두는 작용점, 바퀴 축은 받침점, 손잡이는 힘점으로 기능한다.

구체적 상황에 적용

3 윗글을 바탕으로 〈보기〉의 질문에 답하고자 할 때, ㉠~㉢에 들어갈 말로 적절한 것은?   답 ①

▶ 유형거가 수레에 가해지는 충격을 완화하기 위해 사용한 손잡이 조작 방법을 파악해야 한다.

보기

〈교사의 질문〉 유형거가 평지에서 급출발을 하여 언덕길을 오른 후 갈림길에서 오른쪽으로 돌았다고 할 때, 사람은 유형거의 손잡이를 어떻게 제어해야 할까요?

〈학생의 답변〉 급출발 시에 손잡이를 올리고, 언덕길에서 손잡이를 (㉠), 갈림길에서 (㉡) 손잡이를 (㉢) 합니다.

✓① ㉠: 올린 후　　　㉡: 오른쪽　　　㉢: 눌러야

근거 **4**-3 언덕을 오를 때는 손잡이를 올려 수레가 진동하는 현상을 제어한다.

근거 **4**-4 왼쪽으로 돌 때는 왼쪽 손잡이를 누르므로 오른쪽으로 돌 때는 오른쪽 손잡이를 누른다. → 적절하므로 정답

② ㉠: 올린 후　　　㉡: 오른쪽　　　㉢: 올려야

근거 **4**-4 오른쪽으로 돌 때는 오른쪽이 올라가므로 오른쪽 손잡이를 누른다.

③ ㉠: 올린 후　　　㉡: <u>왼쪽</u>　　　㉢: 눌러야

근거 **4**-4 왼쪽으로 돌 때는 왼쪽 손잡이를, 오른쪽으로 돌 때는 오른쪽 손잡이를 누른다.

④ ㉠: <u>내린 후</u>　　　㉡: 오른쪽　　　㉢: 눌러야

근거 **4**-3 언덕을 오를 때는 손잡이를 올리고 내려갈 때는 손잡이를 내린다.

⑤ ㉠: <u>내린 후</u>　　　㉡: <u>왼쪽</u>　　　㉢: <u>올려야</u>

근거 **4**-3 언덕을 오를 때는 손잡이를 올린다.

근거 **4**-4 오른쪽으로 돌 때는 오른쪽 손잡이를 누른다.

▶ 지문 분석   본책 152~153쪽

1 유형거

2 ❶ 수레　　　　　　❷ 지렛대
　　❸ 여두　　　　　　❹ 복토
　　❺ 추진력　　　　　❻ 보조 동력
　　❼ 충격　　　　　　❽ 왼쪽

3 병렬

▶ 선지 판단 연습

❶ ✕　　해설 유형거는 지렛대의 원리를 반영하여 보통의 수레보다 짐을 쉽게 실을 수 있었다.

❷ ✕　　해설 유형거가 짐을 싣는 데 관여하는 요소는 손잡이와 여두이다.

❸ 방향

❹ ○

1 ③　　**2** ④　　**3** ②

지문 이해

[과학_생물] 생물의 독

• 이 글의 중심 화제는 '식물과 동물에 따른 독의 특징'이다. 1문단에서 생물들이 독을 이용하는 목적을 제시한 다음 독이 식물과 동물에 따라 다양한 특징을 보인다고 언급하고 있다. 이를 통해 식물 독과 동물 독이 지닌 특징을 설명할 것임을 예측해야 한다.

• 2~3문단에서는 알칼로이드를 주성분으로 하는 식물 독을 설명하고 있다. '아코니틴'과 '아트로핀'의 작용을 파악하며 독해해야 한다.

• 4문단에서는 성질이 제각기 다른 동물 독을 설명하고 있다. 주로 단백질 계열인 뱀의 독 '오피오톡신'과 '크로탈로톡신', 알칼로이드 계열인 복어의 독 '테트로도톡신'의 작용을 명확하게 이해해야 한다.

1 ¹우리 주변에 존재하는 생물들 중에는 독을 가진 경우가 흔하다. ²이러한 생물들은 위협적인 상대로부터 자신을 보호하거나 종족을 보존하기 위해 독을 이용한다. ³특히 동물은 사냥감을 포획하기 위한 수단으로도 독을 사용한다. ⁴이와 같은 독은 식물과 동물에 따라 다양한 특징을 보인다. **1** 독을 이용하는 생물들

2 ¹식물 독의 주성분은 대부분 알칼로이드라는 물질인데 이는 질소를 함유하는 염기성 유기 화합물을 일컫는 것으로, 그 예에는 투구꽃의 '아코니틴'과 흰독말풀의 '아트로핀'이 있다. ²아코니틴과 아트로핀은 모두 동물의 신경계에서 '근육에 가해진 자극이나 뇌가 내린 명령'에 관한 정보가 전달되는 것을 방해한다. ³먼저 아코니틴은 신경 세포의 나트륨 이온 통로를 계속 열어 두기 때문에 나트륨 이온을 세포 안으로 다량 유입시킨다. ⁴이로 인해 이온의 농도 차에 의한 나트륨 이온의 이동이 정상적으로 일어나지 않아, 전기 신호인 활동 전위가 신경 세포에서 일어나지 못하게 된다. ⁵그러면 아세틸콜린이 분비되지 않아, 결국 호흡 곤란으로 이어질 수 있다. ⁶하지만 적정량을 사용하면 진정 효과 등의 약리 작용이 있기 때문에 아코니틴을 진통제의 성분으로 이용하기도 한다. **2** 식물 독의 주성분인 알칼로이드의 일종인 아코니틴

3 ¹한편 아트로핀은 부교감 신경의 시냅스에서 아세틸콜린 대신에 아세틸콜린 수용체와 결합함으로써 아세틸콜린의 작용을 방해한다. ²여기서 아세틸콜린은 활동 전위에 의해 신경 세포 말단에 있는 시냅스 소포에서 분비된 후, 다른 신경 세포로 정보를 전달하는 물질이다. ³아세틸콜린의 분비가 억제되거나 아세틸콜린이 아세틸콜린 수용체와 결합하지 못하면 신경의 흥분이 억제되어 근육은 이완되지만 아세틸콜린이 과잉 분비되면 그 반대 현상이 일어난다. ⁴아트로핀은 아세틸콜린과 화학 구조가 유사하기 때문에 아세틸콜린 수용체와 결합함으로써 시냅스에서 이루어지는 정보 전달을 방해하게 된다. ⁵이를 이용해 아트로핀은 ⓐ일부 독의 해독제로 쓰이기도 한다. **3** 아세틸콜린의 작용을 방해하는 아트로핀

4 ¹반면 동물 독은 독의 성질이 제각기 다르다. ²대표적으로 뱀의 독에는 주로 단백질 계열의 50~60종의 성분이 있으며, 뱀마다 독의 작용에도 큰 차이가 있다. ³코브라에게 물리면 오피오톡신이 시냅스에서 아세틸콜린 수용체와 결합해 근육으로의 정보 전달이 방해된다. ⁴이와 달리 살무사에게 물리면 크로탈로톡신이라는 독이 혈액 내의 혈구 세포와 혈소판 등을 파괴한다. ⁵이로 인해 근육이 괴사되고 출혈이 멈추지 않아 죽게 된다. ⁶한편 복어는 테트로도톡신이라는 알칼로이드 계열의 독소를 가지고 있다. ⁷테트로도톡신은 신경 세포의 나트륨 이온 통로를 차단함으로써 나트륨 이온이 들어오지 못하게 하기 때문에 활동 전위가 일어나지 않는다. ⁸이로 인해 아세틸콜린이 분비되지 않는다. ⁹특히 테트로도톡신은 복어가 스스로 만들어 내는 것이 아니라, 복어가 먹이로 섭취한 플랑크톤에 의해 축적되거나 복어 체내에 기생하는 균에 의해 만들어진다는 특징이 있다. **4** 성질이 제각기 다른 동물 독

5 ¹독이 우리 몸에 유입되면 해독제를 신속하게 투여하는 것이 중요하다. ²해독제로는 산과 염기의 반응을 이용한 중화제, 독소 분자를 분해하는 효소, 유입된 독과 서로 반대 작용을 하는 독을 활용할 수 있다. **5** 활용할 수 있는 해독제

*활동 전위 생물체의 세포나 조직이 활동할 때 일어나는 전압 변화.

주제 식물 독과 동물 독의 특징 및 작용

세부 내용 파악

1 윗글에서 답을 찾을 수 있는 질문에 해당하지 않는 것은?　　답 ③

① 아코니틴에 의해 나타나는 증상은 무엇일까?

　근거 **2**-3~5 아코니틴은 신경 세포의 나트륨 이온 통로를 계속 열어 두기 때문에 나트륨 이온을 세포 안으로 다량 유입시킨다. 이로 인해 나트륨 이온의 이동이 정상적으로 일어나지 않아, 활동 전위가 신경 세포에서 일어나지 못하게 되면, 아세틸콜린이 분비되지 않아, 결국 호흡 곤란이 나타날 수 있다.

② 복어의 독소는 무엇에 의해 만들어지는 것일까?

　근거 **4**-6, 9 복어는 '테트로도톡신'이라는 알칼로이드 계열의 독소를 가지고 있다. 테트로도톡신은 복어가 스스로 만들어 내는 것이 아니라, 복어가 먹이로 섭취한 플랑크톤에 의해 축적되거나 복어 체내에 기생하는 균에 의해 만들어진다.

✓③ 알칼로이드가 질소를 함유하는 이유는 무엇일까?

　근거 **2**-1 알칼로이드가 질소를 함유하는 염기성 유기 화합물을 일컫는다는 내용은 있지만, 알칼로이드가 질소를 함유하는 이유는 제시되어 있지 않다. → 답을 찾을 수 있는 질문에 해당하지 않으므로 정답

④ 살무사에게 물리면 출혈이 멈추지 않는 이유는 무엇일까?

　근거 **4**-4~5 살무사에게 물리면 '크로탈로톡신'이라는 독이 혈액 내의 혈구 세포와 혈소판 등을 파괴한다. 이로 인해 근육이 괴사되고 출혈이 멈추지 않는다.

⑤ 오피오톡신과 크로탈로톡신의 작용에는 어떤 차이가 있을까?

　근거 **4**-3~4 코브라의 독인 '오피오톡신'은 시냅스에서 아세틸콜린 수용체와 결합해 근육으로의 정보 전달을 방해한다. 이와 달리 살무사의 독인 '크로탈로톡신'은 혈액 내의 혈구 세포와 혈소판 등을 파괴한다.

2 ⓐ의 이유로 가장 적절한 것은?

답 ④

① 아트로핀이 아세틸콜린을 분해하는 물질의 작용을 방해하기 때문에

(근거) **3**-1 아트로핀은 아세틸콜린 대신에 아세틸콜린 수용체와 결합함으로써 아세틸콜린의 작용을 방해한다.

② 아트로핀이 아세틸콜린을 소모하여 부교감 신경의 흥분을 유도하기 때문에

(근거) **3**-1, 3 아트로핀은 아세틸콜린의 작용을 방해한다. 아트로핀이 아세틸콜린 대신에 아세틸콜린 수용체와 결합하여, 아세틸콜린의 분비가 억제되거나 아세틸콜린이 아세틸콜린 수용체와 결합하지 못하면 신경의 흥분이 억제된다.

③ 아트로핀이 아세틸콜린을 분비시켜 신경계의 정보 전달을 유도하기 때문에

(근거) **3**-1~2, 4 아트로핀은 다른 신경 세포로 정보를 전달하는 물질인 아세틸콜린의 작용을 방해하여 시냅스에서 이루어지는 정보 전달을 방해한다.

✓④ 아트로핀이 아세틸콜린의 작용을 방해해 부교감 신경의 흥분을 억제하기 때문에

(근거) **3**-1, 3 아트로핀은 아세틸콜린의 작용을 방해한다. 아트로핀이 부교감 신경의 시냅스에서 아세틸콜린 대신에 아세틸콜린 수용체와 결합함으로써 아세틸콜린의 분비가 억제되거나 아세틸콜린이 아세틸콜린 수용체와 결합하지 못하면 신경의 흥분이 억제되므로 아트로핀은 일부 독의 해독제로 쓰인다. → 적절하므로 정답

⑤ 아트로핀이 아세틸콜린의 분비를 억제하고 다른 신경 전달 물질을 활성화하기 때문에

(근거) **3**-1~2 아트로핀이 신경 전달 물질인 아세틸콜린의 작용을 방해한다고 했을 뿐, 다른 신경 전달 물질을 활성화한다는 내용은 없다.

✓② B의 카리브도톡신은 신경의 흥분을 억제하므로 근육으로의 정보 전달을 방해하겠군.

(근거) **3**-2~3 B의 카리브도톡신은 아세틸콜린이 과잉 분비되게 한다. 아세틸콜린이 과잉 분비되면 신경의 흥분을 일으킨다. 다른 신경 세포로 정보를 전달하는 물질인 아세틸콜린이 분비되면 근육으로의 정보 전달은 방해받지 않는다. → 적절하지 않으므로 정답

③ A의 스코폴라민은 근육을 이완시키고, B의 카리브도톡신은 근육을 수축시키겠군.

(근거) **3**-1, 3 A의 스코폴라민은 아트로핀과 유사하게 아세틸콜린 대신에 아세틸콜린 수용체와 결합한다. 이 때문에 아세틸콜린이 아세틸콜린 수용체와 결합하지 못하면 근육이 이완된다. B의 카리브도톡신은 아세틸콜린이 과잉 분비되게 한다. 아세틸콜린이 과잉 분비되면 근육이 수축된다.

④ A의 스코폴라민은 산성 물질을, B의 카리브도톡신은 단백질 분해 효소를 해독제로 활용할 수 있겠군.

(근거) **2**-1, **5**-2 해독제로는 산과 염기의 반응을 이용한 중화제, 독소 분자를 분해하는 효소를 활용할 수 있다. 알칼로이드에 속하는 A의 스코폴라민은 염기성이므로 해독제로 산성 물질을 활용할 수 있다. B의 카리브도톡신은 단백질 계열이므로 해독제로 단백질을 분해하는 효소를 활용할 수 있다.

⑤ A에게 스코폴라민은 자신을 보호하기 위한, B에게 카리브도톡신은 사냥감을 포획하기 위한 수단이겠군.

(근거) **1**-2~3 생물들은 위협적인 상대로부터 자신을 보호하기 위해 독을 이용한다. A는 잎에 스코폴라민이 포함되어 있는데 강한 쓴맛 때문에 동물에게 먹히지 않는다. 또한 동물은 사냥감을 포획하기 위한 수단으로도 독을 사용한다. B는 꼬리에 있는 독침에서 분비되는 카리브도톡신으로 먹잇감인 곤충을 잡아먹는다.

3 윗글을 바탕으로 〈보기〉를 이해한 내용으로 적절하지 않은 것은?

답 ②

▶ **3**에 제시된 아트로핀의 작용을 〈보기〉에 제시된 A의 독 스코폴라민, B의 독 카리브도톡신에 적용해야 한다.

보기
- A의 잎에는 알칼로이드에 속하는 스코폴라민이 포함되어 있는
  식물
  데, 강한 쓴맛 때문에 동물에게 먹히지 않는다. 스코폴라민이 몸
  속에 들어오면 아세틸콜린 수용체와 결합하므로 멀미약의 성분
  아트로핀의 작용과 유사함.
  으로 이용된다.
- B는 꼬리에 있는 독침에서 분비되는 단백질 계열의 카리브도톡
  동물
  신을 이용한다. 카리브도톡신이 먹잇감인 곤충의 몸속에 들어가
  면 활동 전위가 계속 일어나도록 하기 때문에 시냅스 말단에서
  는 아세틸콜린이 과잉 분비된다.
  신경의 과도한 흥분을 일으킴.

① A의 스코폴라민은 시냅스에서 이루어지는 정보 전달을 방해하는 작용을 하겠군.

(근거) **3**-4 A의 스코폴라민은 아트로핀과 유사하게 아세틸콜린 수용체와 결합한다. 이로써 시냅스에서 이루어지는 정보 전달을 방해할 것이다.

지문 이해

2021-6월 고1 학력평가

[과학_생물] **식욕의 조절 원리**

• 이 글의 중심 화제는 '섭식 중추나 포만 중추, 전두 연합 영역의 식욕 조절'이다. 1문단에서 식욕이 식욕 중추의 영향을 받는다고 밝히고, 식욕 중추에 있는 섭식 중추와 포만 중추의 기능을 제시한다. 그리고 2문단에서 "뇌에 있는 섭식 중추나 포만 중추는 어떻게 몸속 영양분의 상태에 따라 식욕을 조절하는 것일까?"라고 하여 질문 형식으로 중심 화제를 제시하고 이에 대한 대답을 밝히며 글이 전개된다. 따라서 질문에 대한 대답을 찾으며 식욕 중추(섭식 중추와 포만 중추)가 영양분의 상태에 따라 식욕을 조절하는 원리를 파악해야 한다.

• 3문단에서는 취향이나 기분에 좌우되는 식욕도 있다고 밝히고 이러한 식욕은 전두 연합 영역에서 조절된다고 하여 또 다른 중심 화제가 제시된다. 3문단에서 전두 연합 영역의 기능을 제시하고, 이를 바탕으로 4문단에서는 음식을 먹은 후 디저트를 먹는 현상을 설명한다. 제시된 사례를 바탕으로 전두 연합 영역이 취향이나 기분에 좌우되는 식욕에 미치는 영향을 이해해야 한다.

1 ¹'식욕'은 음식을 먹고 싶어 하는 욕망으로, 인간이 살아가는 데 필요한 영양분을 얻기 위해서 반드시 필요하다. ²식욕은 기본적으로 뇌의*시상 하부에 있는 식욕*중추의 영향을 받는데, 이 중추에는 배가 고픈 느낌이 들게 하는 '섭식 중추'와 배가 부른 느낌이 들게 하는 '포만 중추'가 함께 있다. ³우리 몸이 영양분을 필요로 하는 상태가 되면 섭식 중추는 뇌 안의 다양한 곳에 신호를 보낸다. ⁴그러면 식욕이 느껴져 침의 분비와 같이 먹는 일과 관련된 무의식적인 행동이 촉진된다. ⁵그러다 영양분의 섭취가 늘어나면, 포만 중추가 작용해서 식욕이 억제된다.

1 식욕에 영향을 주는 식욕 중추

2 ¹그렇다면 뇌에 있는 섭식 중추나 포만 중추는 어떻게 몸속 영양분의 상태에 따라 식욕을 조절하는 것일까? ²여기에서 중요한 역할을 하는 것이 혈액 속을 흐르는 영양소인데, 특히 탄수화물에서 분해된 '포도당'과 지방에서 분해된 '지방산'이 중요하다. ³먼저 탄수화물은 식사를 통해 섭취된 후 소장에서 분해되면, 포도당으로 변해 혈액 속으로 흡수된다. ⁴그러면 혈중 포도당의 농도가 높아지고, 이를 줄이기 위해 췌장에서 '인슐린'이라는 호르몬이 분비된다. ⁵이 포도당과 인슐린이 혈액을 타고 시상 하부로 이동하여 포만 중추의 작용은 촉진하고 섭식 중추의 작용은 억제한다. ⁶반면에 지방은 피부 아래의 조직에 중성 지방의 형태로 저장되어 있다가 공복 상태가 길어지면 혈액 속으로 흘러가 간(肝)으로 운반된다. ⁷그러면 부족한 에너지를 보충하기 위해 간에서 중성 지방이 분해되고, 이 과정에서 생긴 지방산이 혈액을 타고 시상 하부로 이동하여 섭식 중추의 작용은 촉진하고 포만 중추의 작용은 억제한다. ⁸이와 같은 작용 원리에 따라 우리의 식욕은 자연스럽게 조절된다.

2 섭식 중추와 포만 중추의 식욕 조절

3 ¹그런데 우리는 온전히 영양분 섭취만을 목적으로 식욕을 느끼는 것은 아니다. ²예를 들어, '스트레스를 받으니까 매운 음식이 먹고 싶어.'

처럼 영양분의 섭취와 상관없이 취향이나 기분에 좌우되는 식욕도 있다. ³이와 같은 식욕은 대뇌의 앞부분에 있는 '전두 연합 영역'에서 조절되는데, 본래 이 영역은 정신적이고 지적인 활동을 담당하는 곳이지만 식욕에도 큰 영향을 미친다. ⁴이곳에서는 음식의 맛, 냄새 등 음식에 관한 다양한 감각 정보를 정리해 종합적으로 기억한다. ⁵또한 맛이 없어도 건강을 위해 음식을 섭취하는 것과 같이, 먹는 행동을 이성적으로 조절하는 일도 이곳에서 담당하는데, 전두 연합 영역의 지령은 신경 세포의 신호를 통해 섭식 중추와 포만 중추로 전해진다.

3 전두 연합 영역의 식욕 조절

4 ¹한편 전두 연합 영역의 기능을 알면, ⓐ음식을 먹은 후 '이젠 더 이상 못 먹겠다.'라고 생각하면서도 디저트를 먹는 현상을 쉽게 이해할 수 있다. ²흔히 사람들이 '이젠 더 이상 못 먹겠다.'라고 생각하는 이유는 ⓑ실제로 배가 찼기 때문일 수도 있고, 배가 차지는 않았지만 특정한 맛에 질렸기 때문일 수도 있다. ³그런데 이런 상황에도 불구하고 디저트를 먹는 현상은 모두 전두 연합 영역의 영향을 받는다. ⁴먼저, 배가 찬 상태에서는 전두 연합 영역의 영향으로 위(胃) 속에 디저트가 들어갈 공간을 마련할 수 있다. ⁵전두 연합 영역의 신경 세포가 '맛있다'와 같은 신호를 섭식 중추로 보내면, 거기에서 '오렉신'이라는 물질이 나온다. ⁶오렉신은 위(胃)의 운동에 관련되는 신경 세포에 작용해서, 위(胃)의 내용물을 밀어내고 다시 새로운 음식이 들어갈 공간을 마련하는 것이다. ⁷다음으로, 배가 차지 않은 상태이지만 전두 연합 영역의 영향으로 특정한 맛에 질릴 수 있다. ⁸그래서 식사가 끝난 후에는 대개 단맛의 음식을 먹고 싶어 하게 되는데, 이는 주식이나 반찬에는 그 정도의 단맛을 내는 음식이 없기 때문이다. ⁹따라서 우리가 "디저트 먹을 배는 따로 있다."라고 하는 것은 생물학적으로 충분히 설득력 있는 표현이 되는 것이다.

4 디저트를 먹는 현상에 영향을 주는 전두 연합 영역

*시상 하부 사람이 의식적으로 통제하지 못하는 다양한 신체 시스템을 감시하고 조절하는 뇌의 영역.
*중추 신경 기관 가운데, 신경 세포가 모여 있는 부분.

주제 **식욕 중추와 전두 연합 영역의 식욕 조절 원리**

세부 내용 파악

1 윗글을 이해한 내용으로 적절하지 않은 것은?   답 ③

① 식욕은 인간이 살아가는 데 반드시 필요한 욕망이다.

근거 **1**-1 식욕은 음식을 먹고 싶어 하는 욕망으로, 인간이 살아가는 데 필요한 영양분을 얻기 위해 반드시 필요하다.

② 인간의 뇌에 있는 시상 하부는 인간의 식욕에 영향을 끼친다.

근거 **1**-2 식욕은 기본적으로 뇌의 시상 하부에 있는 식욕 중추의 영향을 받는다.

✔③ 위(胃)의 운동에 관여하는 오렉신은 전두 연합 영역에서 분비된다.

근거 **4**-5 전두 연합 영역의 신경 세포가 '맛있다'와 같은 신호를 섭식 중추로 보내면, 거기에서 '오렉신'이라는 물질이 나온다. 즉 오렉신은 섭식 중추에서 분비된다. → 적절하지 않으므로 정답

④ 음식의 특정한 맛에 질렸을 때 더 이상 먹을 수 없다고 생각할 수 있다.

근거 4-2 사람들이 '이젠 더 이상 못 먹겠다.'라고 생각하는 이유는 특정한 맛에 질렸기 때문일 수도 있다.

⑤ 전두 연합 영역은 정신적이고 지적인 활동뿐만 아니라 식욕에도 관여한다.

근거 3-3 전두 연합 영역은 본래 정신적이고 지적인 활동을 담당하는 곳이지만 식욕에도 큰 영향을 미친다.

세부 내용 추론

2 ⓑ와 '식욕 중추의 작용'을 고려하여 ⓐ를 이해한 내용으로 적절한 것은? 답 ④

① 섭식 중추의 작용이 억제되므로 ⓐ는 타당하다.

근거 1-2, 5 배가 찬 상태(ⓑ)이고, '이젠 더 이상 못 먹겠다.'라고 생각하므로 포만 중추가 작용하고 섭식 중추의 작용은 억제된다. 따라서 식욕이 억제되어야 하는데 디저트를 먹는 것(ⓐ)이므로 모순적이다.

② 섭식 중추의 작용이 활발하므로 ⓐ는 모순적이다.

근거 1-2, 5 배가 찬 상태(ⓑ)이고, '이젠 더 이상 못 먹겠다.'라고 생각하므로 포만 중추가 작용한다. 섭식 중추의 작용은 억제된다.

③ 포만 중추의 작용이 억제되므로 ⓐ는 모순적이다.

근거 1-2, 5 배가 찬 상태(ⓑ)이고, '이젠 더 이상 못 먹겠다.'라고 생각하므로 포만 중추가 작용한다.

✓④ 포만 중추의 작용이 활발하므로 ⓐ는 모순적이다.

근거 1-2, 5 배가 찬 상태(ⓑ)에서는 영양분의 섭취가 늘어났으므로 포만 중추가 작용해서 식욕이 억제된다. '이젠 더 이상 못 먹겠다.'라고 생각하는 것은 포만 중추가 작용하는 것이므로 식욕이 억제되어야 한다. 그런데 포만 중추가 작용하는데도 디저트를 먹는 것(ⓐ)이므로 모순적이다. → 적절하므로 정답

⑤ 섭식 중추와 포만 중추의 작용이 반복되므로 ⓐ는 타당하다.

근거 1-2, 5 배가 찬 상태(ⓑ)이고, '이젠 더 이상 못 먹겠다.'라고 생각하므로 포만 중추가 작용한다. 따라서 식욕이 억제되어야 하는데 디저트를 먹는 것(ⓐ)이므로 모순적이다.

구체적 상황에 적용

3 윗글을 바탕으로 〈보기〉를 이해한 내용으로 적절하지 않은 것은? 답 ②

▶ 〈보기〉에는 취향이나 기분에 좌우되는 식욕이 나타난다. 3~4에 제시된 전두 연합 영역의 기능과 관련지어 〈보기〉를 이해해야 한다.

보기

(뷔페에서 음식을 먹은 후)

A: 너무 많이 먹어서 배가 터질 것 같아.
포만 중추가 작용함.

B: 나도 배가 부르기는 한데, 그래도 내가 좋아하는 떡볶이를 좀 더
포만 중추가 작용함.   취향에 따른 식욕
먹어야겠어.

(잠시 후 디저트를 둘러보며)

A: 예전에 여기서 이 과자 먹어 봤는데 정말 달고 맛있었어. 오늘도
전두 연합 영역의 기능 - 음식에 관한
감각 정보를 정리해 종합적으로 기억함.
먹어 볼까?

B: 너 조금 전에 배가 터질 것 같다고 하지 않았니?

A: 후식 먹을 배는 따로 있다는 말도 못 들어 봤어?
오렉신의 작용으로 음식이 들어갈 공간을 마련함.

B: 와! 그게 또 들어가? 진짜 대단하다. 나는 입맛에는 안 맞지만
건강을 위해 녹차나 마셔야겠어.
전두 연합 영역의 기능 - 먹는 행동을 이성적으로 조절함.

① A는 오렉신의 영향으로 위(胃)에 후식이 들어갈 공간이 더 마련되었겠군.

근거 4-5~6 A는 배가 부르지만 예전에 맛있었던 기억이 있는 과자를 더 먹겠다고 하였다. 전두 연합 영역의 신경 세포가 '맛있다'와 같은 신호를 섭식 중추로 보내면 오렉신이 나와 위의 내용물을 밀어내고 다시 새로운 음식이 들어갈 공간을 마련한다.

✓② A는 섭식 중추의 작용으로 뷔페의 과자가 맛있었다고 떠올릴 수 있었겠군.

근거 3-4 전두 연합 영역은 음식의 맛, 냄새 등 음식에 관한 다양한 감각 정보를 정리해 종합적으로 기억한다. 따라서 A는 전두 연합 영역의 작용으로 뷔페의 과자가 맛있었다고 떠올린 것이다. → 적절하지 않으므로 정답

③ B는 영양분의 섭취와는 무관하게 떡볶이가 먹고 싶다고 생각했겠군.

근거 3-2 B는 배가 부르지만 자신이 좋아하는 떡볶이를 먹어야겠다고 하였다. 이는 영양분의 섭취와 상관없이 취향에 따라 좌우되는 식욕에 해당한다.

④ B는 전두 연합 영역의 작용으로 건강을 위해 입맛에 맞지 않는 녹차를 마셨겠군.

근거 3-5 B는 입맛에는 안 맞지만 건강을 위해 녹차를 마셔야겠다고 하였다. 맛이 없어도 건강을 위해 음식을 섭취하는 것과 같이, 먹는 행동을 이성적으로 조절하는 일은 전두 연합 영역에서 담당한다.

⑤ A와 B는 디저트를 둘러보기 전까지 섭식 중추의 작용이 점점 억제되었겠군.

근거 2-3~5 A와 B는 디저트를 둘러보기 전까지 음식을 먹었다. 따라서 영양분의 섭취가 늘어나면서 포만 중추가 점점 작용하고, 섭식 중추의 작용은 점점 억제되었을 것이다.

▶ **지문 분석** 본책 160~161쪽

1 식욕

2 ❶ 섭식   ❷ 식욕
  ❸ 인슐린   ❹ 지방산
  ❺ 감각   ❻ 신경 세포
  ❼ 오렉신   ❽ 단맛

3 원리

▶ **선지 판단 연습**

❶ ✕ 해설 우리 몸이 영양분을 필요로 하는 상태가 되면 섭식 중추가 뇌 안의 다양한 곳에 신호를 보낸다.

❷ ✕ 해설 혈중 포도당의 농도가 높아지면 이를 줄이기 위해 인슐린이 분비된다.

❸ ○

❹ 촉진

1 ① **2** ④ **3** ③ **4** ④ **5** ④ **6** ④

지문 이해
2021-11월 고2 학력평가

[인문/인문] 언어에 대한 이론

- [가]와 [나]는 모두 언어에 대한 이론을 소개하고 있다. 따라서 두 글의 공통 화제인 '언어'에 대해 두 학자가 주장한 내용을 파악하며 읽어야 한다.
- [가]의 중심 화제는 '소쉬르의 언어학'이다. 1문단에서 소쉬르가 언어에 대한 전통적인 견해에 의문을 제기하고 이를 뒤집었다고 했으므로 언어에 대한 소쉬르의 견해가 이어질 것임을 예측해야 한다. '기표', '기의', '랑그', '파롤' 등 낯선 언어학 용어들이 등장하므로 이에 대해 명확히 이해해야 소쉬르의 이론을 파악할 수 있다.
- [나]의 중심 화제는 '비트겐슈타인의 '의미 사용 이론''이다. 1문단에서 언어에 대한 비트겐슈타인의 생각이 나타나고 이에 따라 '의미 사용 이론'을 제시했음이 드러난다. 이를 통해 중심 화제를 파악하고, 예시를 바탕으로 비트겐슈타인의 이론을 파악해야 한다.
- '언어'라는 공통 화제에 대해 [가]에서는 소쉬르의 견해를, [나]에서는 비트겐슈타인의 견해를 제시하고 있다. 화제에 대한 두 견해를 비교하여 공통점과 차이점을 파악해야 한다.

[가]

1 ¹소쉬르의 언어학은 언어에 대한 전통적인 견해에 대해서 의문을 제기하고 이를 뒤집는다. ²소쉬르 이전의 사람들은 일반적으로 언어가 현실 세계의 대상을 지칭한다고 생각했다. ³반면 소쉬르는 언어가 현실 세계를 있는 그대로 묘사하는 것이 아니라는 것을 언어의 기호 체계를 통해 설명하며, 오히려 사람들이 그들의 언어 체계에 맞춰 현실 세계를 새롭게 인식한다고 주장한다.
1 언어에 대한 전통적인 견해를 뒤집은 소쉬르의 언어학

2 ¹소쉬르에 따르면 언어는 기호 체계로, 현실 세계를 묘사하는 것이 아니라 근본적으로 자의적인 체계이다. ²기호란 어떠한 뜻을 나타내기 위해 쓰이는 표지를 이르는데, 기표와 기의로 이루어진다. ³기표는 귀로 들을 수 있는 소리로써 의미를 전달하는 외적 형식을 ㉠이르며, 기의는 말에 있어서 소리로 표시되는 의미를 이른다. ⁴예컨대 언어의 소리 측면을 지칭하는 '산[san]'이라는 기표에, 그 소리가 지칭하는 의미를 나타내는 '평지보다 높이 솟아 있는 땅의 부분'이라는 기의가 대응하는 것이다. ⁵소쉬르에 따르면 기표와 기의의 관계는 필연적이지 않고 자의적이며, 단지 그 기호를 사용하는 사람들의 사회적 약속일 뿐이다. ⁶이는 '평지보다 높이 솟아 있는 땅의 부분'이라는 기의가, 한국어에서는 '산[san]', 중국어에서는 '山[shān]', 영어에서는 'mountain[máuntən]' 등의 다른 기표로 나타나는 것에서 확인할 수 있다. ⁷즉 언어는 자의적인 성격을 지닐 뿐이며 현실 세계를 묘사하는 것이 아니라는 것이다.
2 언어는 자의적인 성격을 지닐 뿐이며 현실 세계를 묘사하는 것이 아니라고 본 소쉬르

3 ¹더불어 소쉬르는 사람들이 언어 체계에 맞춰 현실 세계를 새롭게 인식한다는 것을 설명하기 위해 '랑그'와 '파롤'이라는 개념을 제시한다. ²랑그란 언어가 갖는 추상적인 체계이고, 파롤은 랑그에 바탕을 ㉡두고 개인이 실현하는 구체적인 발화이다. ³소쉬르는 어떤 사람이 어떠한 발화를 하더라도 그 발화의 표현 방식이나 범위는

사실상 그가 사용하는 언어 체계인 랑그에 의해서 지배되거나 제약받는다고 주장한다. ⁴예를 들어 한국어에서는 빨강 계통의 색을 '빨갛다', '시뻘겋다', '새빨갛다', '불긋불긋하다' 등 다채롭게 표현할 수 있다. ⁵하지만 영어에서는 한국어만큼 빨강 계통의 색을 다채롭게 표현할 수 있는 단어가 많지 않다. ⁶따라서 소쉬르는 영어를 사용하는 사람들이 실제로는 다양하게 존재하는 빨강 계통의 색을 그들이 사용하는 랑그에 맞게 인식한다고 본다. ⁷이는 결국 랑그의 차이에 따라 사람들이 현실 세계를 인식하는 방식이 달라진다는 것을 의미하는 것이다.
3 랑그의 차이에 따라 사람들이 현실 세계를 인식하는 방식이 달라진다고 본 소쉬르

4 ¹일반적으로 사람들은 어휘를 선택하고 그것을 언어 체계에 맞추어 발화하는 주체가 자신이라고 생각한다. ²하지만 소쉬르는 발화의 진정한 주체는 발화자가 아닌 랑그라는 사실을 전제하고 있다. ³결국 소쉬르의 언어학은 언어가 현실 세계를 수동적으로 재현하는 수단이 아니며, 오히려 언어가 현실 세계를 구성한다는 생각을 함축하고 있는 것이다.
4 언어가 현실 세계를 구성한다고 본 소쉬르의 언어학

주제 사람들이 언어 체계에 맞춰 현실 세계를 새롭게 인식한다고 본 소쉬르

[나]

1 ¹비트겐슈타인에게 언어는 삶의 다양한 맥락에 ㉢따라 서로 다르게 혹은 유사한 모습으로 존재한다. ²이에 따라 비트겐슈타인은 언어를 이해하는 것은, 그것이 어떻게 사용될 수 있는지를 이해하는 것이라는 '의미 사용 이론'을 제시한다. ³비트겐슈타인은 언어를 배우는 것이, 일상 활동들의 맥락 속에서 언어를 어떻게 사용하고 또한 타인의 언어에 어떻게 반응해야 하는지를 배우는 것이라고 말한다. ⁴가령 '빨강'이라는 단어의 의미를 배우는 것은 사전에 실려 있는 추상적 개념을 배우는 것이 아니라, 실제 미술 시간에 눈앞에 있는 빨간 사과를 그려 보라는 교사의 말에 물감 중 필요한 빨간색을 ㉣골라 사용할 수 있게 되는 일이다.
1 '의미 사용 이론'을 제시한 비트겐슈타인

2 ¹비트겐슈타인은 이런 의미 사용 이론을 설명하기 위해 언어를 게임에 비유하여 설명한다. ²예컨대 땅따먹기와 같은 게임의 규칙은 절대 불변의 법칙이 아니라 땅따먹기라는 게임을 원활하게 진행하기 위해서 만들어진 것이며, 이런 게임의 규칙은 그것에 참가한 사람들이 게임을 수행할 수 있도록 만드는 형식에 불과하다. ³이렇게 언어를 게임에 빗대어 설명한다는 것은 곧 언어가 그것을 사용하는 사람들의 구체적인 활동과 관련해서만 의미가 있다는 것을 보여 준다.
2 언어가 그것을 사용하는 사람들의 구체적인 활동과 관련해서만 의미가 있다고 본 비트겐슈타인

3 ¹비트겐슈타인은 언어가 사람들의 삶과 엉켜 있으면서 사람들의 삶을 반영한다는 것을 언어의 모호성을 통해서 설명하기도 한다. ²'크다'나 '작다'와 같은 표현들은 사람에 따라 의미가 다르게 사용되기 때문에 듣는 사람에게 모호하다는 느낌을 줄 수 있다. ³하지만 이와 같은 표현이 없다면, 정확한 크기를 알 수 없는 경우에 대해서는 언급 자체를 할 수가 없게 된다. ⁴더욱이 사람들은 간혹 의도적으로 모호한 표현을 사용하기도 한다. ⁵따라서 비트겐슈타인은 언어에 존재하는 많은 불명확성이 오히려 단점이 아닌 장점이 될 수도 있으며, 높은 수준의 명확성이 오히려 융통성의 여지를 없앨 수도 있다고 말한다.　**3** 사람들의 삶을 반영하는 언어의 모호성이 장점이 될 수도 있다고 본 비트겐슈타인

4 ¹전통적으로 어떤 개념을 형성하는 일은, 수많은 종류의 나무로부터 공통 요소를 추출하여 '나무'라는 개념을 형성하는 것처럼 서로 다른 개별적이고 구체적인 대상으로부터 공통 요소를 추출하는 과정을 통해 이루어졌다. ²하지만 비트겐슈타인은 개념을 사용할 때 그것의 적용 사례들에 어떤 공통 요소가 반드시 있어야 한다는 강박 관념을 버려야 한다고 강조한다. ³이는 결국 언어가 그것을 사용하는 사람들의 삶과 ㉢맞물려 있어 삶의 양식이 다양한 만큼 언어 역시 다양하기 때문이다. ⁴따라서 비트겐슈타인에게 있어 언어란 현실 세계를 재현하는 것이 아니라, 언어를 사용하는 사람들의 소통에 의해서 만들어지는 것이라고 할 수 있다.　**4** 언어는 언어를 사용하는 사람들의 소통에 의해서 만들어진다고 본 비트겐슈타인

주제 언어가 사람들의 삶을 반영하여 다양한 모습으로 존재한다고 본 비트겐슈타인

---

1 [가]와 [나]의 서술상의 공통점으로 가장 적절한 것은?　**답** ①

✓ ① 언어에 대한 특정한 이론을 관련 사례를 들어 소개하고 있다.

▶ [가]는 기표와 기의로 이루어진 기호 체계인 언어가 자의적인 성격을 지니고, 언어 체계인 랑그의 차이에 따라 사람들이 현실 세계를 인식하는 방식이 달라진다는 소쉬르의 이론을 사례를 들어 소개하고 있고, [나]는 언어를 이해하는 것은 그것이 어떻게 사용될 수 있는지를 이해하는 것이라는 비트겐슈타인의 이론을 사례를 들어 소개하고 있다. → 적절하므로 정답

② 언어에 대한 상반된 주장을 제시하여 절충 방안을 모색하고 있다.

▶ [가]에서는 언어가 현실 세계의 대상을 지칭한다고 생각했던 소쉬르 이전의 사람들과, 언어가 현실 세계를 있는 그대로 묘사하는 것이 아니라 사람들이 언어 체계에 맞춰 현실 세계를 새롭게 인식한다는 소쉬르의 주장이 상반된다. 또한 발화의 주체가 자신이라고 생각하는 일반적인 사람들과, 발화의 진정한 주체는 랑그라는 소쉬르의 주장이 상반된다. [나]에서는 개별적이고 구체적인 대상으로부터 공통 요소를 추출하는 과정을 통해 개념을 형성했던 전통적 방식과, 개념을 사용할 때 그것의 적용 사례들에 공통 요소가 반드시 있어야 한다는 강박 관념을 버려야 한다는 비트겐슈타인의 주장이 상반된다. 하지만 [가]와 [나] 모두 절충 방안을 모색하고 있지는 않다.

---

③ 언어에 대한 관점들이 통합되어 가는 역사적 과정을 부각하고 있다.

▶ [가]에는 사람들이 언어 체계에 맞춰 현실 세계를 새롭게 인식한다는 소쉬르의 관점이 나타나고, [나]에는 언어가 사람들의 삶을 반영한다는 비트겐슈타인의 관점이 나타난다. 하지만 [가]와 [나] 모두 관점들이 통합되어 가는 역사적 과정을 부각하고 있지는 않다.

④ 언어에 대한 이론들을 시대순으로 나열하여 공통적인 특성을 도출하고 있다.

▶ [가]에는 언어가 현실 세계를 구성한다는 소쉬르의 이론이 나타나고, [나]에는 언어를 이해하는 것은 그것이 어떻게 사용될 수 있는지를 이해하는 것이라는 비트겐슈타인의 이론이 나타난다. 하지만 [가]와 [나] 모두 이론들을 시대순으로 나열하여 공통적인 특성을 도출하고 있지는 않다.

⑤ 언어에 대한 다양한 이론을 소개하며 각 이론이 지닌 의의와 한계를 설명하고 있다.

▶ [가]는 언어가 현실 세계를 구성한다는 소쉬르의 이론을 소개하고 있고, [나]는 언어를 이해하는 것은 그것이 어떻게 사용될 수 있는지를 이해하는 것이라는 비트겐슈타인의 이론을 소개하고 있다. [가]와 [나]는 각각 하나의 이론을 소개하고 있으며, 이론이 지닌 의의와 한계는 설명하고 있지 않다.

---

2 랑그, 파롤에 대한 이해로 가장 적절한 것은?　**답** ④

① 랑그는 현실 세계를 재현하는 수단이다.

근거 [가] **3**-2, **4**-3 랑그는 언어가 갖는 추상적인 체계이다. 소쉬르는 언어가 현실 세계를 수동적으로 재현하는 수단이 아니라고 본다.

② 파롤은 언어의 추상적 체계를 지칭한다.

근거 [가] **3**-2 파롤은 랑그에 바탕을 두고 개인이 실현하는 구체적인 발화이다. 언어가 갖는 추상적인 체계는 랑그이다.

③ 랑그는 개인이 실현하는 구체적인 발화이다.

근거 [가] **3**-2 랑그는 언어가 갖는 추상적인 체계이다. 랑그에 바탕을 두고 개인이 실현하는 구체적인 발화는 파롤이다.

✓ ④ 파롤의 표현 방식은 랑그에 의해서 제약을 받는다.

근거 [가] **3**-2~3 파롤은 랑그에 바탕을 두고 개인이 실현하는 구체적인 발화이다. 이러한 발화의 표현 방식이나 범위는 랑그에 의해서 지배되거나 제약받는다. → 적절하므로 정답

⑤ 랑그는 파롤을 바탕으로 발화자가 주체임을 드러낸다.

근거 [가] **4**-2 소쉬르는 발화의 진정한 주체는 발화자가 아닌 랑그라는 사실을 전제한다.

3 다음은 온라인 수업 게시판의 일부이다. 윗글을 바탕으로 학생들이 과제를 수행했다고 할 때, ㉮~㉰에 들어갈 말로 가장 적절한 것은?

답 ③

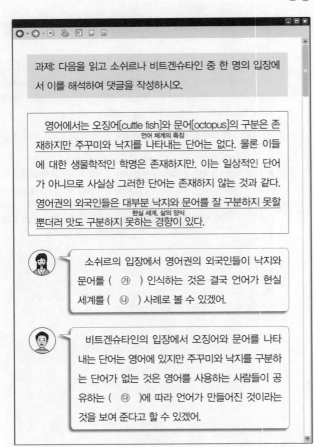

과제: 다음을 읽고 소쉬르나 비트겐슈타인 중 한 명의 입장에서 이를 해석하여 댓글을 작성하시오.

영어에서는 오징어[cuttle fish]와 문어[octopus]의 구분은 존재하지만 주꾸미와 낙지를 나타내는 단어는 없다. 물론 이들에 대한 생물학적인 학명은 존재하지만, 이는 일상적인 단어가 아니므로 사실상 그러한 단어는 존재하지 않는 것과 같다. 영어권의 외국인들은 대부분 낙지와 문어를 잘 구분하지 못할 뿐더러 맛도 구분하지 못하는 경향이 있다.

소쉬르의 입장에서 영어권의 외국인들이 낙지와 문어를 (㉮) 인식하는 것은 결국 언어가 현실 세계를 (㉯) 사례로 볼 수 있겠어.

비트겐슈타인의 입장에서 오징어와 문어를 나타내는 단어는 영어에 있지만 주꾸미와 낙지를 구분하는 단어가 없는 것은 영어를 사용하는 사람들이 공유하는 (㉰)에 따라 언어가 만들어진 것이라는 것을 보여 준다고 할 수 있겠어.

① ㉮: 다르게   ㉯: 구성한다는   ㉰: 삶의 양식
▶ 영어권의 외국인들은 대부분 낙지와 문어를 잘 구분하지 못한다.

② ㉮: 다르게   ㉯: 묘사한다는   ㉰: 높은 수준의 명확성
▶ 영어권의 외국인들은 대부분 낙지와 문어를 잘 구분하지 못한다.
근거 [가] **1**-3 소쉬르는 언어가 현실 세계를 있는 그대로 묘사하는 것이 아니라고 본다.
근거 [나] **3**-1, 5 비트겐슈타인은 언어에 모호성이 있다고 본다. 하지만 언어의 불명확성이 장점이 될 수도 있으며, 높은 수준의 명확성이 오히려 융통성의 여지를 없앨 수도 있다고 본다.

③ ㉮: 비슷하게   ㉯: 구성한다는   ㉰: 삶의 양식
▶ 영어권의 외국인들은 대부분 낙지와 문어를 잘 구분하지 못한다.
근거 [가] **3**-7, **4**-3 소쉬르는 랑그의 차이에 따라 사람들이 현실 세계를 인식하는 방식이 달라진다고 본다. 즉 언어가 현실 세계를 구성한다고 본다.
근거 [나] **4**-3~4 비트겐슈타인은 언어가 그것을 사용하는 사람들의 삶의 양식에 따라, 사람들의 소통에 의해서 만들어진다고 본다. → 적절하므로 정답

④ ㉮: 비슷하게   ㉯: 구성한다는   ㉰: 높은 수준의 명확성
근거 [나] **3**-1, 5 비트겐슈타인은 언어에 모호성이 있다고 본다. 하지만 언어의 불명확성이 장점이 될 수도 있으며, 높은 수준의 명확성이 오히려 융통성의 여지를 없앨 수도 있다고 본다.

⑤ ㉮: 비슷하게   ㉯: 묘사한다는   ㉰: 삶의 양식
근거 [가] **1**-3 소쉬르는 언어가 현실 세계를 있는 그대로 묘사하는 것이 아니라고 본다.

※ 〈보기〉는 윗글을 읽은 학생의 독서 활동 과정이다. 4번과 5번 물음에 답하시오.

보기

읽기 전	기존에 가지고 있던 '언어'에 대한 자신의 생각을 말해 보기
↓	
읽기 중	[가], [나]를 읽고 글의 내용에 대한 이해를 점검하는 질문에 응답하기
↓	
읽기 후	[가], [나]와는 다른 관점을 지닌 글을 찾아서 공통점과 차이점을 설명하기

4 다음은 '읽기 중' 단계에서 학생이 수행한 활동지의 일부이다. 학생의 응답으로 적절하지 않은 것은?

답 ④

질문	학생의 응답	
	예	아니요
소쉬르는 언어가 현실 세계의 대상을 지칭하는 것이라고 주장하고 있나요?		✓ … ①

근거 [가] **1**-1~3 소쉬르 이전의 사람들은 언어가 현실 세계의 대상을 지칭한다고 생각했다. 하지만 소쉬르는 이것에 의문을 제기하고 이를 뒤집어 언어가 현실 세계를 있는 그대로 묘사하는 것이 아니라 사람들이 언어 체계에 맞춰 현실 세계를 새롭게 인식한다고 주장한다.

| 비트겐슈타인은 언어에 존재하는 많은 불명확성에 대해 긍정하고 있나요? | ✓ … ② | |

근거 [나] **3**-5 비트겐슈타인은 언어에 존재하는 많은 불명확성이 오히려 단점이 아닌 장점이 될 수도 있다고 본다.

| 소쉬르와 비트겐슈타인은 모두, 언어에 대한 전통적인 입장을 고수하고 있나요? | | ✓ … ③ |

근거 [가] **1**-1~3 / [나] **4**-1~2 소쉬르는 언어에 대한 전통적인 견해에 의문을 제기하고 이를 뒤집는다. 비트겐슈타인 역시 전통적인 개념 형성 과정에 반박한다.

| 소쉬르는 비트겐슈타인과 달리, 언어가 사람들의 약속에 의해 형성된다는 것을 비판하고 있나요? | ✓ | ✓ … ④ |

근거 [가] **2**-1~2, 5 소쉬르는 언어가 기표와 기의로 이루어진 기호 체계인데, 기표와 기의의 관계는 기호를 사용하는 사람들의 사회적 약속에 의해 정해진다고 본다. → '예'라는 응답이 적절하지 않으므로 정답

| 비트겐슈타인은 소쉬르와 달리, 언어가 사용하는 사람들의 맥락에 따라 다르게 사용될 수도 있다는 것을 부정하고 있나요? | | ✓ … ⑤ |

근거 [나] **1**-1 비트겐슈타인은 언어가 삶의 다양한 맥락에 따라 서로 다르게 존재한다고 본다.

5 다음은 '읽기 후' 단계에서 학생이 찾은 다른 학자들의 견해이다. 윗글을 바탕으로 주제 통합적 읽기를 수행한 학생의 이해로 적절하지 않은 것은?　　답 ④

> ⓐ 말소리와 지시물 간에는 직접적인 관계가 없으며 개념이 말소리
> <u>형식</u>
> 와 직접적으로 연결된다. 지시물은 개념을 통해 말소리와 간접적
> <u>의미</u>
> 으로 연결되어 언어는 일정한 의미를 형성하게 된다.
>
> ⓑ 언어란 현실 세계를 재현하기 위한 수단이며 언어의 의미는 곧
> <u>전통적인 견해</u>
> 언어가 구체적으로 지시하는 대상이다. 세계가 먼저 있고 그 세
> 계를 재현하기 위해서 언어가 존재하는 것이다.
>
> ⓒ 언어에서 사물의 이름은 임의적으로 붙여진 것이 아니다. 사물은
> 자연의 일부로서 자연을 닮고 서로 유사함을 나누어 가지며, 사
> 물의 이름은 이런 자연의 법칙에 따라 지어진 것이다.
> <u>필연적</u>

① 개념이 말소리와 직접적으로 연결된다는 ⓐ의 입장과 유사하게, 소쉬르는 언어가 기표와 기의의 대응을 통해 이루어진다고 주장하고 있다.

근거 **[가]** **2**-1~2, 4 소쉬르는 언어가 기표와 기의로 이루어진 기호 체계로, 언어의 소리 측면을 지칭하는 기표에, 그 소리가 지칭하는 의미를 나타내는 기의가 대응한다고 본다.

② 언어는 일정한 의미를 형성하게 된다는 ⓐ의 입장과 달리, 비트겐슈타인은 언어가 사람들의 소통에 의해서 만들어진다고 주장하고 있다.

근거 **[나]** **4**-4 비트겐슈타인은 언어가 언어를 사용하는 사람들의 소통에 의해서 만들어진다고 본다.

③ 언어란 현실 세계를 재현하기 위한 수단이라는 ⓑ의 입장과 달리, 소쉬르는 언어가 자의적인 성격을 지닐 뿐이며 현실 세계를 재현하는 것이 아니라고 주장하고 있다.

근거 **[가]** **2**-7, **4**-3 소쉬르는 언어가 자의적인 성격을 지닐 뿐이며 현실 세계를 수동적으로 재현하는 수단이 아니라고 본다.

✓④ 세계가 먼저 있고 그 세계를 재현하기 위해서 언어가 존재한다는 ⓑ의 입장과 유사하게, 비트겐슈타인은 언어가 먼저 있고 절대 불변의 법칙에 따라 세계가 존재한다고 주장하고 있다.

근거 **[나]** **4**-3~4 비트겐슈타인은 언어가 현실 세계를 재현하는 것이 아니라고 보므로 ⓑ의 입장과 다르다. 비트겐슈타인은 언어가 그것을 사용하는 사람들의 다양한 삶의 양식에 따라, 사람들의 소통에 의해서 만들어진다고 본다. → 적절하지 않으므로 정답

⑤ 언어에서 사물의 이름은 임의적으로 붙여진 것이 아니라는 ⓒ의 입장과 달리, 소쉬르는 기표와 기의의 관계가 필연적이지 않다고 주장하고 있다.

근거 **[가]** **2**-5 소쉬르는 기표와 기의의 관계는 필연적이지 않고 자의적이며, 단지 그 기호를 사용하는 사람들의 사회적 약속일 뿐이라고 본다.

---

6 문맥상 ㉠~㉤의 단어와 가장 가까운 의미로 쓰인 것은?　　답 ④

① ㉠: 그녀는 약속 장소에 <u>이르며</u> 친구에게 전화를 걸었다.

▶ ㉠에서는 '어떤 대상을 무엇이라고 이름 붙이거나 가리켜 말하다.'의 의미로 쓰였지만, 제시된 문장에서는 '어떤 장소나 시간에 닿다.'의 의미로 쓰였다.

② ㉡: 우리 회사는 세계 곳곳에 많은 지점을 <u>두고</u> 있다.

▶ ㉡에서는 '행위의 준거점, 목표, 근거 따위를 설정하다.'의 의미로 쓰였지만, 제시된 문장에서는 '직책이나 조직, 기구 따위를 설치하다.'의 의미로 쓰였다.

③ ㉢: 예전에 어머니를 <u>따라</u> 시장 구경을 갔던 기억이 났다.

▶ ㉢에서는 '어떤 경우, 사실이나 기준 따위에 의거하다.'의 의미로 쓰였지만, 제시된 문장에서는 '다른 사람이나 동물의 뒤에서, 그가 가는 대로 같이 가다.'의 의미로 쓰였다.

✓④ ㉣: 탁자 위에 쌓인 여러 책들 중에 한 권을 <u>골라</u> 주었다.

▶ ㉣과 제시된 문장에서 모두 '여럿 중에서 가려내거나 뽑다.'의 의미로 쓰였다. → 단어의 의미가 유사하므로 정답

⑤ ㉤: 그의 입술은 굳게 <u>맞물려</u> 떨어질 줄을 몰랐다.

▶ ㉤에서는 '무엇이 서로 밀접한 관련을 맺으며 어우러지다.'의 의미로 쓰였지만, 제시된 문장에서는 '아래윗니나 입술, 주둥이, 부리 따위가 마주 물리다.'의 의미로 쓰였다.

▶ **지문 분석**　　본책 168~169쪽

1　❶ 소쉬르　　❷ 비트겐슈타인

2　❶ 현실 세계　　❷ 자의적
　❸ 랑그　　❹ 구성
　❺ 맥락　　❻ 형식
　❼ 반영　　❽ 재현

3　대조

▶ **선지 판단 연습**

❶ ✕　**해설** '산[san]'은 기표에 해당한다.

❷ 발화자

❸ ○

❹ ✕　**해설** '크다'나 '작다'와 같은 표현은 모호한 느낌을 줄 수 있지만 이와 같은 표현이 있기 때문에 정확한 크기를 알 수 없는 경우에도 언급할 수 있다.

1 ⑤　**2** ②　**3** ②　**4** ④　**5** ①　**6** ②

지문 이해

[과학/사회]　이타적 행동에 대한 이론　　　2021-3월 고2 학력평가

- [가]와 [나]는 모두 이타적 행동에 대한 이론을 소개하고 있다. 따라서 두 글의 공통 화제인 '이타적 행동'에 대해 각 이론에서 설명한 내용을 파악하며 읽어야 한다.
- [가]의 중심 화제는 '동물의 이타적 행동을 설명하는 이론'이다. 1문단의 마지막 문장을 통해 진화론의 관점에서 동물의 이타적 행동을 설명하는 이론이 제시될 것임을 예측하고, 유전자를 중심으로 동물의 이타적 행동을 설명하는 해밀턴과 도킨스의 이론을 비교하며 독해해야 한다.
- [나]의 중심 화제는 '사람들의 이타적 행동의 이유 및 이타적 인간의 진화 이유를 설명하는 이론'이다. 1문단의 마지막 문장을 통해 진화적 게임 이론에서 설명하는 내용이 이어질 것임을 예측하고, 반복−상호성 가설과 집단 선택 가설에서 설명하는 내용을 명확히 파악해야 한다.
- '이타적 행동'이라는 공통 화제에 대해 [가]는 동물의 측면에, [나]는 인간의 측면에 초점을 맞추어 설명하므로 정보를 종합적으로 이해해야 한다.

[가]

1 ¹다윈은 같은 종에 속하는 개체들이 생존 경쟁에서 살아남아 번식하면 그 형질 중 일부가 자손에게 전달돼 진화가 일어난다는 '자연 선택설'을 주장하였다. ²그런데 개체가 다른 개체들과의 생존 경쟁에서 이기기 위해서는 이기적인 행동을 할 수밖에 없지만, 자연계에서는 동물들의 이타적 행동이 자주 ⓐ관찰된다. ³이에 진화론을 옹호하는 학자들은 동물의 이타적 행동을 설명하는 이론을 제시하였다.
　　1 동물의 이타적 행동을 설명하는 이론을 제시한 학자들
2 ¹해밀턴은 개체들의 이타적 행동은 자신과 같은 유전자를 공유하는 친족들의 생존과 번식에 도움을 줌으로써 자신의 유전자를 후세에 많이 전달하기 위한 행동이라는 ㉮혈연 선택 가설을 제시하였다. ²㉠해밀턴의 법칙에 의하면, 'r×b−c>0'을 만족할 때 개체의 이타적 유전자가 진화한다. ³이때 'r'은 유전적 근연도로 이타적 행위자와 이의 수혜자가 유전자를 공유할 확률을, 'b'는 이타적 행위의 수혜자가 얻는 이득을, 'c'는 이타적 행위자가 ⓑ감수하는 손실을 의미한다. ⁴부나 모가 자식과 같은 유전자를 공유할 확률은 50%이고, 형제자매 간에 같은 유전자를 공유할 확률도 50%이다. ⁵r은 2촌인 형제자매를 기준으로 1촌이 늘어날 때마다 반씩 준다. ⁶가령, 행위자가 세 명의 형제를 구하고 죽는다면 '0.5×3−1>0'이므로 행위자의 유전자는 그의 형제들을 통해 다음 세대로 퍼지게 된다. ⁷이러한 해밀턴의 이론은 유전자의 개념으로 동물의 이타적 행동을 설명한 것으로, 이타적 행동의 진화에 얽힌 수수께끼를 푸는 중요한 열쇠로 평가된다.
　　2 동물의 이타적 행동에 대한 해밀턴의 이론
3 ¹도킨스는 ㉯『이기적 유전자』에서 동물의 이타적인 행동은 유전자가 다른 유전자와의 생존 경쟁에서 살아남아 더 많은 자신의 복제본을 퍼뜨리기 위한 행동이라고 설명하였다. ²그에 따르면 유전자란 다음 세대에 다른 DNA 서열로 대체될 수 있는 DNA 단편으로, 염색체상에서 임의의 어떤 DNA 단편은 그와 동일한 위치나 순서에 있는 다른 유전자들과 경쟁 관계에 있다. ³그는 다윈과 같은 기존의 진화론자와 달리 생존 경쟁의 주체를 유전자로 보고 개체는 단지 그러한 유전자를

다음 세대로 전달하는 운반체에 불과하다고 보았다. ⁴그러므로 이타적으로 보이는 개체의 행동은 겉보기에만 그럴 뿐, 실은 유전자가 다른 DNA와의 생존 경쟁에서 이기기 위한 이기적인 행동인 셈이다. ⁵이러한 도킨스의 이론은 유전자의 이기성으로 동물의 여러 행동을 설명하여 과학계에 큰 반향을 불러일으켰으나, 개체를 단순히 유전자의 생존을 돕는 수동적 존재로 보았다는 점에서 비판을 받기도 하였다.
　　3 동물의 이타적 행동에 대한 도킨스의 이론

주제 동물의 이타적 행동을 설명하는 해밀턴과 도킨스의 이론

[나]

1 ¹경제학적 관점에서 이타적 행동이란 자신의 손해를 감수하면서 타인에게 이익을 주는 행동이기 때문에 이기적 사람들과 이타적 사람들이 공존할 경우 이타적 사람들은 자연히 ⓒ도태될 수밖에 없다. ²그럼에도 불구하고 우리 주변에는 여전히 이타적 행동을 하는 사람들이 존재한다. ³이에 대해 최근 진화적 게임 이론에서는 '반복−상호성 가설'과 '집단 선택 가설'을 통해 사람들이 이타적 행동을 하는 이유 및 이타적 인간이 진화하는 이유에 대해 설명하고 있다.
　　1 사람들의 이타적 행동의 이유 및 이타적 인간의 진화 이유를 설명하는 진화적 게임 이론
2 ¹㉰반복−상호성 가설에서는 자신이 이기적으로 행동할 경우 상대방도 이기적인 행동으로 보복할 수 있기 때문에 이를 피하기 위해 이타적 행동을 한다고 주장하는데, 이를 게임 이론 중 하나인 TTF 전략으로 설명한다. ²TFT 전략이란 상대방이 협조할지 배신할지 모르고 선택이 매회 동시에 일어나는 상황에서 처음에는 무조건 상대방에게 협조하고 그다음부터는 상대방이 바로 전에 사용한 방법을 모방하는 전략이다. ³즉 상대방이 이타적으로 행동하면 자신도 이타적으로, 상대방이 이기적으로 행동하면 자신도 이기적으로 행동하는 것이다. ⁴이러한 행동이 반복되면 점점 상대방의 배신 횟수는 줄고 협조 횟수는 늘어 서로에게 이득이 되는 결과를 얻게 된다. ⁵반복−상호성 가설은 혈연관계가 아닌 사람들 사이의 이타적 행동을 설명하는 데 ⓓ유용하지만 반복적이지 않은 상황에서 나타나는 이타적 행동을 설명하는 데는 한계가 있다.
　　2 인간의 이타적 행동의 이유를 설명하는 반복−상호성 가설
3 ¹㉱집단 선택 가설에서는 이타적 구성원이 많은 집단이 그렇지 않은 집단과의 생존 경쟁에 유리하기 때문에 이타적 인간이 진화한다고 설명한다. ²개인 간의 생존 경쟁에서 우월한 개인이 생존하는 개인 선택에서는 이기적 인간이 살아남는 데 유리하지만, 집단 간의 생존 경쟁에서 우월한 집단이 생존하는 집단 선택에서는 이타적 구성원이 많은 집단일수록 식량을 구하거나 다른 집단과의 분쟁에 효과적으로 ⓔ대응할 수 있기 때문에 생존할 확률이 높다. ³따라서 집단 선택에 의해 이타적인 구성원이 많은 집단이 생존하게 되면 자연히 이를 구성하는 이타적 인간도 진화하게 된다. ⁴실제로 인류는 혹독한 빙하기를 거쳐 살아남은 존재라는 점에서 집단 선택 가설은 설득력을 얻는다. ⁵하지만 이타적인 구성원이 많은 집단이라 하더라도 그 안에는 이기적인 구성원도 함께 존재하기 마련이다. ⁶그러므로 집단 선택에 의해서 이타적인 구성원이 진화하기 위해서는 ㉡집단 선택이 일어나는 속도가 개인 선택이 일어나는 속도를 압도해야 한다.

[7]그러나 사회 생물학에서는 집단 선택의 속도가 현저하게 느리다는 점을 들어 집단 선택 가설은 논리적으로만 가능할 뿐이라고 비판하고 있다. [8]이에 대해 최근 집단 선택 가설에서는 개인 선택이 일어나는 속도를 늦추고 집단 선택의 효과를 높이는 장치로서 법과 관습과 같은 제도에 주목하면서, 집단 선택의 유효성을 높일 수 있는 방안에 대해서도 연구를 진행하고 있다.

❸ 이타적 인간의 진화 이유를 설명하는 집단 선택 가설

주제 인간의 이타적 행동의 이유 및 이타적 인간의 진화 이유를 설명하는 반복-상호성 가설과 집단 선택 가설

서술상의 공통점 파악

1 [가]와 [나]의 서술상의 공통점으로 가장 적절한 것은? 답 ⑤

① 이타적 행동을 설명하는 대립된 이론을 절충하고 있다.
▶ [가]와 [나] 모두 이타적 행동을 설명하는 이론이 제시되지만 [가]에서 해밀턴의 이론과 도킨스의 이론, [나]에서 반복-상호성 가설과 집단 선택 가설은 대립되지 않으며 이론을 절충하고 있지도 않다.

② 이타적 행동을 정의한 후 구체적 유형을 분류하고 있다.
▶ [나]는 경제학적 관점에서의 이타적 행동을 정의하고 있지만 [가]는 이타적 행동을 정의하고 있지 않다. 또한 [가]와 [나] 모두 이타적 행동의 구체적 유형을 분류하고 있지 않다.

③ 이타적 행동에 관한 이론들을 통시적으로 고찰하고 있다.
▶ [가]와 [나] 모두 이타적 행동에 관한 이론들이 나타나지만 그것을 역사적 흐름에 따라 제시하고 있지는 않다.

④ 이타적 행동을 설명하는 이론의 발전 방향을 전망하고 있다.
▶ [나]는 집단 선택 가설에서 진행 중인 연구를 언급하여 발전 방향을 전망하고 있다고 볼 수 있지만 [가]는 이론의 발전 방향을 전망하고 있지 않다.

✓⑤ 이타적 행동에 관한 이론과 그에 대한 평가를 제시하고 있다.
▶ [가]는 동물의 이타적 행동에 관한 해밀턴의 이론과 도킨스의 이론 및 그에 대한 평가를 제시하고 있고, [나]는 인간의 이타적 행동에 관한 반복-상호성 가설과 집단 선택 가설 및 그에 대한 평가를 제시하고 있다. → 적절하므로 정답

세부 내용 이해

2 ㉠을 이해한 내용으로 적절하지 않은 것은? 답 ②

① 유전적 근연도에 초점을 맞춰 이타적 행위를 설명하고 있다.
근거 [개] 2-2~3 해밀턴의 법칙은 'r×b−c>0'을 만족할 때 개체의 이타적 유전자가 진화한다는 법칙이다. 여기서 'r'은 유전적 근연도이다. 즉 유전적 근연도와 관련하여 이타적 행위를 설명하고 있다.

✓② 개체의 이기적 행동에 숨겨진 이타적 동기에 대해 설명하고 있다.
근거 [개] 2-1 해밀턴은 개체의 이타적 행동이 자신의 유전자를 후세에 많이 전달하기 위한 행동이라고 하였다. 따라서 개체의 이타적 행동에 숨겨진 이기적 동기에 대해 설명하고 있다. → 적절하지 않으므로 정답

③ 이타적 행위자와 그의 수혜자가 삼촌 관계일 경우 r은 0.25가 된다.
근거 [개] 2-3~5 'r'은 이타적 행위자와 이의 수혜자가 유전자를 공유할 확률이다. 형제자매 간의 r은 50%, 즉 0.50이고, 2촌인 형제자매를 기준으로 1촌이 늘어날 때마다 r은 반씩 준다. 따라서 이타적 행위자와 그의 수혜자가 삼촌 관계일 경우 r은 0.5에서 반이 줄어 0.25가 된다.

---

④ 이타적 행위자와 수혜자가 부모 자식이나 형제자매 관계일 경우 r은 같다.
근거 [개] 2-3~4 부나 모가 자식과 같은 유전자를 공유할 확률과 형제자매 간에 같은 유전자를 공유할 확률은 모두 50%이므로 r은 0.5로 같다.

⑤ 이타적 행위자와 그의 수혜자가 혈연관계일 때, b와 c가 같으면 이타적 유전자가 진화하지 않는다.
근거 [개] 2-2~3 'r×b−c>0'을 만족할 때 이타적 유전자가 진화한다. 이때 이타적 행위자와 이의 수혜자가 유전자를 공유할 확률(r)은 0~100%이므로 0≤r≤1이다. 그러므로 b와 c가 같으면 'r×b−c'가 0보다 클 수 없다. 즉 해밀턴의 법칙을 만족하지 못하므로 이타적 유전자가 진화하지 않는다.

구체적 상황에 적용하여 이해

3 [나]의 TFT 전략을 참고할 때 〈보기〉의 질문에 대한 답으로 적절한 것은? 답 ②

보기

다음은 A와 B의 협조 여부에 따른 보수(편익과 비용의 합)를 행렬로 나타낸 것이다. A와 B가 상대방의 선택을 모르고 선택이 동시에 이루어지는 상황에서 A만 'TFT 전략'을 사용한다고 가정하자. B가 첫 회에만 비협조 전략을 사용한다면, B가 두 번째 회까지 얻게 되는 보수의 합은 얼마인가?

첫 회에는 협조 전략, 그다음 회는 B가 첫 회에 사용한 전략 사용
첫 회에는 비협조 전략, 그다음 회는 협조 전략 사용

전략		B	
		협조	비협조
A	협조	(1, 1)	(−1, 2)
	비협조	(2, −1)	(0, 0)

〈(2, −1)은 A가 비협조 전략, B가 협조 전략을 사용할 때, A의 보수가 2, B의 보수가 −1임을 나타냄.〉

근거 [나] 2-2 A는 TFT 전략을 사용하므로 1회에는 협조 전략을, 2회에는 B가 1회에 사용한 비협조 전략을 사용한다. B는 첫 회에만 비협조 전략을 사용하므로 1회에는 비협조 전략을, 2회에는 협조 전략을 사용한다. 1회에는 A가 협조, B가 비협조이므로 A와 B의 보수는 (−1, 2)이고, 2회에는 A가 비협조, B가 협조이므로 A와 B의 보수는 (2, −1)이다. 따라서 B가 두 번째 회까지 얻게 되는 보수의 합은 2+(−1)=1이다.

① 0 ✓② 1 → 적절하므로 정답 ③ 2
④ 3 ⑤ 4

내용 추론

4 ㉡의 이유를 추론한 내용으로 가장 적절한 것은? 답 ④

① 집단 선택의 속도가 개인 선택의 속도보다 느릴 경우, 이타적 구성원의 수가 천천히 증가하기 때문에
근거 [나] 3-2 개인 선택에서는 이기적 인간이, 집단 선택에서는 이타적 구성원이 많은 집단이 생존할 확률이 높다. 따라서 집단 선택의 속도가 개인 선택의 속도보다 느릴 경우, 이기적 구성원의 생존 확률이 높아지고 이타적 구성원은 생존 경쟁에서 도태되므로 이타적 구성원의 수가 증가하지 않는다.

② 개인 선택으로 이타적인 구성원이 먼저 소멸한 후, 집단 선택에 의해 이기적인 구성원이 소멸하기 때문에
근거 [나] 3-2 개인 선택으로 이타적 구성원이 생존 경쟁에서 도태되어 소멸하면 이기적 구성원만 남게 되어 집단 선택이 발생하지 않는다. 즉 개인 선택이 먼저 일어난 다음 집단 선택이 일어나는 것은 아니다.

③ 집단 선택이 천천히 일어날 경우 집단 간의 생존 경쟁이 발생하지 않아 집단 선택이 일어나지 않기 때문에

근거 **[나] 3-2** 집단 간의 생존 경쟁에서 우월한 집단이 생존하는 것이 집단 선택이다. 따라서 집단 선택이 천천히 일어나도 집단 간의 생존 경쟁이 발생한다.

✓④ 개인 선택으로 이타적인 구성원이 먼저 소멸하면, 이타적 구성원을 진화하게 하는 집단 선택이 발생할 수 없기 때문에

근거 **[나] 3-2~3** 개인 선택에서는 이기적 인간이 살아남는 데 유리하므로 개인 선택이 일어나는 속도가 집단 선택이 일어나는 속도보다 빠르면 이타적 구성원은 집단 선택에 의해 진화가 일어나기 전에 이기적 구성원과의 생존 경쟁에서 도태되어 소멸한다. 이렇게 이기적 구성원만 남게 되면 이타적 구성원을 진화하게 하는 집단 선택이 발생할 수 없기 때문에 집단 선택이 일어나는 속도가 개인 선택이 일어나는 속도를 압도해야 한다. → 적절하므로 정답

⑤ 개인 선택의 속도가 집단 선택의 속도보다 빠를 경우, 이타적인 구성원이 많은 집단이 개인 선택에 불리해지기 때문에

근거 **[나] 3-2** 개인 간의 생존 경쟁에서 우월한 개인이 생존하는 것이 개인 선택이다. 즉 개인 선택은 개인 간의 생존 경쟁이므로 이타적인 구성원이 많은 집단이 개인 선택에 불리하다는 내용은 적절하지 않다.

자료 이해

5 ㉮~㉺를 바탕으로 〈보기〉를 이해한 내용으로 적절하지 않은 것은?

답 ①

보기
> ㄱ. 개미의 경우, 수정란(2n)은 암컷이 되고, 미수정란(n)은 수컷이 된다. 여왕개미가 낳은 암컷들은 부와는 1, 모와는 0.5, 자매와는 0.75의 유전적 근연도를 갖는다. 암컷 중 여왕개미가 되지 못한 일개미들은 직접 번식을 하지 않고 여왕개미가 낳은 수많은 자신의 **자매들을 돌보며 목숨을 걸고 개미 군락을 지키는** 역할을 한다.
> _{이타적 행동}
> ㄴ. 현재 지구상에는 390여 개의 부족이 수렵과 채취에 의존해 살아가고 있다. 이러한 부족은 대체로 몇 개의 서로 다른 친족들로 구성되어 있으며, 평등주의적 부족 질서 아래 **사냥감을 서로 나누어 먹는** 식량 공유 관습을 가지고 있다. 이는 개인의 사냥 성공률이 낮은 상황에서 효과적인 생존 방식이라 할 수 있다.
> _{이타적 행동}

✓① ㄱ: ㉮에서는 일개미가 자식을 낳지 않고 자매들을 돌보는 것을 부보다 모의 유전자를 후세에 더 많이 전달하기 위한 전략으로 보겠군.

근거 **[개] 2-1, 3** 일개미가 자식과는 0.5, 자매와는 0.75의 유전적 근연도를 가짐을 고려할 때, 혈연 선택 가설(㉮)에서는 자식을 낳지 않고 자매를 돌보는 일개미의 이타적 행동은 유전적 근연도가 더 높은 자매들을 돌봄으로써 자신의 유전자를 후세에 많이 전달하기 위한 행동이라고 본다. → 적절하지 않으므로 정답

② ㄱ: ㉯에서는 일개미가 목숨을 걸고 개미 군락을 지키는 것을 다른 DNA와의 생존 경쟁에서 이기기 위한 유전자의 이기적인 행동으로 보겠군.

근거 **[개] 3-1, 4** 도킨스는 「이기적 유전자」(㉯)에서 동물의 이타적 행동은 유전자가 다른 DNA와의 생존 경쟁에서 이기기 위한 이기적인 행동이라고 본다.

③ ㄴ: ㉰에서는 자신이 식량을 나눠 주지 않으면 사냥에 실패했을 때 자신도 얻어먹지 못할 수 있기 때문에 식량 공유 관습이 생긴 것으로 보겠군.

근거 **[나] 2-1** 반복-상호성 가설(㉰)에서는 자신이 이기적으로 행동할 경우 상대방도 이기적인 행동으로 보복할 수 있기 때문에 이를 피하기 위해 이타적 행동을 한다고 본다.

④ ㄴ: ㉺에서는 식량 공유 관습을 이기적인 구성원도 식량을 공유하게 함으로써 이타적 구성원이 사회에서 사라지지 않도록 하는 제도로 보겠군.

근거 **[나] 3-8** 집단 선택 가설(㉺)에서는 개인 선택이 일어나는 속도를 늦추고 집단 선택의 효과를 높이는 장치로서 법과 관습과 같은 제도에 주목한다.

⑤ ㄴ: ㉮에서는 혈연관계가 없는 구성원과의 식량 공유를 설명할 수 없지만, ㉺에서는 협업을 통해 집단의 생존 확률을 높이는 행동으로 보겠군.

근거 **[개] 2-1** 혈연 선택 가설(㉮)에서는 자신과 같은 유전자를 공유하는 친족들 간의 이타적 행동만을 설명한다.

근거 **[나] 3-2** 집단 선택 가설(㉺)에서는 이타적 구성원이 많은 집단일수록 식량을 구하거나 분쟁에 효과적으로 대응해 생존 확률이 높다고 본다.

단어의 동음이의어 이해

6 밑줄 친 단어가 ⓐ~ⓔ와 동음이의어인 것은?

답 ②

① ⓐ: 그는 형의 모습을 유심히 관찰하였다.
> ▶ ⓐ와 밑줄 친 단어 모두 '사물이나 현상을 주의하여 자세히 살펴봄.'이라는 뜻이다.

✓② ⓑ: 이 사전은 여러 전문가가 감수하였다.
> ▶ ⓑ는 '책망이나 괴로움 따위를 달갑게 받아들임.'이라는 뜻이고, 밑줄 친 단어는 '책의 저술이나 편찬 따위를 지도하고 감독함.'이라는 뜻이다. 즉 두 단어는 소리는 같으나 뜻이 다른 동음이의어이다. → 두 단어가 동음이의어이므로 정답

③ ⓒ: 그 기업은 경쟁사에 밀려 도태되었다.
> ▶ ⓒ와 밑줄 친 단어 모두 '여럿 중에서 불편하거나 부적당한 것이 줄어 없어짐.'이라는 뜻이다.

④ ⓓ: 이것은 장소를 검색하는 데 유용하다.
> ▶ ⓓ와 밑줄 친 단어 모두 '쓸모가 있음.'이라는 뜻이다.

⑤ ⓔ: 우리는 적극적으로 상황에 대응하였다.
> ▶ ⓔ와 밑줄 친 단어 모두 '어떤 일이나 사태에 맞추어 태도나 행동을 취함.'이라는 뜻이다.

▶ **지문 분석**   본책 174~175쪽

1 ❶ 이타적 행동 ❷ 이타적 인간

2 ❶ 이기적 ❷ 동물 ❸ 유전자
❹ 복제본 ❺ 이기성 ❻ 진화적
❼ 보복 ❽ 생존 경쟁

3 병렬

▶ **선지 판단 연습**

❶ ○

❷ ✕ 해설 도킨스는 개체를 수동적 존재로, 유전자를 이기적 존재로 보고 동물의 행동을 설명했다.

❸ ✕ 해설 상대방의 행동을 따라 하는 행동이 반복되면 서로에게 이득이 되는 결과를 얻을 수 있다.

❹ 이기적

빠작 수능 국어 **비문학 독서**

시험에 더 강해진다!
보카클리어 시리즈

중등 시리즈
하루 25개 40일, 중학 필수 어휘 끝!

중학 기본편 | 예비중~중학 1학년
중학 기본+필수 어휘 1000개

중학 실력편 | 중학 2~3학년
중학 핵심 어휘 1000개

중학 완성편 | 중학 3학년~예비고
중학+예비 고등 어휘 1000개

자세한 우리말 풀이로 혼자서도 쉽게!

고등 시리즈
고교필수·수능 어휘 완벽 마스터!

고교필수편 | 고등 1~2학년
고교 필수 어휘 1600개
하루 40개, 40일 완성

수능편 | 고등 2~3학년
수능 핵심 어휘 2000개
하루 40개, 50일 완성

시험에 꼭 나오는 유의어, 반의어, 숙어가 한 눈에!

학습 지원 서비스

휴대용 미니 단어장

어휘 MP3 파일

중등 　　　 고등

모바일 어휘 학습 '암기고래' 앱

일반 모드 입장하기 〉 영어 〉 동아출판 〉 보카클리어

안드로이드 　　　 iOS